走遍全球

TRAVEL GUIDEBOOK

纽约

日本大宝石出版社 编著

中国旅游出版社

使用本书之前

本书中所使用的主要图标

本书中的主要景点、购物信息、餐厅信息、酒店信息等都使用了统一的符号。另外，地图中的图示请参照地图页。

- 住 地址
- ☎ 电话号码
- Free（美国国内免费拨打）
- FAX 传真
- E-mail 电子邮箱
- URL 网址
- 开 开放时间
- 营 营业时间
- 费 入场费、费用
- 休 停业日、休馆日
- CC 可以使用的信用卡
- 预算 大致预算
- → p.000 参照的页数
- 地铁 乘坐地铁的方法
- 公交 乘坐公交的方法
- 火车 乘坐火车的方法
- 房间数（酒店）
- 残障人士专用（轮椅、酒店）
- PC 一天的上网费用（酒店）
- 别 MAP p.000 在别册上的位置
- ❤ 来自编辑部的评论

时报广场
推荐指数：★★★
地铁 从 N Q R S 1 2 3 7 线的 Times Sq-42 St 站步行约 4 分钟。
公交 M7、M10、M20、M42、M104（在 42nd St. 附近下车）
URL www.timessquarenyc.org

时报广场——步行者的天堂

为减少交通堵塞和车辆的擦伤事故而建成了步行街。42nd St.–47th St. 和 33rd St.–35th St. 的百老汇线路上禁止车辆进入。设置有供人们休息的椅子，24 小时开放。

布赖恩特公园
推荐指数：★★
住 40th & 42nd Sts. 和 5th & 6th Aves. 之间
地铁 从 B D F M 线的 42 St-Bryant Park 站、7 线的 5th Av 站步行约 1~3 分钟。
公交 M1、M2、M3、M4、M5、M7、M42（在 42nd St. 一带下车）
开 4 月 每天 7:00~22:00
5 月 7:00~23:00
6~9 月 7:00~24:00（周六・周日 ~23:00）
10 月 每天 7:00~22:00
11 月 ~ 次年 2 月 每天 7:00~ 22:00（周五・周六 ~24:00）
3 月 7:00~20:00
URL www.bryantpark.org

滑冰场（Citi Pond）
开 周日 ~ 下周四 8:00~22:00
周五、周六 ~24:00（仅在 11 月 ~ 次年 2 月开放，详情请在网站上确认）
费 免费（但是租滑冰鞋的费用为 $14）
※保险柜免费使用，但钥匙收费为 $9。可寄存行李 $7。

圣帕特里克教堂
推荐指数：★★
住 14E.51st St.（bet. 50th & 51st Sts.）
地铁 从 E M 线的 5Av-53 St 站或者 6 线的 51St 站步行大约 2~5 分钟。
公交 M1、M2、M3、M4、M5、M50、Q32（在 50th St. 和 5th Ave. 一带下车）
☎（1-212）753-2261
开 每天 6:30~20:45
URL www.saintpatrickscathedral.org

特朗普大厦
推荐指数：★
住 725 5th Ave.（at 56th St.）
地铁 从 E M 线的 5Av-53 St. 站步行大约 4 分钟。
公交 M1、M2、M3、M4、M5、M31、M57、Q32（在 57th St. 和 5th Ave. 一带下车）

76

时报广场 Times Square
别 Map p.17-C-D4

世界娱乐业的中心

曼哈顿的中心，位于百老汇和第七大道与 42 街到 47 街之间交会一带。从 1980 年开始，曾经有很长一段时期，这里被称为“犯罪的巢穴”、“恐怖而危险的街道”。但是，自 1984 年这个新兴城市举全市的力量开展重新开发的工程后，这里面貌焕然一新。取而代之的是富有民族风情的霓虹灯和娱乐行业的光辉交相辉映的大街。熙熙攘攘的人潮与闪烁的霓虹灯招牌形成了独特的街景。每天聚集了许多到此观赏音乐喜剧的游客。

布赖恩特公园 Bryant Park
别 Map p.34-B4

活动众多的都市绿洲

免费 Wi-Fi 可以自由使用

位于纽约公立图书馆身后的公园。虽不算是特别宽阔，但因其是高楼林立中罕有的，所以作为“都市绿洲”而深受纽约人的喜爱。距离第五大道、时报广场以及洛克菲勒中心等中城的主要景点非常近，是一个十分适合休息的场所。在这里，不仅会举办音乐会、电影节等，滑冰场等设施也一应俱全，可免费享受丰富的活动。在公园里的 Gramercy Tavern，汤姆厨师的三明治台上有“魔术”表演，每逢夏季的午饭时间就会热热闹闹地挤满很多人。

圣帕特里克教堂 St. Patrick's Cathedral
别 Map p.37-C4

位于第五大道的哥特式废旧

大小位居世界第 11 位

是全美国最大的天主教教堂。教堂着手动工是在 1858 年，其间经历了南北战争，1888 年建筑的尖塔部分完工。建筑使用了大量白色大理石，设计师是詹姆斯・伦威克，其哥特式风格是以德国的科隆大教堂为模型的。具有象征意义的尖塔部分高度为 100 米。约有 2200 个席位以及约有 900 根管子的管风琴，已经成为曼哈顿的骄傲。彩色玻璃也十分美妙。

特朗普大厦 Trump Tower
别 Map p.37-C2

富翁名流的住所

为美国著名实业家唐纳德・特朗普所有

1983 年开始开放。这个 68 层的高层建筑的地下 1 层到地上 2 层为购物中心。从 3 层到 26 层为写字楼。更高层为高级公寓。

VOICE 新年倒计时读秒 时报大楼附近 17:00 停止入内，所以建议最晚 15:00 过去。也有 10:00 就过去占位置的人。

- ☎ = 需要预约・建议预约
- = 最好穿正装或礼服

[酒店的标识]
S= 单人间 D= 双人间
T= 三人间

洗发水	闹钟	浴缸	咖啡机	微波炉	有线LAN	商务中心	酒店金钥匙
吹风机	室内保险箱	冰箱	迷你吧	厨房	Wi-Fi	电梯	免费早餐

地址中的省略符号

PL. → Place（广场）
St. → Street（街）
Ave. → Avenue（大街）
Blvd. → Boulevard（大道）
Hwy. → Highway（国道、高速公路）
Rd. → Road（路）
bet. ~&~ →位于~和~之间
at~ →~的一角
near~ →~的附近

地址的查看方法详见 p.28~29

关于电话号码

本书调查时纽约曼哈顿的区号除了“212”之外还有“718”、“917”、“646”、“347”。另外标识“free”的号码表示是美国国内免费电话（接电话人付费的形式）。以“1-800”、“1-888”、“1-877”、“1-866”、“1-855”这些数字开始。但是，从中国拨打这些号码的话，仍需支付国际电话费用。

关于信用卡的缩写

可以使用信用卡的商店、餐厅、酒店等场所会进行标注。但是，请注意个别的商店可能出现和信用卡公司解约的现象。

Ⓐ 美国运通卡
Ⓓ 大莱卡
Ⓙ JCB 卡
Ⓜ 万事达卡（Master Card）
Ⓥ 维萨卡（VISA）

关于酒店的费用标识

美国的酒店基本上采取“每个房间多少钱”的标识方式。另外，所标识的价格不含税金（营业税 14.75%、占用税＝一个房间每晚的费用为 $3~3.5）。并且不同时期价格会有所变动。

■参考本书提供的信息请注意

编辑部尽可能地刊登最新、最准确的信息资料，但由于当地的规则或手续等经常发生变更，或对某些条款的具体解释上有分歧，因此，若非本社出现的重大过失，因使用本书所产生的损失或不便，本社将不承担责任，敬请谅解。另外，使用本书之前，对于书中所刊登的信息或建议是否符合自身的情况，请读者根据切身情况做出正确的判断。

■本书的调查时间

本书是以 2013 年的走访调查数据为基础编辑而成的。但是，随着时间的推移，有些信息可能发生变化，特别是酒店、餐厅等场所的各种费用会随旅游季节经常发生变化。所以本书提供的信息仅供参考。请在到达当地后前往旅游咨询处获得最新的旅游信息。

■关于投稿

VOICE 投稿多少有些主观性，但是编辑部还是尽可能忠实于投稿原文，不过对于具体信息编辑部也做了相应的跟踪调查。

走遍全球 第 1 版

纽约

Contents

6 特辑 1 布鲁克林现在进行时！

80 特辑 2 被热议的高线公园

146 特辑 3 邂逅在纽约　男人的时尚

204 特辑 4 热潮再次来袭！纽约品牌·巧克力的新时代！

216 特辑 5 纽约咖啡，正在不断地提升品质！

260 特辑 6 无论早餐还是午餐，都来品尝一下这里的小甜点吧！这些美味的可丽饼会让你感觉无限幸福

282 特辑 7 neighborhood×bagels 邻家硬面包圈店

290 特辑 8 4晚6天一人游美食攻略

332 特辑 9 观光纽约时不可缺少的艺术的殿堂 大都会艺术博物馆（MET）的游览方式

基本信息……2
WHAT'S NEW in NEW YORK……21

交通 TRANSPORTATION 25

定位纽约……26
读懂曼哈顿的地址……28
从机场前往曼哈顿……30
　肯尼迪国际机场……31
　从纽瓦克自由国际机场前往曼哈顿……34
　从拉瓜迪亚机场前往曼哈顿……37
曼哈顿的交通系统……38
　玩转纽约地铁……40
　玩转纽约公交车……44
　出租车……48
　玩转纽约出租车……50
曼哈顿的三大交通枢纽……51
前往近郊的交通方式……52
郊外的观光景点……56
跟团旅行……57

漫步纽约 EXPLORING 61

曼哈顿……62
　中城西……64
　中城东……66
　　帝国大厦的灯饰……70
　　洛克菲勒中心观景台——巨石之顶……74
　　去哪里呢？帝国大厦和巨石之顶……75
　切尔西……84
　格拉莫西……86
　格林尼治村……90
　纽约人的早晨从这里开始
　　可以从绿色集市购买的商品……92
　东村……94
　索霍区和诺丽塔……96
　下东区……98
　翠贝卡……100
　唐人街和小意大利……101
　曼哈顿下城……102
　　自由女神像……104
　　世界贸易中心的过去和未来……110
　上西区……114
　中央公园……118
　在中央公园玩耍吧！！！……119
　上东区……122
　晨边高地……124
　哈莱姆……126
　　哈莱姆仙境……128
布鲁克林……130
　威廉斯堡……132
　邓波……133
　博寇卡……134
　公园坡……135
皇后区……136
斯塔滕岛……140
布朗克斯……141
新泽西州……142

购物 SHOPPING 145

看看美国休闲品牌……148
巴士直通车通往新泽西州的工厂直销店的
一日游……154
心仪已久的品牌大减价！！
向令人憧憬的折扣店进发！……156
备受瞩目的化妆品品牌……158
购物小贴士……160
高端品牌一览表……163
　世界顶尖品牌……164
　大型百货商店和购物中心……168
　时尚品牌……170
　潮品专卖店……173
　休闲品牌店……177
　二手服饰和经典品牌店……180
　包包和靴子……182
　体育用品……184
　杂货和玩具……186
　　周末就去跳蚤市场……188
　文具店……189
　室内装饰品、家具、餐具……191
　书籍……194

CD 和唱片……197
化妆品和洗浴用品……199
美食店和巧克力店……201
便宜又好玩　在 Duane Reade 寻找纪念礼品……210
在纽约感受《绯闻女孩》中的时尚奢华气息……212

餐厅 DINING 215

用餐小贴士……222
美食店和熟食店的利用方法……226
受纽约人欢迎的菜肴……228
牛排……233
美国风味……235
博物馆咖啡……238
意大利风味……239
法国风味……241
西班牙以及欧洲其他地方风味……243
日本料理……245
中国菜……247
亚洲·民族风味……249
印度·非洲·中东风味……253
中南美风味……255
有机食品和素食菜肴……257
咖啡馆……266
对自己的咖啡信心十足的咖啡馆……268
为了那里的甜点而不禁想去的咖啡馆……269
冰激凌……273
面包房……274
比萨……275
熟食店和快餐店……276
现在让我们来品尝一下纽约素有名气的美食吧！　注意广受瞩目的美味汉堡……278
今后将更加火爆的杯形蛋糕！　杯形蛋糕大集锦……280
邻家硬面包圈店……282
在纽约人气旺盛的街头美食……286
集聚了世界各地美味的精选店！　时尚美食广场……288

酒店 ACCOMMODATION 295

住酒店小贴士……296
中城区……300
下城区……313
上城区……319
曼哈顿的连锁酒店……323
布鲁克林……326
皇后区和其他地方……328

博物馆和画廊 MUSEUM & GALLERY 331

大都会艺术博物馆（MET）的游览方式……332
博物馆……340
去艺术馆之前
必备的专业用语和艺术家名字……342
纽约现代艺术博物馆（MoMA）……344
古根海姆博物馆……350
惠特尼美术馆……352
修道院艺术博物馆……354
美国自然史博物馆……355
弗里克收藏馆……359

新美术馆……359
摩根图书馆与博物馆……359
新当代艺术博物馆……360
布鲁克林博物馆……360
迪亚·比肯美术馆……361
野口勇博物馆……361
当代艺术中心……362
其他博物馆……363
画廊……367
画廊（一览表）……369
纽约街头的公共艺术……372

享受纽约 ENTERTAINMENT 375

音乐剧观剧指南……376
购买门票的方法（音乐剧）……378
百老汇音乐剧……381
外百老汇音乐剧……386
歌剧·古典音乐·芭蕾……388
歌剧……388
古典音乐……393
芭蕾……394
歌剧·古典音乐·芭蕾的剧场名单……395
舞蹈……396
现场音乐……402
俱乐部和酒吧……403
爵士乐俱乐部……404
其他俱乐部……407
酒吧……409

体育运动 SPORTS 413

在纽约观战美国职业棒球大联盟……415
购买门票的方法……420
在纽约观看比赛……422
棒球……423
篮球……424
橄榄球……424
冰球……426
美国网球公开赛……427
在纽约做运动吧……430
在纽约上舞蹈课……434

旅行的技巧和准备 439
TRAVELTIPS

应极富浪漫色彩的彩灯装饰之邀……440
纽约的活动和节日……442
旅行信息的收集……446
旅行计划和季节……446
经典旅行线路……449
旅行的预算和费用……450
　旅行所要花费的费用／外币的兑换……450
　旅行支票／信用卡／国外专用预付贷款卡……451
出发前的相关手续……451
　护照的取得……451
　签证的取得／随身携带身份证等相关身份证件……452
　海外旅行保险……453
机票的预订……454
旅行携带的物品……455
出入境的手续……456
　出境　从到达机场到搭乘班机……456
　美国入境所需文件……457
　进入美国／美国入境审查～海关申报……458
　离开美国／进入中国……459
小费和礼节……460
小费换算表……461
电话……462
从美国寄信到中国……463
上网……464
关于纽约信息的杂志和电视节目……464
旅行中的突发事件和安全对策……465
　关于纽约的治安问题／如何安全地旅行观光……465
　关于疾病和受伤／一旦遭遇麻烦怎么办……466
旅行必备英语对话……467
紧急情况下的医疗用语……469
纽约的历史……470

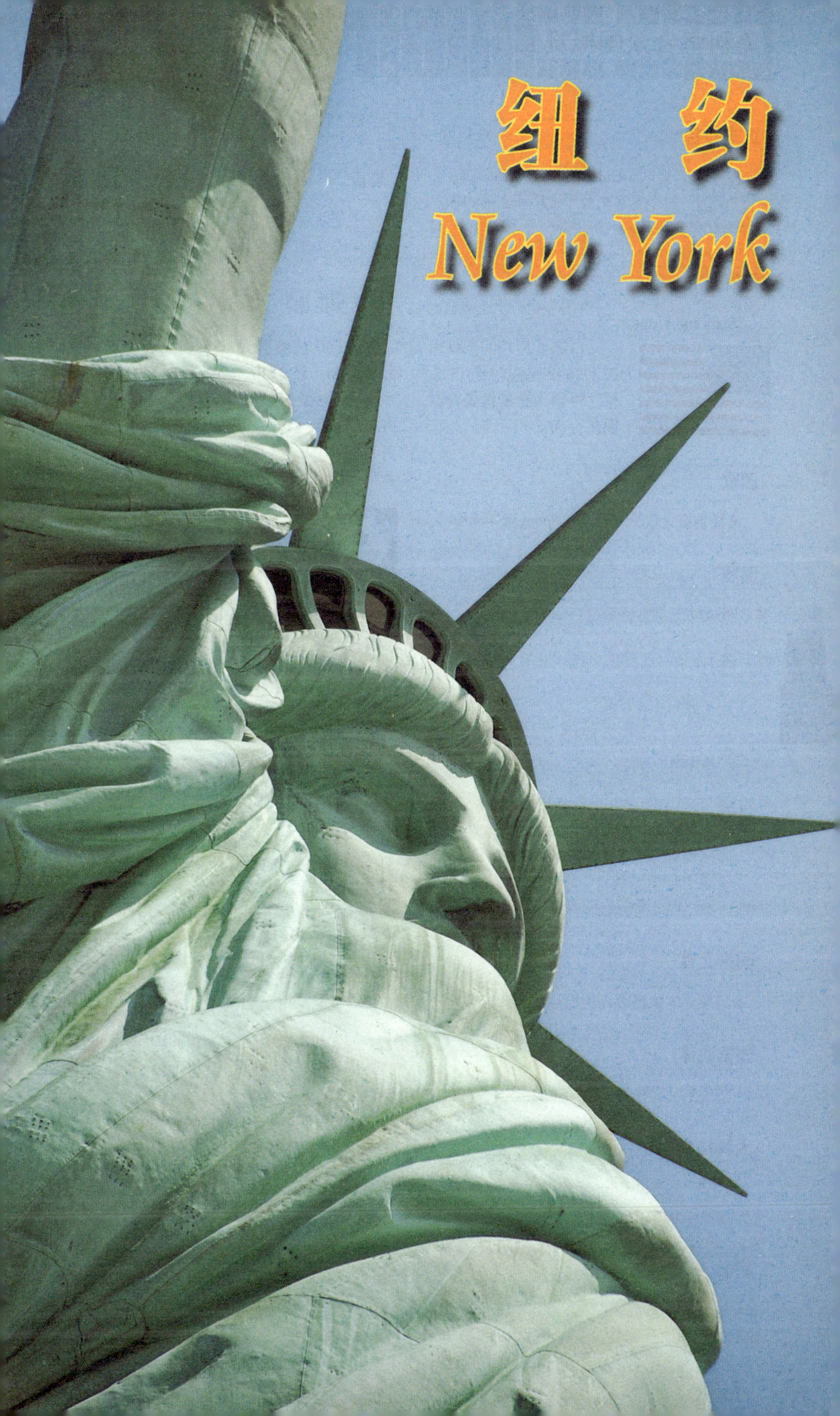
纽 约
New York

正式国名

美利坚合众国（United States of America）

“美国”这个名字来源于发现新大陆的意大利探险家阿美利哥·韦斯普奇。

国旗

Stars and Stripes

13 条红白相间条纹代表 1776 年建国时的 13 个州，50 颗小星星代表美国现在的 50 个州。

国歌

《星条旗之歌》（*The Star-Spangled Banner*）

面积

约 937 万平方公里

人口

约 3.087 亿

纽约市人口大约为 824.5 万。纽约都市圈内人口约为 1890 万。

首都

华盛顿哥伦比亚特区（Washington D. C）

不属于全美任何一个州的联邦政府直辖的行政区域。但是美国的经济中心是纽约市。

国家元首

贝拉克·侯赛因·奥巴马

国家政体

总统制　联邦制（50 个州）

人种构成

白人 75.1%，非洲裔 12.3%，亚洲裔 3.6%，美国原住民 0.9% 等。

宗教

基督教。主流宗派是新教和天主教，根据城市的不同稍有偏差。还有少数人信仰犹太教和伊斯兰教。

语言

主要使用英语，但是法律上没有明文规定，西班牙语也被广泛使用。

货币和汇率

通货单位有美元（$）和美分（¢），纸币面额有 $1、$5、$10、$20、$50、$100。但是一些小店不接受 $50、$100，请一定要注意。硬币有 ¢5、¢10、¢20、¢50、¢100（=$1）6 种，¢50、¢100 的硬币基本不流通。

►旅行的预算和费用→p.450

$1　$5

$10　$20

¢25　¢10　¢5　¢1

节日（联邦政府的节日）

请注意个别州的特定节日（标有※标记的仅限纽约州或新泽西州）。即使标有（一年内不休息）的店铺在元旦、感恩节和圣诞节这 3 天基本上也是休息的。此外，从阵亡将士纪念日到劳动节的暑假期间，很多店铺的营业时间都会有所变动。

1 月	1 日		元旦 New Year's Day
	第三个周一		马丁·路德·金诞生日 Martin Luther King, Jr.'s Birthday
2 月	13 日	※	林肯诞生日 Lincoln's Birthday
	第三个周一		总统日 Presidents'day
5 月	最后一个周一		阵亡将士纪念日 Memorial Day
7 月	4 日		独立日 Independence Day
9 月	第一个周一		劳动节 Labor Day
10 月	第二个周一	※	哥伦布纪念日 Columbus Day
11 月	11 日		退役军人日 Veterans Day

第四个周四	感恩节 Thanksgiving Day
12 月 25 日	圣诞节 Christmas Day

►纽约的活动和节日→ p.442

营业时间

以下是一般的营业时间。根据行业种类、当地情况等，实际营业时间可能会有些差异。超市为 24 小时营业，另外也有一些店铺营业到 00:00。办公街等市中心的话在 19:00 左右就关门也不足为奇。

银行

周一 ~ 周五 9:00~17:00

百货公司和商店

周一 ~ 周五 10:00~19:00，周六 10:00~18:00，周日 12:00~17:00

餐厅

从一大早就开始营业的餐厅，与其称之为餐厅，不如说是简易的咖啡厅和食堂。早餐 7:00~10:00，午餐 11:00~14:00，晚餐 17:30~22:00。酒吧会一直营业到深夜。

电压和插头

电压为 120 伏特。插座为 3 孔插座，中国的电器产品不能直接使用，需要使用变压器和插头转换器。

电话的拨打方法

视频制式

与中国的 PAL 制式不同，美国主要采用的是 NTSC 制式。

小费

在接受餐厅、出租车、酒店（行李服务和床铺整理）等服务之后支付小费已成为一种习惯。小费的金额因工作性质和满意度而不同，以下为一般价格，可以作为参考。最低为 $1，请尽量给纸币。

餐厅

消费总额的 18%~20%。如果消费总额里已经包含服务费的话，就可不必给小费。

出租车

车费的 15%~20%（最低为 $1）。

酒店

每个行李为 $2~3，行李多的情况下就稍多给一些；接受整理床铺的服务时，放在枕旁 $1~2。

气候

纽约的夏天气温很高，夏天的气温可以达到 30℃左右，冬天气温低达 -15℃ ~-16℃。降雪量也很大。另外，春秋虽然是最宜居的季节，但是昼夜温差非常大。所以为了应对一年内温差的变化，在出行前最好备好衣物，多花些心思。

►纽约的气候和服装→ p.447

饮用水

自来水可以直接饮用，但一般来说都会购买矿泉水。在超市和熟食店以及药店等都可以买到。

从中国往纽约打电话的方法

国际电话识别号码 00 ＋ 美国的国家代码 1 ＋ 区号（去掉前面第一个 0）×× ＋ 对方的电话号码 ××××××

从纽约往中国打电话的方法

国际电话识别号码 011 ＋ 中国的国家代码 86 ＋ 区号（去掉前面第一个 0）×× ＋ 对方的电话号码 ××××××

►电话→ p.462

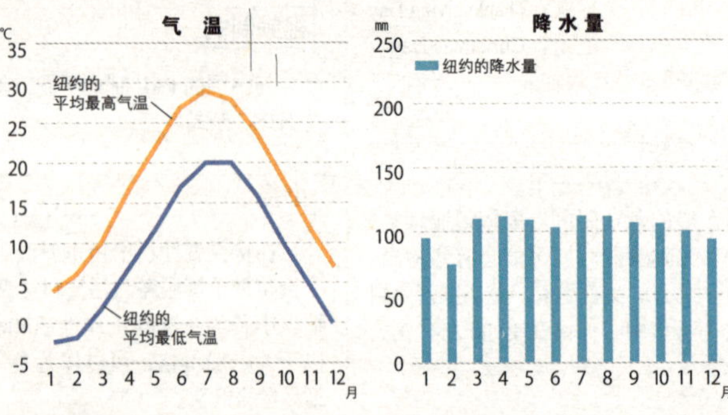

华氏・摄氏对比表

℃ =（℉-32）×5/9　　例）78℉的换算：（78-32）×5/9 ≒ 25.6℃

℉ =℃ ×9/5+32

摄氏（℃）	-17.7	-20	-10	0	10	20	30	37.7	40	100
华氏（℉）	0	-4	14	32	50	68	86	100	104	212
				（冰点）						（沸点）

※换算时小数点后第二位四舍五入

时差和夏令时

美国本土内有 4 个时区。东部时区（纽约等）比中国时间晚 13 小时，中部时间（芝加哥等）晚 14 小时，山地时区（丹佛等）晚 15 小时，太平洋时间（洛杉矶等）晚 16 小时。夏季采用夏令时，大部分州要把表调快 1 小时。夏令时的时间和中国的时差缩短 1 小时。但是亚利桑那州和夏威夷州尚未采用夏令时。

夏令时的实施时间是从每年 3 月的第二个周日到 11 月的第一个周日。在转换为冬令时那天，一定注意时间安排。

邮政

不同地区邮局的营业时间多少会有出入。一般营业时间为 8:30~16:00。

邮筒是蓝色的。写着“EXPRESS MAIL”的为向国内范围内发快递邮件的邮筒，请注意。

▶从美国寄信到中国→ p.463

出入境

护照签证

中国公民赴美旅游，应申办 B2（旅游探亲）签证。申办时，护照的有效期须至少比预定在美停留期限多出 6 个月以上，并通过签证中心向美驻华使馆或有关总领馆办理。预约签证面谈或咨询有关签证的问题，可拨打签证话务中心电话：4008-872-333。

▶出入境的手续→ p.456

税金

包括购物时的消费税（Sales Tax）和住酒店时的住宿税（Hotel Tax）。税率根据具体的州和城市而不同。另外，在餐厅就餐时会有等同于消费税的税金。此外还会有附加的税金。

时差表

北京	23	0	1	2	3	4	5	6	7	8	9	10	11	12	13	14	15	16	17	18	19	20	21	22
纽约（夏）	11	12	13	14	15	16	17	18	19	20	21	22	23	0	1	2	3	4	5	6	7	8	9	10
纽约（冬）	10	11	12	13	14	15	16	17	18	19	20	21	22	23	0	1	2	3	4	5	6	7	8	9

※灰色部分表示中国时间的前一天。

4

纽约市的税率

购物 8.875%（→ p.161）。餐厅的餐饮税率与购物相同。酒店每间房每晚 14.75%+$3.5。

安全和纠纷

警察・急救车・消防 911

在纽约比较容易遭遇的治安问题是抢劫等。大多是几个人合伙作案，当游客掉以轻心的时候，犯罪团伙中的一个人会偷走钱包或者抢夺皮包。也会有一些说着汉语的人过来搭讪之后行骗。所以要时刻意识到自己是身在国外，多加小心。

▶旅行中的突发事件和安全对策→ p.465

年龄限制

在纽约州，21 周岁之后才可以饮酒。根据场所的不同，个别场所买酒时会要求出示身份证。在观看爵士乐现场即兴演出时，如果有酒水服务的话，需要出示身份证。

在美国，因年轻人酒后驾车所引起的交通事故非常多，大型的租车公司（除个别外）一般不会将车租给 25 岁以下的人。如果是 21~25 岁之间的话，会被要求增加租金。

度量衡

距离、长度、面积、容积、温度等大多数的单位不同于中国的度量衡单位。

布鲁克林现在进行时！

Brooklyn, Now

Photos + Text：Chisato Fukushima

融合传统文化和最新流行元素，
与曼哈顿不同，
展示独特文化的布鲁克林，
近年来急速发展。
这里，
威廉斯堡和博寇卡（Bococa）是其观光热点，让我们一起来领略布鲁克林的独特魅力吧！

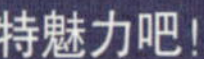

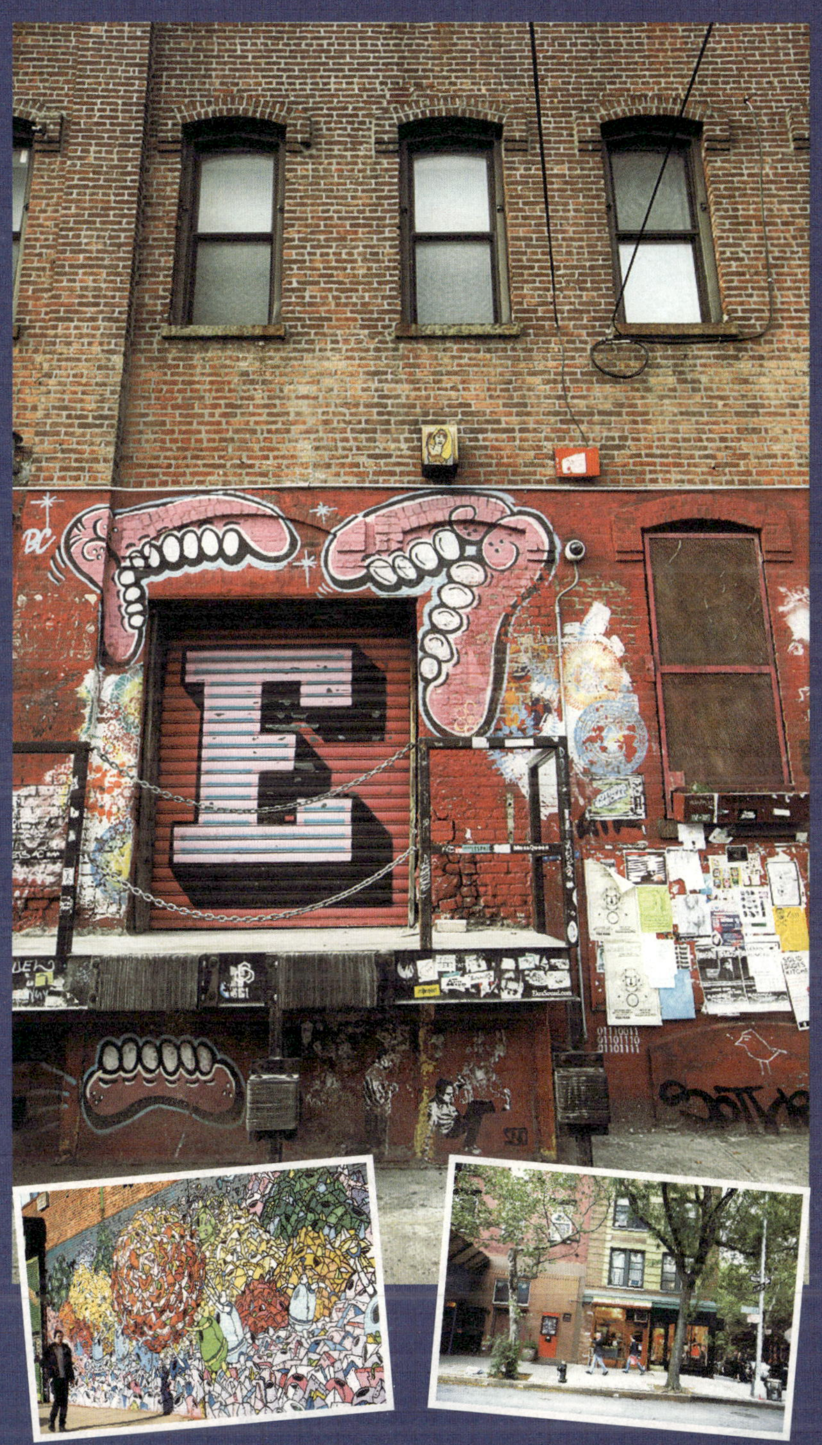

饮食文化“如火如荼”……

布鲁克林的饮食热，堪比美食盛典，来享受大杂烩自助餐季节吧。

Dough

高人气的扶桑面包圈（左）和提子面包圈（右）。

Smorgasburg 美食节

每年4~11月的每周六在威廉斯堡的东河沿岸所举办的美食盛典。在蓝天下有75种以上独特的小摊子展示着不同地区各式各样的风味。

别 MAP p.39-A4 威廉斯堡
地址：East River State Park（bet.N.7th & N. 8th Sts.）
地铁 Ⓛ Bedford Av
休 无
举办时间：每年4~11月每周六的11:00~18:00。（详情参见网页）
URL www.smorgasburg.com

Alchemy Creamery

不使用牛奶的素食冰激凌。巧克力+核桃 $5。

URL alchemycreamery.com

Baby Got Back Ribs

根据秘传的食谱制作而成的肋骨肉。三明治 $9。

URL www.babygotbackribs.com

Yuji Ramen

以独特的方式制作而成的面也很有人气。$2.5。

URL www.facebook.com/YujiRamen

Kumquat

精致可爱的杯状蛋糕。$1。

URL www.kumquatcupcakery.com

Red Hook Lobster

传说中的纽约龙虾卷。$16。URL redhooklobster.com

美食无遗漏！

布鲁克林跳蚤市场

Brooklyn Flea

在威廉斯堡和格林堡举办。有杂货铺和小摊美食尽情享受当地的魅力。冬季期间在 住 1 Hanson, Pl.（Flatbush Ave.）举办。

威廉斯堡

别 MAP p.39-A4
住 East River Park（at N.7th St.）
地铁 G Carroll St
开 4~11 月的周日 11:00~17:00

格林堡

别 MAP p.41-D1
住 176 Lafayette Ave.（bet.Clermont&Vanderbilt Aves.）
地铁 G Clinton-washington Aves.
开 4~11 月的周六 10:00~17:00

深受当地人们喜爱的有名店铺

永远不朽的香蕉·斯普利特 $12

即使是对时尚潮流无比挑剔的
当地居民也会毫不犹豫去的景点!

布鲁克林冷饮店
Brooklyn Farmacy & Soda Fountain

右上：溶解了碳酸的蛋奶冻 $2.50；另外还配有椒盐脆饼
左上：并排摆在柜台上的小礼物也产自布鲁克林当地
左：洋溢着时代感的店里有着超乎一般店铺的氛围

品尝一下令人回味无穷的美式甜点吧!

这里再现了人们曾经无比喜爱的经典美味，并营造了怀旧的店内氛围。许多家庭到这里就是为了品尝有着丰富奶油的甜点。

别 MAP p.40-A2 博寇卡
住 513 Henry St.（at Sackett St.）
地铁 F G Carroll St
☎（1-718）522-6260
开 周一～周五 8:00~22:00、周六 10:00~23:00
周日 10:00~21:00
冬季：周一～周四 10:00~22:00
周五、周六 10:00~23:00
周日 10:00~21:00
休 节假日
CC A M V
识 brooklynfarmacy.blogspot.com

晚餐餐厅
Diner

值得一尝的意大利美食!

注重打造当地生产当地消费一体化的饮食，吸引着无数的回头客。同一个老板所经营的杂货店和咖啡厅等就在隔壁，也一起去看看吧!

别 MAP p.39-A3 威廉斯堡
住 85 Broadway（bet. Wythe Ave. & Berry St.）
地铁 J M Z Marcy Av
☎（1-718）486-3077
开 周一～周四 11:00~17:00、18:00~00:00
周五 11:00~17:00、18:00~次日 1:00
周六 10:00~16:00、18:00~次日 1:00
周日 10:00~16:00、18:00~00:00
休 节假日
CC A M V
识 dinernyc.com

五叶草
Five Leaves

已故演员希斯·莱杰出资开办的店铺

店铺的主题是“打造爱迪生和友人交杯共饮的空间”。店内是开放式的，经常聚集一些注重健康的客人，十分热闹。

烤桃＋核桃和蓝奶酪 $12

别 MAP 地图外 绿点 Greenpoint
住 18 Bedford Ave.（bet. Lorimer St. & Nassau Ave.）
地铁 G Nassau Av ☎（1-718）383-5345
开 每天 8:00~次日 1:00
休 节假日 CC M V
识 www.fiveleavesny.com

两人份 $52，包括牛肋肉，香肠等

通过菜单选择牛肉的部位，然后点单

Fette Sau 烤肉
Fette Sau BBQ

在旅行途中偶尔贪婪地吃上一顿烤肉

使用近郊小规模农场的优质牛肉、猪肉，精心烤制而成。经常会排起长队，是一家人气店铺。在这里，顾客可以对肉的部位进行选择，当然也可以同时享用多个部位。

吃烧烤时不能缺少的啤酒 $6，另外还有烈性酒

别 MAP p.39-B2 威廉斯堡
住 354 Metropolitan Ave.（bet. Roebling & Havemeyer Sts.）
地铁 Ⓛ Bedford Av
☎（1-718）963-3404
营 周一～周五 17:00~23:00
周六、周日 12:00~23:00
休 节假日
CC Ⓜ Ⓥ
URL www.fettesaubbq.com

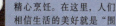

艾迪拉饮食店
Al di la Trattoria

深受当地居民喜爱的北意大利美食

提供意大利北部菜肴。供应午餐和晚餐，周末有早午餐，原料来源可靠，精心烹饪。在这里，人们相信生活的美好就是“围桌而食”或“享用一碗美味的手工面食”。

库里阿特里炖汤沙司 $16.5

别 MAP p.41-C3 博寇卡
住 248 5th Ave.（at Caroll Sts.）
地铁 Ⓡ Union St
☎（1-718）783-4565
营 周一～周四 12:00~15:00、18:00~22:30
周五 12:00~15:00、18:00~23:00
周六 11:00~15:30、17:30~23:00
周日 11:00~15:30、17:00~22:00
URL www.aldilatrattoria.com

色香味俱全的意大利美食
Photo of courtesy of Al di la Trattoria

一定不能忘记要顺道过去的店！

迪蒙汉堡
DuMont Burger

为了品尝什锦汉堡（$14）的当地人不顾劳累往返于此。吃完甜点之后一定要吃热气腾腾的甜甜圈（4个 $3）。

别 MAP p.39-A3 威廉斯堡
住 314 Bedford Ave.（bet. S. 1st. & S.2nd Sts.）
地铁 Ⓛ Bedford Av
☎（1-718）384-6127
开 每天 11:30~次日 2:00
休 节假日
CC Ⓐ Ⓜ Ⓥ
URL www.dumontburger.com

拜卡利面包房
Bakeri

位于街角的小面包房。刚刚烤好的面包的香味弥漫着整个店铺。可以在里面的露台处轻松自在地休息。

别 MAP p.39-A4 威廉斯堡
住 150 Wythe Ave.（bet. N. 7th & N.8th Sts.）
地铁 Ⓛ Bedford Av
☎（1-718）388-8037
营 每天 8:00~19:00
CC 只能使用现金，不能刷卡
URL bakeribrooklyn.com

当地的红酒&啤酒

因为喝酒时需要确认年龄，所以请不要忘记携带护照或者其他可以确定年龄的证件。

Wine

酿造厂下属的酒吧

布鲁克林葡萄酒酿造厂

Brooklyn Winery

使用纽约州产的葡萄，酿造出稀有的纽约红酒。搭配红酒的小盘餐点深受女性喜爱。

别 MAP p.39-B1 威廉斯堡
住 213 N. 8th St.（bet. Driggs Ave. & Roebling St.）
地铁 L Bedford Av
☎（1-347）763-1506
营 酒吧：周一～周四 17:00~00:00　周五 17:00~ 次日 1:00
周六 17:00~ 次日 1:00　周日 11:00~00:00
餐厅：周一～周四 18:00~23:00　周五 17:00~00:00
周六 12:00~00:00　周日 13:00~23:00
休 节假日
CC A M V
URL bkwinery.com

Cocktail

上：餐厅的内部设计有意识地模仿新奥尔良的建筑风格
右：提供30种以上的新鲜海蛎（每只$2.15~）
下：敬请品尝种类丰富多样的特色产品——苦艾酒

"欢乐时光"的牡蛎 $1

麦逊・普鲁米艾尔

Maison Premiere

这个不落俗套的酒吧的设计灵感来源于古时巴黎的酒店的大厅。酒吧的彩头是"快乐时光"（周一～周五 16:00~19:00），提供 30 种以上的海蛎，每只仅需 $1 就可以品尝。

别 MAP p.39-A2 威廉斯堡
住 298 Bedford Ave.（bet. Grand & S. 1st Sts.）
地铁 L Bedford Av　☎（1-347）335-0446
营 酒吧：周日～下周三 16:00~ 次日 2:00
周四～周六 16:00~ 次日 4:00
餐厅：周一～周四 16:00~00:00
周五 16:00~ 次日 1:00
周六 11:00~00:00　周日 11:00~16:00
休 节假日
CC A M V
URL maisonpremiere.com

Photo courtesy of Maison Premier

Beer

1987 年开业的酿造厂

布鲁克林啤酒厂

Brooklyn Brewery

作为纽约的代表性啤酒品牌，一直以来深受人们喜爱。以当季限定的啤酒为首，制造了大约 30 种啤酒。可以参加各种团队旅行。

MAP p.39-A1 威廉斯堡
住 79N.11th St.（bet .Wythe Ave.& Berry St.）
地铁 L Bedford Av.
☎（1-718）486-7422
营 周五 18:00~23:00、周六 12:00~20:00、周日 12:00~18:00（免费团队旅行周六、周日 13:00~16:00 每小时 1 次，不需要预约，费用 $8；周一～周四 17:00~，需要网上预约）
休 节假日
CC A M V
网 brooklynbrewery.com

上：坐下来品尝美酒吧
左：限量版啤酒也储量丰富！

从清爽口味到重口味，一应俱全。当然还有生啤哟

确认是 21 岁以上之后，以每杯 $5 的价格购买吧

上：傍晚和周末的时候会挤满当地客人。饭菜也十分可口
左：屋内装饰让人感觉仿佛到了欧洲，大啤酒杯每杯 $7 起

周末十分热闹的啤酒大厅

拉德加斯特大厅 & 啤酒园

Radegaste Hall & Biergarten

有以比利时、捷克、德国等为主的世界各地的啤酒大约 200 种。推荐香肠 $7.75 作为下酒菜。

MAP p.39-A2 威廉斯堡
住 113 N. 3rd St.（at Berry St.）
地铁 L Bedford Av ☎（1-718）963-3973
营 酒　吧：周一～周五 16:00~ 次日 4:00
周六、周日 12:00~ 次日 4:00
饭　店：周二～周五 16:00~23:30
周六、周日 12:00~16:00，17:00~23:30，
西餐厅：周一～周五 16:00~ 次日 2:00
周六、周日 12:00~ 次日 2:00
休 节假日
CC A M V
网 www.radegasthall.com

继布鲁克林啤酒厂之后

各种小规模生产的地方啤酒

近十年来，纽约及其周边地区的微型啤酒酿造厂（地方啤酒酿造厂）纷纷出品了各具特色的啤酒。最早布鲁克林产的著名品牌是 Sixpoint Craft Ales 和 Kelso。既可以在酒吧和餐厅里品尝到，也可以在曼哈顿的哥伦布转盘广场食品市场（Columbus Circle，p.276）买到。另外也一定要去布朗克斯区的布朗克斯啤酒厂（Bronx Brewery）和长岛的蓝点啤酒公司（Blue Point Brewing Co.）。

个性派购物点 鳞次栉比

作为流行趋势发源地的布鲁克林，有很多独特且新颖的购物店。有很多喜欢这里的服装的粉丝们从曼哈顿来到此处。在这里向你介绍绝对珍藏版的店铺。

Levi's 的骑行外衣 $875

Levi's 的男士粗斜纹布材质牛仔裤 $198

原创T恤 $40

虽然是羊毛材质，但是十分轻便舒适的外套 $395

复古风格的印花连衣裙 $560

史密斯巴特勒布鲁克林
Smith + Butler Bklyn

男装，女装一应俱全

经典舒适的高品质服装样式丰富，是一家人气精品店。一定要留意以创意商品为首的珠宝以及小配饰等商品。

别 MAP p.40-B2　博寇卡
住 225 Smith St.（at Butler St.）
地铁 F G Bergen St.
☎（1-718）855-4295
营 周一～周三 12:00~19:00
周四～周六 11:00~20:00
周日 12:00~18:00
休 1/1、感恩节、12/25
网 www.smithbutler.com

室内装饰别具风格

Photo courtesy of Smith + Butler Bklyn

10ft 西格尔
10ft Singles

珍藏起来，也许会邂逅这家店哦～

这是一家精选全美国各个地区的二手服装店。因其优良的品质和商品的陈列深受好评。更是当地人人称赞的店铺，人气值不断攀升。

别 MAP p.39-B2　威廉斯堡
住 285 N. 6th St.（bet. Havemeyer & Meeker Aves.）
地铁 L Bedford Av
☎（1-718）486-9482
营 每天 12:30~19:30
休 节假日
CC A M V

朝圣者冲浪供给
Pilgrim Surf + Supply

引人注目的冲浪文化

西海岸流行的冲浪文化在布鲁克林依然如故。在这个专卖店里从设备到服装一应俱全。

别 MAP p.39-A2　威廉斯堡
住 68 N. 3rd St.（at Wythe Ave.）
地铁 L Bedford Av
☎（1-718）218-7456
营 每天 12:00~20:00
休 感恩节、12/25
CC A M V
网 pilgrimsurfsupply.com

左：这里排列着色彩丰富的冲浪板
右：城市风的冲浪商店

Photo Courtesy of Pilgrim Surf + Supply

凯特
Kaight

可爱的环保时尚

以绿色为主题，汇集了世界各地的环保时尚衣物。因其突出的品位吸引了众多崇尚自然的人士。

别 MAP p.40-B1 博寇卡
住 382 Atlantic Ave.（bet. Hoyt & Bond Sts.）
地铁 A C G Hoyt-Schermerhorn Sts
☎（1-718）858-4737
营 每天 11:30~19:30
休 节假日
CC A M V
网 kaightnyc.blogspot.com

Erin Templeton 稍大款式的包 $138

红白搭配的 Amor Verte 的短袖 $96

搭配十分完美的 David Peck 的连衣裙 $395，仅此一件

十分讲究的高人气商品一应俱全

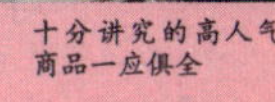

※小猫香袋 $18

干货
Dry Goods

商品陈列十分有品位

从厨房用品到生活杂货、宠物用品，都能让人感受到时代的厚重感。是复古服饰爱好者的必去之处。

别 MAP p.40-B1 博寇卡
住 362 Atlantic Ave.
（位于 Hoyt 和 Bond Sts. 之间）
地铁 A C G
Hoyt-Schermerhorn Sts
☎（1-718）403-0090
营 周二～周日 12:00~19:00
休 周一、节假日
CC A M V
网 www.drygoodsny.com

从壁纸到陈列全部走复古线路

考利尔西
Collier West

从俄亥俄州迁移过来的室内装饰品商店

经营高端大气的室内装饰品。由当地艺术家创作的小饰品以及脱俗的小古董，琳琅满目。

右：款式独一无二的戒指 $68~
下：用腰带的皮革制作而成的手镯（男女皆可）

别 MAP p.40-B1 博寇卡
住 377A Atlantic Ave.
（bet. Hoyt & Bond Sts.）
地铁 A C G
Hoyt-Schermerhorn Sts
☎（1-718）254-9378
营 周一～周六 12:00~19:00
周日 12:00~17:00
休 节假日 CC A M V
网 www.collierwest.com

把布鲁克林特产带回家

在“纽约制造”中更酷的是“布鲁克林制造”！以下是一些独具匠心的礼物！

A

Mast Brothers 的巧克力

这是附近的布鲁克林艺术图书馆（Brooklyn Art Library）的书架标签版。$9

B

The Red Head 的威化饼

培根＋花生仁＋槭糖，可以做下酒菜。$6.5

A

Brooklyn Art Library 的笔记本

屋顶状的蓄水桶的插图十分可爱。$10

C

Brooklyn Larder 的小吃

口感轻脆和南瓜子的香味是其特点。$5.50

B

Plan Tea 的有机茶

不需要加白砂糖，蜂蜜的甜度让人惊喜。每瓶 $1.9

A

Brooklyn Art Library 的 T 恤

有着令人喜爱的囊括整个美国地图的设计。$25

C

Big Picture Farm 的卡通糖

浓郁香醇的佛蒙特产的羊乳制的卡通糖果。$13

B

Field Trip 的牛肉干

选用纽约近郊的散养牛的牛肉制成。$5.99

D

Meow Meow Tweet 的液体肥皂

猫的插图十分可爱，是化妆品品牌。$11.99

A 布鲁克林艺术博物馆
Brooklyn Art Library

这个画廊收集了世界各地的个人素描。可在咨询博物馆负责人员之后阅览作品。

别 MAP p.39-A2　威廉斯堡
住 103A N.3rd St.（bet. Wythe Ave. & Berry St.）
地铁 L Bedford Av
☎（1-718）388-7941
营 每天 12:00~20:00
休 节假日
CC A M
URL www.sketchbookproject.com/arthouse

B 美食协会
Gourmet Guild

经营当地制造的从食品到生活杂货的各个领域的商品。并有咖啡厅等配套设施，可以作为休息的场所。

别 MAP p.39-A3　威廉斯堡
住 110 Broadway（bet. Berry St. & Bedford Ave.）
地铁 L Marcy Av
☎（1-718）388-7726
营 周一～周五 8:00~20:00　周六、周日 9:00~18:00
休 节假日
CC A M V
URL gourmetguildusa.com

B

McClure's Pickles 的西式泡菜

布鲁克林的名特产，McClure家的手工制作。$12

C 布鲁克林食品贮藏室
Brooklyn Larder

配有咖啡和礼品店的蔬菜＋奶酪专卖店。新鲜的面包和咖啡，以及自家手工制作的意大利冰激凌、果冻都十分美味。

别 MAP p.41-C2　博寇卡
住 228 Flatbush Ave.（near Bergen St.）
地铁 2 3 Bergen St
☎（1-718）783-1250
营 周一～周五 8:00~21:00　周六、周日 9:00~21:00
休 节假日
CC A M V
URL www.bklynlarder.com

D 到布鲁克林一游
By Brooklyn

店如其名，这里收集了布鲁克林产的有趣的创意物品，是一间十分令人喜爱的店铺，在游客中间也相当有人气。

别 MAP p.40-B2　博寇卡
住 261 Smith St.（bet. Douglass & Degraw Sts.）
地铁 F G Carroll St.
☎（1-718）643-0606
营 周一～周五 11:30~19:00　周六、周日 11:00~19:00
休 节假日
CC A M V
URL bybrooklyn.com

B

Liddabit Sweets 的糖果

手工制作的糖果，苹果汁的味道。$7

B

Pipcorn 的爆米花

请一定要品尝玫瑰味和白松露味的爆米花。$3.95

布鲁克林的人气品牌

玛士高
Moscot

玛士高家族四代人持续经营至今的老字号眼镜品牌，如今在布鲁克林也新增了店铺。

别 MAP p.40-B1　博寇卡
住 159 Court St.（bet. Pacific & Dean Sts.）
地铁 2 3 4 5 Borough Hall
☎（1-718）-551-0591
营 周一～周五 10:00~19:00　周六 10:30~18:00　周日 12:00~18:00
休 节假日
CC A M V
URL www.moscot.com

深度旅行

这里介绍布鲁克林的回头客们纷纷想再次重游的景点。虽然游玩的难度有点大，但是通过这种旅行可以更深层次地体会布鲁克林的魅力所在。

传说中的艺术区
——布什维克区（Bushwich）

布什维克区（→p.130）一直以来因被当作“下一个切尔西”而备受关注。在这曾经一片荒芜的工业地带上，集结了一群追求艺术的年轻人，他们在这里寻求广阔的艺术创作空间，重新造就了独特的社区。车站周边的小型艺术店铺也在不断增加。但是，有一些道路白天也人迹罕至，虽然这里治安很好，散步的话建议还是在车站周边为妙。

上：入乡随俗，像当地人一样喝一杯咖啡小憩一下吧
右：店铺的标志是墙壁上巨大的燕子图案

小燕子咖啡厅
Swallow Cafe

这里是散步疲劳之后再好不过的休息之处。在这个小咖啡厅里经常可以看到当地居民专心读书、工作的身影。

别册 MAP 地图外 布什维克
住 49 Bogart St.（bet. Grattan & Moore Sts.）
地铁 Ⓛ Morgan St　☎ 未公开
营 每天 7:00~21:00　休 节假日
CC 只能使用现金，不能刷卡
URL 无

亘古不变却历久弥新的保龄球和电影

布鲁克林碗池位于威廉斯堡，这里有十分著名的餐厅——蓝色丝带，所提供的食物非常吸引人，此外，布鲁克林当地的啤酒种类也十分丰富。从那里步行10分钟就有一个夜场电影院，可以在那里一边吃饭一边欣赏电影。菜单种类很齐全，有爆米花、沙拉、热狗、汉堡包等，而且还有酒品类。

布鲁克林保龄球馆
Brooklyn Bowl

在这里不仅可以打保龄球，还可以欣赏当红艺术家的现场演出，是十分受人们欢迎的一个地点。

别册 MAP p.39-A1 威廉斯堡
住 61 Wythe Ave.（bet.N.11th &N.12th Sts.）
☎（1-718）963-3369
营 周一～周四 18:00~次日 2:00
周五 18:00~次日 4:00，
周六 12:00~次日 4:00
周日 12:00~次日 2:00
（※18:00 以后只接待 21 岁以上游客）
CC Ⓐ Ⓜ Ⓥ
URL www.brooklynbowl.com

夜鹰电影院
Nitehawk Cinema

一流厨师长正在进行特别策划，尝试提供起源于曾上映的一部电影的料理。详见网站信息。

别册 MAP p.39-A2 威廉斯堡
住 136 Metropolitan Ave.（bet. Berry.St & Wythe Ave.）
☎（1-718）384-3980
营 周一～周五 16:00~次日 2:00（周六、周日 12:00~）
CC Ⓐ Ⓓ Ⓙ Ⓜ Ⓥ
URL www.nitehawkcinema.com

罗博塔
Robertas

提供地道的、烤得十分薄的比萨，深受当地年轻人的喜爱。午餐时间十分拥挤。

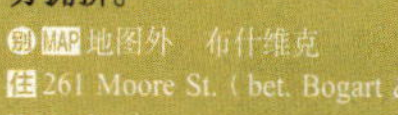

别 MAP 地图外 布什维克
住 261 Moore St.（bet. Bogart & White Sts.）
☎（1-718）417-1118
地铁 Ⓛ Morgan Av
营 周一～周五 11:00~00:00
周六、周日 10:00~00:00
休 节假日
CC 只能使用现金，不能刷卡

玛格丽特 $12

让人很难想象这是一间比萨店的外观

阿比商铺
Shops at the Loom

是拥有咖啡厅和画廊等约 20 个商铺的小型购物中心。

别 MAP 地图外 布什维克
住 1087 Flushing Ave.（at Porter Ave.）
地铁 Ⓛ Morgan Ave
☎（1-718）417-1616
营 & CC 各店铺不同
网 shopsattheloom.com

有很多当地设计师设计的衣服和小饰品

漫步布鲁克林的经典线路

因为布鲁克林面积广阔，建议 1 天锁定 1~2 个景点。威廉斯堡和邓波之间可以利用渡船作为交通方式。

威廉斯堡（北部）

4~11 月的周末可以乘坐渡船横渡东河（冬季 / 赶时间的人，可以乘坐地铁 Ⓛ 线在 Bedford Ave 站下车），在东河州立公园下船，经过跳蚤市场和 Smorgasburg 美食节，从 N. 6th St 走到 Bedford Ave。中途可以顺便到灯塔衣橱（Beacon's Closet）和布鲁克林啤酒厂，当然也可以去往绿点（Greenpoint）方向。另外，还可以选择去南部。需要时间：4 小时～

威廉斯堡（南部）

从地铁 Ⓛ 线上的 Bedford Ave 站出发，沿 Bedford Ave 大街向南走。可以在 Grand St. 沿线的精品店一边购物，一边穿过 Metropolitan Ave 继续向南前进。在途中，推荐在 Dinner、PETER LUGER 牛排店等享用午餐。同时也可以在 Broadway 沿线的美食协会物色纪念品。之后在 Marcy Ave 站乘坐地铁 Ⓙ Ⓜ 线前往曼哈顿。需要时间：4 小时～

博寇卡

从地铁 Ⓕ Ⓖ 线上的 Carroll 站出发。可以在 Smith St. 和 Court St. 两条店铺和看点十分多的街上徘徊一阵子之后，一路北上（这两条街是完全平行的，所以在逛街时要注意平衡时间的分配）。进入东侧的 Atlantic Ave. 街，一边欣赏路边的古董店，一边进入大西洋枢纽站（途中有咖啡厅）。同时沿途还有大超市，可以尽情购买物美价廉的物品。乘坐地铁 Ⓑ Ⓠ ② ③ ④ ⑤ 线从 Atlantic Ave-Barclays Ctr 站出发前往曼哈顿。需要时间：4 小时～

邓波

乘坐渡船前往邓波（冬季 / 赶时间的人，可以乘坐地铁 Ⓐ Ⓒ 线前往 High St 站）。从布鲁克林大桥的一旁眺望摩天大楼，在沿河岸的公园和石板路 Water St. 上漫步。在 Jack Trace 买到心仪的巧克力，闲逛 Front St. 和 Plymouth St. 沿途的店铺之余，在 Jay St. 上的咖啡厅来一个简单茶歇，之后沿着 Jay St. 一路北上前往 Ⓕ 线上的 York St 站。需要时间：3 小时～

WHAT'S NEW in NEW YORK

近期开业的新景点以及
热门的新闻，让你更接近纽约。

2014 年在新泽西举办了 F1 比赛

在曼哈顿对面的西纽约，由 Maruman Tilke 组织进行赛场施工。跑道使用了包括高速公路的公共街道线路。F1 赛车以曼哈顿为背景飞奔疾驰。不妨在旅行中感受一下 F1 的线路。

2015 年 NBA 全明星赛在纽约举办

这是纽约第五次举办全明星赛，根据此前的安排，周五、周六的活动在巴克莱中心举办，而周日当天的全明星正赛在尼克斯主场麦迪逊广场花园举办。

同时，联盟以及合作伙伴们还在纽约五大区举行各式各样的活动。纽约在这一年无疑会成为篮球迷的圣地。

世界贸易中心的施工计划

将要成为重轴戏的世界贸易中心在全力施工中，在 2015 年曾经位于中央广场集散中心的购物中心重新营业。

预计将于 LES 建设低线公园（Low-Line）

继在废弃的高架铁路上建成的空中公园——高线公园之后，预计接下来就是将要在位于下东城区的废弃地铁处建设公园。虽然是地下，但却是吸收了太阳光的绿色空间。

将要在斯塔滕岛建成世界最大的摩天轮观光车

预计将要建在斯塔滕岛扬基队主场的旁边。以大约 190 米的“纽约摩天轮”为中心，其附近也将建成大型的购物中心。2015 年内有望开始营业。

Photo：The New York Wheel LLC

世界最大的摩天轮，“纽约摩天轮”（效果图）

12 月的纽约 该如何游览呢？

《走遍全球》
纽约特派员为您推荐

《走遍全球》 纽约特派员 青木 多佳子

在升入俄亥俄州立大学就读研究生之前已经在美国生活了 17 年。现在作为旅行顾问兼作家活跃在纽约。是骨子里爱好旅行的人，去过的国家多达 45 个。穿越了美国的森林、沙漠、大海、溪谷和城市。

能够赶走严寒的热门活动，给这一年画上个圆满的句号！

说起纽约 12 月的活动，在时报广场所举行的除夕倒计时最为有名。此外，为了迎接圣诞节和新年，这个时期的曼哈顿会有很多的庆祝活动。所到之处都装饰着美丽的彩灯和彩色装饰。这里想要特别推荐的是只有在 12 月才有的看点和旅行方式。

11 月下旬 ▼ 1 月上旬

在洛克菲勒中心的圣诞树前摄影留念吧！

作为纽约冬季的自然风景诗画，洛克菲勒中心的圣诞树是不可缺少的。在这里，可以欣赏到高达 24 米的巨大圣诞树，尽情感受圣诞节的气氛吧。虽然这个时期非常拥挤，但是走到圣诞树前和家人朋友拍照留念，是不是可以成为一个宝贵的回忆呢？

12 月上旬 ▼ 1 月中旬

时报广场 1 号楼的数字化 LED 圣诞树

映照在时报广场 1 号楼上高达 40 米的数字化 LED 圣诞树一定要去观赏。在顶部所闪烁的数字化艺术不论看几遍都十分有趣。其因是“电器装饰动画中最高”而被收入《吉尼斯世界纪录》中。

外套募捐日，2012 年回收了 12 万件外套！

在 2012 年第 25 个外套募捐日的时候，为了那些不得不忍受严寒的无家可归的人，号召市民们捐赠不需要的外套的大型慈善活动，以“冻僵的自由女神”为视觉冲击的背景，在指定的地点接收外套。

截止到
12月30日

在“Wishing Wall（许愿墙）”上写下新年愿望！

在位于46街的游客中心处有一面许愿墙，可以拿出一张纸写下你的新年愿望。这个写有新年愿望的纸将成为时报广场新年倒计时后飞下来的彩纸屑。在迎来新年的一瞬间，在夜空中闪耀飞舞并落下。

12月
31日

在时报广场的倒计时钟声敲响之后来自世界各地的人们都沉浸在新年快乐的气氛中

作为纽约市最大的圣殿，时报广场吸引了来自世界各地的100多万人聚集到此，迎接新年。这是不论谁都会想体验的盛典，不仅有现场即兴表演，而且每1个小时的倒计时之后，会场的气氛都会再度升级！在23时59分开始的“落球仪式”上会有美丽的水晶球从TOSHIBA VISION的上部降落，迎来新年的瞬间，VISION会闪闪发光，和烟花、彩纸屑等交织为一体。

从早上开始等待的人要做好防寒工作

迎来新年那一瞬间的TOSHIBA VISION

2013年从“好奇号”火星探测器上也飞来了美好的祝愿

活动日程表

16:00 开始引导游客 ▶ 18:00 音乐现场演奏・各类活动开始 ▶ 23:59 落球仪式开始 ▶ 0:00 HAPPY NEW YEAR!!

TOSHIBA VISION 上年号的更换

在时报广场1号楼的楼顶上更换年号的时间是比新年早一周的年末最后一周。更换的数字的尺寸和重量都是其他所不可比拟的。

纽约是多民族文化聚集区，到这里来观察一下不同人的各自风格吧！

NY 观察街头人物百态

MID TOWN

位于47st的5th Ave和6th Ave之间的"钻石区"（也被称为"钻石楼"），正如其名，聚集了以钻石为首的贵金属和宝石的商铺。全美国八成的钻石交易在这里进行。在这里可以看到一些留有黑胡子的大叔们（也有年轻人）都是哈西德派＝超正统的犹太人。

即使夏天也穿着黑色夹克衫、黑色裤子，并戴着黑色毛毡帽子。
JEWELY
DIAMOND
GOLD
梳着短发、留着鬓角，还有人留着卷发。
据说即使都是哈西德人也是分很多派别的，穿着也不尽相同。
面对突如其来的大雨，将浴帽套在了帽子上。
公文包里有宝石。（八成是的）
利用店里的通勤车往返于布鲁克林。
哈西德社区位于布鲁克林的皇冠高地。也有跟团旅行，有兴趣的请关注一下。
jewishtours.com
KOREAN BBQ
留有鬓角、梳着卷发的少年戴着小小的帽子。
女孩子的穿着相对来说比较自由，但是……
穿着长袖和紧身衣裤，看不到皮肤……
从钻石楼向南走，穿过帝国大厦之后，就到了韩国小镇，如果想更进一步地感受亚洲小镇的风情的话就前往皇后区的法拉盛吧！

TRANSPORTATION

交通

定位纽约

纽约所辖的范围其实是非常宽阔的，但由于主要的旅游景点大多集中在曼哈顿，因此对即将要出发的游客来说，纽约一般就是指曼哈顿。所以本书中以介绍曼哈顿为中心介绍纽约。

通常情况下我们所说的纽约是指位于纽约州的纽约市。纽约市又包括曼哈顿区、布鲁克林区、皇后区、布朗克斯区和斯塔滕岛五个区。曼哈顿之外的被称为“外区”。哈德孙河对岸的新泽西州是每天前往曼哈顿上班的人们的住宅区。

❶曼哈顿
Manhattan

作为经济和流行的中心，曼哈顿集中了众多观光景点，吸引着来自世界各地的游客。道路纵横交错，可以尽情周游。因其每一个区域都各有特色，因此每一次漫步都可以给游客带来不同的享受。

→ p.62

❷布鲁克林
Brooklyn

位于东南部，与曼哈顿隔东河相望。这里商店、餐厅、艺术画廊、公园、高级住宅区等一应俱全。绚丽的纽约元素和充满活力的职场人在此聚集，因高速发展而引人注目。

→ p.130

❸皇后区
Queens

是纽约五个区中居住面积最大的一个区。有众多的外来移民，是有着 100 多种语言的多元文化区。贯穿皇后区东部的地铁 7 号线被称为“国际列车”。

→ p.136

❹斯塔滕岛
Staten Island

位于纽约南部的一个大岛。虽然距离曼哈顿乘渡船仅需 25 分钟，却是一个十分安静的住宅区。因为这里有斯塔滕岛扬基队的大本营，所以很多人造访这里。

→ p.140

纽约的五个区和NJ(新泽西州)

加拿大
波士顿 Boston
纽约州 NEW YORK
纽约 New York
新泽西州 NEW JERSEY
芝加哥 Chicago
华盛顿DC Washington, DC
大西洋
新奥尔良 New Orleans
奥兰多 Orlando
墨西哥湾

① 曼哈顿 Manhattan
② 布鲁克林 Brooklyn
③ 皇后区 Queens
④ 斯塔滕岛 Staten Island
⑤ 布朗克斯 The Bronx
⑥ 新泽西州 New Jersey

哈德孙河 Hudson River
东河 East River
纽瓦克湾 Newark Bay
上纽约湾 Upper Bay
牙买加湾 Jamaica Bay
大西洋 Atlantic Ocean
拉瓜迪亚机场
约翰·菲茨杰拉德·肯尼迪国际机场
纽瓦克自由国际机场
N
0 4km

⑤布朗克斯

The Bronx

布朗克斯位于曼哈顿北部，同时这里也是嘻哈文化和说唱音乐的发祥地。

→ p.141

⑥新泽西州

New Jersey

很多在纽约工作的人都住在这里，是纽约州旁边的州。近年来增加了许多步行街。

→ p.142

读懂曼哈顿的地址

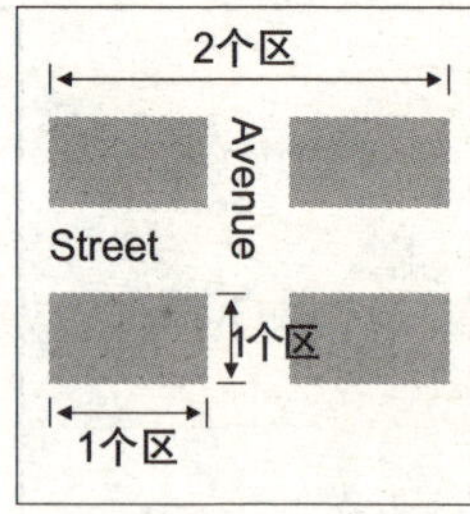

大道（Avenue）和路（Street）所环绕的范围叫作“区”，在当地游客经常会听到的“位于下一个区”表示的是位于“下一个街道”。“位于下两个区”则表示位于“下数第二个街道”。

曼哈顿的道路呈围棋棋盘状。即使是初次到访的人，也比较容易看懂。懂得了规则的话，即使没有地图也可以知道某一地址的大致位置。

路 Street（缩写为 St.）

横跨曼哈顿东西（横）方向的道路

●由南向北数字逐渐变大。

●带数字的表示“……街”，除此之外的表示“……路”，例如：58th St. 表示 58 街、Bleecker St. 表示 Bleecker 路。

路和路之间的距离
约为 80 米（步行约 1 分钟）

大道 Avenue（缩写为 Ave）

横跨曼哈顿南北（纵）方向的道路

●由东向西数字逐渐变大。

●以第五大道为界线，地址分为西（West =W.）和东（East=E.）。

大道和大道之间的距离
约为 250 米（步行约 3 分钟）

必备词语

Between（缩写为 bet.）表示：位于～之间

Corner、at 表示：位于～的一角

Near 表示：位于～旁边

Broadway 有时会缩写成 B'way

以上虽然并不是正式的地址表示，但是游客经常会看到的标志，最好记住。

街道名	West End	Broadway	Amsterdam	Columbus	Central Park West		
90-96	620-737	2440-2554	620-733	621-740	300-360	中央公园	
84-90	500-619	2321-2439	500-619	501-620	241-295		
78-84	380-499	2201-2320	380-499	381-500	239-241		
72-78	262-379	2081-2200	261-379	261-380	121-239		
66-72	122-261	1961-2079	140-260	141-260	65-115		
58-66	2-121	1791-1960	1-139	2-140	0-65		
街道名	11th Ave	Broadway	10th Ave.	9th Ave.	8th Ave.	7th Ave.	6th Ave.
52-58	741-854	1674-1791	772-889	782-907	870-992	798-921	1301-1419
46-52	625-740	1551-1673	654-770	662-781	735-869	701-797	1180-1297
40-46	503-624	1440-1550	538-653	432-662	620-734	560-701	1061-1178
34-40	405-502	macy's	430-537	431-432	480-619	442-559	1060-1061
28-34	282-404	1178-1282	314-429	314-431	362-479	322-442	815-1060
22-28	162-281	940-1177	210-313	198-313	236-361	210-321	696-814
14-22	26-161	842-940	58-209	44-197	80-235	64-209	695-520
8-14	—	748-842	0-58	0-44	0-80	2-64	420-520

用语一例 46th St.（at 5th Ave）=46 街上第五大道的一角。bet. 49th & 50th Sts.= 位于 49 街和 50 街之间。46th St.（near 7th Ave.）= 位于 46 街上，第七大道的旁边。

从地图上看“地址一览表”

地址上有 St.（Street）的情况下：

例 11W.　53rd St.

①写有“53rd St.”，表示位于 53 街上。

②写有“W.（=West）”，表示位于西侧。

如果是“E.（=East）”则表示位于东侧。试着从下表中找出包括“西 11”的范围。

③该范围位于 5th Ave. 和 6th Ave. 之间，也就是说，该地址位于沿着 53 街上的第五大道和第六大道之间。

④门牌号码是奇数的话表示位于北侧，偶数的话表示位于南侧。

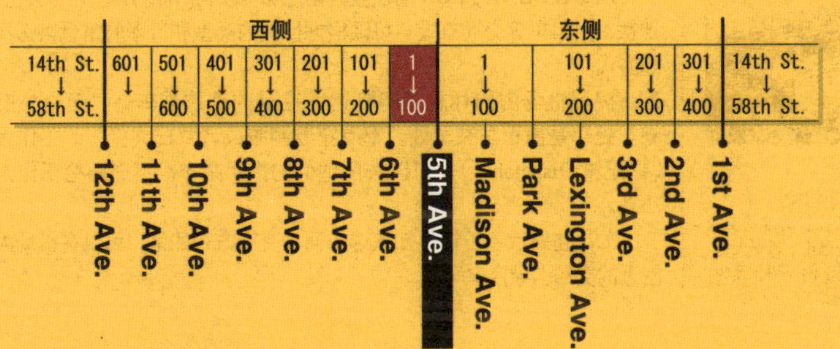

地址上有 Ave.（Avenue）的情况下：

例 727　5th Ave.

①写有“5th Ave.”表示位于第五大道上。

②从下表中 5th Ave. 的一列找到包括“727”的范围。

③左侧的街道名写有 52~58th St.，也就是说，该地址位于沿着第五大道上的 52 街和 58 街之间。

5th Ave.	Madison	Park	Lexington	3rd Ave.	2nd Ave.	1st Ave.
1090-1148	1254-1379	1120-1236	1361-1486	1601-1709	1736-1854	1740-1855
1030-1089	1130-1250	1000-1114	1248-1355	1490-1602	1624-1739	1618-1735
970-1028	1012-1128	878-993	1120-1248	1374-1489	1498-1623	1495-1617
910-969	896-1006	760-877	1004-1116	1250-1373	1389-1497	1344-1494
850-907	772-872	640-755	900-993	1130-1249	1260-1363	1222-1343
755-849	621-771	476-639	722-886	972-1129	1101-1260	1063-1222
5th Ave.	Madison	Park	Lexington	3rd Ave.	2nd Ave.	1st Ave.
656-754	500-611	360-475	596-721	856-968	984-1101	945-1063
562-655	377-488	240-350	476-593	741-855	862-983	827-944
460-561	284-375	99-240	354-475	622-735	746-860	701-827
352-459	188-283	5-99	240-353	508-621	622-747	599-701
250-351	79-184	4-404	120-239	394-507	500-621	478-598
172-249	1-78	286-403	9-119	282-393	382-499	390-478
69-170	University	0-285	1-8	126-281	230-381	240-389
9-69	0-120	—	—	59-126	138-230	134-240

从机场前往曼哈顿

机场内设施
机场内有汽车租赁服务柜台、酒店预约柜台、咖啡厅、餐厅以及货币兑换处。

交通引导台
Ground Transportation
提供前往目的地的交通方式（穿梭巴士、机场大巴、豪华轿车等）的介绍和预约。

前往纽约可利用的主要机场有肯尼迪国际机场（JFK）、纽瓦克自由国际机场（EWR）和拉瓜迪亚机场（LGA）3个机场。其中，包括中国航班在内的很多航班都飞往JFK。

前往曼哈顿的方法

从JFK、EWR、LGA前往曼哈顿，都可以利用机场大巴、穿梭巴士、地铁、出租车等交通方式。可以根据行程的类型和行李的重量来选择交通方式。

按照机场内的标志便可到达前往目的地的乘车处。无论公交车乘车处还是出租车乘车处，都有穿着制服或者宽松夹克服的工作人员（调配员Dispatcher），可以按照他们的指示乘车。不需要给工作人员小费。

如果迷路或者苦恼不知该选用何种交通方式的话，可以在机场大厅附近的交通引导台询问。

选择交通方式时的几点提示　　○＝适合　△＝还算适合　×＝不合适

	机场大巴	穿梭巴士	公交、机场轻轨、地铁、火车	出租车
行李多而且体积较大	○	○	×	○
以便宜出行为目的	△	△	○	×
轻松出行	△	○	×	○
以提前到达为目的	×	×	△根据地点选择	○如果交通不堵塞的情况下

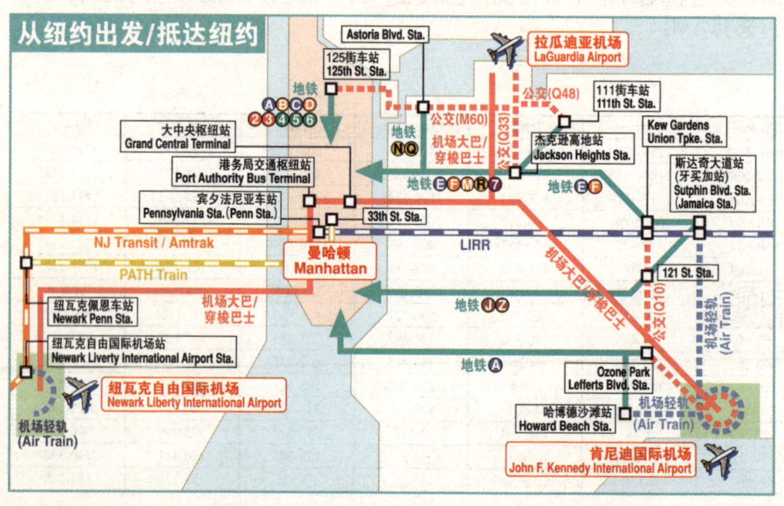

❤本栏主要根据读者投稿信息制作而成，请关注走遍全球新浪微博 weibo.com/zbqqcom 与编辑部互动。

JFK 肯尼迪国际机场
John F. Kennedy International Airport

这是一座位于皇后区的大型机场，距离曼哈顿以东24公里。

URL www.panynj.gov

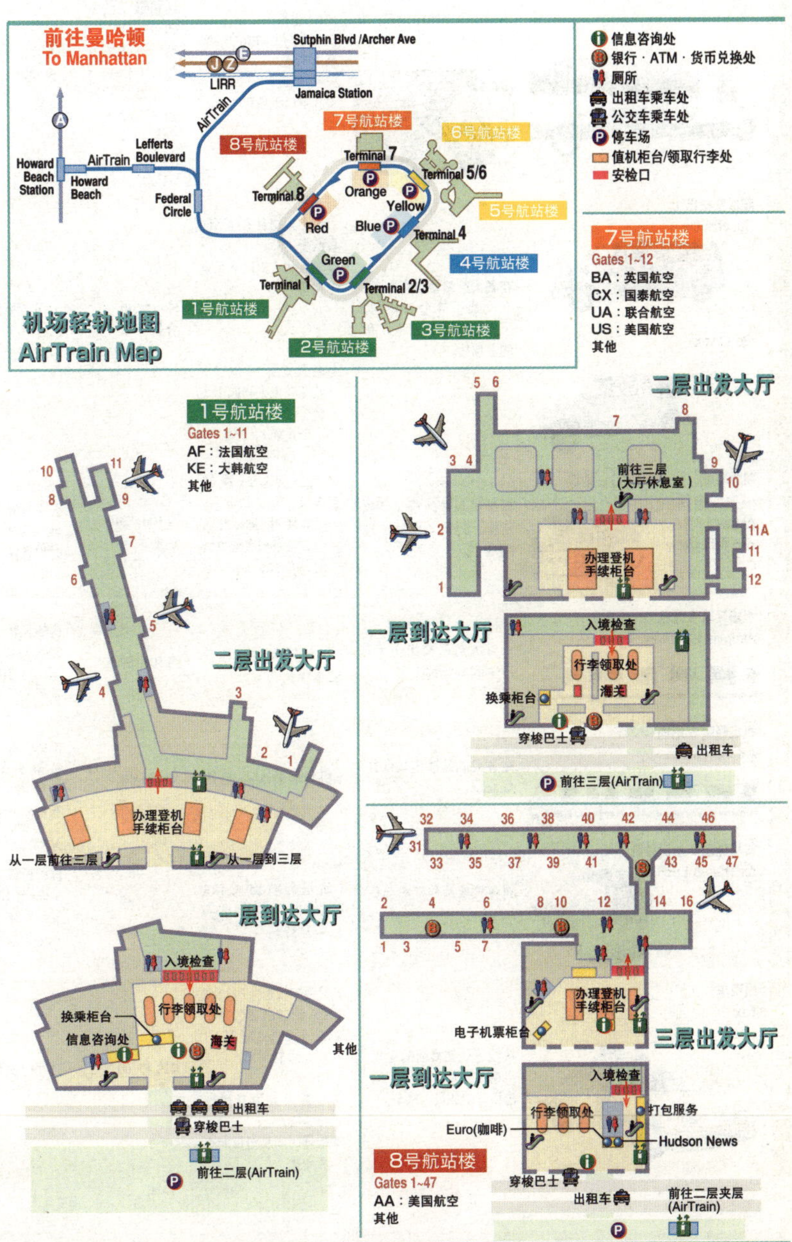

❤JFK→纽瓦克 Olympic Airporter 直达的巴士每小时一班，大约需要1个半小时。详见网站或者机场柜台处。单程 $30。有相反线路。URL olympic-limo.com

从肯尼迪国际机场前往曼哈顿

	交通方式	乘车方法	费　用	所需时间	运行时间
机场大巴	机场大巴 NYC Airporter	在各大航站楼均有发车。把钱付给穿着写有“NYC Airporter”的衣服的工作人员。可以刷信用卡，也可以在网上预约。	$16（单程） 如果在网上购票的话价格为 $13 $29（往返） ● 3 岁以下免费	到 GCT 大约为 60~95 分钟 到 PAB 大约为 75~110 分钟 到 PEN 大约为 85~120 分钟	每隔 30 分钟
穿梭巴士	超级穿梭巴士 SuperSuttle	在各大航站楼均有发车。在交通引导台处预约，下车时付钱。也可以在网上预约。	$19~（根据目的地不同有所变化） ●老人和 3 岁以下儿童免费	约 45~90 分钟	24 小时随时发车
	Go Airlink		$19~ ●老人免费。3 岁以下儿童在大人陪同下免费（一个大人只能带一个儿童）。		
公交&地铁	机场轻轨、公交（Q10）、地铁 A E F J Z Airtrain, MTA Bus & Subway	乘坐机场轻轨到 4 号航站楼；再从 4 号航站楼 MTA 的公交站处乘车。	$5（公交 $2.5+ 地铁 $2.5[*1]） ●可以使用 Metro 交通卡。换乘一次是免费的，为 $2.5[*3]。	约 100~120 分钟	公交每隔 15 分钟一次（24 小时均有发车）
机场轻轨&地铁	机场轻轨 & 地铁 A Air train & Subway	在各大航站楼坐车前往 Howard Beach。	$7.5 （机场轻轨 $5[*2]+ 地铁 $2.5[*1]）	约 50 分钟	机场轻轨 高峰期每隔 5~10 分钟发车（24 小时均有发车）
	机场轻轨 & 地铁 E J Z Air Train & Subway	在各大航站楼坐车前往 Jamaica。	$7.5 （机场轻轨 $5[*2]+ 地铁 $2.5[*1]）	约 40 分钟	机场轻轨 高峰期每隔 5~10 分钟发车（24 小时均有发车）
机场轻轨&铁路	机场轻轨 & 长岛铁路 Air Train & LIRR	在各大航站楼坐车前往 Jamaica。	$13.75 ［机场轻轨 $5[*2]+LIRR（高峰期为 $9.5，非高峰期为 $7）］	约 40 分钟	机场轻轨 高峰期每隔 5~10 分钟发车（24 小时均有发车）
出租车	出租车 Taxi	从位于航站楼前的正规出租车乘车处（有 NYC 出租车乘务员）乘车。	前往曼哈顿为均一价 $52［另外附加高速公路费 $7.5（E-Z Pass $5.33）+ 小费大约 $7.5~10，总计约为 $68］ ●小费大致为费用的 15%~20%。 ●根据时间长短可能有所变化。	大约 40~60 分钟	24 小时随时发车

*1 地铁的费用，如果使用 Metro 交通卡的话是 $2.5，如果使用单次乘车票的话是 $2.75；如果使用无限制次数乘车卡的话，一周内是 $30。→ p.42

*2 乘坐机场轻轨在 JFK 的各大航站楼之间通行（1~8）是免费的，从那里到地铁站要花费 $5。

*3 关于公交、地铁、LIRR 的老人乘车费用请参照 p.38、p.52。

乘坐机场轻轨 & 地铁 A、机场轻轨 & 地铁 E J Z 时的注意事项：从机场去曼哈顿的时候不需要购买机场轻轨的票，而是下车后在 Howard Beach 站或者 Jamaica 站买票。

可以选择乘坐机场大巴、穿梭巴士、出租车等，还可以利用地铁。
具体的交通方式可以根据目的地自行进行调整。

※ 本书调查时信息，仅供参考。

目的地	优　点	缺　点	从曼哈顿出发	联系方式
停靠顺序依次为：GCT、PAB、PEN。 ※ 从 GCT、PAB、PEN 有前往中城（从 23rd St. 到 63rd St.）各大酒店的穿梭巴士（酒店费用包含在内，可以事先向相关负责人员说明所要前往的酒店）。	●乘车后便可以直接到达市中心。 ●如果是去 GCT、PAB、PEN 附近的酒店的话很有利用价值。 ●如果购买往返票的话价格会相对便宜。 ●有免费 Wi-Fi。	●如果是去 23rd St. 到 63rd St. 范围以外的酒店的话就会花费较高的时间和费用。 ●如果遇到交通堵塞的话会花费很多时间 ●在淡季时会拉长间隔时间（特别要注意从曼哈顿出发的车辆），有时因天气原因也会如此。	可以从 GCT、PAB、PEN 的公交站乘车（如果拥挤的话需要坐下一趟）。大约需要 120 分钟。如果在买往返票之前预约的话就会免费到 23rd St. 到 63rd St. 范围内的酒店接客。预约电话是 Free（1-855）269-2247。此项服务仅限买了往返票的人。	☎（1-718）777-5111 或者 Free（1-855）269-2247 URL www.nycairporter.com
曼哈顿的任何地方（包括私宅）	●即使时间很长也不需要换乘，可以直接到达目的地。 ●可以带我们到达指定好友的家里。	●因为是合乘车，未必每一次都会到所人住的酒店接客。并不推荐赶时间的人。	需要事先预约。可通过电话或者网上预约（可在网上买票），也拜托酒店的礼宾部预约。另外需要注意，有时车不会按时过来。	Free（1~800）258-3826 URL www.supershuttle.com Free（1-877）599-8200 URL www.goairlinkshuttle.com
从 Ozone Park Lefferts Blvd 乘坐地铁Ⓐ。从 Kew Gardens Union Tpke 乘坐地铁ⒺⒻ。从皇后区的 121St. 乘坐地铁ⒿⓏ。	●优点就是很便宜，如果使用 Metro 交通卡的话就更加划算。	●花费时间较长 ●有的时间段会很拥挤，所以不适合带行李箱的人乘坐。 ●必须确保到达曼哈顿后的交通的便利性。	只要乘坐和来的时候相反的线路就可以。但是要注意早晚地铁的高峰期。	☎511 URL www.mta info
从 Howard Beach 乘坐地铁Ⓐ。 从 Sutphin Blvd.—Archer Ave.、JFK（Jamaica）站乘坐地铁ⒻⒿⓏ。	因为是轨道交通，所以不会出现交通堵塞的现象。	●换乘地铁十分不方便 ●有的时间段会很拥挤，所以不适合带行李箱的人乘坐。 ●必须确保到达曼哈顿后的交通的便利性。	只要乘坐和来的时候相反的线路就可以。但是要注意早晚地铁的高峰期。	机场轻轨 Free（1-877）535-2478 URL www.jfkairtrain.com MTA ☎511
从 Jamaica 站乘坐 LIRR 前往 PEN。	●和地铁相比既舒适又快捷。 ●即使带着行李箱也不妨碍乘车。 ●推荐乘坐美国国家铁路客运公司（Amtrak）的列车前往 PEN 的乘客。	必须确保到达曼哈顿后的交通的便利性。但是相比之下费用也并不便宜。	只要乘坐和来的时候相反的线路就可以。但是要注意早晚地铁的高峰期。	LIRR ☎511 URL www.mta.info/lirr
私家住宅、酒店等任何地方均可。	●除了司机之外还可以载 4 位乘客（小型巴士可以载 5 位乘客）。 ●因为会直接载到目的地，所以十分轻松。 ●推荐行李多的人利用。	●费用昂贵 ●有时会遇到交通堵塞的情况。	从曼哈顿前往 JFK 的话是打表制。不论在哪儿都打得到车。	URL www.nyc.gov/taxi The Port Authority of NY &NJ URL www.panynj.gov/airports/jfk URL www.yellowcabnyc.com

GCT 大中央枢纽站　PAB 宾夕法尼亚车站　PEN 港务局交通枢纽站

※各大交通枢纽站的信息：p.51

从纽瓦克自由国际机场前往曼哈顿

	交通方式	乘车方法	费用	所需时间	运行时间
机场大巴	纽瓦克自由国际机场 Newark Liberty Airport Express	在各大航站楼均有发车。把钱付给穿着写有“NYC Airporter”的衣服的工作人员。可以刷信用卡，也可以在网上预约。	$16（单程） 如果在网上购票的话价格为 $13 $29（往返） ●老年人（62 岁以上），单程以及往返都是半价（需要护照）。12~16 岁单程 $10，往返 $20，不满 12 岁有大人陪同可以免费（每个大人最多只能带 3 个小孩）。	约 40~50 分钟	4:00~ 次日 1:00 期间，每 15 分钟发车一次。（6:45 之前以及 23:15 之后每半小时发车一次）
穿梭巴士	超级穿梭巴士 SuperSuttle	在各大航站楼均有发车。在交通引导台处预约，下车时付钱。也可以在网上预约。	$19~（根据目的地不同有所变化） ●老人和 3 岁以下儿童免费。	约 45~60 分钟	24 小时随时发车
穿梭巴士	Go Airlink		$19~ ●老人免费。3 岁以下儿童在大人陪同下免费（每个大人只能带 1 个儿童）。		
机场轻轨 & 铁路	机场轻轨 & 新泽西捷运 Air Train & NJ Transit	在各大航站楼坐车。	$12.5[*1] ●在自动售票机处买票[*2]。	约 40 分钟	新泽西捷运每小时发车 3 次（高峰期）
机场轻轨 & 铁路	机场轻轨 & 美国国铁 Air Train &Amtrak	在各大航站楼坐车。	$33~[*1] ●乘坐美国国铁 Amtrak，老人的话（62 岁以上）为 7.5 折；2~15 岁的儿童半价（每个大人最多只能带 2 个儿童），不满 2 岁的免费（每个大人最多只能带 1 个儿童）。	到 PEN 大约 30~40 分钟	机场轻轨高峰期每隔 3 分钟发车一次（24 小时均有发车）
机场轻轨 & 铁路	机场轻轨、新泽西捷运 &Path Train Air Train, NJ Transit & Path Train	在各大航站楼坐车。	$10.50[*1]（新泽西捷运，$8.25 + Path Train 为 $2.25.） ●新泽西捷运和 Path Train 的票在自动售票机上购买[*2]。	约 50 分钟	●机场轻轨高峰期每隔 3 分钟发车 ● Path Train24 小时运行
出租车	出租车 Taxi	从位于航站楼前的正规出租车乘车处（有 NYC 出租车乘务员）乘车。	$50~70，外加隧道通行费 $12（去往东城区要追加 $5 的费用。） ●老人（62 岁以上）打 9 折（需要护照）。 ●小费大致为费用的 15%~20% ●平时的 6:00~9:00 和 16:00~19:00、周末 12:00~20:00 需加付 $5。	大约 40~100 分钟	24 小时随时有车

*1　纽瓦克自由国际机场的机场轻轨是免费的。

*2　新泽西捷运、Path Train 的老人、儿童的费用问题请参照 p.53。

❤ **关于 3 岁以下儿童的乘车**　当乘坐厢式汽车、公交巴士以及出租车时，推荐携带儿童便携式安全带。

可以选择乘坐公交或者机场轻轨 & 铁路，也可以乘出租车。
因为位于新泽西州，所以纽约市公认的出租车不在管辖范围内。

※本书调查时信息，仅供参考

目的地	优 点	缺 点	从曼哈顿出发	联系方式
PAB →布赖恩特公园（5th Ave.& 42nd St.）→ GCT	●仅乘车以后便可以直接到达市中心。 ●如果是去 GCT、PAB 附近的酒店的话很有利用价值。 ●购买往返票的话价格会相对便宜。 ●需要绕纽瓦克机场转一圈之后才前往曼哈顿。	●从纽瓦克机场航站楼出来之后就前往曼哈顿吧~ ●前往主要的酒店因为需要在布赖恩特公园换乘（收费），如果不是其附近的酒店的话就要花费更多的时间和成本。	可以从 GCT、PAB、布赖恩特公园的公交站处乘车（如果拥挤的话需要坐下一趟）。大约需要 120 分钟。 ●乘车处 ● GCT 120 E.41St.（bet. Park &Lexington Aves.） ●布赖恩特公园 42nd St. & 5th Ave.（西北角） ● PAB 41st St.（bet.8th & 9th Aves.）请注意下车地点是 42nd St.	（1-877）863-9275 www.coachusa.com/olympia
曼哈顿的任何地方（包括私宅）	●即使时间很长也不需要换乘，可以直接到达目的地。 ●可以带我们到达指定好友的家里。	●因为是合乘车，未必每一次都会到所人住的酒店接客。并不推荐赶时间的人。	需要事先预约。可通过电话或者网上预约（可在网上买票），也可以拜托酒店的礼宾部预约。另外需要注意，有时车不会按时过来。	（1-800）258-3826 www.supershuttle.com （1-877）599-8200 www.goairlinkshuttle.com
在纽瓦克自由国际机场站换乘新泽西捷运→ PEN	●因为是铁路，所以不会出现交通堵塞的现象。	●必须确保到达曼哈顿之后的交通的便利性。	只要乘坐和来的时候相反的线路就可以。但是要注意早晚地铁的高峰期。	机场轻轨 （1-888）397-4636 美国国铁 （1-800）872-7245 www.amtrak.com 新泽西捷运 （1-973）275-5555 www.njtransit.com Path Train （1-800）234-7284 www.panynj.gov/path
从纽瓦克自由国际机场乘坐美国国铁→ PEN，前往费城、康涅狄格州等地。				
在纽瓦克自由国际机场换乘 NJ transit，在第一个站点处换乘 bustrain，在 WTC 站或者 33rd St 站下车。	●前往距离世界贸易中心、格林尼治村等 Path Train 站点较近的地方的话十分便利。	●必须确保到达曼哈顿之后的交通的便利性。 ●如果前往 33rd St. 站的话在纽瓦克的佩恩车站换乘 Path Train，再在第二站 Journal Square 站换乘。		
私家住宅，酒店等任何地方均可。	●除了司机之外还可以载 4 位乘客（小型巴士可以载 5 位乘客）。 ●因为会直接载到目的地，所以十分轻松。 ●推荐行李多的人利用。	●费用昂贵。 ●有时会遇到交通堵塞的情况。	乘坐新泽西州公认的出租车。打表制 +$17.5 附加费用 + 隧道往返通行费。	The Port Authority of NY & NJ www.panynj.gov/airports/newark-liberty www.yellowcabnyc.com

GCT 大中央枢纽站　PAB 宾夕法尼亚车站　PEN 港务局交通枢纽站

※各大交通枢纽站的信息→ p.51

❤ **各大机场间打出租车的时间和费用**　JFK → EWR 所需时间大约为 75~90 分钟，费用为 $97~102+$17.5 的附加费用 + 高速公路通行费 + 往返隧道通行费；JFK → LGA 所需时间大约为 30 分钟，费用为 $34~39。

EWR 纽瓦克自由国际机场 Newark Liberty International Airport

是位于新泽西州的国际机场。有A、B、C3个航站楼，美国联合航空停靠（原美国大陆航空）和航站B、C。

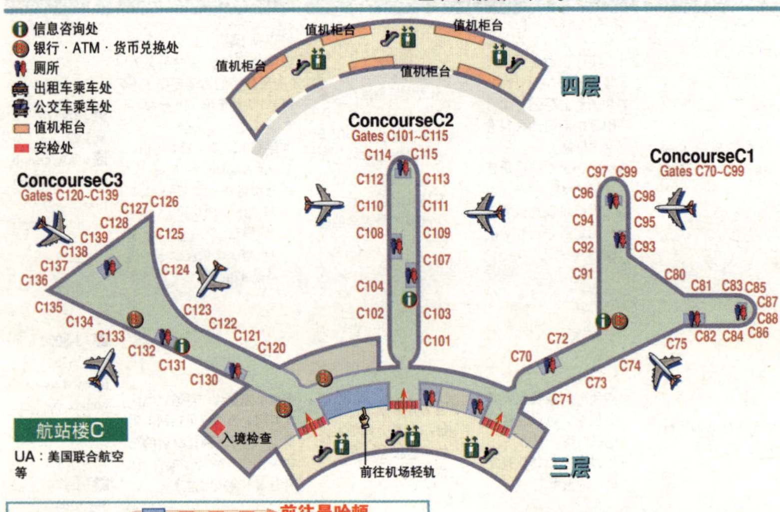

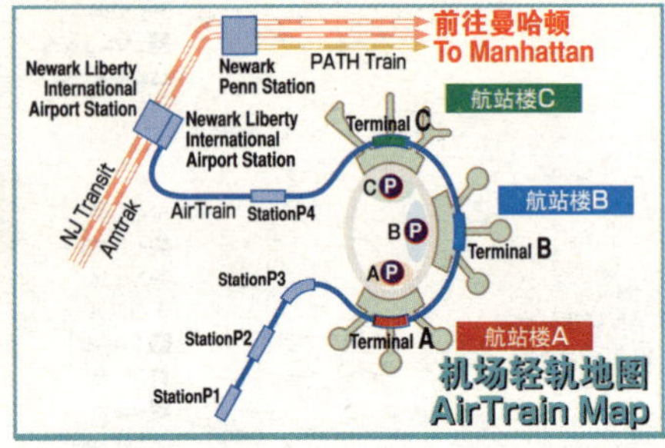

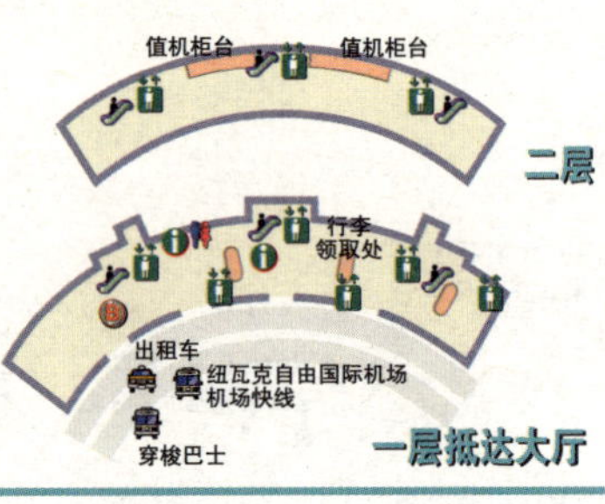

LGA 拉瓜迪亚机场 LaGuardia Airport

是距离曼哈顿最近的国内机场，有4个航站楼，主要有达美航空和全美航空等的国内线路。

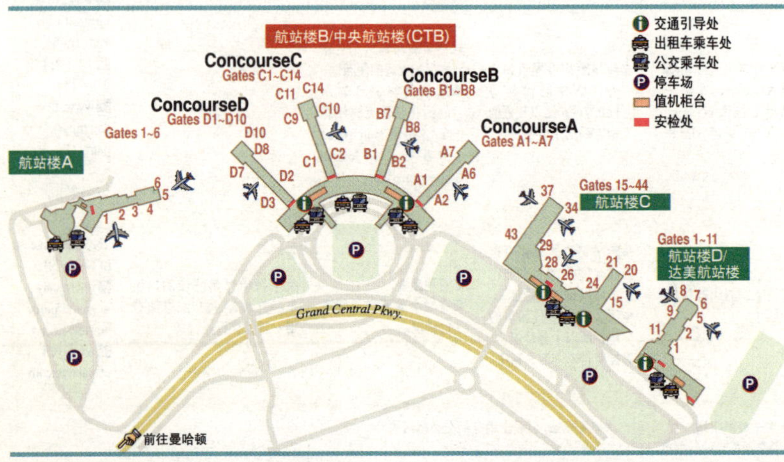

从 JFK 到 EWR 的便宜出行　机场轻轨 + 地铁 Ⓐ + Path Train（前往纽瓦克 PEN）+ 新泽西捷运 + 机场轻轨。但是要做好会前后花费 4~5 个小时的心理准备。

从拉瓜迪亚机场前往曼哈顿

是距离曼哈顿最近的机场。乘车大约需30~40分钟，乘坐地铁大约40~60分钟。

※本书调查时信息，仅供参考

交通方式		乘车方法	费用	所需时间	运行时间	目的地
机场大巴	机场大巴 NYC Airporter ☎（1-718）777-5111 或者 （1-855）269-2247 www.nycairporter.com	在各大航站楼均有发车。把钱付给穿着写有"NYC Airporter"的衣服的工作人员。可以刷信用卡，也可以在网上预约。	$13.5（单程） 如果在网上购票的话价格为$13。 $23（往返） ● 3岁以下免费。	到GCT大约为40~60分钟 到PAB大约为50~75分钟 到PEN大约为60~85分钟	每隔30分钟	从GCT、PAB有前往中城（从23rd St.到63rd St.）各大酒店的穿梭巴士，可以事先向相关负责人员传达所要前往的酒店。
穿梭巴士	穿梭巴士 SuperShuttle （1-800）258-3826 www.supershuttle.com	在各大航站楼均有发车。在交通引导台处预约、下车时付钱。也可以在网上预约。	$15~（单程） ●根据目的地不同有所变化。 ●老人和3岁以下儿童免费。	约40~60分钟	24小时随时发车	曼哈顿的任何地方（包括私宅和酒店）
公交&地铁	公交（M60）+地铁 MTA Bus & Subway	在各大航站楼均有MTA的公交站点并按时发车。	$4.5（公交$2.5+地铁$2.5[*1]） ●可以使用Metro交通卡。换乘一次是免费的，为$2.5。 ●需要注意公交车票只能用硬币购买，或者在乘车之前准备好Metro交通卡。也可以在机场内小卖部或者自动售票机上购买。 *1在使用单次车票乘车时价格为$2.75。	到达皇后区的Astoria Blvd站约为20分钟；到125th St.站约为30～50分钟	每隔8~15分钟	联结皇后区的Astoria Blvd站或者N Q以及曼哈顿125th St.沿线地铁2 3 4 5 6 A B C D。
公交&地铁	公交（Q33）+地铁 MTA Bus & Subway	同上		约25分钟	每隔6~30分钟	联结皇后区的Jackson Heights站，以及地铁7 E R F M。
公交&地铁	公交（Q48）+地铁 MTA Bus & Subway	同上		约20分钟	每隔10~30分钟	联结皇后区的111th St.站，以及地铁7。
公交&地铁	公交（Q72）+地铁 MTA Bus & Subway	同上		约20分钟	每隔10~30分钟	联结皇后区的111th St.站，及地铁7。或者63rd Drive-Rego Park站，地铁M R。
出租车	出租车 Taxi	从位于航站楼前的正规出租车乘车处（有NYC出租车乘务员）乘车。	大约为$25~37+高速公路通行费$7.5（E-Z Pass为$5.33）。 ●附加大致为费用15%~20%的小费一起支付。	大约30~40分钟	24小时随时发车	私家住宅、酒店等任何地方均可，推荐行李多的人利用。

GCT 大中央枢纽站　PAB 宾夕法尼亚车站　PEN 港务局交通枢纽站

※各大交通枢纽站的信息→p.51

❤ **在拉瓜迪亚机场购买Metro交通卡**　位于拉瓜迪亚机场市内乘车处附近的Metro交通卡的自动售票机上，售有Regular（普通储值卡）、Unlimited（不限制次数乘车卡）两种类型的Metro交通卡。不可以使用现金，只能使用信用卡。不能购买Single Ride（单次车票）。

曼哈顿的交通系统

MTA
URL www.mta.info
（有地铁运行图和对应的时刻表）。

获取线路图
在旅游咨询处和检票处可以免费领取地铁和公交的线路图，建议游客在活动前先领取一份。

Metro 交通卡的发行费用
2013 年 3 月 3 日在发行新的储值卡时确定了作为发行费用将收取 $1。

在曼哈顿众多的交通方式中，游客通常利用的有：地铁、公交、出租车。对于纵向细而长的曼哈顿，原则上来说，南北方向移动多采用地铁出行，东西方向多选择公交出行。

方便且划算的 Metro 交通卡

纽约的地铁、公交以及去近郊地区的铁路等的运营机构是 MTA（Metropolitan Transportation Authority ）。费用的支付统一使用 Metro 交通卡。统一票价 $2.5。交通卡有以下几种，可以在地铁站的售票室、售票机或者旅游咨询处购买。

普通储值卡 Regular（Pay–Per–Ride）

每乘一次车扣一次费。可以购买 $5~80 的任意额度。充值 $5 以上会有 5% 的优惠（例如购买了 $20，卡上就会有 $21）。每张卡最多可以供 4 个人使用。

无限制次数乘车卡 Unlimited Ride

可以无限制地乘车（使用到限定日期的 24:00）。周票 $30，月票 $112。推荐游客使用这种卡。

单次乘车票 Single Ride

和其他票种不同，每张票价为 $2.75，票面为白色。

Metro 交通卡的购买流程

①选择语言

手滑触摸屏操作，首先选择使用语言。中城等地的主要站点也有中文选项。

②选择卡的种类

选择 Metro 卡、单次乘车票或者其他选项。

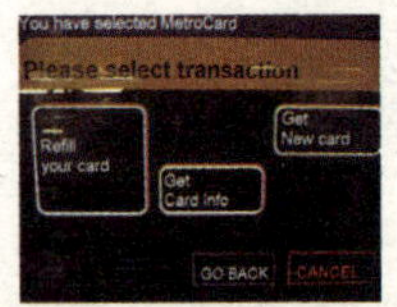

选择 Get New Card 购买新卡，如果已经持有交通卡想充值的话就选择 Refill your card。

想要无限制次数乘车的话就选择 "Unlimited Ride"，如果想要每乘一次车扣一次费用的话就选择 Regular Metro Card。

❤ **MTA 的老人（65 岁以上）费用** 需要提前预约老人优惠交通卡（Reduce Fare）。乘客中心：别 MAP p.3-C3 住 3 Stone St.（bet. Broadway & Broad St. ）。营 周一～周五的 9:00~17:00，填写申请书、照相之后，会当场发行老年优惠交通卡。$2.5 的费用优惠为 $1.25、无限制次数乘车卡的周票费用优惠为 $15。

使用 Metro 交通卡的注意事项

- 购买时，如果在自动售票机上使用信用卡，则需要五位数的 ZIP Code（邮编号码）。所以最好事先记住酒店的邮编号码。
- 因为自动售票机上找的零钱都是硬币，所以最好事先准备好零钱。
- 在多人使用普通储值卡 Regular 的情况下，要按照人数刷卡。如果出现错误提示，可以向工作人员出示交通卡并寻求帮助。

可以用来乘坐地铁和公交的十分方便的 Metro 交通卡（正面和背面）

关于地铁和公交的换乘

付　款	公交→公交	公交→地铁	地铁→公交	
普通储值卡	2 小时内免费。			不需要换乘票，换乘的时候只需要刷卡。当出现（one transfer ok）字样时，就表示成功换乘，而且不会扣钱。
无限制次数乘车卡	在有效期限内可以无限制次数乘车。			因为不需要在意费用和换乘，所以推荐到处游览观光的游客使用。
单次乘车票	不能够换乘。			就像其名称一样，因为是单次有效的乘车票，所以不能够换乘。
现　金	如果有换乘卡的话则可以换乘。		不能用现金支付。	只有公交车可以用现金（硬币）支付。

在此刷卡就可以确认 Metro 交通卡的余额

有用！
MTA 的换乘提示

在网站首页的 Trip Planner 处，可以搜索到公交、地铁的换乘以及所需时间。或者也可以通过 Service Status 了解运营信息。
URL www.mta.info

③选择天数（无限制次数乘车卡）

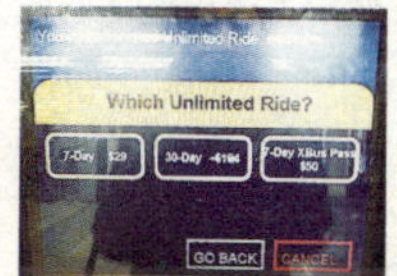

可以选择 7 天或 30 天两种类型。

③选择金额（Regular）

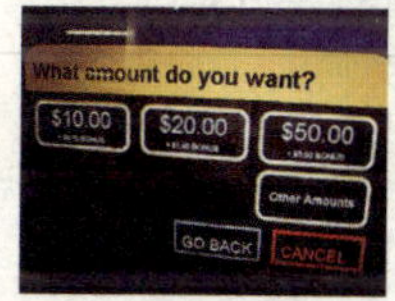

如果选择普通储值卡的话，会出现 $10、$20 等标识，如果想购买其他金额的话则选择 Other Amounts。

④选择支付方法

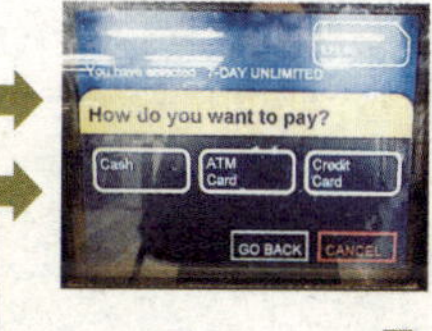

选择现金、ATM 储蓄卡、信用卡其中任意一种支付方式。

④付费

插入信用卡等。另外因为需要输入 ZIP 号码，所以最好事先记住酒店的邮编号码。

❤ **MTA 的儿童费用**　儿童票以身高为基准，身高 44 英寸（约 112 厘米）以下的儿童免费，而且 1 个大人最多只能带 3 个儿童。另外，不满 2 岁的儿童乘坐特快公交车免费（必须大人抱着）。

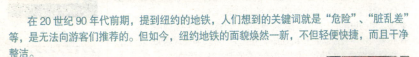

玩转纽约地铁
How to take the Subway

在 20 世纪 90 年代前期，提到纽约的地铁，人们想到的关键词就是“危险”、“脏乱差”等，是无法向游客们推荐的。但如今，纽约地铁的面貌焕然一新，不但轻便快捷，而且干净整洁。

①曼哈顿的地铁
关键词是“UP &DOWN”

- 在这里请记住，一般称南行为“下城 Downtown”；北行为“上城 Uptown”。
- 横跨东西的列车和行驶于曼哈顿之外的列车情形会与此有所不同，但一般说来地铁线路中南北方向行驶的列车数量占绝大多数。

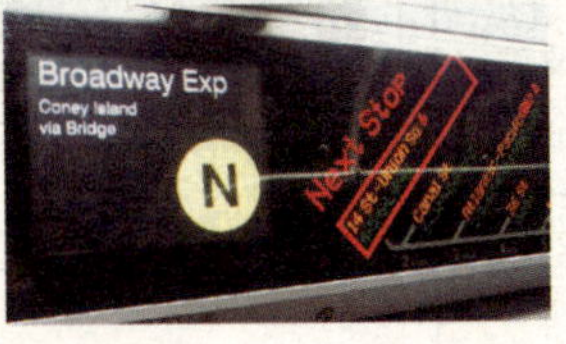

②地铁和公交均可使用
Metro 交通卡一卡在手，四通八达

- 费用为均一价 $2.5。不仅有地铁的地方畅通无阻，而且由于可以随便换乘地铁和公交，所以其便利性不言而喻（当然，不包括单次乘车票）。
- 无限制次数乘车卡的周票为 $30，所以乘坐 12 次以上的话就很划算。可以在各个地铁站的自动售票机或者旅游咨询处购买。

③慢车（各站停车）和特快车的介绍

- 相同颜色表示相同的线路，主要用数字和罗马字母来区分是慢车还是特快车。
- 在每一个站的站名处都写有在此停车线路的数字和字母，可供确认是否有目的地的车。
- 有 24 小时全时段运行的列车和在除深夜以及黎明时间的部分时段运行的列车两种。

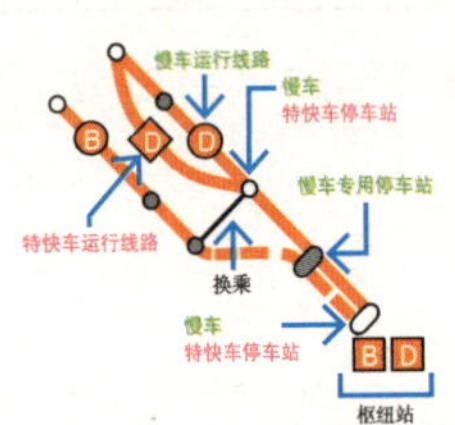

虽然线路相同但是分为慢车（L）和特快车两种。（参照别册 MAP p.46-47）

- 1 L 2 3 E
- 4 5 E 6 L
- A E C E L
- B D E F M L
- Q E N R L
- Z E J L

④习惯之后自然就会懂得的换乘法则

- 即使站名不同，但是比如以下的例子，因为离得特别近，即使步行也很快，所以换乘十分方便。
- 如果不是无限制次数乘车卡的话，要注意会产生费用。

1 South Ferry ←步行大约 3 分钟→ 4 5 Bowling Green

6 Bleecker St. ←步行就在旁边→ B D F M Broadway-Lafayette

E Lexington Ave./53rd St. ←在地下可以换乘→ 6 51 st St.

N Q R S 1 2 3 7 ←步行大约 3~5 分钟→ A C E 42nd St.

Times square-42nd St. Port Authority Bus Terminal

♥ Arts for Transit by MTA　为居住在纽约的艺术家和音乐家们提供展示艺术品和表演的场所。

⑤乘车之前要 Check！

乘坐地铁时的注意事项

尽管根据具体的时间段会多少有些不同，但曼哈顿的交通方式中地铁是最快的，也是最方便的。虽说曼哈顿的地铁已经很安全，但是还是不能过于松懈。关于犯罪和纠纷等，提请游客注意以下几点：

1 不要在治安差的时间段乘车

犯罪事件多发于深夜和早晨等乘客较少的时间段。所以尽量不要一个人单独乘车。深夜推荐选择出租车出行。

2 当乘客少的时候在 Off-hours Waiting Area 候车

在站台的该区域候车。深夜，乘坐地铁的警官会乘坐停在这一带的车辆。

3 注意乘车时的言行举止

注意不要穿着一身名牌在那儿发呆。另外尽量不要在站台或者车站里走来走去。包不要离手。

4 绝对不要进入犯罪多发的地点

车站里的厕所和人迹罕至的地方强盗事件多发，有时还会发生抢劫或者强奸的事件。因此女厕所是封闭的。

5 列车不会准时到达

有的时候会 2~3 辆一起到站，有时又需等很久。平均白天车的间隔为 5~10 分钟，深夜的话大约 1 小时只会有 2~3 辆车。

6 站着的时候要手握扶手

因为摇晃幅度很大，所以当没有座位的时候一定要手握扶手。

7 周末部分列车停运

主要是距离市中心较远的车站、周末因为改装施工等临时停运，有时也会出现整个线路停运的现象。很多时候不会事先告知乘客。

8 特快车

有的线路在很短的时间内会驶离车站很远，如果本来是打算乘坐慢车而乘错特快车的话，返回会花费很长时间。所以要注意不要乘错车。因为个别时间段，慢车和特快车停靠的站台是相同的。

9 即使不是终点也会突然停运

虽然还没有抵达终点就突然停运，导致乘客不得不换乘其他列车。这是在纽约时常发生的事，所以不需要慌张，听从播音指示换乘就可以了。

COLUMN

MTA 不断推出新的服务项目

MTA 行驶在 34 街的公交 M34 和公交 M34A（以前为 M16）推出了精品公交服务（SBS）。在各个车站设置了可以提前支付车票费用的机械。

同时，还在全市范围内引入了通过网络和手机可以实时查询列车运营状况的“公交时间”（Bus Time）的制度。另一方面，一部分的地铁站也引进了能够提供地铁运营状况的触摸式导游屏“On The Go”。

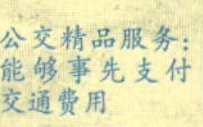

公交精品服务：能够事先支付交通费用

◎公交时间

URL bustime.mta.info

◎On The Go

URL onthego.mta.info

穿梭巴士的预约 提前 24 小时请酒店的工作人员帮忙预订，但是要注意有时会只受理下午出发的巴士。根据酒店会有所不同，最好提前确认。

地铁的乘坐方法

找到入口

注意观察标识来判断 Up 还是 Down

在入口处，十分醒目的标有通过这个站的列车线路的符号。另外在一些小的车站，入口分为 Uptown 和 Downtown 两个方向，因此注意不要走到相反方向的入口处，因为有的车站在站内两个入口是不相通的。

如果灯的颜色是绿色或者黄色就 OK

绿色的灯表示 24 小时开放。黄色表示只有平日白天开放。红色表示为出口专用，即使下了楼梯也是进不去地铁里的。

2 购买 Metro 交通卡

详细的购买方法请见 p.38

Metro 交通卡分为 $10、$20 等普通储值卡（Regular）和无限制次数乘车卡以及单次乘车票 $2.75。请购买适合自己旅行计划的类型。

每发行一张新 Metro 交通卡（普通储值卡 Regular、无限制次数乘车卡）收取 $1 的卡费

3 检票

首先刷卡

首先拿手中的 Metro 交通卡在机器上读卡，黄色一面朝左侧刷卡。

刷卡既不能过快，也不能过慢。注意刷卡的方式

※ 如果是无限制次数乘车卡的话，使用一次之后，要过 18 分钟才能再次使用。当然，如果有急事一定要坐车的话可以和窗口的工作人员说明情况，一般情况下都会放行的。

出现绿色指示灯表示可以通行

出现绿色指示灯表示可以通行，转动回转式横杆通过。Metro 交通卡的余额会显示在指示灯的下方。

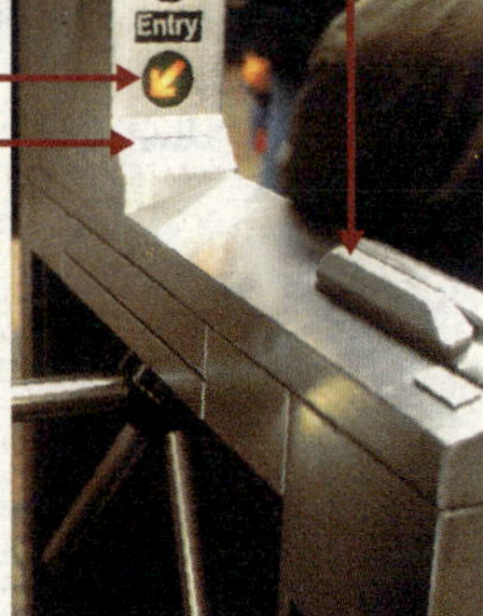

4 前往站台

注意是北行还是南行

方向用 Uptown 和 Downtown 标示。Uptown 是向北行驶（地图上看是向上）；Downtown是向南行驶（地图上看是向下）。

标示有线路号码和目的地

Via 是途经的意思。这段标示的意思是：经由 F 线的 Queens Blvd，前往 Jamaica 的 179 St；是特快车，深夜会在各站都停车。

5 乘车

确认列车的车头和侧面

这些位置标示有线路的名称、是特快车还是慢车。再次确认一下目的地。只是有时标示也会出现错误。

车内的情景。椅子很硬，上下班高峰期人会很多，不过和北京是没有办法相提并论的，车内的广告也十分有意思。

6 下车

使用回转式横杆或者专用出口

站台内写有站名，同时也有播音。离开车站时或者通过回转式横杆，或者从标有 EXIT 标记的专用出口出去。下车时不需要刷卡。

换乘

按照“Transfer”指示的方向前行就可以。图中的意思是：要换乘 6 号线的话，请利用站台两端的自动扶梯。

玩转纽约公交车

How to take the Bus

公交系统就像棋盘一样纵横交错于曼哈顿的东西南北。和地铁一样，作为市民出行时不可缺少的交通工具，全天24小时运行。对于旅行者来说也是一个只要习惯了就十分便利的交通工具。基本上每2~3个街区就有一个停靠站台，短距离出行也可以利用。

①记住横向移动时选择公交车出行

- 东西方向行驶的公交车，因为和地铁的线路不重复，所以利用价值大。
- 公交比较便利的地区有：中央公园一带、国联、海上航空宇宙博物馆、渡船停靠站等。

②如果有时间的话可以乘坐观光巴士

- 每200~300米就有公交站，方便随时下车。
- 从窗户处可以看到外面的景观，可以从地图上找到自己的位置并确认景观的位置。
- 如果只是想眺望高层建筑，欣赏街景的话可以不用乘坐观光车，同时也可以充分感受城市的氛围。
- 会因交通堵塞等情况而花费时间，所以推荐时间充足的游客乘坐。

③持换乘票和无限制次数乘车卡，畅行纽约

- 如果在第一次坐车时买换乘票的话就可以换乘一次。(但是仅2小时内有效，中途下车以及往返乘车不能使用)。
- 如果持有无限制次数乘车卡的话，不仅可以随便换乘地铁和公交，而且不限制乘车次数。

④了解线路和构造，玩转纽约公交

- 曼哈顿的道路，除了东西方向行驶的一部分外，其他基本上都是单行道，行驶方向互相错开。例如：如果第五大道是南下的方向，旁边的麦迪逊街就是北上的方向。
- 线路号码开头有M的表示在曼哈顿范围内行驶的公交车。B表示的是布鲁克林、Q表示的是皇后区、Bx表示的是布朗克斯、S表示斯塔滕岛。同时还有标有BM和QM两个字母的车，标有X的车表示为特快车（单程$6）。特快车不能使用无限制次数乘车卡，但普通储值卡可以。

夜晚到黎明前乘车的好处 22:00~次日5:00，只要是在线路内，即使是在车站以外的地方也可以乘车。

⑤了解线路和构造，玩转纽约公交

1

不要夜晚乘车，
因为夜间乘车的人比较少

夜晚在行人较少的路上，如果没有一起候车的人，最好放弃乘公交车，而选择乘出租车。

2

如果赶时间的话可以选择地铁或者徒步

纽约汽车很多，所以交通堵塞情况严重。公交要花费很长时间，如果赶时间的话，距离近就步行，距离远可以乘坐地铁。

3

车并不会按时抵达

虽然在公交站贴有车辆运行时刻表，但是车却不按照时间准点运行。需要注意，在夜间和周末，运行数量会减少。

基本所有公交站都有顶棚

COLUMN

观光巴士和剧场合二为一的"The Ride"

从2010年秋季开始运营的多媒体观光车Ride，在高科技装备的车内并排有3排面向窗户的剧场型座位。公交一侧的侧面和顶棚镶嵌着玻璃。还有两名十分幽默的英语导游，观光车总共围绕中城的各个著名景点转大约75分钟。更有趣的是在各个景点等候的表演者们所带来的舞蹈和惊喜等。就好比街道就是舞台，车内就是座位。给人全新的感受，作为观赏纽约的一个方式非常适合。

The Ride
Free（1-866）299-9682
URL www.experiencetheride.com
◎售票处
Madame Tussaud's
别 MAP p.33-C4
住 234W.42nd St.（bet.7th &8th Aves.）
营 周一～周六 10:00~20:30
费 $69（到16:00的日场：$59）
◎乘车地点
42街和8th Ave.的夹角处
Chevy's Mexican Restaurant 的前面
※门票可以通过网站、电话的方式购买，或者直接在售票处购买。
◎时间表（会临时有变更）
周二、周三、周四 19:00，20:30
周一、周五 14:00，16:00，19:00，20:30
周六 12:00，14:00，16:00，19:00，20:30
周日 14:00，16:00

除了车窗外的风景还可以欣赏到各种表演

Photo：Marc Bryan-Brown

VOICE **电车内电子器材的使用** 前往郊区的大都会北方铁路列车（→p.52）上引进了禁止使用iPhone和PC等电子设备的车辆。违反者将会遭到警告并记录。

公交车的乘坐方法

1 找到停车站台

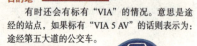

线路号码

首先确认自己将要乘坐的公交车的号码。在公交车的侧面标示有号码。同时注意是上行还是下行。

南北方向基本上是每2~3个街区停一站，东西基本是1个街区为一站。左右方向不论到哪儿都在200~300米以内。

目的地

有时还会有标有“VIA”的情况。意思是途经的站点，如果标有“VIA 5 AV”的话则表示为：途经第五大道的公交车。

公交站位于车辆行驶方向的右侧

站台处标有公交车的线路号码、目的地、途经站点、换乘线路等。

变整洁的公交站台还有顶棚

NO STANDING
M4 The Cloisters
M104 West Harlem
Broadway & West 122 St

2 乘车

站台上会显示下一辆车抵达的时间

Next M15 North
7 Minutes

车来了要和司机挥手示意

因为一个站台会有多辆不同线路的公交车停靠，所以当自己等待的公交车靠站时注意要和司机挥手示意。

从前门上车，准备好 Metro 交通卡会很方便

在这里插卡

- 在车内没有卖 Metro 交通卡的，需要在乘车之前准备好 Metro 交通卡，只需要插入交通卡就可以，交通卡会随后自动吐出。
- 虽然可以用硬币支付，但是不找零钱。要注意纸币和1美分的硬币是不能使用的。
- 用现金支付的情况下，如果还需要换乘的话可以说“需要换乘 Transfer please”，那么就会得到换乘票。换乘之后把换乘票交给司机。如果使用普通储值卡的话在2小时以内可以免费换乘。如果是无限制次数乘车卡的话可以不用在意换乘，随便使用。

MetroCard Bus Transfer（换乘票）

3 在车内

在车入口附近的为优先座席

虽然不会播报即将到站的站点名称，但是有的司机会告诉乘客。可以事先和司机说明“我会在某某车站下车，到了之后麻烦您告诉我。Could you tell me when we arrive at ○○？”。如果不会说的话可以仅传达地址，到站之后司机会通知的。

如果是初次乘坐的话尽量坐在离司机近的地方，便于向司机询问问题

4 下车

按黄色或者黑色的橡胶带，或者按红色的按钮

下车时可以按窗户一侧的黄色或者黑色的橡胶带。或者按红色的按钮。有的车还可以拉拽窗户上吊着的绳子。

按橡胶带之后，在司机前方的指示灯会显示红色字体的“STOP REQUESTED”指示灯。

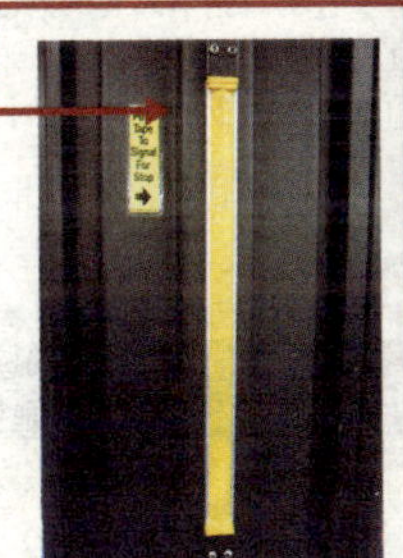

指示灯亮之后车门自动开

这个是后面（下车专用）的门旁边的指示灯。亮了之后表示车门马上将会开启。

既可以从前门下车也可以从后门下车

位于车体的后门一般是半手动式的。自己按动门上黄色的橡胶带、开门后下车。因为手离开的话门会用力反弹关上，如果后面还有乘客下车的话，用手按住门是基本的礼仪。

纽约的公共营运的出租车的车体是黄色的，因此也被称为黄车“yellow cab”。计费方式和中国一样是打表计费。为了控制汽车尾气排放量，截至2012年，市内所有的出租车基本上都换成了混合动力汽车。从2013年10月开始，逐渐统一为日产的小型迷你巴士。不仅上下车方便，车内的空间还很宽阔，同时，车顶是玻璃窗，坐在车内也可以全方位观赏到外面的景色。

出租车的乘坐方法

1 挥手示意

打出租车的方式基本上是挥手示意。车顶上亮起了“OFF DUTY”的车是不能乘坐的。

注意难打车的时间段

因为出租车是流动的，不论在哪里都打得到出租车，在大的车站前以及酒店前面有出租车乘车场。需要注意的是，司机交接的傍晚、周六和周日22:00之后的百老汇、深夜的格林尼治村，因为客流集中所以很难打到出租车。

2 自行开启车门

因为车门是手动的，所以需要自行开关

由于曼哈顿多为单向通行，所以要在自己要去的方向打车，如果方向相反的话会绕很远。

从2012年9月起，每五分之一英里涨价了50美分

乘出租车前往主要区域大致所需的费用表

时报广场(42nd St)	港务局交通枢纽站	大中央枢纽站	宾夕法尼亚车站	联合广场(14th St.)	切尔西市场	炮台公园	大都会艺术博物馆	上西区72街
港务局交通枢纽站	—	5分钟($6)	4分钟($5.30)	13分钟($10.20)	11分钟($9)	31分钟($20.10)	18分钟($12.60)	12分钟($9.60)
大中央枢纽站	5分钟($6)	—	8分钟($7.40)	10分钟($8.70)	16分钟($11.90)	29分钟($19.20)	16分钟($11.80)	16分钟($12)
宾夕法尼亚车站	4分钟($5.30)	8分钟($7.40)	—	12分钟($9.40)	8分钟($7.50)	28分钟($18.40)	20分钟($14.10)	16分钟($11.80)
联合广场(14th St.)	13分钟($10.20)	10分钟($8.70)	12分钟($9.40)	—	7分钟($7)	19分钟($13.50)	26分钟($17.10)	24分钟($16.20)
切尔西市场	11分钟($9)	16分钟($11.90)	8分钟($7.50)	7分钟($7)	—	22分钟($15)	28分钟($18.60)	21分钟($14.60)
SOHO商业区(Prince St. & Broadway)	20分钟($13.90)	17分钟($12.10)	17分钟($12.20)	6分钟($6.40)	11分钟($9.20)	13分钟($10)	31分钟($20.30)	30分钟($19.60)
炮台公园	31分钟($20.10)	29分钟($19.20)	28分钟($18.40)	19分钟($13.50)	22分钟($15)	—	42分钟($26)	40分钟($25.20)
大都会艺术博物馆	18分钟($12.60)	16分钟($11.80)	20分钟($14.10)	26分钟($17.10)	28分钟($18.60)	42分钟($26)	—	11分钟($8.90)
上西区72街	12分钟($9.60)	16分钟($12)	16分钟($11.80)	24分钟($16.20)	21分钟($14.60)	40分钟($25.20)	11分钟($8.90)	—

※因为交通状况还会有所差异，这里只作为基本的参考，另外消费需要另算。

私家车服务 在哈莱姆、皇后区以及百老汇等地的出租车并不多，而相比之下更多的是拉活儿的私家车。虽然并不是打表计费，而是根据具体市场行情定价，但也是正规的服务。

3 乘车

费用表示

起步价为 $2.5。以后每五分之一英里（321 米）为 50¢。但是，当路况十分拥挤的时候，采取计时制，平均每分钟 50¢。另外，每次乘车，50¢（纽约州附加税）。工作日的 16:00~20:00 则需要追加 $1；每天 20:00~ 次日 6:00 需要追加 50¢。

※ 去新泽西州等纽约州外的地方还需要追加支付费用。

附带照片的司机注册证

如果有什么问题，可以记住这个号码并向纽约市出租车管理委员会申诉。如果有东西落在车上也可以凭借这个查询。☎311 URL www.nyc.gov/311 或者 www.nyc.gov/tlc

4 向司机说明目的地的位置

- 一定要事先向司机说明目的地。例如 "46th St. & 5th Ave.please"（46 街和第五大道交会一带）
- 仅说店铺或酒店的名称，司机很有可能不知道地址。
- 当快抵达目的地时，司机会问 "Which side（在哪一侧）"，如果想让他停在右侧前方的话就说："Right side near the corner, please." 如果是右侧对面的角落的话，可以说："Right side the far corner, please."

5 付钱

不要忘记小费

- 小费大致为出租车费用的 15%~20%，但最少要付 $1。如果行李多，或者人多的话则需要多付。
- 最后一定不要忘记索取收据。因为收据上记录了出租车的号码，这样可以避免纠纷。

信用卡支付

费 Ⓐ Ⓓ Ⓙ Ⓜ Ⓥ

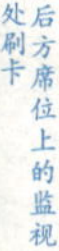

在后方席位上的监视器处刷卡

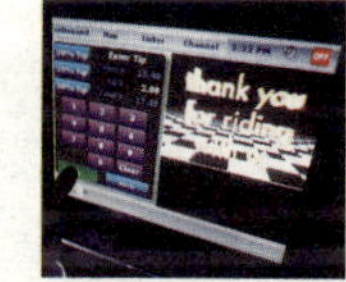

点击消费的金额之后选择 OK 键

6 自行关门

付钱之后，说 "Thank you." 下车。出租车门不是自动的。需要自行开门下车。

玩转纽约出租车

How to take a Taxi

“不论时间和地点都有车”说的就是纽约的出租车。纽约人经常会利用出租车（yellow cab）；游客们夜晚外出时，为安全起见也会选择避开地铁和公交，而搭乘出租车。

①告知目的地，不是住处和名称，而是大致位置

- 在中国可以说到～商场、～酒店等。但在纽约一定要说明位置（例如 6th Ave.at 57th St. 或者 6th Ave.、bet. 56th St. & 57th St.）。
- 因为司机来自世界各国，很可能听不懂对方的英语，所以如果担心的话，最好事先写好地址并随身携带。

② OFF DUTY

- 出租车车顶上的指示灯亮表示可以搭乘。
- 如果 OFF DUTY 的指示灯亮的话表示已经有乘客。另外司机交接时间的傍晚也通常是 OFF DUTY 的状态。这个时间段很难打车。

③注意不要搭乘机场的黑车

- 在前往出租车停车场的途中会被搭讪。因为很有可能要出天价费用，或者被带到完全不熟悉的地方，所以一定不要搭乘这样的车。一定在正规停车场乘车。
- 如果被绕远了，需要告诉司机具体哪个位置走错了。但是，有可能是因为纽约单向通行而让人觉得绕远了，也有不知道路的司机。

COLUMN

不断发展的黄色出租车

从 2007 年秋，所有的出租车逐步在后部座席装载了面向乘客的 GPS 信息监控系统。通过监控系统，乘客不仅能了解到天气快报和最新新闻，还能确认所在地的信息。另外，在公共网站上也有失物认领处（LOST AND FOUND），方便乘客询问。从 2013 年 3 月，新标志的出租车开始运营，从 2013 年 10 月开始，市内的出租车也逐渐改为日产的 NY200 型号。预计到 2018 年将全部转变为日产车。

URL www.nyc.gov/tlc 或者

URL www.nyc.gov/311

❤ **拥挤的时间和地区** 周六、周日出租车数量较少。另外，出租车司机交班时的傍晚、音乐剧结束后的百老汇附近、夜晚的格林尼治村都很难打到车。

曼哈顿的三大交通枢纽

是前往近郊和郊外的枢纽站。这三个都是大型枢纽站，走到自己想要乘坐的公交车和电车的乘车处有时会花很长的时间。

大中央枢纽站 GCT

Grand Central Terminal

近、中途车的枢纽站。地下为2层，31班通勤车、5个地铁线路在此发抵。每天大约有75万人在此乘车（节日期间每天大约有100万人）。枢纽站内有餐厅、商场等，是一个巨型购物中心。另外还有枢纽站店内的观光旅行。

大都会北方铁路的站台入口处

宾夕法尼亚车站 PEN

Pennsylvania Station

位于麦迪逊广场花园的地下，通常被称为“宾夕车站”。主要有国内线路的美国国铁、前往近郊方向的长岛铁路等线路。美国国铁，买票之后等待中央的“Train Departures”告示板显示列车门的号码。一般在发车5~15分钟之前显示，列车门开，乘客可以下站台。

7th Ave. 沿线的入口

港务局交通枢纽站 PAB

Port Authority Bus Terminal

时报广场以西、横跨8~9th Aves. 和40th~42nd Sts. 的巨大交通枢纽站。这里有中、长距离以及通勤车等大约200条线路。在信息台询问线路之后前往所要乘坐的车的售票处，夜间需要注意周边的环境。

首先在信息台确认好乘车位置

大中央枢纽站
别 MAP p.14-A1
住 42nd St.~45th St., Vanderbilt Ave. & Park Ave.
URL www.grandcentralterminal.com
〈发抵的交通线路〉
大都会北方铁路
从各个机场驶来的机场大巴
地铁 4 5 6 7 S 线

宾夕法尼亚车站
别 MAP p.13-C·D3
住 31st St.~33rd St., bet.7th & 8th Aves.
〈发抵的交通线路〉
新泽西捷运→p.53
美国国铁
长岛铁路→p.52
地铁 1 2 3 A C E 线

港务局交通枢纽站
别 MAP p.13-C1
住 8th Ave., bet.40th & 42nd Sts.
※ 信息台位于8th Ave. 一侧的入口处
☎（1-212）564-8484
Free（1-800）221-9903
URL www.panynj.gov
〈发抵的交通线路〉
灰狗巴士
新泽西捷运→p.53
地铁 A C E 线

❤ **前往近郊列车的座位** 座位为自由席。列车员过来检票时递交车票，检查之后列车员会将票插到座位之前。下车时使票保持原样即可（下车不需要带车票）。

前往近郊的交通方式

罗斯福岛缆车
☎（1-212）832-4540
URL www.rioc.com
乘车地点：位于 2nd Ave 沿线，59th St. 和 60th St. 之间。
别 MAP p.18-B2
运行时间：6:00~ 次日 2:00（周末～次日 3:30），每隔 7~15 分钟一班。
费 单程 $2.5（可以使用 Metro 交通卡）

不仅是前往近郊的代步方式，同时还可以沿途观赏摩天轮的景色或者感受巡游线路的美妙。如果时间允许的话，就尝试乘坐电车和渡船来享受一个短暂的旅行吧。

罗斯福岛缆车
The Roosevelt Island Tramway

缆车连接曼哈顿和位于皇后区的罗斯福岛。往返东河上空约 76 米，可以尽情享受秀丽的风景。所需时间大约为 4 分钟。

可以感受空中游览的乐趣

大都会北方铁路
☎ 511
URL www.mta.info/mnr
乘车地点：GCT
别 MAP p.14-A1
〈车票的购买方法〉
可在位于一楼大厅的售票处以及自动售票机或者网站上购票（有折扣）。虽然在车内也可以买到，但是要花费 $5.75~6.5 的手续费。
费 到斯卡斯代尔、怀特普莱恩斯为 $11.25（过了高峰期为 $8.5）。

大都会北方铁路
Metro-North Railroad

是连接纽约和康涅狄格州的近郊列车。从大中央枢纽站向北延伸至纽约以北。其中包括穿越哈德孙河沿岸的哈德孙线路、前往康涅狄格州的新天堂线路以及在两个线路中间的哈莱姆线路等。

其中一辆通勤班车

长岛铁路
☎ 511
URL www.mta.info/lirr
乘车地点：PEN
别 MAP p.13-C·D3
〈车票的购买方法〉
可以在车站的自动售票机处或者网上购票（有折扣）。在车内也可以买到，但是要花费 $5.75~6.5 的手续费。
费 到牙买加为 $9.5（过了高峰期为 $7）、到长滩为 $12.5（过了高峰期为 $9）。

长岛铁路
Long Island Rail Road（LIRR）

连接曼哈顿及其以东的地区

从宾夕法尼亚车站始发。连接曼哈顿和位于曼哈顿以东的长岛。长岛的一部分作为高级住宅区而著名，还有长滩以及蒙托克沙滩等沙滩和葡萄酒厂等。在长岛也有前往皇后区、JFK 机场等地列车的换乘点，其中还有通过牙买加站的线路。

♥ **老人费用** 大都会北方铁路和 LIRR：65 岁以上的老人为最高价的半价（工作日的早高峰时期除外。需要护照，或者老人优惠交通卡（Reduced Fare，→p.38）Path Train 和新泽西捷运：事先申请的话为半价，但是需要用申请表进行登记之后邮递，对游客来说并不现实。

Path Train 列车

Path Train

可以通往新泽西州的电车。有从 33rd St. 站和从世贸中心站前往霍博肯（→ p.142）、杂志广场（Journal Square）、纽瓦克的线路。33rd St. 站通过地下通道和地铁 34th St. 站相连。在霍博肯有新泽西捷运的公交站、火车站，以及水路等的渡船乘船处。

还经过纽瓦克机场

新泽西捷运

NJ Transit

囊括电车和公交的交通系统

网络遍及新泽西州，是一个囊括公交和电车的交通系统。连接曼哈顿和新泽西州的电车从宾夕法尼亚车站、公交从港务局交通枢纽站出发。覆盖了从霍博肯、纽瓦克一类近距离的场所到新泽西州首府特伦顿、赌城大西洋城的广阔区域。

斯塔滕岛渡船

Staten Island Ferry

是从位于曼哈顿炮台公园的白厅枢纽站（Whitehall Terminal）前往斯塔滕岛的渡船。乘枢纽站的自动扶梯到一个大厅，在这里等待下一次渡船出发。门开了之后就可以进入了。

单程大约需要 25 分钟。途中可以远眺自由女神像。

因其可以眺望到自由女神像而深受好评

Path Train 列车
Path Train
Free（1-800）234-7284
URL www.panynj.gov/path
乘车地点：
● 33rd St. 站（地铁 B D F M N Q R 线，通过地下通道和 34th St. 站相连）。
别 MAP p.13-D2
●世贸中心站
别 MAP p.2-B1
〈车票的购买方法〉
在自动售票机上购买
费 不论去哪儿，单程票为均一价 $2.25，10 次的 Smart Like 卡为 $17。

新泽西捷运
NJ Transit
☎（1-973）275-5555
URL www.njtransit.com
乘车地点：
电车→ PEN
别 MAP p.13-C·D3
公交→ PAB 冊
别 MAP p.13-C1
〈车票的购买方法〉
在自动售票机或者售票处购买
费 霍博肯（公交）$3.2、大西洋城（公交）$35.75。从纽约佩恩车站（Penn Station）到锡考克斯站共有 5 条线路。前方为分岔路，所以请事先确认好路线。

斯塔滕岛渡船
Staten Island Ferry
URL www.siferry.com
乘车地点：炮台公园以东的白厅枢纽站
每隔 20~30 分钟一次。
别 MAP p.3-C4
费 免费（24 小时发船）

❤ **儿童费用** 大都会北方铁路和 LIRR：5~11 岁儿童半价，不满 5 岁免费。Path Train 列车：5 岁以下免费。新泽西捷运：5~11 岁最低也需要支付半价。1 个成人可以最多带 3 个 4 岁以下的儿童。

东河渡船

East River Ferry

是连接曼哈顿、皇后区、布鲁克林的七个场所的渡船。南行的起点为 34 街，经由皇后区的 Hunters Point、布鲁克林的绿点威廉斯堡的北侧和南侧、布鲁克林大桥公园（邓波），终点站为华尔街（11 号码头）。夏季周五的运行线路连接着 11 号码头、总督岛以及布鲁克林南段。

具体线路请在网站上确认

东河渡船
East River Ferry
Free（1-800）533-3779
URL www.nywaterway.com/erf-home.aspx
乘降地点：
- 位于 34 街和 FDR Dr. 之间的渡船枢纽站。
别 MAP p.15-C2
- 11 号码头
别 MAP p.3-D2 等
费 $4（5 岁以下儿童在成人陪同下免费。每个成人最多可以免费带 2 个儿童。没有老年票），巴士一天为 $12。

纽约水路

NY Waterway

也可以作为观光旅游的交通方式

是连接纽约和新泽西州的渡船。不仅是人们通勤上班的重要交通工具，还可以作为观光旅行工具。建议大家前往新泽西州一侧去眺望曼哈顿的风景。乘坐免费穿梭巴士到达乘船地点（写有 Ferry 的蓝色和白色的巴士）。一般来说，在渡船运行时巴士会在 34 街、42 街、49 街、57 街等街道运行。如果在运行线路区域以内，只要打招呼就可以下车。

纽约水路
NY Waterway
Free（1-800）533-3779
URL www.nywaterway.com
乘降地点：
- 位于 39th St. 和 12th Ave. 之间的渡船枢纽站处。
别 MAP p.12-A1
前往林肯港、霍博肯等地。
费 到霍博肯为 $9。
- 世界金融中心
别 MAP p.2-A1
前往霍博肯、Bell Fort、Port Imperial。
费 到霍博肯为 $10.75。

COLUMN

不断发展的黄色水上出租

是连接中城区和曼哈顿下城及布鲁克林的渡船。因为是在水上移动，所以夏季的风景更加独特。冬季班次比较少，有的日期还不运行，所以一定要事先在网上确认好。

Water Taxi
乘降地点：以 44th St. 的 84 号码头为代表，一共有 10 个地方（包括邓波）。
运行时间：9:00~18:00（需要确认）
费 一日券巴士：成人 $28（每天 9:00~18:00）、11 月 5 日 ~ 次年 3 月 21 日 1 艘船，3 月 22 日 ~11 月 4 日有 2 艘船运行。）
URL www.nywatertaxi.com

需要在网站上进行确认

❤ **纽约水路（NY Waterway）的老人和小孩费用** 老人（62 岁以上）从 39th St. 到霍博肯费用为 $8.25（6~11 岁为 $6），从世界金融中心到霍博肯费用为 $9.75（6~11 岁为 $6.5），5 岁以下儿童在成人陪同下免费。每个成人最多可以免费带 2 个儿童。

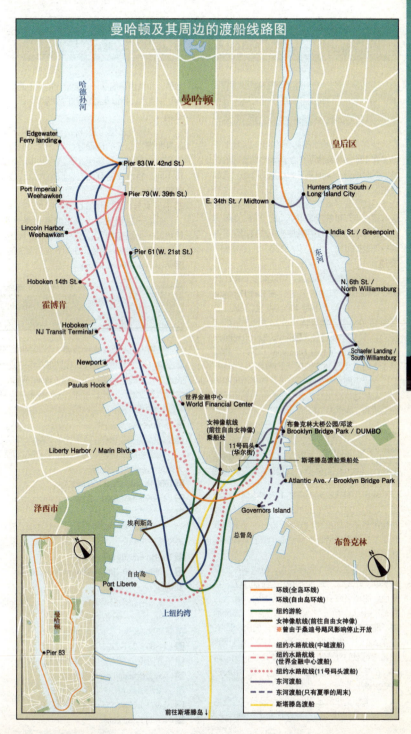

曼哈顿及其周边的渡船线路图

哈德孙河
曼哈顿
皇后区
Edgewater Ferry landing
Pier 83 (W. 42nd St.)
Port Imperial / Weehawken
Pier 79 (W. 39th St.)
E. 34th St. / Midtown
Hunters Point South / Long Island City
Lincoln Harbor Weehawken
India St. / Greenpoint
Pier 61 (W. 21st St.)
东河
Hoboken 14th St.
N. 6th St. / North Williamsburg
霍博肯
Hoboken / NJ Transit Terminal
Schaefer Landing / South Williamsburg
Newport
Paulus Hook
世界金融中心 World Financial Center
女神像航线 (前往自由女神像) 乘船处
布鲁克林大桥公园/邓波 Brooklyn Bridge Park / DUMBO
11号码头 (华尔街)
Liberty Harbor / Marin Blvd.
斯塔滕岛渡船乘船处
Atlantic Ave. / Brooklyn Bridge Park
泽西市
Governors Island
埃利斯岛
总督岛
布鲁克林
曼哈顿
Pier 83
自由岛
Port Liberte
上纽约湾
前往斯塔滕岛↓

- 环线(全岛环线)
- 环线(自由岛环线)
- 纽约游轮
- 女神像航线(前往自由女神像)
  ※曾由于桑迪号飓风影响停止开放
- 纽约水路航线(中城渡船)
- 纽约水路航线(世界金融中心渡船)
- 纽约水路航线(11号码头渡船)
- 东河渡船
- 东河渡船(只有夏季的周末)
- 斯塔滕岛渡船

乘坐缆车索道漫步在纽约上空 从棚顶到地板都是玻璃制作的，可以尽情眺望。夜晚，拥挤的车流形成了长长的光轨。请避开高峰期。(→p.52)

郊外的观光景点

可以一品地方红酒的美味
长岛
Long Island

距离纽约大约2小时的车程。以聚集了众多富裕阶层和高水平的生活水准而著称的长岛，同时还是全美国第三大红酒的产地。北福克地区有众多的红酒酿造厂，每逢周末就会有众多的红酒爱好者蜂拥而来。另外，南福克地区有蒙托克灯塔等旅游景点。绿点和汉普顿等地区是著名的高级疗养胜地，多次被用作影视剧的外景拍摄地。

交通

前往汉普顿的中心区，可以乘坐LIRR（→p.52）Montauk方向的列车，在East Hampton下车，大约需要2小时40分钟。到下城区步行约需10分钟。如果选择公交的话，可以在曼哈顿乘坐穿梭巴士（URL www.hamptonjitney.com 费 $3），在East Hampton下车，大约需要3小时。步行到下城区大约需要2~3分钟。前往北福克同样乘坐穿梭巴士。但是由于在当地没有车是很难出行的，所以最好参加由曼哈顿发团的红酒巡游旅行团。

大自然鬼斧神工所形成的巨大瀑布
尼亚加拉大瀑布
Niagara Falls

从纽约乘飞机大约需要1个半小时。这座位于纽约州布法罗（Buffalo）的尼亚加拉大瀑布横跨美国和加拿大的国境。最好的游览季节是夏季。冬季的话，水量会偏少或者直接就冻冰了。

距离现在大约1万年以前，巨大的冰川融化形成了五大湖，伊利湖的水大量涌向北方，在距尼亚加拉大约11公里下流断层形成了巨大的瀑布。另外，大量的水流侵蚀了断层崖，从而形成了现在宽度670米、落差54米的加拿大瀑布；宽度260米、落差34米的美国瀑布。这是世界上屈指可数的观光景点，每逢夏季就挤满了游客。在瀑布的周围建造了观光步道，餐厅和特产店鳞次栉比。

如果想真正从正面欣赏两个瀑布，感受尼亚加拉的真正魅力，推荐在加拿大一侧观光。当然，如果想在加拿大一侧观光的话还需要过境到加拿大，所以不要忘记护照哟。

交通

可以选择从纽约乘飞机一日往返的行程。如果想慢慢游览的话最好住宿一晚，但是当天返回的行程也足够了。在旅行社报名，费用不同的旅行社会有出入，但是大致价格为$350~500。

雾中少女号游船 Maid of the Mist

乘船一直到加拿大瀑布的瀑布潭附近，就可以一览眼前扣人心弦的大瀑布。虽然可以租借塑料雨披，但是即便如此也会湿透的。

URL www.maidofthemist.com

别名——东海岸的拉斯维加斯
大西洋城
Atlantic City

从纽约搭乘巴士大约需要2个半小时。有着温暖气候的大西洋城是一座赌城。市中心有长达7公里的木结构海滨步道（Board Walk）。沿着这条步道，一侧是海滩，另一侧则林立着餐厅和赌场。

赌场酒店

H 特朗普泰姬陵 Trump Taj Mahal, Atlantic City

位于海滨步道以东的一个多彩酒店。面积大约是一般赌场的2倍。

住 1000 Boardwalk at Virginia Ave.

☎（1-609）449-1000 URL www.trumptaj.com

H 魅力大西洋城 Bally's Atlantic City

是西方风格的赌场。客室十分豪华，温泉等设施一应俱全。

住 The Boardwalk at Park PI.

☎（1-609）340-2000 URL www.ballysac.com

交通

在曼哈顿乘坐以下的巴士大约需要2小时30分钟。

H 灰狗长途巴士 Greyhound

Free（1-800）231-2222

费 不同时期会有所变化，基本为$25~36.5。

URL www.greyhound.com

H 新泽西捷运 #319 NJ Transit

☎（1-973）275-5555 费 单程$35.75

URL www.njtransit.com

东河渡船　在34街乘船。游览威廉斯堡和布鲁克林大桥公园。即使不是巡游船也可以一览美丽的风景。

跟团旅行

纽约有众多的旅游观光景点。其中有很多地方比起一个人单独行动，跟团旅行会更加有效率。偶尔不妨参加一些自费项目来扩展旅行的宽度。

直升机

旅行社	项目和费用	乘车处	运行时间
Liberty Helicopter Tours (1-800) 542-9933 www.libertyhelicopter.com	①环绕曼哈顿飞行的"New York, New York"为 $215（18~20 分钟）②环绕中城区的"The Big Apple"价格为 $150（12~15 分钟），分别需要 $30 的保证金。	Pier 6 &East River MAP p.3-C3	周一～周六 9:00~18:30 周日・节假日 9:00~17:00
Helicopter Flight Service，Inc. (1-212) 355-0801 www.heliny.com	①纽约巡游为 $149（12~15 分钟）②终极游为 $199（18~20 分钟）③豪华游为 $299（28~30 分钟）等。还需另付机建费 $10 和附加费 $5。	Pier 6 & East River MAP p.3-C3	周一～周五 9:00~18:00 周六～ 17:30· 周日・节假日～ 16:30

游轮

旅行社	项目和费用	乘船处	运行时间
Circle Line (1-212) 563-3200 www.circleline42.com	◎全岛环线游为大约 3 个小时的时间环绕曼哈顿一周 $39（12 岁以下儿童 $26）。2 个小时的线路为 $35（12 岁以下儿童 $24），还有一种能够欣赏夜景的"海港灯光 Harbour Lights"为 $35（12 岁以下儿童 $24）。	Pier 83，W.42 nd St. MAP p.12-A1	夏季 10:00~16:30 每天 4 班。冬季每天 1~3 班，根据季节的变化会有很大的变动。晚上 19:00 或者 18:00 开始。一定要在当地再次确认。
	◎自由环线游可以欣赏曼哈顿下城，是 75 分钟的航线，$29（12 岁以下 $21）。		4 月下旬 ~9/2 每天 11:00、13:00、15:00；9/3~10/27 每天 10:45、13:30、16:00；10/28~12/31 每天 10:00（本书调查时的时间表仅供参考）
World Yacht Cruise (1-212) 630-8100 (1-800) 498-4270 www.worldyacht.com	可以一边品尝美味的晚餐，一边优雅地感受巡航的美妙。需要预约。还需要穿衬衫。包括晚餐的项目为 $141.6、不包括晚餐的为 $112.25。（根据季节和选择的项目费用会有所变化。）	Pier 81（41st St. 的哈德孙河突出的地方） MAP p.12-A1	每天 19:00~22:00 ※ 1~3 月仅限周末、4 月周四～周日运行 5~12 月周一～周日运行
Bateaux New York (1-866) 817-3463 www.bateauxnewyork.com	也提供可以享用美食的巡游。①包括晚餐的项目为 $124~、②包括午餐（周日除外）的为 $59.9~，周日包括午餐的为 $64.9~。（午餐路线要穿衬衫和休闲裤）。	Pier 61（Chelsea Piers at W.23rd St.） MAP p.12-A4	①每天 19:00~22:00 ②每天 12:00~14:00 （提前 30 分钟开始上船） ※不同季节或周日会有所变动。

无障碍设计比中国还要滞后？在纽约的地铁站基本没有自动扶梯和直升电梯。即使有也离站台很远。所以有婴儿车和大件行李时需要注意。

	旅行社	旅游团名称	内容
巴士	Grey Line New York	下城环线 Downtown Loop	环绕时报广场、联合广场、唐人街以及下城区等21个著名场所的线路。自由上下车。
		上城环线 Uptown Loop	环绕林肯中心、中央公园、阿波罗剧院等上城区的17个著名场所的线路。自由上下车。
	Harlem Spirituals	纽约，纽约 New York，New York	4个小时巡游曼哈顿这个异文化相互交融街区。通过林肯中心、中央公园以及第五大道、洛克菲勒中心、唐人街、华尔街等。
		哈莱姆周日福音早午餐 Harlem on Sunday with Gospel Brunch	周日一大早，在哈莱姆感受福音赞美诗和圣乐。

※有时会因天气、时期等原因出现中止或者变动的情况，建议事先进行确认。

	旅游地点	出发地点	时间	咨询
免费漫步旅行	**时报广场** 别 MAP p.33-C3	时报广场观光导游处（7th Ave.bet.46th &47th Sts.）	每天9:45、11:00、12:30、13:45、15:00、16:45（所需时间约为1个小时）	☎（1-212）997-5004 URL www.timessquarenyc.org
	自由岛 ※需要进入自由女神像区域	自由岛的Flagpole	每天1小时2次左右（所需时间为30~45分钟）	☎（1-212）363-3200 URL www.nps.gov/stli
	纽约公共图书馆 别 MAP p.34,35-BC4	——	建筑物：（所需时间为1个小时）周一～周六11:00、14:00，周日14:00；展示：周一～周六12:30、14:30，周日15:30	☎（1-212）930-0501 URL www.nypl.org
	市政厅 别 MAP p.3-C1	位于市政厅公园以南，内森·海尔雕像的前方。开放时间为星期五12:00以后（15岁以上）。此外还有前往法院的团队旅行。	周四10:00~（9岁以上，所需时间为1个小时）	☎（1-212）788-2656 在URL www.nyc.gov上搜索“Public Tours”
	下东区历史遗迹游 别 MAP p.7-C3	凯兹熟食店门前 （E .Houston & Ludlow Sts.）	4~11月的周日11:00（所需时间为3个小时）	☎（1-212）226-9010 URL www.lowereastsideny.com
	联邦储备银行 别 MAP p.3-C2	从44 Maiden Lane的入口进入，（需要带照片的身份证明。15岁以下不能进入）。至少需要提前1周在网上预约。	周一～周五11:15、12:00、12:45、13:30、14:15、15:00	☎（1-212）720-6130 URL www.newyorkfed.org
	中央公园	有10种以上的跟团游类型，根据类型出发地点会有所不同，具体需要参照网站说明。	不定期	☎（1-212）360-2726 URL www.centralparknyc.org
	大苹果城（纽约的别称）导览 ※需要提前4周在网站上进行预约	注册了志愿者的纽约市民会带领游客参观纽约市。也可以要求讲汉语的志愿者带路。详情见网址。	9:00~15:00之间	☎（1-212）669-8159 URL www.bigapplegreeter.org

从南码头乘坐M15公交车时的注意事项 在公交站有车票支付设施。事先投入钱，或者事先刷Metro交通卡。不需要向司机出示发票。

出发时间	所需时间	发团日	费用	联系方式
8:00~17:00（夏季~18:00） 每隔20~45分钟发车。	全程大约2小时	每天 （除12/25、1/1之外）	成人：$44 儿童：$34	住 777 8th Ave.（bet. 47th & 48th Sts.），Gray Line Visitors Center 住 1560 Broadway ☎（1-212）445-0804 Free（1-800）669-0051 URL www.newy orksightseeing.com 别 MAP p.32-B2
8:00~16:00（夏季~16:45） 每隔30~45分钟发车。	全程大约2小时	每天 （除12/25、1/1之外）	成人：$44 儿童：$34	
9:15~13:30	4小时	周一、周四、周五、周六	成人：$59 儿童：$45	住 690 8th Ave.（bet. 43rd & 44th Sts.） ☎（1-212）391-0900 Free（1-800）660-2166 URL www.harlemspirituals.com 别 MAP p.32-B4
9:15~14:30	大约5个半小时	周日	成人：$105 儿童：$75	

其他的旅行团

名称	项目	出发地点	所需时间	费用	咨询
《欲望都市》之旅	人气电视连续剧《欲望都市》的外景拍摄地点巡游。	Pulitzer Fountain（5th Ave. & 58th St.） 别 MAP p.37-C1 每天11:00、15:00 ※可能会有变动	3.5小时	$46+$3（手续费）	ON LOCATION TOURS ☎（1-212）913- 9780 URL www.screentours.com
纽约电视和电影游	搭乘巴士环游美国著名的人气电视连续剧《绯闻女孩》和《丑女贝蒂》的外景拍摄地。	Ellen's Stardust Diner（51st St. 和 Broadway的交叉口） 别 MAP p.33-C1 每天11:00 ※可能会有变更	3.5小时	$40元+$3（手续费）	ON LOCATION TOURS ☎（1-212）913-9780 URL www.screentours.com
拍照之旅	居住在纽约的著名摄影师在著名的景点为游客拍摄并制作影集。有2条线路可供选择。	根据线路不同而不同	3个小时（也有2个小时的线路）	2人一组的为每人$175，3~8人一组的为每人$150	Photo Trek Tours ☎（1-917）734-7602 URL www.phototrektours.com
大苹果城的爵士乐之游	在哈莱姆的爵士乐景点倾听音乐、品尝美食的线路。可以根据客人的愿望相应调整行程。	根据线路不同而不同	根据线路不同而不同	根据线路的不同，价格为$99~149	Big Apple Jazz Tours ☎（1-718）606-8442 URL www.bigapplejazz.com

周末的地铁运行情况 有很多线路会停运或者延长时间运行。市中心的车站会事先通知，但是也有不会提前通知的车站。所以这时候需要通过网站等方式进行确认。

COLUMN

十分划算的两个通票

城市通票 City Pass

推荐以游览各个景点为主的游客。即使在旺季也不用排队，因此十分便利。有效时间为 9 天。

①美国自然史博物馆（→ p.355）
②大都会艺术博物馆（→ p.332）和修道院艺术博物馆（→ p.354）
③纽约现代艺术博物馆（→ p.344）
④帝国大厦（→ p.68）
⑤全岛环线游 Circle Line（2 个小时）（→ p.57）或者自由女神像和埃利斯岛（→ p.104）
⑥古根海姆博物馆（→ p.350）或者巨石之顶（→ p.74）

所有这些加起来要花费 $165，所以十分划算。购买可在左侧的八个地方购买，在网站也可购买，撕剪无效。

URL www.citypass.com
费 $106（6~17 岁为 $79）

纽约城市联票 THE NEW YORK PASS

包括 70 个以上的景点和线路、商场和餐厅的联票。根据使用天数的不同价格也会有很大变动，适合想要在短时间内集中游览纽约的游客。

URL www.newyorkpass.com
费 1 天的为 $85、2 天的为 $130、3 天的为 $180、7 天的为 $230。

本系列已出版丛书：
涵盖世界70个国家和地区

EXPLORING

漫步纽约

曼哈顿 Manhattan

别 MAP p.44-A·B2

因为这里聚集了第五大道以及百老汇等众多闻名遐迩的建筑，所以每当人们提起纽约时更多的就是指曼哈顿。34 街以南为下城区，34 街到 59 街为中城区，59 街以北一般称为上城区。

区域介绍

MIDTOWN

1 中城区 Midtown

→ p.64

其西侧聚集了观光名胜、商店、酒店和餐厅等。东侧是办公街，聚集了众多酒店和餐厅。

DOWNTOWN

2 切尔西 Chelsea

→ p.84

这里有众多画廊和时尚的餐厅以及鲜为人知的酒吧。口口相传的高档品牌店和精品店林立。这里是时尚的发源地。

3 格拉莫西 Gramercy

→ p.86

以格拉莫西公园为中心的优雅住宅区，以其平静淡雅的氛围博得了众多文化艺术家的喜爱。同时这里还有很多美丽的建筑。

4 格林尼治村 Greenwich Village

→ p.90

石板地面上林立着低楼层的砖瓦建筑。这里保留着 19 世纪前叶的面貌。夜晚很多人会造访这里有名的爵士乐酒吧，甚是热闹。

5 东村 East Village

→ p.94

这里居住着很多来自乌克兰等国的移民，是一个多民族相融合的区域。有着不断引领音乐和文化潮流的先锋派艺术氛围。

6 索霍区和诺丽塔 Soho & Nolita

→ p.96

这里保留了众多铸铁建筑。在这个布满时尚元素的街道上鳞次栉比地排列着一流品牌店、精品店以及复古风的服饰店。

7 下东区 Lower East Side

→ p.98

这里曾居住着很多犹太裔以及波多黎各的移民。近年来发展迅速，正在成为高端的旅游景点。

8 翠贝卡 Tribeca

→ p.100

这里保留了大量的仓库街的面貌，有着良好氛围的餐厅和咖啡厅散布在此。并且有许多电影制片公司，以“电影之街”闻名遐迩。

9 唐人街和小意大利 Chinatown & Little Italy

→ p.101

熙熙攘攘的汉语广告牌，呈现出一个充满活力的唐人街。旁边的小意大利近年来虽然并不是十分活跃，但这里分散着一些不错的餐厅。

DOWNTOWN

10 曼哈顿下城 Lower Manhattan

→p.102

这里有金融街和华尔街，是纽约的经济中心。并且这里聚集了自由女神像等众多名胜古迹以及大型购物中心。

UPTOWN

11 上西区 Upper West Side

→p.114

是著名建筑师所建造的公寓鳞次栉比地排列着的高级住宅区。聚集了以美国自然史博物馆为首的众多文化设施，有很浓的学术氛围。

12 中央公园 Central Park

→p.118

是位于曼哈顿中心的巨大公园，在公园内有动物园、剧场和广场，已经成为快生活节奏的纽约人的休憩之所。

13 上东区 Upper East Side

→p.122

是很多财经界、政界等上层人士聚居的超高级住宅区。沿着博物馆一带有众多的美术馆和高级商店。

14 晨边高地 Morningside Heights

→p.124

这里是哥伦比亚大学和圣约翰大教堂的所在地，在这个安静祥和的街区密集分布着许多超市和餐厅。

15 哈莱姆 Herlem

→p.126

爵士乐、灵魂乐就诞生于此，是黑人文化深深扎根的地方，有各种大大小小的教堂，在这里可以听到福音的传递。

16 华盛顿高地 Washington Heights

位于黑人住宅区以北145~200街一带。因独立战争时期华盛顿所率领的军队总司令部设置于此而得名。是人气音乐剧《身在高地》的拍摄地点。

17 因伍德地区 Inwood

在华盛顿高地的北侧，位于曼哈顿北端200~220街，是弥漫艺术气息的住宅区且绿化很好。

中城西

Midtown West

别MAP p.12-19、32-37

可以说这里是象征纽约的中心区域，在这里可以深切地感受到会聚了世界各国人的、充满生机的纽约城。

区域介绍

以名胜古迹为首，酒店、餐厅、购物中心都云集于此

从第五大道开始，往西为中城西，帝国大厦、洛克菲勒中心、时报广场、百老汇的剧场街等都位于此处，这里聚集了众多纽约具有代表性的精彩景点，是游客们无论如何都应该先去一览魅力的区域。世界闻名的品牌店次第排列，在第五大道，即使不购物也可以享受品鉴橱窗的乐趣。虽然没有太多著名的餐厅，但餐厅的数量不少，所以吃的问题不用发愁。

经典线路

需要时间约45分钟

广场酒店

↓ 步行（就在旁边）

第五大道

↓ 步行约7分钟

洛克菲勒中心

↓ 步行约10分钟

时报广场

↓ 步行约10分钟

纽约公共图书馆

↓ 步行约15分钟

帝国大厦

在帝国大厦可以眺望曼哈顿全貌

游览方式

中心是第五大道和42街。沿着第五大道，从59街到42街之间有许多高级品牌店和百货商场，在这里可以一边享受购物的乐趣，一边漫步。

冬季的洛克菲勒中心灯饰无比美妙

主要看点

❶ 第五大道

5th Avenue

在这里，以一流品牌为首的高级品牌店和时尚品牌店随处可见，还有购物街。近年来，快餐时尚店的相继开业也开始引人注目。

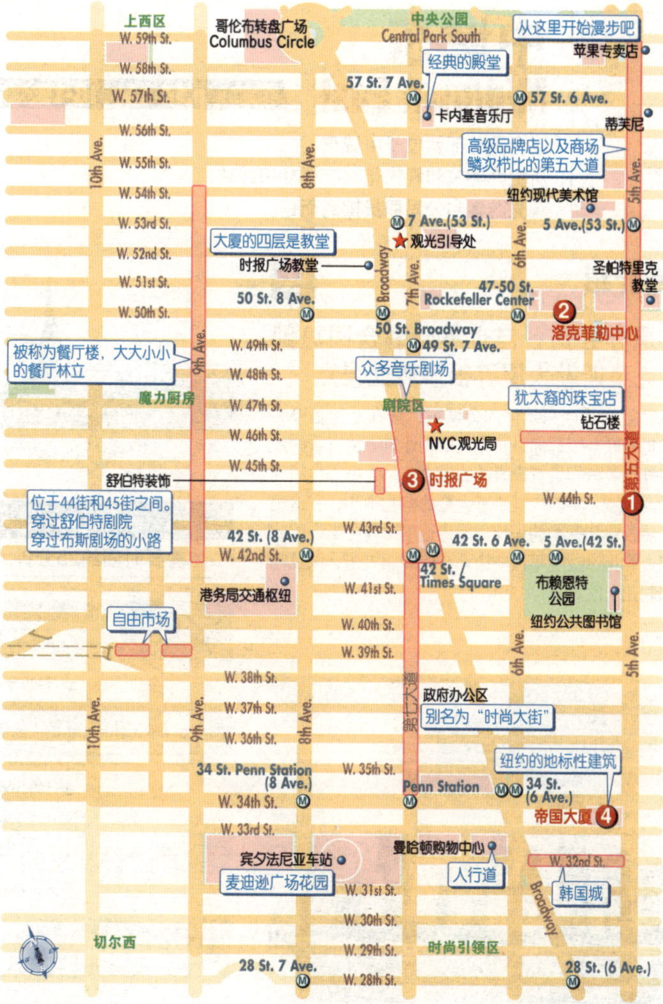

上西区
W. 59th St.
哥伦布转盘广场
Columbus Circle
中央公园
Central Park South
从这里开始漫步吧
苹果专卖店
W. 58th St.
经典的殿堂
W. 57th St.
57 St. 7 Ave.
57 St. 6 Ave.
卡内基音乐厅
W. 56th St.
蒂芙尼
W. 55th St.
高级品牌店以及商场鳞次栉比的第五大道
10th Ave.
8th Ave.
W. 54th St.
纽约现代美术馆
W. 53rd St.
7 Ave.(53 St.)
5 Ave.(53 St.)
5th Ave.
大厦的四层是教堂
观光引导处
W. 52nd St.
时报广场教堂
Broadway
6th Ave.
圣帕特里克教堂
W. 51st St.
7th Ave.
47-50 St. Rockefeller Center
50 St. 8 Ave.
W. 50th St.
2 洛克菲勒中心
50 St. Broadway
被称为餐厅楼，大大小小的餐厅林立
W. 49th St.
49 St. 7 Ave.
9th Ave.
W. 48th St.
众多音乐剧场
魔力厨房
W. 47th St.
剧院区
犹太裔的珠宝店
钻石楼
W. 46th St.
NYC观光局
第五大道
W. 45th St.
舒伯特装饰
3 时报广场
位于44街和45街之间。穿过舒伯特剧院穿过布斯剧场的小路
W. 44th St.
1
W. 43rd St.
42 St. (8 Ave.)
42 St. 6 Ave.
5 Ave.(42 St.)
W. 42nd St.
42 St. Times Square
港务局交通枢纽
W. 41st St.
布赖恩特公园
纽约公共图书馆
自由市场
W. 40th St.
W. 39th St.
6th Ave.
5th Ave.
W. 38th St.
第七大道
政府办公区
W. 37th St.
别名为"时尚大街"
10th Ave.
9th Ave.
8th Ave.
W. 36th St.
纽约的地标性建筑
34 St. Penn Station (8 Ave.)
W. 35th St.
Penn Station
34 St. (6 Ave.)
W. 34th St.
帝国大厦 4
W. 33rd St.
曼哈顿购物中心
宾夕法尼亚车站
W. 32nd St.
麦迪逊广场花园
人行道
W. 31st St.
韩国城
Broadway
W. 30th St.
切尔西
W. 29th St.
时尚引领区
28 St. 7 Ave.
28 St. (6 Ave.)
W. 28th St.

❷ 洛克菲勒中心
Rockefeller Center

这是由821座大楼组成的巨大复合设施，以圣诞树的彩灯而闻名，向游客推荐巨石之顶观景台。→p.72

❸ 时报广场
Times Square

霓虹灯闪耀的"世界的十字路口"，是曼哈顿的中心，位于百老汇与第七大道交会的、42街至47街一带。→p.76

❹ 帝国大厦
The Empire State Building

是曼哈顿的一个地标性建筑，高高耸立于曼哈顿城的半空中，夜晚五颜六色的灯火交相辉映。从观景台可以眺望到绝佳的景色。→p.68

中城东
Midtown East

别MAP p.14-15、18-19、34-37

联合国总部就位于中城东，
历史性建筑和现代化写字楼交相辉映，
观光游客和公司职员擦肩而过。

区域介绍

虽然是办公街，但也不乏联合国总部以及克莱斯勒大厦等很多观光景点

从第五大道向东延伸的中城东，基本上都是办公街，但也有联合国总部以及克莱斯勒建筑等值得看的地方。另外，曼哈顿具有代表性的巨大车站大中央枢纽站也位于此区域。车站内是一座大型的购物中心，在这里可以享受饮食和购物的乐趣。因为这里是商务街，因此可以随处看见一边吃早饭一边开会的商业人士，以及吃午饭的职业女性等。

克莱斯勒大厦和大都会人寿保险大楼

经典线路

需要时间约25分钟

大中央枢纽站

↓ 步行约5分钟

克莱斯勒大厦

↓ 步行约10分钟

都铎城

↓ 步行约10分钟

联合国总部

从罗斯福岛远眺中城东的景象

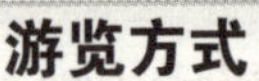

游览方式

第五大道和第三大道之间、34街至42街的区域被称为“默里山”，有英国殖民时期遗留的历史性建筑物。其中，35街与第三大道交会处以及公园大街的周边保留着当时殖民地的风貌。漫步在中城东这个现代写字楼和历史建筑群相融合的地方，别有一番乐趣。

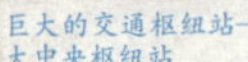
巨大的交通枢纽站——大中央枢纽站

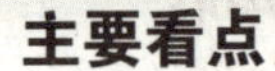

主要看点

❶ 大中央枢纽站 Grand Central Terminal

不仅是交通枢纽站，也是众多店铺组成的购物中心，因为是室内，所以不论什么时候都可以享受购物的乐趣。→p.79

上东区
苹果专卖店
从这里开始漫步吧
蒂芙尼
特朗普大楼
5th Ave.
Madison Ave.
Park Ave.
Lexington Ave.
3rd Ave.
2nd Ave.
1st Ave.
Sutton Pl.
E. 59th St.
E. 58th St.
E. 57th St.
E. 56th St.
E. 55th St.
E. 54th St.
E. 53rd St.
E. 52nd St.
E. 51st St.
E. 50th St.
E. 49th St.
E. 48th St.
E. 47th St.
E. 46th St.
E. 45th St.
E. 44th St.
E. 43rd St.
E. 42nd St.
E. 41st St.
E. 40th St.
E. 39th St.
E. 38th St.
E. 37th St.
E. 36th St.
E. 35th St.
E. 34th St.
花旗集团中心
5 Ave.(53 St.)
Lexington Ave. & 3 Ave.(53 St.)
有着美丽的哥特式建筑的教堂
圣帕特里克教堂
51 St. Lexington Ave.
1928年的装饰艺术风格建筑
比克曼塔酒店
Franklin D.Roosevelt Dr.
第五大道
高级品牌店铺和商场鳞次栉比的第五大道
第三大道
可以参加团队旅行到内部参观
联合国总部 3
可以享受购物的乐趣的交通枢纽站
大都会人寿保险大楼
大中央枢纽站 1
Grand Central 42 St. & Lexington Ave.
克莱斯勒大厦 2
都铎城
寂静的复合式住宅，1925~1928年建筑
East River
给人历史感的杜鲁门·卡波特曾经的居所
默里山
摩根图书馆和博物馆
这里展示着收藏家摩根家族的艺术收藏
格拉莫西

❷ 克莱斯勒大厦
Chrysler Building

被称为装饰派艺术建筑的杰作，是纽约摩天大楼中最有代表性的建筑。→ p.78

❸ 联合国总部
The United Nations Headquarters

主要由秘书处大楼、会议厅大楼、大会厅和达格·哈马舍尔德图书馆 4 座建筑组成。→ p.77

→ p.60

帝国大厦
推荐指数：★★★
住 350 5th Ave.
※位于沿着第五大道的 34 街和 33 街之间
地铁 从 BDFNQR 线的 34St 站步行约 1 分钟。
公交 M4、M5、M10、Q32.（在 34 街一带下车）
☎（1-212）736-3100
开 每天 8:00~ 次日 2:00（末班上行电车的时间为最后时间前 45 分钟）
费 门票分为以下几种：首先分别有到达 86 层和 102 层展望台的票，其次还有能够快速进入的特快票，最后还有天空骑行票（sky ride）以及联票。所有票种均可以在网上购买。
● 第 86 层观景台（成人 $25/6~12 岁 $19/62 岁以上 $22/ 快速电梯 $47.50）
● 第 86 层和第 102 层观景台联票（成人 $42/6~12 岁 $36/62 岁以上 $39/ 快速电梯 $64.50）
URL www.esbnyc.com

从第 86 层观景台可以眺望克莱斯勒大厦

帝国大厦 The Empire State Building 别 Map p.14-A2

号称“纽约的地标性建筑”

耸立于曼哈顿的帝国大厦，高达 381 米（到塔尖高度为 443.2 米），虽然其高度后来被芝加哥的威利斯大厦等后起的摩天大楼所超越，但曾经很长一段时间都占据世界最高大楼的头衔。建于大萧条时期，耗时仅仅 11 个月，于 1931 年 5 月竣工，但在竣工初期没有人入住，一度被人们称为“空荡无人的大厦”，不过这个耸立于半空中的大楼成为了生活于水深火热中的大萧条时期的人们对于明天的希望。用于施工的钢筋大约有 6 万吨，由于其出奇的高度，当时人们很担心安全问题，但时至今日，我们看不到丝毫裂痕。该建筑于 1986 年被认定为 NHC 美国国家历史地标。

通往观景台的流程图

买入场票  安检  80层  86层  102层

（如果没有门票的话）在二层售票处购买入场券。如果需要直达 102 层或者需要语音导游服务（$10）以及 iView（$10）等项目，在这里一起付钱。

买票之后，乘坐电梯大约 1 分钟直接到达 80 层。由此前往观景台。基本上大的行李以及瓶装的饮料等是禁止带进去的。所以建议轻便出行。

在这里换乘第二个电梯前往 86 层。

晴天的话可以走到露天甲板处眺望景色，可以用望远镜聚焦整个城市的风貌。因为这里风很大，所以要注意戴的帽子不要被风刮走。另外冬季要注意防寒。

在 86 层追加费用（不收现金，只能用信用卡），就可以直接到达 102 层。

帝国大厦的入场时间 在展望台的 86 层排队花费了 2 个小时，在 102 层花费了 3 个小时…… 如果没有时间的话建议购买快速通行票。

帝国大厦的魅力→【空中之旅】

大厦的二层有可以翱翔于纽约城的模拟飞行之旅——空中之旅。在这里，游客会感受仿佛是在乘坐宇宙飞船从时报广场出发，盘旋于曼哈顿上空。

位于大厦的二层

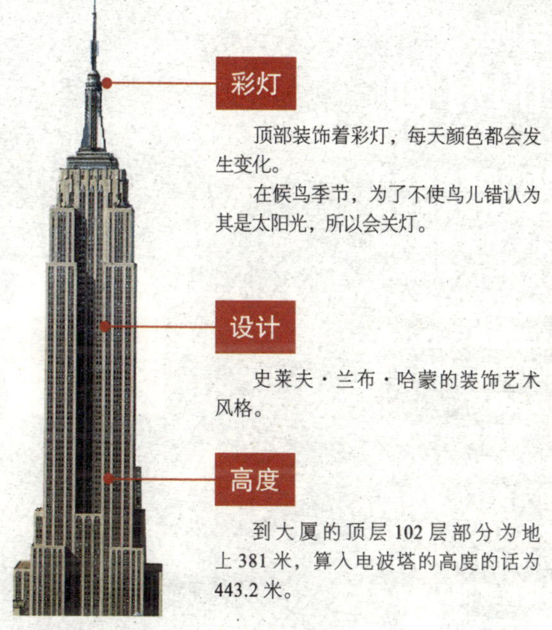

彩灯

顶部装饰着彩灯，每天颜色都会发生变化。

在候鸟季节，为了不使鸟儿错认为其是太阳光，所以会关灯。

设计

史莱夫·兰布·哈蒙的装饰艺术风格。

高度

到大厦的顶层102层部分为地上381米，算入电波塔的高度的话为443.2米。

空中之旅

☎（1-888）759-7433
开 每天 8:00~22:00
费 成人 $42、老人（62岁以上）$37、6~12岁 $33
※和展望台一起的联票价格：成人为$57，老年人（62岁以上）为$49，6~12岁儿童票价为$42。
网 www.skyride.com

建议事先买好门票

基本上每天售票处都会排起长队，事先在网站买好门票，或者有城市通票（City Pass）的话，会方便很多。

帝国大厦眺望到的景色：①东侧的皇后区；②西侧的新泽西州；③南侧的曼哈顿下城；④北侧的中央公园

今天是什么颜色呢？

帝国大厦的灯饰

帝国大厦的彩灯将纽约的夜空装饰得五彩斑斓。大厦第一次被彩灯照耀的时间是1932年11月。1932年11月帝国大厦的灯饰首次亮相，富兰克林·D. 罗斯福当选美国总统当天探照灯被点亮。这事实上便是最初的灯饰。猜测灯饰最早于1976年出现，美国庆祝独立200周年，有红、白蓝三种颜色，大厦被美妙地照亮。

第二年的1977年，帝国大厦设置了新型照明系统，开始能够用更加多彩的颜色庆祝。那之后，圣诞节用红色和绿色，独立纪念日用星条旗颜色中的红、白、蓝三种颜色等，呈现出多种颜色搭配的样式。现在帝国大厦的彩灯由纵向的880条功率75瓦的荧光管和横向的220条同样是75瓦的荧光灯管组成。这里的彩灯又分别被赋予了特殊意义的70种颜色搭配样式，照耀着纽约的夜晚。

■彩灯亮灯计划

URL www.esbnyc.com

❶ Blue / Blue/ Blue
❷ Yellow / Red / Yellow
❸ Blue / Orange / Blue
❹ Orange / Orange / White
❺ Purple / Purple / Yellow
❻ Red / White / Blue
❼ Green / Blue / Green
❽ Blue / White / Red
❾ Green / Green / Green
❿ White / Red / White
⓫ Red / White / Green
⓬ North / South Sides: Red / White / Red East / West Sides: Red / Yellow/ Red

❶ 蓝 · 蓝 · 蓝（纽约巨人队的季后赛）；❷ 黄 · 红 · 黄（私人）；❸ 蓝 · 橙 · 蓝（美国癌症协会，世界抗癌日）；❹ 橙 · 橙 · 白（帝国大厦试运转）；❺ 紫 · 紫 · 黄（威斯敏斯特养犬俱乐部犬展）；❻ 红 · 白 · 蓝（9·11 纪念日、劳动节、独立纪念日、阵亡将士纪念日）；❼ 绿 · 蓝 · 绿（全美厌食症宣传周）；❽ 蓝 · 白 · 红（大东联盟和大东男子锦标赛）；❾ 绿 · 绿 · 绿（圣帕特里克纪念日）；❿ 白 · 红 · 白（纽约红牛队开会日）；⓫ 红 · 白 · 绿（哥伦布日）；⓬ 南 / 北：红、白、红；东 / 西：红、黄、红（纪念 2012 年扬基体育馆的 Pinstripe Bowl 赛）。

洛克菲勒中心
推荐指数：★★★
住 48th~51st. St（bet.5th & 6th Aves）
地铁 从 B D F 线的 47-50St 站、N R 线的 49St 站步行约 3 分钟。
公交 M1、M2、M3、M4、M5、M7、M50（在 50th St. 附近下车）
☎（1-212）632-3975
网 www.rockefellercenter.com
※中央大厅的开放时间：每天 7:00~24:00

圣诞树的点灯仪式
具体日期不固定，每年 11 月初～中旬会开始宣传，由宣传室决定圣诞树所使用的树和点灯仪式的日期。另外，从点灯仪式次日到 1 月初，每天 23:30 之前会用彩灯照明。
※关于日程请电话咨询：
☎（1-212）632-3975

漫步于洛克菲勒中心
主要包括有关洛克菲勒中心的建筑艺术和历史的参观旅行。大约需要 75 分钟，门票在巨石之顶的售票处购买。
☎（1-212）698-2000
开 每天 10:00~16:00，每隔 30~60 分钟出发一次（因季节不同可能会有所变动）
休 无
费 成人 $17；巨石之顶的联票为 $38

洛克菲勒中心 Rockefeller Center

别 Map p.34-35 B·C1

拥有大型办公街的综合建筑群

位于 48 街和 51 街之间，横跨第五大道和第六大道，洛克菲勒中心以 G.E. 大厦为中心，林立着 19 栋建筑大楼，形成了巨大的综合建筑群。

建筑的正对面就是第五大道一侧。面向 G.E. 大厦，右侧是英国大厦，左侧是法国大厦，中间的步行街是海峡花园，名字来源于英法海峡。

海峡花园和 G.E. 办公楼的中间下沉式广场以圣诞树和滑冰场而闻名。

因为这里排列着世界各国的国旗，所以被称为“万国广场”，中心的东侧大部分由地下相连接，成为了全长约 3 公里的大型购物街。

海峡花园中央的黄金雕刻

G.E. 大厦 G. E. Building

位于洛克菲勒中心的核心位置，第六大道的 49~50 街，高雅的外观格外引人注目，楼高 70 层，地上高度为 259 米，因其地理位置，还被人们称为“30 洛克菲勒广场”。1933 年建成。大厅里展示着描绘了过去 200 年来美国发展历程的大型壁画。在地下有介绍洛克菲勒的小型展览馆，那里展示着建设初期的土地购买资料、设计图、施工现场的照片、雕刻，以及美术素描作品等。

圣诞季的装饰

VOICE | **在巨石之顶拍照** 正午时去拍照，以帝国大厦为背景的话，由于逆光脸会漆黑一片，加上逆光修正之后的效果会好一些。

时代生活大厦 Time Life Bldg.

《生活》是在全世界拥有众多读者的著名杂志。其公司总部就在Time-life 大厦。位于无线电城音乐厅的前方，第六大道，西 50 街到 51 街之间。外观是铝和玻璃构造共 48 层，高度为 178 米。是 1959 年最早出现于第六大道的高层建筑。

独特的造型是其标志

美国国家广播公司 NBC Studio

在 G.E. 大厦内部，坐落着美国四大电视网之一的美国国家广播公司。在参观广播室时，鉴赏完历史剧场之后可以参观 NBC 脱口秀的摄影棚（《周六夜现场》《今日秀》）。另外，在一层有商店，可以买到世界各地人们所熟知的商品。

无线电城音乐厅 Radio City Music Hall

全美国最大的音乐和歌舞演出室内剧场。可以参加舞台门之旅（Stage Door Tour）参观音乐厅内部，也可以参观排练场和服装室。此外，说起无线电城音乐厅，就会想到著名的火箭女郎舞蹈团。自 1933 年至今，每年“无线电城圣诞奇观”歌舞秀于圣诞节期间都在这里演出，是纽约人过圣诞的一项不可错过的节目。

可以通过舞台门之旅的旅行团参观内部

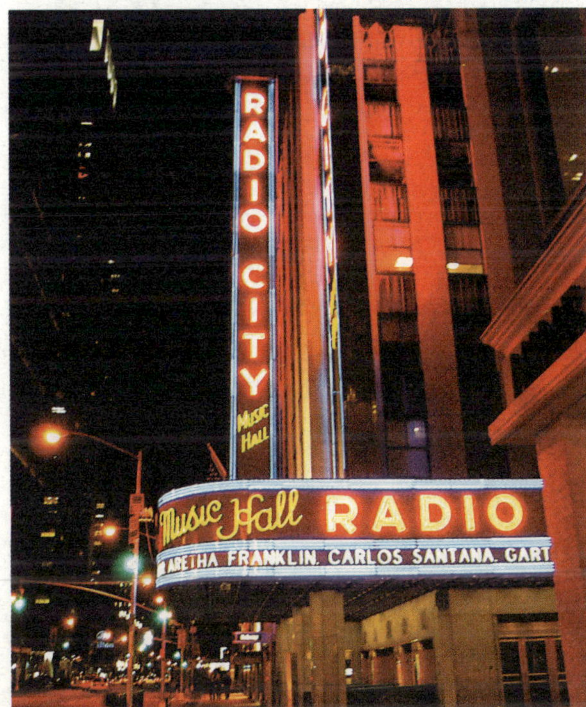

NBC 演播室行程

位于洛克菲勒的中心大楼 GE 中心大厦，从 49 街的入口进入，在标有团队旅行标识的桌子处买票。一个团队大约有 15 个人，游览时间大约需要 70 分钟。

住 30 Rocefeller Plaza
☎（1-212）664-3700
开 周一 周四 8:30~17:30，周五・周六 18:30，周日 9:15~16:30（每隔 15 分钟一次）
休 无
费 成人 $24，老人（62 岁以上）以及 6~12 岁 $21，不满 6 岁的儿童不可进入。
※因为游览过程中不能去厕所，所以请事先解决好之后再进去。
URL www.nbcstudiotour.com（可以预约）

报团可以参观内部

无线电城音乐厅

住 1260 6th Ave.（bet. 50th & 51st Sts.）
URL www.radiocity.com

舞台门之旅

☎（1-212）247-4777
开 11:00~15:00
（出发时间根据具体日期会有所变化，但基本上是每隔 30 分钟一次）
休 无
费 成人 $19.95，老人（62 岁以上）$15，12 岁以下 $15。
※门票在北侧的 Radio City Sweets & Gift Shop（50th & 51st Sts.）处购买。

VOICE 巨石之顶的入场券建议提前在网上预约　如果事先在网上预约了的话就不需要特意赶早过去排队买票了。

TOP OF THE ROCK

眺望曼哈顿的人气景点

与帝国大厦的人气度不分上下的洛克菲勒观景台，分为室内和室外两个部分，由 67 层、69 层、70 层三部分组成。首先通过安全检查到达二层通往观景台的电梯前。乘坐号称“航天飞机之首”的高速电梯到达观景台入口的第 67 层。垂直移动的过程中，可以欣赏洛克菲勒中心的建筑工程摘要版的放映片，会放映在电梯内的屏幕上，出了电梯之后，爬楼梯或者使用扶梯到达最高层 70 层。在这里可以欣赏到帝国大厦和中央公园等最佳全景画面。拥有引以为荣的网络预约系统。可以在网站上预约想要入场时间的门票，也可以直接购买（有折扣），这样就可以节省排长队的时间了。

巨石之顶观景台 Top of the Rock Observation Deck

别 MAP p.34-B1

住 30 Rockefeller Plaza（bet.5th & 6th Aves.）

☎（1-212）698-2000

Free（1-877）692-7625

开 每天 8:00~24:00，通往观景台的末班电梯时间是 23:00，圣诞节、年末年初会有相应的变动

休 休

费 成人 $25、老人（62 岁以上）$23、6~12 岁 $16、不满 6 岁免费。

※ Sun & Stars Ticket（1 天可以入场 2 次的票）成人 $38、6~12 岁 $20

URL www.topoftherocknyc.com

交通

地铁 B D F M 号线，从 47-50th. Sts-Rockefeller Center 步行约 3 分钟。从 50 街侧的一层入口进入，下楼梯到达地下的售票室。沿线路标志走即可。

编辑部的体验！**去哪里呢？**

帝国大厦 和 巨石之顶

参观纽约绝对不可遗漏的景色就是从高处一览曼哈顿全貌，在这里我们体验了两个人气景点，您想去哪一个呢？

帝国大厦		巨石之顶
约 381 米 加上塔顶高度为 443 米	高度	**大约 260 米**
86 层和 102 层	观景台	**70 层**
$25 前往 102 层的观景台要另加 $17	费用	**$25**
可以用	City Pass	**可以用**

在登上观景台之前，在两处都会看到长长的拍摄纪念照的队伍，如果从一开始就想好不购买的话，这时打个招呼便可直接通过。想要纪念照的人可以在出口的礼品店等处购买。

详情请见 →p.70

详情请见 →p.74

Good

五颜六色的彩灯

近 70 种彩灯照耀了纽约的夜晚，仅仅看这炫目的色彩便乐趣无穷。

有语音导游服务

另附 $10 便可以租赁（使用 City Pass 的话免费）。

享受高度带来的乐趣

毕竟是纽约的最高建筑，可到达 102 层，如果晴天的话，甚至可以看到布鲁克林区、皇后区以及新泽西州。

Good

帝国大厦就在眼前

基本上帝国大厦就屹立在正南方。

70 层没有围栏

没有遮挡物的、完全开放的氛围，让人可以切身近距离地感受曼哈顿

可预约

使用网站上的预约系统，可预约及购买相应入场时间的门票。

省去了排队买票的等待的时间。

编辑部的评论： 巨石之顶的魅力在于可以一览帝国大厦，但是俯视的效果，帝国大厦则更好。也可以二者都亲自体验一下。

时报广场
推荐指数：★★★
地铁 从 N Q R S 1 2 3 7 线的 Times Sq-42 St 站步行约 4 分钟。
公交 M7、M10、M20、M42、M104（在 42nd St. 附近下车）
网 www.timessquarenyc.org

时报广场——步行者的天堂
为减少交通堵塞和车辆的擦伤事故而建成了步行街。42nd St.~47th St. 和 33rd St.~35th St. 的百老汇线路上禁止车辆进入。设置有供人们休息的椅子，24 小时开放。

布赖恩特公园
推荐指数：★★
住 40th & 42nd Sts. 和 5th & 6th Aves. 之间
地铁 从 B D F M 线的 42 St-Bryant Park 站、7 线的 5th Av 站步行约 1~3 分钟。
公交 M1、M2、M3、M4、M5、M7、M42（在 42nd St. 一带下车）
开 4 月 每天 7:00~22:00
5 月 7:00~23:00
6~9 月 7:00~24:00（周六・周日 ~23:00）
10 月 每天 7:00~22:00
11 月～次年 2 月 每天 7:00~ 22:00（周五・周六 ~24:00）
3 月 7:00~20:00
网 www.bryantpark.org

滑冰场（Citi Pond）
开 周日～下周四 8:00~22:00
周五、周六 ~24:00（仅在 11 月～次年 2 月开放，详情请在网站上确认）
费 免费（但是租滑冰鞋的费用为 $14）
※保险柜免费使用，但钥匙收费为 $9。可寄存行李 $7。

圣帕特里克教堂
推荐指数：★★
住 14E.51st St.（bet. 50th & 51st Sts.）
地铁 从 E M 线的 5Av-53 St 站或者 6 线的 51St 站步行大约 2~5 分钟。
公交 M1、M2、M3、M4、M5、M50、Q32（在 50th St. 和 5th Ave. 一带下车）
☎（1-212）753-2261
开 每天 6:30~20:45
网 www.saintpatrickscathedral.org

特朗普大厦
推荐指数：★
住 725 5th Ave.（at 56th St.）
地铁 从 E M 线的 5Av-53 St. 站步行大约 4 分钟。
公交 M1、M2、M3、M4、M5、M31、M57、Q32（在 57th St. 和 5th Ave. 一带下车）

时报广场 Times Square

别 Map p.17-C·D4

世界娱乐业的中心

曼哈顿的中心，位于百老汇和第七大道与 42 街到 47 街之间交会一带。从 1980 年开始，曾经有很长一段时期，这里被称为“犯罪的巢穴”、“恐怖而危险的街道”。但是，自 1984 年这个新兴城市举全市的力量开展重新开发的工程后，这里面貌焕然一新。取而代之的是富有民族风情的霓虹灯和娱乐行业的光辉交相辉映的大街。熙熙攘攘的人潮与闪烁的霓虹灯招牌形成了独特的街景。每天聚集了许多到此观赏音乐喜剧的游客。

布赖恩特公园 Bryant Park

别 Map p.34-B4

活动众多的都市绿洲

位于纽约公立图书馆身后的公园。虽不是特别宽阔，但因其是高楼林立中罕有的，所以作为“都市绿洲”而深受纽约人的喜爱。距离第五大道、时报广场以及洛克菲勒中心等中城的主要景点非常近，是一个十分适合休息的场所。在这里，不仅会举办音乐会、电影节等，滑冰场等设施也一应俱全，可免费享受丰富的活动。在公园里的 Gramerrcy Tavern，汤姆厨师的三明治台上有“魔术”表演，每逢夏季的午饭时间就会热热闹闹地挤满很多人。

免费 Wi-Fi 可以自由使用

圣帕特里克教堂 St. Patrick's Cathedral

别 Map p.37-C4

位于第五大道的哥特式建筑

是全美国最大的天主教教堂。教堂着手动工是在 1858 年，其间经历了南北战争，1888 年建筑的尖塔部分完工。建筑使用了大量白色大理石，设计师是詹姆斯・伦威克，其哥特式风格是以德国的科隆大教堂为模型的。具有象征意义的尖塔部分高度为 100 米。约有 2200 个席位以及约有 900 根管子的管风琴，已经成为曼哈顿的骄傲。彩色玻璃也十分美妙。

大小位居世界第 11 位

特朗普大厦 Trump Tower

别 Map p.37-C2

高层名流的住所

1983 年开始开放。这个 68 层的高层建筑的地下 1 层到地上 2 层为购物中心。从 3 层到 26 层为写字楼。更高层为高级公寓。

为美国著名实业家唐纳德・特朗普所有

VOICE | 新年倒计时读秒 时报大楼附近 17:00 停止入内，所以建议最晚 15:00 过去。也有 10:00 就过去占位置的人。

纽约公共图书馆（总馆）New York Public Library（Main Branch）

别Map p.35-C4

馆内藏书量丰富建筑有特色

纽约公共图书馆（总馆）位于第五大道，占据了 40 街 ~42 街两个街区。是一座宏伟建筑，正门入口处有狮子像。前侧阳台部分和外墙部分由大理石建造，给人新古典主义的感觉。馆藏有记录意义的照片，磁带，印刷品等，总量多达 6500 万件以上，特别是地图的收藏数量更是世界上屈指可数，大约有 43 万件。

利用人数每年约为 180 万人

联合国总部 The United Nations Headguarters

别Map p.19-C4

维持国际和平和国家间的睦邻友好关系

于 2013 年对内部进行了改装施工

联合国总部占据着沿东河而上的 42 街到 48 街的范围。主要由联合国秘书处大楼、哈马舍尔德图书馆、会议厅大楼、大会厅 4 部分组成，这里有可以参观其中一部分的团队旅行。导游首先会为我们讲述联合国的基本工作及其作用、悲惨的战争和贫困的现状以及对于这些事情联合国是如何进行干涉、如何提出援助的等；同时参观包括会议厅大楼等场所。另外，即使不参加团队旅行也可以去地下一层的礼品店和咖啡厅。

大都会人寿保险大楼 Met-Life Building

别Map p.35-D3

这是作为中城象征的大厦

作为纽约标志性建筑的泛美大厦，被更名为大都会人寿保险大楼，已经过去 20 年了。这个大楼是 20 世纪 60 年代具有代表性的建筑。至今内部也没有做过任何变动。建于纽约火车站的背后，逛街时可以作为参照物来确定方向，十分便利。

有特点的形状

纽约公共图书馆

推荐指数：★★

住 5th Ave.（at 42nd St.）

地铁 从 ⑦ 线的 5 Av 站步行大约 2 分钟。

公交 M1、M2、M3、M4、M5、M42、Q32（在 42nd St. 和 5th Ave. 一带下车）

☎（1-917）275-6975

开 周一、周四 ~ 周六 10:00~18:00；周二、周三 ~20:00；周日 13:00~17:00

网 www.nypl.org

纽约公共图书馆的免费团队旅行

从阿斯特馆的向导处出发的旅行的时间是：周一 ~ 周六的 11:00 和 14:00、周日的 14:00。从戈特斯曼大厅的入口处出发的旅行的时间是：周一 ~ 周六的 12:30 和 14:30、周日的 15:30。二者的休息时间都是夏季的周日。

联合国总部

推荐指数：★★★

住 1st Ave. & 46th St.

地铁 从 ④⑤⑥⑦Ⓢ 线的 42 St-Grand Central 站步行约 15 分钟。

公交 M15、M42、M104（在 E.42nd St. 和 1st Ave. 一带下车）

☎（1-212）963-4475（游客中心）

网 www.un.org

联合国总部团队旅行

从联合国总部南门入口进入之后就是最大的大厅，团队旅行从大厅的里面出发。需要时间大约为 1 个小时。注意避免穿着背心和短裤等显得过于随意的服装，大件的行李记得要在寄存处寄存。

☎（1-212）963-8687

开 周一 ~ 周五 9:45~16:45，基本上每隔 30 分钟一次（冬季一天大约有 2~3 次）。

休 周六、周日、节假日

费 成人 $16；老人（60 岁以上）· 学生 $11、5~12 岁 $9（不满 5 岁不可以参加）

大都会人寿保险大楼

推荐指数：★★

住 200 Park Ave.（at 45th St.）

联合国总部团队旅行 在地下的 BOOKSHOP 购物时，只需要出示入场门票的发票，就可以打 8 折。也有很多特产礼品，要注意入场门票的发票在礼品店是不能使用的。

麦迪逊广场花园

推荐指数：★

住 4 Pennsylvania Plaza（7th Ave. bet. 31st & 33rd Sts.）

地铁 从①②③ⒶⒸⒺ线的34 St-Penn Station站步行大约1分钟。

公交 M4、M10、M16、M34、M34A、Q32（在34th St.或者7th Ave.一带下车）

URL www.thegarden.com

克莱斯勒大厦

推荐指数：★★

住 405 Lexington Ave.（bet. 42nd & 43rd Sts.）

地铁 从④⑤⑥⑦Ⓢ线的St-Grand Central站步行大约1分钟。

公交 M42、M101、M102、M103（在42nd St.和Park Ave.一带下车）

※现在这里没有克莱斯勒公司的办公区。另外，除了一层大厅以外，其他地方一般游客是不能进入的。

花旗集团中心

推荐指数：★

住 601 Lexington Ave.（bet. 53rd & 54th Sts.）

地铁 从⑥线的51 Sts站或者Ⓜ线的Lexington Av/53 St站步行大约2分钟。

公交 M31、M57、M101、M102、M103（在Lexington Ave.站或者54th St.一带下车）

※进入大楼内部时会进行行李的安检。

圣彼得教堂

位于花旗集团中心的教堂。不仅外观独特，而且内部构造也非常别致。

URL www.saintpeters.org

麦迪逊广场花园 Madison Square Garden

别 Map p.13-C3

每年举行350多个大型活动

有尼克斯队和流浪者队的官方商店

麦迪逊广场花园是建于第七大道和33街交会处一角的巨大圆柱形的白色建筑。位于宾夕法尼亚车站的上面，由有2万个座位的舞台和有5600个座位的剧场构成。在这里，一年内会举行演唱会、摔跤比赛、马戏团表演等约350个活动。

克莱斯勒大厦 Chrysler Building

别 Map p.14-B1

装饰派艺术风格建筑的杰作

克莱斯勒大厦的鳞状尖塔格外引人注目。美丽的装饰艺术风格设计使其成了纽约摩天大楼的代表性建筑，原来是汽车公司克莱斯勒公司的总部大楼，内部也全是装饰艺术风格。顶部包括螺丝钉全部采用不锈钢材料制成。因此没有生锈和腐蚀的危险。据说材料全部是从克莱斯勒汽车工厂调拨的。

原本是克莱斯勒汽车公司的总部

花旗集团中心 Citigroup Center

别 Map p.18-B3

大楼内部竟然有教堂

曾经是纽约第三高的建筑物

是以美国的大型银行“花旗银行”为中心的金融机构，是花旗集团的总部大楼。覆盖着耀眼的铝和玻璃，大厦顶部设计成45度角意欲设置太阳能板提供能量，但这个构想已遭放弃。该中心极具特点的是，其基座是用四根约280米高的抗风架构方柱体架起，使建筑凌驾于街道平面上，形成了一个高硕开敞流动的城市型空间，富有创造性和现代感。

COLUMN

韩国小镇

韩国小镇位于离切尔西很近的中城区的32街上，距离百老汇5个路口。在这个充斥着韩语广告牌的街道上，韩国餐厅、超市、按摩店、首饰店以及化妆品的打折店铺、出售有韩国明星的小商品的杂货店等一应俱全。这里很多餐厅都是24小时营业，如果时间很晚犯愁就餐问题的话不妨来这里逛一下。

此外，位于曼哈顿的旁边、皇后区的法拉盛作为第二大的韩国小镇而著名。

别 MAP p.13-D2·3

地铁 从ⒷⒹⒻⓃⓆⓇ线的34 St站下车步行约1分钟。

公交 M2、M3、M4、M5、M7、M34、Q32（在33rd St. & 5th Ave.一带下车）

既便宜又美味的餐厅鳞次栉比

VOICE 关于巡游“大苹果”的线路　百老汇和54街交会的西南角被称为“大苹果角”。而且有纽约市公认的标志。

大中央枢纽站 Grand Central Terminal

别Map p.14-A1

曼哈顿的大门

大中央枢纽站作为电影和电视剧的外景拍摄地，是一个十分具有浪漫气息的交通枢纽站。1913年，花费了80亿美元建造而成，成为纽约市具有代表性的历史建筑物。曾因改建而陷入被破坏的危机，但是于1998年决定保存，之后再次改装使用。2013年迎来了建成100年的纪念日。

引进了光纤技术的天花板务必一看

高125英尺（大约38米）的穹顶天花板上有天文馆独具一格的星座图。另外，这里不仅是纽约和其他州郡相连的枢纽站，同时还聚集了餐厅和商店，也是一个大型的购物中心，在这里闲逛也是非常不错的选择。

大中央枢纽站

推荐指数：★★★

地铁 4 5 6 7 S 线的St-Grand Central站的正前方。

公交 M1、M2、M3、M4、M42、M101、M102、M103、Q32（在42nd St.站一带下车）

URL www.grandcentralterminal.com

漫步团队游

费 成人$20、老人·学生·儿童$15

开 每天12:30

集合地点：主大厅服务台前的GCT Tour窗口处。需要时间为75分钟。

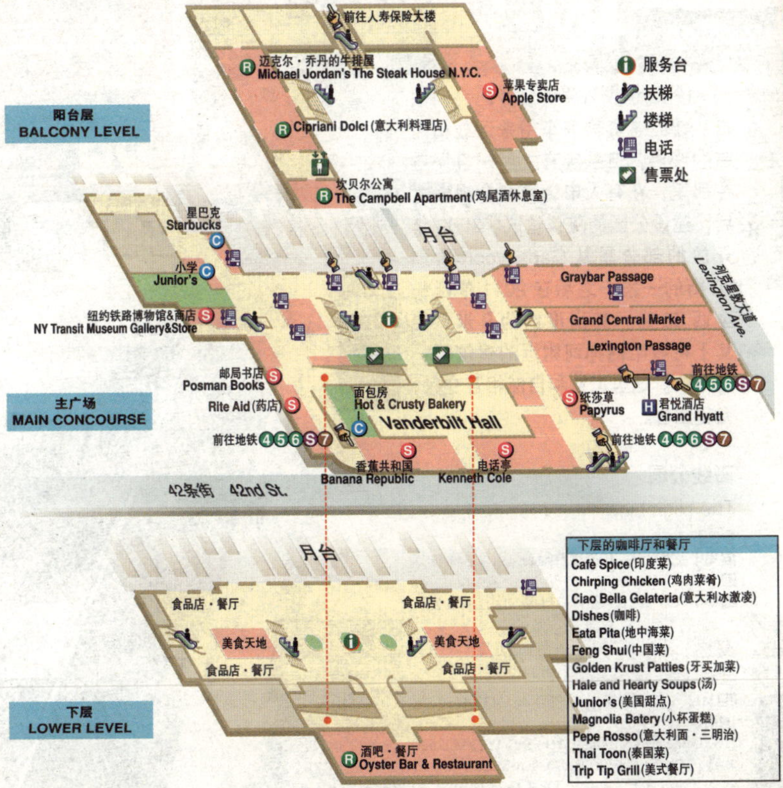

阳台层 BALCONY LEVEL

前往人寿保险大楼
R 迈克尔·乔丹的牛排屋 Michael Jordan's The Steak House N.Y.C.
S 苹果专卖店 Apple Store
R Cipriani Dolci（意大利料理店）
R 坎贝尔公寓 The Campbell Apartment（鸡尾酒休息室）

主广场 MAIN CONCOURSE

月台
C 星巴克 Starbucks
C 小学 Junior's
S 纽约铁路博物馆&商店 NY Transit Museum Gallery&Store
S 邮局书店 Posman Books
S Rite Aid（药店）
前往地铁 4 5 6 S 7
C 面包房 Hot & Crusty Bakery
Vanderbilt Hall
S 香蕉共和国 Banana Republic
S 电话亭 Kenneth Cole
Graybar Passage
Grand Central Market
Lexington Passage
列克星敦大道 Lexington Ave.
前往地铁 4 5 6 S 7
S 纸莎草 Papyrus
H 君悦酒店 Grand Hyatt
前往地铁 4 5 6 S 7
42条街 42nd St.

下层 LOWER LEVEL

月台
食品店·餐厅
美食天地
食品店·餐厅
食品店·餐厅
美食天地
食品店·餐厅
R 酒吧·餐厅 Oyster Bar & Restaurant

服务台 / 扶梯 / 楼梯 / 电话 / 售票处

下层的咖啡厅和餐厅

- Cafè Spice（印度菜）
- Chirping Chicken（鸡肉菜肴）
- Ciao Bella Gelateria（意大利冰激凌）
- Dishes（咖啡）
- Eata Pita（地中海菜）
- Feng Shui（中国菜）
- Golden Krust Patties（牙买加菜）
- Hale and Hearty Soups（汤）
- Junior's（美国甜点）
- Magnolia Batery（小杯蛋糕）
- Pepe Rosso（意大利面·三明治）
- Thai Toon（泰国菜）
- Trip Tip Grill（美式餐厅）

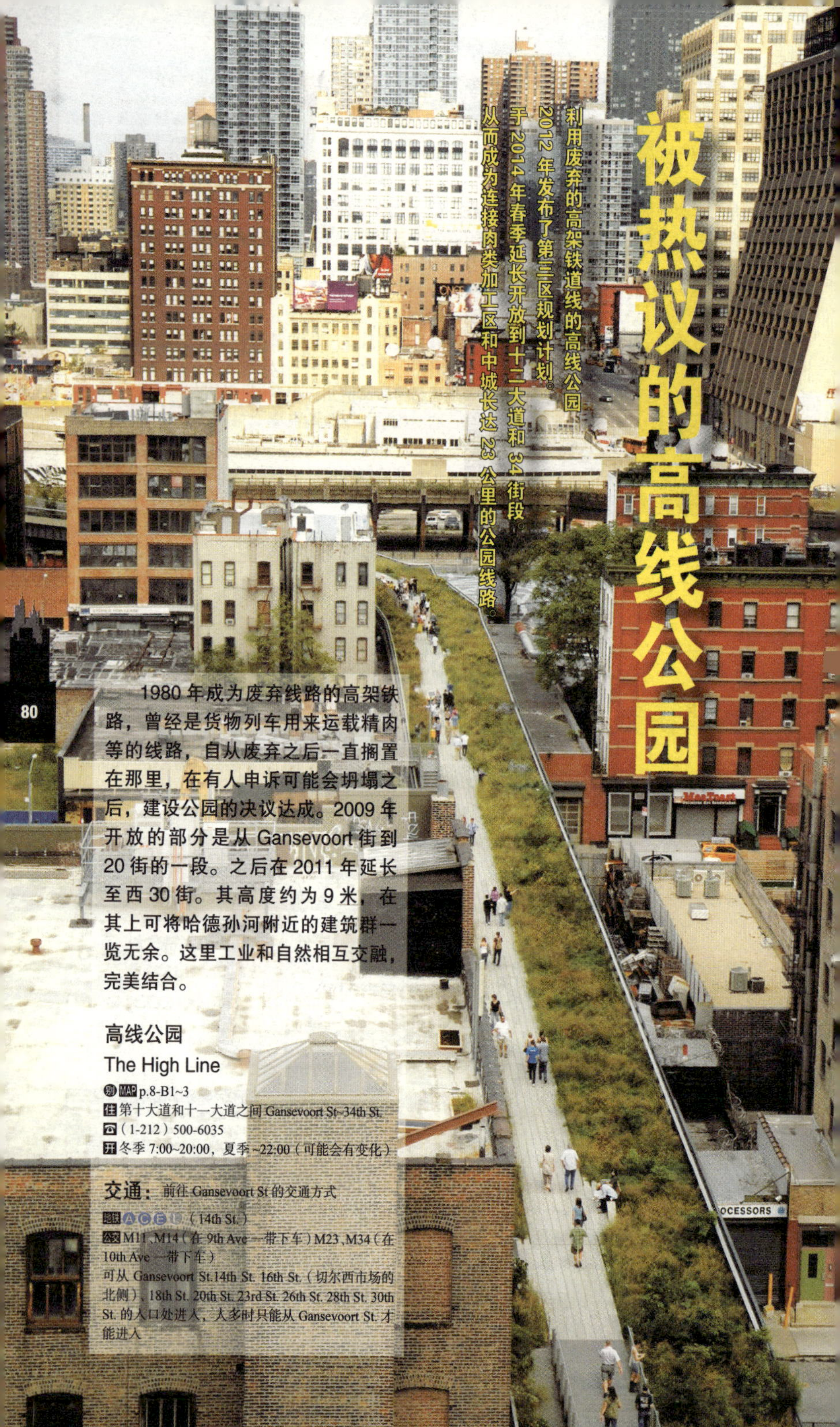

被热议的高线公园

利用废弃的高架铁道线的高线公园
2012 年发布了第三区规划计划。
于 2014 年春季延长开放到十二大道和 34 街段。
从而成为连接肉类加工区和中城长达 23 公里的公园线路。

1980 年成为废弃线路的高架铁路，曾经是货物列车用来运载精肉等的线路，自从废弃之后一直搁置在那里，在有人申诉可能会坍塌之后，建设公园的决议达成。2009 年开放的部分是从 Gansevoort 街到 20 街的一段。之后在 2011 年延长至西 30 街。其高度约为 9 米，在其上可将哈德孙河附近的建筑群一览无余。这里工业和自然相互交融，完美结合。

高线公园

The High Line

别 MAP p.8-B1~3

住 第十大道和十一大道之间 Gansevoort St~34th St.

☎（1-212）500-6035

开 冬季 7:00~20:00，夏季 ~22:00（可能会有变化）

交通： 前往 Gansevoort St 的交通方式

地铁 A C E L（14th St.）

公交 M11、M14（在 9th Ave 一带下车）M23、M34（在 10th Ave 一带下车）

可从 Gansevoort St.14th St. 16th St.（切尔西市场的北侧）、18th St. 20th St. 23rd St. 26th St. 28th St. 30th St. 的入口处进入，大多时只能从 Gansevoort St. 才能进入

14th Street Passage

林立着标准酒店的街道，有时会成为画廊。也会展出各种各样的公共艺术。

Gansevoort Plaza

这个区域内时尚的餐厅和高级精品店鳞次栉比。高线公园的总部就在这里。2015 年年内惠特尼山美术馆的新馆也会落成开放。

Gansevoort Street

其入口位于 Gansevoort St. 和 Washington St. 交会处，可顺着坡度较缓的楼梯走上去。

14th St.

在这里可以感受到高架线的余韵，有扶梯的入口附近的道路也十分宽广，方便行走。

Little W. 12th St.

START

Gansevoort Woodland

下面就是肉类加工区，漫步在这个衣着时尚的人们聚集的地方，可以尽情享受悠闲的乐趣。

Sundeck & Water Feature

在风和日丽的天气里可以看到很多人在这里享受日光浴。因为没有任何遮挡物，所以可以尽情眺望西侧的哈德孙河。

Standard Hotel

跨越高线公园就是有特色的酒店了，一层的餐厅和屋顶的酒吧都十分有人气。因为有个别房间住宿者会一览无余地被人看到，所以住宿的人要注意了。

★ = 入口

Ⓢ = 有楼梯

Ⓔ = 有电梯

Ⓣ = 有洗手间

公园内还有各种活动

基本上都是免费的。● Stargazing on the High Line 春季～秋季每周二 18:30 开始举行天体观测活动 ● Free，Guided Walking Tours 学习历史和设计的徒步旅行。春季～秋季每周二 18:30~，根据当天的天气，如果取消的话会在当天中午 12:00 在 Web 上公布。

URL www.thehighline.org

10th Avenue Square

17 街的主要看点是镶玻璃的楼梯式广场。或许在这里眺望车水马龙、人头攒动也是个不错的选择。

16th St.

18th St.

20th St.

82

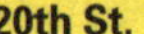

16th St.

通往切尔西的交通十分便利。在个别地方有少数几个洗手间。

Chelsea Grasslands

在这一带可以看到帝国大厦。温暖的季节里花草十分茂盛，可以看到蜜蜂和蝴蝶飞舞的身影。

Chelsea Market

在饼干工厂的基础上建成的市场。因为这里有许多美味的面包房和咖啡店，十分适合休息。累的话一定要来哦。

★ = 入口

Ⓢ = 有楼梯

Ⓔ = 有电梯

Ⓣ = 有洗手间

23rd Street Lawn & Seating Steps

由草坪广场和砖瓦构成的台阶座椅，在这里经常可以看到随心所欲消磨时间的纽约人。

还在扩展中

之前高线公园的最北端是 30 街那里，2014 年春季又延伸到了第十二大道和 34 街的会展中心一带。

23th St.　26th St.　28th St.　30th St.

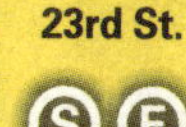

23rd St.

26th St.

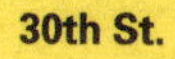

30th St.

28th St.

Falcone Flyover

尝试使用了杂草来打造废墟的形象。看似杂乱无章地种植，而实际上是经过独具匠心地设计的。

Radial Bench

在 28~29 街之间每个街区都排列着长长的座椅。可以坐在这里安静地眺望曼哈顿的摩天轮。

这里旧的铁道线路和新的建筑共存。可以看到栖息在这里的鸟儿。

Wildflower Field

这里种植着许多花花草草，如同空中庭园一样。春夏秋冬可以尽情欣赏不同种类的植物。当然也有珍稀品种。

切尔西

Chelsea

别MAP p.8-9、12-13

曾经这里的电影工业和时尚产业繁荣一时，
现在则是画廊聚集的艺术发源地。
不需要走很远就可以环游众多画廊。

口口相传的肉类加工区

经典线路

需要时间约45分钟

熨斗大厦

步行片刻即到

23街

步行约20分钟

24街周边的画廊街

步行约5分钟

高线公园

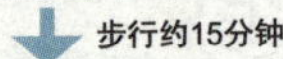
步行约15分钟

切尔西市场

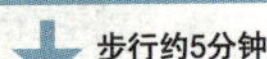
步行约5分钟

肉类加工区

区域介绍

华丽的人和景点集中在此

第五大道以西是切尔西，1870年这里铺设了高架铁路，据说当时这里有很多剧场和音乐厅。现在这里散落着画廊、餐厅和咖啡厅等，十分雅致。在肉类加工区（MPD）时尚的餐厅、酒吧、高级品牌店和精品店鳞次栉比。以MPD为中心这里散发着纽约的流行趋势和最新艺术的信号。

游览方式

以位于14街西侧的MPD和Gansevoort街沿线的高线公园为中心聚集了众多人们热议的景点。第十大道附近，从早到晚有很多衣着新潮的人聚集，十分热闹。但是第一大道和第十二大道的哈德孙河一带人迹罕至，夜晚应避免单独出行。

切尔西以西，沿着哈德孙河的林荫路

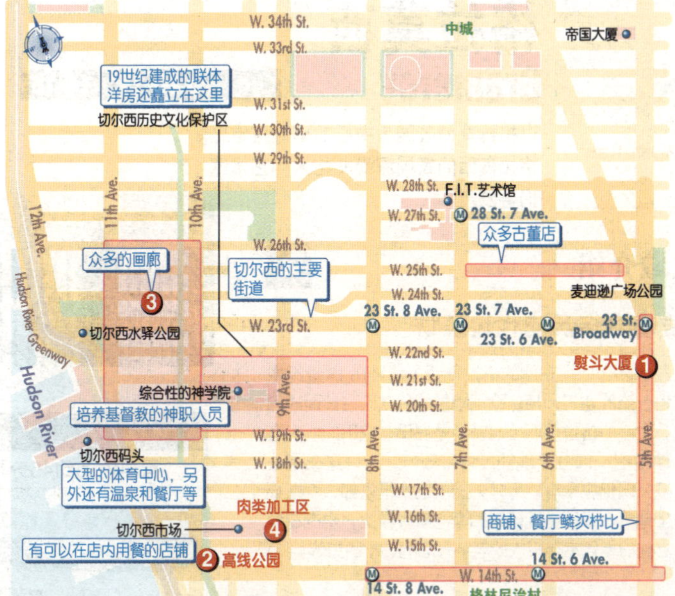

主要看点

1 熨斗大厦
Flatiron Building

位于 23 街，有着引人注目的三角形的特异形状。→ p.89

3 画廊街
Gallery

约 360 个艺术画廊比肩而立，交相辉映。国际化的色彩浓厚且品位高雅的作品排列在此。→ p.368

4 肉类加工区（MPD）
Meat Packing District

曾经是精肉工厂的仓库街。现在以切尔西市场为中心，品牌店鳞次栉比地排列着。→ p.89

2 高线公园
The High Line

利用废弃的高架铁道线路打造的公园。连接 Gansevoort 大街和西 30 街。→ p.80

格拉莫西

Gramercy

别MAP p.10-11、14-15

以格拉莫西公园为中心的幽静住宅区。格拉莫西的氛围深受文化人和艺术家们喜爱。

私人公园——格拉莫西公园

区域介绍

矗立着众多历史性建筑物

位于联合广场东侧的格拉莫西，是早在19世纪中叶就由一流的建筑师模仿欧洲幽静的住宅区设计而成的区域。中心的格拉莫西公园曾经是农田，农田的所有者有条件地把一部分土地让渡给市政府，之后建成了公园，但公园仍属私有。另外，国家艺术俱乐部、罗斯福的出生地等许多历史性建筑和豪宅鳞次栉比，也有在禁酒法实施的年代幸存下来的老字号酒吧、小酒馆等。

经典线路

需要时间约45分钟

联合广场

↓ 步行约5分钟

格拉莫西公园

↓ 步行约15分钟

国家艺术俱乐部

↓ 步行约15分钟

西奥多·罗斯福的出生地

↓ 步行约10分钟

皮特的小酒馆

这个幽静氛围的公园还是一个优雅的住宅区

游览方式

沿着第五大道和百老汇有许多的历史性建筑、商店和餐厅，在第三大道民族风味餐馆并排林立着。如果购物的话，就去联合广场附近逛逛。这里聚集了众多的服装连锁店和大超市，非常方便，另外还有农贸市场。

麦迪逊广场周边

主要看点

❶ 格拉莫西公园
Gramercy Park

是只有宅基地的所有者才可以入内的公园，只有有钥匙的人才可以进去。→ p.88

❷ 联合广场
Union Square

绿色集市（→ p.92）所在地。市场周一、周二、周五、周六开放。

❸ 麦迪逊广场公园
Madison Square Park

这是一个绿意浓浓的公园，这里还有需要排长队的汉堡店——歇克下克。

格拉莫西公园 Gramercy Park

别Map p.10-A1

绿意葱葱的美丽公园

1831 年农场主把当时还是农地的一部分有条件地让渡给纽约市政府之后建成的公园。其条件就是可以持有公园的钥匙，而这个公园是只有宅基地所有者才可以进入的四周被铁栅栏所围绕着的。现在和当时同样只有持有钥匙才可以进入。但是游客可以舒畅地享受在公园周围漫步的乐趣。

赏心悦目的绿色

格拉莫西公园
推荐指数：★★
住 E. 20th & E. 21st Sts.（bet. Park S. & 3rd Aves.）
地铁 从 6 线的 23 St 站，步行约 3 分钟。
公交 M3、M23、M101、M102、M103（在 21St 一带下车）
※ 每年一度的格拉莫西节和圣诞夜，即便是没有钥匙的人也同样可以入园参加。格拉莫西节的日期不固定，但是通常情况下在每年的 5 月份。

西奥多·罗斯福总统的出生地 Theodore Roosevelt Birthplace

别Map p.10-A1

因调停日俄签订《朴茨茅斯条约》而闻名的大总统的老家

因调停日俄战争而闻名的美国第 26 届总统西奥多·罗斯福出生于格拉莫西。这里将他自出生至 14 岁生活的地方再现并作为博物馆开放。这里展示着众多罗斯福曾经使用过的家具和物品。旁边则是罗斯福的叔叔的家。这里还配有免费的语音导游。

有时间的话建议参加团队旅行

西奥多·罗斯福总统的出生地
推荐指数：★
住 28 E. 20th St.
地铁 从 6 R 线的 23 St 站步行约 5~8 分钟。
公交 M1、M2、M3、M5、M23（在 20th St. 或者 5th Ave. 一带下车）
☎（1-212）260-1616
开 周二～周六 9:00~17:00 团队旅行：周二～周六 10:00~16:00 之间，每小时一次。大约需要 40 分钟（12:00 没有）。
休 周日、周一、1/1、7/4、感恩节、12/25
费 免费
网 www.nps.gov/thrb

国家艺术俱乐部 The Natingnal Arts Club

别Map p.10-A1

隐匿有不为人知的隧道的历史性建筑物

纽约州州长曾经住过的宅邸。或许是不相信州民，在一层的窗户处安装着护栏，其内部竟然极其慎重地建造了不为人知的隧道。现在已成为私人俱乐部，宅邸内部展示着各种各样的艺术家的作品。偶尔会向一般大众开放。

1970 年改装成了哥特式的建筑

国家艺术俱乐部
推荐指数：★
住 15 Gramercy Park S.
地铁 从 6 线的 23 St 站步行约 4 分钟。
公交 M3、M23、M101、M102、M103（在 20th St. 或者 5th Ave. 一带下车）
☎（1-212）475-3424
网 www.nationalartsclub.org

VOICE 漫步高线公园时遇到的咖啡厅 在十五大道上发现了供人休憩的咖啡厅。不仅有地道的咖啡，还有美味的快餐小吃。

熨斗大厦 Flatiron Building

别Map p.10-A1

建于23街的三角地带

熨斗大厦建于23街、百老汇和第五大道相交会的三角地带。1902年由建筑师丹尼尔·伯恩罕设计，当时被命名为“福勒大厦”，之后由于其外观特异的形状，逐渐被人们称为熨斗大厦（Flatiron=平的熨斗）。

1902年使用了在当时还十分少见的钢筋材料建造，建筑高约87米，在当时已经是屈指可数的高度了。北侧狭窄的角度的幅度只有不足2米。根据观望的角度不同，其给人的印象也完全不同，有的角度看上去就像是薄薄的墙壁。或许也正因此有人议论着“不平衡”、“不知道什么时候会坍塌”等，也曾经有传言马上就会倒塌，但是时至今日已经成为了标志性建筑之一。

周边有众多的出版社

熨斗大厦

推荐指数：★★

住 175 5th Ave.（23rd St. 街角）

地铁 从 N R 线的 23 St 站步行约 1 分钟。

公交 M1、M2、M3、M5、M23（在 23rd St. 和 5th Ave. 一带下车）

丹尼尔·伯恩罕是何许人也?

熨斗大厦在建设初期是被纽约人热议的超高层大楼。其设计师丹尼尔·伯恩罕曾于1893年参与设计芝加哥世博会展馆的布置，是揭开美国摩天大楼时代序幕的人物。

COLUMN

肉类加工区（MPD）

位于切尔西的西侧，和格林尼治村相邻的14th St. 以西就是肉类加工区，本来名副其实，曾经是精肉工厂集中排列的仓库街。现在则变身成为热闹的俱乐部、隐蔽的酒吧和人气餐厅集中的高端区域。如今仍在不断地发展。特别是在时尚领域，高级品牌的精品店和一流品牌店在这里聚集。这里也是纽约最新流行趋势的发源地。另外，还有在顶层配套泳池的高级酒店，一不小心就会偶遇一个名人。古老的铺石地面是其特征。流行的最前线和古老的街景令人不可思议地完美结合，营造出颇具魅力的气氛。

别 MAP p.8-B2

地铁 从 A C E L 线的 14 St-8th Av 站步行约 5 分钟。

URL www.meatpacking-district.com

以前的精肉制造厂和现代的先锋潮流混搭

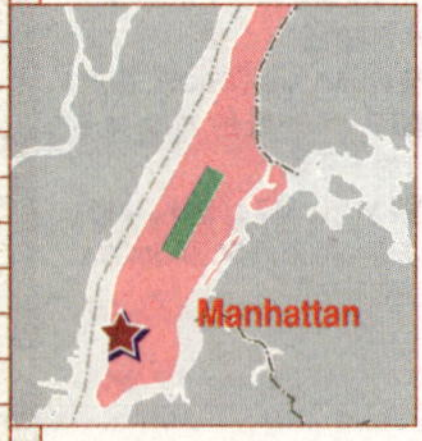

格林尼治村
Greenwich Village

别MAP p.8-10

深受作家、艺术家以及众多知识分子们所喜爱。
铺石地面、砖瓦结构的公寓展示着美丽的古老街景。
依然保留着 19 世纪前叶的风貌。

1892 年建成的凯旋门

区域介绍

至今仍因讴歌自由的人们聚集在此而热闹不已

华盛顿广场公园的西侧，有着美丽的铺石地面和绿意葱葱的景色。这里聚集了许多爵士乐俱乐部，晚上很晚也会有很多人。20 世纪 50 年代的“垮掉的一代”、60 年代的“民谣”十分活跃，曾经居住着众多诗人和剧作家。长期以来就居住着许多讴歌自由的人们，现在仍然有许多艺术家十分热爱这片热土。顺便说一下，哈德孙河一侧的区域被称为“西格林尼治”。

可以在华盛顿广场公园看到表演者们激情四射的表演

经典线路

需要时间约20分钟

华盛顿广场公园

↓ 步行约5分钟

纽约大学

↓ 步行约5分钟

马克道格大街

↓ 步行约10分钟

贝德福德大街

游览方式

这里有使用红色板砖所建造的精品店、杂货店以及咖啡厅等。可以在此悠闲地散步。有众多的小路，14 街以南的街道名字里没有数字编号了，所以注意不要迷路。沿着布里克大街（11 条街附近）著名的品牌店鳞次栉比，集中了众多主要品牌。

格林尼治的中心——华盛顿广场公园

主要看点

❶ 华盛顿广场公园
Washington Square Park

20世纪80年代初期曾是毒贩的巢穴，如今已成为深受大众喜爱的公园。

❷ 纽约大学
New York University

创立于1831年，深受格林尼治村氛围的影响，是一所自由、开放、独具个性的学校。

❸ 马克道格大街
MacDougal St.

20世纪60年代时，这里曾是著名艺术家、作家、音乐家的会聚之地。现在这里作为历史景观被保留下来。游客仍然能感受到当时的街道风貌。

❹ 贝德福德大街
Bedford St

街道上的建筑呈现出18~19世纪的风格，街道上的房屋通常因占地面积狭小而闻名。

纽约人的早晨从这里开始

可以从绿色集市购买的商品

纽约郊区的农户们把刚采摘的新鲜蔬菜运到这里进行贩卖。哪怕只是随便逛逛，也会觉得很有趣。

联合广场绿色集市
Union Square Greenmarket

在纽约市众多绿色集市中，该集市规模最大，有230余个摊位。商品丰富，有新鲜的蔬菜、水果、奶酪等。某些摊位只在一周中的某几天营业。建议您在顾客较少的清晨前来。

别 MAP p.10-A2
住 Union Square W.（at 15th-17th Sts. at Park S.）
地铁 L N Q R 4 5 6 14 St-Union Sq
营 周一、周三、周五、周六 8:00~18:00
URL www.grownyc.org/unionsquaregreenmarket

罗尼街的牛奶

这是切尔西集市上有名的乳制品品牌。很早之前，该品牌就开始在绿色集市上贩卖，如今，在切尔西集市上也开设了店铺。酸奶饮料和巧克力奶十分值得一尝。

安德烈先生的蜂蜜

安德烈先生身为都市养蜂第一人，在曼哈顿的高楼屋顶上养蜂并制作蜂蜜。以《纽约时报》为首的多家媒体都曾报道过他，很多纽约人专程前来拜访他。

“纽约名产”——来尝尝苹果汽水吧！

虽说是汽水，但它并不含碳酸。是一款口感温和的饮料，其中加入了未经过滤的天然果汁和砂糖、肉桂。只要喝上一口，身体就会马上暖和起来。

在果园制作的天然果汁

红衬衫果园（Red Jacket Orchards）位于纽约长岛，距今已有50年以上的历史。那里制作的天然果汁不含色素、砂糖。

山核桃曲奇

霍桑谷农场（Hawthorne Valley Farm）烘焙出的燕麦葡萄干曲奇和生姜曲奇，深受崇尚健康的纽约人喜爱，您不想尝一尝吗？

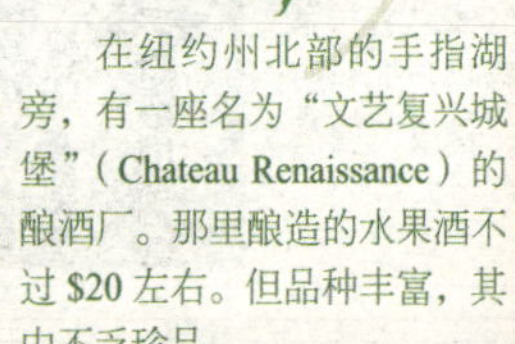
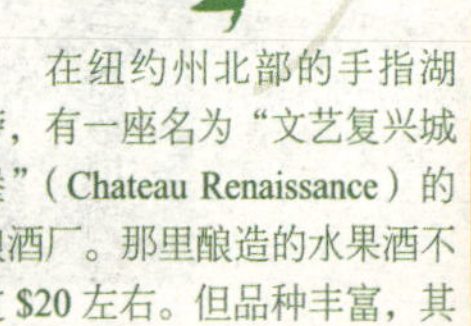

在纽约州北部的手指湖旁，有一座名为“文艺复兴城堡”（Chateau Renaissance）的酿酒厂。那里酿造的水果酒不过$20左右。但品种丰富，其中不乏珍品。

纽约大学
New York University（NYU）

别 Map p.10-A4

名人辈出

在过去，只有特权阶级的子弟才能上大学。为了打破身份、宗教、背景等的束缚，让更多的人能进入大学学习，第三任美国总统托马斯·杰斐逊的财政长官——艾伯特·加勒廷于1831年创建了这所私立大学。如今，不只是美国学生，还有来自世界各地的学生，都在这里自由深造。这里像是一座村庄一样，深受全美年轻人的欢迎。

NYU 的主色调为紫色

华盛顿广场公园
Washington Square Park

别 Map p.9-D4

在格林尼治村中心的公园

过去，这里曾是公开的行刑场。20世纪80年代初期，曾是毒贩的巢穴。如今，由于毗邻宁静的住宅区和纽约大学，时常有一家人或学生聚集于此，使这里变得热闹非凡。公园中央的凯旋门前有巨大的喷泉，盛夏时节，很多人都聚集在这里悠闲地享受闲暇时光。马路歌手和音乐家们也常常聚在这里。

凯旋门是这里的独特标志

纽约大学

推荐指数：★

住 70 Washington Square S.

地铁 从 6 线的 Astor Pl 站、N R 线的 8 St/Broadway 站步行3分钟。

公交 M1、M2、M3、M5、M8、M103（在 Broadway & 8th Ave. 附近下车）

☎（1-212）998-1212

网 www.nyu.edu

书店

纽约大学书店 NYU Bookstore

即便不是纽约大学的学生，也能买到印有该大学LOGO的T恤、运动服等商品。

别 MAP p.10-A4

☎（1-212）998-4678

营 周一～周五 10:00~20:00，周六、周日 11:00~18:00

休 节假日

网 www.bookstores.nyu.edu

华盛顿广场公园

推荐指数：★★

住 5th Ave., Waverly Pl., W. 4th & MacDougal Sts.

地铁 从 A C E B D F M 线的 W.4 St 站步行约3分钟。

公交 M1、M2、M3、M5、M8（在 8th Ave 附近下车）

COLUMN

在布里克大街上搜索名品店

布里克大街是格林尼治村的中心，街道两旁的建筑物多为低矮的砖房。街道上分布着辛西娅·洛蕾、橘滋、马克·雅可布等名品店，就如同我们在第五大道和麦迪逊大街上看到的那些店铺一样。街道的规划也与品牌们相得益彰，人们能在这里悠闲购物，因此，该街道深受大众好评。别 MAP p.9-C3

品牌店中的商品与第五大道周边的店铺有所不同，以休闲风格为主

华盛顿广场公园的钢琴师 报纸和CNN经常报道这位钢琴师，甚至连邦·乔维这样的著名艺术家也前来拜访他。他的琴声十分悦耳动听。每周六、周日进行演奏。

东村
East Village

别MAP p.10-11

众多民族混居，是一片敢于走在时代前沿的区域。
这里引领着音乐和流行文化的潮流。
很多俄罗斯、乌克兰移民居住于此。

起点是阿斯特广场

经典线路

需要时间约35分钟

格雷斯教堂

步行片刻即到

10th St.

步行约15分钟

汤普金斯广场公园

步行约7分钟

圣马可坊街

步行约10分钟

阿斯特广场

区域介绍

这里有很多富有民族特色的餐馆，夜间可供游玩的地方也很多

20世纪时，很多波兰、俄罗斯、乌克兰等东欧国家的移民居住于此，现如今，已形成了众多社区。近年来，日本的居酒屋和拉面馆也逐渐增多，因此也被称为“迷你日本”。这里也散布着外百老汇剧场和24小时营业的咖啡厅。上午到汤普金斯广场野餐，或者在街上悠闲漫步都是不错的选择。索霍区附近的百老汇沿街，也被称为“诺霍”(NOHO)。

汤普金斯广场公园周边

游览方式

这里汇聚了众多富有民族风情的乌克兰餐馆、日本餐馆。如今，拉面馆备受欢迎。这里也有很多酒吧、俱乐部、外百老汇剧院等，是夜间游乐的好去处。年轻人推崇的餐馆、酒吧多位于A大道和B大道。6街附近、第一大道与第二大道之间的区域有许多印度餐馆，因此那里也被称为“小印度城”。

圣马可广场周边有许多日系居酒屋、餐馆

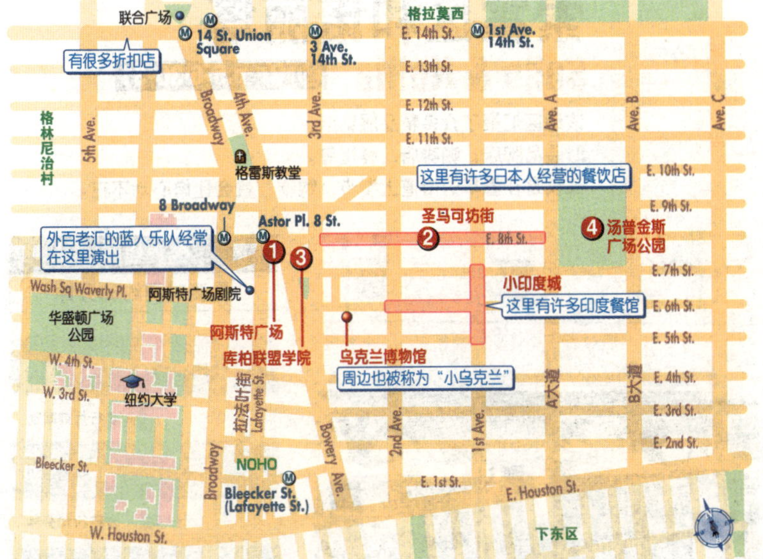

主要看点

❶ 阿斯特广场 Astor Place

它位于4街与拉法叶街的相交处。在那里有一个骰子形的物体，人们都叫它"阿拉摩"。

❷ 圣马可坊街 St. Mark's Place

沿着8街向前走，在A大道和第三大道之间就能找到它。那里分布着许多日系居酒屋和餐馆。

❸ 库柏联盟学院 Cooper Union

这所大学始建于1859年，其建筑、艺术、工学专业十分著名。2009年，为纪念建校150周年，该校新建了校舍，现位于141 Cooper Sq.。

❹ 汤普金斯广场公园 Tompkins Sq. Park

该公园位于A大道与B大道之间。天气晴朗的时候，不妨来这里悠闲地读书、散步吧。

索霍区和诺丽塔

Soho & Nolita

别MAP p.5-6·30-31

Manhattan

该地区汇聚了众多精品服饰店、时装品牌店、咖啡店、餐馆等。仅仅是在奢华的街道上漫步、购物，就会让您心动不已。

诺丽塔的咖啡厅是闲谈的好去处

经典线路

需要时间约60分钟

Prince St. & Broadway

↓ 步行片刻即到

Broadway

↓ 步行约10分钟

Broome St.

↓ 步行片刻即到

Mercer St.

↓ 步行约15分钟

Greene St.

↓ 步行约15分钟

Wooster St.

↓ 步行约15分钟

W. Broadway

↓ 步行片刻即到

Thompson St.

区域介绍

引导最前端的时尚潮流

索霍区在拉法叶街以西，有许多高级精品服饰店和综合品牌店，在这里您能尽享购物的乐趣。这里也保存有众多历史悠久的铸铁建筑，道路如棋盘般规整，十分好走。诺丽塔是“North of Little Italy”的简称，该地区位于“小意大利城”北部，十分小巧舒适。旁边的地区被称为“下东区”。那里也有很多综合品牌店和年轻设计师的店铺，是不亚于索霍区的购物天堂。

游览方式

索霍区有许多古韵十足的铸铁建筑，其中多数被活用为店铺和餐馆。特别是在百老汇的运河街和休斯敦街中间的区域，游客们能在那里感受到贯穿古今的和谐氛围。在街道上悠闲漫步的同时，还能享受购物的乐趣，这里的确值得一去。

诺丽塔有许多年轻设计师的店铺

主要看点

索霍区是历史遗迹的特定保存地区，保留有“铸铁建筑”这一十分珍贵的建筑形态。铸铁建筑技术是19世纪中叶，从英国传入的。将熔化的铁块注入铸模，从而铸成铁质框架。铸铁建筑的主要构架和外观都由铁质框架构成，这也是该建筑的独特之处。在曼哈顿，常常用上述的方法灵活地改建原有的旧建筑，使其焕然一新。这种古韵悠远的铸铁建筑技术也常常被应用于店铺、餐馆的店面装饰。百老汇的运河街和休斯敦街中间的区域，是铸铁建筑集中的地方。在购物的间歇，请一定要前去观赏一番。

❸ 488–492 Broadway

波浪一般的拱形呈现出梦幻般的效果。

❹ 427–429 Broadway

设计于1870年，造型简约美观。

❷ 28–30 Green St.

窗上的拱形、支柱、柱头看起来十分优雅。

❶ 72–76 Green St.

法国文艺复兴风格的铸铁建筑。

❺ 457 Broome St.

独特的水平线图案，缓和了略微死板的建筑风格。

下东区

Lower East Side

别 MAP p.6~7

很多犹太移民、波多黎各移民居住于此。
随着该区域的再次发展，这里逐渐出现了高品位的精品服装店、时尚的酒吧和餐馆。现在，该区域正迅速发展为新文化发祥地。

位于果园大街的凯兹熟食店

经典线路

需要时间约20分钟

Essex St. & Delancy St.

↓ 步行约5分钟

移民公寓博物馆

↓ 步行约3分钟

果园大街

↓ 步行约10分钟

休斯敦街

↓ 步行片刻即到

勒德洛街

区域介绍

享受古今融合的氛围

过去，很多犹太移民、波多黎各移民都曾居住于此。如今，当地住宅区依然保留着怀旧气息。但是，与此同时，街道也在逐渐变得时尚，很多年轻设计师的直营店铺进驻到这里。该地区犹太移民众多，因此熏牛肉三明治、熟食、百吉饼等犹太食品十分丰富。豪华餐馆、咖啡厅、酒吧等散布于此，无论是聘有著名主厨的名店，还是低调的小饭馆，都应有尽有。

游览方式

精品店和奢华店铺日益增多，以果园大街和勒德洛街为中心，汇聚了许多咖啡馆和店铺。在克林顿街上有许多餐馆和酒吧。该地区犹太移民众多，因此熟食店的食品种类十分丰富。随着纽约新当代艺术博物馆迁移至此，最近，这里画廊也有所增加。

这里的纽约新当代艺术博物馆十分值得一去

在保留怀旧气息的同时，该区域也在不断发展

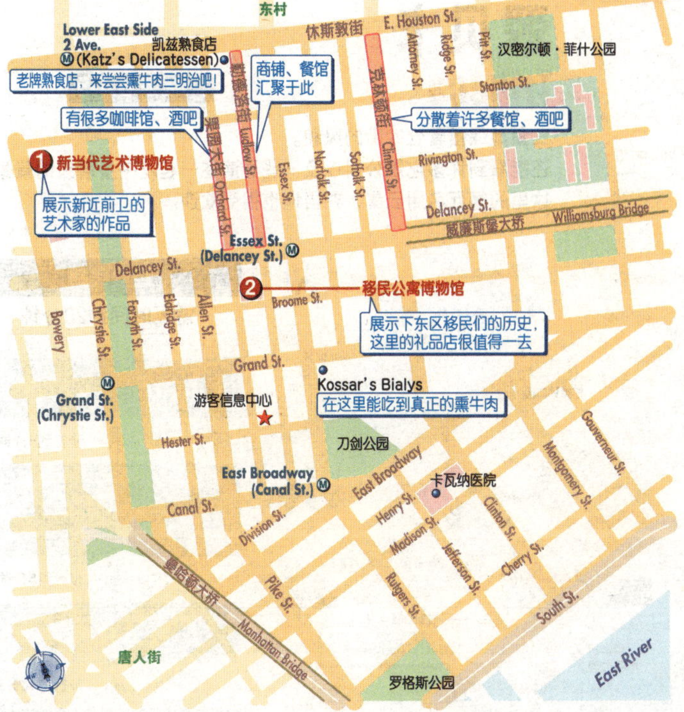

主要看点

❶ 新当代艺术博物馆

New Museum of Contemporary Art

年轻艺术家们的作品发布场所。日本建筑组合 SANAA（妹岛知世和西泽立卫）亲手设计的外观，采用了 6 座矩形盒子结构叠加的形式，使大厦外形就像随便叠上去的积木，十分值得一看。→ p.360

❷ 移民公寓博物馆

Tenement Museum

过去，这里曾是众多移民们居住过的地方。该博物馆详细说明了当时人们的生活状况。→ p.364

下东区的历史名胜游览团

这里有介绍下东区的历史及发展的游览团，每周日 11:00 启程，大约需要 2 个小时。只有 4~11 月开团。在休斯敦街和勒德洛街的凯兹熟食店集合。该游览团免费。

URL www.lowereastsideny.com

※在网站上能找到景点信息。

游客信息中心

提供下东区的观光信息，在礼品店还能买到小礼物。办公室内有免费 Wi-Fi。

下东区游客咨询处

Lower East Side Visitors Center

别 MAP p.6-B2

住 54 Orchard St.

☎（1-212）226-9010

营 周一～周五 9:30~17:30，周六、周日 9:30~16:00

翠贝卡

Tribeca

别 MAP p.4-5

三角地保留着仓库街的风貌。
还能看到许多电影公司以及一些导演在一起吃午餐聊天的景象。
这里的餐厅名厨云集，在当地也很受欢迎。

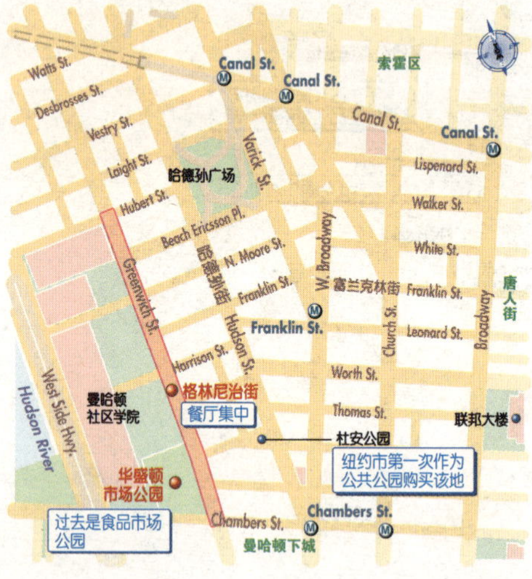

经典线路

需要时间约20分钟

Canal St. & Varick St

↓ 步行约5分钟

哈德孙广场

↓ 步行约5分钟

富兰克林街

↓ 步行约10分钟

格林尼治街

区域介绍

富有哀伤氛围的电影街

Tribeca就是Triangle Below Canal的简称，意思为河道街下端的三角地带。也许是因为这条街原本为工业区，还保留了很多仓库，整条街都有着一种淡淡的哀伤氛围，白天晚上都很安静。以Tribeca电影公司为首，许多家电影公司都位于此地。在这条街，还有一位不得不提的人就是美国著名电影演员和制片人罗伯特·德尼罗（Robert De Niro），街上有好几家餐厅和酒店都为他所有。

电影产业发达的地区

罗伯特·德尼罗经营的烧烤店

游览方式

在富兰克林街、格林尼治街和哈德孙街，可以找到像翠贝卡烧烤（Tribeca Grill）、Nobu等带有纽约气息的餐厅和一些气氛不错的咖啡厅和酒吧。如果想要吃明星主厨的菜，那当然要来翠贝卡了。在Beach Ericsson Pl.街还有许多室内装饰店。

唐人街和小意大利

Chinatown Little Italy

别MAP p.5~6

纽约的唐人街充满了活力，到处洋溢着中国风。
在美国，它和圣弗朗西斯科的唐人街被并称为全美最大的两条唐人街。
小意大利则林立着各种意式餐厅和熟食店。

经典线路

需要时间约20分钟

Canal St. & Broadway

↓ 步行片刻即到

Canal St.

↓ 步行约10分钟

Mulberry St.

↓ 步行约10分钟

Mott St.

区域介绍

充满活力的唐人街和沉静的小意大利

唐人街通行汉语，店铺的三分之一是餐厅，街道两边有着商品堆积如山的水果、药材、海鲜摊位，每到中国农历新年时期，舞狮队和锣鼓鞭炮声，很是热闹。小意大利是 19 世纪中后期从意大利南部迁来的移民形成的独特区域，移民的意大利人已经在纽约确立了自己的地位。近年，许多意大利人迁走后，这条街也显得有点萧条，但是每年 6 月的帕多瓦的圣安东尼节和 9 月的拿波里保护圣人热那罗节时，都会举行盛大的庆典。

游览方式

从 Canal St. 到 Chambers St. 都属于唐人街。这里还保留有纽约最古老的联排别墅和大乘寺。最值得一去的还是中餐馆和物产店。小意大利中心位于 Mulberry St. 和 Grand St. 的交叉处，有许多意式餐厅和熟食店。

摆满水果蔬菜的小摊，行人众多的唐人街

曼哈顿下城

Lower Manhattan

别MAP p.2-3

1626 年荷属美洲新尼德兰省
总督 Peter Minuit
以大约现值 24 美元的价钱从印第安人手中买下了曼哈顿岛。

作为复合式购物中心 17 号码头

经典线路

需要时间约3小时

自由女神像（乘轮渡往返约 1 小时）

↓ 从渡口步行即到

三一教堂

↓ 步行片刻即到

华尔街

↓ 步行约10分钟

Church St.

↓ 步行约10分钟

世界贸易中心

↓ 步行约10分钟

市政厅

区域介绍

景点聚集的观光地

曼哈顿历史悠久，是与纽约诞生相关的重要地方。这里既是移民时期移民者的登陆口，也是聚集了美国多家大型银行和证券公司的金融中心，对美国精神有着极大象征意义的自由女神像和闻名于世的华尔街都位于此。公共艺术也是该地区的一个亮点。如果时间充裕，可以坐轮渡到埃利斯岛参观移民博物馆。

游览方式

从炮台公园参加雕像巡航（Statue Cruise）到达自由女神像。步行游览 9·11 世贸中心遗址，或是参观 9·11 国家纪念馆。在商业街有许多面向商务人士的餐厅和咖啡厅，也可以前往三一教堂、南街海港等地。

第一任总统乔治·华盛顿宣誓的地方

主要看点

❶ 世界贸易中心
World Trade Center

主体大约在2013年竣工的新世界贸易中心大楼。→p.110

❷ 自由女神像
Statue of Liberty

作为美国自由的象征，在上面能眺望全纽约，很有震撼感。→p.104

在曼哈顿下城感受现代艺术

在曼哈顿下城除了能游览华尔街等金融街外，也是感受公共艺术的好去处。

A 红色立方体 Red Cube

它是美国海上保险公司门前的抽象雕塑，由现代雕塑家野口勇设计，位于Broadway和Liberty St.相交的一角。

B 水上庭园 Sunken Garden

野口勇设计，位于曼哈顿商业区的查斯·曼哈顿银行广场上，在Pine St.街。

C 四棵树 Group of Four Trees

让·杜布菲作品，位于Nassau St.和Liberty St.的相交处。

D 华尔街铜牛 Charging Bull

位于向炮台公园方向延伸的百老汇大街。

自由

Statue of Lib

自由女神像是法国在1876年赠送给美国的独立100周年礼物，也是法美两国友谊的象征。位于纽约市哈德孙河口附近，当移民者登陆港口看到自由女神像时，心中对于新大陆的憧憬不断高涨，这座雕像作为他们的精神图腾给予了其极大的勇气。自由女神像作为美国独特的象征，已经矗立多年。

别 MAP p.44-A2

URL www.nps.gov/stli

右手 举着象征移民者自由和希望的火炬。

颜色 钢铜合金原本是黄褐色，如今已被酸雨侵蚀变色。

面庞 充满慈爱的面容，原型是创作者的母亲。

左手 捧着刻有1776年7月4日发表（美利坚合众国宣告独立日）的《独立宣言》。

脚 脚下是打碎的手铐、脚镣和锁链。

底座 底座是一个自由女神像博物馆，展示了制造历程和工艺。

女神像

erty (Liberty Island) ※1984年被列入《世界遗产名录》

皇冠

七道尖芒代表七大洲，美国本土连续发生恐怖袭击后，皇冠就停止对外开放了。直到2009年7月4日才再次接待游客。每批10人，每小时只允许30名游客登上皇冠观景台。需要网上预约或是提前打电话预约（至少提前4个月），周末的票即使是提前好几个月也不一定能预订到。

※受2012年10月29日桑迪飓风影响，曾再次关闭维修。2013年7月4日再次开放。

从底座到皇冠的台阶共354级，2012年10月设置了从底座到观景台的专用升降梯，更方便了登顶。

皇冠内面积狭窄，一次只能容纳10人，顶部呈波状，是女神的头发部分。

25个小窗象征着地球上25种自然的（不需人工分离的）矿元素，以前全部都能打开，现在只开放边缘的小窗。

从窗户能看到握着火炬的右手的一部分和左手的刻着铭文的书板，曼哈顿的摩天大楼和斯塔滕岛都能尽收眼底。

进入皇冠观景台的流程和注意事项

❶下船到Information Center，出示附有照片的身份证件，工作人员会给您戴上一个腕带。参观时需要出示腕带，不要将其取下。

❷出示门票入场，会再次进行严格的防爆安全检查，从底座的专用梯登上皇冠。

※禁止携带旅行箱等大件物品，枪支、刀具被严令禁止携带。

参观自由女神像攻略

怎样充分感受自由女神像的魅力？

雕像巡航
Statue Cruises

别 MAP p.2-B4

游轮会经过自由女神像的正面，也会在雕像背面的栈桥靠岸，到达此处后就能自由活动了。

所需时间：去程15分钟，返程35分钟（经过埃利斯岛）；每小时发船1~3班

营 炮台公园乘船处：10:00~16:45（不同季节会有所变化。下午两点后乘船只能探访自由女神像或是埃利斯岛其中一个景点。）

休 12月25日

费 成人$17、老人（62岁以上）$14、儿童（4~12岁）$9（进入皇冠观景台需要另付$3，需要提前预约）。语音向导：成人$24、老人$20.25、儿童$15.25

也可利用城市通票→p.60

注：包含往返船票、自由女神像门票。内部观光的套票和不限时间票都有售。

☎（1-201）604-2800

URL www.statuecruises.com

到达渡口的交通方式

❶ 地铁 ① 线在South Ferry下、④线或⑤线到Bowling Green、Ⓡ线到Whitehall St. 公交 M5、M15、M20到炮台公园。

❷ 按照“Statue of Liberty”的指示步行即到。

❸ 售票处在乘船处旁边，离克林顿城堡不远的地方，8:30开始售票，建议尽早出发。

克林顿城堡

售票处

享受其他的景点

- 乘坐游轮巡航→p.57
- 乘坐直升机观光→p.57

← Cirde Line 的巡游船

斯塔滕岛渡船→

多次游览和穷游

乘坐斯塔滕岛渡船

往返于斯塔滕岛的公共渡轮，途经自由女神像。不坐观光船也能感受自由女神像的魅力。炮台公园（观光船渡口东侧）每小时发船1~4次。所需时间：单程约25分钟 费 免费

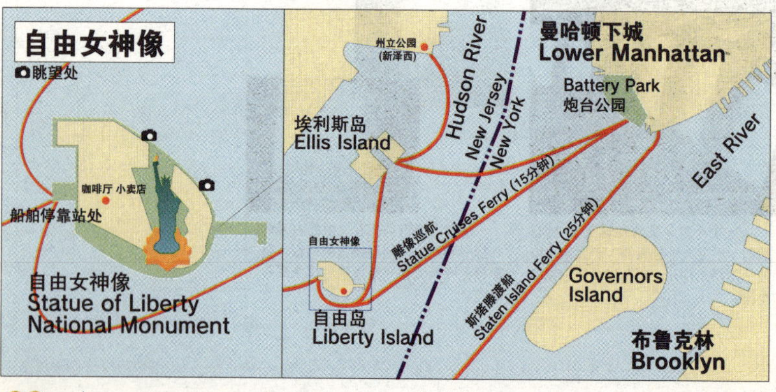

VOICE 春季的游轮码头十分寒冷 即使是到了4月温度也依然较低，还是需要一件外套。

出行前的注意事项

雕像巡航游轮乘坐流程

提前网上预约

售票处比渡口人更多，建议提前购票，如没来得及提前买票，在游客较多的夏季最好早上 7 点就到达售票处。

游览当日注意事项

登船和进入自由女神像里面之前都要接受严格的安全检查，所以花费时间较多，建议留有充裕时间。有时会需要出示护照等身份证件。

站在游轮右侧

游轮的二层和三层设有甲板，右侧更适合拍摄自由女神像。

购票方式

1 进入 www.statuecruises.com，点击 Statue of Liberty & Ellis Island Tickets。

2 在“CHOOSE DEPARTURE LOCATION”确认 New York Battery Park 字样后，选择您所需要的票种，“Reserve Only”为只是前往自由岛和埃利斯岛的票，“Reserve with Crown Ticket”为还含有皇冠参观的票，“Reserve with Pedestal Access”为还含有基座参观的票，选定后点击 Buy Ticket 购票。

※各种票所包含的内容和票价可能发生变化，预约购票时请仔细阅读相关说明，自负责任。

3 点击 Select Date/Time for New York Tours 旁边的日历图标，从弹出的窗口选择预计游览的日期和时间。

4 选择购买票种和张数，需要语音导览的成人票输入 Adult with Audio，不需要语音导览输入 Adult Reserve，再点击 Add To Cart。

5 确认内容后点击 Checkout

6 网上订票用邮件接收电子票，需要自行打印出来。点击 Continue。

7 在 Visitor Name Entry 处输入参观者姓名，继续点击 Continue。

8 进入登录界面，没有注册的用户继续点击 Continue。

9 填写完成 Billing Information 后点击 Continue，中国住址也 OK，Cell Number 可以不写姓名，不注册的话可以不管复选框，直接点 Continue。

10 在 Review Order 处确认信息后输入银行卡 A M V 信息，在 CVV 栏输入银行卡背面的 3 位数或 4 位数验证码，然后确认 I have read and agree to the Terms and Conditions，点击 Place My Order and View Confirmation。

11 在 Order Confirmation 页面记下预约电话。如果是 eTicket 的话，打印邮箱收到的票，参观当天在 Ticket Holder 处排队。

埃利斯移民博物馆

Ellis Island Immigration Museum

埃利斯岛在自由女神像以北约 926 米处，作为移民岛被大家所熟知。1892 年在岛上设置移民局，直到 1954 年移民局关闭之前的 60 多年间，1200 万人从这里进入美国。当今美国国民三分之一人口的祖先可以说都是从这里进入美国。博物馆展示了当时人们通过移民局进入美国的状况和各种照片。

别 MAP p.44-A2

☎（1-212）363-3200

URL nps.gov/elis

开 9:00~17:15（不同季节游船抵达时间不同）

休 12 月 25 日

交通

从炮台公园乘坐雕像巡航游轮，除了早晚特殊线路外，基本航行线路是：炮台公园→自由女神→埃利斯岛→炮台公园。或是从新泽西的自由州立公园乘船 10 分钟（每隔30~75 分钟发船一次）。

❤ **关于雕像巡航的购票方式** 英文网页，阅览使用时会有点困难，该书所提供信息不能完全满足需求，预约请责任自负。

华尔街 Wall Street

别Map p.3-C2

世界金融的中心

午饭时间能看见许多商务人士

荷兰殖民者为抵御英军和美国原住民侵犯构筑了一堵土墙，从东河一直延伸至哈德孙河，后沿墙形成了一条街，因而得名 Wall Street。这条街上集中了纽约证券交易所、联邦储备银行等金融机构，置身华尔街能够深切地感受到作为世界金融中心的纽约的魅力。以华尔街为中心的曼哈顿下城也被称为金融区。平时上班时间，穿着西装的上班族都行色匆匆，也许是因为这里的工作都直接关系着世界金融的发展动向，空气中都弥漫着一股紧张的气氛。

华尔街

推荐指数：★★

地铁 从 ④⑤ 线 Wall St 站步行约 2 分钟。从 Ⓡ 线 Rector St 站步行约 5 分钟。从 ⒿⓏ 线 Broad St 步行约 3 分钟。

公交 M5（在华尔街附近下车）

世界金融中心 The World Financial Center

别Map p.2-A1

冬季花园是其经典

哈德孙河沿岸的四座摩天大楼和公园构成了世界金融中心建筑群。1985 作为炮台公园城市开发计划的一部分开始动工，1987 年建成。成为纽约的新地标。中心内除了承租给大型企业之外，也入住了许多商店和餐厅。

一层是大理石建造的冬季花园，是世界金融中心的经典，由挑高的铜架与玻璃建构，形成了辽阔、明亮的公共空间，像一座超大型温室。受美国多次恐怖袭击的破坏，天花板的 70 % 受损，更换了约 2000 块玻璃，2002 年 9 月 17 日修复完工。

从冬季花园上二层能看见 WTC

世界金融中心

推荐指数：★★

住 200 Vesey St.~Liberty St.（at West St.）

地铁 从 ① 线 Rector St 站、②③ⒶⒸⒿⓏ④⑤ 线 Fulton St 站、Ⓔ 线 World Trade Center 站步行约 4 分钟。

公交 M5、M9、M20、M22（在 Liberty St. 或是 Vesey St. 附近下车）

☎（1-212）417-7000

网 brookfieldplaceny.com

金融中心内的活动

经常会举行免费的古典爵士等音乐会，天气晴朗时也可以沿着哈德孙河散步享受日光浴。

纽约证券交易所
New York Stock Exchange（NYSE）

别Map p.2-B2

具有世界影响力

简称 NYSE

纽约证券交易所简称 NYSE，是美国最大的股票交易所，是世界经济发展动向的风向标。从 1792 年 24 个股票交易经纪人在这里交易开始，如今包括大型外企在内的 2800 家公司在 NYSE 上市。当今 NYSE 的建筑物是 1903 年由 George B Post 主持建造的，大楼正面设计让人联想到古希腊神殿。交易所设在一层，只允许相关工作人员进入。

纽约证券交易所
推荐指数：★★
住 11 Wall St.（bet. New & Broad Sts.）
地铁 从 J Z 线 Broad St 站、R 线 Rector St 站、2 3 4 5 线 Wall St站步行约3分钟。
☎（1-212）656-5799
网 www.nyse.com

美国联邦大厅国家纪念馆
Federal Hall National Memorial

别Map p.3-C2

探访美国建国初期的联邦时代

1789 年 4 月 30 日，美国第一任总统乔治·华盛顿在此宣誓就职，纪念馆正前方矗立着华盛顿的铜像。第一次联邦会议也是在此召开的。这里原本是纽约市政厅（→p.113），1788 年改为联邦政府大楼，纽约也成为美国建国之初的首都。现在的建筑是 1842 年作为海关而重新修建的多利安式建筑，1955 年定为国家纪念馆。现在馆内陈列着从殖民时代到建国初期联邦时代的物品。

美国联邦大厅国家纪念馆
推荐指数：★★
住 26 Wall St.
地铁 从 J Z 线 Broad St 站、R 线 Rector St 站、2 3 4 5 线 Wall St站步行约3分钟。
网 www.nps.gov/feha
开 周一～周五 9:00~17:00
休 周六、周日、感恩节、12/25
费 免费
☎（1-212）825-6990

第一届大总统乔治·华盛顿宣誓的地方

主要景点参观时禁止携带塑料瓶饮料 帝国大厦、联合国总部、9·11 国家纪念馆等禁止带水入内。可以携带水壶，但水壶内不能装水。

世界贸易中心的过去和未来

2001 年 9 月世界贸易中心在恐怖袭击事件中被毁坏（以下简称 WTC），如今大楼的主体修复工程已接近完工。让我们一起回顾过去的 WTC。

1966 年，为了再度开发曼哈顿下城和振兴贸易，建造了世界贸易中心大楼，设计者是美籍日裔建筑师 M. 雅马萨基（Minoru Yamasaki，日本名为山崎实）。这座复合式建筑由 1~7 号楼组成，其中 1、2 号楼为 WTC 的中心主楼。这两座主楼在 2001 年恐怖袭击发生之前是美国经济发展的象征。另外 5 座大楼在此次恐怖袭击当中也基本毁坏。

之后在被毁坏的遗址上开始修建新的大楼，在建工程总费用达 70 亿美元以上。此次计划的核心是世界贸易中心一号大楼（以前是双子塔）。高度 1776 英尺（约 541 米），高度代表美国独立年 1776 年，以该楼为中心，周边计划建设 4 座高楼群、公园、纪念馆、文化设施等。

2011 年 9 月，为纪念在 9·11 事件中死亡的人，在 WTC 原址上建造了一座 9·11 国家纪念馆，供一般民众参观。

◎世界贸易中心 别 MAP p.2–B1·2

❶❸❹❻ ©Joe Woolhead
❷ ©Jin Young ❺ ©SPI, dbox

WTC 的历史

1964 年	为了再度开发曼哈顿下城和振兴贸易，决定在哈德孙河附近建造世界贸易中心，设计者为美籍日裔建筑师山崎实。
1966 年	工程正式开始。
1973 年	110 层、高达 417 米的双子塔建成，成为当时世界最高建筑。
1993 年	地下停车场发生爆炸恐怖袭击事件，6 人死亡，1000 多人受伤。
2001 年	距大楼建成不到 30 年，发生了震惊世界的"9·11"恐怖袭击事件，两架被劫持的飞机直接撞向了双子塔，约 3000 人死亡。
2013 年	高度约 541 米、全美最高的世界贸易中心一号大楼建成。

9·11 国家纪念馆

展品藏于下沉式广场展厅，位于曾经的世贸中心、如今的巨型水池之下。入场实行预约制，需要在官网上申请游客通行证。

费 免费，也可以捐款
URL www.911memorial.org
※需要入场券。住 在位于 20 Vesey St. 的 Memorial Preview Site. 取，入口位于 Greenwich St. & Thames St. 的西北方。
别 MAP p.2-B2
开 9:00~19:00。出示入场券，接受安检。不要忘记携带附有照片的护照，不能携带大件行李（20cm×43cm×48cm 以上），未设存包处。

Tribute WTC Visitor Center
追念世贸中心游客中心

别 MAP p.2-B2
住 120 Liberty St.（bet. Church & Greenwich Sts.）
地铁 R 线 Cortland St 站
Free（1-866）737-1184
开 周一～周六 10:00~18:00，周日 10:00~17:00
费 成人 $17、学生·老人 $12、6~12 岁 $5
URL www.tributewtc.org
由幸存者和死亡者家属担任导游的团队旅游（只有英语）联票价格为：成人 $22、学生·老人 $17、6~12 岁 $7。
开 周日～下周五：11:00、12:00、13:00、14:00、15:00
周六：11:00、12:00、13:00、14:00、15:00、16:00
※所需时间大约 1 小时 15 分钟。在游客中心申请。不能提前预约，请提前 1 小时购票。

❶2011 年 9 月 9·11 国家纪念馆开放。❷过去在曼哈顿下城醒目的 WTC。❸镌刻着死亡者姓名的纪念碑。❹纪念馆周边现在成为了公园。❺WTC 整体再建预计 2015 年完工。❻纪念馆由南水池和北水池组成。

联邦储备银行

推荐指数：★★

住 33 Liberty St.（bet. Nassau & William Sts.）参观旅行的入口在 44 Maiden Lane

地铁 从 ②③④⑤Ⓐ Ⓒ 线 Fulton St 站 或 是 Ⓙ Ⓩ 线 Broad St 站步行 4 分钟。

☎（1-212）720-6130

休 周六、周日、节假日

URL www.newyorkfed.org

参观旅行的预约

可以受理参观日前 4 个月的预约。需要年满 16 周岁，在主页进行申请。

开 周一～周五，节假日休息

●带导游的联邦储备银行参观（需要 45 分钟）

时 11:15、12:00、12:45、13:30、14:15、15:00

费 免费

要 护照等身份证件

●无导游参观

时 10:00、11:00、12:00、13:00、14:00、15:00

费 免费

要 护照等身份证件

联邦储备银行（FRB）Federal Reserve Bank

别 Map p.3-C2

美国的中央银行

联邦储备银行控制着美国的金融市场，相当于中国的中国人民银行。开展清算支票、提供贷款、发行纸币、处理旧币等业务。黄金储备量世界第一，约 7000 吨黄金保存在地下金库。

参观旅行

馆内展出了金库构造、美元发展历程、假币等。所需时间约 45 分钟，门票免费。一天有 6 次参观旅行，可提前 4 个月预约，建议尽早预约。在主页上申请。申请时需要输入参观人数、日期、地址、电话（未满 16 岁者不得入内）。申请成功后，会邮寄一份预约确认书兼入场券的文件。参观当日持护照提前 20~30 分钟到场即可。馆内警备，需要寄存携带物品和上衣。

庄严巨大的入口

三一教堂

推荐指数：★★

住 74 Trinity Pl.（at Wall St.）

地铁 从 ②③④⑤ 线 Wall St 站或是 ① Ⓡ 线 Rector St 站步行约 3 分钟。

☎（1-212）602-0800

开 周一～周五 7:00~18:00
周六 8:00~16:00
周日 7:00~16:00

URL www.trinitywallstreet.org

周四的音乐会

每月数次，周四 13:00 开始举行。时间约 1 小时，以古典乐为主。可以适当捐款 $2。

三一教堂 Trinity Church

别 Map p.2-B2

会举办古典音乐会的教堂

纽约现存历史最古老的教堂。最初是由威廉三世作为英国国教教堂于 1697 年建成的。1776 年被烧毁。之后重建的第二代存在倒塌的风险而被推倒。就这样在反复的重建中，形成了现在的哥特式建筑风貌，由建筑师理查德·阿帕文设计，于 1846 年完工。

曼哈顿下城的标志建筑

VOICE 想象中的 FRB　地下金库的金块被存放在一个个的小铁格子内，纪念品就是被碎纸机撕碎的废纸币。

市政厅 City Hall

别Map p.3-C1

纽约的行政机构

由法国建筑家约瑟夫·弗朗索瓦曼设计，采用了法国文艺复兴式的外观和乔治王时代风格的内装。建筑最初正面是大理石构造，背面是褐色的砂岩构造。现在两面都重新用亚拉巴马州产的石灰岩重新砌成。二层的州长房间现在改为博物馆，里面展示了乔治·华盛顿总统使用过的书桌和建造初期的一些东西。

市长办公和举行市议会的场所

南街海港 South Street Seaport

别Map p.3-D2

特色店聚集的悠闲观光地

19 世纪作为纽约的门户港口而振兴，1983 年进行了改造。现在，建筑物内设有南街海港博物馆（每天 10:00~18:00），各具特色的商店鳞次栉比，还有众多的大型购物中心聚集在此。这里是一个还保留着以前景象的观光景点。

购物中心内设有商铺、餐厅等，17 号码头

市政厅
推荐指数： ★★
住 Broadway & Murray St.
地铁 从 ④⑤⑥ 线的 Brooklyn Bridge-City Hall 站、②③ 线的 Park Place 站、ⓃⓇ 线的 City Hall 站、ⒶⒸ 线的 Chambers St 站步行约 5 分钟。
公交 M5、M9、M22、M103（在 Broadway & Park Row 附近下车）
☎（1-212）788-3000

南街海港
推荐指数： ★★
住 Fulton & South Sts.（Pier 17）
地铁 从 ②③④⑤ⒶⒸⒿⓏ 线的 Fulton St-Broadway Nassau St 站步行约 6分钟。
公交 M15（在 Fulton St. 和 Pearl St. 两街交叉口下车，在 Fulton St. 街角向东拐）
☎（1-212）732-8257
开 周一～周六 10:00~19:00
周日 11:00~18:00
休 无
URL www.southstreetseaport.com

COLUMN

总督岛 Governors Island

总督岛位于曼哈顿以南，以前是军事基地，近年也沿岸常驻警备部队，1996 年封锁。2003 年联邦政府从纽约州用 $1 收购。

现在一般只在夏季开放，环岛参观不需要门票，岛内有定期音乐会。

地铁 ① 线在 South Ferry站、④⑤ 线在 Bowling Green 站、Ⓡ 线在 Whitehall St 站下

在开往斯塔滕岛的轮渡左边设有从 Battery Maritime Building 始发的免费渡轮。单程约 10 分钟。周六、周日从 Brooklyn Bridge Park 的 6 号码头（Pier6）始发，11:00~17:20 每隔 20 分钟一班，免费乘坐。

URL www.govisland.com

VOICE | **南街海港** 有着开放的气氛和漂亮的景色，夜晚最适合拍纪念照。美食广场有因快食热狗比赛而出名的 Nathans 店。

上西区
Upper West Side

别MAP p.16-17、20-21、24-25

1870 年左右作为住宅区被开发，
达科他公寓的开发建造，使其作为高级住宅区而闻名。
现在上西区仍是一个惬意的高级住宅区。

区域介绍

兼具旅游区特点，像当地居民一样悠闲游览吧

位于中央公园以西，林肯中心以北。是一处惬意的住宅区，在中央公园西区林立了许多名师设计的公寓。美国自然史博物馆和电影《电子情书》(*You Got Mail*）中的拍摄地河滨公园也位于此地。还有许多由公寓改造的旅馆、人气很旺的美食餐厅和高级餐厅，很适合旅行短住。

聚集了众多商场和酒店的时代华纳大厦

虽然是高级住宅区，但也有很多的放松场所

经典线路

需要时间约1小时

林肯中心

↓ 步行约15分钟

达科他公寓

↓ 步行约3分钟

中央公园

↓ 步行约5分钟

美国自然史博物馆

游览方式

漂亮的建筑和美国自然史博物馆是主要看点。购物可以前往哥伦布大街和阿姆斯特丹大街，在百老汇有许多时装店、杂货、食材店。在哥伦布转盘广场还有内设精品店和有机超市的购物中心。整体治安较好，晚上公园附近要注意。

区域中心的 72 街

主要看点

❶ 美国自然史博物馆
American Museum of Natural History

该博物馆有 140 年历史，设有关于自然和宇宙的大型展示。→ p.355

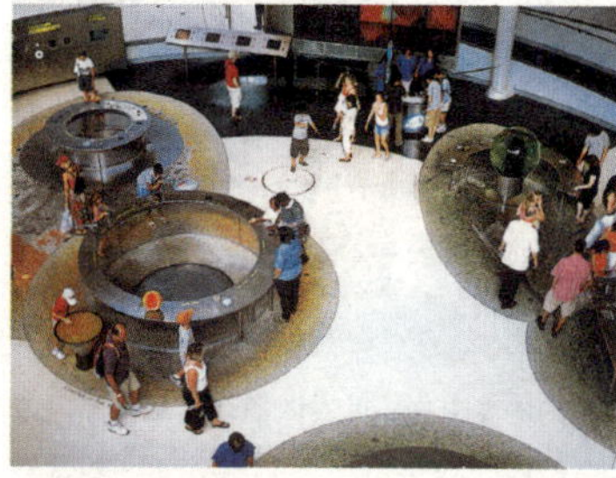

❷ 林肯中心
Lincoln Center

能欣赏到精湛的戏剧、芭蕾和古典音乐。→ p.116

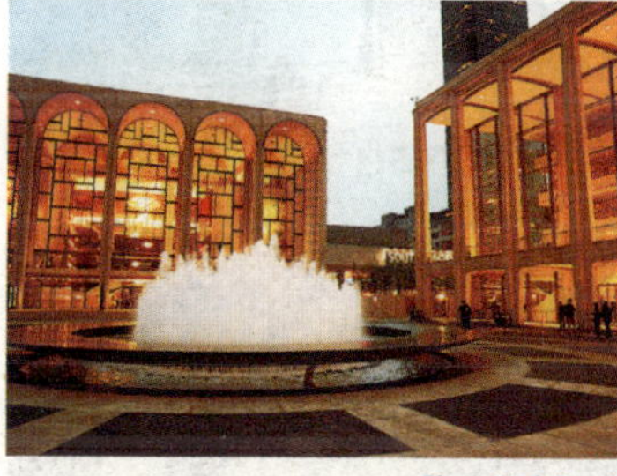

Photo: Mark Bussell

❸ 达科他公寓
Dakota Apartments

约翰·列侬和大野洋子居住过的高级公寓，入住需要进行严格审查。→ p.117

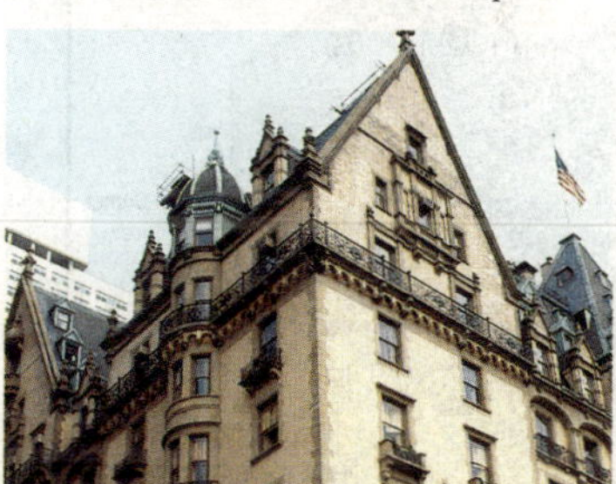

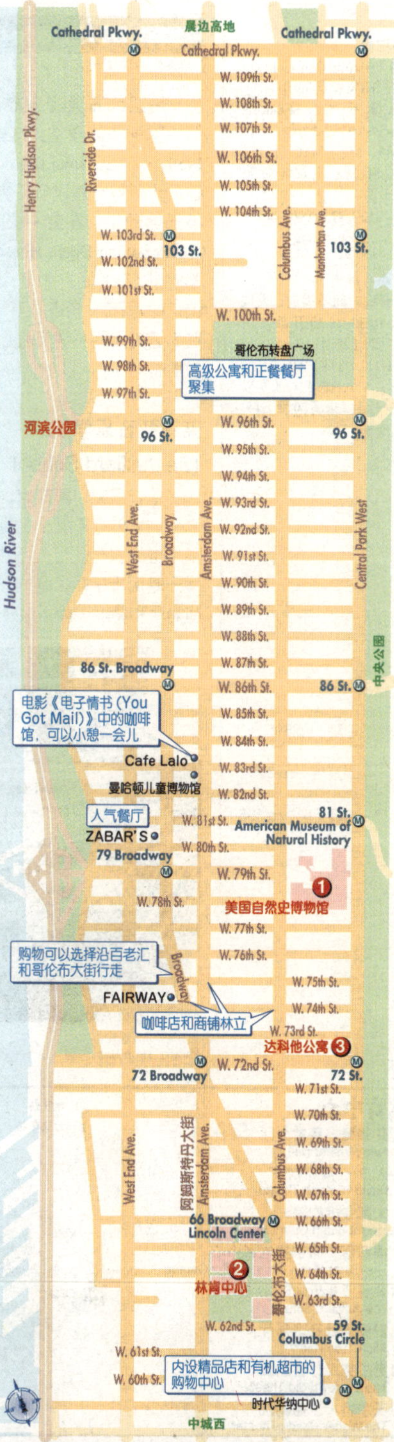

Cathedral Pkwy.
晨边高地
Cathedral Pkwy.
Cathedral Pkwy.
W. 109th St.
W. 108th St.
W. 107th St.
W. 106th St.
W. 105th St.
W. 104th St.
Henry Hudson Pkwy.
Riverside Dr.
W. 103rd St.
103 St.
103 St.
Columbus Ave.
Manhattan Ave.
W. 102nd St.
W. 101st St.
W. 100th St.
W. 99th St.
W. 98th St.
W. 97th St.
哥伦布转盘广场
高级公寓和正餐餐厅聚集
河滨公园
96 St.
W. 96th St.
96 St.
W. 95th St.
W. 94th St.
W. 93rd St.
W. 92nd St.
W. 91st St.
W. 90th St.
W. 89th St.
W. 88th St.
W. 87th St.
Hudson River
West End Ave.
Broadway
Amsterdam Ave.
Central Park West
中央公园
86 St. Broadway
W. 86th St.
86 St.
W. 85th St.
W. 84th St.
W. 83rd St.
W. 82nd St.
电影《电子情书（You Got Mail）》中的咖啡馆，可以小憩一会儿
Cafe Lalo
曼哈顿儿童博物馆
人气餐厅
ZABAR'S
W. 81st St.
81 St.
American Museum of Natural History
79 Broadway
W. 80th St.
W. 79th St.
W. 78th St.
美国自然史博物馆
W. 77th St.
W. 76th St.
购物可以选择沿百老汇和哥伦布大街行走
Broadway
W. 75th St.
FAIRWAY
W. 74th St.
咖啡店和商铺林立
W. 73rd St.
达科他公寓
72 Broadway
W. 72nd St.
72 St.
W. 71st St.
W. 70th St.
W. 69th St.
W. 68th St.
W. 67th St.
W. 66th St.
W. 65th St.
W. 64th St.
W. 63rd St.
West End Ave.
阿姆斯特丹大街
Amsterdam Ave.
Columbus Ave.
66 Broadway Lincoln Center
哥伦布大街
林肯中心
W. 62nd St.
59 St. Columbus Circle
W. 61st St.
W. 60th St.
内设精品店和有机超市的购物中心
时代华纳中心
中城西

林肯中心
推荐指数：★★★
住 10 Lincoln Center Plaza（bet. 62nd & 65th Sts.）
地铁 从 1 线的 66 St-Lincoln Center 站步行约 2 分钟。
公交 M5、M7、M10、M11、M66、M104（在 66th St. 附近下车）
☎（1-212）875-5000
URL lc.lincolncenter.org

林肯中心观光

开放时间不固定，大致每天 10:30~16:30 开放，所需时间约 1 小时。
☎（1-212）875-5350
费 成人 $17、老人（65 岁以上）· 学生（未满 30 岁）$14、6~12 岁 $8

大都会歌剧院 →p.395

大卫·寇克剧院 →p.395

艾弗里·费雪大厅 →p.395

林肯中心 Lincoln Center

别 Map p.16-B1

美国引以为傲的古典音乐殿堂

©2008Marty Sohl/Metropolitan Opera

豪华的歌剧院大厅

是纽约古典音乐界的中心、艺术家们心驰神往的殿堂。这里以前是贫民窟。1950 年，以 John D Rockedeller Jr 为中心，计划将它建成音乐界的中心地。1959 年开始动工，在其中央有大都会歌剧院（Metropolitan Opera House）、大卫·寇克剧院和艾弗里·费雪大厅（Avery Fisher Hall）。隔着一条街是茱利亚音乐学院，斥资 5 亿美元的再建工程已经完工，学院更加华丽。

茱莉亚音乐学院 The Juilliard School

是音乐家、舞蹈家、艺术家的培养中心。世界许多艺术家都出自该学院。学校有舞蹈、戏剧与音乐 3 个学科。以培养实践型音乐家为特色，以严格的课程被世人所熟知。学院拥有 4 个演奏大厅，爱丽丝杜利音乐厅一般用于乐队、室内音乐、独奏、演奏会和一般公开演出。其余 3 个演奏厅和剧院一般不对外开放。

世界闻名的音乐学院
Photo：Iwan Baan

林肯中心

① 艾弗里·费雪大厅 Avery Fisher Hall
② 大卫·寇克剧院 David H. Koch Theater
③ 大都会歌剧院 Metropolitan Opera House
④ 埃莉诺·布宁罗电影中心 The Elinor Bunin Munroe Film Center
⑤ 茱莉亚音乐学院 The Juilliard School
⑥ 爱丽丝杜利音乐厅 Alice Tully Hall
⑦ 克拉克工作室剧院 The Clark Studio Theater
⑧ 沃尔特·里德剧院 The Walter Reade Theater

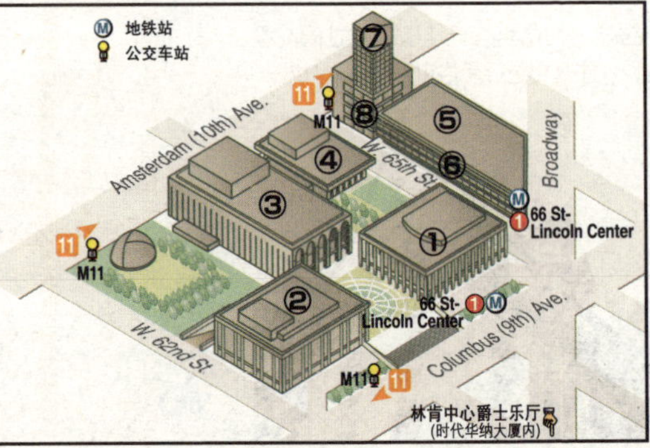

达科他公寓 Dakota Apartments

别Map p.21-C3

入住者需要接受严格审查

甲壳虫主唱约翰·列侬和妻子小野洋子居住过的高级公寓。小野洋子至今仍居住于此。1980 年 12 月 8 日，约翰·列侬在建筑物入口前被狂热的粉丝射杀。为纪念他而修葺的“草莓地”就在公寓前中央公园的入口附近。

中央公园附近

达科他公寓
推荐指数： ★
住 1 W. 72nd St.
※不能入内
地铁 从 B C 线的 72St 站步行约 1 分钟。
公交 M7、M10、M11、M72（在 Park Central West 附近下车）

河滨公园 Riverside Park

别Map p.20-A1-3

春季可以看到美丽的樱花

上西区居民的休闲场所

位于哈德孙河沿岸，南北延伸，呈细长状，是居民的休息场所。秋季的红叶、春季的樱花都很漂亮。夏季会举行各种活动。还设有篮球场、排球场、网球场等公共设施。汤姆·汉克斯主演的电影《电子情书》曾在此取景。

河滨公园
推荐指数： ★
住 Hudson River, 72th St. to 155th Sts.
地铁 从 1 线的 116 St-Columbia University 站步行约 10 分钟。
公交 M4、M5、M60、M104（72nd~125th St. 或者 135th~155th St. 附近下车）
☎（1-212）870-3070
网 riversideparknyc.org

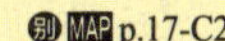

COLUMN

哥伦布转盘广场的著名场所——时代华纳中心

矗立在哥伦布转盘广场的时代华纳中心，是纽约著名的高档购物场所。不仅在肖布斯·哥伦布转盘有大型购物中心，而且有东洋式的酒店，还有能够欣赏现场演奏的综合性大厦。高层部分是超高级公寓，也有很多十分著名的餐厅入驻。地下有美食大厅，其中宽敞的食材大厅有各类食材和沙拉供应。对于高级餐厅昂贵的价格望而却步的人可以在这里购买食材。

别 MAP p.17-C2
地铁 从 1 A C B D 线的 59th St-Columbus Circle 站步行约 1 分钟。

地铁站就在上方，下雨天也很方便

纽约有点臭 时报广场内混杂着小摊贩身上的汗味和人们身上的香水味。在中央公园一些地方还有很浓的马粪味，到处都有点臭。

中央公园

Central Park

别 MAP p.17-18、21-22、25-26、29

公园四季皆美，春天新绿初绽，夏天阳光璀璨，秋天枫红似火，冬天银装素裹。

区域介绍

深受纽约市民喜爱的公园

以纽约为背景的电影或是电视剧必定会出现的中央公园，深受很多纽约人的喜爱。被 59 街（59th St.）、110 街（110th St.）、第五大道、中央公园西部路（Central Park West）围绕着，面积约 3.4 平方公里。南北约 4 公里，东西约 800 米，内有动物园、剧场、水池等。不同季节有不同的庆典和活动。可以悠闲地躺在草坪上，肚子饿了可以去船屋咖啡店买吃的。

游览方式

首先是绵羊草原，然后是为纪念约翰·列侬修的草莓地，之后是安贝尔城堡，再到经常在电影中出现的毕士达喷泉。夏季有各式各样的活动，但是早上和夜晚不要在公园内逗留。

URL www.centralpark.org

利用手机使用声音软件（sound app）

公园内有提供语音导游服务。拨打下列电话，按照提示拨打号码就会自动播放语音。这里只花费电话费。☎（1-646）862-0997，按照语音提示选择 01~40 之间的序号，按 # 号键。公园内绿色的告示板上显示有每个地点应该选择的序号。iphone 和 ipad 上有应用软件，当游览地点变化时，背景音乐也会随之变化。Central park（Listen to the light）（免费）也很受人欢迎。

经典线路

需要时间约90分钟

第五大道 & 59 街

↓ 步行约5分钟

毕士达喷泉

↓ 步行约3分钟

船屋咖啡

↓ 步行约10分钟

草莓地

↓ 步行片刻即到

绵羊草原

↓ 步行约5分钟

旋转木马

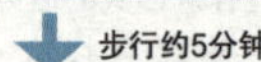

↓ 步行约5分钟

安贝尔城堡

↓ 步行约5分钟

哥伦布转盘广场

夏季会聚集众多来晒日光浴的人

在中央公园玩耍吧！！！

中央公园不仅是大型公园，还有许多游玩方式。除此之外还有慢跑、滑冰等运动设施，不同季节也有各种活动。

亲近动物

动物园位于第五大道旁，规模虽小，但是集聚了白熊、企鹅、小熊猫、日本猿猴等 150 种动物，北侧还设有儿童动物园，可以给绵羊和山羊喂食。

中央公园动物园

Central Park Zoo

别 MAP p.18-A1

地点：bet. 5th Ave. & 64th St.

营 3 月上旬~10 月：每天 11:00~17:00，周六・周日・节假日 ~17:30，冬季 ~16:30

休 无

费 成人 $18，老人（65 岁以上）$15，儿童（3~12 岁）$13

URL www.centralparkzoo.com

环保旅行

由史蒂夫・布里尔带队在中央公园探险。边走边看，发现可以食用的蔬菜当场试吃，在都市中与自然亲密接触。

Wild Food Tour

地点：在 72nd St. 和中央公园西部路交会处集合

☎（1-914）835-2153

※提前 24 小时预约

费 $20 捐助，（当日现付，未满 12 岁 $10）

开 3~12 月上旬

※需要事先确认日程和集合地点

URL www.wildmanstevebrill.com

享受音乐和舞蹈

周末有可以享受街头音乐的地方，具有冲击性的鼓乐和非洲鼓即兴演奏，很让人振奋。还可以欣赏伴随音乐的花式轮滑表演。冬季无活动。

Drum Circle

地点：Nomubagu 野外音乐厅附近的广场长椅（非洲风格在北侧，海地风格在南侧）

时间：周六・周日　下午～日落

Roller Skate

地点：与 Drum Circle 在同一广场

时间：周六・周日・节假日　14:30~傍晚

Hula Hoop

地点：毕士达露台

时间：周六・周日　白天～日落（5~8 月）

浪漫游览

在中央公园最高地，从眺望台城堡往下看的风景很棒。Bow Bridge 是纽约热门的求婚地点弓桥。Ladies Pavilion 广场有着维多利亚式的淡蓝色外观，经营结婚典礼上穿的女装的店也很多。

Belvedele Castle

地点：公园中央的 79th St.

时间：周二～周日 10:00~17:00（11 月～次年 3 月周三～周日）

休 周一

Bow Bridge

地点：位于毕士达露台西侧、72 街一带。

Ladies Pavilion

地点：公园西侧的湖畔处，bet. 75th & 76th Sts.。

主要看点

❶ 毕士达喷泉

1873 年建成的位于公园中央的天使像就是一个喷泉，已经成为了园内的标志性建筑物。

❷ 绵羊草原

1934 年之前实际上曾经作为放牧草地被使用。时至今日，每逢夏季就会聚集很多来这里感受大自然的人们。

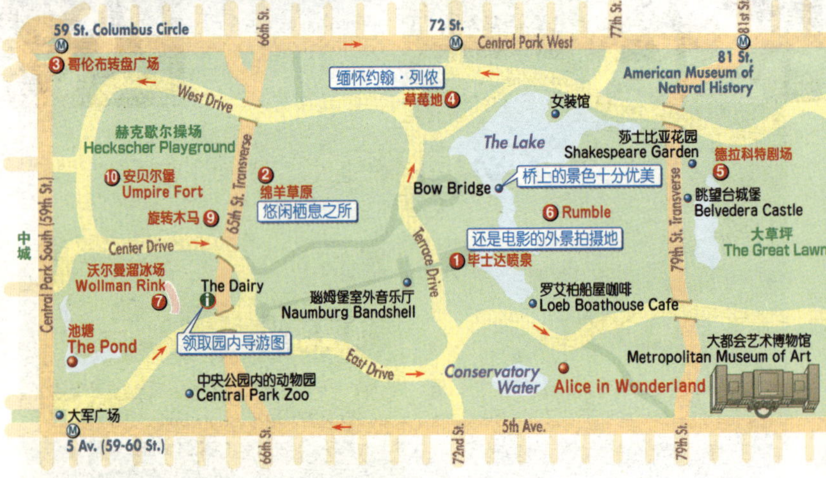

❺ 德拉科特剧场

到了夏季，这里就成为纽约莎士比亚狂欢节演出的露天剧场，上演莎士比亚的剧目。

❻ Rumble

"Rumble" 就是 "漫步" 的意思。在这里可以感受茂密的丛林、涓涓的细流、欢快的鸟鸣等。这里称得上是中央公园的绝佳美景。但是要注意这里很容易迷路。

❼ 沃尔曼溜冰场

从春季到秋季可以进行轮滑，冬季可以感受滑冰的乐趣。

3 哥伦布转盘广场

中央公园的西南入口。旁边有时代华纳中心。

4 草莓地

列侬死后，由小野洋子设计而成的马赛克纪念地。

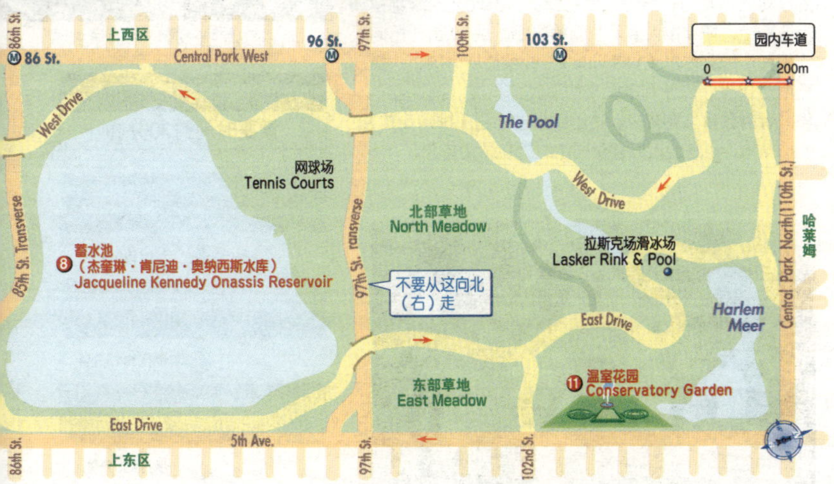

8 蓄水池

由于死于1994年的杰奎琳·肯尼迪·奥纳西斯经常在这附近的马拉松赛道上跑步，所以这个池塘就以她的名字命名了。

9 旋转木马

建造于1908年，是纽约市现存古老的旋转木马之一。

10 安贝尔堡

2万年前的冰河时代，耸立在古代新英格兰区域内的山的一部分被冰削掉后堆积于此。

11 温室花园

喷泉两边有法式的北部花园，对面有意大利式的南部花园。

上东区

Upper East Side

别 MAP p.18-19、22-23、26-27

第五大道和公园大街保留着19世纪末上流阶层所喜爱的古典装饰风格的豪宅。附近是超高级住宅区，高级公寓的门前站着着正装的门侍。

区域介绍

曼哈顿首屈一指的高级地区

位于中央公园的东侧，林立着大都会艺术博物馆、古根海姆博物馆、惠特尼博物馆、新当代艺术博物馆等博物馆，博物馆大道是观光的中心。从79街开始向北被称作约克维尔（Yorkville），曾经是从德国、古捷克斯洛伐克、匈牙利等国来的移民的街道。据说近年移民者的数量急剧减少。这里既是电视剧《绯闻女孩》的拍摄地，也是名人们喜欢居住的超高级住宅区。

除了参观博物馆之外还可以享受购物

因为是一个聚集了众多教堂的地方，所以经常可以看到举行婚礼的场面

经典线路

需要时间约30分钟

布鲁明戴尔百货店

步行约5分钟

麦迪逊大道

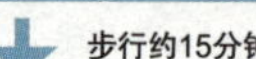
步行约15分钟

大都会艺术博物馆

步行约5分钟

古根海姆博物馆

游览方式

推荐以古根海姆博物馆、大都会艺术博物馆为起点，逛着麦迪逊大道、第五大道上的高级品牌店一路南下。这里也有很多水准一流的餐厅和酒店。虽说如此，但也不仅仅只是高级店，第三大道的65街到79街之间云集着休闲服装店。沿East End Ave.及东河是漂亮的卡尔·舒尔茨公园。

收藏有弗美尔3件作品的弗里克美术收藏馆

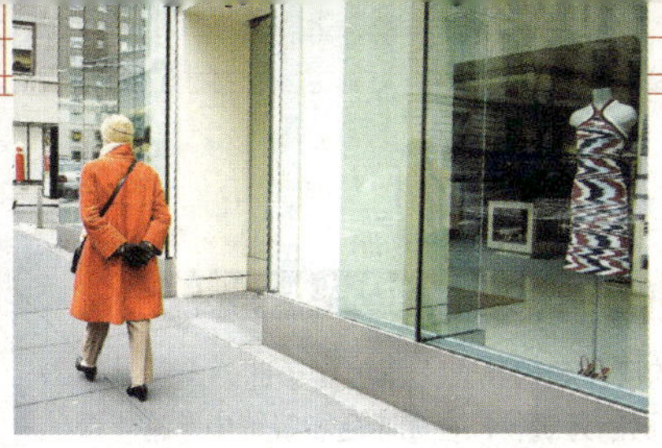

主要看点

❶ 麦迪逊大道
Madison Ave.

这里汇聚了众多比第五大道上的店铺更为高端的名品店。出售儿童服装与玩具的名品店也十分醒目。

❷ 博物馆大道
Museum Mile

第五大道、麦迪逊大道沿途建有数十座大大小小的博物馆。请慢慢鉴赏。→p.340

5 AV
MUSEUM
MILE
E 89 ST
FRED LEBOW

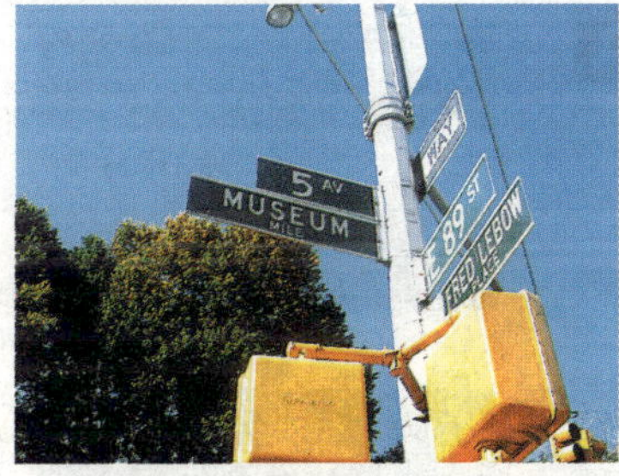

电视连续剧《绯闻女孩》的拍摄地

电视连续剧《绯闻女孩》的主人公们都是就读于名牌私立学校的名媛们，而这里正是该电视剧的拍摄地。剧中主人公被设定为上流社会的名媛淑女，她们之中，有的人母亲是著名时尚设计师，有的人父亲则是亿万富翁等。主人公们身着奢华的时装和时新的名品服饰，十分引人注目。

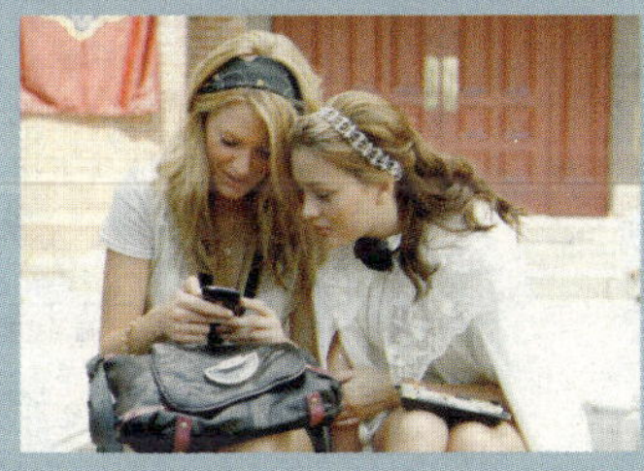

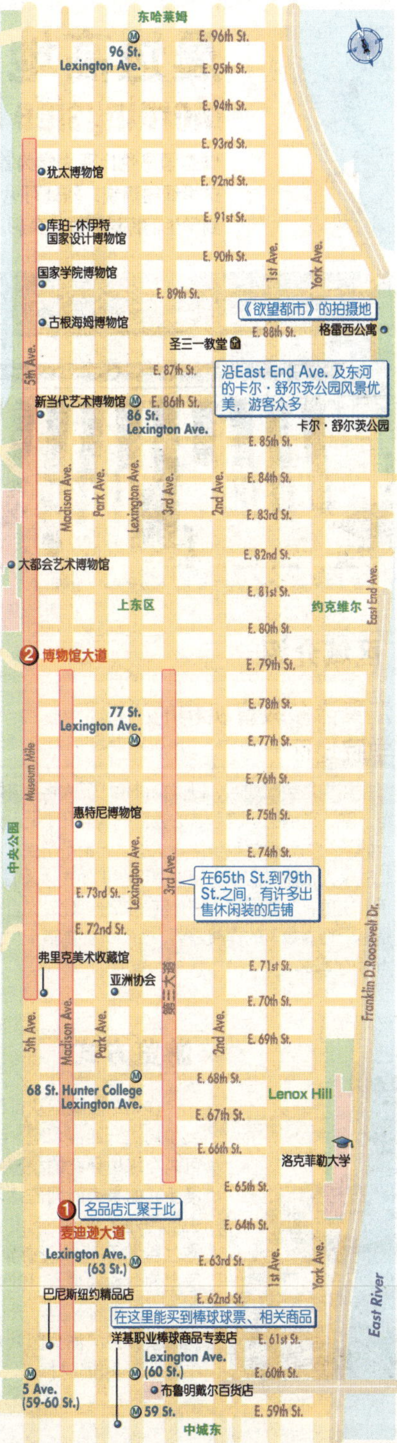

东哈莱姆
96 St. Lexington Ave.
E. 96th St.
E. 95th St.
E. 94th St.
E. 93rd St.
E. 92nd St.
E. 91st St.
E. 90th St.
E. 89th St.
E. 88th St.
E. 87th St.
E. 86th St.
E. 85th St.
E. 84th St.
E. 83rd St.
E. 82nd St.
E. 81st St.
E. 80th St.
E. 79th St.
E. 78th St.
E. 77th St.
E. 76th St.
E. 75th St.
E. 74th St.
E. 73rd St.
E. 72nd St.
E. 71st St.
E. 70th St.
E. 69th St.
E. 68th St.
E. 67th St.
E. 66th St.
E. 65th St.
E. 64th St.
E. 63rd St.
E. 62nd St.
E. 61st St.
E. 60th St.
E. 59th St.
犹太博物馆
库珀-休伊特国家设计博物馆
国家学院博物馆
古根海姆博物馆
1st Ave.
York Ave.
《欲望都市》的拍摄地
格雷西公寓
圣三一教堂
沿East End Ave. 及东河的卡尔·舒尔茨公园风景优美，游客众多
新当代艺术博物馆
86 St. Lexington Ave.
卡尔·舒尔茨公园
5th Ave.
Madison Ave.
Park Ave.
Lexington Ave.
3rd Ave.
2nd Ave.
大都会艺术博物馆
上东区
约克维尔
East End Ave.
❷ 博物馆大道
77 St. Lexington Ave.
Museum Mile
惠特尼博物馆
中央公园
在65th St.到79th St.之间，有许多出售休闲装的店铺
弗里克美术收藏馆
亚洲协会
第三大道
Franklin D.Roosevelt Dr.
68 St. Hunter College Lexington Ave.
Lenox Hill
洛克菲勒大学
❶ 名品店汇聚于此
麦迪逊大道
Lexington Ave. (63 St.)
巴尼斯纽约精品店
在这里能买到棒球球票、相关商品
洋基职业棒球商品专卖店
Lexington Ave. (60 St.)
5 Ave. (59-60 St.)
布鲁明戴尔百货店
59 St.
East River
中城东

晨边高地
Morningside Heights

别MAP p.28-29

以美国哥伦比亚大学为首的诸多名门私立大学汇聚于此。这里绿树环绕，随处可见美丽的建筑物，在咖啡店和餐馆中常常能看到学生们探讨问题的身影。这是在曼哈顿也能感受到华丽氛围的地方。

这里是学院地区，以美国哥伦比亚大学为首的教育机构汇聚于此

经典线路

需要时间约60分钟

Cathedral Pkwy.& 110th St.

↓ 步行约10分钟

圣约翰大教堂

↓ 步行约15分钟

哥伦比亚大学

↓ 步行约15分钟

河滨教堂

↓ 步行约15分钟

河滨公园

区域介绍

汇聚诸多教育机构的学院地区

这里是学院地区，以美国哥伦比亚大学及其附属师范学院、巴纳德学院为首的教育机构汇聚于此。闻名于世的圣约翰大教堂也坐落在这里。无论是学生、成人还是一家人都能在这里悠闲地游玩。正如该地区的名称所示，这里有一处面临哈德孙河的高台。建设高台的初衷是出于独立战争的作战需要。如今，在街道上仍能看到当时的遗迹。

游览方式

首先，让我们从哥伦比亚大学周边开始漫步吧。当然也可以在绿树环绕的校园中免费漫步。如果有时间的话，不妨去圣约翰大教堂、河滨教堂和格兰特将军墓参观游览一番。这里的斜坡较多，时间充裕的话，可以走慢一点。天气晴朗的时候，去河滨公园散步、吃午餐也是不错的选择。

位于哥伦比亚大学的雕像

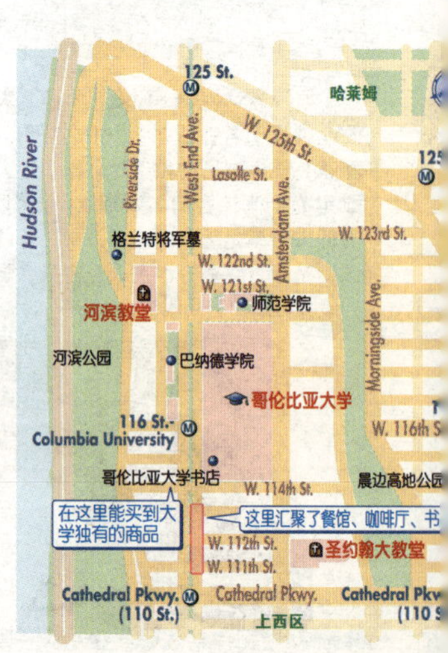

河滨教堂 Riverside Church

别Map p.28-A2

马丁·路德·金曾在此演讲的具有历史意义的教堂

从属于浸礼会，1929年由约翰·D.洛克菲勒的儿子捐巨款完成。这座美丽的教堂在微微突起的小丘上建造了塔楼，与周围的自然环境相协调。有侧廊、剧场、小型体育馆、自助餐厅等。以前，可以从正门旁的电梯登塔，从120米高处可以看见哈德孙河、中央公园、有74个钟的教堂，但2006年电梯关闭了，再次开放的时间未定。

哥特式教堂

河滨教堂
推荐指数：★
住 490 Riverside Dr.（bet. 120th & 122nd Sts.）
地铁 从 1 线的 116 St 站步行约5分钟。
公交 M4、M5、M104（Broadway & 120th St. 附近下车）
☎（1-212）870-6700
开 每天 7:00~22:00
〈河滨教堂观光〉
开 周日 12:15 从阳台开始，需要1个小时，无须预约
费 免费
网 www.theriversidechurchny.org

哥伦比亚大学 Columbia University

别Map p.28-B2·3

全美国前5名的名校

美国一流的名牌大学

1754年，作为三一教堂的附属大学以国王学院的名字成立。独立战争后，改名哥伦比亚大学，迁到中城，之后从1897年起安定在当今所在地。哥伦比亚大学人才辈出，奥巴马总统就是一个。在美国也算得上是有历史渊源的私立学校。

首先，去通用路东边的 Low Memorial Library 内的游客中心拿游览图和册子，周末还有巡访大学校园的免费旅行。

哥伦比亚大学
推荐指数：★
住 2960 Broadway（bet. 114th & 120th Sts.）
地铁 从 1 线的 116 St 站步行约1分钟。
公交 M4、M5、M11、M60、M104（Broadway & 116th St. 附近下车）
网 www.columbia.edu

圣约翰大教堂 The Cathedral church of St. John the Divine

别Map p.28-B4

1828年开始建造，至今仍在进行中

是可以容纳1万人的世界最大的哥特式大教堂。1828年计划建造，因资金问题，到最终购买建筑用地花了约60年，虽终于在1892年得以开工，但历经了20年只建造了公共设施中心和石拱。之后，第二次世界大战期间基本停止施工。最终于1967年发表了放弃建设宣言，然而1978年，资金筹措有了着落后又重新开始了建设。内部到处都镶嵌着壮丽的彩绘玻璃。主建筑的最东端，环形排列着以七个圣徒名字命名的小教堂内供奉着有关圣徒。

必看的壮丽的彩绘玻璃

圣约翰大教堂
推荐指数：★
住 1047 Amsterdam Ave.（at 112th St.）
地铁 从 1 线的 110 St 站或 Cathedral Parkway 站步行约3分钟。
公交 M4、M11、M104（在 Amsterdam Ave. & Cathedral Parkwy 附近下车）
☎（1-212）932-7347
（旅游预约）
〈热点旅游〉
周一 11:00 和 14:00，周二~周六 11:00 和 13:00，周日 13:00 有时也会举行。在游客中心集合。
费 $6
网 www.stjohndivine.org

阿比西尼亚浸信会教堂 福音开始30分钟前有300人以上等候，如果想要在这儿听福音的话，建议要做好等候的思想准备，并早点前往。→p.128

哈莱姆

Harlem

别MAP p.28-29

晨边高地的东侧有最大的黑人团体。
在这里发现教堂的福音音乐、爵士俱乐部、
爽快亲切的人们等和其他地区不同的潜藏魅力吧！

区域介绍

在黑人文化的发源地享受爵士和福音音乐吧

哈莱姆大致划分为3部分，黑人居多的中央哈莱姆，列克星敦大街（Lexington Avenue）以东、波多黎各裔生活的东哈莱姆，以及阿姆斯特丹大街（Amsterdam Avenue）以西、多米尼加共和国人居多的西哈莱姆。观光以中央哈莱姆为中心，从116街到125街之间林立着各种大大小小的教堂。

游览方法

观光以中央哈莱姆为中心，如果在地铁的125街站下的话，马上就到主要街道了。这里聚集着餐厅、商店。沿着Lenox Ave.北上，有黑人食品店和地摊等，还可以在阿波罗剧院等著名现场演出场所享受夜生活。周日还可以在教堂聆听福音。

经典线路

需要时间约30分钟~

125th St. & St. Nicholas Ave.

↓ 步行片刻即到

125th St.

↓ 步行约10分钟

Lenox Ave.

↓ 步行约10分钟

135th St.

↓ 步行约15分钟

Frederick Douglass Blvd.

在116街，沿着街道走可看到很多壁画艺术

游览时的注意事项

哈莱姆的犯罪发生率比曼哈顿其他地区高。虽说现在比以前的治安要好，路过之处仍旧废墟较多，还有站着卖麻药的贩子。另一方面，作为主要街道的125街和135街等地热闹非凡，游客也多。要注意有可以去和不应该去的地方。希望不要因好奇心而去窥视贫民街。夜晚去爵士俱乐部可参加旅行团或来回坐出租车等。

① 尽量不要单独行动。逛街最好是2~3人，并在白天时间，不要进入行人稀少的道路。

② 切忌拿相机对着人。因照相会遭到训斥，所以请注意。

③ 哈莱姆与曼哈顿中心相比黄色出租车要少，租车服务遍布，不打表而采取市场制，如果是在哈莱姆内的话约$5~，从哈莱姆到中城大约$20~25。另外出租车在 别 MAP p.29-C1 处候客，标记是车体上的粘胶标签。

关于西班牙哈莱姆

第五大道以东的东哈莱姆，据说一部分区域是西班牙哈莱姆，居民多为墨西哥、多米尼加共和国、波多黎各等中南美的人，官方语言为西班牙语。这里治安不太好，但还是可以在白天去逛逛列克星敦大街等热闹的街道。

越过和上东区的界限96街后突然出现下坡。艺术家席娟斯·德拉维加就生于此地，长于此地

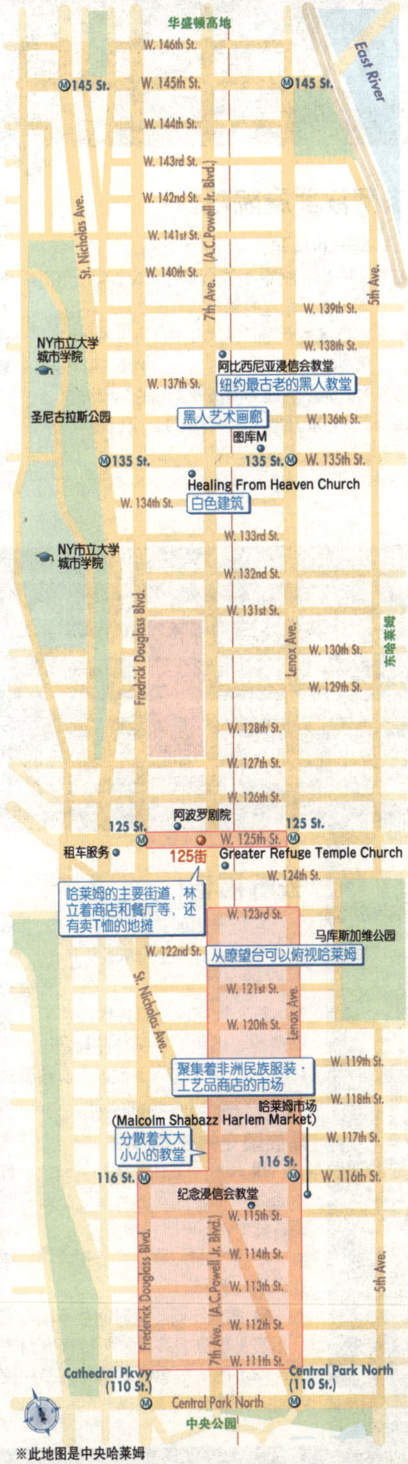

华盛顿高地
W. 146th St.
145 St.
W. 145th St.
145 St.
East River
W. 144th St.
W. 143rd St.
W. 142nd St.
W. 141st St.
W. 140th St.
St. Nicholas Ave.
7th Ave. (A.C.Powell Jr. Blvd.)
5th Ave.
W. 139th St.
W. 138th St.
NY市立大学城市学院
阿比西尼亚浸信会教堂
纽约最古老的黑人教堂
W. 137th St.
黑人艺术画廊
W. 136th St.
圣尼古拉斯公园
图库M
135 St.
135 St.
W. 135th St.
Healing From Heaven Church
白色建筑
W. 134th St.
W. 133rd St.
NY市立大学城市学院
W. 132nd St.
W. 131st St.
Frederick Douglass Blvd.
Lenox Ave.
W. 130th St.
东哈莱姆
W. 129th St.
W. 128th St.
W. 127th St.
W. 126th St.
阿波罗剧院
125 St.
125 St.
W. 125th St.
租车服务
125街
Greater Refuge Temple Church
W. 124th St.
哈莱姆的主要街道，林立着商店和餐厅等，还有卖T恤的地摊
W. 123rd St.
马库斯加维公园
W. 122nd St.
从瞭望台可以俯视哈莱姆
W. 121st St.
St. Nicholas Ave.
W. 120th St.
W. 119th St.
聚集着非洲民族服装·工艺品商店的市场
W. 118th St.
哈莱姆市场
(Malcolm Shabazz Harlem Market)
W. 117th St.
分散着大大小小的教堂
116 St.
116 St.
W. 116th St.
纪念浸信会教堂
W. 115th St.
W. 114th St.
W. 113th St.
W. 112th St.
W. 111th St.
Cathedral Pkwy (110 St.)
Central Park North (110 St.)
Central Park North
中央公园

※此地图是中央哈莱姆

音乐篇

去阿波罗剧院吧！

始于 1914 年，之后，杰克逊五兄弟、黛安娜·罗斯、纳京高等众多音乐家们踏上了这个黑人音乐殿堂的舞台。就连 2009 年迈克尔·杰克逊逝世之时，这周围都挤满粉丝们。

另外，“业余爱好者之夜”作为通往专业舞台的龙门而成为阿波罗剧院的热门演出。每周三 19:00 开始（2 月休息），可以观看表演者们的竞技表演。

阿波罗剧院
Apollo Theater
别 MAP p.29-C1
住 253 W.125th St.（bet. Adam Clayton Powell Jr. Blvd. & 8th Ave.）
☎（1-212）531-5305（预约）
URL www.apollotheater.org
※“业余者之夜”（Amateur Night）活动的门票可以事先在售票处（box office）购买或者在票务管家的网站 ticketmaster.com 上购买（价格为 20、26、32 美元），另外，还有旅行社组织的团队旅行。

以 125 街为中心，到处都是独具特色的商店、餐厅和音乐场所。那些问“到底去什么地方呢”的人不要担心，住在哈莱姆的向导会给你介绍让你尽情享受的景点！

一定要来亲身感受哈莱姆哦！

观光哈莱姆的注意事项→ p.127

地铁 A B C D 2 3 125 St

哈莱姆仙境

去听福音！

在哈莱姆的黑人教堂（美籍非洲人 = 黑人教徒组建的新教徒基督教堂）周日的礼拜上唱福音。在哈莱姆有 250 多个教堂，每周日到处都举行着深情的、出色的礼拜。在教堂里，信徒从内心深处歌颂上帝，为表达感激之情所吟唱的福音感人肺腑。

需要遵守的注意事项

❶ 福音不是让游客们听的一场音乐秀而是宗教仪式的一部分。请不要穿着过于休闲的服装。

❷ 做礼拜过程中会有捐款箱，请务必放入 $1~5。

❸ 教堂不同开始时间会不同。有好不容易前去最终没能听到福音的情况，如果确实很想听的话可以参加旅行团。

周日可以倾听深情福音的教堂

Greater Refuge Temple
别 MAP p.29-C1
住 2081 Adam Clayton Powell Jr. Blvd.(at 124th St.）
URL www.greaterrefugetemple.org

纪念浸信会教堂
Memorial Baptist Church
别 MAP p.29-D3
住 141 W. 115th St.（bet. Lenox & St. Nicholas Aves.）
URL www.mbcvisionharlem.org

阿比西尼亚浸信会教堂
Abyssinian Baptist Church
别 MAP p.29-C1 外
住 132 Odell Clark Place（138th St. bet. Lenox & Adam Clayton Powell Jr. Blvd.）
URL www.abyssinian.org

美食&购物篇

在美发沙龙不要忘记给 15%~20% 的小费。

1
邦恩帽子店
HATS .BY BUNN.

其所有者邦恩先生从设计到制作的所有程序都亲力亲为，店内都是时尚又有个性的款式，质量也很好，还可定制。

别 MAP p.29-C1 外
住 2283 A. C. P., Jr. Blvd.（bet. 134th & 135th Sts.）
营 周一～周六 11:00~19:00
休 周日
URL www.hatsbybunn.com

2
斯英格
Swing

哈莱姆首屈一指的概念店。出售琳达·法罗的太阳眼镜、拉奎尔·阿莱格拉的连衣裙等从世界各国严选的冷静和前卫的款式。其所有者赫勒娜设计的 T 恤在名人中大受欢迎。

别 MAP p.29-C2
营 周一·周四·周五 12:00~20:00，周六·周日 11:00~19:00
休 周二、周三
URL www.swingaconceptshop.com

3
阿萨娜头饰中心
Assana's Hair Braiding Center

是友好开朗的阿萨娜女士的编发沙龙。各种发型随你所欲。

别 MAP p.29-C1
营 每天 9:00~20:00
休 无

4
海上鱼市
SEA & SEA Fish Market

百分之百又大又便宜的"鱼和薯条"$5~。在哈莱姆流行蘸很多辣酱和调味酱吃！

别 MAP p.29-C1
营 周一～周六 8:00~20:00、周日 9:00~19:00 ，仅可现金支付

5
蛋糕制作
Make My Cake

红色天鹅绒蛋糕和土豆芝士蛋糕是本店的招牌甜点。又香甜又爽口，让你爱不释口，一次吃个够。可以在店内享用。

别 MAP p.29-C3
营 周一～周四 8:00~20:00、周五~21:00、周六 9:00~21:00、周日 ~19:00
休 无
URL www.makemycake.com

6
艾美路斯
Amy Ruth's

干净明亮的韩国料理店。可以品尝到美味的炸鸡、烤肉等。特别推荐华夫饼干。

别 MAP p.29-D3
营 周一 11:30~23:00、周二～周四 8:30~、周五 8:30~次日 5:30、周六 7:30~、周日 7:30~23:00
休 无
URL www.amyruthsharlem.com

7
马娜斯
Manna's

喜欢的食物可以尽情拿取，按量售卖的首尔食品店。可在店内享用食物并无须支付小费的便捷商店。不可刷卡，仅可用现金支付。

别 MAP p.29-C1
营 每天 11:00~21:00（周日 ~20:00）
休 无

8
开罗女孩
Carol's Daughter

人气急剧上升的品牌。原料全部天然，洗发水和护发素的香气浓烈，推荐有香气的护手霜和护足霜。

别 MAP p.29-D1
营 周一～周六 10:00~20:00、周日 11:00~18:00
休 无
URL www. carolsdaughter.com

9
哈莱姆潮流店
Harlem Underground

以从鲍勃·马利、吉米·亨德里克斯等音乐家到奥巴马总统、马尔科姆·艾克斯等传奇黑人为主题，齐备各种设计的 T 恤。

别 MAP p.29-D1 外
营 周一～周五 10:00~19:00、周六 ~20:00 、周日 12:00~18:00
休 无

布鲁克林 Brooklyn

别MAP p.38-41

1883年开通的布鲁克林大桥带来的发展，使布鲁克林近年来发生了显著变化，成为眼下纽约最受瞩目的地方。一边漫步街道一边欣赏新旧混搭的妙趣，是标准游览线路。

→ p.19

区域介绍

是高楼大厦少、绿色覆盖广的地区。本来这里是移民街，直到现在也仍然保留着这种氛围。近年来，艺术家的增多导致曼哈顿周围地区时尚潮流店、西餐厅、咖啡馆等随处可见，诞生了一种新的纽约文化。

游览时的注意事项

因该地区非常广大，交通会很花时间，建议好好地走访一两个地方。此外，这里基本上都是住宅区，尚未开发的地方较多，远离中心街道几千米的地方人烟稀少，异常危险，所以请注意不要远离中心地区。

❶ 布鲁克林高地 Brooklyn Heights

沿东河的高级住宅地。美丽的街景是历史保护地区，名人、作家等知名人士多居住在此地。可以从邓波散步到此。

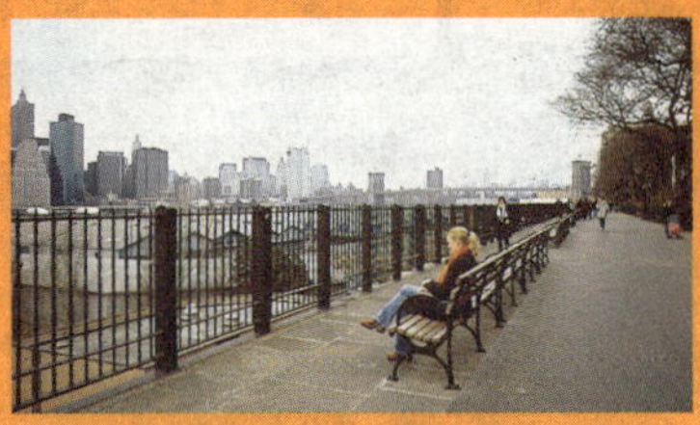

❷ 威廉斯堡 Williamsburg

→ p.132

是说起布鲁克林，会让人想到的高人气地区。多居住着一些打扮时尚的年轻人，有品位的商店、咖啡馆等也不断增加。从北部地区开始发展，现在南部地区也逐渐变得热闹，中心道路为贝德福德大道。

❸ 邓波 D.U.M.B.O.

→ p.133

D.U.M.B.O.（Down Under Manhattan Bridge Overpass），俗称为邓波。位于布鲁克林大桥和曼哈顿大桥的桥畔，从这里眺望曼哈顿景色最佳，最近，作为旅游景点发展起来。同时也作为艺术街道而备受瞩目。

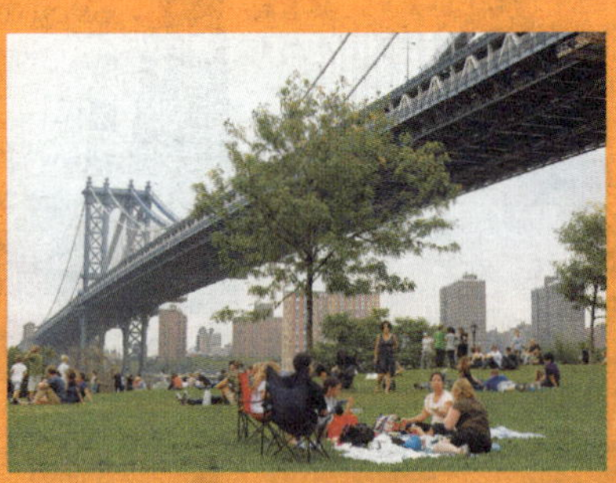

其他人气地区

❼ 布什维克 Bushwick

住在威廉斯堡的艺术家们渐渐移居到此的人气高的艺术地区。画廊、西餐厅等渐渐增多。

❽ 红钩 Red Hook

曾经作为布鲁克林的港口而繁荣的工厂地带。沿海仓库街再开发成公寓、商店。

❾ 绿点 Greenpoint

该地区的居民多为波兰人，有着微微的欧洲氛围。时尚咖啡店、商店等不断增加，是正在崭露头角的地区。

④ 公园坡
Park Slope

➡ p.135

古老的、残留有繁华历史面貌的建筑随处可见，是给人以平静印象的地区。以展望公园（Prospect Park）为中心，商店、咖啡馆向四周扩展。

乘坐东河渡船移动

➡ p.54

连接着皇后区的长岛和布鲁克林的沿河地区、绿点、北威廉斯堡、南威廉斯堡、邓波和曼哈顿。之所以推荐该渡船是因为不仅可以使这些地区之间的交通变得便利，还可以体验巡航的感觉。

⑤ 博寇卡
Bococa

➡ p.134

由相邻的波恩兰姆小丘（Boerum Hill）、科博小丘（Cobble Hill）、卡罗尔花园（Carroll Garden）3个区域构成。西餐厅、商店等在快速增加中。

⑥ 康尼岛
Coney Island

➡ p.144

夏天人多热闹，作为可轻松游玩的度假胜地而备受纽约人喜爱。

威廉斯堡
Williamsburg

别MAP p.39

现在，该地区是纽约潮流趋势发源地，
工厂原址和废墟改造成的阁楼成为流行元素。
而艺术家们则使这里形成了独特的文化。

咖啡馆和商店数量多，最适合逛街

经典线路

需要时间约30分钟~

贝德福德大道

步行约20分钟

Berry St.

步行约5分钟

Beacons Closet

步行片刻即到

布鲁克林酿酒厂

当地啤酒酿造厂——布鲁克林酿酒厂

区域介绍

当今纽约流行趋势的发源地

很多追求广阔制作空间（阁楼）的年轻人从曼哈顿聚集而来，伴随着这种趋势画廊、咖啡馆、餐厅、商店等开始增多，近年来地价渐渐上涨。过去犹太人和黑人之间经常发生冲突的治安恶劣的情况得以改善，形成了新的年轻人文化。这里聚集着充满个性的商店，成为潮流趋势的风向标，是备受全世界关注的时尚地区。

可以观赏到众多壁画

游览方式

以主要街道贝德福德大道（Bedford Ave.）为中心，散布着有品位的精品店、杂货店、餐厅、咖啡馆、古着店。周末来吃早午饭的人络绎不绝，到了晚上，酒吧、娱乐室里全是听音乐和喝酒的人。所到之处都可感受到浓厚的艺术氛围，只是悠闲地走着也会觉得很愉快。

邓波
D.U.M.B.O.

别MAP p.38 上图

铺石街景带有仓库遗迹的感觉，同时也是通往布鲁克林的门户。作为艺术街而广为人知，从东河沿岸观赏到的曼哈顿风光堪称绝景。

区域介绍

可眺望曼哈顿的人气地区

取"Down Under the Manhattan Bridge Overpass"的首个字母，通称为邓波（D.U.M.B.O.）。是位于高级住宅地布鲁克林高地的北部、曼哈顿大桥之畔的广阔的艺术之地，画廊、咖啡馆、高端的室内装饰店等鳞次栉比，是富有创新精神的纽约年轻人所喜爱的顶级地区。从曼哈顿出发也容易到达，可以充分享受一整天。从近年开发的水景沿岸公园可以眺望到曼哈顿美丽的摩天大楼。

从曼哈顿坐渡船可到达

感受充满艺术气息的邓波

经典线路

需要时间约90分钟

York St.站

步行约5分钟

曼哈顿大桥之畔

步行约10分钟

Water Street

步行约5分钟

布鲁克林大桥公园

游览方式

从York St.站起到布鲁克林大桥之间，商店、西餐厅等不断增加。沿Front Street、Water Street、Old Fulton聚集着时尚店铺，还有很多代表着纽约的巧克力店、总店在曼哈顿的西餐厅的分店。时间充裕的人也可以从曼哈顿横渡布鲁克林大桥。从布鲁克林大桥公园欣赏到的夜景也很迷人。

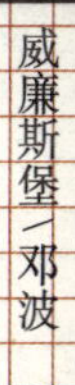

博寇卡
BoCoCa

别MAP p.40

原来的简易食堂之间，
刚开业的时尚杂货店、咖啡馆等林立的趣味十足的地区。
整体上弥漫着平民气氛的街道。

近年开始繁荣的大西洋街

经典线路

需要时间约30分钟~

Smith St.站

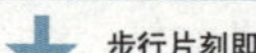
步行片刻即到

Smith St.

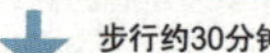
步行约30分钟

Atlantic Ave.

区域介绍

新旧混搭、气氛快乐的人气地区

博寇卡由波恩兰姆小丘（Boerum Hill）、科博小丘（Cobble Hill）和卡罗尔花园（Carroll Garden）3 个区域组成，给人的印象是安静氛围的住宅居多。Smith St.、Carroll St.、Atlantic Ave. 等附近本是中东移民居住地，最近时尚的咖啡馆、商店不断增加，还有表演中心布鲁克林音乐学院（Brooklyn Academy of Music，BAM）。

高品位店铺鳞次栉比的 Smith St.

茶色基调的街区

游览方式

主要街道为 Smith St.、Carroll St.、Atlantic Ave.，在街道两旁林立着极具当地特色的精品店和咖啡馆，人们可以在此享受时光。可以以 Carroll St. 站为起点，步行逛逛这些街道，因大多数店铺都是白天 12 点过后才开始营业，建议晚一点开始行动。

公园坡

Park Slope

别MAP p.41

展望公园附近的宽阔住宅地。
当地店铺密集，生活气息浓厚。
古老建筑样式很多，能感受到古老繁华的纽约。

位于紫金军团广场的凯旋门

经典线路

需要时间约65分钟~

第七大道站
↓ 步行片刻即到
第七大道
↓ 步行约20分钟
第九大道
↓ 步行约15分钟
第五大道
↓ 步行约30分钟
大西洋码头购物中心

区域介绍

可眺望曼哈顿的人气地区

是美国作家保罗·奥斯特所写电影剧本《烟》的背景地，美丽的公寓次第排列。采用名为“褐石”的红褐色的岩石建造的建筑物宛如电影的舞台装置。近年，年青一代的文化混杂，逐渐形成新的街道。还有大的公园、动物园、博物馆等，作为平静的生活区而广受年轻家庭青睐。

有博物馆、植物园的巨大公园——展望公园

游览方式

主要街道是南北走向的第七大道和第五大道，步行可以以这两条街为中心。以前，第七大道很是繁荣，但近年第五大道后来居上，逐渐赶超第七大道。在这两处都有很多咖啡馆、餐厅、古着店等，你可以尽情购物。如果有时间的话还可以在被称作布鲁克林中心花园的展望公园悠闲度过。

皇后区 Queens

别 MAP p.42-43

在组成纽约市的 5 个地区中，皇后区是面积最大的。多民族杂居在一起，随处都是各式各样的餐厅，在这里还可以买到民族杂货和食材等。

区域介绍

和旅游性强的曼哈顿有所不同，迁居移民带来的不同的民族文化根深蒂固地在这里遗留了下来。因是平民生活的场所，所以可以切身感受到未被商业化的纽约。因这里的一半居民都是非美国出生，可感受到种族融合的氛围。向在曼哈顿和布鲁克林等地觉得美中不足的回头客们推荐此地。在这里可以发现只有在希腊、意大利、印度、泰国、韩国、中国等各个国家才可享受的正宗美味的餐厅。

游览时的注意事项

因皇后区面积广阔，建议乘坐地铁或巴士行动（皇后区内的巴士地图可在曼哈顿的游客咨询处拿取）。在主要街道外基本上都是住宅区，道路也不像曼哈顿那样简单，建议精选 1~2 处地方游览。此外，在法拉盛草原 - 可罗娜公园里有球场、美术馆、动物园等各种设施，不过请注意在园内散步的话，要在天黑之前到达车站。

在皇后区见识正规的赌场

2011 年 JFK 机场附近的赛马场内开设了纽约市云顶赌场，可享受赌博和赛马，在当地人气自不用说，也深受游客们的喜爱。场内设置有 2000 多台老虎机等各种设施。但在此提醒读者，中国政府对于公民境外参赌是严厉禁止的，不论国内或境外，参赌均属违法。请谨慎前往。

地铁 从 A 线 Aqueduct/North Conduit Ave 站下车，换乘穿梭巴士或者从 E J Z 线 的 Stupluin Blvd/Archer Av/JFK Airport 站乘坐免费穿梭巴士（每天 8:00~24:00，隔 20~30 分钟一班）。详情请查看网页

URL www.rwnewyork.com

主要看点

1 当代艺术中心 MoMA P.S.1

→ p.362

由小学改建而来的非营利性博物馆，因革新计划培养出了很多有名的艺术家。

❷ 法拉盛草原 – 可罗娜公园
Flushing Meadows Corona Park

是有大都会队的新球场花旗球场（→ p.418）和美术馆的休憩场所。

❸ 野口勇博物馆
The Noguchi Museum

展示有野口勇的 150 尊雕塑作品，注重和大自然的协调性，总体都是环境作品。

罗斯福岛
Roosevelt Island

罗斯福岛位于东河的中游，是皇后区大桥之畔的岛屿。岛的北部是住宅地，有圣帕特里克教堂的设计者 J. 伦威克建造的灯台，从东河沿岸望去曼哈顿的夜景一览无余。现在的城市规划注重地域灵活性和自然性，到 2017 年，计划修建康奈尔大学校园，并以此为中心推进纽约硅谷计划。

地铁 Ⓕ 线 Roosevelt Island 站

其他：罗斯福岛缆车（→ p.52），乘车地点在 60 街的第二大道

费 $2.50（可使用交通卡）

罗斯福岛
Roosevelt Island
曼哈顿
野口勇博物馆
The Noguchi Museum
拉瓜迪亚机场
LaGuardia Airport
苏格拉底雕像公园
Socrates Sculpture Park
法拉盛
Flushing
Whitestone Expy.
Clearview Expy.
Francis Lewis Blvd.
East River
阿斯托利亚
Astoria
31st St.
Steinway St.
Broadway
杰克逊高地
Jackson Heights
Astoria Blvd.
Northern Blvd.
花旗球场
Citi Field
纽约现代艺术博物馆P.S.1
MoMA P.S.1
Roosevelt Ave.
皇后美术馆
Queens Mueum of Art
长岛市
Long Island City(L.I.C.)
伍德赛德
Woodside
艾姆赫斯特
Elmhurst
可罗娜
Corona
Grand Central Pkwy.
法拉盛草原–可罗娜公园
Flushing Meadows Corona Park
恩光
Sunnyside
Queens Blvd.
邱园
Kew Gardens
Queens Midtown Expy.
Union Tnpk.
Brooklyn Queens Expy.
Flushing Ave.
森林山
Forest Hills
Grand Central Pkwy.
Hillside Ave.
Van Wick Expy.
Jackie Robinson Pkwy.
Myrtle Ave.
Forest Park
Atlantic Ave.
Linden Blvd.
Cross Bay Blvd.
Rockaway Blvd.
Linden Blvd.
Southern Pkwy.
Shore Pkwy.
布鲁克林
约翰·肯尼迪国际机场
John F. Kennedy International Airport
N

皇后区地图

长岛城
曾经是长时间废弃的工厂街区，如今东河沿岸在建造高级公寓，P.S.1、野口勇博物馆等艺术相关设施齐全。
交通
地铁 从曼哈顿出发约15分钟，到P.S.1附近 7 线45 Rd.-Court House Sq.站或 G 线21 St.站下车。到野口勇博物馆附近，NQ 线Broadway站下车。
阿斯托利亚
Broadway和Ditmars Blvd.沿线有希腊餐厅和鱼店，Steinway St.北部、Astoria Blvd.附近以埃及人为主的中东移民也引人注目，成为大的商业街。
交通
地铁 从曼哈顿出发约20分钟，乘坐NQ线在Ditmars Blvd.站下车，向北走一个街区后到达Ditmars Blvd.中心地。NQ线的Broadway站和30 Av.站、MR线的Steinway St.站周围也很热闹。
杰克逊高地
从 Roosevelt Ave. 站延伸至 74 街周边是其中心地，曾经居住着德国裔、意大利裔的劳动阶层，现在以印度、孟加拉国等南亚裔为首，墨西哥、多米尼加等拉美裔美国人也多移居在此。
交通
地铁 从曼哈顿出发约30～40分钟。乘坐 E F M R 线在Rooselvelt Ave. 站下车。或者乘坐 7 线在74 St.-Broadway站下车。
公交 乘坐宾夕法尼亚车站出发至杰克逊高地的Q32公交，需要约40分钟（根据交通情况而定）。
混合文化的中心区
Astoria - Ditmars Blvd
NQ
1 阿斯托利亚 Astoria
希腊人、日本人
Amtrak
Astoria Blvd.
Astoria Blvd
中东人、埃及人等
2 长岛城 Long Island City
日本人
30 Av
30th Ave.
Steinway St.
21st St.
31st St.
3 杰克逊高地 Jackson Heights
印度人、孟加拉国人、墨西哥人、多米尼加人
82 St - Jackson Hts
Northern Blvd
74 St - Broadway
Roosevelt
苏格拉底雕塑公园
Broadway
Broadway
Steinway St
46 St
Northern Blvd
65 St
MR
希腊人
野口勇博物馆
Vernon Blvd.
美国电影博物馆
EF
Broadway
Jackson Hts-Roosevelt Av
69 St
36 Av
36th Ave.
36 St
爱尔兰裔
Woodside-61 St
Woodside
Hunters Point
21 St - Queensbridge
39 Av
4 伍德赛德 Woodside
Queens Blvd.
52 St
NQR
Queensboro Plaza
非洲艺术博物馆
Queens Plaza
46 St - Bliss St
58th St.
Brooklyn Queens Expwy.
40 St - Lowery St
Court Sq - 23 St
雕塑中心
Thomson Ave.
33 St - Rawson St
美国白人
哥伦比亚裔、韩国人
EM
G
Court Sq
21st St.
39th St.
P.S.1
4 恩光 Sunnyside
多艺术家
21 St
Hunterspoint Av
Long Island Expwy.
Hunters Point Av
恩光&伍德赛德
隔着 Queens Blvd.，北部多爱尔兰的移民，南部多哥伦比亚的移民，周围多韩国移民。当地爱尔兰酒吧较多。
交通
地铁 从曼哈顿出发约20～30分钟。乘坐 7 线在 Hunters Point Av.站、33 St.站、40 St.站、46 St.站、61 St.站等下车。

人口约230万的皇后区，是纽约市5个地区中面积最大的居住区，也是纽约市民族构成最多的地区，一半的居住者是非美国出身，混合存在着100多种语言和国籍。人们将从皇后区向东的地铁7号线称作“国际火车”，下面就在地图上介绍皇后区。

法拉盛
从中心街道的Union St.到西北是韩国社区，Main St.沿线有中国台湾社区。近年，中国广东人的流入也很显著。
交通
地铁 从曼哈顿出发约30分钟，乘坐7线在终点Flushing-Main St.站下车。到法拉盛草地–可罗娜公园去的话在7线的Mets-Willets Point站下车，步行15分钟。
朝气蓬勃的亚洲人
艾姆赫斯特&木港
中国移民占绝大多数，之后依次为越南、马来西亚等东南亚人以及拉美裔美国人，附近有很多能买到亚洲食材的超市和便宜又美味的餐厅等。
交通
地铁 从曼哈顿出发乘坐MR线约25分钟，在Elmhurst Av.站、Grand Av.站下车。如果需要乘坐EF线的话，必须在Roosevelt Av.站换乘。Woodhaven Blvd. 站有巨大的皇后购物中心。
中国人&拉美裔美国人杂居地
森林山&英国皇家植物园
让人想起欧洲的街道，维修后的住宅街有很多犹太裔美国人，作为寂静的高级住宅区而闻名。
交通
地铁 从曼哈顿出发约30分钟，乘坐EFMR线在Forest Hills站下车。
LIRR的森林山车站
Flushing - Main St
Flushing
5 法拉盛 Flushing
韩国人、中国人
Main St.
花旗球场
Mets - Willets Point
Mets - Willets Point
Van Wick Expy.
Astoria Blvd.
Northern Blvd.
108th St.
Grand Central Pkwy.
法拉盛草地–可罗娜公园
111 St
拉美裔美国人
纽约科学馆
皇后区艺术博物馆
103 St - Corona Plaza
Junction Blvd.
Junction Blvd
90 St - Elmhurst Av
LIRR
Corona
拉美裔美国人
Junction Blvd.
艾姆赫斯特 Elmhurst
6
Elmhurst Av
Grand Av Newtown
Woodhaven Blvd
63 Dr - Rego Park
67Av
Forest Hills - 71 Av
犹太裔美国人、日本人
Kew Gardens, Union Tpke
Queens Blvd.
63rd Rd.
LIRR
75 Av
Forest Hills
木港 Woodhaven 6
中国人、越南人、马来西亚人、泰国人
森林山 Forest Hills 7
71st Ave.
邱园 Kew Gardens 7
Long Island Expwy.
Eliot Ave.

斯塔滕岛 Staten Island

Staten Island

别 MAP 44-A3

位于曼哈顿以南的一个大的岛屿。可以从这里眺望炮台公园、自由女神像和摩天大厦，乘坐渡船大约需要 25 分钟。是一个虽然离曼哈顿很近却不失宁静祥和的住宅区。

区域介绍

岛内是一个典型的居民住宅区。这里列车疾驰、巴士交织，有丘陵和湖泊、绿地，还可以看到纽约最初的风貌。另外，还有斯塔滕岛扬基队的主场里士满郡银行棒球场、高尔夫球场以及大型购物中心等。另外已经批准了渡船周边的开发项目，预计这里将建成世界最大的摩天轮、酒店、工厂直营店购物中心等。

游览时注意事项

因为岛内面积广阔，所以基本上采取公交、轨道交通、汽车等代步方式。但是渡船乘船处的周边为步行区域。

首先，从曼哈顿的炮台公园乘坐斯塔滕岛渡船（→ p.53），大约 25 分钟（每隔 15~30 分钟运行一次，免费）就可以到达斯塔滕岛的渡船枢纽站。有 A~F 六个出口，A~D 的出口和公交车站相连。

在岛的东岸，有 MTA 运营的斯塔滕铁路（可以使用 Metro 交通卡）。从曼哈顿、新泽西、皇后区都可以乘坐汽车抵达。

主要看点

❶ 里士满郡银行棒球场 → p.423

Richmond County Bank Ballpark

小联盟斯塔滕岛扬基队的主场。

❷ 里士满历史古镇

Historic Richmond Town 别 MAP 44-A3

这是一个复原了 17~19 世纪便建立起来的杂货店、邮局、小学等建筑物的露天博物馆。

URL www.historicrichmondtown.org

9・11 逝者纪念馆

在斯塔滕岛扬基队的球场以及眺望曼哈顿的沿海公园有悼念因在美国发生的多起恐怖事件而去世的人的纪念馆。拱形并且向外延伸的建筑形态让人很容易联想到展翅飞翔的鸟儿。

©Courtesy of Staten Island Borough Presidents Office

布朗克斯 The Bronx

别MAP 44-B1·2

位于曼哈顿的东北一带，是充满绿意的区域。游客们经常会造访的是扬基球场、布朗克斯动物园、纽约植物园等。

区域介绍

位于纽约市的最北端，作为嘻哈文化的诞生地而十分著名。布朗克斯这个地名来源于1641年来到这里的荷兰人洋纳斯·布兰克的名字。这里有美国最大的动物园——国际野生动物保护公园（布朗克斯动物园）和纽约植物园。同时还有MLB纽约扬基队的扬基球场。但是需要注意这里的治安。

游览时的注意事项

这里曾经是富贵阶层的高级公寓鳞次栉比的地方，但是现在，特别是以南布朗克斯为中心的区域治安并不是很好。建议旅行者如果游览的话最好只去介绍的这3个地方，尽量不要去其他的景点。

主要看点

纽约植物园 The New York Botanical Garden

别MAP 44-B2

是世界上屈指可数的植物园。这里有针叶林、草本植物园等。和布朗克斯动物园相连。

URL www.nybg.org

扬基球场 Yankee Stadium

→ p.416

众所周知的纽约扬基球场。

国际野生动物保护公园（布朗克斯动物园） Bronx Zoo

别MAP 44-B2

19世纪末期开始开放。其面积全美最大，这里饲养着600种以上的动物。在这里可以看到各种动物在室外十分有活力的身影。

住 2300 South Blvd（at Fordham Rd.）

☎（1-718）220-5100

URL www.bronxzoo.com

费 成人 \$20.95，老人（65岁以上）\$18.95，儿童（3~12岁）\$15.95（根据季节变化会有所调整）

地铁 出了②⑤线的Pelham Pkwy站之后，沿着路标步行大约5分钟。

公交 Bx9、Bx12、Bx19、Q44、Bx22，BxM11（直达）的行驶线路为曼哈顿的Madison Ave.到动物园之间的线路。公交车会停在动物园的正门处。

费 \$5.50（可以使用普通的Metro交通卡）

新泽西州 New Jersey

别 MAP p.44-A1·2

新泽西州位于哈德孙河的对岸。由于其自然环境十分优美，因此还有 Garden State（花园之州）的美称。

区域介绍

和大都市不同，这里弥漫着悠闲的氛围。通勤往来于曼哈顿的很多人们都居住在城郊住宅区。纽瓦克自由国际机场作为通往纽约的三大机场之一而发挥着作用。

新泽西州的南大门

霍博肯 Hoboken

近年来，围绕着水滨地区的开发不断发展，地价和曼哈顿持平。在位于中心的水滨区域上，安静祥和的氛围中坐落着众多的餐厅和咖啡馆。可以在这个悠闲的小镇上享受散步的乐趣。

交通

列车 乘坐 Path Train，从 33rd 站或者 World Trade Center 站乘车，在 Hoboken 站下车。费 $2.25

公交 港务局交通枢纽站有前往霍博肯方向的新泽西捷运 126 路。也可乘坐 204/205 路（6:00~22:00），大约 20 分钟。费 $3.2

渡船 乘坐纽约水路，从 World Trade Center 上车，在 Hoboken / 14th St. 下车。费 单程 $9

或者，在 Pier 11 / Wall St. 乘船前往 Hoboken NJ Transit Terminal。

游览时的注意事项

新泽西州大致可分为北部、中部和南部。在这里为您介绍的是连接曼哈顿的北部区域。从这里可以利用渡船、公交、汽车等交通方式到达曼哈顿。

由于基本上是以汽车为主流的社会，在购物中心集聚的区域以外散步是很困难的。如果想在这里散步的话推荐去霍博肯。

可以眺望摩天大楼的高级住宅区

近水区 Edgewater

以全美国最大的三和超市等超市为首，其附近有众多的百货大楼，生活十分便利。

交通

公交 从港务局交通枢纽站乘坐新泽西捷运 158 路。

费 单程 $4.25

※前往三和超市要在港务局交通枢纽站南楼地下一层的 51 号门（周末为一层）处乘坐专门巴士。周一～周五 9:15~19:15，周六、周日 9:15~19:45、周三、周四从纽约前往三和超市乘车免费，节假日除外（9:15、10:15、11:15、20:30、13:30、14:30、15:30、17:15、19:15）。

费 单程 $3

网 www.mitsuwa.com/tenpo/newj/access/eshuttle.html

韩国文化氛围浓厚的住宅区
李堡
Fort Lee

是位于乔治·华盛顿大桥脚下的一个小镇，有众多的亚洲裔居民。这里形成了一个面积十分广阔的韩国社区，在最显眼的大道 Main St. 附近有地道的韩国料理店和韩国系的超市。

交通

公交 从 George Washington Bus Terminal（地铁 A 线 175 St. 站）乘坐前往 NJ 方向的车，过了桥之后，在第一个公交站 North Bridge Plaza 下车。大约 5~10 分钟。费 单程 $2 左右。从公交站到 Main St. 步行需要 5 分钟。从港务局交通枢纽站乘车的话，在 202 号门乘坐 158 路，在 Main St. 站下车。大约 45 分钟。费 单程 $4.25。

近年来备受关注的河滨区域
新港和交易区
Newport & Exchange Place

河滨的对岸呈现的是曼哈顿下城的景色。新港有位于 Path Train 站前的大型购物中心，交易区有新泽西最高的建筑——高盛大厦（Goldman Sachs Tower）。

交通

新港：列车 乘坐 Path Train，从 33rd St. 或者 World Trade Center 站乘车，在 Pavonia/Newport 站下车。大约 15 分钟。费 $2.25。渡轮 从 W.39th St.（Pier 79）站乘坐纽约水路前往 Newport。费 $7.25。

交易区：列车 乘坐 Path Train，从 World Trade Center 站乘车，在 Exchange Pl. 站下车。大约 10 分钟。费 $2.25。渡轮 从 W.39th St.（Pier 79）站或者 World Financial Center 站乘坐纽约水路前往 Paulus Hook 方向的船只。费 $6。

人气夜景景点
汉密尔顿公园（Hamilton Park）

别 MAP p.44-A2

作为能够眺望曼哈顿全景的夜景旅行胜地而十分有人气的公园。特别推荐的是日落时的美景（冬季日落时间为 17:00，夏季日落时间为 19:00~20:00 左右）。另外需要注意冬季时可能会出现强风天气。因为周边是住宅区，所以请不要大声喧哗。在公园内没有厕所。另外，上下班高峰期会出现交通堵塞的情况，所以出行时需要算好时间。新泽西州还有叫作汉密尔顿的小镇，乘坐巴士的时候要稍加注意。

交通

在港务局交通枢纽站（别 MAP p.13-C1）处的自动售票机处购买车票（费 单程 $3.2，购买往返票会比较方便）。从 212 号门（6:00~22:00），乘坐 128 路、165 路、166 路、168 路。向司机说明要去的地方"JFK Boulvard East, Hamilton Park"。最好坐在巴士行驶方向的右侧。在 JFK Boulvard E. 下车（如果不遇到交通堵塞只需要 10 分钟）。下车便是公园。即使坐过站也可以步行返回，所以不用着急，在下一个公交站下车就可以了。返回的时候，走到和下车方向相反方向的站台处等车。确认是前往纽约的车之后即可乘车。

COLUMN

纽约人的休息之所康尼岛的二次开发

从曼哈顿搭乘地铁约 45 分钟。康尼岛每逢夏季就会聚集众多的游客，因为这里是一个舒适优雅的观光胜地。

康尼岛是自美国南北战争后不久便繁荣起来的海滩旅游胜地。沿着海滩有连绵不断的海滨栈道。1920 年摩天轮建成，1927 年这里建成了全美国最早的木结构过山车。这里曾经是一个小型的游乐场。另外，作为在每年的 7 月 4 日的独立纪念日举行国际吃热狗大赛（Nathan's Hot Dog Eating Contest）的场地也十分著名。虽然曾因治安的恶化几乎危及其存续，但由于其是一个可以轻松玩乐的大众化场所，所以在当地纽约人中仍十分有人气。

古色古香的康尼岛的第二次开发正在进行中，计划在游乐主题公园的基础上，增加观光酒店、分户出售公寓、购物中心，以及休闲设施等。

作为其中的一部分，首先在 2010 年夏季，新型游乐公园 Luna Park 已经向公众开放。游乐园内设置有 19 个骑乘设施的主题项目。另外，在 2011 年夏天 "Screen Zone" 的过山车、打弹弓、跷跷板等 6 个骑乘项目设施也相继和游客见面。曾经作为康尼岛象征的星形塔也保留在 Luna Park 的中心。

康尼岛 别 MAP p.44-A·B3

地铁 从 D F N Q 线终点的 Coney Island-Stillwell Ave 站步行约 8 分钟。

正在开发的游乐场将会呈现出怎样的氛围呢？

因热狗吃速比赛而闻名的内森斯（Nathan's）

从曼哈顿约 45 分钟。沿着可以看到摩天轮的方向走有沙滩和水族馆。

URL www.coneyislandusa.com

月神公园 Luna Park

具体情况请登录网站确认。

住 1000 Surf Ave.

☎（1-718）373-5862

费 月神卡 40（最少需要有 $40 才可以使用）为 $35、月神卡 70 为 $60，月神卡 125 为 $100。

URL www.lunaparknyc.com

内森斯 Nathan's

于 1916 年开始营运。被称为热狗的发祥地。每年在这里都会举行吃热狗比赛。

住 1310 Surf Ave.（Near Stillwell Ave.）。下车即到。向着沙滩的方向走就是。

URL www.nathansfamous.com

纽约水族馆 New York Aquarium

这里大约有 350 种 8000 只以上的海洋动物。在这里可以偶遇鲨鱼、海狮等。

住 W.8th St. & Surf Ave.

地铁 从 F Q 线 West 8th St. NY Aquarium、N D 线 Coney Island-Stillwell Ave 站下车，徒步大约需要 7 分钟。

☎（1-718）265-3474

开 周一～周五 10:00~18:00，周六・周日・节假日 10:00~19:00（根据季节变化有变动）

费 成人 $14.95，老人（65 岁以上）$11.95，3~12 岁 $10.95

URL www.nyaquarium.com

VOICE **曼哈顿的内森斯** 在南街海港的饮食天地坐落有康尼岛的著名店铺内森斯。建筑物内的氛围非常好，同时也是一个夜景观赏地。值得向您推荐。

SHOPPING

购物

邂逅在纽约 男人的时尚 Men's Fashion

从简便的休闲装到经典的装束，纽约男人世界的时尚可谓多种多样，琳琅满目，下面我们就来介绍一下当下流行的时尚元素。

潮流店铺

陈列着各种各样个性小饰品供您选择

Hickoree's Floor Two 西可利二层

精心挑选来自美国、伦敦、法国、日本的高品位、前卫潮品。闪耀着布鲁克林独特风格韵味的潮流店铺。原汁原味品牌 The Hill-Side 复古风的蝴蝶领结和印花头巾都非常有人气。

别 MAP p.39-B4 威廉斯堡
住 109 S.6th St., 2F（bet.Bedford Ave. & Berry St.）
地铁 L Bedford Av
☎（1-347）294-0005
营 周一、周三～周日 12:00~19:00
休 周二 CC A D J M V
URL www.hickorees.com

潮流店铺

展示了各式各样高品位的时尚用品

Goose Barnacle 鹅藤壶

大卫·阿兰柏林一家四代都生活在布鲁克林区，作为这家潮流店铺的老板，他有着独特的品位，因此他经营的潮品深受欢迎。将时尚的街头感和优良的品质相融合的潮品，受到了时尚达人的竞相追捧。

别 MAP p.40-A1 博寇卡
住 91 Atlantic Ave.（bet.Hicks & Henry Sts.）
地铁 2 3 4 5 Borough Hall ☎（1-718）855-2694
营 周二～周日 11:00~19:00 休 周一、节假日
CC A M V URL goosebarnacle.com

潮流店铺

令纽约人痴迷的潮品

Darr/Hollander & Lexer 达尔/霍兰德&雷克萨

装饰部的 Darr、服装部的 /Hollander 和 Lexer，各种潮品都充满着质朴的乡村气息，但同时又洋溢着现代时尚元素的光芒。这便是曾经作为影像编辑的布朗兄弟独特的风格，这种独特的韵味令纽约人着迷。

别 MAP p.40-B1 博寇卡
住 369 Atlantic Ave.（bet. Hoyt & Bond Sts.）
地铁 D N R Atlantic Av-Pacific St ☎（1-718）797-9733
营 周一～周六 12:00~19:00、周日 12:00~18:00
休 节假日 CC A M V URL www.Hollanderandlexer.com

潮流店铺

令休闲鞋狂热者垂涎的各式潮品

Kith Manhattan 侨威曼哈顿

新锐休闲鞋设计师 Ronnie Fieg 结合 ASIC 和 Adidas 等著名的运动鞋品牌特征设计的专属运动休闲鞋深受年轻人喜爱和追捧。将 SEBAGO 和马丁博士相融合的设计也备受推崇。Kith Manhattan 潮流店铺在布鲁克林区设有分店。

别 MAP p.10-A4 索霍区
住 644 Broadway（at Bleecker St.）ATRIUM 内
地铁 6 Bleecker St ☎（1-646）648-6285
营 周一～周六 10:00~21:00、周日 11:00~20:00
CC A D J M V URL www.kithnyc.com

传统主义休闲风

经典与时尚感的融合

The Brooklyn Circus 布鲁克林马戏团

品牌的设计者以奢华和简约为主题全力打造的休闲品牌，因设计者极高人气而备受瞩目。

别 MAP p.40-B2 博寇卡
住 150 Nevins St.（bet. Bergen & Wyckoff Sts.）
地铁 D N R Atlantic Av-Pacific St
☎（1-718）858-0919
营 周二、周三 12:00~19:00、周四～周六 11:00~20:00、周日 12:00~18:00
休 周一、1/1、12/25 CC A M V
URL thebkcircus.com

冲浪休闲

时尚达人的聚集地

Saturdays Surf NYC 周六纽约冲浪

潮品店内不仅有冲浪用品，还摆设有各式各样的都市时尚潮品。同时店内还设有意大利式浓咖啡馆，为此前来光顾的老顾客常常坐满咖啡馆，他们悠闲地坐在这里，尽情享受悠闲时光，非常惬意。在西华村开设了此店铺。

别 MAP p.31-C4 索霍区
住 31 Crosby St.（bet. Broome & Grand Sts.）
地铁 6 Spring St ☎（1-212）966-7875
营 周一～周五 8:30~19:00，周六、周日 10:00~19:00
CC A D J M V URL www.saturdaysnyc.com

品牌包包

纽约简约时尚休闲的经典

Jack Spade
杰克·丝蓓

是凯特·丝蓓和丈夫安迪·丝蓓经营的休闲品牌。主营夹克衫和各种T恤，除此之外灵活多变的斜挎背包和大大的托特包也备受推崇。华西村设有实体店铺。

别 MAP p.30-B3　索霍区
住 56 Greene St.（bet. Spring & Broome Sts.）
地铁 C E Spring St
☎（1-212）625-1820
营 周一～周六 11:00~19:00、周日 12:00~18:00
CC A D J M V
URL www.jackspade.com

来源于巴黎的时尚品牌

巴黎时尚潮品店铺登陆美国

Maison Kitsune

在音乐、艺术各个方面都十分活跃耀眼的原创单元"kinne"时尚品牌美国一号店。该品牌对商品质地和细节都精益求精，质感细滑的高档服装展列其间。

别 MAP p.14-A3　格拉莫西
住 1170 Broadway（at 28th St.）
地铁 N R 28 St
☎（1-212）481-6010
营 每天 11:00~21:00
CC A D J M V
URL shop.kitsune.fr

纽约时尚品牌

时尚男人的必备品牌

Marc Jacobs
马克·雅可布

设计匠心独运，让你在永葆年轻活力的同时又不失成熟典雅的风范，因此备受好评。在时尚男人圈中备受青睐，拥有超高的人气。商品中包含了鞋、包及各种装饰品，华西村期待你的光顾。

别 MAP p.30-B1　索霍区
住 163 Mercer St.（bet. W Houston & Prince Sts.）
地铁 N R Prince St
☎（1-212）343-1490
营 周一～周六 11:00~19:00、周日 12:00~18:00
CC A D J M V
URL www.marcjacobs.com

美国品牌

生产在当地追求当地淳朴之风

Freemans Sporting Club
自由者体育俱乐部

几乎所有的商品都来自10公里以内的地方。店铺内提供的西装全部由熟练的手工业者制作，因此备受欢迎。店铺内还设有洗发店，以及品质优良的清洁用具。西华村设有分店。

别 MAP p.6-A1　下东区
住 8 Rivington St.（bet. Chrystie St. & Bowery）
地铁 B D Grand St
☎（1-212）673-3209
URL shop.freemanssportingclub.com
营 周一～周五 11:00~20:00，周六、周日 10:00~18:00
CC A D J M V

王者之风，传统美国风

老字号店铺独有的至上休闲

Brooks Brothers Flatiron Shop
布鲁克斯兄弟弗拉蒂伦店

老字号概念店拥有众多美国历代总统粉丝。除去新路线"黑色羊毛大衣"之外，主攻休闲款式。

别 MAP p.11-D1　格拉莫西
住 901 Broadway（at 20th St.）
地铁 N R 23 St
☎（1-212）228-3580
营 周一～周六 10:00~20:00、周日 11:00~19:00
CC A D J M V
URL www.brooksbrothers.com

美国品牌

富有情趣古朴素雅的店内装饰令人耳目一新

J. Crew Liquor Store

1825年建造的小酒吧几乎原封不动地保留下来作为店铺，店内既有质地优良的斜纹棉布、修身西装，又有老式唱片和原版书籍。向前徒步5分钟的路程，便有商务专属的Ludlow Shop。

别 MAP p.5-C3　翠贝卡
住 235 W. Broadway（at White St.）
地铁 1 Franklin St
☎（1-212）226-5476
营 周一～周五 11:00~20:00，周六 19:00，周日 12:00~18:00
CC A D J M V　URL www.jcrew.com

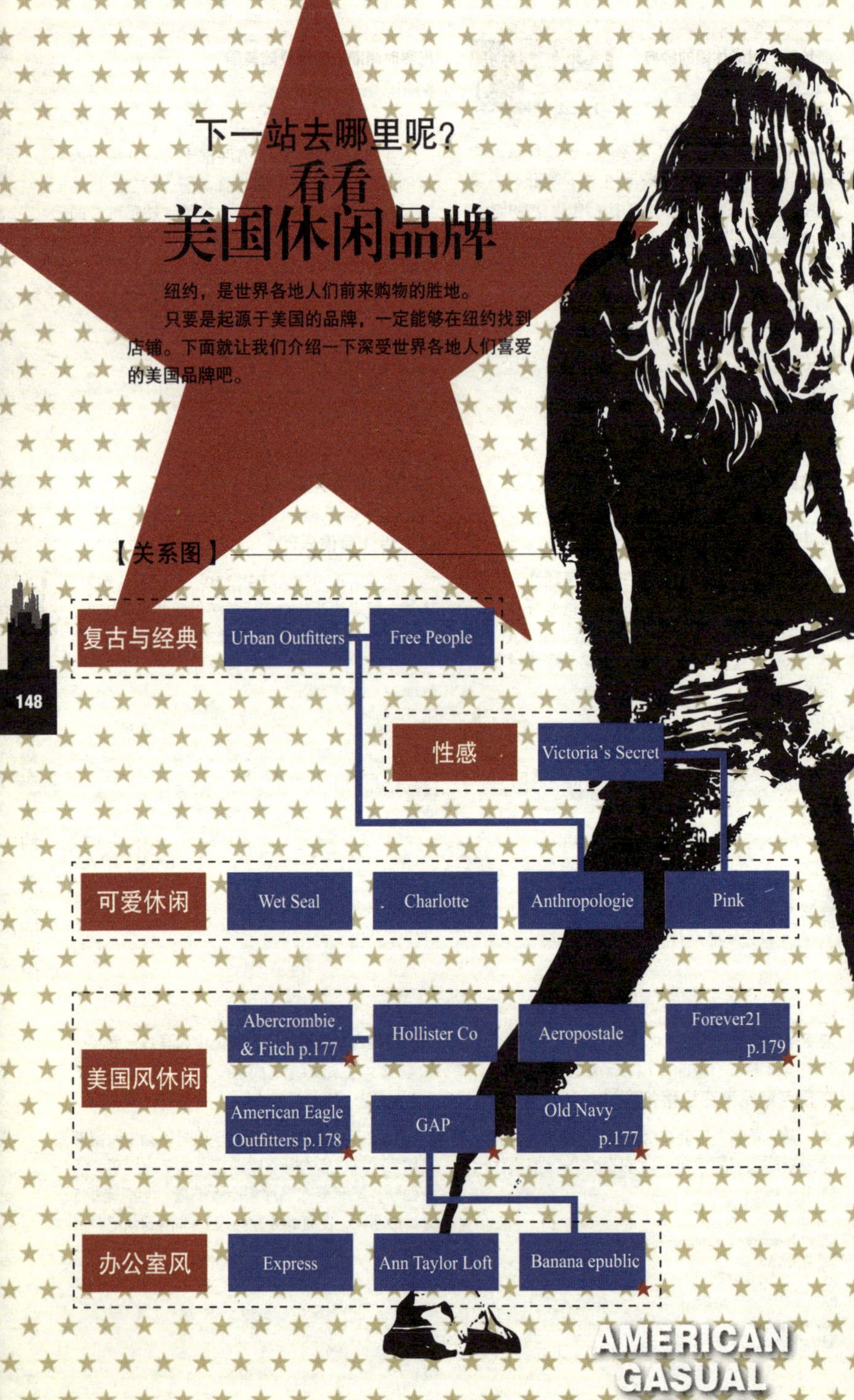
下一站去哪里呢？
看看
美国休闲品牌
纽约，是世界各地人们前来购物的胜地。
只要是起源于美国的品牌，一定能够在纽约找到店铺。下面就让我们介绍一下深受世界各地人们喜爱的美国品牌吧。
【关系图】
复古与经典
Urban Outfitters
Free People
148
性感
Victoria's Secret
可爱休闲
Wet Seal
Charlotte
Anthropologie
Pink
美国风休闲
Abercrombie & Fitch p.177
Hollister Co
Aeropostale
Forever21 p.179
American Eagle Outfitters p.178
GAP
Old Navy p.177
办公室风
Express
Ann Taylor Loft
Banana epublic
AMERICAN
GASUAL
BRAND

在可爱甜美中又不失成熟的气息

安斯拉宝丽 Anthropologie

并不过于甜美，在不经意之处蕴藏风韵，这样的设计备受欢迎。无论是侧面轮廓还是细节设计都精益求精。不只甜美，而且洋溢着高品位典雅大气的韵味，给人一种神秘感。该品牌商品除服装深受好评外，百货用品也大受欢迎。

别 MAP p.11-D2　切尔西
住 85 5th Ave.（near 16th St.）
地铁 L N Q R 4 5 6 14St-Union Sq
☎（1-212）627-5885
营 周一～周六 10:00~21:00，周日 11:00~20:00
休 节假日
CC A J M V
URL www.anthropologie.com

设计上保留少女甜美风

夏洛特拉塞 Charlotte Russe

Charlotte Russe以擅长少女风设计而知名。由于主要面向10～20岁的少女群体，因此价格也相对适当。适合追求可爱风格的成年女性。柔美清新的印象，既可爱又不过于甜腻。服装、鞋子、手包、饰品各色商品应有尽有。

别 MAP p.44-A2　新泽西城
住 30 Mall Dr. West，Jersey City Newport 内
列车 新泽西捷运 Newport Center
☎（1-201）420-6999
营 周一～周五 10:00~21:00，
　周六 21:30，周日 11:00~18:00
休 节假日
CC A M V
URL www.charlotterusse.com

深受年轻人喜爱的休闲风

爱罗珀斯特尔 Aéropostale

设计风格大多是简单运动型的。价格适中深受学生群体的喜爱。现在正在推进与纽约市观光局的合作，联合推出了以纽约为主题的限量版 T 恤衫。

别 MAP p.34-A3　中城西
住 1515 Broadway（near 45 th St.）
地铁 N Q R S 1 2 3 7 Times Sq-42 St
☎（1-917）344-3450
营 周一～周四 10:00~次日 1:00，周五、周六 10:00~次日 2:00，周日 ~24:00
休 无　CC A J M V
URL www.aeropostale.com

商标图案为海鸥形状

霍利斯特有限公司 Hollister Co.

是有着很高人气的品牌 Abercrombie & Fitch 的兄弟品牌。与 Abercrombie 的东海岸之风相呼应，Hollister 以西海岸风情为主的简约时尚风格备受欢迎。特别是在年轻人中拥有极高的支持率。

别 MAP p.37-C3　中城西
住 668 5th Ave.（bet 52nd & 53th Sts.）
地铁 E M 5Av/53 St
☎（1-646）924-2555
营 周一～周六 10:00~20:00、周日 12:00~18:00
休 节假日　CC A J M V　URL www.hollisterco.com

如若选择可爱风格请不要错过

怀特斯尔
Wet Seal

该品牌来自加利福尼亚州，是一家拥有近50年历史的老字号店铺品牌。清新可爱的风格深受年轻女性的青睐。融入了各种浪漫元素的设计风格是约会装束的首选。

别 MAP p.9-D2 切尔西
住 42B W. 14th St.（bet. 5th & 6th Aves.）
地铁 L N Q R 4 5 6 14St-Union Sq
☎（1-646）336-6914
营 周一～周六 10:00~20:00，周日 11:00~19:00
休 节假日
CC A J M V
URL www.wetseal.com

质地舒适的选择

皮克
Pink

Victoria's secret 的姊妹品牌。用了能多吸汗的材质。非常适合放松休闲的装束，如果您要寻找可爱风格的居家装推荐您一定来这里探索一番，很可能找到让您中意的一款。同时该品牌的设计尽显纽约风格。

别 MAP p.31-C2 索霍区
住 565 Broadway（at Prince St.）
地铁 R Prince St
☎（1-212）219-9812
营 周一～周六 10:00~21:00，周日 11:00~
休 节假日
CC A J M V
URL www.victoriassecret.com

人气设计师的
完美杰作备受青睐

塔吉特
Target

与著名设计师的完美合作"go international"及"design collaboration"的商品会马上售罄。如果有您看中的设计，那么请不要犹豫，赶紧行动吧。

别 MAP p.44-B2 哈林
住 517 E. 117th St.（East River Plaza 内）
地铁 M15（116th St. 附近下车）
☎（1-212）835-0860
URL www.target.com
营 周一～周六 8:00~23:00，
周日 8:00~22:00
休 节假日 CC A J M V

办公室女性的首选

安太勒劳福特
Ann Taylor Loft

清新典雅又干练大方的装束，即使在办公室也不失甜美可爱，深受纽约人的青睐。适合工作休闲多种场合，简约大气，可搭配性强。是 OL 首选。

别 MAP p.34-B1　中城西
住 1230 6th Ave.（bet. 48th & 49th Sts.）
地铁 B D F M 47-50 Sts-Rockefeller Ctr
☎（1-212）757-4408
营 周一～周五 8:00~21:00，
周六 9:00~21:00，周日 10:00~20:00
休 节假日
CC A J M V

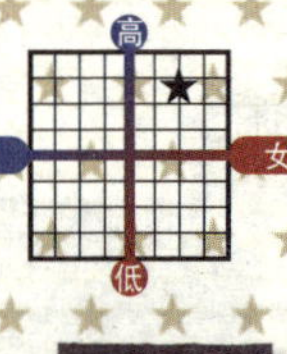

Skirt $59.50

Dress $79.50

Knit $49.50

Scarf $34.50

Pants $79.90

Shirt $64.90

Necktie $49.90

Jacket $98

Tops $49.90

主打维生素色系

Express时尚服装店
Express

丰富的色系和精致的设计深受女性和男性的双重青睐。在曼哈顿随处可见其店铺。价格适度，搭配款式丰富。好想马上上身试穿。想选择应季服饰的您一定不要错过啊。

别 MAP p.14-A2　中城西
住 7 W. 34th St.（near 5th Ave.）
地铁 B D F M N Q R 34St-Herald Sq
☎（1-212）629-6838
营 每天 9:00~21:00
休 节假日
CC A J M V
URL www.express.com

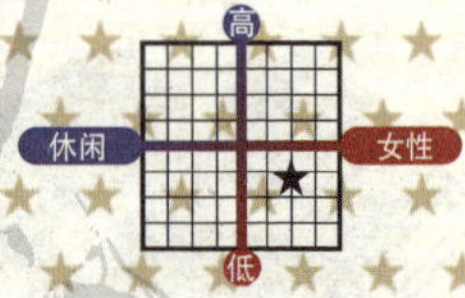

从帅气简约到风趣可爱

城市丽人
Urban Outfitters

俏皮随心所欲舒适的设计，不妨在适合的季节里入手。简约大方，酷炫十足，深受对流行敏锐的年轻人的欢迎。复古、典雅、波西米亚风，在这里应有尽有，任您选择。

别 MAP p.9-D2　格林尼治村
住 526 6th Ave.（at 14th St.）
地铁 L N Q R 4 5 6 14St-Union Sq
☎（1-646）638-1646
营 每天 10:00~22:00
休 节假日
CC A J M V
URL www.urbanoutfitters.com

深受博主爱戴的品牌

自由者
Free People

设计多采用羽绒和花卉图案，能让人感受到 20 世纪 70 年代的时代感。展现出一种独特的世界观，深受名媛们的青睐。设计中散发着一种怀旧的情调，魅力迷人的风格引人注目。

别 MAP p.11-D2　切尔西
住 79 5th Ave.（bet. 15th & 16th Sts.）
地铁 L N Q R 4 5 6 14St-Union Sq
☎（1-212）647-1293
营 周一～周六 10:00~21:00，
周日 11:00~20:00
休 节假日
CC A J M V
URL www.freepeople.com

175 大街

首先乘坐地铁Ⓐ到 175 大街，下地铁后便是 175 乔治华盛顿大桥汽车站，从这里乘坐新泽西州捷运的 171 号线路公交车，便可以到达沿线的各个商业购物中心。

①首先通过交通线路找到公交站；在一层购买乘车票，②再到二层乘坐 171 号线路公交车

约20分

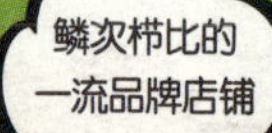

河岸商店
The Shops at Riverside

第五大道上尽是您熟悉的高端时尚品牌。新泽西州的税率较低，约 7%，所以在这里选购商品非常划算。

别 MAP p.44-A1

住 390 Hackensack Ave., Hackensack, NJ Hackensack Ave. 下车，徒步约 2 分钟，从航站楼出发大约需要 20 分钟左右（右侧可以看到大楼）

☎（1-201）489-2212　营 周一～周六 10:00~21:00　营 周日　CC 因店而异

URL www.simon.com

主要店铺

● 布鲁明戴尔（Bloomingdales）● 蒂芙尼（Tiffany）● 爱马仕 Hermes ● 萨尔瓦托雷·菲拉格慕（Salvatore Ferragamo）● 巴宝莉（Burberry）● 巴尼斯（Barneys）● 托里·伯奇（Tory Burch）● 凯特·丝蓓（KATE SPADE）● 维拉布拉德利（Vera Bradley）● 巴恩斯贵族 ● 威廉姆斯-索诺玛公司（Williams-Sonoma）● 博塔等

巴士直通车 通往新泽西州的 工厂直销店的 一日游

旁边的新泽西州拥有众多的购物中心。商场、店铺云集，让您一次尽情购物。就像一场小的旅行，可以尽情享受购物的愉悦。但有一点需要注意，这里的周日不营业。

①亲切的导购，优惠的税率，让您愉快购物
②曼哈顿无直营店

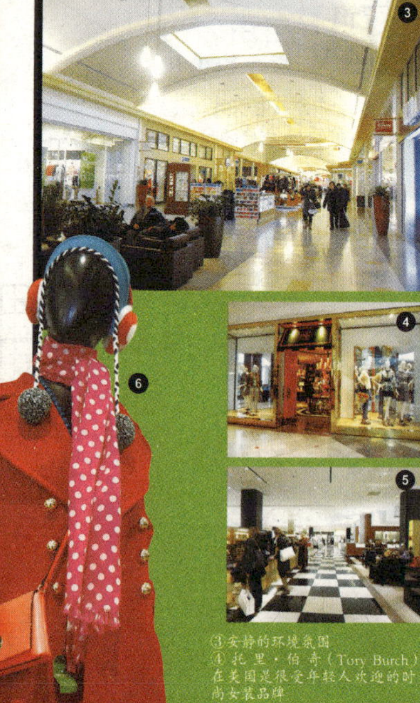

③安静的环境氛围
④托里·伯奇（Tory Burch）在美国是很受年轻人欢迎的时尚女装品牌
⑤布鲁明戴尔（Bloomingdales）
⑥凯特·丝蓓（KATE SPADE）

约15~20分

卑尔根城购物中心
The Outlet at Bergen Town Center

从著名大型超市的直营店和全市超市到大众零售商，场外价格购物中心一应俱全。

别 MAP p.44-A1
住 Route 4 East & Forest Ave. Paramus 公交 Bergen Town Center Pedestrian Overpass 下车。从航站楼出发大约需要 35 分钟。（左侧可以看到大楼，下公交车之后渡过人行桥前往大楼。）
☎（1-201）845-4050 营 周一～周六 10:00~21:00
营 周日 CC 因店而异
URL www.bergentowncenter.com

主要店铺

●诺德斯特龙百货公司（Nordstrom）●21世纪 ●布鲁明戴尔直销店 ●奈曼马库斯，全市食品等

①②诺德斯特龙百货公司 明尼通卡硬底软面拖鞋 $68.99 到 $98

③④比曼哈顿更加宽敞的 21 世纪 EdHardy 内衣 $28.99 到 $56

⑤⑥⑦大型连锁超市 可爱的儿童装 $22 盘子 $3.99 派对用品便宜实惠

约5~10分

西城花园州立购物中心
Westfield Garden State Plaza

这里汇聚了全美各地人气品牌店 200 余家，是一个超大型购物中心。大型超市、连锁店并立，每逢周末都人满为患。

别 MAP p.44-A1
住 One Garden State Plaza, Paramus 公交 在 Garden State Plaza 下车。从航站楼出发大约需要 40 分钟（左侧可以看到大楼）
☎（1-201）843-2121 营 周一～周六 10:00~21:30
营 周日 CC 因店而异
URL www.westfield.com

主要品牌

●梅西百货 ●NeimanMarcus 尼曼 ●诺德斯特龙百货公司（Nordstrom）●阿伯克龙比和惠誉 ●阿玛尼（Armani）旗下的副牌 A/X（Armani Exchange）●路易威登（LOUIS VUITTON）●J.crew ●迈克·科尔斯（MICHAEL KORS）●摩纳哥会馆（Club Monaco）●科颜氏（Kiehl's）●橘滋（JuicyCouture）●Anthropologie ●美国鹰（American Eagle）●自由人（Free People）●永远 21 岁 Forever21 ●H&M

①购物中心大得能让您迷路。您可以借助每层设置的指示牌地图进行一次刺激的购物探险之旅
②美国之鹰
③Anthropologie

约40~60分

向曼哈顿进发

公交车有编号限制，一般按时间发车。所以一定要按发车时间提前在停站台等候，以免错过。另外当地的居民经常会乘坐迷你公交到达 175 大街，请您乘坐时一定要确定好目的地。

心仪已久的品牌大减价！！

向令人憧憬的折扣店进发！

想以低廉的价格拥有心仪已久的品牌吗，不如去平价商店看一看，说不定可以以优惠的价格买到心仪已久的品牌商品。如果有您合适的衣码岂不收获很大！

※图片中所标示的价格都是材料收集时的数据。而且图中商品很有可能已经售罄了。

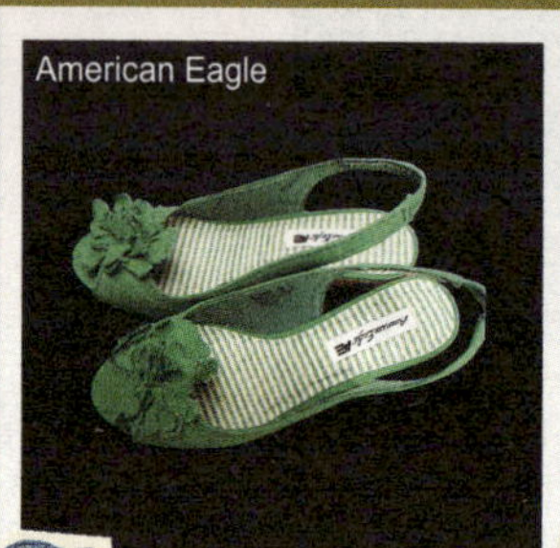

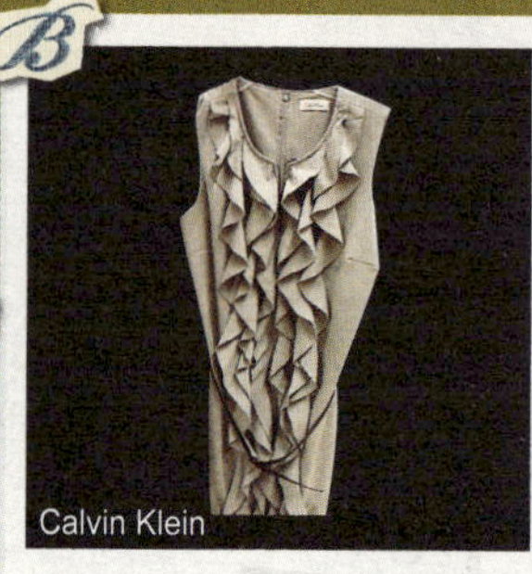

诺德斯特龙 Nordstrom Rack

鞋子爱好者的天堂

给喜爱鞋子的人们！美国高档零售巨头诺德斯特龙（Nordstrom）直营店。商品琳琅满目。各种各样的鞋子任您选择。

别MAP p.10-A2　东村
住 60 E. 14th St.（bet. Broadway & 4th St.）
地铁 L N Q R 4 5 6 14 St-Union Sq
☎（1-212）220-2080
营 周一～周六 10:00~22:00，周日 11:00~20:00
休 无　CC A D J M V
URL shop.nordstrom.com

特杰迈克斯 T.J. Maxx

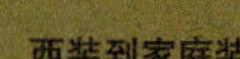

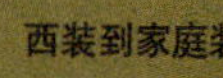

西装到家庭装

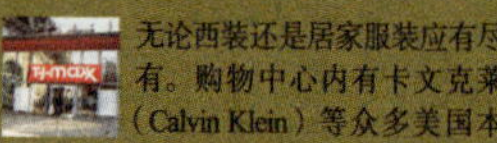
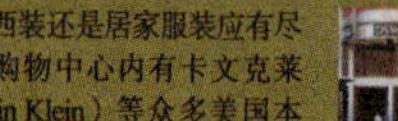

无论西装还是居家服装应有尽有。购物中心内有卡文克莱（Calvin Klein）等众多美国本土品牌。店内商品经常有四折活动。

别MAP p.19-C2　中城东
住 407 E. 59th St.（at 1st Ave.）
地铁 4 5 6 59 St
☎（1-212）486-2142
营 周一～周六 9:00~20:00，周日 9:00~21:00
休 无　CC A J M V
URL www.tjmaxx.com

DSW DSW

专营各类鞋子

从设计师产品到一流品牌一应俱全，而且几乎所有商品可以以定价的半价入手。

别MAP p.10-A2　东村
住 40 E. 14th St.（near University Pl.）
地铁 L N Q R 4 5 6 14 St-Union Sq
☎（1-212）674-2146
营 周一～周六 10:00~21:30，周日 10:00~20:00
休 无
CC A D J M V
URL www.dsw.com

Tory Burch
$375
$219.97

21世纪 Century 21

老品牌店铺折扣店

因商品多样和诱人的折扣备受青睐。店内商品琳琅满目，购物最好安排充裕的时间去。

别 MAP p.2-B2　曼哈顿下城
住 22 Cortlandt St.（bet. Church St. & Broadway）　地铁 R Cortland St
☎（1-212）227-9092
营 周一～周三 7:45~21:00、周四、周五 7:45~21:30、周六 10:00~21:00，周日 11:00~20:00
休 无　CC A D J M V
讯 www.c21stores.com

马沙尔 Marshalls

去探寻物美价廉的宝贝吧

遍布全美的平价购物中心。店内尽是五折以上的服装或小物件。

别 MAP p. 44-B2　哈林
住 517 E. 117th St.（East River Plaza 内）
☎（1-917）492-2892
营 周一～周六 9:30~21:30，周日 11:00~20:00
休 无
CC A D J M V
讯 www.marshallsonline.com

帕尔斯鞋 Payless Shoes

令人惊异的低价格

价格便宜得让您目瞪口呆，各种潮靴价格低廉。经常会举办折扣降价活动。

别 MAP p. 13-D2　中城西
住 110 W. 34th St.（near Broadway）
地铁 B D F M N Q R Herald Sq
☎（1-212）947-0306
营 周一～周五 8:00~21:00，周六 9:00~21:00，周日 10:00~19:00
休 无
CC A D J M V
讯 www.payless.com

C.O. 比格罗·凯密斯特
C.O. Bigelow Chemists

左 / 万能软膏 ROSE SALVE $5.5
右 / 含有阿萨伊浆果的果冻面膜 $18
DATA ➡p.200

奥玛·阿罗马
Om Aroma

豪华的品质，优惠的价格，全新的理念。
左 / 红树莓有机精华 $58
右 / 洁面乳 $48
URL omaroma.com 别 MAP p.8-B3

158

在纽约将美丽入手 备受瞩目的化妆品品牌

近几年来，纽约的化妆品专柜上使用草本植物萃取精华、植物精油的纯天然和有机产品越来越多。在这里寻找适合自己的化妆品吧。

※商品信息均来自2013年2月调查取材结果。

玛丽奥·巴德斯库
Mario Bodescu

本品可以有效预防肌肤红肿和青春痘，是一款有医用效果的化妆品。精华液 $30
密欧密亚有售 ➡p.199

木斯基
Munskin

居住在美国的化妆师今井宗美使用的化妆品牌。精油 $95
密欧密亚有售 ➡p.199

基尔斯
Kiehl's

有持久人气的天然型化妆品。
左 / 润唇膏 $7~9.50
右 / 防褪色向日葵系列洗发露 $7~28
DATA ➡p.199

红色花
Red Flower

左上／极寒生物果浆去角质面膜 $66
左下／极寒果浆乳霜 $54。右／花蜡 $38

DATA ➡p.199

约翰·马斯特有机产品
John Masters Organics

绝不使用任何化学合成物质和防腐剂。John Masters Organics 以“献上最天然优质的保养产品向地球表达敬意”的概念而诞生。专门研究对头发和肌肤最优质的保养效果、关怀地球环境保护、分享自然美丽秘诀。
左侧／木槿花美发润发乳 $26
右侧／营养护发焗油 $16

DATA ➡p.199

花之魅力
Flower Power

甄选品质优良的植物萃取精华，甜美弹性的果味融合了丰富的花朵香气。
左上下／有机乳木果油 $10~15
右／自主研制玫瑰、薄荷、薰衣草水每支 $12

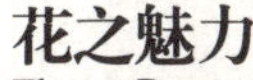

DATA ➡p.200

Bliss

1996 年品牌诞生。品牌以全方位 SPA 生活定位，产品路线非常全面，拥有完整的护肤、彩妆、纤体、身体护理以及头发护理等系列，在纽约人中深受欢迎。左侧为经典产品胖女孩夜间纤体霜（fat girl slim）$38，充分发挥夜间瘦身的神奇效果。必烈斯紧肤纤体霜的产品 SPA 时使用效果更佳，让肌肤更紧实健康、有弹性充满活力。

URL www.blissworld.com 别 MAP p.36-B2（Bliss 57 内）

玛琳＋高辞
Malin + Goetz

纽约曼哈顿的切尔西区（Chelsea）诞生的一个简单、平衡、时尚的中性保养品牌。是以天然植物为原料的护肤品系列。左侧是能使秀发光泽、富有弹性、柔亮顺滑的润发乳 $25 和配套产品的护发素 $22。

DATA ➡p.200

购物小贴士

SHOPPING TIPS

在纽约这个可以称为时尚先锋的都市里，充斥着琳琅满目，时尚潮流前沿的流行元素。不仅有像诺利塔和布鲁克林这样布满精品店的闹市街区，也时常有各种各样为世界人们所了解的国际品牌的旗舰店。在纽约到处都充斥着时尚与刺激，就请您准备好行装，尽情地畅游在这购物的天堂里吧！

购物时的注意事项

营业时间基本上从 10:00 到 18:00

具体情况，工作日营业时间为 10:00~18:00，周六和周日一般 11:00~18:00，私人店铺一般从下午开始营业，周六、周日的时候休业，或者从 12:00~17:00 为营业时间。

节假日里的注意事项

在美国即使是节日也不会像中国这样举国庆祝，全国都会休假，而是会根据各州的具体情况而有所不同（详见第 2 页）。您需要特别注意的是 1 月 1 日，12 月 25 日和感恩节。“节假日休息”，商店休业，说的也是这三天。另外，大型的节日如万圣节和劳动节，营业时间也是根据店铺的具体情况而有所不同的，对此您需要多多留意。

不要随意触碰商品

一般人都会认为最好不要随意去触碰商店里摆放的东西。折扣店虽然另当别论，但是在品牌店里，没有经过店员的允许请不要随意触碰或打开商店里的物品，这一点和中国是一样的。

走进店铺，请您不要忘记说声 Hi!

请您不要装作一副若无其事的样子走进店铺，这样是不受欢迎的。即使您只是想简单地看一下，也不要忘记边看边说声“hi”“hello”，这样简单亲切的问候语是一种礼貌的表现，通常也是购物时约定俗成的礼仪。当店员问您“May I help you”（有什么需要帮助的吗）时，您可以回答：“Just looking，thank you.”（我随便看一看，谢谢）。

收费时请刷卡

Cash 是指用现金或旅行支票支付的形式，Charge 是指用信用卡支付的形式。当您想确认自己持有的信用卡是否能用时，您可以问一下：“Do you take **card?”在大型购物超市里，选择 Cash 和 Charge 不同支付方式的顾客所排的队伍是不同的，这一点希望您要注意。

使用信用卡支付的方法

在柜台前面的一个刷卡机内，将自己的信用卡刷一下进行支付。具体方法如下

①将信用卡在刷卡机的卡槽内刷一下（根据刷卡机的不同将卡横放或竖放）
②在液晶显示屏上出现数字金额。请您在确认金额以后，在键盘上按下确认键
③按下 credit 键
④确认签字，并按 OK 键。之后印有您确认的收据便打印出来了

试装

●请您千万不要忘记检查服装的细微之处

如果是西装的话，一般在缝合处或扣子处的缝制是比较粗糙的，请您一定要仔细检查。

●在大型商场里可以试穿一次

在流行时装品牌店或折扣店，试衣间前常常会排着很长的队伍。但您不必拿着服装来回地进出试衣间，而是可以挑选好要的服装一起拿进试衣间试穿（有些商店会限制每次试穿的件数）。在进入试衣间前，工作人员会询问您试穿的件数，然后发给您写有相应件数的号码牌，您拿到号码牌进入试衣间试穿。这是为了防止服装被盗，您试穿结束后将号码牌归还即可。

税率 8.875%

在美国根据州和市的不同会征收相当于中国的消费税，在纽约的消费税是 8.875%（市税 4.5%+ 州税 4%+ 大城市通勤圈附加税 0.375%）。

但是从 2012 年 4 月 1 日起，对有关购物税率进行了调整，免去了市税、州税、通勤圈税。但 $110 以上的服装和鞋类将征收 8.5% 的消费税（市税 4.5%+ 州税 4%）。

在奥兰治县的 Woodbury Common 中，服装和鞋子购物未满 $110 的情况下需征收 4.125% 的地方税。

商场里的折扣日历

在美国纽约的商场，会配合节日而进行一些促销打折活动。但活动时间根据商店的不同而有所区别，所以还需要您在网站或杂志报纸上进行确认。一般进行打折大促销的有圣诞节和元旦。具体情况如下：

1 月	元旦折扣
2 月	情人节折扣
3 月	复活节折扣
5 月	母亲节折扣
6 月	父亲节折扣
7 月	美国独立纪念日折扣
8 月	劳动节折扣
10 月	哥伦布发现美洲纪念日折扣
11 月	退伍军人节日折扣 感恩节折扣
12 月	圣诞节折扣 圣诞节后折扣

COLUMN

请您留心可疑的店铺

在购物的时候经常会遇到各种各样的麻烦。通常情况下，市中心购物街的时报广场或者帝国大厦的周边会有很多照相机、家电商品、手表、特产礼品等混杂销售的店铺，但凡您感到有些异样，请您不要靠近这些店铺。

事件

●刚开始进去的时候店员对我的态度十分友好，但当我选购完商品去收银台结账的时候，工作人员的态度便来个一百八十度大转弯对我凶狠起来，漫天要价。

●商品货架上标示的价格与结账时收银机上显示的价格不符，而且收银员还会对我说恐吓的话要求补上差价。

●正要在收据凭证上签字时发现金额不对，指出后店员还对顾客抱怨并撕毁票据。

使用信用卡时的注意事项

●当您使用信用卡时，记住无论在哪家商店，在收据上签字之前都要确认各项价格和总价格。

●记住在付完款之后要将信用卡收好。有很多人在付完款后只将商品拿走，却忘记收卡。

●当店员拿着你的信用卡向里面走去时你要格外注意，因为滥用信用卡的案件有很多。

十分宽敞的照相机商店 B&H

值得信任的家电商品店

如果您要购买照相机的话还是在国内买最划算，但是如果在纽约也有一些值得推荐的店铺。照相机和相关商品以及专用的器材种类丰富，价格优惠。同时还有很多二手店店铺值得推荐。

● B&H 摄影 - 摄像 - 音像

B&H Photo-Video-Pro Audio

别 MAP p.13-C2　住 420 9th Ave.（bet. 33rd & 34th Sts.）　地铁 Ⓐ Ⓒ Ⓔ 34 St-Penn Station

☎（1-212）444-6615

URL www.bhphotovideo.com

营 周一～周四 9:00~19:00，周五 9:00~13:00，周日 10:00~18:00　休 周六，犹太节日

CC Ⓐ Ⓙ Ⓜ Ⓥ

在哪里消费?

★第五大道

这里是精品服饰的集中营，可以找到世界上所有顶尖的品牌。

★上东区

从麦迪逊大道上放眼望去尽是高档住宅区，环境氛围幽雅，又可以充分享受购物的乐趣。

★上西区

在闲适安逸的街道上，各种可爱的精品店、百货店和美食小店点缀其间。

★纽约 34 街附近

这里以梅西、JC 本尼为中心，云集了 H&M、永恒 21 等众多知名流行品牌。

★索霍区和诺丽塔、下东区

索霍区中各种高端品牌店林立。在诺丽塔和下东区中也有各种商品试售店和自选商店点缀其间。

★格林尼治村和东村

在这里有众多的二手服装店和面向学生的休闲服饰店铺，店铺小巧而精致，装点也十分可爱，深受人们的喜爱。

★肉类加工区

精品店众多，作为最新的潮流前沿胜地备受欢迎。

★联合广场附近

第五大道、百老汇附近到处都是时尚休闲装品牌，还有各色家具、体育用品专卖店。

★布鲁克林

贝德福德大道、大西洋大道上林立着各式百货商店和精品店。

买什么

★时尚品牌 （→p.170）

汇聚各个著名或新兴设计者独具匠心的作品，每一家精品店都会发现不同的惊喜，此外还有很多具有美国本土风情的休闲品牌，请一定不要错过。

★二手服饰和经典品牌店 （→p.180）

乡村和布鲁克林有众多二手店，店中既有很多值得一淘的宝贝，但同时也有很多垃圾商品，淘宝时一定要加以鉴别。

★杂货和玩具、文具店 （→p.184、189）

让您发现充满艺术气息的小商品。还有很多博物馆商店。

★室内装饰品、家具、餐具 （→p.191）

大型家具即使带不回去看看也是一种欣赏，染色和工艺设计都堪称精品，来这里发现你的美丽新世界吧。

★书籍 （→p.194）

从旧书店到连锁书店，书目种类齐全。

★化妆品和洗浴用品 （→p.199）

最近化妆品界主要流行产自纽约本地的化妆品品牌。

★美食店和巧克力店 （→p.201）

在中国同样耳熟能详的高级食品商店和自选超市。很多都可以作为礼物带回中国。

COLUMN

药店和大型超市方便又实用

在纽约药店发挥着同中国便利店相同的作用，你会经常发现像 Duane reade、CVS、Rite、Aid、Walgreens 等便利店一样的药店，除了药物以外，店内还有杂志、化妆品、饮料和小吃，真的是应有尽有。

另外像 Food Emporium、D'Agostino、Fairway 等大型的超市一般都会营业到午夜零点，能一直营业到深夜这一点真的是相当方便。

在药店和大型超市购物的优惠方法有两个。一是商店入口处或商品附近的优惠券，二是会员卡。只要在柜台处表示想要加入会员，工作人员就会让您填写一张申请表，只要填写您所住的酒店和在中国的住址就可以使用会员卡了。只要是会员商品，都可以按照会员价给予相应优惠。

在这里可以找到！

高端品牌一览表

在纽约您不可错过的品牌。找到您想要的品牌按照目录查找会有事半功倍的效果！

※本书调查时信息，仅供参考

	第五大道与57街	波道夫·古德曼 p.185	萨克斯第五大道 p.184	巴尼斯·纽约 p.185	布鲁明戴尔 p.184	索霍区	上东区	其他街区
爱马仕							● p.180	● ①
古驰	● p.180	●	●	●（只有男款）			● ②	
迪奥	● p.180	●	●		●（只有鞋类）			
寇驰	● p.180					● ③		● ④、⑤
菲拉格慕	● p.181	●	●		●			
香奈儿	● p.180	●	●	●（只有鞋类）	●	● ⑥	● ⑦	
塞林		●		●			● ⑧	
蒂芙尼	● p.180					●		● ⑨
普拉达	● p.180	●	●		●	● ⑩	● ⑪	● ⑫
葆蝶家	● p.182	●		●				
路易·威登	● p.180		●		●	● ⑬		

爱马仕
① 15 Broad St.（bet. Wall St. & Exchange Pl.）

古驰
② 840 Madison Ave.（bet. 69th & 70th Sts.）

寇驰
③ 143 Prince St.（at W. Broadway）
④ 370 Bleecker St.（bet. Perry & Charles Sts.）
⑤ 620 5th Ave.（at 50th St.）
时代华纳大厦等

香奈儿
⑥ 139 Spring St.（at Wooster St.）
⑦ 737 Madison Ave.（at 64th St.）

塞林
⑧ 870 Madison Ave.（at 71st St.）

蒂芙尼
⑨ 37 Wall St.（bet. Nassau & William Sts.）

普拉达
⑩ 575 Broadway（at Prince Sts.）
⑪ 841 Madison Ave.（at 70th St.）
⑫ 45 E. 57th St.（bet. Madison & Park Aves.）

路易·威登
⑬ 116 Greene St.（bet. Prince & Spring Sts.）

蒂芙尼
TIFANY & Co.

别MAP p.37-C2　中城东

想要轻松买到银饰请到三楼。穿过一楼的珠宝卖场，乘坐里面的电梯就可以到达，四层是各种银器制品和餐具器皿。

住 727 5th Ave.（at 57th St.）
地铁 E M 5 Av-53 St
☎（1-212）755-8000
营 周一～周六 10:00~19:00、周日 12:00~18:00
休 节假日　CC A D J M V
分店 别MAP p.3-C2、p.30-B2
URL www.tiffany.com

寇驰
COACH

别MAP p.37-D2　中城东

1941 年寇驰成立之初，是由来自皮革世家的皮匠师傅共同经营的，是美国历史最悠久和最成功的皮革制品公司之一。自此，寇驰独特的手工工艺和高质量的制作获得了那些颇为讲究品质的顾客青睐。品牌以独特的设计和实用方便的包类著称，各种小饰品配件也非常受欢迎。本店产品丰富，店内还有精通中文的服务人员。

住 595 Madison Ave.（at 57th St.）
地铁 4 5 6 59 St
☎（1-212）754-0041
营 周一～周六 10:00~20:00、周日 11:00~18:00
休 无　CC A D J M V
分店 别MAP p.30-A2　URL www.coach.com

香奈儿
Chanel

别MAP p.37-C2　中城东

住 15 E. 57th St.（bet. 5th & Madison Aves.）
地铁 F 57 St
☎（1-212）355-5050
营 周一～周六 10:00~18:30
周日 12:00~17:00
休 节假日
CC A D J M V
分店 别MAP p.18-A1、p.30-B2
URL www.chanel.com

路易・威登
Louis Vuitton

别MAP p.37-C2　中城东

住 1 E. 57th St.（at 5th Ave.）
地铁 N Q R 5 Av-59 St
☎（1-212）758-8877
营 周一～周六 10:00~19:00（周四 ~20:00）
周日 12:00~18:00
休 节假日
CC A J M V
分店 别MAP p.30-B2
URL www.louisvuitton.com

普拉达
Prada

别MAP p.37-C2　中城西

住 724 5th Ave.（bet. 56th & 57th Sts.）
地铁 N Q R 5 Av-59 St
☎（1-212）664-0010
营 周一～周六 10:00~19:00
周日 12:00~18:00
休 节假日　CC A D J M V
分店 别MAP p.22-A4、p.37-D2　URL www.prada.com

古驰
Gucci

别MAP p.37-C2　中城东

住 725 5th Ave.（特朗普大厦一层）
地铁 E M 5 Av-53 St
☎（1-212）826-2600
营 周一～周六 10:00~20:00
周日 12:00~19:00
休 节假日　CC A D J M V　分店 别MAP p.22-A4
URL www.gucci.com

爱马仕
Hermès

别MAP p.18-A1　上东区

住 691 Madison Ave.（at 62nd St.）
地铁 N Q R 5 Av-59 St
☎（1-212）751-3138
营 周一～周六 10:00~18:00（周四 ~19:00）
休 周日、节假日　CC A D J M V
分店 别MAP p.3-C2　URL www.hermes.com

迪奥
Dior

别MAP p.37-C2　中城东

住 21 E. 57th St.（bet 5th & Madison Aves.）
地铁 N Q R 5 Av-59 St
☎（1-212）931-2950
营 周一～周五 10:00~18:30
周六 10:00~19:00，周日 12:00~17:00
休 节假日　CC A D J M V　URL www.dior.com

顾客之声　上东区店 住 35 E. 85th St.（at 85th St）店铺的商品种类丰富，连旗舰店都没有的商品在这里也能找到，真的很幸运！

菲拉格慕 Salvatore Ferragamo

别MAP p.37-C4 中城东

住 655 5th Ave.（bet. 52nd & 53rd Sts.）
地铁 E M 5 Av-53 St
☎（1-212）759-3822
营 周一～周六 10:00~19:00（周四 ~20:00）
周日 12:00~18:00
休 节假日
CC A D J M V
URL www.ferragamo.com

卡地亚 Cartier

别MAP p.37-C4 中城东

住 653 5th Ave.（at 52nd St.）
地铁 E M 5 Av-53 St
☎（1-212）753-0111
营 周一～周六 10:00~18:00
周日 12:00~17:00
休 节假日
CC A D J M V
分店 别MAP p.22-A4 URL www.cartier.us

博柏利 Burberry

别MAP p.37-C2 中城东

住 9 E. 57th St.（bet. 5th & Madison Aves.）
地铁 N Q R 5 Av-59 St
☎（1-212）407-7100
营 周一～周六 10:00~19:00（周四、周五 ~20:00），周日 12:00~18:00
休 节假日 CC A D J M V
分店 别MAP p.30-B2
URL www.burberry.com

缪缪 miu miu

别MAP p.30-B2 索霍区

住 100 Prince St.（bet. Greene & Mercer Sts.）
地铁 N R Prince St
☎（1-212）334-5156
营 周一～周六 11:00~19:00（周四 ~20:00）
周日 12:00~19:00
休 节假日 CC A J M V
分店 别MAP p.37-C2
URL www.miumiu.com

托德斯 Tod's

别MAP p.37-C1 上东区

住 650 Madison Ave.（bet. 59th & 60th Sts.）
地铁 N Q R 5 Av-59 St
☎（1-212）644-5945
营 周一～周六 10:00~19:00
周日 12:00~18:00
休 节假日 CC A D J M V
URL www.tods.com

芬迪 Fendi

别MAP p.37-C3 中城东

住 677 5th Ave.（bet. 53rd & 54th Sts.）
地铁 E M 5 Av-53 St
☎（1-212）759-4646
营 周一～周六 10:00~19:00
周日 12:00~18:00
休 节假日 CC A D J M V
URL www.fendi.com

乔治·阿玛尼 Giorgio Armani

别MAP p.22-A4 上东区

住 760 Madison Ave.（bet. 65th & 66th Sts.）
地铁 F Lexington Av-63 St
☎（1-212）988-9191
营 周一～周六 10:00~18:00
休 节假日、周日
CC A D J M V URL www.armani.com

第五大道的阿玛尼 Armani/5th Avenue

别MAP p.37-C2 中城东

住 717 5th Ave.（at 56th St.）
地铁 F 57St
☎（1-212）209-3500
营 周一～周六 10:00~20:00
周日 12:00~18:00
休 节假日 CC A J M V URL www.armani.com

A/X 阿玛尼 A/X Armani Exchange

别MAP p.37-C4 中城东

住 645 5th Ave.（at 51st St.）
地铁 E M 5 Av-53 St
☎（1-212）980-3037
营 每天 9:00~21:00
休 无 CC A D J M V 分店 别MAP p.31-C2
URL www.armaniexchange.com

范思哲 Gianni Versace

别MAP p.37-C4 中城东

住 647 5th Ave.（bet. 51st & 52nd Sts.）
地铁 E M 5 Av-53 St
☎（1-212）317-0224
营 周一～周六 10:00~19:00
周日 12:00~18:00 休 节假日 CC A D J M V
分店 别MAP p.30-B1 URL www.versace.com

必备信用卡 在纽约即使购买商品总额不多也经常使用信用卡。在名牌店里付款时拿出一堆现金的恐怕也只有我了。

葆蝶家
Bottega Veneta

别MAP p.37-C3　中城东

住 699 5th Ave.（bet. 54th & 55th Sts.）
地铁 Ⓔ Ⓜ 5 Av-53 St
☎（1-212）371-5511
营 周一～周六 10:00~19:00
休 周日、节假日
CC Ⓐ Ⓓ Ⓙ Ⓜ Ⓥ
URL www. bottegaveneta.com

巴利
Bally

别MAP p.37-C1　中城东

住 628 Madison Ave.（at 59th St.）
地铁 Ⓝ Ⓠ Ⓡ 5 Av-59 St
☎（1-212）751-9082
营 周一～周六 10:00~19:00
周日 12:00~18:00
休 节假日　CC Ⓐ Ⓓ Ⓙ Ⓜ Ⓥ
URL www.bally.com

迈宝瑞
Mulberry

别MAP p.9-C3　格林尼治村

住 387 Bleecker St.（bet. 11th & Perry Sts.）
地铁 ① Christopher St-Sheridan Sq
☎（1-917）261-4394
营 周一～周六 11:00~19:00
周日 11:00~18:00
休 节假日　CC Ⓐ Ⓙ Ⓜ Ⓥ
分店 别MAP p.30-B3、p.37-D1　URL www.mulberry.com

宝格丽
Bvlgari

别MAP p.37-C2　中城西

住 730 5th Ave.（at 57th St.）
地铁 Ⓕ 57 St
☎（1-212）315-9000
营 周一～周五 10:00~19:00
周六 10:00~18:00，周日 12:00~17:00
休 节假日　CC Ⓐ Ⓓ Ⓙ Ⓜ Ⓥ
URL www.bulgari.com

梵克雅宝
Van Cleef & Arpels

别MAP p.37-C2　中城西

住 744 5th Ave.（bet. 57th & 58th Sts.）
地铁 Ⓝ Ⓠ Ⓡ 5 Av-59 St
☎（1-212）896-9284
营 周一～周五 10:00~18:30
周六 10:00~18:00，周日 12:00~17:00
休 节假日
CC Ⓐ Ⓙ Ⓜ Ⓥ
URL www. Vancleef-arpels.com

可汗
Cole Haan

别MAP p.30-B2　索霍区

住 128 Prince St.（at Wooster St.）
地铁 Ⓝ Ⓡ Prince St
☎（1-212）219-8240
营 周一～周五 10 :00~20:00
周六 10:00~19:00，周日 12:00~18:00
休 节假日　CC Ⓐ Ⓙ Ⓜ Ⓥ
第五大道店面 别MAP p.35-C1　URL www.colehaan.com

拉尔夫・劳伦
Ralph Lauren

别MAP p.22-A3　上东区

住 867 Madison Ave.（at 72nd St.）
地铁 ④ ⑥ 68 St-Hunter College
☎（1-212）606-2100
营 周一～周四 10:00~20:00
周五、周六 10:00~19:00，周日 11:00~18:00
休 节假日　CC Ⓐ Ⓙ Ⓜ Ⓥ　分店 别MAP p.30-B2
URL www.ralphlauren.com

布克兄弟
Brooks Brothers

别MAP p.35-C3　中城东

住 346 Madison Ave.（at 44th Sts.）
地铁 Ⓢ Grand Central-42 St
☎（1-212）682-8800
营 周一～周五 8:00~20:00
周六 9:00~19:00，周日 11:00~19:00
休 节假日　CC Ⓐ Ⓓ Ⓙ Ⓜ Ⓥ
分店 别MAP p.22-A1　URL www.brooksbrothers.com

保罗・史密斯
Paul Smith

别MAP p.11-D2　切尔西

住 108 5th Ave.（at 16th St.）
地铁 Ⓛ Ⓝ Ⓠ Ⓡ ④ ⑤ ⑥ 14 St-Union Sq
☎（1-212）627-9770
营 周一～周六 11:00~19:00
周四 ~20:00，周日 12:00~18:00
休 节假日　CC Ⓐ Ⓓ Ⓙ Ⓜ Ⓥ
分店 别MAP p.30-B1　URL www.paulsmith.co.uk

杜嘉班纳
D&G（Dolce & Gabbana）

别MAP p.22-A4　上东区

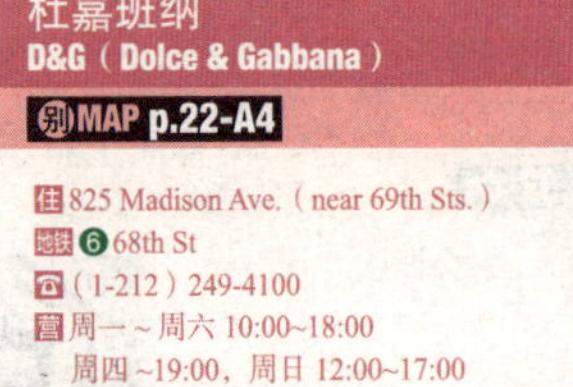

住 825 Madison Ave.（near 69th Sts.）
地铁 ⑥ 68th St
☎（1-212）249-4100
营 周一～周六 10:00~18:00
周四 ~19:00，周日 12:00~17:00
休 节假日
CC Ⓐ Ⓓ Ⓙ Ⓜ Ⓥ
URL www.dolcegabbana.com

黑色素周五大减价　从感恩节次日开始的大减价是一年中最值得期待的一次促销活动！所以出门购物前一定要选择方便步行逛街和试穿的装束，这才是明智之举！

马克・雅可布 Marc Jacobs

别MAP p.30-B1 索霍区

住 163 Mercer St.（bet. Prince & Houston Sts.）
地铁 B D F M Broadway-Lafayette Sts.
☎（1-212）343-1490
营 周一～周六 11:00~19:00
周日 12:00~18:00
休 节假日 CC A D J M V
URL www.marcjacobs.com

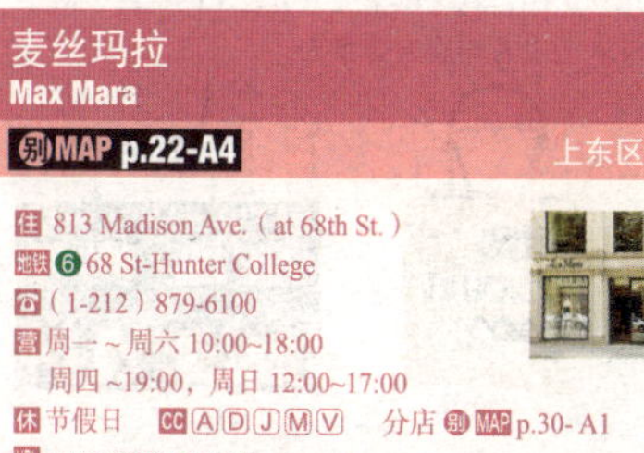

麦丝玛拉 Max Mara

别MAP p.22-A4 上东区

住 813 Madison Ave.（at 68th St.）
地铁 6 68 St-Hunter College
☎（1-212）879-6100
营 周一～周六 10:00~18:00
周四～19:00，周日 12:00~17:00
休 节假日 CC A D J M V 分店 别MAP p.30- A1
URL www.maxmara.com

吉尔・桑达 Jil Sander

别MAP p.22-A4 上东区

住 818 Madison Ave.（bet. 68th & 69th Sts.）
地铁 6 68 St-Hunter College
☎（1-212）838-6100
营 周一～周六 10:00~18:00
休 周日、节假日 CC A J M V
分店 别MAP p.5- D2
URL www.jilsander.com

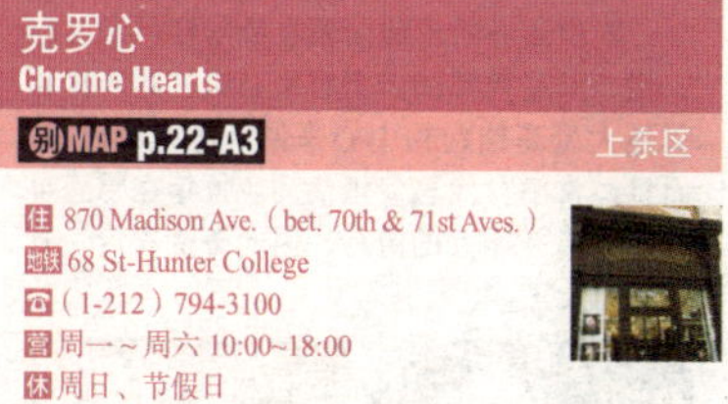

克罗心 Chrome Hearts

别MAP p.22-A3 上东区

住 870 Madison Ave.（bet. 70th & 71st Aves.）
地铁 68 St-Hunter College
☎（1-212）794-3100
营 周一～周六 10:00~18:00
休 周日、节假日
CC A J M V
URL www.chromehearts.com

维多利亚的秘密 Victoria's Secret

别MAP p.31-C1 索霍区

住 591-593 Broadway（bet. Prince & Houston Sts.）
地铁 N R Prince St
☎（1-212）219-3643
营 周一～周六 10:00~20:30，周日 11:00~20:30
休 节假日
CC A J M V
URL www. victoriassecret.com

汤丽柏琦 Tory Burch

别MAP p.31-D1 诺丽塔

住 257 Elizabeth St.（bet. Prince & Houston Sts.）
地铁 B D F M Broadway-Lafayette St
☎（1-212）334-3000
营 周一～周六 11:00~19:00
周日 12:00~18:00
休 节假日 CC A J M V 分店 别MAP p.8-B2、p.22-A4
URL www.toryburch.com

周仰杰 Jimmy Choo

别MAP p.18-A1 上东区

住 716 Madison Ave.（bet. 63rd & 64th Sts.）
地铁 N Q R 5 Av-59 St
☎（1-212）759-7078
营 周一～周六 10:00~18:00
周日 12:00~18:00
休 节假日 CC A J M V 分店 别MAP p.9-C3
URL www.jimmychoo.com

莫罗・伯拉尼克 Manolo Blahnik

别MAP p.36-B3 中城西

住 31 W. 54th St.（bet. 5th & 6th Aves.）
地铁 F 57 St
☎（1-212）582-3007
营 周一～周五 10:30~18:00
周六 10:30~17:30，周日 12:00~17:00
休 无 CC A J M V
URL www.manoloblahnik.com

埃米利奥普奇 Emilio Pucci

别MAP p.22-A3 上东区

住 855 Madison Ave.（bet. 70th & 71st Sts.）
地铁 6 68 St-Hunter College
☎（1-212）230-1135
营 周一～周六 10:00~18:00
休 周日、节假日
CC A D J M V
URL www.emiliopucci.com

汤姆・福特 Tom Ford

别MAP p.22-A3 上东区

住 845 Madison Ave.（at 70th Sts.）
地铁 6 68 St-Hunter College
☎（1-212）359-0300
营 周一～周六 10:00~18:00
休 周日、节假日
CC A J M V
URL www.tomford.com

梅西旅行者的优惠券 如果您到了梅西购物中心，在一层的游客中心出示您的护照的话，就可以领取到百分之十的优惠券。如果赶上打折商品，优惠券仍可在商品折上使用。（→p.168）

高品位可爱时尚精品购物中心

亨利·班德尔
Henri Bendel

别MAP p.37-C2 中城西

去亨利·班德尔购物！这里是面向高品位追求时尚的女性的精品购物胜地。位于曼哈顿区的亨利·班德尔可以说已经成了纽约商业历史的标志。茶色和白色条纹相间的原创设计商品在一层的原创柜台有售。同时这里化妆品的品牌也是应有尽有，品质卓越。

购物中心一层的化妆品品牌专柜可以称作流行元素的发源地，备受年轻人青睐

住 712 5th Ave.（bet. 55th & 56th Sts.）
地铁 Ⓔ Ⓜ Av-53 St
☎（1-212）247-1100
营 周一～周六 10:00~20:00、周日 12:00~19:00
休 无 CC Ⓐ Ⓓ Ⓙ Ⓜ Ⓥ
URL www.henribendel.com

简称“布鲁明”深受人们喜爱的购物中心

布鲁明戴尔百货店
Bloomingdale's

别MAP p.18-B2 上东城区

是美国著名的百货商店品牌，又叫Bloomie's，成立于1861年，一直秉持前沿的品位。宽敞的店内商品种类丰富齐全，琳琅满目，从手表、服装到家居用品一应俱全。商场内还设有消费者服务台，只要向服务人员出示您的护照，就可以享受百分之十的优惠，对于外来消费者诱惑力非常大。

推荐您购买以店内纸质手提袋为主题的商品

住 1000 3rd Ave.（at 59th St.）
地铁 ④ ⑤ ⑥ 59 St
☎（1-212）705-2000
营 周一～周四 10:00~20:30，周五、周六 10:00~19:00，周日 11:00~19:00（会有变动）
休 无 CC Ⓐ Ⓙ Ⓜ Ⓥ URL www.bloomingdales.com

纽约第五大道购物中心地带

萨克斯第五大道精品百货店
Saks Fifth Avenue

别MAP p.35-C1 中城东

萨克斯第五大道精品百货店（Saks Fifth Avenue）是世界上顶级的百货公司之一，从1824年以来一直为纽约市民提供高品质的服饰及服务，因四通八达的地理位置和精致高品位的商品深受人们的欢迎。商场二到六层是以服装为中心的购物区。五层是全身美容中心，八层是咖啡休闲中心。

店内环境高档次，氛围低调奢华有内涵

住 611 5th Ave.（bet. 49th & 50th Sts.）
地铁 Ⓔ Ⓜ 5Av-53 St ☎（1-212）753-4000
营 周一～周六 10 :00~20:00
周日 11:00~19:00（会有变动）
休 无 CC Ⓐ Ⓓ Ⓙ Ⓜ Ⓥ
URL www. saksfifthavenue.com

在感恩节当天还会举行游行

梅西百货公司
Macy's

别MAP p.13-D2 中城西

购物商场的占地面积在曼哈顿可谓首屈一指。商品种类的丰富自不必说，此外比起其他大型高档购物中心来说价格相对便宜，而且经常举行优惠促销活动。每年在感恩节时还会举办盛大的游行，因此备受欢迎，有很高的人气。

位于34号大街的星星图案标志

住 151 W. 34th St.（bet. Broadway & 7th Ave.）
地铁 Ⓑ Ⓓ Ⓕ Ⓜ Ⓝ Ⓠ Ⓡ 34 St –Herald Sq
☎（1-212）695-4400
营 周一～周六 10:00~21:30
周日 11:00~20:30（具体营业时间可能有变化）
休 无
CC Ⓐ Ⓙ Ⓜ Ⓥ URL www. macys.com

❤ **布鲁明戴尔** 如果在 Vistor's center（59号大街店 一层 或 soho店二层）出示您与观光局的优惠券同一日期消费 $200 以上的收据的话，那么可以获赠印有布鲁明戴尔商标图案的商品。59号大街店与索霍区店获赠商品有所不同。

布鲁明索霍区店

布鲁明索霍区店
Bloomingdale's Soho

别MAP p.31-C3 索霍区

纽约的大型百货公司，从高端品牌到时尚前沿流行潮品应有尽有，有服饰、装饰品、化妆品等专柜，这里是女性的购物天堂。

住 504 Broadway（near Broome St.）
地铁 4 6 Spring St
☎（1-212）729-5900
营 周一～周六 10:00~21:00（周六 ~20:00）
周日 12:00~20:00（具体营业时间可能有变化）
休 无 CC A J M V
URL www. bloomingdales.com

从高端办公正装到时尚休闲品位应有尽有

巴尼斯纽约精品店
Barneys New York

别MAP p.18-A1 上东区

时尚著名百货连锁店，在麦迪逊大街的一侧是女性商品店，60 号大街一侧是男性潮品店。自选商场式的商店中有各种各样的时尚用品和服饰，供您选择。

住 660 Madison Ave.（at 61st St.）
地铁 N Q R 5 Av-59 St
☎（1-212）826-8900
营 周一～周五 10:00~20:00（周六 10:00~19:00）
周日 11:00~18:00（具体营业时间可能有变化）
休 无 CC A D J M V URL www.barneys.com

全美国最豪华奢侈的购物商场

波道夫·古德曼
Bergdorf Goodman

别MAP p.37-C1 中城西

全世界最著名的奢侈品百货，世界一流高档品牌奢侈品云集，诸如爱马仕、香奈儿等。

住 754 5th Ave.（bet. 57th & 58th Sts.）
地铁 N Q R 5 Av-59 St
☎（1-212）753-7300
营 周一～周五 10:00~20:00，周六 10:00~19:00，
周日 11:00~18:00
休 无
CC A J M V URL www.bergdorfgoodman.com

遍布全美的平民大型百货公司

杰西潘尼
JC Penney

别MAP p.13-D3 索霍区

是一家走在时代前端的美国连锁百货公司，无论在美国的大城市还是小乡村，顾客都可以发现它的踪迹。在曼哈顿内的购物中心中属于商品价钱低廉的百货公司，一层为女性购物中心，二层为男士及童装购物中心和各种家居用品。

住 100 W. 32nd St.（at 33rd St. 曼哈顿购物中心地下一层及地下二层） ☎（1-212）295-6120
地铁 B D F M N Q R 34 St-Herald Sq
营 周一～周六 9:00~21:30，周日 10:00~20:30
休 无 CC A J M V URL www.jcpenney.com

洋溢着经典老式店铺的氛围是一家男士用品百货商店

波道夫·古德曼男士用品百货商店
Bergdorf Goodman Men's

别MAP p.37-C1 中城东

纽约最高档的男士用品购物中心。与女士购物中心同样，这里也网罗了世界上各种高档男士时尚奢侈品的品牌。

住 754 5th Ave.（bet. 57th & 58th Sts.）
地铁 N Q R 5 Av-59 St
☎（1-212）753-7300
营 周一～周五 10:00~20:00，周六 10:00~19:00
周日 12:00~18:00
休 无
CC A J M V URL www.berdorfgoodman.com

位于时代华纳中心内

哥伦布转盘商店
Shops at Columbus Circle

别MAP p.17-C2 上西区

云集了古驰等众多知名奢侈品品牌。

住 10 Columbus Circle（at 59 th St.）
地铁 A C B D 1 59 St Columbus Circle
☎（1-212）823-6300（综合）
营 周一～周六 10:00~21:00
周日 11:00~19:00（根据店铺不同营业时间有所不同）
休 无
CC 根据店铺使用信用卡有所区别
URL www.shopsatcolumbuscircle.com

VOICE 在布鲁明戴尔购物时请您一定要使用减免 10% 的优惠券哦　在一层或二层的旅游者中心出示您的护照就可以领取优惠券。与 JBC 一同使用的话即可减免 15%。

名媛的时尚品牌

米莉 Milly

别MAP p.22-A3 上东区

热播美剧《绯闻女孩》中布莱尔经常穿着的品牌时装就是米莉，因此可以看出米莉很高的知名度，它一直演绎着青春、奢华的风格，不断创作出一件件永不过时，靓丽、性感而又柔美的女装款式。色彩鲜艳大胆，豹纹图案华丽时尚。如果您追求时尚女性的魅力风格，则该款服装为不二之选。店内女士连衣裙和童装系列都很受欢迎。

大胆的颜色搭配和可爱的裁剪受到时尚女士的追捧

住 900 Madison Ave.（at 73rd St.）
地铁 4 6 68 St-Hunter College
☎（1-212）395-9100
营 周一～周六 10:00~19:00，周日 12:00~17:00
休 节假日 CC A M V
网 www.millyny.com

线条轮廓美丽大气受人欢迎

提比 Tibi

别MAP p.30-B2 索霍区

2005 年品牌诞生以来，Tibi 是拥有最大的现代女性系列服装线的品牌之一。其设计风格不仅甜美可爱，而且在不经意之处彰显凝练简约的帅气风格，给人耳目一新的感觉。无论是连衣裙或者夹克衫的设计都别出心裁，独特的外形轮廓和优良的材料质地不断受到人们的好评。

裁剪外形简约干练又不失女性魅力，深受好评

住 120 Wooster St.（near Prince St.）
地铁 N R Prince St
☎（1-212）226-5852
营 周一～周六 11:00~19:00，周日 12:00~18:00
休 节假日 CC A M V
网 www.tibi.com

美国第一夫人米歇尔喜爱的品牌

翠西・瑞斯 Tracy Reese

别MAP p.8-B2 肉类加工区

别具特色的明快色彩搭配，独一无二的印花图案以及趣味横生的细节装饰深受欢迎。是美国第一夫人米歇尔・奥巴马经常在公众演讲等场合选择穿着的服装。如果您想寻觅颜色大胆明快，图案妙趣横生的服装的话推荐您到这里来看一看。

奥巴马夫人的御用品牌

住 641 Husdson St.（bet. Gansevoort & Horatio Sts.）
地铁 L 8Av
☎（1-212）807-0505
营 周一～周六 11:00~19:00，周日 12:00~18:00
休 节假日
CC A M V
网 www.tracyeese.com

名媛专爱都市风

瑞格布恩 Rag & Bone

别MAP p.30-B2 索霍区

瑞格布恩（Rag & Bone）2002 年品牌诞生，主要商品从年轻人最热爱的牛仔时装开始，初创起即坚持注重品质、手工艺和关注细节。主打商品是以牛仔裤为中心，同时包括女装高级成衣、男装、童装、手袋、鞋履、配饰等时尚服饰。以精致的缝制和优良的品质著称。女士高级成衣也已经成熟。

时尚摩登的商品

住 119 Mercer St.（bet. Prince & Spring Sts.）
地铁 N R Prince St
☎（1-212）219-2204
营 周一～周六 11:00~20:00，周日 12:00~19:00
休 无 CC A M V
网 www.rag-bone.com

布利克街 这里不仅有女士服装饰品的购物中心的聚集地，男士的也不例外，在这里你可以轻松找到男士服装购物中心或一条街。非常适合喜欢购物的情侣。

T恤是您在挑选礼物时不错的选择

安娜苏
Anna Sui

别MAP p.30-B2　索霍区

商场入口处专门设有琳琅满目的化妆品和装饰品专柜，商店靠里的位置是服装专区，这里有纽约限量版的T恤和环保袋。

住 113 Greene St.（bet. Spring & Prince Sts.）
地铁 N R Prince St　☎（1-212）941-8406
营 周一～周六 11:00~19:00
　周日 12:00~18:00（具体营业时间可能有变化）
休 节假日　CC A D J V
URL www.annasui.com

在国内同样享有高人气的纽约时尚高端品牌

菲利林
Phillip Lim

别MAP p.30-B2　索霍区

菲利林已经实现在中国的着陆，并且受到了极大的欢迎，其设计风格高端大气，尽显纽约都市的迷人风采，因此有众多的追随者和发烧友。

住 115 Mercer St.（bet. Prince & Spring Sts.）
地铁 N R Prince St　☎（1-212）334-1160
营 周一～周六 11:00~19:00
　周日 12:00~18:00（具体营业时间可能有变化）
休 无　CC A J M V
URL www.31philliplim.com

意大利高级时尚休闲品牌

迪赛
Diesel

别MAP p.37-C3　中城东

Diesel的风格年轻而富有创意，其粉丝遍布全球，主要以牛仔材质来设计男女服装，专卖店的一层是各种饰品，二层和三层分别是时尚女装男装和牛仔裤。

住 685 5th Ave.（at 54th St.）
地铁 E M 5 Av-53 St
☎（1-212）755-3555
营 周一～周六 10:00~21:00，周日 11:00~19:00
休 无　CC A J M V　分店 别MAP p.30-B2
URL www.diesel.com

深受时尚名媛喜爱的连衣裙

黛安·冯·芙丝汀宝
Diane von Furstenberg

别MAP p.8-B2　肉类加工区

黛安·冯·芙丝汀宝（Diane von Furstenberg）是世界顶级时尚名牌和美国时装界尊尚品牌，代表作品裹身裙在设计之初成为女性发挥潜能与独立自主的标志，现在依然为品牌的经典代表。其设计风格充满了女性魅力和高雅的气质，深受时尚名媛喜爱。

住 874 Washington St.（near 14th St.）　地铁 L 8 Av
☎（1-646）486-4800　营 周一～周六 11:00~19:00（周四~20:00）周日 12:00~18:00（具体营业时间可能有变化）
休 无　CC A J M V　URL www.dvf.com

发源于美国加州时尚品牌、时尚名人的御用品牌

橘滋
Juicy Couture

别MAP p.37-C4　中城西

橘滋（Juicy Couture）是美国加州的时尚品牌，主要经营女装、男士服饰、童装、运动休闲服饰。设计透露着时尚女性的高贵与性感，休闲与美丽，在运动中也要保持最娇俏的女人味。曼哈顿市内有4家专卖店，其中西城区是规模最大的一家。

住 650 5th Ave.（at 52nd St.）　地铁 E M 5 Av-53 St
☎（1-212）796-3360
营 周一～周六 10:00~21:00，周日 10:00~20:00
休 无　CC A J M V　分店 别MAP p.9-C3
URL www.juicycouture.com

发源于纽约的时尚品牌

希尔瑞
Theory

别MAP p.30-A2　索霍区

简约时尚、潇洒、前卫，同时线条又能凸显女性曲线柔美的身姿，时装把个人品位、气质及优雅融入于共性感的设计内，因形象鲜明简洁而深受欢迎。除索霍区店之外还有其他分店。

住 151 Spring St.（bet. W Broadway & Wooster St.）
地铁 A C E Spring St　☎（1-212）226-3691
营 周一～周六 11:00~19:00（周四~20:00）
　周日 12:00~18:00
休 节假日　CC A J M V
URL www.theory.com

惊喜！凭借会员卡可以享受双重优惠　Saks Fifth Avenue（→p.168）第五大道折扣店有各种折扣商品。在丝芙兰专卖店凭借积分可以换购礼物。在柜台处与工作人员联系即可加入会员，享受优惠。

甜美可爱、个性洋溢的设计备受瞩目

辛西娅·洛蕾
Cynthia Rowley

别MAP p.9-C3 格林尼治村

连衣裙线条优美，外形小巧玲珑，色彩缤纷绚丽。除甜美可爱的服装外，还有材质和设计同样匠心独运的靴子和各种装饰品。

住 376 Bleecker St.（bet. Charles & Perry Sts.）
地铁 1 2 Christopher St-Sheridan Sq
☎（1-212）242-3803
营 周一～周六 10:00~20:00，周日 11:00~20:00
休 节假日
CC A J M V
URL www.cynthiarowley.com

拥有一百多年历史的男装品牌

普莱诗
J. Press

别MAP p.35-C2 中城东

是最富学院气质的品牌，发源于康涅狄格州。以休闲的色调和强烈的传统风格著称。材质优良，质感舒适一流。经营男装和女装。

住 380 Madison Ave.（at 47th Sts.）
地铁 S 4 5 6 7 Grand Central-42 St
☎（1-212）687-7642
营 周一～周六 9:00~19:00，周日 12:00~18:00
休 节假日
CC A D J M V
URL www.jpressonline.com

纽约本土经典品牌

卡尔文·克莱恩
Calvin Klein（简称：CK）

别MAP p.18-A1 上东区

是美国的传统品牌，Calvin Klein 的设计哲学极现代，极简，舒适，华丽，休闲又不失优雅气息，作品干净、细致剪裁。在典雅、中性色调的布料中，展现一种简洁利落的时尚风貌，一贯的现代都会风格深受品位族群的喜爱。

住 654 Madison Ave.（at 60th St.）
地铁 N Q R 5Av-59 St ☎（1-212）292-9000
营 周一～周六 10:00~18:00（周四～19:00）
周日 12:00~18:00
休 节假日 CC A J M V URL www.calvinklein.com

DKNY旗舰店

纽约唐纳·卡兰
DKNY（Donna Karan New York 的缩写）

别MAP p.18-A1 上东区

DKNY 充满着纽约生机勃勃的气氛，专卖店共有三层，一层是饰品和生活用品，二层为女士服装和咖啡厅。

住 655 Madison Ave.（at 60th St.）
地铁 N Q R 5 Av-59 St
☎（1-212）223-3569
营 周一～周六 10:00~20:00，周日 12:00~19:00
休 节假日
CC A J M V
URL www.dkny.com

适合亚洲女性的可爱设计风格

谭燕玉专卖店
Vivienne Tam

别MAP p.30-B4 索霍区

设计风格充满女性独特魅力，服饰华丽优美。因小码尺寸服装同样齐全，所以在这一点上非常适合亚洲女性。

住 40 Mercer St.（at Grand St.）
地铁 N R Canal St
☎（1-212）966-2398
营 周一～周六 11:30~19:30，周日 12:00~18:00
休 无
CC A J M V
URL www.viviennetam.com

在有些地方尚未登陆的品牌

J. 克鲁
J.Crew

别MAP p.35-D3 中城东

J.Crew 百分百是美国血统，样式上简练优雅，典型美式休闲加职业风格，流露出贴近大自然的动人色调和简约纯美的清新气息，体现了热爱生活、追求潮流、内敛含蓄的个性，重视品质和品位细节的完美结合，经营范围涉及女装、男装、童装、鞋靴、包包、珠宝等。

住 347 Madison Ave.（at 45th St.）
地铁 S Grand Central-42 St ☎（1-212）949-0570
营 周一～周五 10:00~20:00，周六 10:00~19:00，周日 12:00~18:00
休 无 CC A J M V 分店 别MAP p.11-D2
URL www.jcrew.com

VOICE | Fat Witch Bakery 商品 Witch Ends（$8.5）推荐您带回家。

各种应季潮品的首要选择胜地

卡吕普索
Calypso

别MAP p.8-B2 肉类加工区

人气爆棚的时尚商品专卖店，设计风格高端大气，色调多彩绚丽，能让您过目不忘，走近商店便能引起您极大的购买欲，备受青睐。

简单大气又时尚前卫的各式商品

住 654 Hudson St.（bet. W. 13th Gansevoor Sts.）
地铁 F 8 Av
☎（1-646）638-3000
营 周一～周六 11:00~19:00，周日 12:00~18:00
休 节假日
CC A J M V
分店 别MAP p.31-D1
URL www.calypsostbarth.com

成熟又不失可爱

泰迪
Teddy

别MAP p.40-A1 博寇卡

"露西亚"姐妹品牌，休闲娱乐潮品琳琅满目，让人爱不释手，价格适当深受欢迎，商品范围涉及包包、发饰、女士披肩等各种各样的小商品，喜欢的美眉们赶快去淘一淘吧。

人气爆棚的潮流商品店

住 216 Court St.（bet. Warren & Baltic Sts.）
地铁 L 8th Av
☎（1-718）522-0500
营 周一～周五 12:00~20:00，周六 11:00~20:00，周日 11:00~18:00
休 节假日
CC A M V
URL shop.shopteddy.com

喜爱艺术和时尚人士的必逛商店

美式双枪
American Two Shot

别MAP p.31-C4 索霍区

这里既是一家商店又是年轻的设计者和艺术者们作品的陈列橱窗。每一件设计的作品都闪耀着设计者匠心独运的思想光芒。这里还展示了许多艺术家们合作创作的作品。同时还有方便顾客的咖啡厅，拿铁咖啡的醇厚芳香在店内飘荡。

如同画廊般陈列的各色艺术品也值得您一看

住 135 Grand St.（bet. Crosby & Lafayette Sts.）
地铁 6 Canal St
☎（1-212）925-3403
营 周一～周六 11:00~20:00，周日 12:00~19:00
休 无
CC A M V
URL americantwoshot.com

高端大气成熟休闲风的首选

史蒂芬·阿兰
Steven Alan

别MAP p.5-D3 翠贝卡

该品牌擅长并专注于严谨高档的设计风格，如果您要选择富有品位的搭配那么就一定不能错过这里。独特的原创设计风格同样是品牌的一大卖点。经营范围包括设计男装和女装。

该品牌在很多国家都很受欢迎

住 103 Franklin St.（W. Broadway & Church St.）
地铁 1 2 Franklin St
☎（1-212）343-0692
营 周一～周六 11:30~19:00（周四 ~20:00）周日 12:00~18:00
休 节假日 CC A D J M V
分店 别MAP p.8-B1 URL www.stevenalan.com

Eleni's 饼干外形既可爱甜美又美味可口，非常受女孩欢迎，是作为礼品的首选。虽然价格稍贵，但放到饼干小盒里带回国内是非常不错的选择。

设计风格前卫时尚　商品样式丰富

英特弥克斯
Intermix

别MAP p.11-D1　格拉莫西

赶快来掌握店铺里还没有展出的商品信息吧。经营范围除服装外还设计饰品、靴子。

住 125 5th Ave.（bet. 19th & 20th Sts.）
地铁 N R 23 St
☎（1-212）533-9720
营 周一、周六 11:00~19:00，周二～周五 11:00~20:00
周日 12:00~18:00
休 节假日　CC A J M V
分店 别 MAP p.22-A2
URL www.intermixonline.com

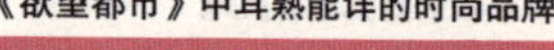

《欲望都市》中耳熟能详的时尚品牌

派翠西亚・菲尔德
Patricia Field

别MAP p.6-A1　东村

《欲望都市》这部时尚宝典的幕后功臣，首推该影集的服装指导 Patricia Field。商品从时尚服装到装饰品应有尽有。地下一层还有美发沙龙。

住 306 Bowery Ave.（bet. Bleecker & Houston Sts.）
地铁 4 6 Bleecker St　☎（1-212）966-4066
营 周一～周四 11:00~20:00
周五、周六 11:00~21:00，周日 11:00~19:00
休 节假日　CC A J M V
URL www.patriciafield.com

会集世界各地的时尚商品

邦德・赛利玛
Bond 07 by Selima

别MAP p.10-A4　东村

时尚饰品的专卖店。太阳镜、帽子、项链应有尽有。内设美发沙龙。

住 7 Bond St.（bet. Broadway & Lafayette St.）
地铁 4 6 Bleecker St
☎（1-212）677-8487
营 周一～周六 11:00~19:00，周日 12:00~18:00
休 节假日
CC A M V
URL www.selimaoptique.com

时尚名媛和业界人士的御用品牌

基娜・扎比特
Kirna Zabete

别MAP p.30-B2　索霍区

原杂志主编和商店经理人精心挑选了上百种商品等您选购。

住 96 Greene St.（bet. Prince & Spring Sts.）
地铁 N R Prince St
☎（1-212）941-9656
营 周一～周六 11:00~19:00，周日 12:00~18:00
休 节假日
CC A J M V
URL www.kirnazabete.com

魅力迷人的服装　闪耀诱惑的饰品

皮克斯精品
Pixie Market

别MAP p. 7-C3　下东区

精致的小店内汇集了来自世界各地的原创设计作品，极具魅力和吸引。

住 100 Stanton St.（bet. Orchard & Ludlow Sts.）
地铁 F 2 Av
☎（1-212）253-0953
营 周一～周日 12:00~20:00
休 节假日
CC A M V
URL www.PixieMarket.com

如果正在物色当下设计师流行新品千万不可错过

大断层
Bigdrop

别MAP p.30-A3　索霍区

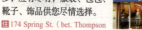

专卖店专营当下季节流行的品牌服装，商品种类繁多，应有尽有，服装、包包、靴子、饰品供您尽情选择。

住 174 Spring St.（bet. Thompson St. & W. Broadway）
地铁 A C E Spring St
☎（1-212）966-4299
营 周一～周六 11:00~20:00，周日 11:00~19:00
休 节假日
CC A M V
分店 别 MAP p.22-B2
URL www.bigdropnyc.com

Bergen Town Center　这里是纽约的购物中心。由于是室内建筑，因此即使下雨也照常营业，主流品牌商品汇聚，值得推荐的购物休闲去处。

MPD的里程碑

杰弗里 Jeffrey

别MAP p.8-B2　肉类加工区

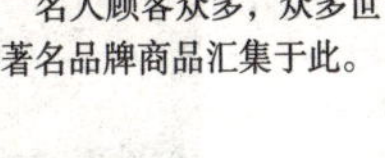

名人顾客众多，众多世界著名品牌商品汇集于此。

住 449 W. 14th St.（bet. 9th & 10th Aves.）
地铁 Ⓛ 8 Av
☎（1-212）206-1272
营 周一～周三、周五 10:00~20:00，周四 10:00~21:00
周六 10:00~19:00，周日 12:30~18:00
休 节假日
CC Ⓐ Ⓜ Ⓥ
URL jeffreynewyork.com

从青年到成人

橄榄贝蒂 Olive & Bette's

别MAP p.30-A3　索霍区

设计品位高端，是休闲时尚商品的汇集地。曼哈顿内拥有四家店铺。

住 158 Spring St.（near W. Broadway）
地铁 Ⓐ Ⓒ Ⓔ Spring St
☎（1-646）613-8772
营 周一～周六 11:00~19:00，周日 12:00~18:00
休 节假日
CC Ⓐ Ⓜ Ⓥ
分店 别 MAP p.22-A2
URL www.oliveandbettes.com

商品种类琳琅满目　从服装到饰品

苏克雷 Sucre

别MAP p.9-C3　格林尼治村

Selima Optique 的老板兼设计师以及 Patricia Field 的原买家共同经营的店铺。

住 357 Bleecker St.（near Charles St.）
地铁 ❶ ❷ Christopher St-Sheridan Sq
☎（1-212）352-1640
营 周一～周三 11:00~19:00，周四～周六 11:00~20:00，周日 12:00~19:00
休 节假日
CC Ⓐ Ⓜ Ⓥ
URL www.sucreny.com

备受纽约人青睐的自选商店

独家纽约 Scoop NYC

别MAP p.8-B2　索霍区

这是年纪在 10 岁到 30 岁的年轻时尚人士经常光顾的商店。既有休闲便装又有职业装束。在曼哈顿市内有数家。

住 861 Washington St.（near 13th St.）
地铁 Ⓛ 8 Av
☎（1-212）691-1905
营 周一～周三、周日 11:00~19:00
周四～周六 11:00~20:00
休 节假日　CC Ⓐ Ⓓ Ⓙ Ⓜ Ⓥ
分店 别 MAP p.30-B4
URL www.scoopnyc.com

巴尼斯纽约精品店旗下品牌

巴尼斯纽约精品店 Barneys New York CO-OP

别MAP p.30-B2　索霍区

巴尼斯纽约精品店的旗下品牌。与旗舰店相比价格更加适当，如果想要享受折扣优惠必须赶快行动。

住 116 Wooster St.（bet Prince & Spring Sts.）
地铁 Ⓝ Ⓡ Prince St.
☎（1-212）965-9964
营 周一～周六 11:00~19:00，周日 12:00~18:00
休 无
CC Ⓐ Ⓙ Ⓜ Ⓥ
URL www.barneys.com

诺德斯特龙的慈善商店

宝藏 & 债券 Treasure & Bond

别MAP p.30-A4　索霍区

由西海岸属的诺德斯特龙经营的百货商店，收益的全部捐献给非营利性团体。

住 350 W. Broadway（bet. Broome & Grand Sts.）
地铁 ❶ Canal St
☎（1-646）669-9049
营 周一～周六 11:00~20:00，周日 11:00~19:00
休 无
CC Ⓐ Ⓜ Ⓥ
URL www.treasureandbond.com

❤ Barneys New York CO-OP 其他分店　上西城区 住 2151 Broadway（bet. 75th & 76th Sts.）布鲁克林店 住 194 Atlantic Ave.（near Court St.）

名媛御用品牌第一名

开幕式
Opening Ceremony

别MAP p.5-D2　索霍区

与其他品牌联合设计的商品备受好评，受到很多流行发烧友的青睐。

住 35 Howard St.（near Broadway）
地铁 N R Canal St
☎（1-212）219-2688
营 周一～周六 11:00~20:00，周日 12:00~19:00
休 无
CC A M V
URL www.openingceremony.us

在这里寻觅甜美可爱

露西亚
Lucia

别MAP p.40-B2　博寇卡

店主曾是 CNN 的记者。在自己一直居住的大街上开设了这样一家精品店。

住 243 Smith St.（at Douglass St.）
地铁 F G Bergen St
☎（1-718）788-7500
营 周一～周五 12:00~20:00，周六 11:30~20:00
周日 11:30~18:00
休 节假日
CC M V
URL www.shoplucia.com

寻找时尚镜框的必选之地

塞立玛・奥布缇克
Selima Optique

别MAP p.30-B3　索霍区

如果您要寻找时尚的眼镜框一定不可错过的眼镜店。太阳镜等各式眼镜应有尽有，设计独特，前卫时尚。

住 59 Wooster St.（at Broome St.）
地铁 N R Prince St
☎（1-212）343-9490
营 周一～周六 11:00~20:00，周日 12:00~19:00
休 节假日
CC A J M V
URL www.selimaoptique.com

纽约布鲁克林公园坡的人气店铺

弗拉特
Flirt

别MAP p.41-C2　公园坡

以极具品位的连衣裙、超短裙为中心，另有艺术家设计者的各式小商品和百货。

住 93 5th Ave.（bet. Prospect Pl. & Park Pl.）
地铁 2 3 Bergen St
☎（1-718）783-0364
营 周一～周日 11:30~19:30
休 无
CC A J M V
URL flirt-brooklyn.com

COLUMN

全美唯一一家 Paul Smith 直销折扣店

保罗・史密斯（Paul Smith）专卖店里的商品折扣价低廉，商品种类琳琅满目，包括服装、帽子、腰带、领带、包包、钱包等。商品对象除了女性外还有儿童。

小物件的陈列也十分丰富

别MAP p.39-B2
住 280 Grand St.（bet. Roebling & Havemeyer Sts.）
地铁 B D Grand St
☎（1-718）218-0020
营 周一～周三 12 :00~19:00
周四～周六 12:00~20:00
休 无　CC A D J M V
URL www.paulsmithusa.com

休闲品牌　如果想探寻连锁店则一定要选择第五大道、联合广场、索霍区、上城区等购物中心密集地区。这里林立着各式品牌和分店店铺。但各家店铺的主营项目和营业时间有所区别，所以一定要事先了解。

休闲品牌店 时尚服装店男装女装应有尽有，方便一同选购

人气爆棚的时尚时装店

H & M
H & M

别MAP p.37-C4 中城西

在中国已经成为人们熟悉的品牌，服装设计追求时尚，简单大气，色调搭配舒适。

住 640 5th Ave.（at 51st St.）
地铁 E M 5Av-53 St
☎（1-212）489-0390
营 周一～周四 10:00~21:30，周五、周六 9:00~21:30，周日 10:00~20:00
休 节假日
CC A D J M V
分店 别 MAP p.13-D2
URL www.hm.com

色彩鲜明的休闲装

老海军
Old Navy

别MAP p.13-D2 下东区

这里的商品服饰受众人群广泛，男士、女士、儿童、婴儿商品一应俱全。店内的T恤一直是主打商品，色彩明丽，质感舒适。同时还有许多$10以下的商品供您选择。

住 150 W. 34th St.（near Broadway）
地铁 B D F M N Q R 34 St-Herald Sq
☎（1-212）594-0049
营 周一～周六 9:00~22:00，周日 10:00~21:00
休 无 CC A D J M V
分店 别 MAP p.30-B3、p.29-C1 URL www.oldnavy.com

发源于洛杉矶的基础休闲品牌

美国服饰
American Apparel

别MAP p.6-B3 中城东

采用美国棉，质地舒适，品类繁多，设计简单，色彩明亮，穿着方便。

住 183 E. Houston St.（bet. Allen & Orchard Sts.）
地铁 F 2 Av
☎（1-212）598-4600
营 周一～周六 10:00~22:00，周日 10:00~21:00
休 无
CC A J M V
分店 别 MAP p.9-D4
URL americanapparel.net

连锁店遍及世界各地89个国家

飒拉
Zara

别MAP p.31-C1 索霍区

在中国已被大众所熟知的品牌，是一款十分时尚休闲基础的时装品牌，价格便宜，质地优良，男士、女士、儿童服装全部具备。

住 580 Broadway（bet.Houston & Prince Sts.）
地铁 N R Prince St
☎（1-212）343-1725
营 周一～周六 10:00~21:00，周日 11:00~20:00
休 节假日
CC A D J M V
分店 别 MAP p.18-B2
URL www.zara.com

极具人气的品牌

麋鹿牌
Abercrombie & Fitch

别MAP p.37-C2 中城西

名称耳熟能详。主打商品是T恤和牛仔裤。服装对象男女均有。

住 720 5th Ave.（at 56th St.）
地铁 N Q R 5 Av-59 St
☎（1-212）306-0936
营 周一～周六 10:00~20:00，周日 12:00~18:00
休 节假日
CC A D J M V
曼哈顿分店 别 MAP p.3-C2
URL www.abercrombie.com

Abercrombie & Fitch的副线品牌

霍利斯特
Hollister Co.

别MAP p.31-C1 索霍区

霍利斯特（Hollister Co.）品牌，是美国高端休闲服饰品牌AF（Abercrombie Fitch）旗下的一支副线品牌，极具南加州风情、充满青春活力的品牌，代表快乐悠闲、酷劲十足的年轻一代，演绎出活力四射的热辣风姿。

住 600 Broadway（bet. Houston & Prince Sts.）
地铁 B D F M Broadway Laffyette St
☎（1-212）334-1922 营 周一～周六 10:00~21:00 周日 11:00~19:00 休 无 CC A J M V
分店 别 MAP p.37-C3 URL www.hollisterco.com

VOICE 温馨提示 在霍利斯特（Hollister Co.）购物后结账时，需要您出示附带照片的护照或其他证件，所以购物时需要提前准备。

在10到20岁人群中极具人气的品牌

城市户外
Urban Outfitters

别MAP p.31-C1　格林尼治村

服装、饰品、百货、家居装饰品的种类繁多。有很多忠实的发烧友喜欢这里。

住 628 Broadway（bet. Bleecker & Houston Sts.）
地铁 B D F M Broadway Lafayette St
☎（1-212）475-0009
营 周一～周六 10:00~22:00，周日 12:00~21:00
休 节假日　CC A J M V
分店 别 MAP p.20-B3
URL www.urbanoutfitters.com

发源于英国的时尚品牌

顶尖商店
Topshop

别MAP p.31-C4　索霍区

设计时髦加上价格低廉，有名人士与年轻设计师的完美杰作备受推崇。男装和女装均有。

住 478 Broadway（bet. Broome & Grand Sts.）
地铁 6 Spring St
☎（1-212）966-9555
营 周一～周六 10:00~21:00，周日 11:00~20:00
休 节假日
CC A J M V
URL topshop.com

时尚品牌

美国鹰牌旅行用品
American Eagle Outfitters

别MAP p.11-D2　切尔西

在全美和加拿大十分流行的品牌，因低廉的价格和复古的品位受到欢迎。男装和女装均有。

住 19 Union Square W.（at 15th St.）
地铁 N Q R 14St-Union Sq
☎（1-212）645-2086
营 周一～周六 10:00~21:00，周日 11:00~20:00
休 无
CC A J M V
URL www.ae.com

休闲运动风

摩纳哥俱乐部
Club Monaco

别MAP p.30-B2　索霍区

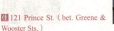

价格适中，穿着简单方便。男装女装均有，化妆品同样也受到欢迎。

住 121 Prince St.（bet. Greene & Wooster Sts.）
地铁 N R Prince St
☎（1-212）533-8930
营 周一～周六 10:00~20:00，周日 12:00~19:00
休 节假日
CC A J M V
分店 别 MAP p.31-C3
URL www.clubmonaco.com

在曼哈顿有很多连锁店

Express 服装店
Express

别MAP p.11-D2　切尔西

在曼哈顿所到之处就能发现 Epress 的连锁店。潮流时髦价格低廉，备受青睐。主营男装。

住 130 5th Ave.（at 18th St.）
地铁 N Q R 14 St-Union Sq
☎（1-212）633-9414
营 周一～周六 10:00~21:00，周日 11:00~20:00
休 节假日
CC A J M V
分店 别 MAP p.31-C1
URL www.express.com

时尚白领的首选

安泰勒
Ann Taylor

别MAP p.37-D1　上东区

短裤短裙价格低廉，同时尺码适合亚洲女性。时尚大方、穿着舒适。

住 645 Madison Ave.（at 60th St.）
地铁 N Q R 5 Av/59 St
☎（1-212）832-9114
营 周一～周六 10:00~20:00，周日 11:00~19:00
休 节假日
CC A J M V
分店 别 MAP p.35-C1
URL www.anntaylor.com

❤ **温馨提示 H & M 其他分店**　125 街店 住 125 W. 125th St.（bet.7th Ave. & Malcolm X Blvd.），第七大道店 住 435 7th Ave.（at 34th St.），海德诺广场店 住 1328 Broadway（at 34th St.），索霍区店 住 558 Broadway（bet.Prince & Spring Sts.），（接下页）

面向成熟女性

白宫黑市
White House Black Market

别MAP p.11-D2 切尔西

以黑色和白色等基础色调为主，无论是上班还是休闲都很合适，除服饰外，还有多款可以搭配的饰品。

住 136 5th Ave.（bet. 18th & 19th Sts.）
地铁 N R 23 St
☎（1-212）741-8685
营 周一～周六 10:00~21:00，周日 12:00~18:00
休 无
CC A D J M V
URL www.whitehouseblackmarket.com

充满前卫时髦风格的设计加之适度的价格

永远 21
Forever 21

别MAP p.33-C3 中城东

在纽约拥有众多分店，这里还有 XXI FOREVER 和 FOREVER21⁺ 系列，服装男款女款均有。

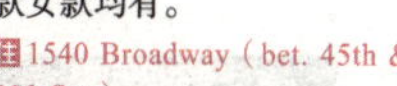

住 1540 Broadway（bet. 45th & 46th Sts.）
地铁 N Q R 49 St
☎（1-212）302-0594
营 每天 9:00~ 次日 1:00
休 无
CC A D J M V
分店 别MAP p.10-A2
URL www.forever21.com

男士休闲装

飞甲
Flying A

别MAP p.30-A2 索霍区

伦敦系时尚男装系列品牌店。MILK FED 和 FRED PERRY 独具一格的设计品位。

住 169 Spring St.（bet.W .Broadway & Thompson St.）
地铁 C E Spring St
☎（1-212）965-9090
营 周一～周五 11:00~19:00，周六 11:00~20:00 周日 12:00~19:00
休 节假日
CC A J M V
URL www.flyinganyc.com

名媛喜爱的意大利品牌

白兰地梅尔维尔
Brandy Melville

别MAP p.31-C3 索霍区

适合日常休闲穿着，设计剪裁合理、美观大方、质地优良。

住 518 Broadway（near Spring St.）
地铁 N R Prince St
☎（1-646）707-3119
营 周一～周六 10:00~21:00，周日 11:00~20:00
休 无
CC A J M V
URL brandymelvilleusa.com

休闲又不失优雅

艾琳·费舍尔
Eileen Fisher

别MAP p.11-D1 切尔西

质地优良、做工考究、简单舒适，适合中国人的身材。

住 166 5th Ave.（bet. 21st & 22nd Sts.）
地铁 N R 23 St
☎（1-212）924-4777
营 周一～周六 10:00~19:00，周日 12:00~18:00
休 节假日
CC A J M V
URL www.eileenfisher.com

第五大道上的优衣库

优衣库
Uniqlo

别MAP p.37-C3 中城西

店面宽敞明亮，店内商品与国内优衣库稍有不同。因简洁舒适而受到欢迎。

住 666 5th Ave.（at 53rd St.）
地铁 E M 5 Av-53 St
☎（1-877）486-4756
营 周一～周六 10 :00~21:00，周日 11:00~20:00
休 节假日
CC A J M V
分店 别MAP p.13-D2、p.31-C2
URL uniqlo.com/us

（接上页）索霍区 2 店 住 515 Broadway（bet. Spring & Broome Sts.），列克星敦大道店 住 731 Lexington Ave.（at 59th St.）

找到一生所爱

拉比兹
rabbits

别MAP p.39-B2 威廉斯堡

是年度流行季的精品。在业界广受追捧，精致的小码商品也很多。

爱马仕围巾和阿拉亚靴子

住 120 Havemeyer St.（bet. Grand & S. 1st Sts.）
地铁 J M Marcy Av
☎（1-718）384-2181
营 周二～周日 12:30~20:30
休 周一
CC A V
URL rabbitsnyc.com

全美连锁复古服装店

布法罗交易市场
Buffalo Exchange

别MAP p.39-A1 威廉斯堡

在全美 17 个州拥有 17 家连锁店。主营男士女士休闲服装、饰品、靴子等复古二手精品。从休闲时髦到高端大气，各式潮品应有尽有，有兴趣的话来这里淘宝吧。

产品更新很快，选定了就尽快入手吧

住 504 Driggs Ave.（at N.9th St.）
地铁 L Bedford Av
☎（1-718）384-6901
营 周一～周六 11:00~20:00，周日 12:00~19:00
休 节假日
CC A D J M V
URL www.buffaloexchange.com

纽约市最大的旧服装店

贝肯衣橱
Beacon's Closet

别MAP p.39-A1 威廉斯堡

纽约共有三家大型旧服装店。其中威廉斯堡店是规模最大的一家。从日用百货到靴子、连衣裙应有尽有，男装女装也一应俱全，价格适中，可以再次欢畅购物。

将仓库改装而来的宽敞店面里各种宝贝无所不有

住 88 N. 11th St.（bet. Wythe Ave. & Berry St.）
地铁 L Bedford Av
☎（1-718）486-0816
营 周一～周五 11:00~21:00，周六、周日 11:00~20:00
休 节假日
CC A J M V
URL www.beaconscloset.com

上百种帽子的天堂

村绯闻
Village Scandal

别MAP p.10-B3 东村

二手、原创的各式帽子应有尽有。还有许多手工制作的小商品。每天都营业到凌晨，是饭后休闲娱乐的好去处。

便宜的手工制作品

住 19 E. 7th St.（bet. 2nd & 3rd Aves.）
地铁 6 Astor Pl
☎（1-212）460-9358
营 周一～周六 12:00~24:00，周日 13:00~24:00
休 无
CC A M V
URL www.thevillagescandal.com

VOICE 在潮品商店选购时应该注意 商品偶尔会有漏洞或污渍，购买的时候一定要仔细检查。

高档的欧洲复古商品

阿玛柯德
Amarcord

别MAP p.31-C2　索霍区

主营20世纪40年代至80年代高档的复古商品，设计的服装、包包、靴子，大部分来自意大利。

住 252 Lafayette St.（bet. Prince & Spring Sts.）
地铁 6 Spring St
☎（1-212）431-4161
营 周一～周六 12:00~19:30，周日 12:00~19:00
休 无
CC A M V
URL amarcordvintageshion.com

搭配精致的连衣裙

安吉拉古董店
Angela's Vintage Boutique

别MAP p.10-B4　东村

是20世纪初至20世纪80年代设计师的精品专卖店。除靴子、包包、帽子以外，还有各式各样的装饰品。

住 26 2nd Ave.（bet. E. 1st & E. 2nd Sts.）
地铁 F 2 Av
☎（1-212）475-0101
营 每日 12:00~20:00
休 无
CC A D M V

主营一流品牌的旧服装店

爱娜
Ina

别MAP p.31-D2　诺丽塔

GUCCI等高端品牌齐全的精品店铺。

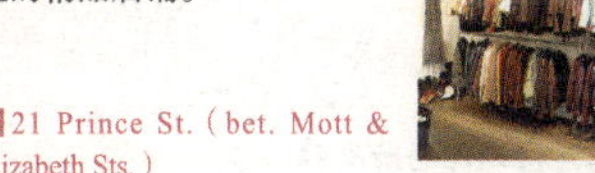

住 21 Prince St.（bet. Mott & Elizabeth Sts.）
地铁 N R Prince St
☎（1-212）334-9048
营 周一～周六 12:00~20:00，周日 12:00~19:00
休 无
CC A J M V
分店 别MAP p.9-C1
URL www.inany.com

聚会人士的首选

迈克尔
Michael's

别MAP p.22-A2　上东区

主营聚会礼服和新年服装。汇聚香奈儿、古驰、阿玛尼等众多时尚品牌。

住 1041 Madison Ave.（bet. 79th & 80th Sts.）
地铁 6 77 St
☎（1-212）737-7273
营 周一～周六 9:30~18:00，周四 ~20:00
休 周日、节假日，7、8月周六
CC A J M V
URL www.michaelsconsignment.com

品味优雅气质

纳尼亚
Narnia

别MAP p.7-D4　下东区

在狭长的店面内各种宝物应有尽有，还有香奈儿、菲拉格慕等众多一线品牌，此外还准备了许多经典旧时装和靴子。

住 161 Rivington St.（at Clinton Sts.）
地铁 F M J Z Delancey St-Essex St
☎（1-212）979-0661
营 周一～周六 12:00~20:00，周日 12:00~19:00
休 节假日
CC A D J M V
URL narniavintage.com

众多高端时尚品牌的聚集地

新 & 九成新
New & Almost New

别MAP p.31-D4　诺丽塔

汇聚古驰、普拉达、阿玛尼众多一线品牌，主营时装、装饰品，还有旧式连衣裙和西装。

住 171A Mott St.（bet. Broome & Grand Sts.）
地铁 J Z Bowery
☎（1-212）226-6677
营 周二～周六 12:00~18:30，周日 13:00~17:00
休 周一、节假日
CC A M V
URL newandalmostnew.com

VOICE　如果想买儿童装推荐这里OLD NAVY，价格便宜，色彩明丽。

发源于纽约的轻便包包

凯特·丝蓓
Kate Spade

别MAP p.30-B3 索霍区

色彩明丽，轻便时尚，备受年轻人推崇，纽约旗舰店更不会让您失望。除了主营商品包包外，经营范围还涉及女士服装、靴子、百货等。

商品价格相对于国内更加诱人

住 454 Broome St.（at Mercer Sts.）
地铁 N R Prince St
☎（1-212）274-1991
营 周一～周六 10:00~20:00，周日 11:00~19:00
休 节假日
CC A J M V
分店 别MAP p.11-D1
URL www.katespade.com

因主打靴子而备受欢迎的品牌

UGG
UGG

别MAP p.30-B3 索霍区

发源于澳大利亚的品牌。以经典的长筒棉靴著称，新近推出的凉鞋新作也受到好评，拥有男士、女士、儿童鞋等全套设计工艺。

官方旗舰店的商品让人爱不释手

住 79 Mercer St.（near Broome Sts.）
地铁 N R Prince St
☎（1-212）226-0602
营 周一～周六 10:00~19:00，周日 11:00~18:00
休 无
CC A J M V
分店 别MAP p.8-B2、p.20-B4、p.37-C1
URL www.uggaustralia.com

大气干练的时尚女鞋

莫鞋
MooShoes

别MAP p.6-B2 下东区

所有皮靴全部使用动物皮质，店内除了主营女士鞋类，还有时装、饰品、包包和各种各样精致饰品。绿色环保且设计匠心独运。

时尚商品大搜索

住 78 Orchard St.（near Broome St.）
地铁 B D Grand St
☎（1-212）254-6512
营 周一～周六 11:30~19:30，周日 12:00~18:00
休 节假日
CC A M V
URL www.mooshoes.com

日常生活用品必备品牌

MZ 华莱士
MZ Wallace

别MAP p.31-C2 索霍区

品牌发源于美国纽约，以简单大方的托特包著称，位于索霍区的店铺是纽约的官方旗舰店。商品色彩明丽，不易变形，结实耐用。不流于浮躁的流行，款式经典，备受欢迎。

向您推荐一款大的手提包

住 93 Crosby St.（bet. Prince & Spring Sts.）
地铁 N R Prince St
☎（1-212）431-8252
营 周一～周六 11:00~19:00，周日 12:00~18:00
休 节假日
CC A J M V
分店 别MAP p.9-C4、p.22-B3
URL www.mzwallace.com

VOICE | Annie's Blue Ribbon General Store State St.（at Bood St.） 可爱的百货商品应有尽有。灵活俏皮，推荐系有蓝色丝带的商品。 住 365

在这里很可能邂逅LeSportsac 限量版商品

力士保
LeSportsac

别MAP p.30-A3　索霍区

产品绚丽多彩，深受人们欢迎。斜挎包、旅行包、休闲包应有尽有。

住 176 Spring St.（bet. W. Broadway & Thompson St.）
地铁 C E Spring St
☎（1-212）334-6021
营 周一～周六 11:00~19:00，周日 12:00~18:00
休 节假日
CC A J M V
分店 别 MAP p.22-A2
URL www.lesportsac.com

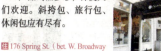

高端大气上档次的商务皮鞋

肯尼思·科尔
Kenneth Cole

别MAP p.31-C1　索霍区

时髦前卫、制作精良，同样适合商务场合。男款女款均有。

住 595 Broadway（near Houston St.）
地铁 B D F M Broadway -Lafayette St
☎（1-212）965-0283
营 周一～周六 10:00~20:00，周日 11:00~19:00
休 节假日
CC A J M V
URL www.kennethcole.com

赶快从斜挎包入手吧

曼哈顿运输标志店
Manhattan Portage & Token Store

别MAP p.31-D1　诺丽塔

红底儿白鹰是其显著的标志，是曼哈顿耳熟能详的背包品牌。

住 258 Elizabeth St.（bet. Prince & Houston Sts.）
地铁 B D F M Broadway-Lafayette St
☎（1-212）226-9655
营 周一～周六 11:00~19:00，周日 11:00~18:00
休 节假日
CC A J M V
URL www.tokenbags.com

旅行用品专卖店

飞行 001
Flight 001

别MAP p.9-C2　格林尼治村

主营旅行相关用品，格调高雅，品质优良，时尚耐用，各类小用品和背包一应俱全。

住 96 Greenwich Ave.（near Jane St.）
地铁 1 2 3 14 St
☎（1-212）989-0001
营 周一～周六 11:00~20:00，周日 12:00~18:00
休 节假日
CC A J M V
分店 别 MAP p.40-B1
URL www.flight001.com

COLUMN

华尔街两大品牌店

位于美国商业中心华尔街上的蒂芙尼和爱马仕。两家店虽然在市中心都设有分店，但客流量相对更少的华尔街分店更能让您轻松悠闲地购物。

蒂芙尼·华尔街店
Tiffany Wall Street
别 MAP p.3-C2
住 37 Wall St.（bet. Broad & William Sts.）
☎（1-212）514-8015
营 周一～周五 10:00~19:00
　周六 11:00~17:00
休 节假日　CC A J M V

爱马仕·华尔街店
Hermès Wall Street
别 MAP p.3-C2
住 15 Broad St.（bet. Wall St. & Exchange Pl.）
☎（1-212）785-3030
营 周一～周五 10:00~18:00
休 周六、周日　CC A J M V

商品琳琅满目

老牌体育用品店

模范体育
Paragon Sports

别MAP p.11-D2 切尔西

创建于1908年的老牌运动品店。商品包括高尔夫球用具、网球、滑雪用具，还有野外露营用具等。

住 867 Broadway（near 18th St.）
地铁 L N Q R 4 5 6 14St-Union Sq
☎（1-212）255-8889
营 周一～周五 10:00~20:30，周六 10:00~20:00，周日 11:00~19:00
休 节假日
CC A J M V
URL www.paragonsports.com

这里汇聚了各种体育用品

体育专用品
The Sports Authority Ltd

别MAP p.9-D1 切尔西

从服装到鞋类应有尽有，商品尺寸各式各样，一家专业的体育用品专卖店。涉及MLB、NBA、NFL等主要运动衣。

住 636 6th Ave.（at 19th St.）
地铁 F M 23 St
☎（1-212）929-8971
营 周一～周六 9:00~21:00，周日 10:00~19:00
休 无 CC A D J M V
分店 别MAP p.18-B3
URL www.thesportsauthority.com

全美第一家旗舰店

阿西斯纽约店
The Asics Store NY

别MAP p.34-B4 中城西

主要供应NYC马拉松模特服装等。同时因能够测定靴子大小的服务而备受欢迎。

住 51 W. 42nd St.（near 6th Ave.）
地铁 7 5 Av
☎（1-212）354-1908
营 周一～周六 10:00~19:30（周六～ 18:30），周日 11:00~18:00
休 无 CC A M V
URL asicsamerica.com

针对跑步者的商品体验店

新百伦体验店
The New Balance Experience Store

别MAP p.11-D1 格拉莫西

针对跑步者的各式商品应有尽有。还开设跑步课程，还可以进行跑步试穿。

住 150 5th Ave.（at 20th St.）
地铁 N R 23 St
☎（1-212）727-2520
营 周一～周六 10:00~20:00、周日 11:00~18:00
休 无
CC A M V
URL www.newbalance.com/nyc

体育用品零售商店

耐克城
Niketown

别MAP p.37-C2 中城东

内设高尔夫、健身等各种活动，拥有其他体育用品专卖店少有的商品。一层是纽约店原创用品店，店内还开设了免费的跑步课程等各式各样的活动。

原创的T恤是您送给好友作为礼物的不二之选

市中心城区的超级用品专卖店

住 6 E. 57th St.（bet. Madsion & 5th Aves.）
地铁 F 57 St
☎（1-212）891-6453
营 周一～周六 10:00~20:00，周日 11:00~19:00
休 节假日 CC A J M V
URL store.nike.com

年轻人用品 美国体育场用品的各种商品，比赛前热闹非凡。拉拉队声援T恤的话需要在曼哈顿提前购买。

原创标志

阿迪达斯经典系列
Adidas Originals

别MAP p.30-B1 索霍区

Adidas Originals 是阿迪达斯旗下的运动经典系列，在全球各地有众多的追求者和拥有者。它以三叶草为标志，主要商品有足球运动衣等各类体育运动衣。如果您是体育迷一定要来这里看一看。

住 136 Wooster St.（bet. Huston & Prince Sts.）
地铁 N R Prince St ☎（1-212）673-0398
营 周一～周六 11:00~19:00、周日 12:00~18:00
休 节假日 CC A J M V
URL www.adidas.com/us

以最大面积著称于世界的专卖店

阿迪达斯运动展示店
Adidas Sports Performance Store

别MAP p.31-C1 索霍区

是索霍区内的大型建筑，主营范围包括网球、足球、慢跑类的足球用品和服装。

住 610 Broadway（at Houston St.）
地铁 B D F M Broadway-Lafayette St
☎（1-212）529-0081
营 周一～周六 10:00~20:00、周日 11:00~19:00
休 无
CC A J M V
URL www.adidas.com/us

以NYC限量版商品著称的大型运动品购物中心

匡威
Converse

别MAP p.31-C2 索霍区

拖鞋、牛仔系列、T恤等服装一应俱全。同时还可以根据自身喜好选择设计样式，这里还有定制服务。

住 560 Broadway（at Prince St.）
地铁 N R Prince St
☎（1-212）966-1099
营 周一～周六 10:00~20:00（周六 ~21:00）、周日 11:00~19:00
休 无
CC A J M V
URL www.converse.com

西海岸著名的户外店

瑞
REI

别MAP p.31-C1 诺丽塔

专卖店内部由3层构成，陈列着各种户外商品，既有一流品牌，又有原创商品。

住 303 Lafayette St.（at E. Houston St.）
地铁 B D F M Broadway-Lafayette St
☎（1-212）680-1938
营 周一～周六 10:00~21:00、周日 11:00~20:00
休 无
CC A M V
URL www.rei.com

著名的瑜伽服装品牌

露露柠檬
Lululemon Athletica

别MAP p.17-C1 上西区

时尚的设计风格和弹性舒适的质地受到众多好评和青睐，除此之外还有6家分店。

住 1928 Broadway（at 64th St.）
地铁 1 66St-Lincoln Center
☎（1-212）712-1767
营 周一～周六 10:00~21:00、周日 11:00~19:00
休 无 CC A D J M V
分店 别MAP p.11-D3
URL www.lululemon.com

为您提供最适合的舞蹈服装

卡贝桥
Capezio

别MAP p.33-C1 中城西

从古典舞到爵士乐舞蹈服装，以及各种紧身裤、紧身连裤衣都应有尽有，店内提供邮购服务，所以在国内同样可以买到。

住 1650 Broadway（at 51st St. 2F）
地铁 1 50 St
☎（1-212）245-2130
营 周一～周六 10:00~19:00、周日 12:00~17:00
休 节假日
CC A J M V
分店 别MAP p.20-B4
URL www.capeziodance.com

VOICE | REI 这里还有许多未在国内上市销售的户外用品。如果您酷爱户外店并热衷时尚的话，一定要来这里购物一番。这里的品牌原创商品同样酷炫十足。

令人亲切熟悉的各式人偶玩具

迪士尼商店
Disney Store

别MAP p.34-A2 中城西

在两层的购物商城内从玩具到T恤，还有各式小玩意儿应有尽有，让人目不暇接。这里还有自由女神像扮相的米奇玩偶，而且营业时间较长，所以一直人气不断。

位于时报广场中央位置，交通便利，客流量大

住 1540 Broadway（near 45th St.）
地铁 N Q R 49 St
☎（1-212）626-2910
营 每日 10:00~次日 2:00
休 无
CC A J M V
URL www.disneystore.com

让美国职业棒球联盟发烧友热泪盈眶的商品

纽约扬基俱乐部
New York Yankees Clubhouse

别MAP p.14-A2 中城西

这里不仅有年轻人喜爱的潮流时尚商品，还有梅斯、尼克斯等纽约本土运动队的各类商品，让您难以抗拒。而且有销售球队比赛门票，真是既方便又过瘾。

是您选择礼物纪念品的好去处

住 393 5th Ave.（near 36th St.）
地铁 B D F M 34 St-Herald Sq
☎（1-212）685-4693
营 周一～周六 9:00~20:00、周日 11:00~18:00（销售季周一～周六 9:00~20:00、周日 11:00~19:00）
休 节假日 CC A J M V
分店 别MAP p.3-D2
URL newyork.yankees.mlb.com

时报广场上的名店之一

玩具反斗城
Toys“R”uS

别MAP p.34-C3 中城西

进入店内首先映入眼帘的是店内设有的巨型观光浏览车（乘坐需要缴费）。从地下一层到地上三层尽是玩具商品。这里销售的商品有很多是国内没有的，您一定要睁大眼睛好好淘一番。

品牌的原创商品尤其受到欢迎

住 1514 Broadway（at 44th St.）
地铁 N Q R S 1 2 3 7 Times Sq-42 St
☎（1-646）366-8800
营 周一～周五、周日 10:00~22:00、周六 10:00~23:00
休 无
CC A J M V
URL www.toysrus.com

开心有趣的玩具大型购物城

F.A.O 施瓦茨
F.A.O.Schwarz

别MAP p.37-C1 中城西

第五大道上的玩具专卖店。极具人气的芭比娃娃是限量版的商品，无论小孩还是大人都爱不释手。一层还设有甜点区和休闲咖啡专区。

这里还成为了电影的拍摄地

住 767 5th Ave.（at 58th St.）
地铁 N Q R 5 Av-59 St
☎（1-212）644-9400
营 周一～周四 10:00~19:00、周五、周六 10:00~20:00
休 无
CC A J M V
URL www.fao.com

❤ 纽约扬基俱乐部的其他分店分布 南大街海港店 住 8 Fulton St. ☎（1-212）541-7182、上东区店 住 110E. 59th St.（bet. Lexington & Park Aves.）☎（1-212）758-7844、中城店 住 294 W. 42nd St.（bet. 7th & 8th Aves.）（接下页）

大家都熟悉的代表吉祥物

纽约 M&M 世界
M&M's World New York

别 MAP p.33-C2　中城西

M&M 巧克力人物人偶专卖店。红、蓝、黄各色人偶让你爱不释手。

住 1600 Broadway（at 48th St.）
地铁 N Q R 49 St
☎（1-212）295-3850
营 每日 10:00~24:00
休 无
CC A J M V
URL www.mymms.com/merchandise

丹麦品牌乐高玩具旗舰店

乐高商店
The LEGO Store

别 MAP p.35-C1　中城西

这里由塑料组合玩具制作的原物体艺术品装饰着，就像博物馆一样。塑料组合玩具可以随便装箱。

住 620 5th Ave.（near 50th St.）
地铁 B D F M 47-50 Sts-Rockefeller Ctr
☎（1-212）245-5973
营 周一～周六 10:00~20:00 、周日 11:00~19:00
休 无　CC A D J M V
URL stores.lego.com

自由女神像形状的接吻巧克力恭候您的光临

好时巧克力时报广场
Hershey's Times Square

别 MAP p.33-C2　中城西

是时报广场上著名的商城之一。浓郁巧克力味道四溢的店内满是带有纽约标志的原版 T 恤和巧克力。

住 1593 Broadway（at 48th St.）
地铁 N Q R 49 St
☎（1-212）581-9100
营 每天 9:00~24:00
休 无
CC A J M V
URL www.hersheys.com

想要挑选极具纽约地域风情的纪念品这里一定不能错过!

纽约运输博物馆画廊和商店
NY Transit Museum Gallery & Store

别 MAP p.35-D3　中城西

在公共汽车、地铁上可以随时入手的 MTA 原创产品。还有许多以交通线路为主题的商品。

住 Grand Central Terminal 内
地铁 S 4 5 6 7 Grand Central Station 站内
☎（1-212）878-0106
营 周一～周五 8:00~20:00 、周六、周日 10:00~18:00
休 节假日
CC A M V
URL mta.info/mta/museun

在这里可以买到真正的消防队员制服

消防商店
Fire Store

别 MAP p.9-D3　格林尼治村

这里销售纽约消防队员的真实制服。还有小朋友专门的雨衣和冬季大衣。

住 17 Greenwich Ave.（bet. Christopher & W. 10th Sts.）
地铁 A C E B D F M W 4 St
☎（1-212）226-3142
营 周一～周四 11:00~19:00 、周五、周六 11:00~20:00、周日 12:00~18:00
休 节假日
CC A M V
URL www.nyfirestore.com

在纽约寻觅绿色生活!

环保纽约城
Sustainable NYC

别 MAP p.11-C3　东村

有机、再利用环保服装、化妆品、日用百货、装饰品应有尽有。还有咖啡店。

住 139 Avenue A（bet. St. Mark's Pl. & 9th St.）
地铁 L 1 Av
☎（1-212）254-5400
营 周一～周五 8:00~21:00 、周六、周日 9:00~21:00
休 无
CC A M V
URL www.sustainable-nyc.com

（接上页）☎（1-212）768-9555 、中城西店 住 745 7th Ave.（at 49th St.）☎（1-212）391-0360

周末就去跳蚤市场

从宝藏到破烂货！

纽约市内一到周末各种旧货市场 Flea Market（跳蚤市场）就热闹了起来。其中规模比较大的市场主要有三个地方。跳蚤市场上货品琳琅满目，无所不有，从 T 恤、大衣等衣服类到各种日用品百货、饰品和首饰家居用品。其中 25 街附近有两处较大的旧货市场，市场上有一条古董大街，大街上有许多古董店，真想悠闲地进去逛逛。市场都是免费开放的。

URL www.hellskitchenfleamarket.com

Hell's Kitchen 跳蚤市场的迎宾人偶雕像

古色古香的素雅胸针

样式繁多的下架商品

草莓图案装饰的可爱餐碟

Annex/Hell's Kitchen 跳蚤市场

Annex/Hell's Kitchen Flea Market

是三家跳蚤市场中最大的一家。商品五花八门有服装、陶器、玻璃手工艺品、钟表、玩具、人偶、硬币等。

别 MAP p.12-B1 住 W. 39th St.（bet. 9th & 10th Aves.）
地铁 Ⓐ Ⓒ Ⓔ 42 St-Port Authority Bus Termina
营 周六、周日 9:00~17:00

西 25 街

West 25th St.

主要以中世纪的座椅、红木家具等为主。

别 MAP p.13-D4 住 25th St.（bet. Broadway & 6th Ave.）
地铁 Ⓕ Ⓜ 23 St 营 周六、周日 9:00~17:00

古董店

Antique Garage

主要是银质器具、首饰、手提包、家居用品和书籍等。因为市场设在大楼的停车场中，所以在雨天也可以悠闲地淘宝。

别 MAP p.13-D4 住 112 W. 25th St.（bet. 6th & 7th Aves.）
地铁 Ⓕ Ⓜ 23 St 营 周六、周日 9:00~17:00

完好无损的滞销商品

艺术相关用品

布利克艺术材料 Blick Art Materials

别MAP p.10-A4 东村

店内宽敞整洁，绘画用品齐全，画刷、画具种类样式繁多，价格可享有20%~30%的优惠。

住 1-5 Bond St.（bet. Lafayette St. & Broadway）
地铁 6 Bleecker St
☎（1-212）533-2444
营 周一～周五 9:00~20:00、周六 9:00~19:00、周日 11:00~18:00
休 节假日
CC A M V
URL www.dickblick.com

大型绘画材料折扣店

珍珠漆 Pearl Paint

别MAP p.5-D3 唐人街

一层是各种文具和照片，二层是绘画用具和画笔，三层是专业用纸，四层是图形绘制用品。

住 308 Canal St.（near Mercer St.）
地铁 N R Canal St
☎（1-212）431-7932
营 周一～周五 9:00~19:00、周六 10:00~19:00
周日 10:00~18:00
休 无
CC A M V
URL www.pearlpaint.com

极具风趣品位的纸质工艺品

格林尼治纸质工艺品店 Greenwich Letterpress

别MAP p.9-C3 格林尼治村

贺卡、明信片、包装纸、邮票、设计精巧美观的纸质工艺品，琳琅满目地摆放在店内，还有很多以纽约为主题的原创商品，如果选择一款当作纪念品带给朋友一定大受欢迎。

绘有纽约特色风景的卡片大受欢迎

融合乡村风光的可爱小店

住 39 Christopher St.（bet. Waberly Pl. & 7th Ave.）
地铁 1 Christopher St-Sheridan Sq
☎（1-212）989-7464
营 周一 13:00~18:00、周二～周五 11:00~19:00、周六、周日 12:00~18:00
休 周一（只有夏季）
CC A M V
URL www.greenwichletterpress.com

COLUMN

词汇储备　环保用语

牢记以下常用的术语，在购物时就能应对自如。

公平贸易 Fair Trade

公平贸易是一种有组织的社会运动，在贴有公平贸易标签及其相关产品之中，它提倡一种关于全球劳工、环保及社会政策的公平性标准，旨在改善发展中国家生产者和劳动者的生活质量，以合理的价格从发达国家购入生产物品。

再利用 Reuse

将不再使用的物品或物品的一部分再次加以利用。它与以制成品为原材料，或者将其再资源化的再生产利用不同。

可持续的 Sustainability

直译的话就是可持续。目的在于保护自然环境。实际上不只限于环境保护，在社会问题等方面也被广泛使用。

严格的素食主义者 Vegan

不但不会进食肉类、鱼类、蛋类，连乳制品等动物性食物也完全不接触，动物性（皮毛或皮革）类制品也不会穿着。是比 Vegetarian 更严格的素食主义者。

VOICE | Hershey's（好时）巧克力　KISSES 品种独特小巧，方便携带，随时随地，和 TA 一起分享甜蜜吧！浓郁的味道值得用心品味。作为礼物受到女性朋友的大大青睐。

各式各样的纸质工艺品

凯特手工艺
Kate's Paperie

别MAP p.31-C4　索霍区

卡片、文化用品纸质工艺品等，还有富于变化的包装纸。

住 435 Broome St.（bet. Broadway & Crosby St.）
地铁 6 Spring St
☎（1-212）941-9816
营 周一～周三 10:00~19:00、周四～周六 10:00~20:00、周日 11:30~19:00
休 无
CC A M V
URL www.katespaperie.com

邮票和油墨的专卖店

墨迹小店
The Ink Pad

别MAP p.9-C2　格林尼治村

在精致的小店里竟有上万种各式各样的邮票。从苹果、自由女神像到动物、瑜伽等，应有尽有。

住 37 7th Ave.（at 13th St.）
地铁 1 2 3 14 St
☎（1-212）463-9876
营 周一～周六 11:00~19:00、周日 12:00~18:00
休 节假日
CC A J M V
URL www.theinkpadnyc.com

信纸信笺　格式卡片的专卖店

纸莎草
Papyrus

别MAP p.35-D3　中城东

设计款式流行的贺卡和信纸信笺，还有各种的明信片。

住 107 E. 42nd St.（Grand Central Terminal 内）
地铁 S 4 5 6 7 Grand Central 站内
☎（1-212）490-9894
营 周一～周五 7:00~21:00、周六 10:00~20:00
周日 11:00~18:00
休 无　CC A J M V
分店 别 MAP p.31-C3
URL www.papyrusonline.com

办公室用品大全

斯台普斯
Staples

别MAP p.11-D3　切尔西

经营范围从文具用品到电器商品。联合广场店 24 小时营业，还设有复印打印专柜。

住 5-9 Union Square West（bet. 14th & 15th Sts.）
地铁 L N Q R 4 5 6 14 St-Union Sq
☎（1-212）929-6323
营 24 小时（周一 7:00~、周六 ~21:00、周日 10:00~19:00）
休 无
CC A J M V
分店 别 MAP p.10-A3
URL www.staples.com

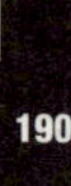

COLUMN

东哈莱姆的购物中心

是曼哈顿少有的大型购物商店。大型百货超市 Target、家用电器连锁店 Best Buy、休闲时尚品牌 Old Navy 等汇聚了美国众多大型批发商店。Target 在布鲁克林也有分店，但这里的折扣更大，物美价廉，更加诱人。但从地铁 116 大道站下车还需要步行 25 分钟左右，且周围治安不是很好。所以推荐您乘坐汽车或出租车。

大型商店汇集

东河广场
East River Plaza
别 MAP p.44-B2
住 E. 116th St.（at FDR Dr.）
营 根据店铺不同营业时间各异
休 节假日
URL www.eastriverplaza.com

从普通人到精英

乔纳森·阿德勒
Jonathan Adler

别MAP p.30-B4 索霍区

色彩鲜艳、设计独特的陶器和装饰品，各种特色小物件应有尽有。经常出现在电视剧或杂志上。

住 47 Greene St.（bet. Broome & Grand Sts.）
地铁 A C E Canal St
☎（1-212）941-8950
营 周一～周六 11:00~19:00、周日 12:00~18:00
休 无
CC A M V
URL www.jonathanadler.com

商品种类繁多 大受欢迎

陶谷仓
Pottery Barn

别MAP p.37-D1 上东区

厨房用具大全。从时尚到经典，涵盖范围齐全，从桌上用品到麻织品应有尽有。

住 117 E. 59th St.（bet. Park & Lexington Aves.）
地铁 4 5 6 59 St
☎（1-917）369-0050
营 周一～周六 10:00~20:00、周日 11:00~19:00
休 节假日
CC A J M V

分店 别MAP p.20-B4
URL www.potterybarn.com

商品从办公专用到时尚潮品

弗时爱迪
Fishs Eddy

别MAP p.11-D1 切尔西

起初，这里是将餐饮店里不需要的滞销的餐具食器用来销售，简单结实耐用的餐具迅速成为话题受到人们关注。特价的商品从 $1 到 $30 不等。附有曼哈顿插画的商品值得购买。

纽约城市系列的商品是您为朋友购买纪念品的最佳选择

中央广场附近的经典老店

住 889 Broadway（at 19th St.）
地铁 N R 23 St
☎（1-212）420-9020
营 周一～周四 9:00~21:00、周五、周六 9:00~22:00、周日 10:00~20:00
休 节假日
CC A M V
URL www.fishseddy.com

室内装饰用品大型超市

ABC 地毯和家居
ABC Carpet & Home

别MAP p.11-D1 切尔西

由地毯专卖店发展而来，创业 100 余年发展到室内用品专卖店。日常百货、小物件、古董应有尽有。还有半地下室的餐饮店。

住 888 Broadway（at 19th St.）
地铁 L N Q R 4 5 6 14th St-Union Sq
☎（1-212）473-3000
营 周一～周六 10:00~19:00（周四 ~20:00）周日 11:00~18:30
休 节假日
CC A M V
URL www.abccarpet.com

店内的装饰品只是看一下也能让人心满意足

地下餐饮店、ABC 厨房也可选择尝试一下

VOICE | ABC Carpet & Home 显示器的质量超赞！但实际没法买回家的大件家用物品太多了，但是看看也能心满意足。

品质专业

威廉姆斯·索诺玛 Williams-Sonoma

别 MAP p.22-A1 上东区

色彩艳丽的食器、欧洲堪称第一品牌的锅器，结实耐用设计新颖，厨房用品应有尽有。

住 1175 Madison Ave.（at 86th St.）
地铁 4 5 6 86 St
☎（1-212）289-6832
营 周一～周五 9:00~19:00、周六 10:00~19:00 周日 11:00~18:00
休 节假日 CC A J M V
分店 别 MAP p.9-C2
URL www.williams-sonoma.com

简单高雅的小用件

箱桶之家 Crate & Barrel

别 MAP p.37-C1 中城东

全美箱桶连锁店。简洁耐用的厨房用品和卫浴用品。二层销售家具。

住 650 Madison Ave.（at 59th St.）
地铁 N Q R 5 Av-59 St
☎（1-212）308-0011
营 周一～周六 10:00~19:00、周日 12:00~18:00
休 无
CC A J M V
分店 别 MAP p.31-C1
URL www.crateandbarrel.com

来自芬兰的时尚品牌

玛丽麦高 Marimekko

别 MAP p.14-A4 格拉莫西

芬兰的家纺品牌旗舰店。除印花布之外还有各类服装、背包、食器和亚麻布。

住 200 5th Ave.（at 23rd St.）
地铁 L N Q R 4 5 6 14 St-Union Sq
☎（1-212）843-9121
营 周一～周三、周五 10:00~19:00、周四 10:00~20:00、周六 10:00~18:00、周日 12:00~17:00
休 无
CC A J M V
URL www.marimekko.com

箱桶姐妹店

CB2 CB2

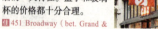

别 MAP p.30-B4 索霍区

这里的商品比旗舰店的更适合现代年轻人，成为本店的一大特征。盘子和玻璃杯的价格都十分合理。

住 451 Broadway（bet. Grand & Howard Sts.）
地铁 N R Canal St
☎（1-212）219-1454
营 周一～周六 11:00~21:00、周日 12:00~19:00
休 无
CC A J M V
分店 别 MAP p.18-B2
URL www.cb2.com

COLUMN

乘坐水上的士到宜家布鲁克林

坐落在布鲁克林红钩的宜家品牌在国内同样是极具人气的大型家居专卖店。从曼哈顿乘坐纽约水上快艇去的话非常方便，可以当天去当天回。店内宽敞明亮，各种装饰用品应有尽有。

MAP 地图外
住 1 Beard St., Brooklyn
☎（1-888）888-4532
营 每天 10:00~21:00
休 无
CC A J M V

URL www.ikea.com/us/en/store/brooklyn

前往方式●乘坐水上快艇从水上信道东侧站出发。到达宜家 IKEA 只需 20 分钟。平时营运时间为 14:00~19:20，每隔 40 分钟一次，周六、周日为 11:00~20:20，每隔 40 分钟一次。在夏季的上午和下午均会增开次数。乘坐费用是周六日免费，周一到周五单程 $5（购买 $10 以上物品的话免费。）

其他的前往方式及出行时刻请登录网站确认。

VOICE | COSMETIC MARKET 店内的格调高雅，化妆品、沐浴露比其他百货的价格更低廉一些。住 13E. 37th St.（bet. 5th & Madison Aves.）

浏览也满足的大型日用百货商店

床·浴室&家居用品
Bed, Bath & Beyond

别MAP p.9-D1　切尔西

简直是一座巨型仓库，从厨房用品到各种硬件设施。商品价格都比较适中，也能从中挑选作为纪念品的商品。上西城区设有分店。

各式各样美式风情的物品

住 620 6th Ave.（near 18th St.）
地铁 F M 14 St
☎（1-212）255-3550
营 每天 8:00~21:00
休 节假日
CC A J M V
分店 别MAP p.19-C1
URL www.bedbathandbeyond.com

散发着像艺术品一样的魅力

约翰·德里安
John Derian

别MAP p.10-B4　东村

展现了古董收藏家艺术者 John Derian 的艺术世界。以水果、花朵、动物为主题，洋溢着一种莫名的怀旧气氛的镇尺、托盘和彩绘盘子都特别受欢迎。

注重细节的各式小商品

住 6 E. 2nd St.（bet. 2nd & Bowery Aves.）
地铁 6 Bleecker St
☎（1-212）677-3917
营 周二～周日 12:00~19:00
休 周一
CC A M V
URL www.johnderian.com

钟爱料理　厨房用品专卖店

百老汇乞丐
Broadway Panhandler

别MAP p.10-A3　东村

商品种类繁多，既有厨师专用的专业用具又有注重设计精心别致的小工具，每一样都匠心独运。是具有美国风情独特的纪念品选择。

花朵形状的刷子以及荷包蛋翻匙

住 65 E. 8th St.（bet. Broadway & Mercer St.）
地铁 N R 8 St-NYU
☎（1-212）966-3434
营 周一～周六 11:00~19:00、周日 11:00~18:00
休 节假日
CC A M V
URL www.broadwaypanhandler.com

匠心独运

皮尔因帕特
Pier 1 Imports

别MAP p.11-D3　切尔西

分布在全美的连锁店。店内宽敞大气，极具格调的床上用品系列，桌布和食器价格适宜。商品设计注重季节感，备受欢迎。

温暖风格的食器

住 71 5th Ave.（at 15th St.）
地铁 L N Q R 4 5 6 14 St-Union Sq
☎（1-212）206-1911
营 周一～周六 10:00~21:00、周日 11:00~19:00
休 节假日
CC A J M V
分店 别MAP p.22-B4
URL www.pier1.com

星巴克的玻璃杯　如果您为喜爱咖啡的朋友送上一只星巴克的纽约限量版玻璃杯的话，他一定会十分欢喜。纽约限量版玻璃杯时尚前卫。如果您还在为纪念礼品费神，不如来选择一款。

纽约最大旧书店

史传德书店 Strand Book Store

别MAP p.10-A2 东村

书店内拥有 200 万册的旧书和新图书。旧书也分门别类地进行了整理，非常容易查找。书店前常常摆出特价销售的超值特价书 $1。带有本店标志的原版商品价格合理受到好评。

这里有很多设计风格独特的大手提袋

这是一家创立于 1927 年的老字号二手书店

住 828 Broadway（at 12th St.）
地铁 L N Q R 4 5 6 14 St-Union Sq
☎（1-212）473-1452
营 周一～周六 9:30~22:30、周日 11:00~22:30
休 节假日
CC A M V
URL www.strandbooks.com

选择作为礼物的书籍吧

瑞苏 Rizzoli

别MAP p.36-B2 中城西

书店销售的书是作为礼品的不二选择，种类众多，还有美术、建筑、摄影等专业书籍。还有许多时尚别致的小商品，都很美观。

住 31 W. 57th St.（bet. 5th & 6th Aves.）
地铁 F 57St
☎（1-212）759-2424
营 周一～周五 10:00~19:30
周六 10:30~19:00 周日 11:00~19:00
休 节假日 CC A J M V
URL www.rizzoliusa.com

艺术相关书籍

熊属书店 Ursus Books & Prints

别MAP p.18-A1 上东区

大量与艺术相关的书籍，如美术、建筑、园艺等。如果找到您想要的书籍还能选择邮递。

住 699 Madison Ave.（bet. 62nd & 63rd Sts.），3F
地铁 N Q R 5 Av/59 St
☎（1-212）772-8787
营 周一～周五 10:00~18:00、周六 11:00~17:00
休 周日、节假日
CC A M V
URL www.ursusbooks.com

有历史底蕴的旧书店

雅奇书店 Argosy Book Store

别MAP p.18-B2 上东区

如果您想寻找绝版或难以入手的第一版书籍、收藏书或旧地图的话，推荐来这里。这里有很多藏书供您选择。

住 116 E. 59th St.（bet. Park & Lexington Aves.）
地铁 4 5 6 59 St
☎（1-212）753-4455
营 周一～周五 10:00~18:00、周六 10:00~17:00（仅限 9 月～次年 5 月中旬）
休 周日、节假日
CC A M V
URL www.argosybooks.com

绘画本众多 面向小朋友的书店

猎奇书店 Books of Wonder

别MAP p.9-D1 切尔西

绘画本众多，从经典珍藏版到最新的版本，不仅小孩子喜爱，连大人都会爱不释手。店内还有毛绒玩具和明信片。

住 18 W. 18th St.（bet. 5th & 6th Aves.）
地铁 F M 14 St
☎（1-212）989-3270
营 周一～周六 10:00~19:00、周日 11:00~18:00
休 节假日
CC A J M V
URL www.booksofwonder.com

VOICE Strand Book Store 书店原装手提袋，如果想为朋友购买当作礼物书籍的话，可以选择使用这种购物袋。有很多图案供您选择。

漫画发烧友的天堂

圣马克漫画 St. Mark's Comics

别MAP p.10-B3　东村

从 18 世纪 30 年代到现代有出售各种漫画的漫画专卖店。海报、卡片、T 恤各种珍藏品丰富多样。

住 11 St. Mark's Place（near 3rd Ave.）
地铁 6 Astor Pl
☎（1-212）598-9439
营 周一、周二 10:00~23:00、周三 9:00~ 次日 1:00
周四 ~ 周六 10:00~ 次日 1:00、周日 11:00~23:00
休 节假日　CC A J M V（最低 $10）
URL www.stmarkscomics.com

SFX相关书籍和杂志

禁忌星球书店 Forbidden Planet

别MAP p.10-A2　格林尼治村

这里的杂志类书籍，花案图形，以及小物件的陈列十分丰富。感兴趣的人可以事先查询。

住 832 Broadway（at 13th St.）
地铁 L N Q R 4 5 6 14 St-Union Sq
☎（1-212）473-1576
营 周日 ~ 下周二 9:00~22:00、周三 ~ 周六 9:00~24:00
休 节假日
CC A J M V
URL www.fpnyc.com

COLUMN

大型书店购物中心 Barnes & Noble

这是美国大型连锁书店，以杂志、报纸、纸质手提袋为主，主要涉及语言学、医疗、计算机、商务、娱乐相关书籍、绘画，内容范围涵盖广泛。销售价格各异，畅销书籍也会打出很大折扣。根据场地不同，四家连锁店规模设置也不尽相同，这座四层的大建筑有一层面积很宽敞的书店。从陈列的书籍来看各分店也有差异，在商务金融街上的书店主要以商务书籍为主。另外有些分店还在店内设置了沙发和品尝咖啡的地方。营业时间各异，一般为 9:00~22:00，最晚的到 24:00. 其中最大的分店在联合广场那一家。

●联合广场店
别MAP p.10-A1
住 33 E. 17th St.（bet. Broadway & Park Ave.）
营 每天 10:00~22:00
休 无

●第五大道店
别MAP p.35-C2
住 555 5th Ave.（bet. 45th & 46th Sts.）
营 周一 ~ 周五 9:00~21:00
周六、周日 10:00~21:00
休 无

●花旗集团中心店
别MAP p.18 –B3
住 160 E. 54th St.（bet. 3rd & Lexington Aves.）
营 周一 ~ 周五 7:00~21:00
周六 10:00~21:00　周日 11:00~18:00
休 无

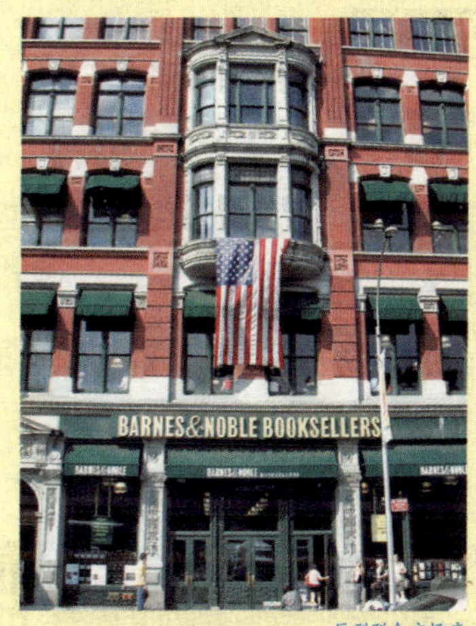

巨型联合广场店

● 82 街和百老汇店
别MAP p.20 –B1
住 2289 Broadway（bet. 82nd & 83rd Sts.）
营 每天 9:00~22:00
休 无

●翠贝卡店
别MAP p.5-C4
住 97 Warren St.（at Greenwich St.）
营 周一 ~ 周六 10:00~21:00
周日 10:00~19:00
休 无

VOICE | **时报广场附近的礼品店值得留意**　敲竹杠的事件时有发生。特别是卡耐基音乐大厅里的 W. 56th St. 及 7th Ave. 街角都比较危险。SIM 卡非常贵。

捐献而成的书店和咖啡店

书店咖啡馆
Housing Works Used Bookstore Cafe

别MAP p.31-C1　索霍区

这里的书籍、咖啡和家具都是由捐赠而来。而营业的收益都将捐献给艾滋病患者和无家可归的人，用于帮助他们。

住 126 Crosby St.（bet. Houston & Prince Sts.）
地铁 B D F M Broadway-Lafayette St
☎（1-212）334-3324
营 周一～周五 10:00~21:00，周六、周日 10:00~17:00
休 无
CC A M V
URL www.housingworks.org/usedbookcafe

儿童书店

银行街书店
Bank Street Bookstore

别MAP p.28-A4　晨边高地

以儿童书籍为主的专卖店。主要涉及益智玩具、教育书籍等主题，同时还有很多外国书籍。

住 2879 Broadway（at 112th St.）
地铁 1 Cathedral Pkwy
☎（1-212）678-1654
营 每天 8:00~22:00
休 节假日
CC A M V
URL www.bankstreetbooks.com

十分便利的书店

纪伊图屋书店
Kinokuniya

别MAP p.33-D4　中城西

有很多与纽约相关的书籍、地图和过期杂志。同时设有咖啡休息角。

住 1073 6th Ave.（bet. 40th & 41st Sts.）
地铁 B D F M 42 St-Bryant Pk
☎（1-212）869-1700
营 周一～周六 10:00~20:00、周日 11:00~19:30
休 无
CC A D J M V
URL www.kinokuniya.com

旧书连锁店中那些亲切的东西

打折 / 折扣廉价书店
BookOff

别MAP p.34-B2　中城东

主要涉及书籍、漫画、杂志以及 CD 和视频软件。还设有 $1 专区。

住 49 W. 45th St.（bet. 5th & 6th Aves.）
地铁 B D F M 47-50 Sts-Rockefeller Ctr
☎（1-212）685-1410
营 每天 10:00~20:00
休 无
CC A D J M V
URL www.bookoff.co.jp

MARC JACOBS产品

小马哥书店
BookMarc

别MAP p.9-C3　中城西

主要是与品牌概念相关的照片集和艺术展相关的书籍。除笔记本和钢笔等文具用品外，还有包包、钥匙圈等时尚的原创小商品。

与普通书店不同 店内设有专门的艺术书籍专柜

位于 Magnolia Bakery 对面（木兰花贝卡丽）

住 400 Bleecker St.（at 11th St.）
地铁 1 2 3 14 St
☎（1-212）620-4021
营 每天 12:00~20:00
休 节假日
CC A M V
URL www.marcjacobs.com

玩具反斗城　从中央的入口进去之后映入眼帘的是一个巨大的游览车。在您乘坐的时候可以请工作人员帮您拍照，然后您再购买照片。

大型家电专卖店的CD专卖店

J&R 音乐电脑世界
J&R Music & Computer World

别MAP p.3-C1 曼哈顿下城

一层为摇滚 CD，二层是重金属和经典的 CD，地下一层还有 DVD。

住 23 Park Row（bet. Ann & Beekman Sts.）
地铁 A C Fulton St
☎（1-212）238-9000
营 周一～周五 10:00~19:00（周四、周五 10:00~19:30）周六、周日 11:00~19:00
休 无
CC A J M V
URL www.jr.com

DJ人气店

阿尔西恩音像店
Halcyon Records

别MAP p.38-B1 邓波

主要以俱乐部音乐为中心。还有当地 DJ 表演活动。

住 57 Pearl St.（at Water St.）
地铁 F York St
☎（1-718）260-9299
营 每天 12:00~21:00
休 无
CC A J M V
URL www.halcyontheshop.com

寻觅稀有的二手唱片

西部街区音像店
Westsider Records

别MAP p.20-B3 上西区

提供稀有、绝版唱片的旧唱片专卖店。与音乐相关的旧书角，还有很多 DVD。

住 233 W. 72nd St.（bet. Broadway & West End Ave.）
地铁 1 2 3 72 St
☎（1-212）874-1588
营 周一～周四 11:00~19:00，周五、周六 11:00~21:00，周日 12:00~18:00
休 节假日
CC A J M V

狭窄的小店尽是物超所值的宝贝

布利克街音像店
Bleecker Street Records

别MAP p.9-D4 格林尼治村

以摇滚、爵士乐、蓝调为主。地下尽是爵士乐的宝贝，所以喜爱的人一定要去好好淘一番。

住 239 Bleecker St.（bet. Cornelia & Carmine Sts.）
地铁 A C E B D F M W 4 St
☎（1-212）255-7899
营 周日～下周周四 11:00~22:00 周五、周六 11:00~23:00
休 节假日 CC M V
URL www.bleeckerstreetrecordsnyc.com

COLUMN

99美分商店

纽约有很多 99 美分小店。其中 32 街和 40 街的商品种类繁多。从食品（除生鲜食品外）到文具、市内装饰品到化妆品应有尽有。这些商品可以全部 99 美分入手。

杰克的 99 美分商店
Jack's 99 Cent Stores

别 MAP p.13-D3
住 110 W. 32nd St.（near 6th Ave.）
☎（1-212）268-9962
营 周一～周五 7:30~19:45 周六 10:00~19:45 周日 10:00~18:45
休 无 CC A J M V

一个位于 32 条街上十分宽敞的店铺

VOICE J&R Music & Computer World 买完 CD 后，在 J&R Cafe（住 1 Park Row）的收银台处出示收据可以免费获得一杯咖啡。苦涩而美味。可以悠闲地度过一上午。

如果您要寻找经典唱片的话一定不要错过这里

黑金音像店
Black Gold Records

别MAP p.40-A3　博寇卡

以“唱片咖啡和古董”为主题。一边寻找着唱片一边喝咖啡，享受休闲时光。

住 461 Court St.（bet. Luquer St. & 4 th Pl.）
地铁 F Carroll St
☎（1-347）227-8227
营 周一 7:00~14:00　周二、周三 7:00~20:00
周四、周五 10:00~21:00
周六 10:00~21:00　周日 10:00~19:00
CC ADJMV
URL blackgoldbrooklyn.com

音乐发烧友经常光顾的小店

阿泽音像店
Other Music

别MAP p.10-A4　东村

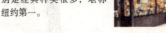

以迷幻、独立摇滚为中心的情趣商品琳琅满目。还有 20 世纪 60 年代放克灵魂乐的 LP 和旧唱片。

住 15 E. 4th St.（bet. Broadway & Lafayette St.）
地铁 6 Astor Pl
☎（1-212）477-8150
营 周一～周五 11:00~21:00　周六 12:00~20:00
周日 12:00~19:00
休 节假日
CC AJMV
URL www.othermusic.com

很多出自本地的商品

奥斯卡音像店分店
Academy Records Annex

别MAP p.39-A4　威廉斯堡

Academy Record 分店以放克和爵士灵魂为主，无论年代还是种类，旧唱片种类超乎寻常。

住 96 N. 6th St.（bet. Wythe Ave. & Berry St.）
地铁 L Bedford Av
☎（1-718）218-8200
营 周一～周四、周日 12:00~20:00
周五、周六 12:00~22:00
休 节假日
CC MV

经典和爵士乐为主

奥斯卡音像店
Academy Reords

别MAP p.11- D2　切尔西

以经典和爵士乐为中心的二手唱片和 CD 店，特别是经典种类很多，堪称纽约第一。

住 12 W. 18th St.（bet. 5th & 6th Aves.）
地铁 F M 14 St
☎（1-212）242-3000
营 每天 11:00~19:00
休 节假日
CC AMV
URL www.academy-records.com

column

纽约5家苹果专卖店

●第五大道店
别 MAP p.37-C1　住 767 5th Ave.（bet. 58th & 59th Sts.）　营 24 小时　休 无

●索霍区店
别 MAP p.30-B2　住 103 Prince St.（at Greene St.）　营 周一～周六 9:00~21:00、周日 9:00~19:00　休 无

●肉类加工区店
别 MAP p.8-B2　住 401 W. 14th St.（at 9th Ave.）　营 周一～周六 9:00~21:00、周日 9:00~19:00　休 无

●中央广场店
别 MAP p.35-D3　住 89 E. 42nd St.（中央广场站区域内）　营 周一～周五 7:00~21:00、周六 10:00~19:00、周日 11:00~17:00　休 无

●上西区店
别 MAP p.20-B4　住 1981 Broadway（bet. 67th & 68th Sts.）　营 每天 9:00~21:00
休 无　CC ADMV 各店通用

区域内中央广场店

❤ **关于 DVD 的区域代码**　因为中国是 6，美国是 1，在美国所购买的区域代码为 1 的 DVD 在中国普通的 DVD 播放器上是无法播放的。

自然精华舒适好用

科颜氏
Kiehl's

别MAP p.10-B2 东村

在国内同样很有名的药妆品老品牌。在宽敞的总店里有 200 种以上的护肤品。

住 109 3rd Ave.（bet. 13th & 14th Sts.）
地铁 L 3 Av
☎（1-212）677-3171
营 周一～周六 10:00~20:00、周日 11:00~18:00
休 节假日
CC A D J M V
URL www.kiehls.com

人气理发师创制的护发品牌

约翰大师有机物
John Masters Organics

别MAP p.30-A3 索霍区

根据独自严格的标准研制，不使用化学合成物质的护发用品，非常受欢迎，可以的话推荐来总店进行选购。

住 77 Sullivan St.（bet. Spring & Broome Sts.）
地铁 C E Spring St
☎（1-212）343-9590
营 每天 11:00~18:00
休 节假日
CC A D J M V
URL www.johnmasters.com

因花卉蜡烛著名的品牌

红色花朵
Red Flower

别MAP p.31-D2 诺丽塔

创始人是原资生堂董事。因此产品很多使用日本的材料。

住 13 Prince St.（bet. Elizabeth St. & Bowery）
地铁 J Z Bowery
☎（1-212）966-5301
营 每天 11:00~19:00
休 节假日
CC A D J M V
URL redflower.com

用香薰疗法放松全身

艾凡达
Aveda

别MAP p.5-C1 索霍区

因使用植物成分制造的护肤产品和美发产品而广为人知的品牌。同时设有美发沙龙和水浴中心。

住 233 Spring St.（near 6th Ave.）
地铁 C E Spring St
☎（1-212）807-1492
营 周一～周六 9:00~21:00、周五 9:00~20:00
周六 9:00~19:00、周日 9:00~18:00
休 无
CC A J M V
URL www.aveda.com

尽是布鲁克林化妆品

密欧密亚
Miomia

别MAP p.39-A3 威廉斯堡

小巧雅致的店内闪耀着业主的高品位的风格。店内的化妆品极具人气。同时还有男款。

住 318 Bedford Ave.（bet. S. 1st & S. 2nd Sts.）
地铁 L Bedford Av
☎（1-718）490-5599
营 周一、周三～周六 12:00~19:00、周日 12:00~18:00
休 周二
CC A M V
URL www.shopmiomia.com

调制自己喜爱的香型

索珀洛集
Soapology

别MAP p.9-C2 格林尼治村

百分之百纯天然有机护肤品专卖店。初次到店里可以享受免费的手部护理。

住 67 8th Ave.（bet. 13th & 14th Sts.）
地铁 L 8 Av
☎（1-212）255-7627
营 每天 10:00~22:00
休 节假日
CC A D J M V
URL www.soapologynyc.com

VOICE | Kiehl's 如果想要购买护唇膏的话推荐购买椰果、香草口味，还有受季节限定的芒果口味。

化妆品大型专卖店

丝芙兰
Sephora

别MAP p.31-C2 索霍区

从欧洲著名某品牌到纽约品牌应有尽有。曼哈顿店内设有数家。

住 555 Broadway（bet. Prince & Spring Sts.）
地铁 N R Prince St
☎（1-212）625-1309
营 周一～周六 10:00~21:00、周日 11:00~20:00
休 节假日
CC A J M V
URL www.sephora.com

1838年创业的老牌药店

毕格罗化学家
C.O.Bigelow Chemists

别MAP p.9-D3 格林尼治村

现在的室内装饰风格仍是1902年当时老药店的样式。经典原创的药品依然大受欢迎。

住 414 6th Ave.（bet. 8th & 9th Sts.）
地铁 A B C D E F M W 4 St
☎（1-212）533-2700
营 周一～周五 7:30~21:00
周六 8:30~19:00、周日 8:30~17:30
休 节假日
CC A J M V
URL www.bigelowchemists.com

源于切尔西的人气品牌

马林戈茨
Malin + Goetz

别MAP p.9-C1 切尔西

护肤品、护发用品、护体品，男女通用护理系列用品应有尽有，本店香水也很受欢迎。

住 177 7th Ave.（bet. 20th & 21st Sts.）
地铁 1 23 St
☎（1-212）727-3777
营 周一～周五 11:00~20:00、周六 12:00~20:00
周日 12:00~18:00
休 节假日
CC A M V 分店 别MAP p.20-B1
URL www.malinandgoetz.com

精美华丽的假发

瑞奇
Ricky's

别MAP p.10-A3 东村

主营化妆品、护发相关及牙齿保健、护体用品，产品种类众多价格低廉，还有各式各样的假发。

住 44 E. 8th St.（at Greene St.）
地铁 N R 8 St-NYU
☎（1-212）254-5247
营 周一～周五 10:00~21:00
周六 11:00~、周日 11:00~20:00
休 节假日
CC A M V 分店 别MAP p.9-D3
URL www.rickysnyc.com

象征对纽约崇拜的香氛

邦德9号
Bond No.9

别MAP p.22-A3 上东区

以纽约地名命名的香氛和各种蜡烛是店内的特色商品，贝瑞卡大街有3家店铺。

住 897 Madison Ave.（bet. 72nd & 73rd Sts.）
地铁 6 Bleecker St
☎（1-212）794-4480
营 周一～周六 10:00~19:00、周日 12:00~18:00
休 节假日
CC A J M V
URL www.bondno9.com

按重量销售的植物草本店

花能量
Flower Power

别MAP p.11-C3 东村

专注于有机品质的草本植物精油专卖店。原创品牌大受好评。

住 406 E. 9th St.（1st Ave. & Avenue A）
地铁 L 1 Av
☎（1-212）982-6664
营 每天 12:00~19:00
休 节假日
CC A M V
URL www.flowerpower.net

VOICE **想要购买化妆品的话** 推荐丝芙兰品牌。还有宝璐丝和卡罗尔的女儿等众多纽约品牌。

色彩明丽、流行时尚的套间

迪伦糖果酒吧
Dylan's Candy Bar

别MAP p.18-B1 上东区

拉夫·劳伦的女儿迪伦·劳伦的小店。一层是巧克力和各色糖果。楼梯过道上摆放的是到过店里的各位名人。店内还有各式的化妆品和T恤。

包装纸可爱诱人十分适合礼品赠送

住 1011 3rd Ave.（at 60th St.）
地铁 N Q R Lexington Av/59 St
☎（1-646）735-0078
营 周一～周四 10:00~21:00
周五、周六 10:00~23:00、周日 11:00~21:00
休 节假日
CC A M V
URL www.dylanscandybar.com

上西区的老店铺

扎巴
Zabar's

别MAP p.20-B2 上西区

深受上西区居民喜爱的经典老店。一层是奶酪，果酱、香料和各种家常小菜的食材，二层是厨房用品专卖。

带有专卖店标志的橙色购物袋

住 2245 Broadway（at 80th St.）
地铁 1 79 St
☎（1-212）787-2000
营 周一～周五 8:00~19:30、周六 8:00~20:00
周日 9:00~18:00
休 无
CC A M V
URL www.zabars.com

偶遇名人概率极高的茶坊

哈尼父子酒品店
Harney & Sons Tasting Room

别MAP p.31-C4 索霍区

在纽约州北部设有总店，霍尔叶茶品牌的直营专卖店。在高档酒店及饭店均有使用，其中很多知名人士都是其忠实的爱好者。在这里汇集了各式各样的茶叶，还有250种茶叶供您品尝。

店内还有小型咖啡区

住 433 Broome St.（bet. Broadway & Crosby St.）
地铁 6 Spring St
☎（1-212）933-4853
营 每天 10:30~18:30（周日 11:00~）
休 无
CC A J M V
URL www.harney.com

自然食品大企业专卖店

全食超市
Whole Foods Market

别MAP p.6-A1 下东区

以有机食品为主，除此之外还有各色化妆品和护肤产品。商品都是可食用的，结算后可以到二层宽敞的空间悠闲地小憩一会儿。无论想选购一些方便实用的商品还是想赠送亲友，都可以在这儿找到合适的商品。

丰富的纽约本地食品

住 95 E. Houston St.（bet. Bowery & Chrystie Sts.）
地铁 F 2 Av
☎（1-212）420-1320
营 每天 8:00~23:00
休 无
CC A J M V 分店 别MAP p.5-C4
URL www.wholefoodsmarket.com

❤ **全食超市其他分店** Tribeca 店 别MAP p.5-C4，Union Square 店 别MAP p.10-A2，Chelsea 店 别MAP p.13-D4，Midtown East 店 别MAP p.18-B2，Columbus Circle 店 别MAP p.17-C2，Upper West Side 店 别MAP p.24-B2

有机食品更便宜

商人乔
Trader Joe's

别MAP p.10-B2　格拉莫西

1985 年诞生于加利福尼亚州的有机食品专卖店。热情的服务态度和合理的价位深受消费者欢迎。

住 142 E. 14th St.（bet. 3rd & 4th Aves.）
地铁 L 3 Av
☎（1-212）529-4612
营 每天 8:00~22:00
休 无
CC A J M V　分店 别MAP p.9-D1、p.20-B3
URL www.traderjoes.com

Zabar的兄弟店

伊莱扎巴
Eli's Zabar

别MAP p.22-B2　上东区

专卖店的地下一层是蔬菜和新鲜食品，一层是面包和色拉柜台，这是小店的一大特色，因此特别推荐。还有食用专区供您悠闲地享受美味。

住 1411 3rd Ave.（at 80th St.）
地铁 6 77 St　☎（1-212）717-8100
营 每天 7:00~21:00
休 无
CC A J M V
URL www.elizabar.com

以原创食品为傲

迪恩德卢卡
Dean & Deluca

别MAP p.31-C2　索霍区

这里汇集了新鲜的鱼类、肉类和世界各地的食品素材。品牌原创的食品具有雷打不动的高人气。还有可在内部饮用的咖啡专区。

住 560 Broadway（at Prince St.）
地铁 N R Prince St
☎（1-212）226-6800
营 周一～周五 7:00~20:00，周六、周日 8:00~20:00
休 无
CC A J M V　分店 别MAP p.22-A1、p.35-C1、p.36-A2
URL www.deandeluca.com

总店在意大利都灵的意大利世贸商城

宜大利
Eataly

别MAP p.14- A4　格拉莫西

意大利巨匠 Mariobatari 参与设计创制。在宽敞的店内尽是上乘的小菜和红酒。

住 200 5th Ave.（bet. 22nd & 23rd Sts.）
地铁 N R 23 St
☎（1-212）229-2560
营 每天 10:00~23:00
休 无
CC A J M V
URL www.eatalyny.com

大型高级超市因熟食产品而再次复活

百都西美食城
Balducci's Gourmet on the Go

别MAP p.17- C2　中城西

店内设有咖啡、三明治专区，在柜台处结账后可在店内享用美味。店内原创的意大利面沙司非常有人气。

住 301 W. 56th St.（at 8th Ave.）
地铁 A C B D 1 59 St-Columbus Circle
☎（1-646）350-4194
营 周一～周五 7:00~20:00、周六 8:00~20:00
周日 9:00~20:00
休 无
CC A J M V
URL www.balduccis.com

海鲜和家常小菜

西塔利亚
Citarella

别MAP p.9- D3　格林尼治村

1983 年以高级生鲜鱼类专卖店起家，如今依然是值得信赖推荐的新鲜海产品专卖店，其中家常小菜也极具人气。

住 424 6th Ave.（at 9th St.）
地铁 A C E B D F M W 4 St
☎（1-212）874-0383
营 周一～周六 7:00~23:00、周日 9:00~21:00
休 无
CC A M V　分店 别MAP p.20-B3、p22-B3
URL www.citarella.com

VOICE | **花生酱专卖店**　咸味和烧烤味花生酱罐头正是下酒菜的首选。住 240 Sullivan St.（bet. Bleecker & 3rd Sts.）

1946年诞生的深受当地人喜爱的甜点

威廉·格林伯格甜品
William Greenberg Desserts

别MAP p.22-A1　上东区

巧克力和香草口味白色和黑色经典搭配的小曲奇，在纽约备受好评，经常断货，想要的赶快入手。

住 1100 Madison Ave.（bet. 82nd & 83rd Sts.）
地铁 ④⑤⑥ 86 St
☎（1-212）861-1340
营 周一～周六 8:00~18:30（周六 ~18:00）
周日 10:00~16:00
休 无
CC Ⓐ Ⓜ Ⓥ
URL www.wmgreenbergdesserts.com

印有艺术模特像的巧克力

玛丽贝乐
MarieBelle

别MAP p.30-A3　索霍区

菠萝、覆盆子、鳜鱼等 27 种口味供您选择。巧克力上的印花又相当可爱。售价 $144 / 个。

住 484 Broome St.（bet. Wooster St. & W. Broadway）
地铁 Ⓒ Ⓔ Spring St
☎（1-212）925-6999
营 每天 11:00~19:00（周五～周日 11:00~20:00）
休 节假日
CC Ⓐ Ⓜ Ⓥ
URL www.mariebelle.com

将世界各种味觉进行混合搭配

孚日浩特巧克力
Vosges Haut-Chocolat

别MAP p.30-B3　索霍区

印度咖喱、芥末、胡椒、生姜，世界各种口味进行混合搭配异国口味的黑松露是最受欢迎的一款。

住 132 Spring St.（bet. Greene & Wooster Sts.）
地铁 ④⑤⑥ 86 St
☎（1-212）625-2929
营 每天 11:00~20:00
休 无
CC Ⓐ Ⓙ Ⓜ Ⓥ
URL www.vosgeschocolate.com

极具人气的自然派巧克力

雅克·托雷斯巧克力
Jacques Torres Chocolate

别MAP p.38-A1　邓波

备受欢迎的布鲁克林总店。不使用添加剂和人工香料的手工制作巧克力，充满怀旧的情调和甜美的味道。让您爱不释手。

住 66 Water St.（bet. Brooklyn & Manhattan Bridges）
地铁 Ⓐ Ⓒ High St
☎（1-718）875-9772
营 周一～周六 9:00~19:00
周日 10:00~18:00（夏季营业时间有所变动）
CC Ⓐ Ⓙ Ⓜ Ⓥ　URL www.mrchocolate.com
※翠贝卡店 别MAP p.4-B1

口感醇厚的生巧克力

第五大道巧克力
5th Avenue Chocolatiere

别MAP p.14- B1　中城东

拥有 30 年以上历史的精品老店。堪称送人首选的人气黑松，在口中弥漫开奢华的味道。

住 693 3rd Ave.（bet. 43rd & 44th Sts.）
地铁 Ⓢ④⑤⑥⑦ Grand Central- 42 St
☎（1-212）935-5454
营 周一～周五 9:00~19:00
周六 10:00~18:00、周日 11:00~17:00
休 节假日
CC Ⓐ Ⓓ Ⓙ Ⓜ Ⓥ
URL www.5thavenuechocolatiere.com

来尝试一下纽约气息浓厚的巧克力吧

奇琪巧克力
Kee's Chocolates

别MAP p.30- A3　索霍区

既好看又美味，醇滑口感让您唇齿留香。第五大道拥有分店。

住 80 Thompson St.（bet. Spring & Broome Sts.）
地铁 Ⓒ Ⓔ Spring St
☎（1-212）334-3284
营 周一～周五 10:00~19:00
周六 11:00~19:00、周日 11:00~18:00
休 无
CC Ⓐ Ⓙ Ⓜ Ⓥ
URL www.keeschocolates.com

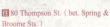

Whole's Foods　香酥可口的羊角面包堪称一绝。想吃多少就吃多少，绝不会腻。$10 两个。

热潮再次来袭！纽约品牌巧克力的新时代！

上万人爱不释手的巧克力。接下来我们将对发源于纽约的知名巧克力品牌进行介绍，千万不要错过这些人气巧克力哦！

Xocolatti 拉蒂

在索霍区的一个角落里坐落着一个典雅别致的精品店。店中的巧克力口味来源于世界各地独特的味道，浓厚纯正，唇齿留香，满溢着甜美的味道，仿佛奢华的宝石一样。还有那被命名为青石板的异国风情巧克力和冰激凌，更是挑逗你的味蕾。

别 MAP p.30-A2 索霍区
住 172 Prince St.（bet. Thompson & Sullivan Sts.）
地铁 N R Prince St
☎（1-212）256-0332
营 每天 12:00~19:00
休 节假日 CC A M V
URL xocolatti.com

仿佛典雅高贵的首饰珠宝箱
优美与独特共享 独一无二的巧克力

Truffles

一盒 $29 内含 9 块

最有人气的当数将冲绳烧酒注入伽纳彻金属蓝色的黑松露。还有闪耀着紫色尘埃光芒的百香果、飘逸着橄榄油和紫苏香气的绿色黑松露，这些都会让您爱不释手。

美得仿佛工艺品一样，让您爱不释手。还可单个购买。

小老鼠形象的黑松露印章巧克力 口感上等纯正

伯爵茶、豆蔻果实、芝麻加上覆盆子。有超过40种的美味口感供您挑选，当然还可以将柜台上您喜欢的口味和商品进行任意组合。其中最具人气的当数焦糖巧克力。

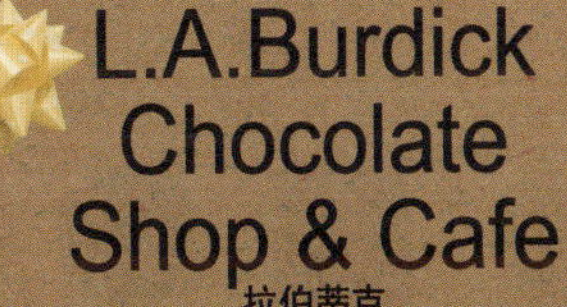

L.A.Burdick Chocolate Shop & Cafe

拉伯蒂克

巧克力・咖啡厅

1987年诞生于新罕布什尔州一个小镇的巧克力登陆了纽约大都市。采用瑞士传统工艺，不使用任何模具手工制作出的酒心巧克力吸引了众多人的目光，不拘于现有的任何流行风格，淳朴浓厚。就让我们相约在精致的咖啡店中，共享悠闲惬意的咖啡时光吧。

别 MAP p.11-D1　格拉莫西
住 5 E. 20th St.（bet. 5th Ave. & Broadway）
地铁 N R 23 St
☎（1-212）796-0143
营 周一～周三 7:30~21:00
周四、周五 7:30~22:00　周六 8:00~22:00
周日 9:00~21:00
休 节假日　CC A M V
URL www.burdickchocolate.com

Classic Assortments

1/4 磅 $16

将全部受欢迎的口味每样一颗装在一起的经典组合是您赠送亲朋好友的最佳选择。还有一只憨态可掬的小老鼠静默地坐在盒子中央。而小老鼠的表情每一款又各不相同，只有在打开盒子时才能体会那种美妙的心情。

FP Patisserie

FP 法式蛋糕店

该巧克力品牌发源于法国，传统式法国风格，口感丰富，醇正浓郁，工艺材料考究，极具艺术气息的巧克力和精美别致的巧克力盒让人欲罢不能。

精选质量优良独特的材料 如宝石般精致的巧克力

10 Piece Ballotin

10 块装 每盒 $19

让您尽情品味上等的黑松露和巧克力，礼盒小巧精致，做工一丝不苟。无论巧克力还是整体品位都堪称精品。

别 MAP p.22-B3 上东区
住 1293 3rd Ave.（bet. 74th & 75th Sts.）
地铁 6 77 St
☎（1-212）717-5252
营 周一～周六 7:30~20:00 周日 9:00~18:00
休 无
CC A M V
网 www.payard.com

Nunu Chocolates

奴奴巧克力

诞生于布鲁克林 做工精巧的上乘巧克力

源于布鲁克林小作坊里一对夫妇手工制作的巧克力。他们从哥伦比亚东部绿色可持续发展的家族农场买进可可，并以此为单一的进口来源，制作的巧克力不久之后在纽约大受欢迎，而奴奴（nunu）代表对小孩子的爱称。

形状乖巧可爱。左起第三款是著名的盐焦糖口味

别 MAP p.41-C2 博寇卡
住 529 Atlantic Ave., Brooklyn（bet. 3rd & 4th Aves.）
地铁 R D 2 3 4 5 Atlantic Ave
☎（1-917）776-7102
营 周一～周五 7:00~21:00
周六、周日 9:00~21:00
休 节假日 CC A M V
网 www.nunuchocolates.com

Assortment Box

6 块装 每盒 $12

盐焦糖、伯爵茶、覆盆子、普洛赛克、浓咖啡、榛子花生焦糖每盒 6 种口味。还有带酒味的一款。

各种巧克力分为柑橘、香脂、香料等各个种类

巴黎巨匠亲手制作的
巧克力高档包装

L'atelier du chocolat

莱特雅杜巧克力

美味的黑松露巧克力甜点出自法国著名的设计师之手。柑橘系、花香、香料等各种时令季节的25种美味巧克力等您选择。精致的外观仿佛艺术品一样让您大饱眼福。

Truffles

4 块装 $8.50

质感脆薄的巧克力糖衣包裹着风味独特的巧克力，含在口中，醇厚浓香的味道在舌头上慢慢融化。右上\烟熏咸味巧克力、右下\原味黑巧克力、左上\泰国柠檬草味、左下\花草清香口味

别 MAP p.9-D1 切尔西
住 59 W. 22nd St.（near 6th Ave.）
地铁 F M 23 St
☎（1-212）243-0033
营 周一～周六 10:00~19:00
休 周日、节假日 CC A J M V
URL www.egchocolates.com

Bond Street Chocolate

邦德街巧克力

从英国进口的邦德街巧克力，在早期为手工制作，以经典美味的黑松露而著称，后期又研制出包裹金银佛像和骷髅骨架形状的巧克力，在视觉上给人以强烈的冲击感，因而大受欢迎。

Dark Chocolate Skulls

6 块装 $14

相比彰显着个性的“上帝系列”，制作材料72%使用纯正可可制作的骷髅形状黑巧克力也别具一番风味，装嵌着金属银的骷髅形状巧克力更是店中的人气商品。在当地绝对是作为礼品的理想选择。

别 MAP p.10-B4 中城东
住 63 E. 4th St.（bet. 2nd Ave. & Bowery St.）
地铁 6 2 Av ☎（1-212）677-5103
营 周二～周六 12:00~20:00
周日 13:00~19:00
休 周一、节假日 CC M V
URL www.bondstchocolate.com

既通俗又充满创意
个性之美分外富有
情趣

经典的骷髅巧克力样品以及龙舌兰酒等成熟诱人口味的黑松露

Mast Brothers Chocolate

马斯特兄弟巧克力

右＼与咖啡的经典组合
左＼布鲁克林巧克力75%的可可苦涩香浓，堪称一绝。各买2盎司需$8.99

是纽约唯一一款将可可豆手工做成巧克力的品牌，发源于布鲁克林，材料中甜味剂只选用蔗糖，醇香浓厚，繁花似锦的包装纸显得格外精致，从这也能看出该品牌巧克力的精湛工艺，且全部都来自于手工。

MAP p.39-A2 威廉斯堡

住 111 N.3rd St.（near Berry St.）

地铁 Ⓛ Bedford Av ☎（1-718）388-2625

营 每天 12:00~19:00 休 无 CC A M V

URL mastbrothers.com 此外在 全食超市 有售 另见→p.201 切尔西市场→p.289 有售

尽情品味 Mast Brothers 巧克力
带给你的纯正可可的美味

还有不能忘记的各具特色的巧克力棒

初见时并无华丽的外表，但的确不可小觑的就是板形巧克力。最近流行的关键词即健康、有机。这些巧克力采用高品质的可可为原材料，尽量控制糖分，既美味又健康。

Fine & Raw

精工·原料

在古代可可被当作药材使用，此款巧克力最初理念就是生产研制一款能够让众人获得健康的巧克力。连包装材料都是用可再生利用的材料以及植物油墨制成的，将环保理念贯彻始终。

浸满自然恩惠 富含多酚巧克力
自然包装 覆盆子与巧克力成熟的味道

原味自然包装：浆果和黑巧克力给人成熟的口感 2盎司$8.50

URL www.fineandraw.com
迪恩德卢卡 Dean & Delaca→p.202 环保纽约城 Sustanable NYC→p.187 可进行参照并购买。

巧克力物语 1

增加的有机物质和公平贸易

在纽约盛行有机食品和公平贸易。这在巧克力市场同样流行。您在旅行途中可能会邂逅各种巧克力。

Gnosis
若西斯

在希腊语中 Gnosis 意味着智慧。基于这一观念而制成的巧克力，不使用任何糖精添加剂，100% 有机纯正低糖巧克力。还有各种口味系列，如有助于恢复体力、缓解疲劳、增强抵抗力系列等。

网 www.gnosischocolate.com
Whole's Foods Market 有售

低糖巧克力 未经精制的生可可粉或用生可可粉制作的巧克力。富含抗氧化物质和铁元素成分，有益于身体健康。

品尝一下健康美味、富含自然力量健康巧克力

有一款健康巧克力专门配备了像药箱一样的包装盒。具有抗氧化作用，其中石榴口味和巴西莓口味两款，每款 $6.99

巧克力物语 ②

美丽健康派极具人气的黑巧克力

可可具有抗氧化作用，可以有效地防止老化。在纽约更加注重食品健康，这一功能使得原材料 60% 以上为可可的黑巧克力格外受人欢迎，您不妨来尝一下。

My Lush Candy
玛拉什糖果

口感稍微有些咸味的英国太妃糖。上等醇正的浓香甜味和香酥可口的口感令其大受欢迎。主要以杏仁和伯爵茶风味为主。此外还有柠檬、白巧克力等口味独特的太妃糖。

网 mylushcandy.com
布鲁克林食品贮藏室、全食超市有售 详见 p.17、p.201

成分 86% 为黑巧克力，将太妃糖融入其中，外面包裹伯爵茶，制成的经典伯爵茶太妃糖 $5.99

苦涩黑巧克力和甜美太妃糖的完美结合

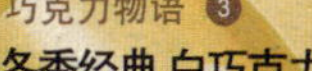

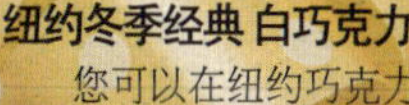

巧克力物语 ③

纽约冬季经典 白巧克力

您可以在纽约巧克力专卖店或面包店享受高品位的白巧克力。特别推荐都市甜点·咖啡吧（详见 p.266）白巧克力 $5 极受欢迎。

便宜又好玩
在Duane Reade寻找纪念礼品

以纽约为主题的原创品牌，既有品位又有个性。如果还在为挑选礼品而犯愁不如来 Duane Reade 看一看。

无论走到哪里都会发现 Duane Reade 便利店。虽然感觉像是街道上的药店，但却实现了成功的转型，引起了人们的关注。如今风格沉稳低调的小店在逐渐增多，还有许多美甲小店。从日用品百货到药物、食品应有尽有。本店就是注重原创品牌的开发。

Deluxe Mixed Nuts

精致的包装盒大受欢迎。如果朋友中有饮酒爱好者千万不能错过。

$4.99

$3.99

French Truffles

包装盒大小也正适合作为礼品赠送。带回途中注意小心保管，以免食品破碎。

$5.99

Caramel Melts Milk Chocolate

适合喜爱甜食人群的焦糖。

Apt 5TM GG Facial Tissue Pocket Pack Singles

纸抽 轻便可爱。

Apt. 5TM Goes Green Facial Tissue

华丽热闹具有存在感。

Dark Chocolate Mint Delights

包装个性便利。

$2.99

连自由女神都钟情的小吃

Vegetable Flax Tortilla

五颜六色的玉米片小吃。

Starlight Mints

携带便利的薄荷糖。

$2.99

Organic Vitamin C lollipops

富含维生素 C 的糖果，无论小孩还是大人都无法抗拒的诱惑。

Duane Reade 52nd St. 52 街店

别MAP p.33-C1

住 1657 Broadway（at 52nd St.）

地铁 1 50st

☎（1-212）957-4680

营 24 小时营业 CC A D J M V

URL www.duanereade.com

※曼哈顿共有 150 家以上店铺，各个店铺另外在其他分册上有所标示，请注意识别。

具体使用方法

❶定制冷冻酸奶

在冷冻酸奶专柜“Fro Yo”共有 8 种口味供您选择。请根据自身情况选择口味和量的多少。

燕麦装饰配品有 8 种，吉拉尔代利沙司 4 种

❷可乐新一代自动售货机

可口可乐公司自行研发的能够提供 25 种以上饮品的“Freestyle”自动售货机。最基本的商品依然是碳酸饮料，此外还可以加上各种你喜爱的口味。

通过触摸屏进行操作，制作调配自己喜爱的原创口味饮品吧

❸不可小觑的轻食菜单

丰富多彩的轻食专柜一角也是非常具有吸引力的。商品琳琅满目，应有尽有，您可千万别挑花了眼。还有许多像寿司一样当场制作的商品。

Seasonal Fruit Salad 时令水果色拉 $3.69

Turkey Gouda Mini Bites $3.69

❹各种化妆品应有尽有的化妆品销售专柜

大面积的化妆品专柜卖场。根据制造商分门别类，可以轻松地找到自己想要的商品。尤其可以在这里看一看还没有登陆国内的化妆品品牌！

美宝莲、欧莱雅等品牌商品价格都比在中国便宜，适合作为礼物

在纽约感受《绯闻女孩》中的时尚奢华气息

女生人气第一的电视剧《绯闻女孩》一直是人气爆满的热播美剧。时尚名媛、千金贵族大小姐们的率性时尚生活刺激而扣人心弦。随着剧集的热播，备受瞩目的不仅只有剧情的跌宕起伏，还有轮番登场的各色时尚亮点！

STORY

电视剧主要讲述了生活在上东区一群私立贵族学校女高中生的刺激生活。2012 年 12 月第六季完结。

DVD

有《绯闻女孩第三季》DVD 组合 1（6 枚装），组合 2（五枚装），出自华纳家庭视频公司。

《绯闻女孩第四季》DVD 完整盒，出自华纳家庭视频公司。

人物关系图（如下）

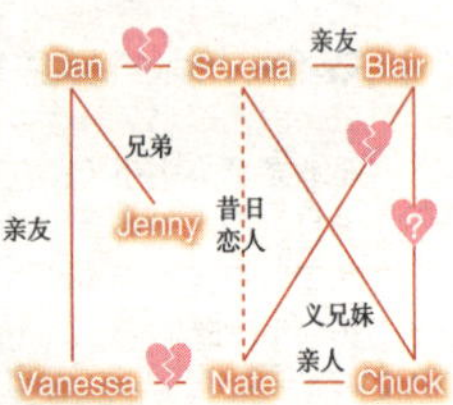

GG 就在这里！

大都市美术馆 The Metropolitan Museum of Art

在教学楼前的台阶上吃午饭是绯闻女孩高中时代的保留习惯。男生买饭，之后边吃边八卦休闲。

塞丽娜和切克就住在这里

纽约皇宫酒店 The New York Palace

住 455 Madison Ave，New York，10022 区域：在洛克菲勒中心附近，剧集中 Chuck 的住处。其中酒店内的 GILT 是 Chuck 的御用饭店。

第一季第 4 集和第二季的最后一集在这里拍摄外景广场

广场 The Plaza

是具有历史的经典酒店，Serena 和 Blair 两人举行摄影会时以及 Chuck 向 Blair 告白时的场面在此拍摄。

CG 成员在这里度过高中时代

俄罗斯正教教会 The Russian Orthodox Church Outside of Russia

这里是绯闻女孩成员校园生活场景的拍摄取景处。因为是教会所以来此参观的时候请不要大声喧哗，保持安静。

第一季的第 14 集中演员所喝的咖啡

桑特·爱莫布罗斯 Sant Ambroeus

时尚人物的聚集地，主人公喜爱的咖啡店也是邂逅情定的地方，店内装饰十分可爱。

别 MAP p.22-A2
住 1000 Madison Ave.（bet. 77th & 78th Sts.）
地铁 6 77 St
☎（1-212）570-2211
营 每天 8:00~23:00
休 节假日
CC Ⓐ Ⓓ Ⓜ Ⓥ
URL www.santambroeus.com

绯闻女孩的故事就是从这里拉开序幕的

大中央枢纽站 Grand Central Terminal

从寄宿学校刚刚回来的 Serena 被目击到。Lily 和 Rufus 正在准备重要的约会，一场大戏仿佛马上就要上演。

Lily 和 Rufus 举办婚礼的地点

植物园
Brooklyn Botanical Garden

是世界有名的植物园，第三季第 5 集中 Lily 和 Rufus 在这里正式举办婚礼。

Chuck 投资的酒店

帝国酒店
Empire Hotel

中央公园附近的酒店，酒店内设有以绯闻女孩成员名字命名的 Lobby Bar，在这里可以饮用原创鸡尾酒。

别 MAP p.16-B1
住 44 W 63rd St.（at Columbus Ave.）
地铁 1 66St-Lincoln center
☎（1-212）265-7400
CC A J M V
URL www.empirehotelnyc.com

布莱尔经常穿这里的衣服

米丽
Milly

布莱尔经常穿的品牌米丽（Milly），是纽约时尚名媛的御用品牌。充满女性魅力，品位高端。色彩明丽，高贵典雅。

Dan 喜爱的甜品店！

迪兰糖果屋
Dylan's Candy Bar

第二季第 15 集 Dan 和 Vanessa 一起在这里买东西。第四季第 21 集 Dan 和 Charlie 也在此尽情享用。

设计师本人登场

汤丽柏奇
Tory Burch

也是在《绯闻女孩》中出现过的品牌。Serena 和 Blair 曾在诺丽塔购物。在第三季第 4 集 Serena 去面试的时候曾出现过。平底鞋也很有名气。

永远的人气
欲望都市 SATC

现在 *SATC* 依然仍有很多忠实的粉丝，而且讲述 Carrie 高中时代的电视剧也很多。

在 *SATC* 中人气沸腾的

玛格若丽亚·贝卡丽
Magnolia Bakery

在电视剧第三季中登场的杯形甜点深受欢迎。除 Bleecker St. 店外，还有 UWS 店和中城店。

令人印象深刻的场景

Carrie 的公寓
Carrie's Apartment

剧中 Carrie 住在上东区 73 街的公寓，实际就是这里，公寓周围十分宁静，环境优美。

别 MAP p.9-C3　住 Perry St.（bet. Bleecker & 4th Sts.）　地铁 1 Christopher St-Sheridan Sq

Carrie 专用品牌

在纽约
Manolo Blahnik

有着高跟鞋恋物情结的 Carrie 的御用品牌 Manolo Blahnik 电影中最后一个画面中令人印象深刻的丁跟鞋实物，现在就静静地待在纽约现代美术馆里。

粉丝绝对想去的

HBO 商店
HBO Shop

是播放电视剧 SATC 的电视广播公司 BHO 一层的礼品店。在店内可以买到很多正版商品，当然也可以在官网上购买。

别 MAP p.34-B3
住 1100 6th Ave.（bet. 42nd & 43rd Sts.）
地铁 B D F M 42 St-Bryant Park
☎（1-212）512-7467
营 周一～周六 10:00~19:00　周日 12:00~17:00
休 节假日　CC A M V

NY
漫步纽约
Chelsea ~ West Village
切尔西·商场、时尚·画廊、餐厅鳞次栉比，高
档商店星罗棋布。时尚街区、安静街道，供您畅游。
与朋友、家人一同漫步吧！
SHOP
周日一同购物的朋友
还有很多老年人
在咖啡馆享受下午茶的家人朋友
酒吧里有人搭讪：“中国人？”
之前因工作还去过中国呢
The Stone Wall inn
坐这个公
交就好！
?
还有适合家人
的休闲地

DIN
ING
餐厅

纽约咖啡，正在不断地提升品质！

从西海岸传过来的
新一代咖啡热潮正在
以其独特的方式发展着。
让我们来目睹一下为
生活增添光彩的纽约咖啡的新魅力吧！

Photo by Chris Mueller2013

香醇浓郁的牛奶咖啡
$3.75

这是 Ace Hotel 的一楼，咖啡师非常英俊

这些咖啡豆是在布鲁克林的
Red Hook 烘焙的

树墩城咖啡店
Stumptown Coffee Roasters

这里是引领美国咖啡热潮的Thirdwave Coffee 店铺之一，该店坚持从小规模生产商直接采购咖啡，而且店铺很具有时尚性，因此广泛吸引着热衷时尚的咖啡爱好者。

给纽约咖啡带来新风的发源于波特兰的人气店

别册MAP p.14-A3　切尔西
住 18 W. 29th St.（bet. Broadway & 5th Ave.）位于 AceHotel 内
地铁 28 St
☎（1-347）294-4295
营 周一～周五 6:00~20:00、周六、周日 7:00~20:00
休 无
CC 只能使用现金，不能刷卡
URL stumptowncoffee.com

非常方便可口的
House Blend $2

味道　酸味 — 苦味
浓度　清淡 — 浓郁
香味　淡雅 — 芳醇

Photos courtesy Stumptown Coffee Roasters 2013

★继以星巴克为代表的西雅图系列之后的咖啡文化是 Thirdwave Coffee，几年前此咖啡风潮也传到了纽约，以曼哈顿和布鲁克林为中心，极富当地特色的焙烧炉和咖啡正在不断增多。

技艺高超的咖啡师在调制咖啡

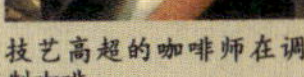

引领着前卫咖啡文化的当地焙烧炉

该店创建于2001年，是纽约高品质咖啡的先驱者，现在在市内已经有4家分店，成为了纽约广为人熟知的面孔。这里最值得推荐的美味饮品是浓咖啡，不过该店的普通咖啡也已从单一品种发展到了有意融合进当地特色的独特的混合咖啡，也非常不错。

别 MAP p.11-D3　东村
住 700 E. 9th St.（bet. Avenue C & Avenue D）
地铁 L 1 Av
☎（1-212）358-9226
营 每天 7:00~20:00
休 无
CC 只能使用现金，不能刷卡
分　店：住 Chelsea Market, 75 9th Ave., 341 E. 10th St.(bet. Ave. A & B)
URL www.ninthstreetespresso.com

↑产自埃塞俄比亚的水果风味 Haware Gateira $1.50

→赠送给亲友的好礼品 Alphabet City Blend $14

←在这洋溢着天然清香的空间中享受一下美味的咖啡吧

将 Single-origin 咖啡豆用 Chemex 壶冲制的咖啡 $4~。看着属于自己的咖啡在眼前慢慢调制好，真是无上幸福的一刻

产自布鲁克林特定年份的烘焙炉

↓兼备有烘焙炉的咖啡馆内香味四溢

布鲁克林烘烤店

Brooklyn Roasting Company

↑产自于哥伦比亚的味道香醇的Santa Barbara $1.50

→早午餐时非常拥挤的人气咖啡馆

↓从单一品种到混合品种，样样俱全

这是一家人气烘烤店，店里使用的咖啡豆，既有通过公平贸易而采购来的，也有来自有机栽培的。店里的作坊中每天都烤制出很多新的咖啡豆，同时这里还推出一些极具地方特色的组合，广受顾客好评。现在它的分店已经进军到了其他国家。

别 MAP p.38-B1　邓波
住 25 Jay St.（bet. John & Plymouth Sts.），Brooklyn
地铁 F York St
☎（1-718）522-2664
营 每天 7:00~19:00
休 节假日
CC 只能使用现金，不能刷卡
网 www.brooklynroasting.com

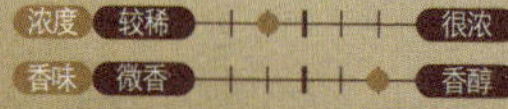

味道　酸味 —— 苦味
浓度　较稀 —— 很浓
香味　微香 —— 香醇

★通俗的提取法是滴落式（Pour over）。由于受到咖啡豆的时令价等影响，有时价格会稍微有点贵，不过能使用 Chemex 壶或 AeroPress 来冲制一杯仅属于自己的咖啡还是很好的。

适合作为特产赠送的咖啡豆！
340g 价格为 $13 左右

珀齐咖啡 Birch Coffee

通红的墙壁 现代的装饰 浓郁的咖啡

该店俗气的外观格外引人注目，其以"从田间到杯间"为口号，从各国小生产商那里采购收集了天然的咖啡豆，用这些咖啡豆冲制的咖啡广受顾客好评。该店二楼有一个称为图书馆的小房间，在那里可以体验犹如隐居般清静的感觉。

别 MAP p.14-A4 格拉莫西
住 5 E. 27th St.（bet. Madison & 5th Aves.），位于格甚温酒店 GershwinHotel 内
地铁 6 28 St
☎（1-212）686-1444
营 周一～周五 7:00~21:00、周六 8:00~21:00、周日 8:00~20:00
休 无 CC A M V
分店：住 750 Columbus Ave.、56 7th Ave.
URL www.birchcoffee.com

如柑橘一样爽口的 Kenya$2.50 和饼干 $3

味道 酸味 ——— 苦味
浓度 较稀 ——— 很浓
香味 微香 ——— 香醇

欧咖啡店 O cafe

不仅咖啡 而且美食也 广受好评的人气店

用沥干杯认真泡咖啡的咖啡师

在这里能喝到仅用巴西产的优质咖啡豆调制的咖啡。店里的装饰温馨自然，店面虽然不大，但总是有很多当地人前来光顾，非常热闹。在品味这香醇的咖啡的同时，一定别忘了再点上一份饱含蜂蜜的巴西烤点心 Pao Doermer。

咖啡 $3.50（沥干杯）和 Pao Doermer $3.50

味道 酸味 ——— 苦味
浓度 较稀 ——— 很浓
香味 微香 ——— 香醇

别 MAP p.9-D2 东村
住 482 6th Ave.（at W. 12th St.）
地铁 L 6 Av
☎（1-212）229-2233
营 周一～周六 7:00~20:30、周日 8:00~20:00
休 无
CC A M V
URL www.ocafeny.com

★这是在国内不大常见的低因咖啡 Decaf/decaffeinated，这种咖啡在欧美广为人知，对于那些不擅长咖啡因但却想挑战一下美味咖啡的人士来说这是最好的选择。

在近郊等地
共有5家分店！

$1.85

在这里能品尝到用在中国很少见的像尼加拉瓜等地产的咖啡豆调制的咖啡

味道 酸味 — 苦味
浓度 较稀 — 很浓
香味 微香 — 香醇

青咖啡 Think Coffee

MAP p.10-A2　格林尼治村
住 123 4th Ave.（bet. 12th & 13th Sts.）
地铁 L N Q R 4 5 6 14 St
☎ 无
营 周一～周五 7:00~24:00、周六、周日 7:30~0:00
休 无　CC A M V
URL thinkcoffeenyc.com

媒体也一致称赞的
NY郊区咖啡

$2.50

味道非常香醇浓郁的咖啡

味道 酸味 — 苦味
浓度 较稀 — 很浓
香味 微香 — 香醇

吉姆咖啡 Gimme! Coffee

MAP p.31-D2　诺丽塔
住 228 Mott St.（bet. Prince & Spring Sts.）
地铁 6 Spring St
☎（1-212）226-4011
营 每天 8:00~19:00
CC A D J M V
URL www.gimmecoffee.com

还有很多！其他咖啡

该店在曼哈顿有8家分店，
是地方特色咖啡的鼻祖

$2

味道香醇，口感细滑的牛奶咖啡也一定要品尝一下！

味道 酸味 — 苦味
浓度 较稀 — 很浓
香味 微香 — 香醇

圣乔艺术咖啡 Joe the Art of Coffee

MAP p.9-D3　格林尼治村
住 141 Wavely PL.（at Gay St.）
地铁 L N Q R 4 5 6 14 St
☎（1-212）924-6750
营 周一～周五 7:00~20:00、周六、周日 8:00~20:00
休 无　CC A M V
URL www.joenewyork.com

诞生于西海岸的人气点
也进军到纽约了

$2.75

点餐后，会现场给您沏咖啡

味道 酸味 — 苦味
浓度 较稀 — 很浓
香味 微香 — 香醇

蓝瓶咖啡 Blue Bottle Coffee

MAP p.39-B4　威廉斯堡
住 160 Berry St.（bet. N. 4th & N. 5th Sts.）, Brooklyn
地铁 L Bedford Av
☎（1-718）387-4160
营 周一～周五 7:00~19:00、周六、周日 8:00~19:00
CC A J M V　URL www.bluebottlecoffee.net

$1.50

这是产自于布鲁克林的咖啡，标志是大猩猩！

已经打入市场进行公平贸易，其独特的调制方法很有人气

味道 酸味 ————— 苦味
浓度 较稀 ————— 很浓
香味 微香 ————— 香醇

大猩猩咖啡 Gorilla Coffee

别 MAP p.41-C3　公园坡
住 97 5th Ave.（corner of Park Pl.）, Brooklyn
地铁 2 3 Bergen St
☎（1-718）230-3244
营 周一～周六 7:00~21:00、周日 8:00~21:00
CC A M V（最低消费 $10）
URL gorillacoffee.com

$1.50

被冠北欧神名的温和的咖啡

小区居民热衷的地方特色 Roaster

味道 酸味 ————— 苦味
浓度 较稀 ————— 很浓
香味 微香 ————— 香醇

奥斯陆咖啡 Oslo Coffee Roasters

别 MAP p.39-B2　威廉斯堡
住 133 Roebling St.（bet. N. 4th & N. 5th Sts.）
地铁 L Bedford Av　☎（1-718）782-0332
营 周一～周五 7:00~18:00、周六、周日 8:00~18:00
休 节假日　CC M V
URL oslocoffee.com

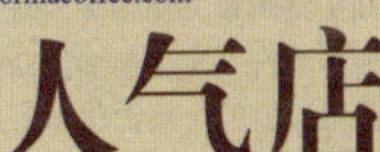

这里以 THIRDWAVE 推出的新时代咖啡为主，还售有一直以来深为当地人喜爱的咖啡。来这里品尝一下极具特色的各种各样的咖啡吧。

※咖啡的价格全是正规价格。

$1.95

深为当地人喜爱，怎么都喝不腻的美味咖啡

位于纽约上城区的直属店调制的咖啡

味道 酸味 ————— 苦味
浓度 较稀 ————— 很浓
香味 微香 ————— 香醇

71欧文农场 71 Irving Farm

别 MAP p.10-A1　格拉莫西
住 71 Irving PL.（near 18th St.）
地铁 L N Q R 4 5 6 14 St
☎（1-212）995-5252
营 周一～周五 7:00~22:00、周六、周日 8:00~22:00
CC A M V（最低消费 $5）
URL www.irvingfarm.com

$1.50

在纽约很有人气的，让您一喝就上瘾的美味咖啡

橘黄色是这款咖啡的标志，味道香醇浓郁

味道 酸味 ————— 苦味
浓度 较稀 ————— 很浓
香味 微香 ————— 香醇

玛豆咖啡 Mudspot

别 MAP p.10-B3　东村
住 307 E. 9th St.（near 2rd Ave.）
地铁 6 Astor PL
☎（1-212）228-9074
营 周一～周五 7:30~24:00、周六、周日 8:00~24:00
CC 只能使用现金，不能刷卡　URL www.themudtruck.com

用餐小贴士

RESTAURANT TIPS

纽约在世界上也是屈指可数的美食城。可能由于这是一个从移民之乡而发展起来的城市吧，在这里可以享受世界各国的美味。

去餐馆之前

首先要进行预约

要尽量提前进行预约，高级餐厅更是如此。页面下方有餐厅的预约网站，非常便利。

几乎都禁止吸烟

根据该州的法律，几乎所有的餐厅、咖啡厅，包括酒吧等都全面实行禁烟措施。

着装要求和整洁的便装

有的高级餐厅有以下着装要求，由于各店具体要求不尽相同，所以如果比较介意的话，最好在饭前问一下。在纽约餐厅里穿整洁的便装即可。

★休闲优雅

女性穿的礼服最好比连衣裙正式点，但也不必像晚礼服那样正式；男性适合穿套装等简礼服。

★俊俏休闲

女性穿连衣裙或套服；男性穿套装或者系上领带；不宜穿牛仔裤。

★休闲漂亮

如果要穿得漂亮时尚点的话也可以穿牛仔裤，不过最好不要穿破的牛仔裤、T恤、短裤、旅游鞋以及拖鞋等，着装要符合店内的氛围。

小费为 Tax 的 2 倍

在纽约餐厅就餐后应付的小费为 15%~20%，是税金的 2 倍（双税），然而支付方式和支付的金额根据时间场合也有所不同。

午餐 11:00~ 晚餐 18:00~

餐厅的营业时间基本为午餐 11:00~15:00、晚餐 18:00~22:00。在韩国料理店和乌克兰料理店中也有 24 小时营业的。

餐厅活动周

在餐厅活动周内您将有机会去平常很少光临的高级餐厅，该活动于每年夏天和冬天的特定时期内各举行一次，参加活动的餐厅将以适宜的价格提供套餐。每次活动中价格略有变动，2014 年 1 月举行的活动周内午餐为 $25、晚餐为 $38。有的店的料理比平常便宜很多，所以非常划算。不过饮料、税金以及小费等需要另外付费。另外人气比较高的餐厅最好提前进行预约。

URL www.nycgo.com/restaurantweek

通过旅游局也可获得的旅游指南

Photo:Countesy of Grarrotcy Tavern

❤ **便利的餐厅预约网站** 可以根据时间、场所、目的、人数等从 1200 多家店面中选择自己心仪的餐馆。URL www.opentable.com

有哪些好吃的呢？

美国风味 （p.235~）

“崭新的美国风味”汲取了法国、意大利等各国的特色，不仅好看而且非常健康，它以家庭菜肴为主，像大家都很熟悉的牛排、汉堡等传统菜品以及烤饼、松饼、鸡蛋等。能轻松迅速食用的快餐也属于美国风味的范畴。

日本料理 （p.245~）

在曼哈顿市中心各个地方也都能见到日本料理。纽约的日本料理对拼盘非常讲究，做得非常精致，味道让人非常喜欢。另外被视为绿色食品之一的寿司非常受欢迎，最近拉面也开始火了起来。

意大利风味 （p.239~）

这是法国、意大利等欧洲国家的菜肴，这也提供西班牙、比利时、波兰以及乌克兰等中欧国家的风味，以前意大利风味主要聚集在小意大利区域，然而现在在曼哈顿随处都能品尝到。想吃传统风味意大利菜的话去小意大利就行，如果想要品尝稍微高级点的菜肴就去市中心或住宅区。

亚洲·民族风味 （p.249~）

这与在中国也很有名的泰国菜、越南菜、马来西亚菜、韩国菜、阿富汗菜、缅甸菜等有很深的渊源。想吃韩国料理的话就去 32 条韩国街，那里有各色各样的店铺，如家庭料理店、烤肉店等。越南菜也很受欢迎，在唐人街和曼哈顿各处都能看到。

中国菜 （p.247~）

唐人街就不用说了，在曼哈顿的各个地方都能尝到中餐，在唐人街一般广东菜比较多，然而现在上海菜、北京菜、川菜等也都很常见。建议去店前人比较多或中国客人比较多的店面。

餐馆的卫生情况一目了然

纽约市从 2010 年 7 月起，以市内 2 万多家餐饮单位，如星巴克、熟食店、餐馆、酒吧等为对象，规定各店需将卫生状况的评价等级悬挂于店面前方。纽约市卫生局对各店进行突击检查，以 ABC 三个等级对店内的卫生状况进行评判，被评为 B 等级以下的话，将给予时间进行整顿，一个月之内再次进行检查，并将检查结果悬挂于店面前方。

餐厅利用方法

1 预约

预约网站→ p.222 页面下方空白处
英语对话→ p.468

2 向餐馆告知就餐者姓名

面带着笑容说声“Hi”或“Good Evening”等话语，将姓名和人数告知服务员。

3 招待

在招待员过来之前不要随便走动，坐在位置上等候即可。

4 服务员过来

坐在位子上之后很快服务员就会将菜单拿过来，并介绍该日的特惠菜。之后如需要服务员帮忙的话基本上使一下眼色或轻轻招一下手即可，不要大声呼喊。

5 点饮料

在时尚的餐厅里可以点葡萄酒，吃民族风味菜的话适宜点啤酒等，可以根据所点的菜来点相应的饮料。不喝酒的话也可以点一些水或发泡水等，要是情侣一起来的话，男性最好将女性的饮料也一起点了。英语对话→ p.468

6 点菜

一份菜的量一般非常多，可以共点一份，如果事先交代好的话，有的店也会将一份菜提前分好。甜点一般在餐后供应。

7 用餐

用餐开始不久后，服务员会过来询问“Is everything OK”等，如果饭菜好吃的话可以回答“Good”“Excellent”等，注意不要很多人一起大声喧哗。

8 埋单

基本上在就餐桌处埋单即可。坐在位置上向所负责的服务员说一声“Check please”，服务员就会将账单拿过来，然后进行确认账单。

❤ 客饭 prix-fixe　价格固定，选择自己喜欢的拼盘、鱼、肉、甜点等组合成的套餐。

9 现金支付

小费支付额度为消费总额的15%~20%，和餐饮费一起放在桌子上，在纽约小费支付标准是18%~。支付小费时最好不要使用面额小的硬币，最起码使用25¢来支付，服务好的话也可以多支付一些，也可以在喊服务员结账之前将小费单独放在桌子上。

10 信用卡支付

①核对完账单后将信用卡放在上面显眼的地方或者将其夹在里面。

②服务员会将其先拿下去，然后将信用卡、发票、笔等一起拿过来。

③在合计餐饮费栏中填上小费以及加上小费后的消费总额，并签名确认，自己只将复印的备份拿回去即可。

菜单中常见的英语

肉类	小牛肉	veal
	小羊肉	lamb
	鹿肉	venison
	火鸡肉	turkey
	蜗牛	snail
海鲜	鲍鱼	abalone
	牛舌鱼 / 鲽鱼	sole
	对虾	prawn
	章鱼	octopus
	乌贼	squid
	鳟鱼	trout
	鳕鱼	codfish
	鲈鱼	perch
	沙丁鱼	sardine
	淡菜	mussel
	蛤蜊	clam
	扇贝	scallop
烹饪方法	煮	boild
	炖	braised
	烘烤	broiled
	烤	grilled
	熏制	smoked
	蒸	steamed
	快炒	sauteed
	烘焙	roasted
	捣磨	mashed
	填塞	stuffed
	烤肉串	brochette
	文火炖	stewed
	切成大块	chopped
	冷藏	chilled
	剔去骨头	boned
	增添风味	flavored
	增加装饰	garnished
	微焦	dore

```
WOLFGANG PUCK EXPRESS          — 店名

CHECK:        9182
SERVER:       5800 Etifwork
DATE:         SEP22'07   1:51PM
CARD TYPE:    VISA       A0 4*  — 信用卡公司名
ACCT #:       XXXXXXXXXXXX      — 信用卡账号
EXP DATE:     XX/XX             — 信用卡有效期
AUTH CODE:    511439

TOTAL:              13.74       — 金额

TIP:  ________ $2.50            — 小费

TOTAL: _______ $16.24           — 合计金额

X ____________                  — 签名
 I AGREE TO PAY THE ABOVE AMOUNT
 IN ACCORDANCE WITH THE CARD
 ISSUER'S AGREEMENT.
```

店名

信用卡公司名

信用卡账号

信用卡有效期

金额

小费

有时需要支付GRATUITY，自己按消费额的18%~20%计算后填写上去，要是觉得麻烦的话，可以按2倍的税金来支付。

合计金额

计算出餐饮费和小费共计多少，然后填上去。

签名

签名要和信用卡后面的名字一致。

❤ USDA有机　这是印刷在商品包装后面的标志，代表该商品经过美国农业部鉴定为有机商品。

美食店和熟食店的利用方法

走进餐馆感到厌倦或想尽快解决早餐，抑或一个人做饭觉得麻烦，那就可以灵活利用美食店和熟食店。

◎ 熟食店即副食店的俗称，在纽约的副食店类似于国内的便利店，店内不仅出售食品，也出售蔬菜、水果、鲜花、日用杂货等。韩国人经营的店中有很多都是24小时营业的。

◎ 美食店是一种高级食品超市，在这里可以购买到原料非常考究的高级食品和食材等，各店还会打出各自独具特色的风味，像 Zabar's、Dean & Deluca、Whole Foods 等。

好吃的都有哪些？

不同的店铺供应的食物也有所不同，然而大多数店里都有诸如百吉饼那样的面包、三明治、汤羹、寿司、比萨、零食、饮料等。也有经典的沙拉吧，在那里可以尽情吃自己喜欢的东西。

价格大概是多少？

根据餐馆和菜品，价格有所不同，但大致同快餐的套餐价格差不多，基本为自助餐，所以不用支付小费。

有无用餐的地方？

所有店都专营外卖，然而有的店内也有用餐的地方，不过午餐时店内非常拥挤，要是天气好的话建议去公园或广场上用餐。

营业到几点？

熟食店大多 24 小时营业，而且在曼哈顿到处都能见到，非常便利；美食店营业时间大多为上午到晚上 20 点或 21 点。

采访协助

LENNY'S

这是一个三明治专卖店，自从 1989 年开业以来，在纽约的门店数量不断增长，开辟了现场制作三明治的先例。

别 MAP p.13-D2
住 33rd St.（bet. 7th & 8th Aves.）
地铁 ①②③ 34 St-Penn Station
☎（1-646）390-0005
营 周一～周五 7:00~20:00、周六、周日 8:00~17:00 휴 无
CC Ⓐ Ⓓ Ⓜ Ⓥ
URL www.lennysnyc.com

在火爆的美食店中体验一下吧！
以下给大家介绍一些美食店的人气菜品

Zabar's ➡ p.201

在 Zabar's Cafe 中，只要将沙拉等食材拿到柜台处，就有服务员在现场帮你将食材制作成三明治，建议品尝一下总汇三明治，虽然店里位置比较有限，但是也有用餐的地方。

Dean & Deluca ➡ p.202

该店较为高级，建议品尝一下店里的咖啡以及从有名的面包店送过来的刚出炉的面包，该店也经营有 Doughnut Plant 的面包圈，有的店内也提供用餐的地方。

Whole Foods Market ➡ p.201

推荐的沙拉吧里不仅有冷饮还有热饮，而且有印度风味、意大利风味等，种类丰富，应有尽有，让你目不暇接。各店内都有用餐的地方，但是因为顾客比较多，因此经常得抢占位置。

点三明治的步骤

记住的话就非常容易

1 到柜台处

首先到点餐的柜台处排队，向服务员说明一下想要特别定制的三明治。

2 选择面包

首先要选择面包，如图所示，专卖店内有从面包店定制的诸如意大利风味等各种各样的面包（图片中仅为部分例子）。

图片中的面包分别为

❶ 全麦面包 ❷ 含有种子的黑麦面包

❸ 凯萨森梅尔面包 ❹ 裸麦粉粗面包

❺ 面包圈 ❻ 黑麦面包 ❼ 酸面包

❽ 大理石黑麦吐司（将制作黑面包的面粉揉搓成大理石的形状而制成的黑麦面包）

❾ 白面包 ❿ 全麦面包圈

⓫ 全麦卷形面包

3 选择里面的食材

接下来要选择火腿、肉等主要的食材，其中人气比较高的是所含热量比较低的清淡的火鸡火腿。店里烤牛肉、火腿类等非常丰富。然后要选择基本的装点，像生菜、西红柿、奶酪、洋葱等。如果有不喜欢吃的东西要当场向服务员交代一下。

※点餐例子

“请给我放一些生菜、西红柿、奶酪等，不要洋葱。”

“Lettuce，tomato，and cheese，please. But No onion”

灵活利用沙拉吧

可以尽情挑选自己喜欢吃的东西，然后结账。

1 到沙拉吧柜台处

沙拉吧柜台处由两部分构成，即只存放沙拉、水果等的cold food section，以及放置肉类、意大利面食类、炒饭等炒制食品的hot food section。

2 尽情选择

在柜台旁边都置有盛放菜品的餐具（大、中、小齐全），拿着这些餐具来选择菜品。价格是按重量来计算的，所以要适可而止，大致1l磅为$5~8(1磅＝大约453g)，女性一个人去就餐的话，用最小的餐具就足够了。

3 在收银台处结账

4 选择调味品

有以下几种调味品，如蛋黄酱、芥末、胡椒盐等，也可以不要这些。

※一句话是无法点好餐的，首先向服务员说一下要含有什么样的三明治，例如“One Pastrami Sandwich，please”，然后服务员会追问一些问题，你回答一下“Yes”或“No”即可。

5 在收银台处结账

获得各大媒体一致称赞的老牌餐馆

格拉莫西酒馆 Gramercy Tavern

别MAP p.10-A1 格拉莫西

这是由亲手打造出很多名店的 Danny Meyer 经营的一家现代美国餐厅。该餐厅的特色料理是由在日本和法国积累了很多经验的名厨 Michael Anthony 烹制的。店内雅致的氛围也非常受人欢迎。

品味套餐（$116）为人津津乐道

去小旅馆那样大小的餐厅时不用提前预约

住 42 E. 20th St.（bet. Park & Broadway）
地铁 ⑥ 23 St
☎（1-212）477-0777
营 周一～周五 12:00~14:00、周日～下周四 17:30~22:00、周五、周六 ~23:00、小酒馆：周日～下周四 12:00~23:00、周五、周六 ~24:00
休 1/1、1/2
预算 正餐 $95~
CC A J M V
URL www.gramercytavern.com

高人气的现代美国风味

联合广场咖啡馆 Union Square Cafe

别MAP p.11-D2 格拉莫西

在人气西餐厅指南上一直都名列前茅的人气餐厅。菜单每天都不同。汉堡的价格为 $16。

住 21 E. 16th St.（bet. 5th Ave. & Union Sq. W）
地铁 L N Q R ④ ⑤ ⑥ 14 St-Union Sq
☎（1-212）243-4020
营 每天 12:00~14:30、17:30~22:00、（周五、周六 ~23:00、周六、周日 午餐 11:00~1・4:30
休 无 预算 正餐 $42~
CC A D J M V
URL www.unionsquarecafe.com

奥巴马总统也曾经拜访过的哈莱姆区的新名胜

红公鸡餐厅 Red Rooster

别MAP p.29-D1 哈莱姆

这是由马库斯・萨缪尔森（Marcus Samuelsson）经营的以瑞典料理为基础的超级人气店。周末期间去各个分店都必须排队。

Photo by paul Brissman

住 310 Lenox Ave.（bet. 125th & 126th Sts.）
地铁 ② ③ 125th St
☎（1-212）792-9001
营 周一～周五 11:30~15:00、周一～周四 17:30~22:30、周五 ~23:30、周六 17:00~23:30、周日 17:00~22:00、分店周六、周日 10:00~15:00
预算 正餐 $35~
CC A M V URL redroosterharlem.com

在时尚达人中也非常受欢迎

罗安达・威尔蒂酒店 Locanda Verde

别MAP p.5-C3 翠贝卡

这家店是由罗伯特・德尼罗（Robert De Niro）经营的，位于格林尼治酒店（Greenwich Hotel）内，在这里可以品尝到由出身于 Café Bleu 的名厨烹制的具有都市风情的意大利料理。意大利面食类价格大约为 $20，晚上雅皮士一族会在这里狂欢，说不定还能见到名人呢！

住 377 Greenwich St.（at N. Moore St.）
地铁 1 Franklin ☎（1-212）925-3797
营 每天 7:00~11:00、11:30~15:00、17:30~23:00（周六、周日早饭 8:00~10:00、早餐、午餐 10:00~15:00）
休 无 预算 正餐 $40~
CC A M V URL locandaverdenyc.com

可丽饼等早餐也非常可口，很受欢迎

时尚漂亮的店内装饰也很值得一看

生日的话欢迎去 Union Square Cafe 只要向服务员交代一下今天有人过生日，用餐后服务员就会送上生日蛋糕，并祝福“生日快乐”，而且还会给过生日的人送上特产小甜饼干作为礼物！

京都面筋老字号的素斋精进料理

嘉日
Kajitsu

别MAP p.14-B1　中城东

纽约首家由出生于吉兆的日本厨师掌厨的精进料理店。使用蔬菜、大豆、谷类等烹制成的精致的料理看起来也非常好看。

住 125 E. 39th St.（bet. Lexington & Park Aves.）
地铁 S 4 5 6 7 Grand Central-42 St
☎（1-212）228-4873
营 周一～周六 12:00~13:45、17:30~22:00
休 周日
预算 正餐 $60~
CC A D J M V
网 www.kajitsunyc.com

价格固定的客饭菜单非常划算

Telepan 餐馆
Telepan

别MAP p.20-B4　上东区

Gotham Bar & Grill 的名厨 Bill Telepan 亲手烹制的新美国风味。建议品尝一下该店的海鲜类。

住 72 W. 69th St.（bet.Columbus Ave. & Central Park W.）
地铁 1 66 St.-Lincoln Center
☎（1-212）580-4300
营 周三～周五 11:30~14:30、周日、下周一 17:00~22:00、周二～周四 ~22:30、周五、周六 ~23:30、早午餐周六、周日 11:00~14:30（周日 ~15:00）
休 节假日　预算 $40~
CC A J M V
网 www.telepan-ny.com

Daniel系的休闲法国风味

DBGB 餐馆
DBGB Kitchen & Bar

别MAP p.10-B4　东村

店名是Daniel Boulud Good Burger的简称，特色菜是以甜味洋葱为主要食材制作成的美国风味汉堡，搭配啤酒一起吃非常可口的香肠以及甜点也很好吃。

特色菜单中的香肠是手工制作的
Photo:B Mine

该店人气很高，周末晚上人非常多，相当热闹

住 299 Bowery St.（at Houston & 1st Sts.）
地铁 B D F M Broadway-Lafayette St
☎（1-212）933-5300
营 周一～周五 12:00~15:00、周一 17:00~23:00、周二～周五 17:30~24:00、周六、周日 17:00~次日 1:00（周日 ~23:00）、早餐、午餐 周六、周日 11:00~15:00
休 无　预算 正餐 $25~
CC A J M V
网 www.dbgb.com/nyc

新鲜的橄榄油非常多

无花果 & 橄榄
Fig & Olive

别MAP p.8-B2　肉类加工区

正如店名一样，这家店主打由非常多的橄榄油烹制而成的地中海料理，料理的量都非常充足，而且带有法国南部、意大利、西班牙料理的特色风味，搭配葡萄酒非常合适。建议提前预约。

使用很多对健康有益的橄榄油

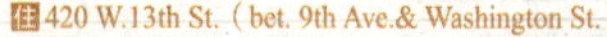

住 420 W.13th St.（bet. 9th Ave.& Washington St.）
地铁 L 8 Av
☎（1-212）924-1200
营 周日～下周一 12:00~22:00、周二～周四 ~23:00、周五、周六～次日 1:00　早餐、午餐周六、周日 11:00~16:00
休 无　预算 午餐 $22~、晚餐 $45~
CC A M V　网 www.figandolive.com

店内装饰也很时尚漂亮，很受女性欢迎

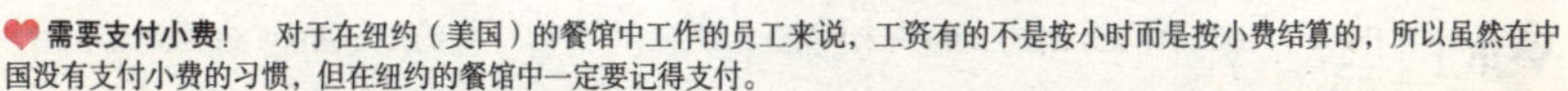

需要支付小费！　对于在纽约（美国）的餐馆中工作的员工来说，工资有的不是按小时而是按小费结算的，所以虽然在中国没有支付小费的习惯，但在纽约的餐馆中一定要记得支付。

体验一下高档的生态环保氛围

红色西红柿
Rouge Tomate

别MAP p.37-C1 中城东

以独特的 S.P.E.（材料·程序·强化）为宗旨，推出了只使用当地食材的时尚的现代美国风味，有机亚麻、节能的绿色装饰等都需要埋单。

在这里让我们通过新鲜的食材感受一下大自然的力量吧

宽敞的店内那生态环保的装饰也很值得一看

住 10 E. 60th St.（bet. 5th & Madison Aves.）
地铁 N Q R 5 Av/59 St
☎（1-646）237-8977
营 周一～周六 12:00~15:00、周一～周六 17:30~22:30
休 周日
预算 午餐 \$28~、晚餐 \$35~
CC A J M V
URL www.rougetomatenyc.com

在米其林指南
中荣获三星级评价的一流店铺

丹尼尔
Daniel

别MAP p.18-A1 上东区

这是由著名的元老级名厨 Daniel Boulud 经营的餐馆，古典的店内装饰以及让人回味无穷的菜肴都是纽约首屈一指的。

住 60 E. 65th St.（bet. Madison & Park Aves.）
地铁 F Lexington Av/63 St
☎（1-212）288-0033
营 周一～周六 17:30~23:00
休 周日、节假日
预算 正餐 \$120~
CC A M V
URL danielnyc.com

纽约首屈一指的牡蛎餐馆

阿快谷
Aquagrill

别MAP p.5-C1 索霍区

该店的厨师将新鲜的海鲜以法国风味进行烹制，店门前放了很多生牡蛎，让人不禁垂涎欲滴。

住 210 Spring St.（at 6th Ave.）
地铁 C E Spring St
☎（1-212）274-0505
营 周一～周五 12:00~15:00、周六、周日 ~16:00、周一～周四 18:00~23:00、周五、周六 ~24:00、周日 ~22:30
休 节假日
预算 午餐 \$18~、晚餐 \$40~
CC A D J M V
URL www.aquagrill.com

周末的早午餐非常火爆

普鲁
Prune

别MAP p.10-B4 东村

这是一家雅致舒适的美国风味小餐馆，早午餐不能提前预订，店前总是排着长长的队伍。推荐的好菜是牛排 & 鸡蛋。夜晚可以将从市场上采购的新鲜的鱼放在烤架上进行烧烤，另外酒类和甜点的种类也非常丰富。

住 54 E. 1st St.（bet. 1st & 2nd Aves.）
地铁 F 2 Av
☎（1-212）677-6221
营 周一～周五 11:30~15:30、每天 17:30~23:00、早午餐周六、周日 10:00~15:30
休 12/24~26 预算 \$18~、\$23~
CC A J M V URL www.prunerestaurant.com

早午餐的质量特别好，在纽约也很有名

如果想来这里吃早午餐的话最好提前去

VOICE | Prune 可丽饼 \$16 表面很易碎，里面暄腾腾的分量很充足，非常可口，广受好评，店内可爱的氛围也为人津津乐道。

必须提前预约

美谷
Megu

别MAP p.5-C4　翠贝卡

充分利用素材烹制的喷香的菜品让各界名士都不禁频繁光顾。在宽敞的店内可以尽情地欣赏精致的装饰以及传统与先进科技巧妙结合产生的韵味。

住 62 Thomas St.（bet. W. Broadway & Church St.）
地铁 ①②③ Chambers St　☎（1-212）964-7777
营 周日～下周三 18:00~23:00、周三～周四 ~24:00
休 无
预算 午餐 $30~、晚餐 $50~
CC ⒶⒹⒿⓂⓋ
URL www.megurestaurants.com

纽约法国菜的权威

让 - 乔治
Jean Georges

别MAP p.17-C1　上西区

这是由著名的厨师 Jean-Georges 经营的三星级餐馆，外观也怡人的新潮派烹调很受顾客欢迎。

住 80 Central Park West（在 Trump International Hotel 内）
地铁 ⒶⒸⒷⒹ① 59 St-Columbus Circle
☎（1-212）299-3900
营 周一～周六 11:45~14:30、周一～周四 17:00~23:00、周五、周六 17:15~
休 周日　预算 正餐 $125~
CC ⒶⒹⒿⓂⓋ　URL www.jeangeorges.com

高雅的亚洲・法国风

阿西特
Asiate

别MAP p.17-C2　上西区

该店精致的菜品由女性厨师烹制，深受亚洲风味的影响，人气非常高，另外店内高雅的氛围也很受欢迎，风景更是怡人。

住 80 Columbus Circle（在 Mandarin Oriental Hotel Group 内）
地铁 ⒶⒸⒷⒹ① 59 St-Columbus Circle
☎（1-212）805-8881
营 每天 7:00~11:00、周一～周五 12:00~14:00、每天 18:00~22:00（周日 ~21:00）、早午餐周六、周日 11:45~14:00
休 无　预算 $90~
CC ⒶⒹⒿⓂⓋ
URL www.mandarinoriental.com

弗朗逸苏塔斯的荞麦面

新叶餐吧
New Leaf Restaurant & Bar

别MAP 地图外　因伍德

这是由环境组织 NPO 经营的，菜品使用市内社区公园（community garden）或市区外农场所产的原料烹制，深受女性欢迎。

Photo: New Leaf Restaurant & Bar

住 1 Margaret Corbin Dr.（Fort Tryon Park 内）
地铁 Ⓐ 190 St　☎（1-212）568-5323
营 周二～周五 12:00~15:30、18:00~22:00、周六、周日 11:00~15:30、18:00~21:30（周日 17:30~）
休 周一、节假日
预算 $40~
CC ⒶⓂⓋ
URL newleafrestaurant.com

在布鲁克林深受欢迎的美国风味

黄油牛奶
Buttermilk Channel

别MAP p.40-A3　卡罗尔花园

推荐的好吃菜品为 Buttermilk Fried Chicken（仅晚餐供应）。内含鸡肉的表面酥脆的华夫饼制成奶酪味也非常好吃。

住 524 Court St. Brooklyn（at Huntington St.）
地铁 ⒻⒼ Carroll St　☎（1-718）852-8490
营 周一～周三 17:00~22:00、周四 ~23:00、周五 ~24:00、周六、周日分店 10:00~15:00、17:00~24:00（周日 ~22:00）
休 无　预算 正餐 $50~
CC ⒶⓂⓋ
URL www.buttermilkchannelnyc.com

在纽约掀起拉面热潮的先驱者

百福面吧
Momofuku Noodle Bar

别MAP p.10-B3　东村

这是由 David Chang 创办的餐馆，David Chang 曾在日本拉面店学习过手艺，现在他既是该店的大厨也是其经营者。店里的装饰既时尚又漂亮。

住 171 1st Ave.（bet. 10th & 11th Sts.）
地铁 Ⓛ 1 Av　☎（1-212）777-7773
营 午餐每天 12:00~16:30（周六、周日 ~16:00）、晚餐周日～下周四 17:30~23:00、周五、周六～次日 2:00
休 12/25　预算 $16~　CC ⒶⓂⓋ
URL www.momofuku.com

VOICE　The Plaza Food Hall（→ p.288）　在柜台以及座席处不仅能品尝到比萨饼和独创寿司等，还能畅饮啤酒。不需要提前进行预约便能享受一流的美味。

在纽约观看夜景也是一种非常豪华的享受

尚河咖啡 The River Cafe

别MAP p.38-A1　邓波

该店位于布鲁克林大桥（Brooklyn Bridge）的下面，是一家著名的美国风味店，在这里曼哈顿的全景尽收眼底，格调高雅很有韵味，晚餐虽然也非常好，不过午餐以及周日的早午餐会有打折，价格很划算。

从这里展望曼哈顿全景是再好不过的选择

此时 2013 年 4 月，由于受飓风影响，店里暂时停业

住 1 Water St., Brooklyn（位于布鲁克林大桥（Brooklyn Bridge）的下面）
地铁 Ⓐ Ⓒ High St
☎（1-718）522-5200
营 周一～周五 12:00~15:00、周六、周日 11:30~14:30、每天 17:30~23:00
休 无
预算 午餐 $28~、晚餐 $120~
CC Ⓐ Ⓓ Ⓙ Ⓜ Ⓥ
网 www.rivercafe.com

在这里可以360观察曼哈顿全景

美景吧 The View

别MAP p.33-C3　中城区

这家美国餐馆是旋转式餐厅，1 小时就能旋转一周，在这里也能充分享受到市中心的夜景。

住 1535 Broadway（在 Marriott Marquis 的 47、48 层）
地铁 Ⓝ Ⓠ Ⓡ 49 St　☎（1-212）704-8900
营 周日～周四 17:30~22:00（周二 17:00~）、周五、周六 ~23:30（周六 17:00~）、周日 10:00~13:30
※节假日
休 无　预算 晚餐 $100~
CC Ⓐ Ⓓ Ⓙ Ⓜ Ⓥ
网 www.theviewnyc.com

名厨烹制的意大利风味

巴博 BaBBo

别MAP p.9-D3　格林尼治村

这是超级名厨 Mario Batail 经营的餐馆，品食价格为 $20~，品味广受好评的套餐。

住 110 Waverly PL.（在 MacDougal St 附近）
地铁 Ⓐ Ⓒ Ⓔ Ⓓ Ⓕ Ⓜ W4 St-Washington Sq
☎（1-212）777-0303、（1-212）353-8064
营 周一～周六 17:30~23:15、周日 17:00~22:45
休 感恩节、12/25
预算 $40~
CC Ⓐ Ⓓ Ⓙ Ⓜ Ⓥ
网 www.babbonyc.com

比较有大人氛围的高级法国菜

十一麦迪逊公园 Eleven Madison Park

别MAP p.14-A4　格拉莫西

这是联合广场咖啡馆以及格拉莫西酒馆的系列店，该店带有 Art Déco 风格，天花板很高，在这里能尽情享受豪华的法国菜，各种各样比较划算的定价套餐为 $195。

米秀朗指南上获评三星级

位于麦迪逊广场花园的旁边

住 11 Madison Ave.（at 24th St.）
地铁 Ⓝ Ⓡ 23 St
☎（1-212）889-0905
营 周四～周六 12:00~13:00、每天 17:30~22:00
休 周日～下周三的午餐时间休息、其他时间不休息
预算 品味套餐 $195
CC Ⓐ Ⓓ Ⓜ Ⓥ
网 www.elevenmadisonpark.com

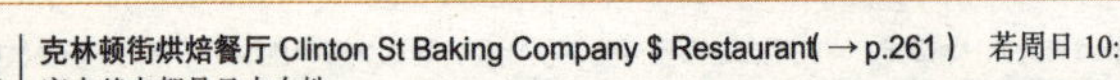
克林顿街烘焙餐厅 Clinton St Baking Company $ Restaurant（→ p.261）　若周日 10:30 去的话需要等候 2 小时，店内基本都是日本女性。

韩国系列的牛排店

纽约美味
Prime & Beyond New York

别MAP p.10-B3 东村

该店仅使用经过USDA（美国农业部）认证的肉，主打两种不同的牛排即Dry Aged和Wet Aged。

住 90 E. 10th St.（bet. 3rd & 4th Aves.）
地铁 6 Astor PL
☎（1-212）505-0033
营 周一 17:00~23:00、周二～周四 17:00~22:00、周五 12:00~15:30 17:00~23:00、周六、周日 12:00~23:00
休 无
预算 正餐 $80~
CC AMV URL primeandbeyond.com

在电影《穿普拉达的女魔头》里面也曾经登场过

史密斯·沃伦斯凯
Smith & Wollensky

别MAP p.18-B3 中城东

该店牛排的特色是虽然整体烤得比较嫩，但是外面一层却会烤得很黑，在这里可以同时享受里脊和牛腰肉的美味。

住 797 3rd Ave.（at 49th St.）
地铁 6 51 St
☎（1-212）753-1530
营 周一～周五 11:45~23:00、周六、周日 17:00~23:00
休 无
预算 午餐 $25~、晚餐 $45~
CC ADJMV
URL www.smithandwollenskynyc.com

布鲁克林的老字号牛排店

彼得·鲁格牛排馆
Peter Luger Steak House

别MAP p.39-B3 威廉斯堡

该店拥有100多年的历史，不仅当地人对其赞不绝口，在那里居住的中国人也非常喜欢这家牛排店。晚餐预订的人非常多，很难预订到，不过也有人退订，所以可以打电话试试，有不少人喜欢的是那里的午餐。

在纽约一直广受好评的牛排

外壁为红色的砖瓦格外显眼

住 178 Broadway（at Driggs Ave.），Brooklyn
地铁 J Z M Marcy Av
☎（1-718）387-7400
营 周一～周四 11:45~21:45、周五、周六 22:45、周日 12:45~21:45
休 无
预算 午餐 $20~、晚餐 $40~
CC 只能使用现金，不能刷卡
URL www.peterluger.com

该店肉的切法和炒法受到广泛好评

精品肉店
Quality Meat

别MAP p.36-B1 中城西

这是一家在市中心广受好评的牛排店，该店的肉使用专门的烤架经过高温烤制而成，风味尽在其中，十分可口。还有让人联想起以前繁盛时期的纽约精肉店的装饰也很值得一看。

人气牛排 $41~45

这是一家意大利餐厅，店内洋溢着老字号肉店的氛围

住 57 W. 58th St.（bet. 5th & 6th Aves.）
地铁 F 57 St
☎（1-212）371-7777
营 周一～周五 11:30~15:00、周一～周三 17:00~22:30、周四～周六 ~23:30、周日 ~22:00
休 无 预算 午餐 $20~、晚餐 $40~
CC ADJMV
URL qualitymeatsnyc.com

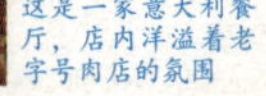

VOICE Bread & Butter 这家熟食店的食品非常丰富，从意大利面食到寿司应有尽有，而且24小时营业，店内也有用餐的地方。别MAP p.14-A3 住 419 Park Ave S.（at 29th St.）

= 需要预约・建议预约　= 最好穿正装或礼服

这正是地道的美国风味牛排！

沃尔夫冈牛排
Wolfgang's Steakhouse TriBeCa

别MAP p.5-C3　翠贝卡

纽约第一牛排店彼得・鲁格（peter luger）的餐厅服务员领班 Wolfgang 独立出来开的人气店铺，28 天才能成熟一只的绝品干式熟成牛肉（Dry Aged Beef）是其招牌菜，在市内共有 3 家分店。

距离彼得・鲁格（peter luger）比较远的顾客就来这里吧

餐后最好点一些奶酪蛋糕

住 409 Greenwich St.（bet. Beach & Hubert Sts.）
地铁 1 Franklin St
☎（1-212）925-0350
营 周日～下周四 12:00~22:30、周五、周六 ~23:30
休 无
预算 午餐 $15~、晚餐 $60~
CC A D M V
网 www.wolfgangssteakhouse.net

巴黎的人气牛排店登陆了

勒瑞斯威尼斯
Le Relais de Venise L'Entrecôte

别MAP p.18-B3　中城东

秘传的沙司与绝品柔嫩的牛排以及炸薯条、沙拉、长条面包组合成的套餐仅 $25.95，非常划算。

住 590 Lexington Ave.（at 52nd St.）
地铁 6 51 St
☎（1-212）758-3989
营 周一～周五 12:00~14:30、周六、周日 ~15:00、每天 17:30~22:30
休 无　预算 $30~
CC A M V
网 www.relaisdevenise.com/newyork

如果想吃上等腰肉牛排的话就来这里！

迈克尔・乔丹牛排屋
Michael Jordan'Steak House

别MAP p.35-D3　中城东

这是 NBA 以前的巨星迈克尔・乔丹经营的店铺，在这里可以试着去品尝巨大的牛排，早午餐的定价套餐 prix-fixe 非常划算。

住 23 Vanderbilt Ave.（Grand Central Terminal 2F）
地铁 S 4 5 6 7 Grand Central-42 St
☎（1-212）655-2300
营 周一～周五 11:30~14:30、周一～周六 17:00~22:15、周日 ~21:15
休 无　预算 晚餐 $40~　CC A D J M V
网 www.michaeljordansteakhouse.com

法国风味的牛排

比尔特牛排
BLT Steak

别MAP p.37-D2　中城东

BLT 是 Bistro・Laurent Touronde（厨师长的名字）的简称，外表也十分漂亮的上等牛排很受顾客欢迎。店里的肉使用的是经过美国农业部（USDA）认证的安格斯牛的最上等牛肉，店里的装饰与众不同，非常时尚漂亮。

住 106 E. 57st St.（bet. Lexington & Park Aves.）
地铁 4 5 6 59 St　☎（1-212）752-7470
营 周一～周五 11:45~14:30、周一～周四 17:30~23:00、周五、周六 23:30、周日 17:00~22:00
休 无　预算 午餐 $22~、晚餐 $50~
CC A D J M V
网 www.e2hospitality.com/blt-steak

28 日间牛肉 $47~57

店内装饰别具一格

VOICE | Wolfgang's 的牛排店里午餐非常划算！　汉堡包里面的肉含汁儿很多，非常嫩，薯片和洋葱圈、带蔬菜共 $16.99。苹果脆皮酥卷（Apple Strudel）上的鲜奶油也是该店的绝品。

原珠宝设计者推出的店

高谭市烧烤酒吧
Gotham Bar & Grill

别 MAP p.9-D2 格林尼治村

由名厨 Alfred Portale 烹制的菜品让顾客不禁啧啧称赞，这里的海鲜和甜点也非常好吃。

住 12 E. 12th St.（bet. 5th Ave. & University Pl.）
地铁 L 4 5 6 14 St-Union Sq
☎（1-212）620-4020
营 周一～周五 12:00~14:15、周一～周四 17:30~22:00、周五 ~23:00、周六、周日 17:00~23:00（周日 ~22:00）
休 无 预算 $55~
CC A D J M V 网 www.gothambarandgrill.com
■美国纽约风味

隐秘在小巷里的安静的小店铺

自由餐吧
Freemans

别 MAP p.6-A1 下东区

游客可以享受在当地生产，在当地消费的美国乡村料理，周末的早午餐非常火爆，要做好排队等待的准备，午餐的预算为 $15~。

住 The End of Freeman Alley off Rivington St.（Chrystie St. 和 Bowery 之间的胡同里）
地铁 J Z Bowery ☎（1-212）420-0012
营 周一～周五 11:00~16:00、每天 18:00~23:30、早午餐：周六、周日 10:00~16:00
休 无 预算 $30~
CC A M V 网 www.freemansrestaurant.com
■传统风味

有机食品爱好者热衷的店铺

纽约蓝山
Blue Hill New York

别 MAP p.9-D3 格林尼治村

这是位于格林尼治村（Greenwich·Village）内恬静小道上的一家餐馆，作为绿色食品名厨而声名远扬的 Dan Barber 烹制的菜品使原食材的风味得到充分发挥，受到顾客广泛好评。去该店需要提前 1 个月进行预约，其主食价位为 $35 左右。

通过这里的菜品能够充分感受到大自然的恩惠

Photo by Jen Munkvold, Thomas Schauer

据说名流也经常光临这里

住 75 Washington PL.（bet. MacDougal St. & 6th Ave.）
地铁 A C E B D F M W 4 St-Washington Sq
☎（1-212）539-1776
营 每天 17:00~23:00（周日 ~22:00）
休 无 预算 晚餐 $55~
CC A D M V
网 www.bluehillfarm.com
■美国纽约风味

在布鲁克林大桥的下面

大桥咖啡
Bridge Cafe

别 MAP p.3-D1 曼哈顿下城

该店创立于 1794 年，至今已有几十年的历史，一直为人所乐道。

住 279 Water St.（at Dover St.）
地铁 2 3 Fulton St ☎（1-212）227-3344
营 周日～下周五 11:45~23:00（周日、周一 ~22:00、周五 ~24:00）、周六 17:00~24:00
休 无 预算 $35~
CC A M V 网 www.bridgecafenyc.com
■美国纽约风味

想吃牡蛎的话就到大中央枢纽站

牡蛎餐吧
Oyster Bar & Restaurant

别 MAP p.35-D3 中城东

该店创立于 1913 年，至今依然保持着往昔繁盛时期车站的氛围，每天早上都会从世界各地运来大量新鲜的海鲜食品。

住 42nd St. & Vanderbilt Ave.（Grand Central Terminal BIF）
地铁 S 4 5 6 7 Grand Central-42nd St
☎（1-212）490-6650
营 周一～周五 11:30~21:30、周六 12:00~21:30
休 无 预算 $35~
CC A D J M V 网 www.oysterbarny.com
■传统风味

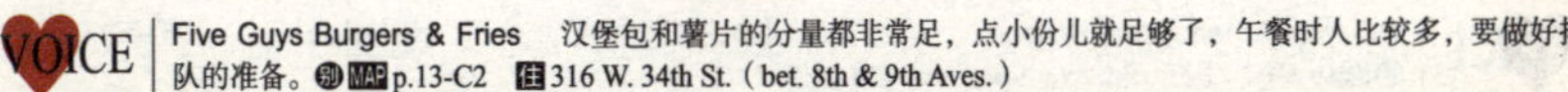

VOICE | Five Guys Burgers & Fries 汉堡包和薯片的分量都非常足，点小份儿就足够了，午餐时人比较多，要做好排队的准备。别 MAP p.13-C2 住 316 W. 34th St.（bet. 8th & 9th Aves.）

回头客源源不断的肉丸专卖店

肉丸店
The Meatball Shop

别MAP p.6-B4 下东区

自开店以来就热议不断，游客在这里可以根据自己的喜好将5种肉丸和5种沙司组合在一起，现在在曼哈顿有5家分店，在布鲁克林也有一家分店。店内的辅菜单也非常丰富，有像意大利调味饭、沙拉等。

沙司可以从西红柿、洋蘑菇等中挑选

店内也有柜台，所以一个人也可以舒畅地享受

住 84 Stanton St.（at Allen St.）
地铁 F 2 Av ☎（1-212）982-8895
营 周日～下周四 12:00～次日 2:00、周五～周六～次日 4:00
休 无 预算 $15～
CC A M V
URL www.themeatballshop.com
■家庭料理

纽约最有名的龙虾卷

埃德龙虾吧
Ed's Lobster Bar

别MAP p.31-C3 诺丽塔

里面食材分量很足的龙虾卷（按时价出售）非常有名，龙虾汤以及意大利饺也深受顾客喜爱，有柜台席。

住 222 Lafayette St.（bet.Spring & Broome Sts.）
地铁 6 Spring St ☎（1-212）343-3236
营 周一～周五 12:00~15:00、周六～17:00、周一～周四 17:00~23:00、周五、周六～24:00
休 周日 预算 $30～
CC A M V
URL www.lobsterbarnyc.com
■海鲜店

店内装饰以粉色为基调

凯琪特
Kitchenette

别MAP p.5-C4 翠贝卡

菜肉蛋卷、可丽饼以及火鸡做成的肉馅糕（$15.50）等美国家乡风味的菜谱，都是由手工制作的。

住 156 Chambers St.（bet. Greenwich St. & W. Broadway）
地铁 1 2 3 Chambers St. ☎（1-212）267-6740
营 周一～周五 7:30~23:00、周六、周日 9:00~23:00
休 无
预算 午餐 $18～、晚餐 $20～
CC A M V
URL www.kitchenetterestaurant.com
■家庭料理

富有美国文化历史韵味的店铺

彼得酒馆
Pete's Tavern

别MAP p.10-A1 格拉莫西

该店创立于1864年，号称纽约历史最悠久的一家餐馆，主要以意大利面食以及汉堡类为主，分量非常充足。

住 129 E. 18th St.（at Irving PL.）
地铁 L N Q R 4 5 6 14 St-Union Sq
☎（1-212）473-7676
营 每天 11:00～次日 2:30
休 无 预算 午餐 $15～、晚餐 $35～
CC A D J M V URL www.petestavern.com
■传统风味

纽约老字号餐馆 & 酒馆

古城吧
Old Town Bar

别MAP p.10-A1 格拉莫西

该店创立于1892年，保持着往昔繁盛时期的氛围，店里的汉堡类以及啤酒等非常可口。

住 45 E. 18th St.（bet. Park Ave. & Broadway）
地铁 L N Q R 4 5 6 14 St-Union Sq
☎（1-212）529-6713
营 周一～周五 11:30～次日 1:00、周六 12:00～次日 2:00、周日 12:00~24:00
休 无 预算 晚餐 $18～
CC A M V URL www.oldtownbar.com
■传统风味

VOICE Old Homestead Steak House 上等腰肉牛排变凉之后也非常好吃，逛完切尔西市场后一定要来这里看看。
别MAP p.8-B2 住 56 9th Ave.（bet. 14th & 15th Sts.）

苹果可丽饼非常有名

农夫友
Friend of a Farmer

别MAP p.10-A1　格拉莫西

这家店充满了乡村风情，只要进入其中，心情就会平静下来，周末早午餐的时间非常拥挤，要注意错开时间。

住 77 Irving Pl.（bet. 18th & 19th Sts.）
地铁 L N Q R 4 5 6 14 St-Union Sq
☎（1-212）477-2188
营 周日～下周四 8:00~22:00、周五、周六 ~23:00
休 无　预算 午餐 $18~、晚餐 $30~
CC A M V
网 www.friendofafarmernyc.com
■家庭料理

该店深受当地纽约人喜爱

尽饱口福店
Good Enough to Eat

别MAP p.20-B1　上西区

推荐的美味是可丽饼，价格为 $9.50~。周末的早午餐时间人非常多，需要排队等候。正如店名所示，该店菜品的分量很足，保证让你吃饱。

住 483 Amsterdam Ave.（at 83rd St.）
地铁 1 86 St
☎（1-212）496-0163
营 周一～周五 8:00~ 16:00、周六、周日 9:00~、周日～下周四 17:30~22:30、周五、周六 ~23:00
休 无　预算 午餐 $15~、晚餐 $20~
CC A J M V　网 goodenoughtoeat.com
■家庭料理

翠贝卡的人气小餐馆

芭比
Bubby's

别MAP p.5-C3　翠贝卡

这家美国小餐馆对素材非常考究，而且追求自制菜品。推荐的好菜是使用有机鸡蛋做成的班尼迪克蛋（eggs benedict）。还有只有在早午餐中才会有的英国式烤松饼。樱桃和苹果派也是招牌菜。

一直为人津津乐道的苹果派为 $8

该店 24 小时营业，所以随时都可以去那里

住 120 Hudson St.（at Moore St.）
地铁 1 Franklin St
☎（1-212）219-0666
营 每天 24 小时营业（周二 0:00~7:00 休息）
休 感恩节前一天和当天休息、12/24、12/25
预算 午餐 $20~、晚餐 $30~
CC A M V　网 www.bubbys.com
■家庭料理

周末的早午餐时间非常拥挤需要排队等候

沙拉贝思中央公园
Sarabeth's Central Park South

别MAP p.36-B1　中城西

早餐 & 早午餐人气非常高（周一～周六 8:00~15:30、周日 ~16:00）。建议一定要品尝的好菜是菜肉蛋卷，上面有黄澄澄的鸡蛋，价格为 $14~18。有名的自家制菜品也是该店绝品。另外还有 4 家店铺，2012 年秋在新宿也开了一家分店。

住 40 Central Park S.（bet. 5th & 6th Aves.）
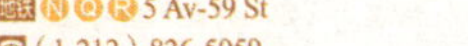
地铁 N Q R 5 Av-59 St
☎（1-212）826-5959
营 周一～周六 8:00~23:00、周日 22:00
休 12/25　预算 早餐 & 午餐 $18~、晚餐 $35~
CC A M V　网 www.sarabethscps.com
■家庭料理

有名的菜——经典班尼迪克蛋的价格为 $18

紧邻中央公园

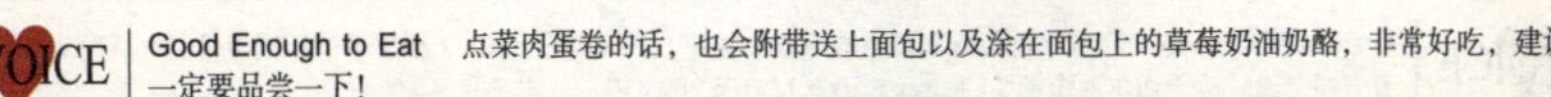

VOICE | Good Enough to Eat　点菜肉蛋卷的话，也会附带送上面包以及涂在面包上的草莓奶油奶酪，非常好吃，建议一定要品尝一下！

不收入馆费，在这里可以享受一流的咖啡。

洋溢着美术馆的气息！

赖特 The Wright

别MAP p.26-A4 上东区

该店名是以设计古根海姆博物馆的建筑师弗兰克·劳埃德·赖特（Frank Lloyd Wright）的名字而命名的。店内的甜点是使用当地素材烹制的，深为顾客喜欢，店里洋溢着美术馆的气息，非常优雅时尚，不过甜点的价格却很大众化，推荐大家去品尝一下那里的午餐和早午餐。

这里还有模仿美术馆做成的杧果慕斯

住 1071 5th Ave.（at 89th St.）在古根海姆博物馆（Guggenheim Museum）内
地铁 ❹❺❻ 86 St ☎（1-212）427-5690
营 周一～周三、周五、周六 11:30~15:30、周日 11:00~15:30、咖啡馆周五～下周三 10:30~17:00
休 周四、节假日
预算 $20~ CC Ⓐ Ⓜ Ⓥ
网 www.thewrightrestaurant.com

在这里可以边眺望中央公园边享受美食

罗伯特 Robert

别MAP p.17-C2 上西区

该店是位于艺术与设计博物馆最上面的现代美国餐馆，店内装饰也非常时尚。靠进窗边的位置非常抢手，从这里眺望中央公园，全景尽收眼底，主餐价格为 $32~43。

这里的甜点正如从这里看到的风景一样非常好看

住 2 Columbus Circle（at 8th Ave.），在艺术与设计博物馆（Museum of Art and Design）内。
地铁 Ⓐ Ⓒ Ⓑ Ⓓ ❶ 59 St-Columbus Circle
☎（1-212）299-7730
营 每天 11:30~24:00（周六、周日的早午餐时间为 11:00~15:00）
休 无 预算 午餐 $20~、晚餐 $35~
CC Ⓐ Ⓓ Ⓜ Ⓥ 网 www.robertnyc.com

博物馆内火爆的餐馆

无题惠特尼 Untitled at the Whitney

别MAP p.22-A3 上东区

这是由经营了众多人气餐馆的 Danny Meyer 推出的新店，使用从近郊采购的应时蔬菜等烹制成了简餐，也提供外卖，带着轻松的心情好好享受这里的美食吧！

这里洋溢着惠特尼美术馆的现代气息
Photos：Nicole Franzen

住 945 Madison Ave.（at 75th St.）在惠特尼美国艺术博物馆内。
地铁 ❹❻ 77 St
☎（1-212）570-3670
营 周三、周四 11:00~18:00、周五 11:00~21:00、周六、周日 10:00~18:00
休 周一、周二、节假日 预算 $10~
CC Ⓐ Ⓙ Ⓜ Ⓥ 网 untitledatthewhitney.com

绝品为萨克大蛋糕！

沙芭斯凯咖啡 Cafe Sabarsky

别MAP p.22-A1 上东区

这是位于纽约新美术馆内的带有维也纳风格的咖啡馆。店内装饰也如维也纳的沙龙一样，可以在那里优雅地品茶休息。该店非常火爆，所以要做好排队的准备，在这家店里也能吃到维也纳风味的菜肴。

可以品尝到地道的维也纳糖果的美味

住 1048 5th Ave.（at 86th St.）在纽约新美术馆内
地铁 ❹❺❻ 86 St
☎（1-212）288-0665
营 周一、周三 9:00~18:00、周四～周日 9:00~21:00
休 周二
预算 $30~
CC Ⓐ Ⓜ Ⓥ
网 www.cafesabarsky.com

VOICE | The Lobster Place 在这里可以吃到现做的清蒸大龙虾，一只大约为 $18（根据季节不同价格也有所变动）。还有寿司、汤。位于切尔西市场（Chelsea market）（→ p.289）内。

在NoHo隐匿处的意大利餐馆

比奈卡
Bianca

别MAP p.10-B4　诺霍

该店里的氛围让人感觉像家一样，非常舒适，价格也很合理，冷盘、意大利面食以及甜点等特别好吃，很受顾客欢迎。不能提前预约。

住 5 Bleecker St.（bet. Bowery Ave. & Elizabeth St.）
地铁 6 Bleecker St
☎（1-212）260-4666
营 周一～周四 17:00~23:00、周五、周六 17:00~24:00、周日 17:00~22:30
休 无　预算 $80~
CC 只能使用现金，不能刷卡
URL www.biancanyc.com

对素材非常考究的意大利餐馆

富兰克斯 570
Frankies 570

别MAP p.9-C3　格林尼治村

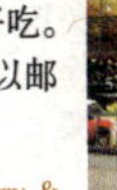

这里的乳清干酪、自制汤团以及甜点等非常好吃。店里使用的橄榄油也可以邮购。

住 570 Hudson St.（bet. Perry & 11th Sts.）
地铁 1 Christopher St-Sheridan Sq
☎（1-212）924-0818
营 周日～下周四 11:00~24:00、周五、周六～次日 1:00
休 无
预算 $20~
CC A J M V
URL www.frankiesspuntino.com

女低音的主厨创立的3号店

玛莱
Marea

别MAP p.17-C2　上西区

该店菜品的外观也非常漂亮，意大利面食都为手工制作，价格为 $25~35。用红葡萄酒煮的章鱼以及含有骨髓的 fridge 也很受顾客欢迎。

住 240 Central Park S.（near Broadway）
地铁 A B C D 1 59 St-Columbus Circle
☎（1-212）582-5100
营 周一～周五 12:00~14:30、周六、周日 11:30~、周一～周四 17:30~23:00、周五、周六 ~23:30、周日 ~22:30
休 无
预算 晚餐 $100~　CC A D J M V
URL www.marea-nyc.com

Dean & DeLuca的创办者推出的店

乔尔乔内
Giorgione

别MAP p.4-B2　翠贝卡

店内的氛围休闲舒适，提供比萨、意大利面等，都非常好吃，也有牡蛎酒吧。

住 307 Spring St.（bet. Hudson & Greenwich Sts.）
地铁 1 Hudson St.
☎（1-212）352-2269
营 周一～周五 12:00~23:00（周五 ~24:00）、周六、周日 18:00~24:00（周日 ~22:00）
休 无
预算 $40~　CC A M V
URL www.giorgionenyc.com

最推荐的休闲意大利餐馆

鲁琶
Lupa

别MAP p.9-D4　格林尼治村

该店洋溢着罗马大众餐馆的气息，是 Mario Batali 旗下的第三家餐馆。在这里可以舒适轻松地就餐，价格也很合适，该店使用的食材都很新鲜，拼盘也非常精致。

在这里可以品尝到 Mario Batali 烹制的意大利菜

位于乡村 Soho 附近

住 170 Thompson St.（bet.Houston & Bleecker Sts.）
地铁 C E Spring St.
☎（1-212）982-5089
营 周日～下周四 11:30~23:00、周五、周六 ~24:00
休 无
预算 午餐 & 晚餐 $35~
CC A D M V　URL www.luparestaurant.com

VOICE | Shake Shack（→p.278）　冬天无论多寒冷，这里也只有冷饮没有热饮，想喝热饮的人似乎只能在别处购买了……

= 需要预约・建议预约　= 最好穿正装或礼服

在这里可以品尝到意大利南部的风味

爱斯卡 Esca

别MAP p.32-A4　中城西

这是星级名厨 MARIO BATALI 创办的餐馆，招牌菜是意大利生鱼片，价格 $18~22，这里汇集了当季正适宜吃的各种鱼。

住 402 W. 43rd St.（near 9th Ave.）
地铁 Ⓐ Ⓒ Ⓔ 42 St-Port Authority Bus Terminal
☎（1-212）564-7272
营 周一～周六 12:00~14:30、周一 17:00~22:30、周二～周六 ~23:30、周日 16:30~22:30
休 节假日　预算 晚餐 $30~
CC ADJMV
URL www.esca-nyc.com

店里总是爆满的休闲意大利餐馆

伊奈特卡 'inoteca

别MAP p.7-C4　下东区

这家餐馆里的葡萄酒种类非常丰富，午餐时间一般稍微晚点，晚餐时间会稍微早点，在等待期间可以到柜台吧处喝一些酒或饮料。

住 98 Rivington St.（at Ludlow St.）
地铁 Ⓕ Delancey St
☎（1-212）614-0473
营 每天 12:00~ 次日 1:00
休 无　预算 午餐 $15、晚餐 $20~
CC AMV
URL www.inotecanyc.com

菜品精致的意大利餐馆

意面精品店 Basta pasta

别MAP p.9-D1　切尔西

在这里可以品尝到做法以及拼盘等各方面都非常精致的意大利菜。

住 37 W. 17th St.（bet. 5th & 6th Aves.）
地铁 Ⓕ Ⓜ 14 St
☎（1-212）366-0888
营 每天 12:00~14:30、18:00~23:00
休 无
预算 午餐 & 晚餐 $25~
CC ADMV
URL www.bastapastanyc.com

品味意大利的家庭菜

麦克斯 Max

别MAP p.5-C4　翠贝卡

这是由意大利 3 兄弟一起创办的家庭菜品店，价格非常合理，很受顾客欢迎，晚上人较多需要做好排队等候的准备。

住 181 Duane St.（bet. Greenwich & Hudson Sts.）
地铁 ① ② ③ Chambers St
☎（1-212）966-5939
营 每天 12:00~22:00（周三～周六 ~23:00）
休 节假日
预算 午餐 $13~、晚餐 $23~　CC AJMV
URL www.max-ny.com

店前面为玻璃墙，环境非常雅致

林肯餐馆 Lincoln Ristorante

别MAP p.16-B1　上西区

进到这家店，便可以在恬静的氛围中品尝由名店 Per Se 以前的主厨 Jonathan Benno 烹制的精致的现代意大利菜，晚餐套餐也广受好评，价格为 $65。

住 142 W. 65th St.（在 Lincoln Center 内）
地铁 ① 66-Lincoln Center
☎（1-212）359-6500
营 周三～周五 12:00~14:00、早午餐：周六、周日 11:30~14:00（周日 ~14:30）、周一～周三 17:30~22:30、周四～周六 ~23:00、周日 21:30
休 无　预算 晚餐 $45~
CC ADMV　URL www.lincolnristorante.com

©Evan Sung

每道菜分量都很足，吃起来清爽可口

©Iwan Baan

午餐种类有十多种，可以从中挑选两种

布鲁克林的餐馆活动周　从 2007 年起，继曼哈顿之后，在布鲁克林也开始举办餐馆活动周，然而从 2013 年起，开始在纽约举办，曼哈顿和布鲁克林的店都有参加。下一届餐馆活动周举办的时间尚未确定，（接下页）

由市政厅改造而成的店铺

菠菠
Bobo

别MAP p.9-C3 格林尼治村

一进入地下一层就会看见休闲酒吧，上面有餐室，菜品稍微有点贵，不过这里的氛围非常古典优雅。

住 181 W.10th St.（at 7th Ave. S.）
地铁 1 Christopher St-Sheridan Sq
☎（1-212）488-2626
营 周一～周五 17:00~23:30（周五 ~24:00）、周六、周日 11:00~15:00、17:00~24:00（周日 ~22:00）
休 无
预算 晚餐 $45~ CC A M V
网 www.bobonyc.com

风味以及装饰都很有品位

席勒日酒吧
Schiller's Liquor Bar

别MAP p.7-D4 下东区

该店是布鲁塞尔餐馆（Balthazar）的系列店之一，白天其作为简易餐馆供应汤、沙拉以及三明治等。

住 131 Rivington St.（at Norfolk St.）
地铁 F M J Z Delancey St-Essex St
☎（1-212）260-4555
营 周一～周四 11:00~次日 1:00、周五 11:00~次日 3:00、周六 10:00~次日 3:00、周日 10:00~17:00、18:00~24:00
休 无 预算 晚餐 $30~
CC A J M V
网 www.schillersny.com

由星级厨师经营烹制的有机料理

ABC 餐吧
ABC Kitchen

别MAP p.11-D2 格拉莫西

这是世界著名的大厨 Jean Georges 经营的餐馆，该店以当地生产，当地消费为宗旨，位于有名的装饰店的一层，这里无论餐具还是摆设以及店内装饰等都很有品位。

巨鲈下有菠菜、什锦以及香草

以白色为基调的充满现代感的室内装饰

Photos:Jean-George Management LLC

住 35 E. 18th St.（bet. Broadway & Park Ave.，餐馆专用通道沿着 18th St.）
地铁 L N Q R 4 5 6 14 St-Union Sq
☎（1-212）475-5829
营 周一～周五 12:00~15:00、周一～周三 17:30~22:30、周四 ~23:00、周五、周六 ~23:30、周日 ~22:00、早午餐周六、周日 11:00~15:30
休 无 预算 晚餐 $50~
CC A M V
网 abckitchennyc.com

名人光顾概率很高的法国小餐馆

帕蒂斯
Pastis

别MAP p.8-B2 肉类加工区

该店是肉类加工区标志性的存在，店里总是非常热闹，仅在这里饶有情趣地看看各种人就会觉得非常轻松快乐，酥脆的薯条和生意大利面很受顾客喜爱，价格分别为 $9、$19~26。

住 9 9th Ave.（at 12th St.）
地铁 L 8 Av ☎（1-212）929-4844
营 周一～周五 8:00~11:30、12:00~次日 1:00（周四～次日 2:00、周五～次日 3:00）、周六、周日 9:00~16:30、18:00~次日 1:00（周六～次日 3:00）
休 无
预算 晚餐 $35~
CC A D J M V 网 www.pastisny.com

建议品尝一下该店周末的早午餐，价格为 $13~27

以红色的雨篷为标志

（接上页）但据说是准备举办的。网 www.nycgo.com/restaurantweek

= 需要预约・建议预约　= 最好穿正装或礼服

人气店"Pastis"的姊妹店

巴尔萨泽 Balthazar

别MAP p.31-C3　索霍区

这是一家有名的啤酒屋，店里古色古香的镜子让人不禁想起地道的巴黎，旁边是面包连锁店。

住 80 Spring St.（bet. Broadway & Crosby St.）
地铁 6 Spring St
☎（1-212）965-1414
营 周一～周五 7:30~11:30、12:00~17:00、18:00~24:00（周五～次日 1:00）、周六、周日 8:00~16:00、18:00~次日 1:00（周日 ~24:00）
休 无　预算 晚餐 $35~
CC A M V
网 www.balthazarny.com

主厨为Anthony Bourdain

苏黎世餐馆 Les Halles

别MAP p.14-A3　格拉莫西

推荐品尝一下使用经过美国农业部（USDA）认证的牛肉做成的牛排套餐，价格为 $21，早午餐可以从菜肉蛋卷、可丽饼中选择，价格为 $17.89。

住 411 Park Ave. S.（bet. 28th & 29th Sts.）
地铁 6 28 St
☎（1-212）679-4111
营 每天 7:00~24:00
休 无
预算 早餐 $10、午餐 $18、晚餐 $35~
CC A D M V　网 leshalles.net

名厨第一次创办的旅馆餐厅

玛・佩什 Má peché

别MAP p.36-B2　中城西

这是由 Momofuku 的经营者兼主厨 David Chang 创办的法国・意大利风味餐厅，这里的定价套餐很受顾客欢迎。

住 15 W. 56th St.（bet. 5th & 6th Aves.）在 Chambers hotel 内
地铁 F 57 St　☎（1-212）757-5878
营 每天 7:00~11:00、周一～周六 11:30~14:30、每天 17:30~23:00（周日～下周二 ~22:00）、酒吧：每天 11:00~24:00（周日～下周二 ~23:00）
休 无　预算 晚餐 $35~
CC A M V
网 www.momofuku.com

Eric Ripert创意的海鲜菜品

伯纳丁餐厅 Le Bernardin

别MAP p.33-D1　中城西

推荐的好菜是海鲜鹅肝，午餐定价套餐在注重健康的雅皮士一族中很受欢迎，价格为 $72。

住 155 W. 51st St.（bet. 6th & 7th Aves.）
地铁 B D E 7Av
☎（1-212）554-1515 ※只有语音向导。
营 周一～周五 12:00~14:30、周一～周四 17:15~22:30、周五 ~23:00、周六 17:30~23:00
休 周日　预算 晚餐 $150~
CC A D J M V
网 www.lebernardin.com

轻松享受法国风味

拉琨奈特 La lunchonette

别MAP p.8-B1　切尔西

该店的家庭氛围令人感到非常自在舒适，价格合理，味道也好，广受好评。使用的食材都很新鲜，寿司类的味道更是香甜可口。

住 130 10th Ave.（at 18th St.）
地铁 A C E 14St
☎（1-212）675-0342
营 午餐：周一～周五 12:00~15:30、周六、周日 11:30~、晚餐：每天 18:00~23:00（周日 ~22:00）
休 无　预算 午餐 $20~、晚餐 $35~
CC A D M V　网 无

格林尼治村的人气小餐馆

酷尼咖啡 Cafe Cluny

别MAP p.9-C3　格林尼治村

早餐 & 晚餐为菜肉蛋卷，晚餐的牛仔骨很受顾客欢迎，定价套餐价格很合理，店里的葡萄酒种类也非常丰富。

住 284 W. 12th St.（at W. 4th St.）
地铁 1 2 3 14 St.　☎（1-212）255-6900
营 周一～周五 8:00~24:00（周一 ~24:00）、周六、周日 9:00~16:00、17:30~24:00（周日 ~23:00）
休 无　预算 $50~
CC A M V　网 www.cafecluny.com

Reserve　星巴克的高级店铺在皇后区开业了。点餐后将咖啡豆磨碎可以享受到真正的香味。住 31-01 Broadway（near 31 st St.）

西班牙以及欧洲其他地方风味

惹人注目的是西班牙风味的小食吧（Tapas bar）。

著名厨师马里奥·巴特里的店铺

玛瑙珰瑟
Casa Mono

别MAP p.10-A1　　格拉莫西

店内雅致舒适，在这里可以享受加泰罗尼亚地方的料理，例如在炒鸭蛋上覆盖咸干金枪鱼条非常好吃，价格为$18。

住 52 Irving Pl.（at 17th St.）
地铁 L N Q R 4 5 6 14 St-Union Sq
☎（1-212）253-2573
营 每天 12:00~24:00
休 无　　预算 午餐 & 晚餐 $25~
CC A M V
URL www.casamomonyc.com
■西班牙

精致可口的希腊菜

派罗斯
Pylos

别MAP p.11-C3　　东村

该店中将希腊菜用现代风格进行烹制，每道菜都不负众望，广受好评。

住 128 E. 7th St.（bet. 1st Ave. & Avenue A）
地铁 L 1 Av
☎（1-212）473-0220
营 午餐周三～周日 11:30~16:00、晚餐周日～周四 17:00~24:00、周五、周六 17:00~次日 1:00
休 无　　预算 晚餐 $35~
CC A M V　　URL www.pysolrestaurant.com
■希腊

每晚都非常火爆的人气Tapas bar

博克利亚
Boqueria

别MAP p.9-D1　　切尔西

该店的 Tapas（西班牙语的下酒菜）价格为 $5~，在这里共可以品尝到 20 种不同风味的 Tapas，即平日固定的 15 种加上每天更新的 5 种。推荐的好吃是含有松伞菇和生火腿的奶油炸肉饼，价格为 $12，这是用小碟子盛的菜品，可以很轻松地享受。

用这些菜品来配酒都非常合适

或许在一家店吃过后还可以顺便再逛一家

住 53 W. 19th St.（bet. 5th & 6th Aves.）
地铁 F M 23 St
☎（1-212）255-4160
营 每天 12:00~24:00（周日～下周三 ~23:00）
休 无　　预算 晚餐 $20~、Tapas $5~19
CC A M V　　URL www.boquerianyc.com
■西班牙

新鲜美味的斯堪的纳维亚菜

斯帽盖斯
Smörgås Chef

别MAP p.9-C3　　格林尼治村

在这雅致的店内可以享受到北欧四个国家的菜肴，这里的名产肉丸以及腌制三文鱼都深受顾客喜爱，而且由于使用的食材很新鲜，这使得菜肴更加美味可口，蒸馏酒 aquavit 也很好喝，员工更是非常热情亲切。

如果面对众多菜品感到眼花缭乱时就点瑞典式自助餐吧，价格为 $19

时尚的北欧装饰也很值得关注

住 283 W. 12th St.（at W.4th St.）
地铁 L 8 Av　☎（1-212）243-7073
营 每天 11:00~16:30、17:00~23:00（周日 ~22:00。周六、周日的早午餐为 11:00~16:30）
休 无　　预算 午餐 $20~、晚餐 $30~
CC A D M　　URL www.smorgas.com
■北欧

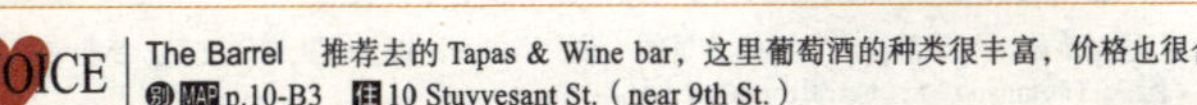

VOICE　The Barrel　推荐去的 Tapas & Wine bar，这里葡萄酒的种类很丰富，价格也很合理，在这里可以尽情畅饮。
别 MAP p.10-B3　住 10 Stuyvesant St.（near 9th St.）

充分利用应时的食材烹制的地中海菜品

爱尔德
Aldea

别MAP p.9-D1 切尔西

该店的经营者兼厨师长是 Bouley 的前主厨 George Mendes。晚餐推荐品尝一下共有 5 道菜的套餐，价格为 $25，午餐的话可以尝一下由三道菜组成的套餐，价格为 $25。由日本建筑师设计的店内装饰也一定要看一看。

菜品的味道就不用说了，其外观也非常漂亮

希望也好好欣赏一下时尚的店内设计

Ⓒ Jerry Errico

住 31 W. 17th St.（bet. 5th & 6th Aves.）

地铁 Ⓕ Ⓜ 14 St.

☎（1-212）675-7223

营 周一～周五 11:30~14:00、周一～周四 17:30~23:00（周一 ~22:00）、周五、周六 ~24:00

休 周日、劳动节　预算 午餐 $25~、晚餐 $50~

CC ⒶⓂⓋ　URL aldearestaurant.com

■伊比利亚半岛

24小时营业的咖啡店&餐馆

韦塞尔卡
Veselka

别MAP p.10-B3 东村

这是一家乌克兰老字号餐馆，推荐的好菜是俄罗斯甜菜汤等汤类。午餐或晚餐没有吃饭的话来这里非常方便。

住 144 2nd Ave.（at 9th St.）

地铁 ⑥ Astor Pl

☎（1-212）228-9682

营 每天 24 小时

休 无　预算 $13~25

CC ⒶⒿⓂⓋ

URL www.veselka.com

■乌克兰

想好好享受一顿北欧菜的话就来这里吧！

白兰地
Aquavit

别MAP p.37-D2 中城东

由 Marcus Samuelsson 经营的瑞典餐馆，拼盘等如同艺术品一样让人感觉焕然一新，味道也很精致。

住 65 E. 55th St.（bet. Madison & Park Aves.）

地铁 Ⓔ Ⓜ 5 Av-53 St

☎（1-212）307-7311

营 周一～周五 11:45~14:30、周一～周六 17:30~22:30

休 周日、节假日

预算 午餐 $30~、晚餐 $60~

CC ⒶⒹⒿⓂⓋ

URL www.aquavit.org

■北欧

经营西班牙食材店的咖啡馆

戴斯盘娜咖啡
Despana Tapas café

别MAP p.31-C3 索霍区

该店位于自 1971 年以来一直进口西班牙食材的店铺内部的用餐区，这里的绝品菜肴是西班牙香肠、黑香肠、西班牙菜肉蛋卷等。店面虽小但人气非常高，所以最好在店面一开门就赶紧去吧。

住 408 Broome St.（bet. Centre & Lafayette Sts.）

地铁 ⑥ Spring St　☎（1-212）219-5050

营 周一～周五 10:00~19:00、周六、周日 11:00~19:00（周日 ~18:00）

休 无　预算 $10~

CC ⒶⓂⓋ　URL www.despanabrandfoods.com

■西班牙

一个人也可以轻松地享受到地道的 Tapas

也可以将其看成熟食店，所以也可以带食物回家吃

VOICE Hiroko's Place　这里菜单上的菜品简直像咖啡馆里的一样，诸如奶汁烤菜以及蛋包饭等，都非常好吃。

别MAP p.30-A3　住 75 Thompson St.（bet. Broome & Spring Sts.）

迷倒纽约人的怀石料理

杉山
Sugiyama

别MAP p.17-C2　中城东

该店得到了纽约人的大力支持，根据季节的不同而供应不同的时令菜肴。3 道菜为 $32、5 道菜为 $58 等。

住 251 W. 55th St.（bet. Broadway & 8th Ave.）
地铁 N R Q 57 St-7th Av
☎（1-212）956-0670
营 周二～周五 17:30~23:45（入座 ~22:15）
休 周日、周一、节假日
预算 晚餐 $35~
CC A D M V
URL www.sugiyama-nyc.com

"铁人料理"森本先生创办的第二家店

森本餐厅
Morimoto

别MAP p.8-B2　肉类加工区

这是由通过烹饪节目而广为人熟知的日本料理的铁人——森本正治继这之后创办的第二家店铺。店内的装饰也很值得一看。

住 88 10th Ave.（bet. 15th & 16th Sts.）
地铁 A C E 14 St.
☎（1-212）989-8883
营 周一～周五 12:00~14:30、周一～周三 17:30~23:00、周四～周六 24:00、周日 ~22:00
休 无　预算 午餐 $25~、晚餐 $45~
CC A J M V
URL www.morimotonyc.com

日本大厨制作的寿司

乔威贝克
Jewel Bako

别MAP p.10-B4　东村

这是一家在米其林指南中获得一星级评价的寿司店，店内的装饰与设计非常时尚而且富有现代感，在这里可以品尝到让你饱享口福的美味寿司。

住 239 E. 5th St.（bet. 2nd & 3rd Aves.）
地铁 F 2 Ave.
☎（1-212）979-1012
营 周一～周四 18:00~23:30、周五、周六 18:30~24:00
休 周日　预算 $40~
CC A M V
URL jewelbakosushi.com

Nobu创始人松久信幸的创意美食

野武纽约
Nobu New York

别MAP p.5-C3　翠贝卡

在纽约想吃日本料理的话还是来这里好，该店午餐也有大碗饭之类的主餐，建议不能去吃正餐的人点这个。

住 105 Hudson St.（at Franklin St.）
地铁 1 Franklin St.
☎（1-212）219-0500
营 周一～周五 11:45~14:15、每天 17:45~22:15
休 无
预算 午餐 $20~、晚餐 $45~
CC A D J M V
URL www.noburestaurants.com

可以在那里轻松舒适地享用美食的日本餐馆

大户屋	别MAP p.11-D2	营 午餐：周一～周五 11:30~14:30、周六、周日 ~15:00、晚餐：周日～下周四 17:30~22:30、周六、周日 ~23:30	各种套餐在纽约也可以吃到
酒　库	别MAP p.14-B1	营 午餐：周一～周五 11:30~14:20、晚餐：周一～周四 18:00~23:45、周五、周六～次日 0:45、周日 ~22:45	可以享受 200 多种日本酒
多　福	别MAP p.10-B3	营 周一～周五 13:00~22:00、周六、周日 12:00~23:00（周日 ~22:00）	烤章鱼 & 杂样煎菜饼专卖店
温　屋	别MAP p.18-B4	营 周一～周六 11:00~15:00、17:00~22:00　休 周日	可以吃到正宗的讃岐乌冬面
牛　角	别MAP p.18-B3	营 周一～周四 11:30~23:00、周五、周六 ~24:00、周日 ~22:00	在日本广为人熟知的烤肉连锁店
伊　势	别MAP p.36-B2	营 午餐：周一～周五 11:30~14:45、晚餐：每天 17:00~22:45	可以以公道合理的价格享用到家庭料理

大户屋　或许是由于该店细致入微的服务吧，该店总是人满为患，套餐价格比日本贵 $13~。夜里还可以在这里喝酒。店内装饰时尚而富有现代感，与日本的截然不同。

= 需要预约・建议预约　= 最好穿正装或礼服

人气寿司天堂

寿司咖喱
Sushi of Gari

别MAP p.23-C2　上东区

该店使用从日本进口的食材制作的寿司在纽约米其林指南中也受到高度评价，最好提前预约。

住 402 E. 78th St.（bet. 1st & York Aves.）
地铁 6 77 St
☎（1-212）517-5340
营 周二～周六 17:00~23:15、周日 ~21:45、周一 ~22:45
休 无
预算 $30~
CC A M V
网 www.sushiofgari.com

使美食家拍案叫好的日本美食新风味

1 或 8 阿特丽亚美食
1 or 8 Atelier of food

别MAP p.39-A3　威廉斯堡

该店有独创的 French taste 的日本美食，推荐的好菜是寿司套餐，餐具、拼盘等非常漂亮精致。

住 66 S. 2nd St.（near Wythe Ave.）, Brooklyn
地铁 J M Marcy Av（步行大约 20 分钟）
☎（1-718）384-2152
营 周二～周六、周日 18:00~23:00、周五、周六～次日 ~2:00
休 周一　预算 $30~
CC A M V
网 www.oneoreightbk.com

在美国也非常有名的涮羊肉

涮肉烤肉店
Shabu-Tatsu

别MAP p.10- B3　东村

该店除了涮羊肉之外，还有烤牛肉、鸡素烧（双人式～）以及韩国料理等，价格也非常公道合理，很受日本人欢迎。

住 216 E. 10th St.（bet. 1st & 2nd Aves.）
地铁 L 3 Av
☎（1-212）477-2972
营 午餐每天 12:00~15:00、晚餐周日～周四 17:00~23:00、周五、周六～次日 1:30
休 无　预算 午餐 & 晚餐 $20~
CC A J M V
网 www.shabutatsu.com

店内完全像日本的烤鸡串店一样

烤鸡串店
Yakitori Taisho

别MAP p.10- B3　东村

在该店即使只点一串烤鸡串也是可以的，喝好吃饱仅需大约 $20，所以店内总是非常拥挤，该店一直营业到深夜。

住 5 St. Marks Pl.（bet. 2nd & 3rd Aves.）
地铁 6 Astor Pl
☎（1-212）228-5086
营 周日～周三 18:00~次日 2:00、周四～周六～次日 4:00
※ 最晚预订时间为用餐前 30 分钟
休 无
预算 $17~
CC A J M V　网 无

COLUMN

拉面在纽约现在非常火爆！

以百福面吧（Momufuku Noodle Bar）（→ p.231）的开业为契机，在纽约开始兴起了拉面热潮，众多火爆的拉面店开始进军到日本餐馆较多的东村周围，例如博德著名的秀 tyan 拉面（别MAP p.18-B3）、咸味拉面受到广泛好评的久保屋（别MAP p.11-C4）、在日式餐馆 ceo 中仅深夜营业的三四郎（别MAP p.18-B3）、熊本风味的农家拉面（别MAP p.11-C4）及其姊妹店 Kambi（别MAP p.10-B2），一定要去尝一尝！

秀 tyan 拉面店的蔬菜拉面

日式餐馆也需要支付小费　虽说这是日本料理餐馆，但这里是纽约，所以快餐除外，其他只要员工提供服务的餐馆内，即使在拉面店内也需要支付小费。

纽约的B级美食？！

粥之家 Congee Village Restaurants

别MAP p.6-B2 下东区

这是一家粥专卖店，售有30种各类各样的粥，这里的粥就不用说了，其面类以及炒饭也很丰盛，而且其他料理也非常好吃。

住 100 Allen St.（bet. Delancey & Broome Sts.）
地铁 F J M Z Delancey St-Essex St
☎（1-212）941-1818
营 周日～周四 10:30~24:00、周五、周六～次日 2:00
休 无 预算 $10~
CC A M V（消费 $15 以上才能使用）
URL www.congeevillagerestaurants.com

人气No.1的粤式茶餐厅

麒麟金阁 Golden Unicorn

别MAP p.6-A3 唐人街

一到周末，租赁了大厦三层房间的店内很快就会座无虚席，一般需要等待1小时，粤式早茶平日 10:00~15:30 开放，周末为 10:00~16:00，粤式早茶以外的菜谱也很丰盛。

粤式早茶的价格很低廉，一份只需 $2.45~8.55

性价比非常高，味道也素有好评

住 18 E. Broadway（at Catherine St.）
地铁 J Z Chambers St
☎（1-212）941-0911
营 周一～周五 10:00~23:00、周六、周日 9:30~
休 无
预算 $15~
CC A J M V
URL www.goldenunicornrestaurant.com

高级名店

顺里西 Shun Lee West

别MAP p.20-B4 上西区

上东区的高级中餐馆，茶水 $6.95。午饭的价格则相对合理。

住 43 W. 65th St.（bet. Columbus Ave. & Central Park W.）
地铁 1 66 St-Lincoln Center
☎（1-212）595-8895
营 周一～周五 12:00~24:00、周六、周日 11:30~24:00
休 无
预算 $35~
CC A J M V
URL www.shunleewest.com

纽约非常好吃的小笼包！

乔上海 Joe's Shanghai

别MAP p.6-A3 唐人街

该店的小笼包非常好吃，最具人气的菜谱是蟹粉小笼包，该店在中城还有分店（住 24W. 56th St.）。

住 9 Pell St.（bet. Bowery & Motts St.）
地铁 J Z N Q 6 Canal St
☎（1-212）233-8888
营 每天 11:00~23:00
休 无 预算 $10~
CC J
URL www.joeshanghairestaurants.com

唐人街居民的休息场所

美丽华 Mei Li Wah

别MAP p.6-A3 唐人街

这是为数不多的中国咖啡店之一，该店里的大肉包以及炖肉块面包都非常好吃。

住 64 Bayard St.（bet. Mott & Elizabeth Sts.）
地铁 J Z N Q 6 Canal St ☎（1-212）966-7866
营 每天 10:00~22:00
休 无
预算 炖肉块面包 80¢、咖啡 $1
CC 只能使用现金，不能刷卡
URL meiliwah.com

VOICE | Joe's Shanghai 这里的小笼包就不用说了，榨菜和扁豆的炒菜也非常好吃，在唐人街的店里，小费按 15% 收取，和餐费一起结算，计算起来非常方便，就是感觉稍微有点贵。

鲜肥圆润的鲜虾水饺非常好吃

点心歌
Dim Sum Gogo

别MAP p.6- A4 唐人街

在清洁舒爽的店内可以轻松地品茶，将所要茶的杯数写在点餐单上即可。推荐的好菜是豆苗饺子、腐皮素卷以及饭团等，这对于素食主义者来说也是既清淡又丰盛。

腐皮素卷以及韭菜饺子味道非常好，绝不辜负您的期望

店内明朗清洁的环境也让人感觉很舒畅

住 5 E. Broadway（near Chatham Sq.）
地铁 F East Broadway
☎（1-212）732-0797
营 每天 10:00~22:30
休 无
预算 $15~
CC A J M V
网 dimsumgogo.com

首先点一只蟹吧！

合记饭店
Hop Kee

别MAP p.6- A3 唐人街

小小的店内满是住在当地的中国人，推荐的好菜是西兰花以及广东风味的蟹等，价格为 $15.25。

住 21 Mott St.（at Mosco St.）
地铁 J Z N Q 6 Canal St
☎（1-212）964-8365
营 周日~周四 11:30~次日 1:00、周五、周六~次日 4:00
休 无
预算 $12~
CC 只能使用现金，不能刷卡
网 hopkeenyc.com

建议一定要品尝的是这里的手工饺子！

成都印象
Ollie's

别MAP p.32- A4 中城西

这是位于中城的一家很有人气的餐馆，推荐的好菜是这里的饺子，筋道十足的皮里包满了肉和蔬菜。

住 411 W. 42nd St.（bet. 9th & Dyer Aves.）
地铁 A C E 42 St-Port Authority Bus Terminal
☎（1-212）868-6588
营 每天 11:30~23:00
休 无
预算 $12~
CC A M V
网 olliesnyc.com

美国人也很喜欢的面条

纽约精品面城
Great NY Noodle Town

别MAP p.6- A3 唐人街

客人在该店可以从很多种面类中选择自己爱吃的，如含有鸡蛋的粗面、使用米做成的河粉等。最富有人气的是放有肥虾的馄饨鲜虾面，价格为 $4.95。

让你不禁想吃好几碗的面

想轻松迅速吃点东西的话建议来这里吃

住 28 Bowery（at Bayard St.）
地铁 J Z N Q 6 Canal St
☎（1-212）349-0923
营 每天 10:00~次日 2:30
休 无
预算 $7~
CC 只能使用现金，不能刷卡
网 greatnynoodletown.com

喜万年大酒楼 平日午餐早茶均为 $2! 准备举办的。两个人都吃得特别饱也仅需 $10。别MAP p.6-A3 住 98 Mott St.（bet. Canal & Hester Sts.）

韩国人推荐的韩国料理店

韩巴餐厅
Han Bat Restaurant

别MAP p.13- D2 中城西

在这家店里能品尝到正宗的韩国家庭料理，作为开胃小菜的韩国泡菜非常好吃，推荐的好菜是韩国烤洋葱以及烤盖饭等。

住 53 W. 35 St.（bet. 5th & 6th Aves.）
地铁 B D F M N Q R 34 St-Herald Sq
☎（1-212）629-5588
营 每天 24 小时营业
休 无
预算 午餐 $13~、晚餐 $20~
CC A J M V URL 无
■韩国

辣得不行依然让人忍不住想吃的韩国纯豆腐

豆腐火锅店
Schiller's Liquor Bar

别MAP p.13- D3 中城西

推荐给大家的好菜是韩国纯豆腐火锅，味道虽然非常辣，但依然让人垂涎欲滴，这道菜的口碑非常好。

住 34 W. 32nd St., 2F（bet. 5th Ave. & Broadway）
地铁 B D F M N Q R 34 St-Herald Sq
☎（1-212）736-9002
营 周日～下周四 11:00~24:00、周五、周六～次日 2:00
休 无
预算 晚餐 $20~
CC A J M V
URL www.seoulgarden32.com
■韩国

静谧处的韩流茶沙龙

法兰奇
Franchia

别MAP p.14- A2 中城东

这是韩国精进料理名店的姊妹店，在这里不仅可以品尝到优质的绿茶，还可以享受到蔬菜点心，推荐的好菜是定价套餐，价格为 $32，包含有两份开胃小菜、一份主食、一份甜点，另外可以再选择一份汤或沙拉。

在这里可以吃到很多蔬菜，还有广受好评的美食

这是 HanGawi 的姊妹店，所以味道还是很有保证的

住 12 Park Ave.（bet. 34th & 35th Sts.）
地铁 6 33 St
☎（1-212）213-1001
营 周一～周五 12:00~22:00、周六 13:00~22:00、周日 17:30~21:30
休 无 预算 晚餐 $30~
CC A D M V ※ 18:00 以后每个人最低消费为 15 美元。 URL www.franchia.com
■韩国风味

按辣度可分为4个等级的纯豆腐

天然豆腐餐馆
Natural Totu Reataurant

别MAP 地图外 恩光

要是在该店中点人气纯豆腐的话，还会附带赠送韩国泡菜、韩式拌菜以及在饭锅底的锅巴上加点热水做成的韩国锅巴汤。而且现场为顾客切的墨鱼烧烤以及牛背肉等也既便宜又好吃。

住 40-06 Queens Blvd.（bet. 40th & 41st Sts.），Sunnyside
地铁 7 40 St
☎（1-718）706-0899
营 每天 11:00~24:00（最晚点餐时间为 23:30）
休 节假日 预算 晚餐 $10~
CC M V
URL 无
■韩国

其他众多菜肴也很可口

这里每天都有很多韩裔顾客，非常热闹

VOICE | Shake shack（→ p.278） 这里的汉堡非常好吃，甚至让你觉得它并不是快餐，Midtown 店距离剧院街很近，非常方便。

顶级的韩国素食主义者料理

汉嘎威 Hangawi

别MAP p.14-A3　中城东

该店内供应各种健康养生料理，林林总总，让你不禁惊叹，甚至改变对韩国料理的印象。17点以后每人最低消费为$18以上。

住 12 E. 32nd St.（bet. 5th & Madison Aves.）
地铁 6 33 St
☎（1-212）213-0077
营 周一～周五 12:00~14:45、17:00~22:30、周六 13:00~22:15、周日 17:00~21:30
休 无　预算 晚餐 $30~　CC A D M V
URL www.hangawirestaurant.com
■韩国

可以轻松利用的韩国副食店

吴吉普 Woorijip

别MAP p.14-A3　中城西

寿司和便当购买之后可以随机食用。还有韩国菜系的蔬菜和面类等，价格为每磅为6.99美元。

住 12 W. 32nd St.（bet. 5th Ave. & Broadway）
地铁 B D F M N Q R 34 St-Herald Sq
☎（1-212）244-1115
营 每天 9:00~次日 3:00
休 无
预算 午餐 $7~、晚餐 $15~
CC A J M V（最低消费 $10）
URL woorijipnyc.com
■韩国

这是韩国城的人气店，要做好排队等候的准备

昆吉普 Kunjip

别MAP p.14-A3　中城西

店名在韩语中的意思是“长子祝历日聚集的家”，推荐的好菜是五花三层肉以及韩国烤肉。

住 9 W. 32nd St.（near 5th Ave.）
地铁 B D F M N Q R 34 St-Herald Sq
☎（1-212）216-9487
营 每天 24 小时
休 无
预算 午餐 $12~、晚餐 $30~
CC A M V
URL kunjip.net
■韩国

手工豆腐非常火爆

巧当枸 Cho Dang Gol

别MAP p.13-D2　中城西

这家店每天做的豆腐非常好吃，广受好评建议一定要尝一下这里的豆腐火锅，不是很辣，所以不擅长吃辣的人也不用担心。

住 55 W. 35th St.（bet. 5th & 6th Aves.）
地铁 N R Q 34 St-Herald Sq
☎（1-212）695-8222
营 每天 11:30~22:30
休 无
预算 $30~　CC A M V
URL www.chodanggolny.com
■韩国

皇后区的超级人气泰国菜品店

斯瑞帕海 Sripraphai

别MAP p.43-C　伍德赛德

该店首先在当地泰国人居住的社区内兴盛起来，以此为契机，现在已非常火爆，曼哈顿也有很多人专门前来这里。在这里用餐的话首先要领取号码牌。菜单的数量很多，包括甜点菜单。

住 64-13 39th Ave.（near 64th St.），Queens
地铁 7 61 St-Woodside
☎（1-718）899-9599
营 周一、周二、周四～周日 11:30~21:30
休 周三　预算 晚餐 & 午餐 $15~
CC 只能使用现金，不能刷卡
URL www.sripraphairestaurant.com
■泰国

这是素有人气的炒面条，价格为 $9

值得专门前往的极富人气的泰国菜

Junior's（→p.270）　一次在这家餐馆中用餐，其奶酪蛋糕虽然非常好吃，不过分量太大，只吃了一半就吃饱了，剩下的蛋糕只好带回家吃了。

在这里可以轻松地享受泰国菜

旁斯 Pongsri

别MAP p.6-A3 唐人街

在这里可以品尝到泰国炒面、冬阴功汤以及绿色咖喱等，其价格也不是很贵。餐后建议喝一些咖啡或吃些甜点。

住 106 Bayard St.（at Baxter St.）
地铁 J Z N Q 6 Canal St
☎（1-212）349-3132
营 每天 12:00~23:00
休 无 预算 午餐 & 晚餐 $18~
CC A J
网 www.pongsri.com
■泰国

多汁鲜润的柬埔寨三明治

南么旁 Num Pang

别MAP p.10-A2 东村

这家三明治店平日午餐时间非常火爆，总是排着长长的队伍。这里最富有人气的是猪肉三明治。

住 21 E. 12th St.（bet. 5th Ave. & University Pl.）
地铁 L N Q R 4 5 6 34 St-Herald Sq
☎（1-212）255-3271
营 周一~周六 11:00~22:00、周日 12:00~21:00
休 无 预算 三明治 $8.25~
CC J
网 www.numpangnyc.com
■柬埔寨

这家店深受切尔西居民的欢迎

欧麦 Omai

别MAP p.8-B1 切尔西

越南的固定菜谱诸如春卷、扁米粉就不用说了，这里的鱼也很值得一尝。周边有很多的居民前来用餐，非常热闹。

住 158 9th Ave.（near W. 20th St.）
地铁 L A C E 14 St
☎（1-212）633-0550
营 午餐：周一~周六 12:00~14:30、晚餐：周一~周四 17:30~22:00、周五、周六 ~23:00、周日 ~21:00
休 无 预算 午餐 & 晚餐 $20~
CC A M V 网 www.omainyc.com
■越南

亚洲民族风

淘 Tao

别MAP p.37-D1 中城东

这是一家俱乐部风格的店铺，有很多时尚的纽约人前来用餐，很是热闹，午餐中的定价套餐非常划算，价格为 $27.50。

住 42 E. 58th St.（bet. Madison & Park Aves.）
地铁 4 5 6 59 St
☎（1-212）888-2288
营 周一~周三 11:30~24:00、周四~周六~次日 1:00、周日 12:00~24:00
休 节假日 预算 晚餐 $35~
CC A D J M V 网 www.taorestaurant.com
■亚洲风味

既便宜又好吃的越南菜

芽庄 Nha Trang One

别MAP p.6-A3 唐人街

该店在 Chinatown 的越南餐馆中是顾客最多、最拥挤热闹的一家店，推荐的好菜是春卷以及米线，另外，放有油炸春卷的面是很多人非常喜欢的味道。

住 87 Baxter St.（bet. Walker & White Sts.）
地铁 J Z N Q 6 Canal St
☎（1-212）233-5948
营 每天 11:00~21:30
休 无 预算 午餐 & 晚餐 $15~
CC A M V
网 nhatrangone.com
■越南

放有油炸春卷的面评价颇高

品尝健康的越南美食

VOICE | Junior's（→ p.270） 位于大中央枢纽站的主要中央大厅里的店铺专营外卖，而位于底层的餐馆既提供店内用餐，也提供外卖。

广受热议的室内装饰

杜哟
DohYo

别MAP p.12-B1 中城西

这是一家拉美餐馆，由居住在柏林的内藤新平设计的窗帘以及壁画等广受热议，仅需 $40 就可以随便吃的周末自助早午餐很受欢迎。

享受一下拉美和亚洲菜融合的味道吧

这里有广受热议的酒店，它内部的装饰也很值得关注

住 570 10th Ave.（bet. 41st & 42nd Sts.），位于 Yotel Hotel 的第四层
地铁 A C E 42St-Port Authority Bus Terminal
☎（1-646）449-7790
营 周一～下周三、周日 10:00~22:00、周四～周六 ~23:00
早午餐：周六、周日 11:00~15:00
休 无　预算 午餐 & 晚餐 $25~
CC A M V
■拉美亚洲

位于联合旁边的越南餐馆

西贡市场
Saigon Market

别MAP p.10-A3 格林尼治村

这是在纽约能够品尝到正宗越南菜的难得的好店，其中素有人气的菜品是扁米粉与木瓜沙拉，建议品尝一下。

住 93 University Pl（bet. 11th & 12th Sts.）
地铁 L N Q R 4 5 6 Union Sq-14 St
☎（1-212）982-3691
营 周日～周三 11:30~23:00、周四～周六 ~24:00
休 节假日　预算 $50~
CC A M V
URL www.saigonmarketnyc.com
■越南

品尝一下民间的马来西亚菜吧

沙努尔
Sanur

别MAP p.6-A3 唐人街

地下的店铺为套餐店，店里的加香烤肉很好吃，建议品尝一下，另外还售有外卖便当，价格为 6.95~。

住 18 Doyers St.（near Pell St.）
地铁 J Z N Q 6 Canal St
☎（1-212）267-0088
营 周二～周日 10:00~22:00
休 周一
预算 午餐 & 晚餐 $10~
CC 只能使用现金，不能刷卡
URL 无
■印度尼西亚 & 马来西亚

无国籍的亚洲面

共和餐馆
Republic

别MAP p.11-D2 切尔西

位于联合广场的以面为主的餐馆，这里的招牌菜为辣牛肉，店内的氛围时尚休闲。

住 37 Union Sq. W.（bet. 16th & 17th Sts.）
地铁 L N Q R 4 5 6 34 St-Herald Sq
☎（1-212）627-7172
营 每天 11:30~22:30（周四～周六 ~23:30）
休 感恩节、12/25　预算 $20~
CC A M V
URL www.thinknoodles.com
■亚洲风味

正宗的印度尼西亚菜

巴厘努沙印塔
Bali Nusa Indah

别MAP p.32-A3 中城西

该店的菜品味道非常温和，对胃很好，建议品尝一下这里的热蔬菜沙拉以及烤鸡肉串等。

住 651 9th Ave.（bet. 45th & 46th Sts.）
地铁 A C E 42 St-Port Authority Bus Terminal
☎（1-212）974-1875
营 周一～周四 11:30~23:00、周五、周六 ~24:00、周日 ~22:30
休 无　预算 晚餐 $18~
CC M V
URL balinusaindahnyc.com
■印度尼西亚

奇缘 3 餐厅 Serendipity3（ p.271） 这里的招牌商品是高档巧克力冻（Frrrozen Haute Chocolate），分量很大，口感极佳，让人回味无穷。在人多拥挤的时候可以先登记一下名字，然后在等待的时间里就可以去购物。

位于印度美食街的正中心

东米塔丽 Mitali East

别MAP p.10-B3 东村

该店有羊肉、牛肉和鸡肉咖喱，而且有甜和辣等不同的风味可供选择。

这里还有酥脆的印度烤薄饼等各种各样的薄饼。

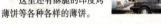

住 334 E. 6th St.（bet. 1st & 2nd Aves.）
地铁 F 2 Av
☎（1-212）533-2508
营 每天 12:00~24:00
休 无 预算 午餐 & 晚餐 $20~
CC A M V
网 mitalieastnyc.com
■印度

在熟食店可以吃到的美味咖喱

旁遮普 Punjabi

别MAP p.11-C4 东村

这是一家印第安莱馆，在柜台点餐后可以在店里找个位置用餐。建议品尝一下这里的小碗咖喱和茶。

住 114 E. 1st St.（bet. Avenue A & 1st Ave.）
地铁 F 2 Av
☎（1-212）533-3356
营 每天 24 小时营业
休 无 预算 $8~
CC 只能使用现金，不能刷卡
网 无
■印度

不但好吃而且便宜！

匆匆咖啡 Curry in a hurry

别MAP p.14-B3 格拉莫西

来该店的大多数人都会点特殊拼盘，这里还有开放式自助酒吧，可以尽情享用这里的沙拉和甜点。

住 119 Lexington Ave.（at 28th St.）
地铁 6 28St
☎（1-212）683-0900
营 周三~下周一 12:00~23:00
休 周二
预算 午餐 & 晚餐 $15~
CC A D J M V
网 www.curryhurry.net
■印度

直接用手抓着吃的埃塞俄比亚咖喱！

示巴女王 Queen of sheba

别MAP p.16-B4 中城西

这家店在当地非常有名，在这里可以品尝到地道的高品位咖喱，而且在该店基本都是用手直接抓着吃。

住 650 10th Ave.（bet. 45th & 46th Sts.）
地铁 A C E 42 St-Port Authority Bus Terminal
☎（1-212）397-0610
营 每天 11:30~23:00（周五、周六 ~24:00）
休 无
预算 午餐 $15~、晚餐 $25~
CC M V
网 www.shebanyc.com
■埃塞俄比亚

中东风味的比萨非常好吃

翘胡须 Moustache

别MAP p.9-C4 格林尼治村

如果想吃土耳其菜、黎巴嫩菜以及摩洛哥菜的话就来这家店吧。在这里可以将用小豆子做成的鹰嘴豆泥以及烧茄子制成的糊儿涂在皮塔饼上一起吃，非常好吃。该店在东村以及东哈莱姆都有分店。

住 90 Bedford St.（bet. Grove & Barrow Sts.）
地铁 1 Christopher St-Sheridan Sq
☎（1-212）229-2220
营 周一~周五 17:00~24:00、周六、周日 ~12:00
休 无 预算 $20~
CC 只能使用现金，不能刷卡
网 www.moustachepitza.com ■中东

这里的菜肴非常好吃，会让您不自觉就露出满意的笑容

通过中东菜肴来感受一下异国情调吧

Punjabi 在这不是很大的店内有很多戴着头巾的印度人，很是热闹拥挤，这里都为素咖喱，非常好吃。

✆ = 需要预约・建议预约 ✓ = 最好穿正装或礼服

充满现代感的印度餐馆

芭露齿 Baluchi's

别MAP p.5-C4 翠贝卡

这是一家在纽约已经推出 10 家分店的印度餐馆，其特点是具有时尚的店内装饰以及精致的拼盘，菜品的价格比其他餐馆稍微贵点，推荐的好菜是以味道香醇浓郁而成为印度经典美食的烤鸡咖喱，价格为 $14。

该店有 30 余种以上的咖喱，薄饼和米饭需要另外支付费用

印度风格的店内装饰也很迷人

住 275 Greenwich St.（bet. Warren & Murray Sts.）
地铁 1 2 3 Chambers St
☎（1-212）571-5343
营 周一～周五 10:00~23:00、周六、周日 11:30~22:00
休 无 预算 $20~
CC A M V
网 www.baluchis.com
■印度

健康午餐印度风味可丽饼

汉普顿酸辣酱有限公司 Hampton Chutney Co

别MAP p.31-C2 诺丽塔

这里的招牌美食是在酥脆的果酱可丽饼 Dosa 上加上装饰配料来吃的三明治，价格为 $8.95~10.95。

住 68 Prince St（bet. Crosby & Lafayette Sts.）
地铁 N R Prince St.
☎（1-212）226-9996
营 每天 11:00~21:00
休 无
预算 午餐 & 晚餐 $13~
CC A M V 网 www.hamptonchutney.com
■印度风味可丽饼

可以轻松享用的摩洛哥菜

莫加多尔咖啡 Cafe Mogador

别MAP p.11-C3 东村

该店的绝品是茄子沙拉，在这里可以一边品味着从银质的壶中倒出的摩洛哥风味的茶，一边放松享受。

住 101 St. Marks Pl.（bet. 1st Ave. & Avenue A.）
地铁 L 1 Av.
☎（1-212）677-2226
营 周日～下周四 9:00~次日 1:00、周五、周六～次日 2:00
休 无 预算 午餐 $12~、晚餐 $25~
CC A M V
网 www.cafemogador.com ■摩洛哥

挑战一下土耳其菜吧

土耳其烤鸡 Turkish Kitchen

别MAP p.14-B4 翠贝卡

推荐的开胃小菜是 Tamara，独具特色的羊肉也不错，最后可以再喝杯茶。

住 386 3rd Ave.（bet. 27th & 28th Sts.）
地铁 6 28 St
☎（1-212）679-6633
营 周一～周五 12:00~15:00、周一～周四 17:30~23:00、周五、周六 ~23:30、周日 17:00~22:30
休 无 预算 午餐 $20~、晚餐 $30~
CC A M V 网 turkishkitchen.com
■土耳其

烤串儿和酥皮饼非常好吃的土耳其菜

贝雷克特 Bereket

别MAP p.6-B3 下东区

该店的土耳其烤串儿（一种辛辣的肉菜）非常好吃，另外大米羊肉菜叶包 Dolma 以及 Piyaz 等的沙拉类也很好吃。

住 187 E. Houston St.（at Orchard St.）
地铁 F 2 Av
☎（1-212）475-7700
营 每天 24 小时营业
休 无 预算 $10~
CC 只能使用现金，不能刷卡
网 无 ■土耳其

在中城不知吃什么时就来这儿吧 第九大道上聚集了世界各地各种民族风味的餐馆，价格也很公道合理，我曾在这里品尝了希腊菜。

委内瑞拉的快餐

加拉加斯玉米饼 Caracas Arepa Bar

别MAP p.11-C3 东村

该店内只能用玉米才能做成的可丽饼三明治人气非常高，在这里可以选择各种各样的食材，价格也不是很贵。

住 93 1/2E. 7th st.（bet. 1st Ave. & Avenue A.）
地铁 L 1 Av ☎（1-212）529-2314
营 每天 12:00~23:00
休 无 预算 $9~
CC A M V
分店 别 MAP p.39-B2
URL www.caracasarepabar.com
■委内瑞拉

周末很晚也依然非常热闹

本尼的墨西哥卷饼 Benny's Burritos

别 MAP p.9-C2 格林尼治村

在这里可以享用到每天更新的诸如甜瓜、木莓等的水果玛格丽塔酒，另外墨西哥玉米可丽饼以及米饭布丁也很受欢迎。

住 113 Greenwich Ave.（at Jane St.）
地铁 1 2 3 14 St
☎（1-212）633-9210
营 周日～下周四 11:30~23:00、周五、周六 11:30~24:00
休 无 预算 午餐 & 晚餐 $15~
CC A M V
URL blockheads.com
■墨西哥

拉美风小餐馆 & 咖啡

哈巴拿咖啡 Cafe Habana

别 MAP p.31-D2 诺丽塔

该店的咖啡以其可口的味道和实惠的价格而极富人气，这里非常火爆的是墨西哥风味的烤玉米，其中放有很多奶酪和辣椒。该店旁边是专营外卖的 Cafe·Habana·Tugo。

烤玉米味道非常香醇，价格为 $4.25

店内总是挤满了年轻人，很是热闹

住 17 Prince St.（at Elizabeth St.）
地铁 J Z Bowery
☎（1-212）625-2001
营 每天 9:00~24:00
休 节假日 预算 午餐 $15~、晚餐 $20~
CC A M V
URL www.cafehabana.com
■古巴

名人中也有很多该店的回头客

里肯·克里奥罗 Rincon Criollo

别 MAP p.43-E 可罗娜

这是位于皇后区的古巴菜馆，其中的人气菜品是带有西红柿沙司的牛肉片、牛尾以及烤猪肉。特殊菜单中的古巴风味三明治也很值得品尝一下。

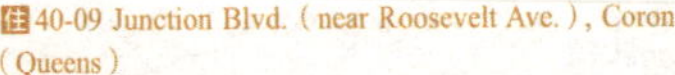

住 40-09 Junction Blvd.（near Roosevelt Ave.），Corona（Queens）
地铁 7 Junction Blvd ☎（1-718）458-0236
营 每天 12:00~22:30
休 无 预算 午餐 & 晚餐 $20~
CC A URL www.rincon-criollo.com
■古巴

大部分菜品的价格都在 $15 以内

店内的墙壁上悬挂着前来就餐过的名人的照片

VOICE Sarabeth's Tribeca 店（→p.237） 这里的龙虾意大利饭非常好吃，只要在 Open Table 预约一下，周六和周日很快就能吃到早午餐。别 MAP p.5-C4 住 339 Greenwich St.（at Jay St.）

可以轻松享用的新鲜玉米饼卷

拉伊斯克那
La Esquina

别MAP p.31-C3　索霍区

该店于1932年开业，主餐是玉米饼卷和沙拉。从地下的员工专用门进去以后，可以看到一个风格隐秘的餐馆。

住 114 Kenmare St.（near Lafayette St.）
地铁 6 Spring St　☎（1-646）613-7100
营 周日～下周四 12:00~24:00、周五、周六～次日 1:00、早午餐：周六、周日 11:00~15:45
※ 有时 16:00~17:00 会休息
休 无　预算 $12~
CC A M V　URL www.esquinanyc.com
■墨西哥

里面有很多凉拌海鲜很受欢迎

苏士赛麦巴
Sushisamba

别MAP p.10-A1　格拉莫西

在这里可以品尝到中南美菜肴和日本料理互相融合而成的独特风味，主餐是沙拉和寿司，另外名菜紫菜卷的味道也很具特色。

住 245 Park Ave. S.（bet. 19th & 20th Sts.）
地铁 6 23 St　☎（1-212）475-9377
营 周一～周三 11:45~次日 1:00、周四～周六～次日 2:00、周日 11:30~24:00
休 无　预算 午餐 $18~、晚餐 $35~
CC A J M V
URL sushisamba.com
■Fusion

地道的墨西哥菜肴

多斯卡米诺斯
Dos Caminos

别MAP p.30-A1　索霍区

在这里可以坐在阳台上享用地道的墨西哥菜肴，感觉很是潇洒时尚。在餐桌上就可以现做的鳄梨沙拉是该店的绝品，另外该店还有100余种上品龙舌兰酒。

住 475 W. Broadway（at Houston St.）
地铁 B D F M Broadway-Lafayette St
☎（1-212）277-4300
营 周一～周三 11:30~22:00、周四 ~22:30、周五 ~23:30、周六 11:00~23:30、周日 11:00~22:00
休 无　预算 午餐 $20~　CC A J M V
URL www.doscaminos.com　■墨西哥

博萨诺瓦舞和桑巴舞

伊帕内玛
Ipanema

别MAP p.35-C2　中城西

在这里有巴西菜品中素有人气的黑豆炖菜，不过牛肉、猪肉、鸡肉以及香肠等组合而成的拼盘也分量很足，很好吃。

住 13 W. 46th St.（bet. 5th & 6th Aves.）
地铁 B D F M 47-50 Sts-Rockefeller Center
☎（1-212）730-5848
营 每天 12:00~22:00　休 无
预算 午餐 & 晚餐 $30~
CC A J M V
URL www.ipanemanyc.com
■巴西 & 葡萄牙

分量十足的肉菜让人拍案叫好！

拉巷那
La Portena

别MAP p.43-D　杰克逊高地

这是一家位于皇后区的阿根廷餐馆，店里播着探戈舞音乐，氛围很是活跃，建议点一份烤杂排，非常好吃，价格为 $29.95。

住 74-25 37th Ave.（bet. 74th & 75th Sts.）, Jackson Heights
地铁 E F M R 7 Jackson Heights-Roosevelt Av
☎（1-718）458-8111
营 每天 12:00~22:30（周五、周六 ~23:30）
休 无　预算 午餐 & 晚餐 $25~
CC A M V　URL 无
■阿根廷

轻松享用墨西哥风味快餐

干红辣椒
Chipotle

别MAP p.35-C4　中城西

这家连锁店前面总是排着长长的队伍，在这里可以悠闲轻松地享用墨西哥玉米可丽饼以及玉米饼卷等分量十足的美食。

住 9 W. 42nd St.（bet. 5th & 6th Aves.）
地铁 7 5 Av
☎（1-212）354-6760
营 每天 11:00~22:00（周五、周六 ~23:00）
休 无　预算 $12~
CC A M V　URL www.chipotle.com
■墨西哥风味快餐

Chapoo Tre　Burrito Bowl 建议品尝一下洋葱辣调味汁 & 奶酪沙司，加点盐会更加好吃！一定要尝一尝。

人气长寿面馆

苏恩东村
Souen East Village

别MAP p.10-B3 东村

有机拉面价格为 $9，其汤中放有豆酱、酱油、咖喱、黑芝麻以及白芝麻等，另外面也可以自己选择。

住 326 E. 6th St.（bet. 1st & 2nd Aves.）
地铁 F 2 Av
☎（1-212）388-1155
营 每天 12:00~23:30（周日 ~22:00）
休 无
预算 午餐 $10、晚餐 $20~
CC A M V
网 www.souen.net

该店得到了纽约人的大力支持！

购拍
Gobo

别 MAP p.9-D3 格林尼治村

该店在《Zagat Survey》的评价和评级服务中被评为第一级！在亚洲风味基础上改革调制成的菜品，无论点哪一样都不会让您失望。

住 401 6th Ave.（bet. 8th st. & Waverly Pl.）
地铁 C E D F M W.4 St-Washington Sq
☎（1-212）255-3902
营 每天 11:30~23:00 休 无
预算 午餐 $15~、晚餐 $20~
CC A M V（最低消费 $10）
网 www.goborestaurant.com

想吃素食菜肴的话就来这里吧

安杰莉卡厨房
Angelica Kitchen

别MAP p.10-B2 东村

这里的招牌菜是使用大豆以及海草等烹饪的健康菜肴，建议品尝一下该店的豆腐三明治和七龙珠，价格分别为 $10、$14。

住 300 E. 12th St.（bet. 1st & 2nd Aves.）
地铁 L 3 Av ☎（1-212）228-2909
营 每天 11:30~22:30
休 无
预算 午餐 & 晚餐 $15~
CC 只能使用现金，不能刷卡
网 www.angelicakitchen.com

对食材质量非常考究的素食主义餐馆

Dirt Candy 餐馆
Dirt Candy

别MAP p.11-C3 东村

经营者兼主厨 Amanda Cohen 烹制的素食主义菜肴不但外表美观而且味道独具特色。而且广受关注和好评的是该店积极利用近郊生产的新鲜蔬菜，努力将菜肴做得美味爽口。

由枫糖奶油以及墨西哥辣椒制成的辛辣小吃

与休闲美味相辉映的店内装饰

Photos:Dirt Candy

住 430 E. 9th St.（bet. Avenue A & 1st Ave.）
地铁 L 1 Av
☎（1-212）228-7732
营 周二、周三 17:30~22:00、周四 ~ 周六 17:30~22:30
休 周日、周一、节假日
预算 $35~
CC A M V
网 www.dirtcandynyc.com

名士用餐生食承办商

纯粹美食美酒
Pure Food and Wine

别MAP p.10-A1 格拉莫西

这是一家素食菜肴专卖店，在这里可以品尝到用西红柿和西葫芦制成的长块通心粉以及黑巧克力糕等。

住 54 Lrving Pl.（bet. 17th & 18th Sts.）
地铁 L N Q R 4 5 6 14 St-Union Sq
☎（1-212）477-1010
营 每天 12:00~16:00、17:30~23:00
休 无 预算 午餐 $18~、晚餐 $40~
CC A J M V
网 purefoodandwine.com

VOICE | Whole Foods（→p.201） 很喜欢这里的熟食，就当面点个比萨，并将其切成自己喜欢的大小后，现场的工作人员就会给你加热一下。加州寿司卷也是如此。

= 需要预约 · 建议预约 = 最好穿正装或礼服

令人十分满意的有机餐馆

蜡烛咖啡馆
Candle Cafe

别MAP p.22-B3 上东区

这是一家老字号素食店，从快餐到小吃，店里菜谱种类非常丰富，这里的甜点不含麸质，可以放心食用，店内氛围明朗休闲，待在这里感觉很舒适。

氛围休闲轻松，可以很舒畅地前来用餐

味道浓郁让人回味无穷的料理非常多

住 1307 3rd Ave.（bet. 74th & 75th Sts.）
地铁 ⑥ 77 St
☎（1-212）472-0970
营 周一～周六 11:30~22:30、周日 ~21:30
休 无
预算 午餐 & 晚餐 $20~
CC Ⓐ Ⓜ Ⓥ
网 www.candlecafe.com

老字号有机餐馆

春街天然餐馆
Spring Street Natural Restaurant

别MAP p.31-C3 索霍区

该店内非常宽敞，在这里可以享用到用大量有机蔬菜烹制的菜品，另外还有每日更新的菜品，该店距离车站很近，等人也很方便。

住 62 Spring St.（at Lafayette St.）
地铁 ⑥ Spring St
☎（1-212）966-0290
营 周一～周四 9:00~23:30、周五～次日 0:30、周六 10:30~次日 0:30、周日 10:30~23:30
休 无 预算 午餐 $15~、晚餐 $35~
CC Ⓐ Ⓙ Ⓜ Ⓥ
网 www.springstreetnatural.com

商业街是品尝天然咖啡的好地方

天天鲜味
Made Fresh Daily

别MAP p.3-D1 曼哈顿下城

这家天然咖啡馆主要使用有机乳制品以及当地农家自产的鸡蛋等对身体非常健康的食材来烹制菜品，另外这里的杯形糕饼也很受欢迎。

住 226 Front St.（bet. Beekman St. & Peck Slip）
地铁 ② ③ Fulton St
☎（1-212）285-2253
营 每天 8:30~16:00 休 无
预算 早餐 & 午餐 $15~
CC Ⓐ Ⓜ Ⓥ
网 madefreshdailybakeshop.com

提供广受关注的烹饪法

太阳扫帚
Sun in Broom

别MAP p.41-C2 公园坡

这是一家走在最前端的绿色有机食品店，主要供应无麸质食品、素食菜肴以及生鲜食品等。店里的小吃快餐种类很多，所以早餐或早午餐都可以来这里吃。

住 460 Bergen St.（bet. 5th & Flatbush Aves.）Brooklyn
地铁 ② ③ Bergen St
☎（1-718）622-4303
营 周一～周五 8:30~21:00、周六、周日 10:00~17:00
休 节假日 预算 $30~ CC Ⓐ Ⓜ Ⓥ
网 suninbloom.wordpress.com

基本上都是精选菜品

禅宗的口味
Zen Palate

别MAP p.32-A3 中城西

该店中的菜肴以大豆或豆腐等作为材料，烹制出的味道非常清爽可口，在精选菜品的基础上又加上了亚洲风味。

住 663 9th Ave.（at 46th St.）
地铁 Ⓐ Ⓒ Ⓔ 42 St-Port Authority Bus Terminal
☎（1-212）582-1669
营 周一～周四 11:15~23:30、周五、周六 ~24:00、周日 12:00~23:00
休 无 预算 午餐 & 晚餐 $15~
CC Ⓐ Ⓙ Ⓜ Ⓥ 网 www.zenpalate.com

VOICE | Sarabeth's UWS 店 想着会排着很长的队伍，10:30 才出发前往，然后大约 5 分种就进去了，这里的氛围也很适宜一个人用餐。别MAP p.20-B2 住 423 Amsterdam Ave.（near 80th St.）

广受当地居民喜爱的休闲咖啡馆

养生咖啡馆
Good Health Cafe

别MAP p.23-C3　上东区

该店提供清爽可口、绿色健康的长寿菜品，店里环境雅致舒适，每逢夜里或周末的早午餐人就非常多，很是热闹。

住 1435 1st Ave.（bet. 74th & 75th Sts.）
地铁 ⑥ 77 St
☎（1-212）517-9898
营 周一～周五 11:30~22:00、周六、周日 10:00~22:00
休 12/25
预算 午餐 $13~、晚餐 $18~　CC A M V
网 goodhealthcafenyc.com

UK开发的无添加剂的三明治专卖店

普瑞特主管
Pret A Manager

别MAP p.34-B4　中城西

基本的三个概念是：健康、自然、新鲜。精选有机食材。这里有既安全有健康的三明治。

住 11 W. 56th St.（bet. 5th & 6th Aves.）在 Chambers hotel 内
地铁 ⑦ 5 St
☎（1-212）997-5520
营 周一～周五 6:30~23:00、周六 7:00~20:00、周日 8:00~20:00
休 无　预算 三明治 $8~
CC A M V
网 www.pret.com/us

休闲&时尚

创意菜肴
Free Foods

别MAP p.34-B3　中城西

原生鲜名店的大厨利用当地的应季食材，创造出的独具特色的菜品。

住 18 W. 45th St.（bet. 5th & 6th Aves.）
地铁 ⑦ 5 Av
☎（1-212）302-7195
网 www.freefoodsnyc.com
营 周一～周五 8:00~20:00
休 周六、周日　预算 冰果露 $10~
CC A J M V
网 eatatcrisp.com

全面追求绿色有机

风味有机餐馆
Gust Organics

别MAP p.9-D2　格林尼治村

该店是在美国首家得到农业部 USDA 认证的餐馆，不仅追求绿色有机的食材，连餐具以及店内装饰也讲究绿色有机。建议品尝一下这里的冰果露以及圆形面包。

在这里可以尽情享受有益于健康的上品菜肴

追求彻头彻尾的绿色有机食物

住 519 6th Ave.（bet. 13th & 14th Sts.）
地铁 Ⓛ ⑥ Av
☎（1-212）242-5800
营 周日～下周四 11:00~23:00、周五、周六 ~24:00
休 无
预算 午餐 & 晚餐 $18~
CC A M V
网 gustorganics.com

大众、环保的皮塔饼·三明治

克瑞斯普
Crisp

别MAP p.14-B1　中城东

这是一家不仅对食材、包装、汤匙等非常讲究，还追求绿色环保的三明治快餐店。

住 684 3rd Ave.（at 43rd St.）
地铁 Ⓢ ④ ⑤ ⑥ ⑦ Grand Central-42 St
☎（1-212）661-0000
营 周一～周五 11:00~21:00
休 周六、周日
预算 $10~
CC A M V
网 eatatcrisp.com

VOICE | Gust·Organic　建议品尝一下这里的饮料类，特别是很累的话，建议就点这里的薄荷茶，喝完后会让人感觉神清气爽！也可以咨询一下该店的工作人员哪道菜更好吃。

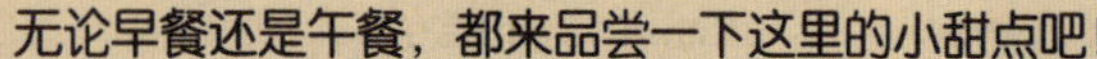

无论早餐还是午餐，都来品尝一下这里的小甜点吧！

这些美味的可丽饼会让你感觉无限幸福

在纽约有很多时尚而又极富特色的可丽饼，有些可丽饼表面看起来非常酥脆，吃起来又爽脆入口，现在就给大家介绍一些在纽约让人爱不释口的人气可丽饼吧！

使用缅因州原产的野生蓝莓制成的可丽饼，价格为$14，抹上枫糖奶油会更好吃噢

Photos:courtesy of Clinton Street Baking Co. & Restaurant（p.260~261）

香蕉胡桃可丽饼的价格为 $14

玻璃橱中摆满了看着香甜可口的糕点和饼干

烧烤程度相当绝妙的名可丽饼!

松软度	★★★★★
分量	★★★★★
店内的氛围	★★★★
性价比	★★★★

在连锁店中也能享用到

小区美食&果汁

Community Food & Juice

该店是 Clinton 的姊妹店，但比总店更宽敞，座位也更多，因此这是一个能够切实饱享野生蓝莓可丽饼的好去处。该店位于哥伦比亚大学附近，经常有很多当地的学生前来就餐，很热闹。

别 MAP p.28-A3　晨边高地
住 2893 Broadway（bet. 112th & 113th Sts.）
☎（1-212）665-2800
营 周一～周四 8:00~15:30、17:00~21:30、周五 8:00~15:30、17:00~22:00、周六 9:00~15:30、17:00~22:00、周日 9:00~15:30、17:00~21:30
休 无　CC A J M V
★可丽饼周一～周五 8:00~15:30、周六、周日 9:00~15:00
网 www.communityrestaurant.com

当地辉煌的人气 Number1!

克林顿街烘焙餐厅

Clinton Street Baking Co.& Restaurant

这是一家由一对夫妇经营的小餐馆，该店非常受顾客欢迎，每逢周末早午餐时间，店前总是排着长长的队伍，而且该店的绝品美食是可丽饼，其连续数年在各种杂志中都被评为“最好可丽饼”，每年 2 月，该店会举行可丽饼活动月，在这期间，每天都会更新可丽饼的风味！

平日（8:00~9:00）供应可丽饼 + 果汁 + 咖啡的价格为 $12

别 MAP p.7-D3　下东区
住 4 Clinton St.（bet. E. Houston & Stanton Sts.）
地铁 F 2 Av
☎（1-646）602-6263
营 周一～周六 8:00~16:00、18:00~23:00（周六 9:00~）、周日 9:00~18:00
休 无
CC A J M V（仅晚餐能刷卡）
★营业期间任何时间都能吃到可丽饼
网 www.clintonstreetbaking.com

诺玛超级蓝莓可丽饼和柠檬可丽饼上面都带有发酵成熟的奶油，并且价格都是 $21

松软度	★★★★
分量	★★★★★
店内的氛围	★★★★★
性价比	★★★★

流线型的时尚店内设计，精致成熟的氛围

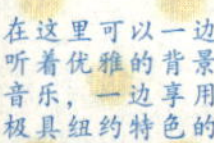

在这里可以一边听着优雅的背景音乐，一边享用极具纽约特色的早餐

很受女性欢迎的时尚可丽饼

诺玛（乐梅里蒂安酒店内）

Norma's at Le Parker Meridien

这是一家法国风格的情趣酒店，位于 Le Parker Meridien 的一层，该店有被称为纽约最好的早餐，以可丽饼为代表，这里无论哪一道菜的摆盘都非常漂亮，分量也很足，不仅住在附近的宾客会来这里就餐，很多当地纽约人也前来用餐，因此店里人非常多，最好提前预订一下。

Photos: courtesy of Le Parker Meridien

别 MAP p.36-A2　中城西

住 119 W. 56th St.（bet. 6th & 7th Aves.）Le Parker Meridien 酒店内 1 层

地铁 F 57 St

☎（1-212）708-7460

营 周一～周五 7:00~15:00、周六、周日 7:30~15:00

休 无　CC A D J M V

★营业期间任何时间都能吃到可丽饼

网 www.parkermeridien.com/eat1.php

添加了少量白砂糖的薄饼，最好和摩洛哥咖啡一起品尝

异国风味的可丽饼
米米哈姆
Mimi's Hummus

这是一家位于布鲁克林区的摩洛哥咖啡馆，店面虽然有点小，但是在这里却可以享受到时尚休闲的摩洛哥料理。周末（11:00~15:30）的人气菜谱是摩洛哥风味的可丽饼，价格为 $10，其爽润的口感加上蜂蜜黄油的香味，令人食欲大增。

松软度	★★★★★
分量	★★★
店内的氛围	★★★★★
性价比	★★★★★

别 MAP 地图外 Flatbush
住 1209 Cortelyou Rd., Brooklyn（bet. Westminster & Argyle Rds.）
地铁 Q 于 Cortelyou Rd 处下车后，沿 Cortelyou Rd. 向西走 3 个街区，步行约 3 分钟
☎（1-718）284-4444
营 周一～周五 9:00~22:30、周六、周日 11:00~16:00
休 圣诞节 CC M V
★ 可丽饼供应时间为周六、周日 11:00~15:30
URL www.mimishummus.com

榛子酱和鲜奶油巧克力馅制成的充满法国风味的榛子可丽饼仅限于早午餐，价格为 $15

松软度	★★★★
分量	★★★
店内的氛围	★★★★★
性价比	★★★★

品尝一下法国南部的风味吧
普勒修德
Plein Sud

这是一家啤酒屋，其店名在法语中的意思为“正南方”，该店位于史密斯翠贝酒店内。这家店里广受好评的可丽饼分量不是很大，对中国人来说正好合适，而且在这里还可以享受到法国风味，诸如榛子味特别香醇的榛子酱以及带有鲜奶油巧克力馅的美食等。

带有 Vanilla Mascarpone 和 Maple syrup 的奶油可丽饼价格为 $14

别 MAP p.5-C4 翠贝卡
住 85 W. Broadway（bet. Chambers & Warren Sts.）
地铁 1 2 3 Chambers St
☎（1-212）204-5555
营 周一～周三 6:30~11:00、11:30~23:00、周四～周六 6:30~11:00、11:30~24:00
休 节假日 CC A M V
★ 可丽饼供应时间为周一～周五 7:30~11:00、周六、周日 11:00~16:00
URL pleinsudnyc.com

Photos: courtesy of Plein Sud

让人怀念的母亲的味道
球道超市咖啡牛排
Fairway Market Café and Steakhouse

该店位于下西区地区居民的用品承办商Grocerystore的二层，这里的牛排很有名。厨师长Mitchell London烹制的Ereni's ·classic·silver dollar·pancake很受顾客喜爱，价格为$9，他充分利用母亲烹饪菜肴的方法创意出了独特的美国风味，让人感到非常亲切安心。

店里顾客总是非常多，很拥挤热闹，不过令人惊喜的是这里总能让人感到舒畅，靠窗的位置特别好，建议预订这里

别 MAP p.20-B3　下西区
住 2127 Broadway（bet. 74th & 75th Sts.）
地铁 ❶❷❸ 72 St
☎（1-212）994-9555
营 周一～周四 8:00~21:30、周五、周六 8:00~22:00
休 无　CC A J M V
★ 可丽饼供应时间为周一～周五 8:00~15:00、周六、周日 8:00~14:45
URL www.fairwaymarket.com/cafe

让人禁不住从上面一层一层往下品味的Ereni's · classic · silverdollar · pancake，价格为$9

滑润浓郁口感极佳的里科塔奶酪

高档的意大利风味
玛丽瑙
Maialino

这是由人气餐馆的著名经营者Danny Meyer创办的店铺，位于格拉莫西酒店的一楼，店内高品位的氛围充满了时尚感。仅限于早午餐供应的里科塔可丽饼的价格为$15，其中带有酸甜的红莓苔·蜜饯果品等，口感极佳，可以来优雅舒畅地享用。

店内装饰优雅而不做作，一种亲切自然的温暖感扑面而来

别 MAP p.10-A1　格拉莫西
住 2 Lexington Ave.（at 21st St.）
地铁 ❻ 23 St　☎（1-212）777-2410
营 周一～周五 7:30~10:00、12:00~14:00、17:30~22:30（周五~23:00）、周六、周日 10:00~14:30、17:30~23:00（周日~22:30）
吧台：每天 7:30~24:00（周六、周日 8:00~）
休 无　CC A J M V
★ 可丽饼供应时间为周一～周五 7:00~10:00、周六、周日 10:00~14:30
URL www.maialinonyc.com

菜单上列满了令人惊讶的菜谱

西思商店

Shopsins

该店位于 Essex Street Market 内的一个角落里，这里有 900 种以上凝结了老板喜好的菜谱，店里可丽饼的种类也非常丰富，并且有很多大胆创意的菜肴，诸如通心粉 & 奶酪以及烤面条加干酪沙司等，另外在该店还可以只点半个可丽饼，让人感觉甚是惬意。

很多与老板的精神有同感的粉丝都前来店里用餐，不过 4 名以上的团体不能入内

别 MAP p.6-B1 下东区

住 120 Essex St.（bet.Rivington & Delancey Sts.）位于 Essex Market 内，偏南方向

地铁 F J M Z Delancey St-Essex St

☎ 不公开

营 周三～周六 9:00~14:00、周日 10:00~14:00

休 周一、周二 CC A M V

★可丽饼供应时间为周三～周日 9:00~14:00、周日 10:00~14:00

URL www.shopsins.com

撒满糖粉的奶油可丽饼价格为 $12。可以搭配上佛蒙特州槭糖浆

松软度	★★★★
分量	★★★★
店内的氛围	★★★★
性价比	★★★★

松软度	★★★★
分量	★★★★★
店内的氛围	★★★★
性价比	★★★★

牡蛎吧内一般人不知道的好菜单

美人鱼酒店

The Mermaid Inn

这是一家在市内有 3 家分店的海鲜餐馆，这里的绝品美食是奶油可丽饼，仅在周末的早午餐时间出售，深受当地居民喜爱！这里的可丽饼色香味俱全并且都很正宗地道，既松软又分量十足，一定要来尝一尝哦！

夜里的酒吧让人感觉非常雅致温馨，而白天当太阳光轻柔地射进来时，这里又会变得像一个舒畅的咖啡馆

别 MAP p.24-B4 上西区

住 568 Amsterdam Ave.（bet. 87th & 88th Sts.）

地铁 1 86 St

☎（1-212）799-7400

营 周一 17:00~22:00、周二～周五 17:00~22:30、周六、周日 11:00~15:30、17:00~22:30（周日 ~22:00）

休 节假日 CC A M V

★可丽饼供应时间为周六、周日 11:00~15:30

URL themermaidnyc.com

这里的热巧克力也很有名！

都市甜点·咖啡吧
The City Bakery

别MAP p.11-D2 格拉莫西

这是一家沙拉吧 & 甜点咖啡馆，由于成为“SATC”的舞台而知名度大增。该店从绿色有机市场上采购来的各种家常蔬菜在素食主义者中也很有人气。这里的绝品美食是随着季节变化而更新的水果馅饼。

早餐或早午餐一定要来这里吃哦

如果是“SATC”的粉丝的话，请您一定要来这里用餐

住 3 W. 18th St.（bet. 5th & 6th Aves.）
地铁 N R 23 St
☎（1-212）366-1414
营 周一～周五 7:30~19:00、周六 8:00~、周日 9:00~18:00
休 无
预算 色拉吧 $14、咖啡 $2.25~
CC A M V
URL www.thecitybakery.com
■有小吃快餐

24小时都营业让人感觉非常惬意

雅发咖啡
Yaffa cafe

别MAP p.11-C3 东村

店内五光十色的霓虹灯闪烁着耀眼的光芒，然而与这光彩夺目的氛围相反，这里的料理却是素食菜肴，清爽可口。有很多纽约人在这里玩到很晚。

住 97 St. Marks Pl.（bet. 1st Ave. & Avenue A）
地铁 L 1 Av
☎（1-212）677-9001
营 每天 24 小时营业
休 无　预算 咖啡 $2.50~、甜点 $6~
CC A M V（最低消费 $20）　URL yaffacafe.com
■有小吃快餐

素雅祥和的意大利风格咖啡馆

埃尔玛
Almar

别MAP p.38-B1 邓波

这家店中一日三餐都有供应，随时都可以过来吃，非常方便，尤其是在邓波散步的话，建议来这儿吃个午餐或早午餐。

住 111 Front St.（bet. Adams & Washington Sts.）, Brooklyn
地铁 F York　☎（1-718）855-5288
营 周一～周四 8:00~22:30、周五 8:00~23:00、周六 9:00~23:00、周日 10:00~17:00
休 节假日　预算 $10~
CC 只能使用现金，不能刷卡
URL www.almardumbo.com
■有小吃快餐

说到诺丽塔，就来这里吧！

吉塔内咖啡馆
Cafe Gitane

别MAP p.31-D2 诺丽塔

来这里的顾客也都是创作家或艺术家风范，店里弥漫着欧洲的气息，一进店内就会感觉如同身处诺丽塔的正中心。

住 242 Mott St.（at Prince St.）
地铁 6 Spring St
☎（1-212）334-9552
营 每天 8:30~23:30
休 无　预算 咖啡 $3.50~、甜点 $6.50~
CC 只能使用现金，不能刷卡　URL 无
■很适宜约会或等人

购物时想顺便休息一下的话就来这里吧

麦克纳利杰克逊咖啡
McNally Jackson Café

别MAP p.31-C2 诺丽塔

该店位于独立书店 McNally Jackson 的店内，建议品尝一下有着很高人气的斯顿普敦咖啡。

住 52 prince St.（bet. Lafayette & Mulberry Sts.）
地铁 N R Prince St
☎（1-212）274-1160
营 周一～周六 10:00~22:00、周日 ~21:00
休 无　预算 咖啡 $2.50~
CC A M V
URL mcnallyjackson.com/cafe
■在这儿可以很踏实地休息放松一会儿

City Bakery　这里的绝品美食是法国面包以及烤芝士三明治。热巧克力味道非常香甜浓郁，爱好甜食的人可以尝一下这里带有果汁软糖的三明治。在二楼的位置可以尽情放松休息。

广受热议的面包咖啡店

多米尼克安塞尔面包店
Dominique Ansel Bakery

别MAP p.30-A2 索霍区

这是由在巴黎的 Fauchon 以及纽约的 Daniel 积累了多年经验的法国糕点师经营的店铺，这里的绝品美味是奶油和焦糖都很好吃的 DKA，该店在《Time out》杂志中，被评为“2012 年最好糕点铺”。

©Thomas Schauer

一边享用着外表也十分漂亮的甜点，一边休息一下吧

住 189 Spring St.（bet. Sullivan & Thompson Sts.）
地铁 C E Spring St ☎（1-212）219-2773
营 周一～周六 8:00~19:00、周日 9:00~
休 无 预算 咖啡 $2~、甜点 $5.50~
CC A J M V
网 dominiqueansel.com
■糕点咖啡屋

在这友好的环境中可以享用上等的面包

莱盆区提蒂恩
Le Pain Quotidien

别MAP p.30-B4 索霍区

这是诞生于比利时的糕点咖啡屋，如今其分店已经进军到世界各地，在偌大的分享桌上可以品尝到用绿色有机食材制成的面包、油酥点心以及沙拉等。也推荐品尝一下这里自制的果酱、点心以及水果馅饼等。

©Le Pain Quotidien-PQ Licensing, SA

喝汤时再配上面包，真是非常不错的搭配

住 100 Grand St.（bet. Greene & Mercer Sts.）
地铁 J Z N Q R 6 Canal St ☎（1-212）625-9009
营 周一～周五 7:30~19:30、周六、周日 8:00~
休 无 预算 绿色有机咖啡 $3.50、绿色有机羊角面包 $3.50
CC A J M V
网 www.lepainquotidien.com
■糕点咖啡屋

建议品尝一下这里的Panini

面包
Bread

别MAP p.31-D3 诺丽塔

这是一家氛围可爱休闲的咖啡馆，推荐的美食是 Panini 三明治，价格为 $10.50~11.50，三明治上都带有沙拉，在索霍区购物的话，中途来这儿放松享受一下午餐吧！

想吃酥脆的 Panini 的话就来这里吧

住 20 Spring St.（bet. Elizabeth & Mott Sts.）
地铁 J Z Bowery
☎（1-212）334-1015
营 每天 9:30~22:30
休 无
预算 咖啡 $2~、甜点 $6~
CC M V
网 orderbreadsoho.com
■有小吃快餐

那种可丽饼这里也有哦！

小区美食&果汁
Community Food & Juice

别MAP p.28-A3 晨边高地

这是被评为纽约第一的可丽饼店 Clinton Street Baking 的姊妹店，这里的可丽饼就不用说啦，使用用牧草饲养的牛肉制成的汉堡（价格为 $14）以及鲜果汁也很受欢迎。

喝汤时再配上面包，真是非常不错的搭配

使用的是天然饲料培育出的牛肉

住 2893 Broadway（bet. 112th & 113th Sts.）
地铁 1 Cathedral Pkwy
☎（1-212）665-2800
营 早餐周一～周五 8:00~11:30、午餐周一～周五 11:30~15:30、晚餐周日～下周四 17:00~21:30、周五、周六 ~22:00、早午餐周六、周日 9:00~15:30
休 无 预算 咖啡 $3.50~
CC A J M V 网 www.communityrestaurant.com
■有小吃快餐

VOICE 希尔顿前的人气店铺（→p.302） 大排档在20点之后开始。客人自己添加的调料是正宗的调料。不正宗的调料是店员添加。但一定要注意红色的调料非常辣。

对自己的咖啡信心十足的咖啡馆

很多咖啡馆都提供有顾客喜欢的咖啡。

诞生于加利福尼亚州的咖啡连锁店

茶和咖啡
The Coffee Bean & Tea Leaf

别 MAP p.13-D1 中城西

该连锁店在世界各地都有分店，这里的咖啡就不用说了，玛芬蛋糕、英国茶饼以及沙拉等也非常好吃，在这里还可以免费上 Wi-Fi。

住 1412 Broadway（at 39th St.）
地铁 N Q R S 1 2 3 7 Times Sq-42 St
☎（1-212）575-3854
营 周一～周五 6:30~22:00、周六、周日 9:00~21:00
休 无
预算 咖啡 $3~
CC A J M V
网 www.coffeebean.com

推荐的美味是奶油香浓的咖啡拉花

乔艺术咖啡
Joe The Art of Coffee

别 MAP p.9-D3 格林尼治村

该店中由咖啡师调制的咖啡拉花很受顾客欢迎，这里不仅作为享用咖啡之地，还作为学习调制咖啡技术的场所，因此也颇负盛名。

住 141 Waverly Pl.（at Gay St.）
地铁 A C D E F M W 4 St-Washington Sq
☎（1-212）924-6750
营 周一～周五 7:00~20:00、周六、周日 8:00~
休 无
预算 咖啡拉花 $3.50~
CC 只能使用现金，不能刷卡
网 www.joenewyork.com

想清爽地喝一杯的话就来这儿吧！

意式浓缩咖啡吧
Abraco Espresso

别 MAP p.10-B3 东村

这是一家只有一个吧台的很小的意式浓缩咖啡吧，弥漫着芳醇香味的店里总是人来人往，其受欢迎程度可见一斑。

住 86 E. 7th St.（near 1st Ave.）
地铁 6 Astor Pl
☎ 无
营 周二～周六 8:00~16:00、周日 9:00~16:00
休 周一
预算 $3~
CC 只能使用现金，不能刷卡
网 www.abraconyc.com

原产于以色列的全美咖啡1号店

爱玛咖啡吧
Aroma Espresso Bar

别 MAP p.30-B1 索霍区

在充满现代感的店内可以轻松地享受到正宗地道的意式浓缩咖啡，这里的三明治以及甜点的种类也非常丰盛。

住 145 Greene St.（at Houston St.）
地铁 N R Prince St
☎（1-212）533-1094
营 每天 7:00~23:00
休 无
预算 $3~
CC A D M V
网 www.aroma.us

原产于澳大利亚的自家焙制的咖啡

土比思踏特
Toby'Estate

别 MAP p.39-B4 威廉斯堡

该店使用的咖啡豆经过了严格筛选，并采用先进的焙制技术，一眨眼间就会调制出美味可口的咖啡。而且这里还有三明治、沙拉等，其大小对中国人正好合适，可以一边品尝着喜欢的咖啡，一边享用午餐。

住 125 N. 6th St.（bet. Bedford Ave.& Berry St.），Brooklyn
地铁 L Bedford Av
☎（1-347）457-6160
营 周一～周五 7:00~19:00、周六、周日 8:00~20:00
休 无　预算 咖啡 $3~
CC A J M V
网 tobysestate.com

这里像三明治这样的快餐也很丰盛

与牛奶完美搭配的咖啡拉花

VOICE | Shake Shack（→p.278）　建议去上西区的分店，在逛自然史博物馆的途中顺便光临是一件再好不过的事情了。
别 MAP p.20-B2　住 366 Columbus Ave.（at 77th St.）

让心情变得平和的上等手工甜点

沏卡喱斯
Chikalicious

别MAP p.10-B3 东村

这是一家开了甜点吧先河的名店，由日本大厨 Chika Tillman 亲手悉心烘焙的甜点，无论哪个都时尚精致，口感细腻香醇。这里的菜谱都是由 3 道菜组成的定价套餐，价格为 $16。

这里都是时令菜看，每天都有更新

在这里还可以看到手法娴熟、精湛漂亮的厨艺

住 203 E. 10th St.（bet. 1st & 2nd Aves.）
地铁 L 3 Av
☎（1-212）995-9511（不可提前预订）
营 周四～周日 15:00~22:45（有时直到买完为止）
休 周一～周三
※ 对面的甜点吧（Dessert Club, Chikalicious）每天都营业
预算 $16~
CC A J M V
网 www.chikalicious.com

Momofuku的甜点吧

百福甜点吧
Momofuku Milk Bar

别MAP p.10-B2 东村

这里不仅有小甜饼干和糕点类，还有带有香肠的香草橄榄油面包以及肉包子等，该店基本都站着吃。

住 251 E. 13th St.（bet. 3rd & 2nd Aves.）
地铁 L 3 Av ☎（1-347）577-9504（内线 4）
营 每天 9:00~24:00
休 节假日
预算 酥皮饼 $5.25、肉包子 $8
CC A M V
网 milkbarstore.com

位于索霍区的美味水果馅饼店

从前馅饼
Once upon a Tart

别MAP p.30-A1 东村

这是一家隐居似的咖啡馆，里面含有很多水果和巧克力蛋糕的水果馅饼很受欢迎，另外店里还有三明治等。

住 135 Sullivan St.（bet. Houston & Prince Sts.）
地铁 C E Prince St
☎（1-212）387-8869
营 周一～周五 8:00~19:00、周六 9:00~19:00、周日 9:00~18:00 休 无
预算 水果馅饼 $6.15、咖啡 $1.95
CC A M V（最低消费 $15）
网 www.onceuponatart.com

这里的美国酥脆饼非常有名

四和二十黑鸟
Four & Twenty Blackbirds

别MAP p.40-B4 公园坡

这是一家酥脆饼和咖啡专卖店，其中尤以咸焦糖苹果派非常好吃，为该店绝品美食，分量很大，价格也不是很贵。

住 439 3rd Ave.（at 8th St.）, Brooklyn
地铁 D N R 9 St
☎（1-718）499-2917
营 周一～周五 8:00~19:00、周六 9:00~19:00、周日 10:00~18:00 休 节假日 预算 $10~
CC A M V
网 birdsblack.com

深为当地人所爱的咖啡馆

恰伊咖啡店
Ciao For Now

别MAP p.11-C2 东村

这家咖啡店的氛围非常素雅安静，很是可爱，这里的玛芬蛋糕以及杯形蛋糕等烤制点心特别好吃，每天早上很早就开始做了。

住 523 E. 12th St.（bet. Ave. A & Ave. B）
地铁 L 1 Av
☎（1-212）677-2616
营 周一～周三 7:30~18:00、周四～周六 8:00~22:00、周日 9:00~17:00
休 节假日 预算 $10~ CC A M V
网 ciaofornow.net

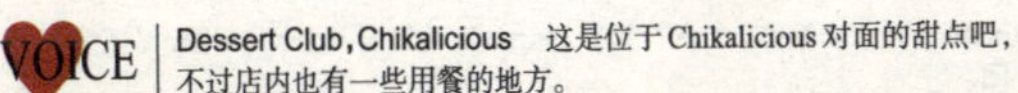

VOICE | Dessert Club, Chikalicious 这是位于 Chikalicious 对面的甜点吧，这里的杯形蛋糕以及雪糕等都可以带回去吃，不过店内也有一些用餐的地方。

正宗纽约风味的奶酪蛋糕

朱尼尔的店
Junior's

别MAP p.33-C3　中城西

该店创建于1950年，是以布鲁克林的奶酪蛋糕而闻名的老字号餐馆，这里蛋糕的风味种类特别丰富，诸如巧克力风味、胡萝卜风味等，如果觉得太大的话就点一个BOX型号的带回家吃吧！

想感受美国风味的话就来这儿吧

住 W. 45th St.（bet. Broadway & 8th Ave.）
地铁 A C E 42 St-Port Authority Bus Terminal
☎（1-212）302-2000
营 周一～周四 6:30~24:00、周五、周六～次日 1:00、周日 ~23:00
休 无
预算 奶酪蛋糕 $6.50
CC A J M V
网 www.juniorscheesecake.com

在纽约名气第一的奶酪蛋糕

艾琳的店
Eileen's

别MAP p.31-C3　诺丽塔

该店的蛋糕外表也非常好看，与其他店相比口感更加细腻，型号也偏小点，正合适，如果犹豫不决不知该店哪个好的话，建议就从法国风味奶酪蛋糕尝起吧！该店内有用餐的地方。

店里摆满了口感细腻香醇美味的蛋糕

住 17 Cleveland Pl.（near Kenmare St.）
地铁 6 Spring St
☎（1-212）966-5585
营 周一～周五 9:00~21:00、周六、周日 10:00~19:00
休 无
预算 杯形蛋糕 $3、迷你奶酪蛋糕 $3.50
CC A J M V
网 www.eileenscheesecake.com

奶酪蛋糕极富人气的老字号糕点铺

两只小母鸡
Two little Red Hens

别MAP p.22-B1　上东区

该店的奶酪蛋糕味道非常高雅，推荐的美食是Brooklyn Blackout和Red velet，价格都是$1.75，这里是纽约极具人气的地方，所以在这里看看人来人往也是一种享受。

这家店一直深受当地居民的喜爱

住 1652 2nd Ave.（at 86th St.）
地铁 4 5 6 86 St
☎（1-212）452-0476
营 周一～周五 7:30~20:00、周六 8:00~、周日 8:00~17:00
休 无
预算 杯形蛋糕小型 $1.75、大型 $3
CC A M V
网 www.twolittleredhens.com

在这里可以品味到意大利风味的甜点

威尼露
Veniero's

别MAP p.10-B3　东村

该店创建于1894年，一年四季都很有人气的是放有很多奶油的冰镇忌廉咖啡，在众多糕点中推荐您一定要品尝的是奶酪蛋糕。首先在柜台处领一个号码牌，然后排队等候。

虽然型号较小但却很有嚼劲儿，让人回味无穷

住 342 E. 11th St.（bet. 1st. & 2nd Aves.）
地铁 L 1 Av
☎（1-212）674-7070
营 周日～下周四 8:00~24:00、周五、周六～次日 1:00
休 无
预算 奶酪蛋糕 $4.50、冰镇忌廉咖啡 $3.75
CC A M V
网 www.venierospastry.com

想吃甜点就来 Grand Central Station 地下餐馆的中央大厅里有 Magnolia Bakery 和 Junior's 等，在免费休闲区品味对比一下各种风味的甜点吧。

大众通俗的豆腐甜点很受欢迎

京都豆腐
Kyotofu

别MAP p.32-A2　中城西

在这里可以品尝到用豆腐或豆腐渣制作的糕点以及小甜饼干等，一到夜里该店也会供应各种酒，瞬间这里就变成了一个甜点吧。

住 705 9th Ave.（bet. 48th & 49th Sts.）
地铁 C E 50 St　☎（1-212）974-6012
营 周一～周四 17:00~ 次日 0:30、周五 13:00~ 次日 1:30、周六 12:00~ 次日 1:30、周日 12:00~ 次日 0:30
休 无　预算 时令甜点 $10~
CC A J M V　URL www.kyotofu-nyc.com

在充满现代感的氛围中品味日式甜点

茶庵
Cha-an

别MAP p.10-B3　东村

在这个日本风格的空间里，你甚至会忘了自己是在纽约，店里有各种风味的甜点，并聚集了各国名茶，在这里品茶感觉非常温馨。

住 230 E. 9th St.（bet. 2nd & 3rd Aves.）
地铁 6 Astor Pl　☎（1-212）228-8030
营 周一～周四 14:00~23:00、周五、周六 12:00~24:00、周日 12:00~22:00
休 无　预算 附带有茶的甜点 $16
CC 只能使用现金，不能刷卡
URL www.chaanteahouse.com

建议品尝一下这儿的巧克力

佛手柑店
LA Bergamote

别MAP p.8-B1　切尔西

这是一家法国风味的甜点铺，这里的甜点味道偏浓郁，不过它不仅有甜味，还有其他味道，非常好吃。

住 177 9th Ave.（at 20th St.）
地铁 C E 23 St
☎（1-212）627-9010
营 周一～周四 7:00~20:00、周五～周日 ~22:00
休 无　预算 水果丹麦酥 $3.25 等
CC A M V
URL labergamotenyc.com

建议选择阳台上的位置

佩茨传统美味
Pates et Traditions

别MAP p.39-B2　威廉斯堡

这是一家对自己的果酱可丽饼和咖啡非常有自信的法国风味小餐馆。该店休闲的氛围让人不禁想起法国南部的风情，在这里品味一下美味的 Savoy Crepe 吧！

住 52 Havemeyer St.（at N. 6th St.），Brooklyn
地铁 L Bedford Av
☎（1-718）302-1878
营 周二～周五 12:30~20:30、周五、周六 11:00~22:30
休 节假日　预算 $10~
CC 只能使用现金，不能刷卡

建议选择临窗的座席！

拉洛咖啡
Cafe Lafo

别MAP p.20-B1　下西区

这是有意识地模仿巴黎的拉丁区而创建的咖啡馆，这里的甜点等每天供应都是手工制作，种类也非常丰富。

住 201 W. 83rd St.（bet. Broadway & Amsterdam Ave.）
地铁 1 86 St　☎（1-212）496-6031
营 周一～周四 8:00~ 次日 2:00、周五～次日 4:00、周六 9:00~ 次日 4:00、周日 9:00~ 次日 2:00
休 无　预算 蛋糕 $6.50~
CC A J M V（最低消费 $10）
URL www.cafelalo.com

曾成为电影舞台的名店

奇缘 3 餐厅
Serendipity 3

别MAP p.18-B1　上东区

这是一家位于日用商品店里的咖啡馆，这里有汉堡以及沙拉等，不过最有人气的要数 Frozen Hot Chocolate。

住 225 E. 60th St.（bet. 2nd & 3rd Aves.）
地铁 N Q R Lexington Av/53 St
☎（1-212）838-3531
营 周日～下周四 11:30~24:00、周五～次日 1:00、周六～次日 2:00
休 无　预算 热巧克力 $6、三球冰激凌 $9
CC A M V　URL www.serendipity3.com

Serendipity 3　这里夜里非常拥挤，但是周围没有消磨打发时间的地方，若需要排队等候的话就很痛苦，不过这里有很多古玩店，所以白天来这儿的话还是很好的。

在邓波附近散步的话很适宜来这儿哦

女孩咖啡屋
One Girl Cookies

别MAP p.38-B1　上西区

这是一家面包咖啡屋，其总店是位于布鲁克林区的卡罗尔花园。该店烤点心是一块一块地烤，非常认真讲究，广受好评。店内有用餐的地方。

享用烤点心时搭配上布鲁克林区的茶非常合适

要是在邓波附近散步的话很适合来这儿哦

住 33 Main St.（at Water St.）, Brooklyn
地铁 F G Bergen St
☎（1-347）338-1268
营 周一～周四 8:00~19:00、周五 8:00~20:00、周六 9:00~20:00、周日 9:00~19:00
休 节假日
预算 $10~
CC A M V
网 www.onegirlcookies.com

法国风味的果酱可丽饼专卖店

威威拉可丽饼店
Vive La crêpe!

别MAP p.10-A2　东村

该店引以自豪的是其刚烤好的酥脆又香醇的果酱可丽饼，推荐的美味是用榛子酱加香蕉等制成的冰激凌。

住 114 University Pl.（bet. 12th & 13th Sts.）
地铁 L N Q R 4 5 6 14 St-Union Sq
☎（1-212）242-8483
营 周一～周六 8:00~24:00、周日 9:00~
休 无
预算 果酱可丽饼 $6.50~9.75
CC A M V
网 www.vivelacrepe.fr

这里的下午茶很有人气

茶酥皮饼
Tea & Sympathy

别MAP p.9-C2　格林尼治村

该店主要供应酥皮饼等英国家庭料理，这里的下午茶很受欢迎，特别是周末早午餐的时候需要等候很长时间才能买到。

住 108 Greenwich Ave.（bet. 12th & 13th Sts.）
地铁 1 2 3 14 St
☎（1-212）989-9735
营 周一～周五 11:30~22:30、周六、周日 9:30~
休 无
预算 下午茶 $35
CC M V　网 www.teaandsympathynewyork.com

东村的布丁专卖店

布丁店
Puddin'

别MAP p.11-C3　东村

该店中使用绿色有机食材制作的布丁含有很多奶油，而且有一种让人怀念的亲切的味道。在这里可以从9种味道中选择自己喜爱的口味，另外装饰配料也非常丰富。

住 102 St. Marks pl.（bet. 1st Ave. & Avenue. A）
地铁 L 1 Av　☎（1-212）477-3537
营 每天 10:30~次日 1:00（周三～周六～次日 2:00）
休 无　预算 布丁 $4~9.50
CC A M V
网 puddinnyc.com

边品味着可口的红茶边休息放松一下吧

爱丽斯茶馆
Alice's Tea Cup Chapter III

别MAP p.22-B2　上东区

该店原创的混合红茶种类非常多，另外还有英国茶饼以及法国烤面包等，这家店比位于上西区的分店人稍微少点，不是很拥挤。

住 220 E. 81st St.（bet. 3rd & 2nd Aves.）
地铁 6 77 St　☎（1-212）734-4832
营 每天 8:00~20:00
休 无
预算 红茶和两块英国茶饼组成的套餐 $12
CC A M V
网 www.alicesteacup.com

VOICE | Lady M　是经常在世界餐评界巨头《Zagat Survey》中被评为最好店铺前十名之一的糕点铺，这里的绝品美味是像宝石一样的上等点心，从大都会回来的路上可以顺便光顾一下此店哦。住 41 E. 78th st.（near Madison Ave.）

绿色有机的冰激凌

Ample Hills 冰激凌店
Ample Hills Creamery

别MAP p.41-D3 公园坡

这是一家自制冰激凌店，使用的都是当地新鲜优质的食材，这里的冰激凌风味异常丰富，共有 20 种以上，店内还有供小孩玩乐的休闲区。

Photo:Ample Hills Creamery

这是紧密结合当地需求而发展起来的冰激凌店

住 623 Vanderbilt Ave.（at St. Marks Ave.），Brooklyn
地铁 B Q 7Av
☎（1-347）240-3926
营 周日～下周四 12:00~22:00、周五、周六 12:00~23:00
休 无
预算 $10~
CC A M V
URL amplehills.com

推荐当地冰激凌第一家店

范莱文冰激凌店
Van Leeuwen Artisan Ice Cream

别MAP p.10-B3 东村

该店使用纽约当地的食材制作出了自然风味的冰激凌，其清爽香醇的风味非常受人欢迎。该店从快餐车创业，如今已拥有固定的店铺。

香醇浓郁的奶油味道让人垂涎欲滴

住 48 1/2 E. 7th St.（at 2nd Ave.）
地铁 6 Astor Pl
☎（1-718）701-1630
营 周一～周四 8:00~23:00、周五 8:00~24:00、周六 9:00~24:00、周日 9:00~23:00
休 无
预算 $3.50~
CC 只能使用现金，不能刷卡
URL www.vanleeuwenicecream.com

对环境十分讲究的冰激凌店

蓝色大理石冰激凌店
Blue Marble Ice Cream

别MAP p.40-A1 科布尔山

该店的冰激凌都是用有机食材制作而成的，店内装饰用的也都是绿色环保的材料。冬季期间该店有时会暂时停业，要注意确认营业时间。在各大超市以及餐馆中都售有该店生产的杯装冰激凌。

该店的冰激凌在口里融化时那种温和清爽的口感使其迅速火爆起来

住 196 Court St.（bet. Warren & Wyckoff Sts.），Brooklyn
地铁 F G Bergen St
☎（1-718）858-0408
营 每天 14:30~21:30
休 节假日以及冬季期间
预算 $10~
CC A M V
URL www.bluemarbleicecream.com

华丽的装饰配料引人注目

Big Gay 冰激凌店
Big Gay Ice Cream

别MAP p.11-C3 东村

这是一家从摆摊子发展起来的人气店，该店中有咖喱风味的椰果、巧克力和腊肉等独具特色的装饰配料以及个性的组合成为了众人瞩目的焦点。推荐的美食是带有咸味奶糖的香草 & 巧克力冰激凌，价格为 $5。

想吃稍微与众不同点的冰激凌的话就来这里吧

住 125 E. 7th St.（bet. 1st Ave. & Avenue A）
地铁 L 1 Av
☎（1-212）533-9333
营 周二 16:00~23:00、周三～下周一 13:00~24:00（根据季节的不同有所改变）
休 节假日
预算 $10~
CC A M V
URL biggayicecream.com

VOICE | Pop Yogurt 这是一家冰镇酸奶连锁店，该店的特色是冰激凌上装点有清爽的年糕和草莓。别MAP p.30-A2 住 410a W. Broadway（bet. Spring & Prince Sts.）

广受素食主义者支持的糕点铺

水鸟烘焙店
Birdbath Bakery

别MAP p.30-A2　索霍区

该店创建时采用了拥有89年历史极富盛名的Vesuvio糕点铺的外观设计，其在制作糕点时不仅对食材非常考究，而且连生产过程也追求极致的绿色环保，这里供应有绿色有机的小甜饼干以及玛芬蛋糕等，午餐时还供应有三明治。

这里的素食面包在中国是很难品尝到的

店里总是人来人往，不断有顾客前来

住 160 Prince St.（near Thompson St.）
地铁 C E Spring St
☎（1-646）556-7720
营 周一～周五 8:00~19:00、周六 9:00~19:00、周日 10:00~18:00
休 无　预算 三明治 $7.50
CC A M V
网 www.thecitybakery.com/birdbath
■只能带回去吃

名副其实的美味

艾米的面包店
Amy's Bread

别MAP p.8-B2　肉类加工区

这家糕点铺得到了媒体的高度评价，店面虽然很小但是很可爱，推荐的美味是这里的三明治和核桃巧克力蛋糕。

住 75 9th Ave.（位于切尔西市场内）
地铁 A C E 14 St
☎（1-212）462-4338
营 周一～周五 7:30~20:00、周六 8:00~、周日 8:00~19:00
休 无
预算 早餐的油酥点心 $1.35~
CC A J M V　网 www.amysbread.com

只有一个吧台的小店

贝蒂面包店
Betty Bakery

别MAP p.40-B2　博寇卡

这里的奶酪蛋糕价格为$5，口感松软又饱含奶油的香醇细腻，实在是美味至极。店里的糕点以及装饰也都十分可爱。

住 448 Atlantic Ave.（bet. Bond & Nevins Sts.），Brooklyn
地铁 B Q 2 3 4 5 Atlantic Av
☎（1-718）246-2402
营 周二～周五 7:30~19:00、周六 9:00~19:00、周日 11:00~17:00
休 周一　预算 $10~
CC A M V　网 www.bettybakery.com

在高档餐厅中也经常见到的绝品面包

沙利文街面包店
Sullivan Street Bakery

别MAP p.16-B4　中城西

这家意大利风味的糕点铺是如今Grandaisy的前身，并向诸如Jean George等高级餐厅批售面包。

住 533 W. 47th St.（bet. 10th & 11th Aves.）
地铁 C E 50 St
☎（1-212）265-5580
营 周一～周六 7:30~19:00、周日 ~16:00
休 无
预算 长形面包 $2.50~、比萨 $2~
CC A J M V
网 www.sullivanstreetbakery.com

品尝一下这里味道别致温和的甜点吧

金融家法式蛋糕店
Financier Patisserie

别MAP p.2-A1　曼哈顿下城

这是一家法国风味糕点铺，在市内已开有10家分店，这里的水果以及巧克力等烤点心都对甜度有控制。不能在店内用餐。

住 3-4 World Financial Center（位于环球金融中心内）
地铁 E World Trade Center
☎（1-212）786-3220
营 周一～周五 6:00~20:00、周六、周日 9:00~18:00
休 无　预算 $3.95~
CC A M V
网 www.financierpastries.com
■只能带回去吃

VOICE | Grimaldi's Pizza　这是一家超级火爆的比萨店，要等上2小时才能吃到这里的比萨，比萨非常好吃，不过就是等的时间有点太长了……住 1 Front St.（Under the Brooklyn Bridge）

店前总是排着长长队伍的老字号名店

洛姆巴蒂 Lombardi's

别MAP p.31-D3 诺丽塔

该店创建于1905年，是具有纽约风味的历史最悠久的店铺，该店用炭烤炉烤制的比萨广受顾客好评。这里一般是不能提前预订的，但是周一～周四可以预订。这里最有人气的是带有San Marzano产的西红柿沙司的标准比萨。

想吃绝品比萨的话就来这里吧

住 32 Spring St.（at Mott St.）
地铁 ⑥ Spring St
☎（1-212）941-7994
营 周日～下周四 11:30~23:00、周五、周六 ~24:00
休 无
预算 比萨 $16.50~22.50
CC 只能使用现金、不能刷卡
网 www.firstpizza.com

重视传统的硬质比萨

凯瑟比萨 Keste Pizza & Vino

别MAP p.9-C4 格林尼治村

"Keste"在意大利语中的意思是"这才是绝品哦！"，该店的绝品美味是由著名的比萨师 Roberto Capolucio 利用那不勒斯比萨定义中所指定的烤炉、薪柴以及从当地订购过来的食材烤制的比萨，价格为 $9~23。

质地酥脆的比萨饼让人垂涎欲滴，一眨眼就将其吃得精光

住 271 Bleecker St.（near Jones St.）
地铁 ① Christopher St-Sheridan Sq
☎（1-212）243-1500
营 周一～周六 12:00~15:30、17:00~23:00、周日 12:00~15:30、17:00~22:00
休 节假日 预算 比萨 $9~23
CC Ⓐ Ⓜ Ⓥ
网 www.kestepizzeria.com

这里满是独具特色的比萨

康帕尼 Co.

别MAP p.13-C4 切尔西

该店是由经营沙利文街面包店的 Jim Raby 先生创建的比萨专卖店，这里的比萨不局限于素有名气的西红柿 & 马苏里拉比萨，而是追求富有个性的高档上品比萨。

建议也品尝一下该店采用应季食材烤制的比萨

住 230 9th Ave.（at 24th St.）
地铁 Ⓒ Ⓔ 23 St
☎（1-212）243-1105
营 周一～周六 12:00~15:30、17:00~23:00、周日 12:00~15:30、17:00~22:00
休 节假日
预算 比萨 $9~19
CC Ⓐ Ⓜ Ⓥ
网 www.co-pane.com

根据瑜伽所起的名字让人看着很是惬意

威尔德 Wild

别MAP p.9-C4 翠贝卡

该店有作为绿色营养比萨而颇有人气的有机比萨，这里的比萨饼坚持用全麦制作。另外该店里各种菜谱的名字都是以瑜伽为灵感起的，非常具有特色。

无论比萨饼的质地还是上面的装饰配料使用的都是绿色有机食材

住 535 Hudson St.（bet. Perry & Charles Sts.）
地铁 ① Christopher St-Sheridan Sq
☎（1-212）929-2920
营 周日～下周四 12:00~22:00、周五、周六 ~23:00
休 节假日
预算 比萨（薄片）$5~8、沙拉 $7~15
CC Ⓐ Ⓜ Ⓥ
网 www.sliceperfect.com

VOICE | Lombal deazy 虽然还没开始营业，但只要你在店门前椅子上一坐，店员就会亲切地招呼您进去。两个人一同前往的话也只需点一个玛格丽特比萨和一份香椿沙拉即可吃得很饱。

纽约唯一一家生产蒙特利尔硬面包圈的店

Mile End 面包店 Mile End

别MAP p.40-B1 博寇卡

该店的老板出生于加拿大的蒙特利尔，他从家乡的人气店采购食材，制作出微甜醇香、个头儿偏小的硬面包圈，深受顾客喜爱，这里的五香熏牛肉三明治（smoked meat）也是该店的绝品美食。周末的早午餐时段，店前必然会排着长长的队伍。

味道微甜的硬面包圈

在该店可以悠哉地享用美食

住 97 A Hoyt St.（bet. Atlantic Ave. & Pacific St.), Brooklyn
地铁 A C G HoytSchermerhorn
☎（1-718）852-7510
营 周一～周五 8:00-16:00、周三～周六 18:00-23:00、早午餐：周六、周日 10:00-16:00
休 无 预算 $9~14
CC A M V 网 www.mileenddeli.com
■餐馆形式（需要支付小费）

让饭量很大的食客们也不禁咋舌的分量

卡内基熟食店 Carnegie Deli

别MAP p.36-A3 中城西

内基音乐厅就在该店附近，所以这里有很多盛装靓丽的顾客。该店的三明治分量非常大，两个人点一份就足够了。

住 854 7th Ave.（bet. 54th & 55th Sts.）
地铁 N Q R 57 St-7 Av ☎（1-212）757-2245
营 每天 6:30~次日 4:00
休 无 预算 三明治 $10~25、咖啡 $2.75
CC 只能使用现金，不能刷卡
网 www.carnegiedeli.com
■餐馆形式（需要支付小费）

想吃五香熏牛肉三明治的话，这里可是纽约第一哦

凯兹熟食店 Katz's Delicatessen

别MAP p.7-C3 下东区

这是号称有 100 年以上历史的老字号名店，其中夹有该店自制的火腿、香肠以及咸牛肉等的三明治别具一格，非常好吃。

住 205 E.Houston St.（at Ludlow St.）
地铁 F 2 Av ☎（1-212）254-2246
营 周日～周三 8:00~22:45、周四～次日 2:45、周五 8:00~周日 22:45 休 无
预算 $15 CC A M V（最低消费 $20）
网 www.katzdelicatessen.com
■有餐馆形式（需要支付小费）和自助餐形式（无须支付小费）

下酒菜也绝对不会让您失望

哥伦布转盘广场食品市场 On Tap at Whole Foods Market Columbus Circle

别MAP p.17-C2 上西区

在这里可以轻松享用到纽约市所有地区生产的啤酒和葡萄酒，当然也包括布鲁克林啤酒。

住 10 Columbus Circle（bet. 8th & 9th Aves.）
地铁 A C B D 1 59 St-Columbus Circle
☎（1-212）823-9600
营 每天 12:00~23:00 休 无
预算 $10~ CC A J M V
网 wholefoodsmarket.com/stores/columbuscircle
■点餐后可以找个席位坐下来（需要支付小费）

站立式热狗店

格雷的木瓜热狗店 Gray's Papaya

别MAP p.20-B3 上西区

该店使用新鲜的牛肉做成的热狗价格非常低廉，若再配上 100% 新鲜的热带饮料的话会更加可口哦。

住 2090 Broadway（at 72nd St.）
地铁 1 2 3 72 St ☎（1-212）799-0243
营 每天 24 小时营业
休 无
预算 热狗 $1.95~、咖啡 25 ¢
CC 只能使用现金，不能刷卡
网 grayspapayanyc.com
■只有吧台

VOICE | Katz's Delicatessen 一进入店内服务员就会给你发一个号码牌，拿着这个到三明治柜台处点餐。注意靠墙的圆桌座席是需要服务的位置。

品尝一下德国风味的热狗吧！

你好柏林 Hallo Berlin

别册 MAP p.16-B4　中城西

推荐的美食热狗带回去吃也是可以的，另外在德国风味的面包加上清脆的法兰克福香肠就构成了这里的绝品美味。

住 626 10th Ave.（near 44th St.）
地铁 A C E 42nd St-Port Authority Bus Terminal
☎（1-212）977-1944
营 周日～下周四 12:00~23:00、周五、周六～次日 1:00
休 无　预算 午餐 $15~
CC M V　URL halloberlinrestaurant.com
■在柜台处点的餐仅能带回去吃

满是鲜肥的龙虾！

鲁克龙虾店 Luke's Lobster

别册 MAP p.11-C3　东村

推荐的美食是龙虾卷，里面塞满了鲜肥的龙虾，而且这些龙虾是使用柠檬油和秘制的香料烹制的。

住 93 E. 7th St.（near 1St Ave.）
地铁 F 2 Ave
☎（1-212）387-8487
营 周日～下周四 11:00~22:00、周五、周六 ~23:00
休 无
预算 龙虾卷 $8
CC A J M V　URL www.lukeslobster.com
■快餐形式（无须支付小费）

被纽约人评为最好的热狗店

巴克 Bark

别册 MAP p.41-C2　公园坡

这家店的热狗被选为全市最好的热狗，广受关注，该店使用的食材都是从当地绿色有机的商家那里采购的，而且西式咸菜等也都是手工制作的。另外共有 7 款风味的配有肉汁沙司也很受欢迎。

种类丰富的热狗人气很高

该店的客户群非常广泛，从年轻人到拖家带口的

住 474 Bergen St.（near Flatbush Ave.）, Brooklyn
地铁 2 3 Bergen St
☎（1-718）789-1939
营 周一～周四 12:00~23:00、周五 ~24:00、周六 11:00~24:00、周日 11:00~22:00
休 无　预算 热狗 $5~
CC A M V　URL www.barkhotdogs.com
■餐馆形式（需要支付小费）

COLUMN

现在酸奶咖啡正在成为一股热潮

该店浓度正好而且口感细腻黏滑的希腊式酸奶人气很高，它不是很甜如奶油奶酪一般，广受纽约人的关注和喜爱。

乔班尼 Chobani
别册 MAP p.30-A2
住 150 Prince St.（at W. Broadway）
地铁 C E Spring St　☎（1-646）998-3800
营 周日～周四 8:00~21:00、周五、周六 8:00~22:00
休 无
CC A M V
URL www.chobanisoho.com

酸奶文化公司 The Yogurt Culture Company
别册 MAP p.35-D4
住 125 Park Ave.（bet. 41st & 42nd Sts.）
地铁 4 5 6 7 S Grand Central-42 St
☎（1-212）867-7126
营 周一～周五 7:00~20:00、周六 9:00~16:00
休 周日、节假日
CC A M V
URL www.yogurtculturecompany.com

VOICE　Luke's Lobster　一家四口曾在 Blue Man 的前面一起用餐，该店菜品的价格稍微有点贵，店面也不大，不过这里的螃蟹卷很符合大众的口味，传统文蛤周打汤的分量也很足，令人非常满意。

$4.60

蚱蜢汉堡

Shackburger

在这里可以享受到用牛肉酱、美国风味奶酪、生菜、西红柿、沙司以及高级牛腰肉等制作成的汉堡，其中最关键的是使用口味清淡的原创沙司！

名厨制作名汉堡

这是由经营联合广场咖啡店的名厨丹尼尔经营的店铺，其在全美国不断地推出新分店。

动摇小屋 Shake Shack

别 MAP p.32-B3　中城西

住 691 8th Ave.（at 44th St.）※ 在其他地方也有分店

地铁 A C E 42nd St-Port Authority Bus Terminal

☎（1-646）435-0135　营 每天 11:00~24:00

休 无　CC A M V　URL www.shakeshack.com

◎快餐形式、无须支付小费（有的酒需要支付小费），点餐后可以找个席位先坐下

坚持彻头彻尾的绿色有机食物！

该店从用牧草饲养的牛做成的肉酱到蔬菜、奶酪、调料、甜点以及啤酒等都是绿色有机的健康食品，另外油炸食品使用的是 100% 的花生油。

小熊汉堡 Bare Burger

别 MAP p.9-D4　格林尼治村　住 535 La Guardia Pl.（bet. W. 3rd & Bleecker Sts.）※ 该店在 Astoria、Brooklyn 的 Park slope、Midtown 等地方共开了 10 家分店

地铁 6 Bleecker St

☎（1-212）477-8125

营 每天 11:00~23:00　CC A M V

URL www.bareburger.com

◎餐馆形式，需支付小费，先找个席位坐下然后再点餐

至高小熊汉堡

Bareburger Supreme

在这里可以自由选择奶油糕点、牛肉酱、科尔比杰克奶酪、洋葱圈 3 个、烧制木苹果腊肉、生菜、薯条、自制沙司等，肉酱也有很多种类可供选择。除牛肉酱、火鸡酱、羊肉酱、鸡肉酱之外，还有麋鹿酱、野牛酱以及鸵鸟酱等。

$11.95

$7.50

BLT 汉堡

BLT Burger

里面有果子面包、牛肉酱、中国风味的腊肉、洋葱、西红柿、生菜、丘比沙拉酱。

这是小型的汉堡，很适合女性，在上面涂上瓶装的辛辣蛋黄酱也很好吃！

该店富有人气的秘诀在于其使用了日本的蛋黄酱！

这是一家以吧台为主的隐匿风格的店铺，使用有丘比沙拉酱的 BLT Burger 非常受人欢迎，其内带有油梨和芝麻的 Shakeburger 也独具特色。

米奇的店 Mikey's

别 MAP p.7-C4　下东区

住 134 Ludlow St.（near Rivington St.）

地铁 J Z Delancey St-Essex St

☎（1-212）979-9211　营 周日~下周三 12:00~次日 2:00、周四~周六 11:00~次日 4:00

CC A M V（最低消费 $10）

◎快餐形式、无须支付小费（有的酒需要支付小费），先点餐然后可以找个席位坐下

注意

现在让我们来品尝一下纽约素有名气的美食吧！

广受瞩目的美味汉堡

这是在纽约甚至在全美都很受人欢迎的汉堡，这里有很多对素材非常考究的美食，最近从西海岸兴起的特制汉堡也很有人气！

店前总是排着长龙般队伍的隐匿似的人气店

这是一家位于高级酒店总服务台后面的不甚引人注目的汉堡店，然而其汉堡精致可口的味道却每天都吸引着大量的顾客前来光顾。

汉堡店 Burger Joint

别册MAP p.36-A2　中城西　住 119 W. 56th St.（bet. 6th & 7th Aves.）位于纽约帕克艾美酒店内

地铁 57th St　☎（1-212）245-5000

营 每天 11:00~23:30（周五、周六~24:00）

CC 只能使用现金，不能刷卡

URL www.parkermeridien.com/burgerjoint.php

◎ 快餐形式，无须支付小费（有的酒需要支付小费），先点餐然后可以找个席位坐下

芝士汉堡
Cheese Burger

里面有果子面包、牛肉酱、西式咸菜、红洋葱、西红柿、生菜、西红柿酱、芥末、蛋黄酱。融化在鲜嫩肉酱中的奶酪，使用新鲜蔬菜等制成的王牌汉堡。果子面包也很松软。

柜台汉堡
Counter Burger

果子面包、牛肉酱、菠萝伏洛干酪、洋葱圈、生菜、炒蘑菇、西红柿、酸辣沙司

素有人气的菜单中最受欢迎的！在大约 150g 的安格斯牛肉酱上加上酥脆的洋葱圈！

在这里可以特别定做一个自己喜欢的汉堡

这是发源于加利福尼亚州的一家汉堡店，在这里可以自由选择肉酱、奶酪、装饰配料、沙司以及果子面包等，有 30 万余种搭配方法，这里的甜薯条也很受欢迎。

柜台 The Counter

别册MAP p.33-C4　中城西　住 7 Times Square（at 41st St.）

地铁 N Q R S 1 2 3 7 Times Sq-42nd St

☎（1-212）997-6801　营 周日~下周三 11:00~23:00、周四~24:00、周五、周六~次日 1:00

CC A J M V　URL www.thecounterburger.com

◎餐馆形式，需要支付小费，先找个位置坐下然后再点餐

在媒体评价中常居前列

Gastropub 的汉堡在世界餐评界巨头《Zagat Survey》中经常被评为前列，该店的嫩马铃薯也很受欢迎，可以代替薯条。

汉堡桶 Burger & Barrel（B & B）

别册MAP p.30-B1　索霍区

住 25 W. Houston St.（near Mercer St.）

地铁 Broadway-Lafayette St

☎（1-212）334-7320

营 周日~下周三 11:00~23:00、周四~周六~24:00

CC A M V

URL www.burgerandbarrel.com

◎餐馆形式，需要支付小费，先找个位置坐下然后再点餐

Bash Style 汉堡
Bash Style

里面含有果子面包、牛肉酱、焦糖洋葱馅饼 & 腊肉果酱、西式咸菜、美国风味奶酪、特制沙司、洋葱圈。

使用老字号肉店的牛肉制成的混合肉酱与其他材料巧妙地搭配在一起。

原味 5 餐巾汉堡
Original Five Napkin Burger

里面含有果子面包、牛肉酱、炒洋葱、古老芝士奶酪、迷迭香蒜酱。

带有约 280g 厚厚的肉酱！选择半熟或者火候适中的话，就会从里面渗出肉汁来，非常香醇。

香醇逼人的肉汉堡！

该店店名的意思是这里的汉堡非常大，不是一口就能吃完的，甚至需要 5 张餐巾纸。另外该店里还有寿司、鱼肉以及土豆条等。

5 餐巾汉堡

5 Napkin Burger

别册MAP p.32-A3　中城西

住 630 9th Ave.（at 45th St.）※ 在其他地方也有分店

地铁 A C E 42nd St-Port Authority Bus Terminal

☎（1-212）757-2277

营 周一~周五 11:30~24:00、周六、周日 11:00~24:00

CC A M V　URL www.5napkinburger.com

◎餐馆形式，需要支付小费，先找个位置坐下然后再点餐

既可爱又好吃

今后将更加火爆的杯形蛋糕！

杯形蛋糕大集锦

这里汇集了各种杯形蛋糕，有为素食主义者准备的美味，也有为控制甜食的人们量身定做的口感细腻的蛋糕，不仅让您大饱口福，还将让您大饱眼福！

2

金光菊

Daisy Yellow 的糖衣上装饰有彩色的配料。

3

香子兰

用洋梨和仙人掌的甜味调品替代了鸡蛋和砂糖，很适合素食主义者食用。

1

巧克力

薰衣草的颜色上又喷洒上巧克力，颜色看起来很雅致。

2

经典巧克力

推荐给喜欢巧克力的食客们，使用有味道香醇浓郁的黑可可豆。

4

阳光

色调如阳光般温和柔美，吃了简直会让人觉得可惜，底料是香草。

3

巧克力

甜度控制得正好合适，口感细腻温和。

1

木兰面包

Magnolia Bakery

该店人气很旺，周末店前总是排着长长的队伍，这里的杯形蛋糕非常好吃，甚至让人觉得这才是美国的风味！

别册 MAP p.9-C3 格林尼治村

住 401 Bleecker St.（at. W.11th St.）

地铁 ① Christopher St-Sheridan Sq

☎（1-212）462-2572

营 周日～下周四 9:00~23:30、周五、周六～次日 0:30

休 无

CC Ⓐ Ⓙ Ⓜ Ⓥ

URL www.magnoliabakery.com

2

比利面包

Billy's Bakery

该店的蛋糕使用的都是新鲜的食材，做得非常精致，外观也很漂亮，本店还提供用于节日庆祝的蛋糕。

别册 MAP p.8-B1 切尔西

住 184 9th Ave.（near 21st St.）

地铁 Ⓒ Ⓔ 23 St

☎（1-212）647-9956

营 周一～周四 8:30~23:00、周五、周六～次日 0:30、周日 9:00~23:00

休 无

CC Ⓐ Ⓙ Ⓜ Ⓥ

URL www.billysbakerynyc.com

3

亲爱的

Babycakes

该店坚持 100% 的素食主义，诸如小麦粉、面筋、砂糖以及乳制品等一律不使用。龙舌兰的甜味非常温和。

别册 MAP p.6-B2 下东区

住 248 Broome St.（bet. Orchard & Ludlow Sts.）

地铁 Ⓕ Ⓙ Ⓜ Ⓩ Delancey St-Essex St Free（1-855）462-2292

营 周日、下周一 10:00~20:00、周二～周四 ~22:00、周五、周六 ~23:00

休 无 CC Ⓐ Ⓜ Ⓥ

URL www.babycakesnyc.com

4

香甜阳光

Sugar Sweet Sunshine

这家店的老板是在 Magnolia 工作的两位女性，该店蛋糕的色调都非常可爱，名字也别具一格。

别册 MAP p.7-C4 下东区

住 126 Rivington St.（near Norfolk St.）

地铁 Ⓕ Ⓙ Ⓜ Ⓩ Delancey St-Essex St ☎（1-212）995-1960

营 周一～周四 8:00~22:00、周五 8:00~23:00、周六 10:00~23:00、周日 10:00~19:00

休 无

CC Ⓐ Ⓜ Ⓥ（最低消费 $10）

URL www.sugarsweetsunshine.com

4

迷人的红丝绒

含有奶油以及可可粉的红色天鹅绒

6

草莓花蛋糕

暄腾松软的鲜奶油里面还有草莓。

7

巧克力 + 开心果 + 红色点缀

巧克力上满是开心果奶油，让人感觉很是惬意。

1

香草

这是一款香草杯形蛋糕，其鲜亮的绿色让人感觉充满活力和生机。

5

提拉米苏

切开后里面满是香草奶油。

7

红丝绒 + 奶油奶酪 + 红色点缀

红色天鹅绒和奶油奶酪是非常具有人气的组合。

6

$2.50

饼干 & 奶油

饼干 & 奶油冰激凌一样的味道。

5

棉花糖甜点

里面有果汁软糖、全麦饼干、巧克力等，推荐给爱吃甜食的人！

8

香草

如王冠一样棱角分明的酥皮非常可爱，味道也很高雅。

5

克拉姆蛋糕店
Crumbs

该店是从上西区发展起来的，其特点是蛋糕的型号很大，而且在菜单上每个蛋糕旁边都标注着其内卡路里的含量。

别 MAP p.13-D2 中城区
住 1385 Broadway（bet. 37th & 38th Sts.）
地铁 N Q R S 7 Times Sq-42 St
☎（1-212）764-7100
营 周一～周四 7:00~21:00、周五 7:00~22:00、周六 10:00~21:00、周日 10:00~20:00
休 无 CC A M V
URL www.crumbs.com

6

杯形蛋糕
Cupcakeland

该店是由两位出生于波兰的女性经营的，店内的装饰非常可爱，这里的蛋糕不是很大，对甜度也有所控制。

别 MAP p.39-B2 威廉斯堡
住 390 Metropolitan Ave.（bet. 5th & Havemeyer Sts.），Brooklyn 地铁 L Lorimer St
☎（1-718）388-5260
营 周一～周四 10:00~20:00、周五 10:00~21:00、周六 11:00~21:00、周日 ~20:00
休 无
CC A M V（最低消费 $8）
URL thecupcakeland.com

7

桃尼迷你
Tonnie's Minis

该店原先位于格林尼治村，现在迁移到了哈莱姆区。在这里可以自由选择海绵、酥皮以及装饰配料等。

别 MAP p.29-D1 Harlem
住 264 Lenox Ave.（bet. 123rd & 124th Sts.）
地铁 2 3 125th St
☎（1-212）831-5292
营 周一～周六 9:30~21:00、周日 10:30~19:00
休 无
CC A M V
URL tonniesminis.com

8

小女孩蛋糕
One Girl Cookies

这是位于布鲁克林区一家的手工点心店，在店里待着非常舒服，玻璃橱里摆满了烤点心。

别 MAP p.40-B1 博寇卡
住 68 Dean St.（bet. Smith St. & Boerum Pl.）
地铁 F G Bergen St
☎（1-212）675-4996
营 周一～周四 8:00~19:00、周五 8:00~20:00、周六 9:00~20:00、周日 10:00~19:00
休 无
CC A J M V
URL www.onegirlcookies.com

何为硬面包圈?

硬面包圈原本是在犹太人中盛行的一种面包，在犹太人广泛聚居的纽约，硬面包圈自古以来就深受人们的喜爱。在中国虽然也能吃到面包圈，但是它与纽约的面包圈截然不同。中国的面包圈既软又轻，而与此相反，正宗的面包圈拿在手上是沉甸甸的，表面很脆硬，里面却很有韧性。如果您来纽约的话，建议一定要品尝一下这里又大又脆的地道的硬面包圈，直接吃当然很好吃，不过时下也很流行夹上一些配料一起吃。

9 3 5 2 4 1 6 8 7

这是一家坚持传统做法的硬面包圈专卖店，这里的面包圈都是用手一个个捏制的。

邻家硬面 neighborho

身在纽约，最想吃的硬面包圈要是正好就在自己住的附近的话那是最好不过的了，那么哪里比较近呢?

点餐用英语会话

●我要一个带奶酪的面包圈?

Can I have a plain bagel with cream cheese?

●请问您是在这儿吃还是打包带回去?

Stay here or to go?

●我在这儿吃

Stay here please.

●请帮我打包

To go please.

●您能帮我烤一下这个面包圈吗?

Could you toast the bagel?

●您能把奶酪帮我放到另外一个盒子里吗?

Could you put the cream cheese (spread) in a separate container?

●您能帮我把奶酪冻在一边吗?

Could you put the cream cheese (spread) on the side?

就餐点菜小贴士

怎样更快速地点餐?

很多时候店前会排着很长的队伍，那么为了效率更高，最好在排队的时候就将想点的菜考虑好。

也有店不给烤面包的

大多数店都会帮忙烤一下，不过也有的店不给烤。

将配料放在另外的饭盒里

有时点的菜分量会比较大，这是可以请服务员另取一个饭盒将配料等放进去。

刚烤好的最好吃

硬面包圈很快就会变得很硬，若带回家吃的话可以用烤箱再烤一下。

1 格林尼治村

小区居民一直都比较喜欢的硬面包圈

Murray's Bagels

默里的硬面包圈

别 MAP p.9-D2
住 500 6th Ave.（bet. 12th. & 13th Sts.）
地铁 L 14 St
☎（1-212）462-2830
营 周一～周五 6:00~21:00、周六、周日 6:00~20:00
休 节假日
CC A M V
URL www.murraysbagels.com
店内席位数：约 16 个
可以在店内用餐

韧度 甜度 重量 型号 硬度

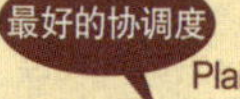

最好的协调度

Plain Bagel $1.25

Plain bagel + 菠菜 & 豆腐沫 $4.50

该店创建于 1996 年，在店内地下的作坊中，至今依然坚持用传统的工艺手工制作着硬面包圈。

2

没有进行烘烤

Murray's Bagels Chelsea

切尔西

切尔西默里硬面包圈店

别 MAP p.13-C4
住 242 8th Ave.（bet. 22nd & 23rd Sts.） 地铁 L 14 St
☎（1-646）638-1335
营 每天 7:00~21:00（周一~20:30、周五~20:00、周六、周日 19:00）
休 节假日
CC A J M V
URL www.murraysbagels.com
店内席位数：约 14 席
可以在店内用餐
不需要支付小费

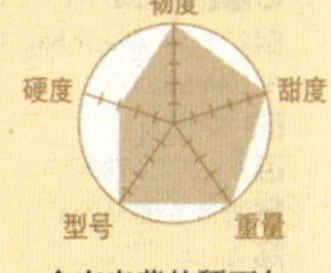

含有麦芽的硬面包圈有一种高雅的甜味，吸引着很多时尚的年轻顾客前来光顾。

罂粟子 $1.25

最好的协调度

原味贝果 + 全麦葡萄干・胡桃・奶油奶酪・点缀 $3.50

3

在国外也有分店的名店

Ess-a-Bagel 3rd Ave.

中城区

Essa硬面包圈店

别 MAP p.18-B3
住 831 3rd Ave.（bet. 50th & 51st Sts.）
地铁 E M Lexington Av/53 St
☎（1-212）980-1010
营 周一～周五 6:00~21:00、周六、周日 6:00~17:00
休 无
CC A M V
URL www.ess-a-bagel.com
店内席位数：约 30 席
可以在店内用餐

最好的协调度

桂皮葡萄干・硬面包圈 + 乌饭树浆果・奶油奶酪 $3.50

粗黑麦面包 $1

桂皮葡萄干$1

该店创建于 1976 年，在店里可以看到位于深处的作坊内煮硬面包圈的情景，这家店内总是顾客很多，非常拥挤。

4

格拉莫西

广为人熟知的名店

David Bagels

大卫硬面包圈店

别 MAP p.10-B2
住 273 1st Ave.（bet. 15th & 16th Sts.）
地铁 L 14 St
☎（1-212）780-2308
营 每天 6:00~19:00
休 无
CC M V（$10 以上）
店内席位数：约 16 席
可以在店内用餐

这是位于 Essa 硬面包圈 1 号店旁边的由泰国人经营的店铺，该店友好热情的服务以及耐嚼的硬面包圈吸引着很多粉丝前来用餐。

$1

最好的协调度

葡萄干+花生酱&果冻
$2.99

5

格拉莫西

比总店人少点的好去处？

Ess-a-Bagel 1st Ave.

Essa硬面包圈1号店

别 MAP p.10-B1
住 359 1st Ave.（at 21st St.）
地铁 L 14 St
☎（1-212）-260-2252
营 周一～周六 6:00~21:00、周日～17:00 休 无
CC A J M V
URL www.ess-a-bagel.com
店内席位数：9 张餐桌
可以在店内用餐

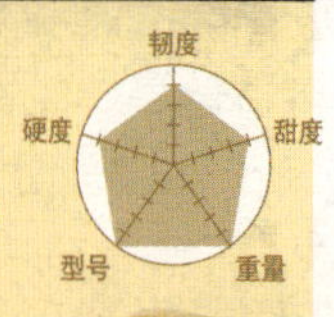

味道素淡，分量很大，比总店人要稍微少一点，没有那么拥挤。

桂皮葡萄干$1

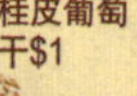

9 种谷物 + 苹果桂皮・奶油奶酪
$3.10

6

下东区

巴利面包卷　尽情品尝

Kossar's Bialys

Kossar的比亚利碎洋葱面包卷

别 MAP p.6-B2
住 367 Grand St.（bet. Essex & Norfolk Sts.）
地铁 F Delancey St
☎（1-212）473-4810
营 周日～下周四 6:00~20:00、周五 6:00~15:00
休 周六、节假日
CC 只能使用现金，不能刷卡
URL www.kossarsbialys.com
店内席位数：9 张餐桌
不能在店内用餐

全麦硬面包圈$1

大蒜面包卷$1

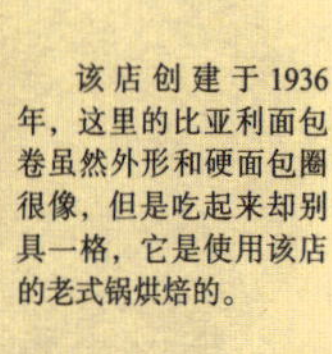

该店创建于 1936 年，这里的比亚利面包卷虽然外形和硬面包圈很像，但是吃起来却别具一格，它是使用该店的老式锅烘焙的。

7 雅皮士一族的美食承办商！ Leo's Bagel

曼哈顿下城

狮子座的硬面包圈

别 MAP p.3-C3
住 3 Hanover Sq.（bet. Beaver & Pearl Sts.）
地铁 ②③ Wall St
☎（1-212）785-4700
营 周一～周五 6:00~18:00、周六、周日 7:00~17:00
休 节假日
CC Ⓐ Ⓜ Ⓥ
网 www.leosbagels.com
店内席位数：约5席（只有吧台式席位）
可以在店内用餐

芝麻 $1.15

最好的协调度

硬面包圈+烤牛肉+凉拌卷心菜+瑞士奶酪+千岛酱

这是默里硬面包店Murray's Bagels的姊妹店，位于华尔街的旁边，在早餐和午餐的时候人特别多，很是热闹。

8 翠贝卡的人气店 Zucker's Bagles & Smoked Fish

翠贝卡

朱克硬面包圈 & 熏鱼

别 MAP p.5-C4
住 146 Chambers St.（bet. Greenwich & W. Broadway）
地铁 ①②③ Chambers St
☎（1-212）608-5844
营 周一～周五 6:30~19:00、周六、周日 6:30~18:00
休 节假日
CC Ⓐ Ⓜ Ⓥ
网 www.zuckersbagels.com
店内席位数：约 10 席
可以在店内用餐

含有燕麦&亚麻的健康营养硬面包圈 $1.15

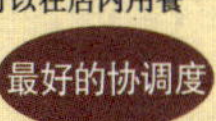

健康营养硬面包圈 + 烤西贝尔（银鳕鱼）+ 洋葱 $8.25

这里的味道就不用说了，时尚现代的店内格局也深受当地居民的喜爱。

9 UWS的老字号犹太食品店 Barney Greengrass

上西区

巴尼绿草

别 MAP p.24-B4
住 541 Amsterdam Ave.（bet. 86th & 87th Sts.）
地铁 ① 86 St ☎（1-212）724-4707
营 周二～周日 8:00~18:00（同时设置的餐馆 8:30~）
休 周一、节假日
CC Ⓐ Ⓜ Ⓥ 网 www.barneygreengrass.com
店内席位数：约 25 席
可以在店内用餐
需要支付小费

该店创建于1908年，是一家菜肴美味可口的老字号店，这里供应很多传统的熏制鱼，如新斯科舍鲑鱼以及白鱼等。

桂皮葡萄干 $1

洋葱$1

最好的协调度

熏鲑鱼（鲑鱼+奶油奶酪）$14

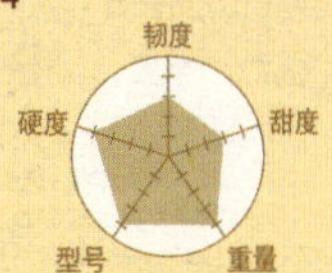

正宗地道的B级美味？

在纽约人气旺盛的

街头美食

纽约的街头美食（使用的是移动式街边小摊）非常火爆，近年还举行有 Vendy Awards 来竞选最佳街边美食摊，在这里可以品尝到世界各地的美味，味道十分地道醇正。

Chicken Schnitzel Platter

该拼盘中满满地放着偌大的鸡排，鸡排下面还有土豆沙拉和甜菜 & 菲达奶酪，薄薄的鸡排很是清爽可口。

Gochujang Burger Deluxe

这是一款含有朝鲜泡菜和辣椒酱的辛辣汉堡，分量也很大，而且很有营养。

F $10

Chicken Platter

其内秘制的白汁沙司是一种绝品美味，抹上 BBQ 沙司和辣酱一起吃的话会更香哦，上面带的松软酥脆的皮塔饼也很好吃。

A 加利西哥 Calexico

这是由出生于 Calexico 的 3 兄弟于 2006 年开始经营的一家街边小摊，地道正宗的味道使其瞬间火爆起来。

住营休 请通过电话、网络或 Twitter 进行确认。

CC 只能使用现金，不能刷卡

URL www.calexicocart.com

B 纽约多萨 NY Dosas

这家街边小摊经营的是斯里兰卡料理，其营养健康的菜谱以及老板 Tale 的人品都很受人欢迎。

别 MAP p.9-D4 格林尼治村

住 Washington Sq. South & Sullivan St.

地铁 A C E B D F M W4St

☎（1-917）710-2092

营 周一～周六 11:00~16:00

休 周日

CC 只能使用现金，不能刷卡

C 53rd & 6th店 53rd & 6th

这是位于 Hilton hotel 前面的名产清真食品小摊，不仅在当地人中，在观光客中也极富人气，前面总是排着长长的队伍。

别 MAP p.36-B3 中城区

住 53rd St. & 6th Ave. 的西南角 ※注意白天在此地营业的小摊是另外一家店，两家店员工穿的制服不一样，这可以作为区分的标志。

营 每天 19:00~次日 5:00

休 无

CC 只能使用现金，不能刷卡

URL www.53rdand6th.com

D 炸肉排店 Schnitzel & Things

这是由在维也纳投资银行就职的 Oreg 夫妇经营的一家澳大利亚风味炸肉排店。

住营业时间以及休息时间请通过电话、网络或 Twitter 进行确认。

☎（1-347）772-7341

CC 只能使用现金，不能刷卡

URL schnitzelandthings.com

❶❷ 这是人气剧增的TheCinnamonSnail素食餐车，其外观非常好看，甚至让人觉得它并不是一辆餐车，推荐的美味是三明治和汉堡。
❸ 该店的老板是极负盛名的纽约多萨 New York Dosa
❹ 他还经营有 NY 唯一的肉排店
❺ 可以享受到地道风味的Waffle&Dinges
❻ 53rd & 6th 店的员工
❼ 友好热情的招待方式也很有魅力
❽ 皇后区有很多移动餐车

A $9

Carne Asada Burrito

这是墨西哥玉米可丽饼，里面放满了奶酪、黑豆以及鳄梨酱，而且还有浸透着黑辣椒味道的牛排。

Vanilla Bourbon Creme Brule Donuts

被称为只要吃上一次就会上瘾的Creme Brule Donuts，味道十分香醇，让人甚至觉得不是素食！

E $8.50

BBQ Pulled Pork Waffle

F $1.25

Special Pondicherry

这是由比利时人 Thomas 经营的店铺，其在 2009 年 Vendy Awards Dessert 评选中取得胜利。

E $5

Liege Wafel

在可口的 Liege 华夫饼上装饰有焦糖味的月桂焦糖饼干，另外还有布鲁塞尔风味的华夫。

E Wafels & Dinges店 Wafels & Dinges

地址、营业时间以及休息时间请通过电话、网络或 Twitter 进行确认。

☎（1-866）429-7329
CC A J M V（$6 以上）
URL wafelsanddinges.com

F Cinnamon Snail店 Cinnamon Snail

该店中从汉堡到甜点，提供的都是有机素食菜肴，顾客回头率非常高。

住 营 休 请通过电话、Twitter 或 Facebook 进行确认。
☎（1-201）675-3755
URL www.cinnamonsnail.com
Twitter:@VeganLunchTruck
www.facebook.com/TheCinnamonSnail

B $6

在纽约相继开业的精选店！

集聚了世界各地美味的精选店！

时尚美食广场

时下在纽约吸引着众多食客的是时尚的美食广场！在这独特的空间里可以轻松享受到用各种新鲜优质食材制成的菜品，近年来各地的美食广场相继开市。

The Plaza Food Hall by Todd English

Todd English美食广场

五星级酒店级别的用餐空间

这是由星级巨厨 Todd English 经营的位于 Plaza Hotel 地下的美食广场，雅致的大厅内有各种各样的区域，如时尚休闲区、地道美食区等，在这里可以享受到各种风味的美食。

别 MAP p.37-C1　中城东
住 1 W. 58th St.（bet. 5th & 6th Aves.）Concourse Level
地铁 N Q R 5 Av/59 St
☎（1-212）986-9260
营 周日～下周四 11:00~22:00、周五、周六 11:00~23:00
休 无
CC A M V
URL www.theplazafoodhall.com

食盐以及橄榄油等专卖店 The Filling Station

还有专为纽约人量身定做的 Ronnybrook Milk Bar

Chelsea Market
切尔西市场

纽约的时尚美食发源地

这是由旧 Nabiso 工厂于 1990 年改建而成的，总共有 30 余家最新的餐馆和店铺落户于此，该地作为时尚美食发源地而威名远扬，很多爱好时尚的纽约人都慕名前来。

别 MAP p.8-B2
Meat Packing District
住 75 9th Ave.（bet.15th & 16th Sts.）
地铁 A C E 14 St
☎ 根据店铺不同而不同
营 周一～周六 7:00~21:00、周日 8:00~19:00（根据店铺不同而不同）
休 无
CC A D M V（根据店铺不同而不同）
URL www.chelseamarket.com

在早餐很受欢迎的 Sarabeth's 糕点铺里，玛芬蛋糕价格为 $3.25，英国茶饼价格为 $3。店内席位虽然不多，但可以在这里用餐

非常火爆的核仁巧克力专卖店 Fat Witch Bakery。普通型 $2.95、迷你型 $1.65

Sarabeth's 原创的燕麦葡萄干・饼干 $10

坚果类一律不使用的惹人喜欢的 Icing cookie 专卖店 Eleni's，价格均为 $2.75~

4晚6天 一人游美食攻略

虽然是一个人出来旅游，不过老吃快餐也会感觉乏味，现在就给大家介绍一些一个人也能轻松享受的纽约风美食餐饮！

一个人就餐小贴士

1 去高级餐馆的话若没有同伴，会感觉心情有点沉重，若想去的话就去吧台或早午餐时间去。

2 倘若不知该去哪儿好的话，建议去选择较多氛围又轻松的全食市场、切尔西市场或广场美食中心等。

3 中餐馆和民族风味餐馆氛围也比较轻松，可以随时去那儿用餐，也可以点一份酒店附近中餐馆的外卖（无须支付小费），在房间里吃。

4 如果在人多的地方不觉得胆怯的话，建议去单人顾客比较多的素食系咖啡馆，不过那里关门时间比较早。

5 一般菜品的分量都比较大，吃不完的话可以打包回去，这在纽约很常见。

墨西哥风味香草杯形蛋糕 $5.50，配有啤酒和葡萄酒

Day 1 刚到那一天 可以少吃点

长途跋涉后，可以选择能灵活调整分量非常实惠的自助餐，选择一些有益于健康的食品。

☑ Dinner
全食超市的家常菜

倘若不知该吃什么好的话，推荐来尝一尝这里的自助餐，这里有沙拉、凉菜等，也有亚洲、拉美以及美国风味的热菜，可以根据自己的饭量尽情享用。

别冊 MAP p.17-C2

全食超市
Whole Foods Market

住 10 Columbus Circle（at 59th St.）位于Time Warner大厦地下一层
地铁 Ⓐ Ⓑ Ⓒ Ⓓ ❶ Columbus Circle
☎（1-212）823-9600
营 每天 8:00~23:00（店内酒吧营业时间为12:00~23:00）
休 无　CC Ⓐ Ⓜ Ⓥ
URL www.wholefoodsmarket.com

以蔬菜为主的套餐 $6.11（$8.99/1lb）+ 汤 $3.79

☑ Snack
Sweet · Revenge的杯形蛋糕

来这位于西村的雅致恬静的咖啡吧享用一下夜宵吧，这里针对成人制作的搭配有酒的杯形蛋糕广受好评。

别冊 MAP p.9-C4

甜品店
Sweet Revenge

住 62 Carmine St.（bet. Bedford & Bleecker Sts.）　地铁 ❶ Houston St
☎（1-212）242-2240
营 周一～周四 7:00~23:00、周五 7:00~次日0:30、周六 11:00~次日 0:30、周日 11:00~22:00
休 节假日　CC Ⓐ Ⓜ Ⓥ
URL www.sweetrevengenyc.com

Day 2 品尝一下纽约素有名气的美味吧~

首先是可丽饼，其次汉堡……开始挨个品味美国的美味吧，不过夜里最好吃点清淡的食物。

☑ Breakfast

Sarabeth's的可丽饼

Sarabeth's 的分店也已进军到国外，广受热议，而如今在其本家纽约的 Park Avenue 又开展了新店。在这素雅祥和的氛围中品尝一下地道的可丽饼吧。

萨拉贝斯
Sarabeth's

别 MAP p.14-A4

住 381 Park Ave.（bet. 26th & 27th Sts.）
地铁 6 28 St
☎（1-212）335-0093
营 每天 8:00~23:00
休 无　CC A M V
网 www.sarabeth.com

↑鲜奶酪蛋糕 $15
→黄油奶油蛋糕 $15

Photo courtesy of Sarabeth

☑ Lunch

Shake shack的汉堡

该店在纽约人气非常高，是由在 Gramercy Tavern 等广为人熟知的星级人物 Danny Meyer 经营的汉堡连锁店，其在中城区以及上西区等有很多分店。

动摇小屋
Shake Shack

别 MAP p.14-A4

住 E.23rd St.（at Madison Ave.）位于 Madison Square Park 内
地铁 R W 23 St　☎（1-212）889-6600
营 每天 11:00~23:00
休 无　CC A M V
网 www.shakeshack.com

↑薯条 $2.70 ↗100% 的天然牛肉汉堡 $4.55~

☑ Dinner

在Plaza享用一下喜欢的美食吧

这是位于高级酒店内的美食广场，这里有一些非常火爆的店，因此在这里可以轻松地感受着时尚美食。

广场美食中心
The Plaza Food Hall

别 MAP p.37-C1

住 1 W. 58th St.（bet. 5th & 6th Aves.）位于 Plaza Hotel 内一层
地铁 N Q R 5 Av-59 St
☎（1-212）986-9260
营 周日～下周四 11:00~22:00、周五、周六 11:00~23:00（虽然每个店有所不同，不过大多数店为周一～周六 11:00~20:00、周日 ~18:00）
休 无
CC 根据店的不同而有所差异

→人气非常高的 Luke's Lobster 在此也有分店

↑发源于布鲁克林的 No.7 Sub 烤牛肉汉堡，肉汉堡价格为 $10~，也有素汉堡
←创意寿司 Sushi of Gari。很受欢迎的杯形寿司价格为 $5.50~
营 周一～周六 11:00~20:00、周日 11:00~18:00

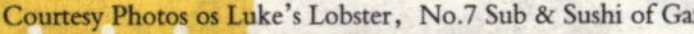

Courtesy Photos os Luke's Lobster, No.7 Sub & Sushi of Gari

Day 3 来布鲁克林、威廉斯堡吧

在 Outer Bolo 有很多小巧时尚、独具特色的餐馆。

Breakfast

Marlow & Sons的拿铁咖啡和英国茶饼

这是由位于布鲁克林的 Dining scene 的负责人 Andrew Tarlow 经营的人气咖啡馆，他巧妙地将日用品商店和美味的咖啡馆结合在一起，引起了广泛热议。

玛侬露萨
Marlow & Sons

别 MAP p.39-A3

住 81 Broadway（bet.Wythe Ave. & Berry St.）
地铁 J M Marcy St
☎（1-718）384-1441
营 每天 8:00~16:00、17:00~24:00
休 节假日
CC A M V
网 marlowandsons.com

↑拿铁咖啡 $4.25 和桃酱·奶油·饼干 $3.25
→原创的酸奶思慕雪 $8.50 和罗勒柠檬 $4.50

Lunch

Peter luger的午餐汉堡

即使一个人吃也吃不完这么大的牛排，可以好好享受一下这优质肉的味道，牛排每天都更新的午餐汉堡也有 $20 左右的。

彼得·鲁格牛排馆
Peter Luger Steakhouse

别 MAP p.39-B3

住 178 Broadway（bet. Bedford & Driggs Avs.）
地铁 J M Marcy St ☎（1-718）387-7400
营 周一～周四 11:45~21:45、周五、周六 11:45~22:45、周日 12:45~21:45
休 节假日
CC 只能使用现金，不能刷卡
网 www.peterluger.com

仅于午餐时间供应的特制汉堡 $11.50、炸薯条 $1.95

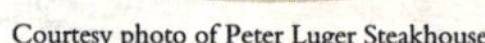
Courtesy photo of Peter Luger Steakhouse

Break

糕点铺的烤点心

这是一家小面包房，质朴的店内飘满了刚出炉的面包的香味，在这里可以享受到面包师现烤的上等优质面包。

拜卡利

别 MAP p.39-A4 住 150 Wythe Ave.（bet. N.7th & N. 8th Sts.）
地铁 L Bedford Av
☎（1-718）388-8037
营 每天 8:00~19:00
休 节假日
CC 只能使用现金，不能刷卡
网 bakeribrooklyn.com

Dinner

Foodswings的素食快餐

这是一家可以轻松前往的素食菜肴专卖店，鸡腿一只 $2.50。

美食斯威格
Foodswings

别 MAP p.39-B2

住 295 Grand St.（bet. Roebling & Havemeyet Sts.）
地铁 L Metropolitan Av
☎（1-718）388-1919
营 周日、下周一 11:30~23:00、周二～周四 11:30~24:00、周五、周六 12:30~次日 2:00
休 节假日
CC 只能使用现金，不能刷卡
网 www.foodswings.net

用大豆制作的非常耐嚼的豆汉堡 $9.25 和豆奶 $4

Day 4 吃后让您120%的满意！

是不是胃也有点疲劳了，那接下来就适当缓解一下，减少一些量。

Breakfast

Murray'Bagels的菜肉蛋卷 & 带有奶酪的硬面包圈

这家人气硬面包圈店内总是非常拥挤，来一杯广受热议的 Counter Culture Coffee 吧，价格为 $1.65。

默里的硬面包圈
Murray's Bagels

别MAP p.9-D2
住 500 6th Ave.（bet. 12th & 13th Sts.）
地铁 Ⓛ 14 St
☎（1-212）462-2830
营 周一～周五 6:00~21:00、周六、周日 6:00~20:00
休 节假日
CC Ⓐ Ⓜ Ⓥ
URL www.murraysbagels.com

夹有热乎乎炒蛋的硬面包圈 $3.50 和咖啡 $1.65

Lunch

品尝一下切尔西市场的大龙虾吧

建议一定要光顾一下切尔西市场，这里有很多正好适合一个人吃的料理店，尤其是 The Lobster Place，其使用新鲜海鲜的外卖菜谱很受欢迎。

大虾鸡尾 $8.50 和蛤蜊浓汤 $3.95

切尔西市场
Chelsea Market
DATA→p.289

订购一份次日的早餐吧！

回国前日买一份由著名面包师 Amy Cial Bar 烘焙的广受好评的 Amy's Bread 带回去吧，可以当作回国当天的早餐。带有法国奶酪和青苹果胡桃的全麦三明治价格为 $6.25。

Break

杯状蛋糕

因在电视连续剧《STAC》中出现而人气骤增的面包房，虽然有点甜，但是相信可以消除旅途的疲劳。总店一般都很拥挤，上西城区店和中城店相对来说就可以慢慢品尝。

木兰面包
Magnolia Bakery

别MAP p.9-C3 住 401 Bleecker St.（at W.11th St.）
地铁 ❶ Christpher S-Sheridan Sq
☎（1-212）462-2572 营 周日～下周四 9:00~23:30、周五、周六 9:00~次日 0:30
休 节假日 CC Ⓐ Ⓜ Ⓥ
URL www.magnoliabakery.com

Dinner

Peace food Cafe的蔬菜拼盘

该咖啡店蔬菜十足丰盛的菜肴在注重健康的人中很受欢迎，来这儿用餐可以弥补一下旅行中对蔬菜摄人的不足。

和平咖啡
Peacefood Cafe

别MAP p.10-A3
住 41 E. 11th St.（near University Pl）
地铁 Ⓛ ❹ ❺ ❻ 14-Union Sq
☎（1-212）979-2288 营 每天 10:00~22:00 休 节假日 CC Ⓐ Ⓜ Ⓥ
URL www.peacefoodcafe.com

蔬菜十足的拼盘 $11.95

Courtesy photo of Peace food Cafe

NY
轻松愉快
亮点视察
GREEN MARKET
@UNION SQUARE
联合广场的绿色集市（星期一、星期三、星期五、星期六）营业。在市场里四处观望是十分有趣的。如果居住在带厨房的房间里的话一定不会后悔的。我十分喜欢观察，我觉得市场上花哨的东西很多。
草莓
各种颜色的西红柿、在绿色集市还可以买到白色的茄子以及红姑娘等各种珍奇的蔬菜水果
LAMB
FRESH LAMB TODAY
据说这个店里售有羊身体的所有部位……
今天新鲜的……
草莓颜色的裤子
绿色集市在曼哈顿、布鲁克林以及皇后区等地均有分集市可以在grownyc.org上查询
浅粉色的夹克衫搭配白T恤衫
包括头发一身黑装
水玉黄柑
绿色集市有售花卉
原以为是狗的毛绒玩具，原来是真正的狗狗。
深粉色的背包
紫色的凉鞋
黄麻纤维制的袋子
里装满了芹菜
蓝色的凉鞋

ACCO
MMO
DA
TION

酒店

住酒店小贴士

HOTELS TIPS

建议根据自身的旅行方式选择合适的酒店，这里选择非常多，有经济实惠的普通房间，也有高档客房；有仅有10个房间左右的小旅馆，也有拥有200多个房间的大型酒店，聚集了世界各地的观光客和商业人士。

纽约的住宿情况

收费标准

美国酒店是按房间收费的，其价格单上都是这样标示的，例如单人间＄○○、双人间＄○○等，可以在房间里多住几个人，只要不超过定员就行。虽然是一个人去住宿，但是大多数情况下房间里都是有两张床或者一张双人床，即原本可以住两个人的房间一个人来住，因此一个人或两个人去住，在价格上基本都是一样的。

房间类型

★单人间 =S

备有一张单人床的房间

★双人间 =D

备有一张双人床的房间，也有很多双人间里面是大号双人床或特大号双人床。一个人住宿时在不少情况下也会使用这样的房间。

★有两张单人床的双人间 =T

备有两张单人床的房间，在中档以上的酒店中，很多情况下会备有两张大号单人床。

★套房

卧室和客厅分开的房间，顺便提醒一下是 Suite room 而不是 Sweet room。

关于禁烟・吸烟室

在纽约大多数酒店实行全馆禁烟，想找到不禁烟的酒店是很难的，即使有时会有吸烟室，不过其数量也非常少，而且很多情况下不能保证。

床的型号

★特大号床：比双人床更大，即使两个人也可以很宽裕。宽约 193cm，长约 203cm。

★大号床：相当于国内的双人床，可以睡两个人。宽约 152cm，长约 203cm。

★双人床：比大号床小一圈。宽约 135cm，长约 190cm。

★两张单人床的双人间：房间里备有两张单人床，大多数情况下床号比双人床更小点，宽约 197cm，长约 190cm。

★单人床：类似于中国商务酒店内等的单人床，虽然有时在一些廉价旅馆或高档住宅里也能见到，不过大多数酒店里都没有。

※ 顺便介绍一下中国酒店的床号

双人床宽约 140cm，长约 195cm；小双人床宽约 121cm，长约 195cm；单人床宽约 98cm，长约 195cm。

★追加床位（Roll-away Bed）

需要追加床位的话，预约时最好给服务员说明一下，每个酒店收费标准有所不同，大约一晚上为 $30（有时也免费）。

关于税金

酒店住宿时的税金收取标准是：房税 1 天 14.75%、每个房间每晚 $2 的营业税以及纽约费加税费。但在很多情况下酒店房间价格单上显示的价格并不包括这些税费，所以如果想知道最终需支付的住宿费的话，预约房间时最好先咨询确认一下。

服务的质量

一般来说，若是一流的酒店，其服务也会更好，不过大多情况下服务的质量主要还是取决于服务员，也就是说即使在经济型酒店里有时也能享受到很好的服务。在纽约不能被固有偏见所束缚。

经济型酒店住宿的注意事项

决定住宿价格低廉的酒店时，要对其可能潜在的风险做好相应的心理准备。当然并不是说价格低廉就等于有危险，而是说不要仅仅因为某个酒店便宜而去预订。另外在纽约即使比较高档的酒店房间也是很小的，中档以下的酒店在很多时候连放旅行箱的地方都没有，这一点对于公寓式旅馆、高档住宅以及青年旅舍也都是一样的。

纽约的酒店很贵

在地价暴涨、酒店数量不足的纽约住宿是很贵的，所以要做好心理准备，不过酒店房价在不同时期（诸如节假日、旅客较多的夏季以及商业人士集聚的会议期间等）变化较大，所以可以错开较贵的时期。

通过网络轻松预订

网上预订非常方便，这样即使身在国内也依然可以轻松预订到酒店。有的网站也会提供房间套餐，如果正好符合需要的话利用起来非常划算，不过也有人抱怨真实的状况与照片上差距太大。预订前可以参考一下口碑网站上住过的顾客对该酒店的评价，网站 URL 为 www.tripadvisor.com。

官网也要注意查看

有的酒店也会不定期的在其官网上公布活动房价，有时甚至会比打折网上更实惠，所以在利用打折网的同时，官网上的消息也不要错过。

网上预订酒店需要注意的事项

用英语在网上预订房间的时候，首先当然必须能看懂英语，网站不同，其公示退房规定以及带税房费的方法也不同，这一点需要格外留意。另外也有的酒店虽然可以在当地用国内信用卡支付，但却不能用中国的信用卡在网上进行预订。

准备好信用卡

在酒店办理登记手续时，柜台接待处一般会要求出示信用卡，这被称为 incidental Charge，是为了保证住宿期间额外服务费的正常支付，虽不会立即扣除费用，但是即使在网上预订时已经支付了房费，也还是需要出示一下信用卡的，没有带信用卡的话，有的酒店也会先收取 $100 左右的押金。因此提前准备好信用卡是很方便的。

纽约酒店的拥挤情况

纽约酒店的峰期时段示意图

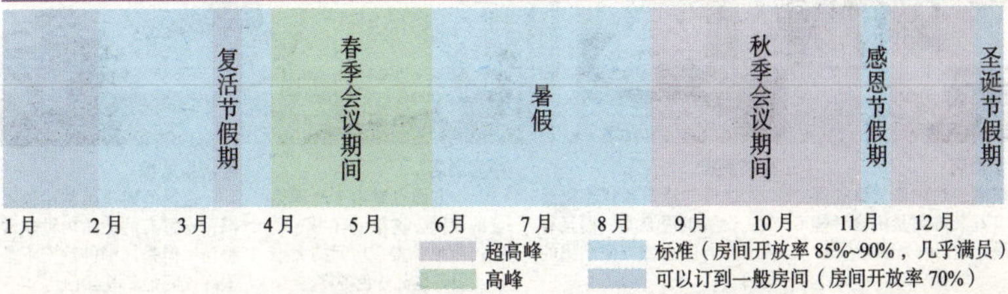

复活节假期　春季会议期间　暑假　秋季会议期间　感恩节假期　圣诞节假期

1月　2月　3月　4月　5月　6月　7月　8月　9月　10月　11月　12月

超高峰　高峰　标准（房间开放率 85%~90%，几乎满员）　可以订到一般房间（房间开放率 70%）

服务的质量

★中城区

这里商店、餐馆林立，公交以及地铁线路也很多，是一个非常适合观光的地方。

★上西区

这是一个安静的住宅区，所以可以在这儿舒畅悠然地度过每天。这里的超市以及美食店也很多。

★上东区

这是一个高档住宅区，因此分布了很多超高档的酒店。

★切尔西

这里有很多经济型酒店、中档酒店以及招待所，在这儿住着会很清静舒适；另外在Meat Packing那里现在对装饰以及设备等非常考究的情趣旅馆也多了起来。

★下东区

和Meat Packing一样，这里分布了很多装饰考究的名流酒店。

★曼哈顿下城

这里有很多商务酒店以及连锁酒店。

小费的行情

★门口服务员：出入酒店时无须给门口服务员支付小费，但若请其帮忙叫出租车的话需要支付小费$1（雨天等坏天气的的情况下支付$2）。

★搬运工：请搬运工帮忙搬东西的话每件物品需支付小费$2~3。

★房间管理员：请房间管理员铺床的话，每张床需支付小费$1，请其帮忙拿东西过来的话需支付$2。

★酒店金钥匙：请酒店金钥匙帮忙解决一个问题需要支付小费$3，如果请其解决购票等比较难抢的事情的话需要支付小费为票价的10%~15%。

安顿下来后先去副食店吧

在酒店安顿下来后一般就会想吃点什么了。去曼哈顿的副食店、食品杂货店、超市以及日用品店那里购买矿泉水和苏打水等饮料，以及面包点心等零食；另外那里通常也有出售可以拨打国际长途的电话卡，洗衣剂等日常生活用品，所以可以一起买一下。然后想喝咖啡、红茶等热饮的话建议去副食店，这些副食店大多是24小时营业或一直营业到很晚，尤其在酒店密集的中城区，走5~10分钟就能看到好几家，所以向酒店金钥匙或前台工作人员咨询找一些这样的小店吧。

客房内的电话较贵

纽约酒店内的电话是很贵的，尤其是打国际长途的话，会在标准通话费上再加上漫游费，有时明明仅向中国打了10分钟左右电话，退房时发现电话费竟高达数百美元，所以用客房内备的电话时，最好仅限于拨打前台或其他客房的电话。

设计型酒店

该酒店对内部装饰非常考究，其装饰都是由设计师专门设计的，时尚精美。

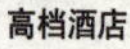

高档酒店

这里的建筑年代都很悠久，设备也很充实，而且有很多旅行团也能方便利用的套间。

中档酒店

一方面也是由于地理位置的原因，这里的客房一般比较简单朴素，房间的大小以及服务也都各色各样。

经济型旅馆

这里的建筑虽然比较陈旧，不过有的旅馆内也非常整洁，但是周围的治安不是太好，需要多留点心。

酒店利用方法

网络

在喜来登酒店和希尔顿酒店等比较高档的酒店内，大多是收取有线网（LAN Cable）和 Wi-Fi 并用的费用的，网费一般比较贵，一天大约 $15。不过这样的酒店大多兼设商务中心，可以在那儿打印、复印等，所以价格虽然有点高，但对于商务出差人士来说使用起来还是很方便的。在高档酒店，如果大厅在一楼的话，一般只能在大厅免费使用 Wi-Fi，反而在一些中档的经济型旅馆中很多时候包括客房都覆盖有免费 Wi-Fi。

迷你吧

所谓的迷你吧就是在客房内配置了小型的冷藏柜。现在迷你吧正在纽约逐渐消失，不过外面到处都是 24 小时营业的副食店、超市以及日用品店等，可以充分利用这些。

洗漱用品

中档以上的酒店一般都备有肥皂、洗发水以及护发素等，不过即使在高档酒店内一般也不会备置牙刷，所以最好出发时带上牙刷，忘带的话可以在附近的日用品店购买。

保险箱

若外出期间客房内被盗，酒店是不承担责任的，所以外出不想随身携带贵重物品、护照以及笔记本电脑的话，可以将其存放在客房内的保险箱里。大多数保险箱都是自己设定一个四位数的密码后就能使用了，也有的地方主张将贵重物品寄存在前台处，不过考虑到安全问题，在经济型旅馆内不建议这样做。

T/C（旅行支票）的兑换

旅行支票不仅可以在机场兑换所以及银行等处兑换成现金，在酒店内也可以进行兑换。酒店住宿房客不需要交付手续费即可将旅行支票兑换为现金，不过需要报上自己的客房号。

叫醒服务

这在英语中被称为“wake up call”，即用客房内的电话拨打给接线员告知一下自己希望被叫醒的时间，次日就会按时被叫醒，也有用电话铃声叫醒的自助服务；不过现在客房内大多都是备置一个带有闹钟的收音机。

语音留言

外出时如果有自己的传真或者电话留言的话，房间内电话上的灯就会一闪一闪的，可以打电话问一下或者到总服务台处接收一下。

酒店金钥匙

在中高档酒店内大厅一角的柜台处往往会有一个被称为酒店金钥匙的服务员，酒店金钥匙可以为房客提供各种各样的信息与服务，诸如有关餐馆的建议、安排购买音乐会或体育赛事的门票、代行预约以及观光相关咨询等。但是请金钥匙帮忙后别忘了支付小费。

洗衣服务

将衣服放在专门的袋子里，指定一个合适的时间段，然后服务员会过来将其拿走清洗。公寓式酒店内有时也会带有投币式洗衣机。

吹风机

中档以上的酒店内大多都在浴室内置备有吹风机，没有的话一般也能在服务台处免费借用，因此房间内没有吹风机的话就去服务台那里咨询一下。

高档

著名作家经常光顾的名流酒店

阿尔冈昆酒店
The Algonquin Hotel

别MAP p.33-D3　中城西

这是一家创建于1902年的老字号酒店，著名作家经常在这儿举办文学沙龙，客房内为Edward格调，氛围素雅舒适。不过这里养有小猫，过敏性体质的人要多注意一点。改装后于2012年开张。

即使仅去看看也是很值得的

住 59 W. 44th St.（bet. 5th & 6th Aves.），NY 10036
地铁 B D F M 42 St-Bryant Park
☎（1-212）840-6800
Free（1-888）304-2047（预订）
FAX（1-212）944-1419
费 SDT $349-629　套间 $400-1200
CC A D J M V
181　♿ 有
PC 免费　URL www.algonquinhotel.com

高档

美国代表性的老字号酒店

广场酒店
The Plaza

别MAP p.36-37-B·C1　中城西

该酒店曾因作为各国官员开会的地方而声名远扬，曾多次被选为电影的拍摄地点，还被选定为美国的历史性建筑。星级巨厨Todd English烹制的菜肴很美味，广受好评。

深受世界各地VIP的青睐

住 5th Ave.（at Central Park South），NY 10019
地铁 N Q R 5 Av/59 St　☎（1-212）759-3000
Free（1-888）850-0909
FAX（1-212）759-3001
费 SDT $605-1025　甜点 $755-3375
CC A D J M V
282（有吸烟室）
♿ 有　PC $13.95
URL www.theplazany.com

高档

大财阀的私宅改建而成的酒店

纽约皇宫酒店
The New York Palace

别MAP p.37-D4　中城东

该酒店的前身是美国大财阀Henry Villard的私人宅邸，由其改建而成的酒店一如欧洲的城堡一样；而其内新建的部分却是55层高的现代大厦，这种强烈的反差不知为什么反倒看起来很协调，情趣十足。

在这里能让人欣赏到今昔完全不同的两种设计

住 455 Madison Ave.（at 51st St.），NY 10022
地铁 E M 5 Av/53 St
☎（1-212）888-7000
Free（1-888）804-7035（预约）
FAX（1-212）303-6000
费 SDT $279~829　套间 $695~1.5万
CC A D J M V
899　♿ 有　PC $15.99
URL www.newyorkpalace.com

设计型

在这里可以沉浸在书香中优雅地度过每天

图书馆酒店
Library Hotel

别MAP p.35-D4　中城东

该酒店内以每层为单位分为不同的区域，客房内会摆放有与该区域相关的艺术品和书，犹如图书馆一样，房间内还有书房和阳台，可以很好地得到放松。酒店提供免费早餐，而且还提供有咖啡和红茶等。

雅致的氛围让人不禁想沉浸于书香之中

住 299 Madison Ave.（at 41st St.），NY 10017
地铁 S 4 5 6 7 Grand Central-42 St
☎（1-212）983-4500
Free（1-877）793-7323
FAX（1-212）499-9099
费 SD $239~535　套间 $367~824
CC A D M V
60　♿ 有　PC 免费
URL www.libraryhotel.com

❤ **酒店设施标志的说明①** 青色表示有某项服务、灰色表示无某项服务。另外，表示房间数量（没有此项说明的话表示所有房间都禁止吸烟），♿ 表示有无残疾人用房间（方便轮椅出入）。（未完，下接p.302）

设计型

米开朗琪罗
The Michelangelo

这是一家欧洲风格的超级豪华酒店，其内部使用的全是意大利高档家具以及大理石等，而且该酒店内的意大利风味早餐也很具有魅力。

别MAP p.33-C1 中城西

住 152 W. 51st St.（at 7th Ave.），NY 10019
地铁 1 50 St
☎（1-212）765-1900　（1-212）765-0505（预约）
Free（1-800）237-0990（预约）　FAX（1-212）541-6604
费 SDT $351~759　CC A D J M V　179
有　PC $14.95　URL www.michelangelohotel.com

设计型

布赖恩特公园酒店
The Bryant Park Hotel

该酒店内前台以深红色、房间内以白色为基调，让人感觉非常清爽整洁，在时尚相关人士中人气非常高，这里的毛毯等使用的都是开士米的。

别MAP p.14-A1 中城西

住 40 W. 40th St.（bet. 5th & 6th Aves.），NY 10018
地铁 B D F M 42 St-Bryant Park
☎（1-212）869-0100　Free（1-877）640-9300（预约）
FAX（1-212）869-4446　费 SDT $221~563
CC A D M V　128　有　PC 免费
URL www.bryantparkhotel.com

设计型

奈特酒店
The Night Hotel

这是在中城区被评为最时尚的酒店，酒店内以性感和豪华为主题的大厅非常具有特色，客房也很雅致。

别MAP p.33-D3 中城西

住 132 W. 45th St.（bet. 6th & 7th Aves.），NY 10036
地铁 N Q R S 1 2 3 7 Times Sq-42 St
☎（1-212）835-9600　Free（1-800）336-4110
FAX（1-212）835-9651　费 SD $215~575
CC A D J M V　72（有吸烟室）　有　PC $10
URL www.nighthotelny.com

设计型

缪斯酒店
The Muse Hotel

该酒店内的大厅如同装饰店里的商品展示区一样。客房服务中心 24 小时为您提供及时周到的服务，健身房也 24 小时开放。全馆禁烟。

别MAP p.33-D3 中城西

住 130 W. 46th St.（bet. 6th & 7th Aves.），NY 10036
地铁 B D F M 47-50 Sts-Rockefeller Ctr
☎（1-212）485-2400　Free（1-877）692-6873（预约）
FAX（1-212）485-2789　费 SDT $399~649
CC A D J M V　200　有　PC $13
URL www.themusehotel.com

设计型

派拉蒙酒店
Paramount

该酒店并不华丽，但情调却非常时尚，酒店内有两个氛围很好的酒吧，另外一楼有 DEAN & DELUCA 的咖啡。

别MAP p.33-C3 中城西

住 235 W. 46th St.（bet. Broadway & 8th Ave.），NY 10036
地铁 N Q R 49 St
☎（1-212）764-5500　Free（1-877）692-0803
FAX（1-212）354-5237　费 SDT $140~375
CC A J M V　597　有　PC $14.95
URL www.nycparamount.com

高档

埃塞克斯 JW 万豪酒店
JW Marriott Essex House

Art Décoratifs 风格的雅致的正门自该酒店 1931 年创建以来，就是 Park south area 不可或缺的象征。

别MAP p.36-A1 中城西

住 160 Central Park S.（bet. 6th & 7th Aves.），NY 10019
地铁 A B C D 1 59 St-Columbus Circle
☎（1-212）247-0300　Free（1-888）236-2427
FAX（1-212）315-1839　费 SDT $219~809
CC A D J M V　511　有　PC $14.95
URL www.marriott.com

超高档

瑞吉酒店
The St.Regis

该酒店创建于 1904 年，是纽约唯一一家每层都有服务员的酒店，在这里可以享受到一流的服务。

别MAP p.37-C3 中城西

住 2 E. 55th St.（at 5th Ave.），NY 10022
地铁 E M 5 Ave/53 St
☎（1-212）753-4500　FAX（1-212）787-3447
费 SDT $695~1232　CC A D J M V
229（有吸烟室）　有　PC 免费
URL www.starwood.com/stregis

洗发水　闹钟　浴缸　咖啡机　微波炉　有线LAN　商务中心　酒店金钥匙
吹风机　室内保险箱　冰箱　迷你吧　厨房　Wi-Fi　电梯　免费早餐

超高档

纽约四季酒店 Four Seasons Hotel New York

该酒店是由著名建筑师贝聿铭先生设计的，酒店内高达三层的通顶大厅独具特色，在这豪华的氛围内可以很愉快地度过每天。

别MAP p.37-D1　中城东

住 57 E. 57th St.（bet. Park & Madison Aves.）, NY 10022
地铁 ④⑤⑥ 59 St
☎（1-212）758-5700　Free（1-800）819-5053（预约）
FAX（1-212）758-5711　费 SDT $695~1850
CC Ⓐ Ⓓ Ⓙ Ⓜ Ⓥ　368（有吸烟室）　有　PC $18
URL www.fourseasons.com

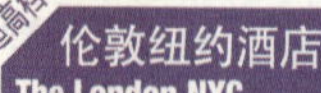

超高档

伦敦纽约酒店 The London NYC

该酒店引以为豪的是其全部客房都是套间式的，服务也非常出色。每个客房内都有一个带有凸窗的起居室，并有专门的卧室。

别MAP p.36-A3　中城西

住 151 W. 54th St.（bet. 6th & 7th Aves.）, NY 10019
地铁 Ⓑ Ⓓ Ⓔ 7 Av
☎（1-212）307-5000　Free（1-866）690-2029（预约）
FAX（1-212）468-8727　CC Ⓐ Ⓓ Ⓙ Ⓜ Ⓥ
561（有吸烟室）　有　PC 免费
URL www.thelondonnyc.com

超高档

纽约半岛酒店 The Peninsula New York

这是中国香港的超级高档酒店，其细致周到的服务吸引着众多顾客的眼球，该酒店的地理位置也很好，在顶层休息室展望的夜景更是值得期待。

别MAP p.37-C3　中城西

住 700 5 Av.（at 55th St.）, NY 10019
地铁 Ⓔ Ⓜ 5 Av/53 St
☎（1-212）956-2888　Free（1-866）382-8388
FAX（1-212）903-3949　费 SD $595~1245
CC Ⓐ Ⓓ Ⓙ Ⓜ Ⓥ　239（有吸烟室）
有　PC 免费　URL www.peninsula.com

超高档

纽约时报广场威斯汀酒店 The Westin New York at Times Square

该酒店内个性的外观让人印象非常深刻，乘电梯上去后展现在眼前的是一个前卫时尚的大厅，室内的氛围也很经典雅致。

别MAP p.32-B4　中城西

住 270 W. 43rd St.（at 8th Ave.）, NY 10036
地铁 Ⓐ Ⓒ Ⓔ 42 St
☎（1-212）201-2700　Free（1-866）837-4183（预约）
FAX（1-212）201-4669
费 SDT $229~949　CC Ⓐ Ⓓ Ⓙ Ⓜ Ⓥ
873　有　PC $14.95　URL www.westinny.com

高档

北野纽约酒店 The Kitano New York

这里的员工服务细致周到，在当地口碑非常好，酒店内格调高雅，而且让人感到很温暖。

别MAP p.14-A2　中城东

住 66 Park Ave.（at 38th St.）, NY 10016
地铁 Ⓢ ④⑤⑥⑦ Grand Central-42 St
☎（1-212）885-7000　Free（1-800）548-2666（预约）
FAX（1-212）885-7100　费 SDT $319~615
CC Ⓐ Ⓓ Ⓙ Ⓜ Ⓥ　149（有吸烟室）
有　PC $9.95　URL www.kitano.com

高档

纽约城中央希尔顿酒店 New York Hilton Midtown

这是一家号称在纽约客房数量最多的酒店，在这里购物以及去听音乐会都很方便，而且商务中心内设备也很齐全。

别MAP p.36-B3　中城西

住 1335 6th Ave.（bet. 53rd & 54th Sts.）, NY 10019
地铁 Ⓕ 57 St
☎（1-212）586-7000　FAX（1-212）315-1374
费 SDT $239~549　CC Ⓐ Ⓓ Ⓙ Ⓜ Ⓥ
1980　有　PC $15
URL www.newyorktowers.hilton.com

超高档

纽约君悦大酒店 Grand Hyatt New York

该酒店毗邻Grand Central Station，交通格外方便，经过2011年秋天进行大装修之后，酒店内无论大厅还是客房都变得非常典雅精致。

别MAP p.14-B1　中城东

住 109 E. 42nd St.（at Lexington Ave.）, NY 10017
地铁 Ⓢ ④⑤⑥⑦ Grand Central-42 St
☎（1-212）883-1234　FAX（1-212）697-3772
（23个区以外）　费 SDT $199~569　CC Ⓐ Ⓓ Ⓙ Ⓜ Ⓥ
1305（有吸烟室）　有　PC $12.95
URL www.grandnewyork.hyatt.com

（上接p.300） PC 表示客房内一天的联网费用（在大厅里大多能免费上网）。浴缸、室内保险箱、咖啡机等有的房间有，有的房间没有。

高档

纽约东区万豪酒店
New York Marriott East Side

该酒店是由帝国大厦（the Empire State Building）的设计者精心设计的，艺术家乔治亚·欧姬芙 Georgia Totto O'Keeffe 曾在这里完成了两幅绘画作品。

别MAP p.18-B4 中城东

住 525 Lexington Ave.（at 49th St.），NY 10017
地铁 6 51 St
☎（1-212）755-4000 FAX（1-212）715-4296
费 SDT $219~659 套间 $469~1200
CC A D J M V 629 有 PC $16.95
URL www.marriott.com

高档

罗斯福酒店
The Roosevelt Hotel

该酒店豪华雅致，人气非常高，这里的工作人员服务很娴熟细致，因此有很多旅行团经常来这里下榻。

别MAP p.35-D2 中城东

住 45 E. 45th St.（at Madison Ave.），NY 10017
地铁 S 4 5 6 Grand Central-42 St
☎（1-212）661-9600 Free（1-888）833-3969
FAX（1-212）885-6161 费 SDT $159~403
CC A D J M V 1015（有吸烟室） 有
PC $14.95 URL www.therooseveltHotel.com

高档

本杰明酒店
The Benjamin

这是纽约有代表性的老字号酒店，客房内的设备非常周到齐全，可谓无懈可击。还有专门解决睡眠问题，帮助提高睡眠质量的酒店金钥匙，另外枕头也有 12 种不同的类型可供选择。

别MAP p.18-B3 中城东

住 125 E. 50th St.（at Lexington Ave.），NY 10022
地铁 6 51 St
☎（1-212）715-2500 Free（1-866）222-2365（预约）
FAX（1-212）715-2525 费 SD $326-492
CC A D J M V 209
有 PC $14.95
URL www.thebenjamin.com

高档

千禧百老汇时报广场酒店
Millennium Broadway Hotel

该酒店自 1990 年开业以来，其装饰有女性笑容的大厦就成为了时报广场 Times Square 附近的标志性建筑。

别MAP p.33-D3 中城西

住 145 W. 44th St.（bet. 6th Ave. & Broadway），NY 10036-4012
地铁 N Q R 1 2 3 7 Times Sq-42 St
☎（1-212）768-4400 Free（1-866）866-8086（预约）
FAX（1-212）768-0847 费 SDT $213~495
CC A D J M V 750 有 PC $12.95
URL www.millenniumhotels.com

高档

曼哈顿时报广场皇冠假日酒店
Crowne Plaza Times Square Manhattan

该酒店的地理位置非常好，在这里可以亲身感受到百老汇的活力和繁盛，员工的服务也无微不至，设备更是非常齐全。

别MAP p.33-C2 中城西

住 1605 Broadway（at 49th St.），NY 10019
地铁 N Q R 49 St
☎（1-212）977-4000 FAX（1-212）333-7393
费 SDT $326~569 CC A D J M V
795（有吸烟室） 有 PC $14.95
URL www.cpmanhattantimessquare.com

高档

纽约喜来登大酒店
Sheraton New York Hotel & Towers

这里顾客非常多，地理位置也很好，让人感觉很安心，另外清新整洁的氛围也很受人欢迎。

别MAP p.36-A3 中城西

住 811 7th Ave.（at 53rd St.），NY 10019
地铁 B D E 7Av
☎（1-212）581-1000 Free（1-800）325-3535
FAX（1-212）262-4410 费 SDT $279~699
CC A D J M V 1781 有 PC $14.95
URL www.sheraton.com/newyork

高档

纽约巴克莱洲际酒店
InterContinental New York The Barclay

这是一家于 1926 年创建的古典风格的酒店，很受欢迎，使用起来非常方便的客房在纽约更是首屈一指。

别MAP p.18-B4 中城东

住 111 E. 48th St.（at Lexington Ave.），NY 10017
地铁 6 51 St
☎（1-212）755-5900 Free（1-800）496-7621（预约）
FAX（1-212）644-0079 费 SDT $299~539
CC A D J M V 685 有 PC $16.95
URL www.intercontinentalnybarclay.com

洗发水 闹钟 浴缸 咖啡机 微波炉 有线LAN 商务中心 酒店金钥匙
吹风机 室内保险箱 冰箱 迷你吧 厨房 Wi-Fi 电梯 免费早餐

高档

剧院街上的前卫酒店

纽约时报广场洲际酒店
InterContinental New York Times Square

别MAP p.32-B3 中城西

该酒店在国际范商务人士中人气非常高，其时尚的造型与让人感觉舒适放松的房间完美结合在一起，这在纽约别具一格。去百老汇的剧院也很方便。

有很多 VIP 客人来这里下榻

住 300 W. 44th St.（at 8th Ave.）, NY 10036
地铁 A C E 42 St-Port Authority Bus Terminal
☎（1-212）803-4500
FAX（1-212）803-4501
费 SDT $399-699
CC A D J M V
607 有 PC $14.95
URL www.ichotelsgroup.com

高档

隐匿在时报广场Times Square的酒店

纽约珍珠酒店
Thepear

别MAP p.33-C2 中城西

这里离百老汇只有半个街区的距离，对于爱好音乐的人来说是个非常好的地方，而且该酒店对床上用品以及内部装饰都很讲究，环境非常适合休息放松，服务也很好。冬季期间客房价格很实惠，入住非常划算。

有的房间里还备有微波炉

住 233 W. 49th St.（bet. Broadway & 8th Ave.）, NY 10019
地铁 C E 50 St
☎（1-212）245-4000 Free（1-800）801-3457
FAX（1-646）929-8777
费 SD $199-600 CC A D M V
94 有 PC 免费
URL www.pearlhotelnyc.com

高档

和卡内基音乐厅在一条街的同侧

纽约帕克艾美酒店
Le Parker Meridien New York

别MAP p.36-A2 中城西

近年来经过重新装修，该酒店的设备等变得更加完善，增设了温泉、健身俱乐部、壁球场等，而且楼顶上还设置了慢跑跑道。在游泳池畔可以轻松地享用一些简单的午餐，另外在酒店内待着也非常舒适。

古典音乐的粉丝们也喜欢在这儿住宿

住 119 W. 56th St.（bet. 6th & 7th Aves.）, NY 10019
地铁 F 57 St
☎（1-212）245-5000 Free（1-800）543-4300
FAX（1-212）307-1776
费 SDT $339~629 套间 $489~6000
CC A D J M V
727 有 PC $16.20
URL www.parkermeridien.com

设计型

无论观看体育赛事还是听音乐会都非常方便

纽约城区酒店
Distrikt Hotel

别MAP p.13-C1 中城西

该酒店位于 Port Authority Bus Terminal 的正南方，距离 Madison Square Garden 也很近。现代化的客房给人一种比较成熟的印象，室内的设备也非常完善整齐，平时还会提供一些报纸。

最奢华的人气精选酒店

住 342 W. 40th St.（bet. 8th & 9th Aves.）, NY 10018
地铁 A C E 42 St-Port Authority Bus Terminal
☎（1-212）706-6100
Free（1-888）444-5610 FAX（1-212）706-6105
费 SD $199~439 T $ 259~439
CC A D J M V
155 有 PC 免费
URL www.distrikthotel.com

信用卡必不可少 在酒店办理入住手续时，需要提供信用卡做担保，即使已经在网上支付了房费，为核实 ID 也需要出示，所以别忘了携带信用卡。

高档 纽约马奎斯万豪酒店
New York Marriott Marquis

这是一家兼设有剧院的人气酒店，酒店大厅位于8楼上，酒店引以为豪的通顶中庭高达36层，客房不大，大小正好合适。

别MAP p.33-C3 中城西

住 1535 Broadway（at 45th St.），NY 10036
地铁 N Q R 49 St
☎（1-212）398-1900 Free（1-800）843-4898
FAX（1-212）704-8930
费 SDT $299~599 CC A D J M V
1957 有 PC $16.95
URL www.nymarriottmarquis.com

高档 纽约华尔道夫·阿斯托里亚酒店
The Waldorf=Astoria

该酒店由于美国总统等各国政界要人经常在此下榻而驰名远扬，这是一家占有整整一个街区大小的高档酒店。

别MAP p.35-D1 中城东

住 301 Park Ave.（bet. 49th & 50th Sts.），NY 10022-6897
地铁 6 51 St
☎（1-212）355-3000 Free（1-800）925-3673（预订）
FAX（1-212）872-7272 日本预订电话东京（03）6679-7700
免费 0120-489852（23个区以外） 费 SD $299~970
CC A D J M V 1416（有吸烟室） 有
PC $18.95 URL www.waldorfnewyork.com

高档 纽约易洛魁酒店
The iroquois New York

该酒店是世界一流酒店云集的Small Luxury Hotels of the World旗下一员，格调高雅，设备完善。

别MAP p.34-B3 中城西

住 49 W. 44th St.（bet. 5th & 6th Aves.），NY 10036
地铁 7 5 Av
☎（1-212）840-3080 Free（1-800）332-7220
FAX（1-212）719-0006 费 SDT $309~579
CC A J M V 114 有 PC 免费
URL www.iroquoisny.com

高档 纽约千禧联合广场酒店
One UN New York

这是一家欧洲风格的豪华酒店，位于联合国总部附近，大面积的玻璃墙使其外观甚是恢宏，很值得一看。

别MAP p.19-C4 中城东

住 1 United Nations Plaza（at E. 44th St.），NY 10017-3575
地铁 S 4 5 6 7 Grand Central-42 St
☎（1-212）758-1234 Free（1-866）866-8086（预约）
FAX（1-212）702-5051
费 SDT $242~619 CC A D J M V
439（有吸烟室） 有 PC $12.95
URL www.millenniumhotels.com

高档 时报广场逸林套房酒店
DoubleTree Suites Times Square

该酒店位于时报广场的附近，建议喜欢音乐的人可以来这儿住宿，全部套间中都备有微波炉，大厅位于3层。

别MAP p.33-C2 中城东

住 1568 Broadway（at 47th St.），NY 10036-8201
地铁 N Q R 49 St ☎（1-212）719-1600
Free（1-800）222-8733（预约） FAX（1-212）921-5212
费 套间 $369~1999 CC A D J M V
460 有 PC $12.95
URL www.nyc.doubletreehotels.com

高档 爱丽舍酒店
Hotel Elysee

这是一家让人联想起法国乡村风情的酒店，提供早餐，下午供应咖啡和茶，傍晚提供葡萄酒。

别MAP p.37-D3 中城东

住 60 E. 54th St.（bet. Park & Madison Aves.），NY 10022
地铁 E M 5 Av/53 St
☎（1-212）753-1066 Free（1-800）535-9733
FAX（1-212）980-9278
费 SDT $286~539 CC A D M V
100 有 PC 免费
URL www.elyseehotel.com

高档 纽约布莱克利酒店
The Blakely New York

该酒店有纹理精细的家具以及铺设大理石的浴室等使酒店的氛围显得非常豪华，另外套间里还配置有微波炉、餐具等样样齐全的厨房。

别MAP p.36-A3 中城西

住 136 W. 55th St.（bet. 6th & 7th Aves.），NY 10019
地铁 N Q R 57 St-7 Av
☎（1-212）245-1800
FAX（1-212）582-8332
费 SDT $237~398 CC M V
118（有吸烟室） 有 PC 免费
URL www.blakelynewyork.com

洗发水 闹钟 浴缸 咖啡机 微波炉 有线LAN 商务中心 酒店金钥匙
吹风机 室内保险箱 冰箱 迷你吧 厨房 Wi-Fi 电梯 免费早餐

公寓

想奢华享受一下的话就来这儿吧

AKA 中央公园酒店
AKA Central Park

别册 MAP p.36-B1　中城西

该酒店的地理位置特别好，距中央公园只有一个街区的距离，离第五大道也非常近。客房内满是极具现代化的装饰并配置有全套厨房用品，宛如高档休闲公寓一样。这里的商务中心 24 小时营业，对于商业人士来说非常方便，另外顾客们都喜欢在这里能够切身感受到纽约的味道。

第二次来纽约的话，这里是最好的选择

住 42 W. 58th St.（bet. 5th & 6th Aves.）, NY 10019
地铁 F 57 St　☎（1-646）744-3100
Free（1-888）252-0150
费 SD $285~600　套间 $395~
CC A M V
134　有　PC 免费
URL www.stayaka.com

公寓

适当的环保措施让人感觉很安心

喜达屋西时报广场酒店
Element New York Times Square West

别册 MAP p.13-C1　中城西

该酒店非常注重环保，诸如大厅里种着有机植物、地板上铺的也是可再利用的地毯等，客房都带有全套厨房设施，厨房里还备有洗碗机，想充分体验一下纽约生活建议来这里住宿，另外这里追求舒适睡眠的床上用品也广受好评，客人们都称赞在这里睡觉很是舒服。

在这里虽然身处大都市依然能让人享受到地球家园的温暖

住 311 W. 39th St.（bet. 8th & 9th Ave.）, NY 10018
地铁 A C E 42 St-Port Authority Bus Terminal
☎（1-212）643-0770　FAX（1-212）643-0880
费 SD $299~579　套间 $499~659
CC A D M V
71　有　PC 免费
URL www.elementtimessquare.com

公寓

AKA 时报广场酒店
AKA Times Square

这里距时报广场还不到一街区的距离，房间很宽敞，并带有全套厨房设施，带家人一起来的顾客也对该酒店赞不绝口。

别册 MAP p.33-D3　中城西

住 123 W. 44th St.（bet. 6th Ave. & Broadway）, NY 10036
地铁 N Q R S 1 2 3 7 Times Sq-42 St
☎（1-212）764-5700　Free（1-888）252-0130
费 套房 $315~928　阁楼 $735~1382
CC A D M V
120　有　PC 免费
URL www.stayaka.com

公寓

法国区宾馆公寓
The French Quarters Guest Apartments

这是一家公寓式酒店，整体线条非常柔和，让人印象非常深刻，酒店内房间都比较宽敞，而且带有全套厨房设备，可以自己做饭。

别册 MAP p.32-B3　中城西

住 346 W. 46th St.（bet. 8th & 9th Aves.）, NY 10036
地铁 A C E 42 St-Port Authority Bus Terminal
☎（1-212）359-6652　FAX（1-212）245-3429
费 SD $229~424　T $299~424
CC A D M V　27　有　PC 免费
URL www.frenchquartersny.com

高档

无线电城市公寓
Radio City Apartments

该公寓内带有厨房、起居室、卧室以及浴室，两人或三人一起来住的话非常划算。

别册 MAP p.33-D2　中城西

住 142 W. 49th St.（bet. 6th & 7th Aves.）, NY 10019
地铁 N Q R 49 St
☎（1-212）730-0728　Free（1-877）921-9321（预约）
FAX（1-212）921-0572
费 SDT $215~460　CC A D J M V
110（有吸烟室）　有　PC 免费
URL www.radiocityapartments.com

VOICE　Yotel（→ p.307）这是一家近代风格的酒店，在这里会让人想起《七龙珠》里面的龙球以及迪士尼乐园的 Star Tours，虽然早餐免费但是休息室经常非常拥挤。

中档 前瞻性的酒店

优特尔酒店
Yotel

别MAP p.12-B1　中城西

该酒店的关注度属 No.1 了，其时尚的设计颠覆了传统酒店的定义，在并不大的有限空间内仅配置着最起码需要的设备，办理入住手续等的系统效率也非常高，这也是时尚潇洒的年轻人会聚的地方。

这里集聚了来自世界各地的年轻人，非常热闹

住 570 10th Ave.（bet. 41st & 42nd Sts.），NY 10036
地铁 A C E 42 St-Port Authority Bus Terminal
☎（1-646）449-7700
Free（1-877）909-6835
费 SDT $149-529（大多数房间只有淋浴）
CC A D J M V
669　♿有　PC 免费
URL www.yotel.com

中档 很受旅行团欢迎的酒店

414 酒店
414 Hotel

别MAP p.32-A3　中城西

该酒店虽然离百老汇很近，不过氛围还是很安静雅致的，深受美国报纸以及旅游专刊等的好评。酒店内的房间舒适而雅致，虽然比较质朴，不过浴室相对比较大，而且提供早餐，这让人感觉很惬意。

如果希望能有一个舒畅自在的住宿体验的话，就来这儿吧

住 414 W. 46th St.（bet. 9th & 10th Aves.），NY 10036
地铁 A C E 42 St-Port Authority Bus Terminal
☎（1-212）399-0006
FAX（1-212）957-8716
费 SD $210~265
CC A M V
22　♿无　PC 免费
URL www.414hotel.com

中档 站在高层上眺望，中城区的夜景尽收眼底

惠灵顿酒店
Wellington Hotel

别MAP p.36-A2　中城区

从这里走一会儿就能走到第五大道以及时报广场，尽管该酒店所处的位置如此方便，但是实惠的价格更是让人深感欣慰的，这里的房间给人一种商务酒店的感觉，不过设备还是很完善的，位于一楼的咖啡店很受欧美观光者的欢迎。

纽约的历史和舒适在这里完美结合

住 871 7th Ave.（bet. 55th & 56th Sts.），NY 10019
地铁 N Q R 57 St-7 Av
☎（1-212）247-3900　Free（1-800）652-1212（预约）
FAX（1-212）956-2381
费 SD $247-404　T $263-348
CC A D J M V
600（有吸烟室）　♿有　PC $12
URL www.wellingtonhotel.com

中档 优质的服务吸引着很多回头客的光顾

纽约阿斐尼亚谢尔本恩酒店
Affinia Shelburne

别MAP p.14-B2　中城西

这是一家欧洲风格的酒店，其内房间都很宽敞，而且清新整洁，地理位置也不错，人气非常高，与帝国大厦也只有 6 个街区的距离，从这里的休息室中能俯瞰曼哈顿的夜景，非常迷人。

有的房间内还配置有小型厨房

住 303 Lexington Ave.（at. 37th St.），NY 10016
地铁 S 4 5 6 7 Grand Central-42 St
☎（1-212）689-5200
FAX（1-212）779-7068
费 SDT $276~479　套间 $316~549
CC A D J M V
325　♿有　PC $14.95
URL www.affinia.com

洗发水　闹钟　浴缸　咖啡机　微波炉　有线LAN　B 商务中心　酒店金钥匙
吹风机　BOX 室内保险箱　冰箱　BAR 迷你吧　K 厨房　Wi-Fi　电梯　免费早餐

中档

华威酒店 Warwick New York Hotel

这是一家欧洲风格的酒店，位于 Rockefeller Center 的旁边，氛围非常优雅，该酒店的地理位置很利于观光旅游，人气非常高。

别 MAP p.36-B3　中城西

住 65 W. 54th St.（at 6th Ave.），NY 10019
地铁 F 57 St
☎（1-212）247-2700　FAX（1-212）247-2725
费 SDT $325~815　套间 $505~1065
CC A D J M V
426　有　PC $12
URL www.warwickhotelny.com

中档

爱迪生酒店 Edison Hotel

该酒店创建于 1931 年，其内 Les Arts Decoratifs 的装饰让人不禁想起创业时期的历史，这里离百老汇的剧院也非常近。

别 MAP p.33-C2　中城西

住 228 W. 47th St.（bet. Broadway & 8th Ave.），NY 10036
地铁 N Q R 49 St
☎（1-212）840-5000　FAX（1-212）596-6850
费 SDT $139~399　套间 $199~489
CC A D J M V
900　有　PC $10
URL www.edisonhotelnyc.com

中档

纽约中央公园酒店 Park Central New York

该酒店正对第七大道，横跨 55~56 街，这儿离百老汇也很近，走路一会儿就到了，另外该酒店距 57 街地铁站很近，非常便利。

别 MAP p.17-C2　中城西

住 870 7th Ave.（at 56th St.），NY 10019
地铁 N Q R 57 St-7 Av
☎（1-212）247-8000　FAX（1-212）707-5557
费 SDT $178~391　套间 $429~
CC A D J M V
935　有　PC $14.10
URL www.parkcentralny.com

中档

旅游酒店 The Travel Inn

该酒店的大厅不大，不过房间很宽敞舒适，还带有冰箱以及微波炉。在曼哈顿竟然也能免费停车。

别 MAP p.12-B1　中城西

住 515 W. 42nd St.（bet. 10th & 11th Aves.），NY 10036
地铁 A C E 42 St
☎（1-212）695-7171　Free（1-800）869-4630
FAX（1-212）967-5025　费 SDT $225~325
CC A D M V
160（有吸烟室）　有　PC $6
URL www.thetravelinnhotel.com

中档

贝德福德酒店 Hotel Bedford

该酒店内总是洋溢着一种温暖的气息，这里的地理位置无论对于观光还是购物都非常便利，同时对打算长期待在这儿的人也很适合。

别 MAP p.14-B1　中城东

住 118 E. 40th St.（bet. Lexington & Park Aves.），NY 10016
地铁 S 4 5 6 7 Grand Central-42 St
☎（1-212）697-4800　Free（1-800）221-6881（预约）
FAX（1-212）697-1093
费 SD $225~265　套间 $285~365
CC A D J M V　135　有　PC 免费
URL www.bedfordhotel.com

中档

索尔兹伯里酒店 Salisbury Hotel

该酒店内的套间相当于一公寓的大小，所以建议 3~4 个人一起的旅行团或带家人的旅客来这儿住宿，另外该酒店实行全馆禁烟。

别 MAP p.36-A2　中城西

住 123 W. 57th St.（bet. 6th & 7th Aves.），NY 10019
地铁 F 57 St
☎（1-212）246-1300　Free（1-888）692-5757
FAX（1-212）977-7752
费 SDT $169~329　套间 $239~399
CC A D J M V　197　有　PC $10
URL www.nycsalisbury.com

中档

逸林大都会酒店 DoubleTree Metropolitan

电影《七年之痒》中主人公玛丽莲·梦露的裙摆随风飘起的场景就是在这家酒店前面拍摄的。

别 MAP p.18-B3　中城东

住 569 Lexington Ave.（at 51st St.），NY 10022
地铁 6 51 St
☎（1-212）752-7000　Free（1-800）836-6471
FAX（1-212）758-6311
费 SDT $219~459　套间 $319~969
CC A D M V　764　有　PC $14.95
URL doubletree3.hilton.com

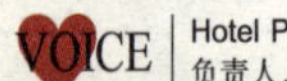

VOICE　Hotel Pennsylvaina（→p.309）在酒店里不能预订到机场的班车，出酒店后在 W. 33rd St./7 Ave 的一角有相关负责人，可以在那儿预订。

中档 斯坦福酒店 Hotel Stanford

从这里步行就能到百老汇的剧院街，而且酒店内的设备也都很完善，还提供有早餐。

别MAP p.13-D3 中城西

住 43 W. 32nd St.（bet. 5th Ave. & Broadway），NY 10001
地铁 B D F M N Q R 34 St-Herald Sq
☎（1-212）563-1500
Free（1-800）365-1114 FAX（1-212）643-0157
费 SDT $179~296 CC A D J M V
123 有 PC 免费
URL www.hotelstandford.com

中档 罗杰·史密斯酒店 The Roger Smith Hotel

这是一家充满艺术情调的酒店，其外观会让人以为是俱乐部或民族风餐馆，酒店内的房间是欧洲格调，面积比较大。

别MAP p.18-B4 中城东

住 501 Lexington Ave.（at 47th St.），NY 10017
地铁 6 51 St ☎（1-212）755-1400
Free（1-800）445-0277 FAX（1-212）758-4061
费 SDT $259~349 套间 $289~542
CC A M V
136（有吸烟室） 有 PC 免费
URL www.rogersmith.com

中档 诺富特酒店 Novotel

该酒店离百老汇很近，所以在剧院观看完电影后即使很晚也依然可以步行回来，酒店前台虽然在7层，不过在1楼入口处就有保安。

别MAP p.33-C1 中城西

住 226 W. 52nd St.（at Broadway），NY 10019
地铁 1 50 St ☎（1-212）315-0100
FAX（1-212）765-5365 费 SDT $265~395
CC A D J M V
480（有吸烟室） 有 PC $9.95
URL www.novotel.com

中档 宾夕法尼亚酒店 Hotel Pennsylvania

位于宾夕法尼亚车站前交通便利。改装后重新开业，是家庭游客人感觉亲切的酒店之选。

别MAP p.13-D3 中城西

住 401 7th Ave.（bet. 32nd & 33rd Sts.），NY 10001
地铁 1 2 3 34 St-Penn Station
☎（1-212）736-5000 Free（1-800）223-8585（预约）
FAX（1-212)502-8712
费 SDT $213~462 CC A D J M V
1700（有吸烟室） 有 PC $14.95
URL www.hotelpenn.com

中档 纽约时报酒店 The Time

该酒店位于 Broadway 剧院街的中心，离时报广场也很近，而且酒店内还有24小时营业的健身房。

别MAP p.33-C2 中城东

住 224 W. 49th St.（bet. Broadway & 8th Ave.），NY 10019
地铁 1 50 St ☎（1-212）246-5252
Free（1-877）846-3692（预约）
FAX（1-212）245-2305 费 SD $169~372 T $199-426
CC A D J M V 193 有 PC $10.99
URL www.thetimeny.com

COLUMN

充分利用海外酒店预订网站

该网站以个人旅游为主，覆盖领域越来越广泛，非常受人欢迎，因为上面载有世界各地各大都市中的上万家酒店，可以从中选择适合自己的酒店进行预订，而且价格也非常划算。不过要认清酒店预订网站的特点和安全性，在充分知晓的基础上灵活地利用。

● Expedia
URL www.expedia.com
☎（03）6743-6605
● Hotels.com
URL www.hotels.com
免费 0120-998-705

洗发水 闹钟 浴缸 咖啡机 微波炉 有线LAN 商务中心 酒店金钥匙
吹风机 室内保险箱 冰箱 迷你吧 厨房 Wi-Fi 电梯 免费早餐

经济型

时尚和前卫的客房

波德酒店
The Pod Hotel

别MAP p.18-B3 中城东

该旅馆内的客房利用方便、设计考究，每个房间内都配置有 iPad deck、液晶电视以及免费 Wi-Fi，住起来非常舒适。考虑到地理位置的话，这里的价格还是很实惠的，员工也都很友好热情，不过让人有点困惑的就是电梯有点小。该旅馆实行全馆禁烟。

客房内卫生间的门也有点小

住 230 E. 51St.（bet. 2nd & 3rd Aves.）, NY 10022
地铁 6 51 St
☎（1-212）355-0300 Free（1-800）742-5945（预约）
FAX（1-212）755-5029
费 双人床 $169~175 S $159~166（浴室和厕所共用）SD $222~299
CC A M V 350 有 PC 免费
URL www.thepodhotel.com

经济型

位于帝国大厦附近

沃尔科特酒店
Hotel Wolcott

别MAP p.14-A3 中城东

该旅馆的安全性很有保障，女性们也可以放心住在这里，其外观和大厅显得有些陈旧，不过客房内都非常清洁整齐，需要的设备也都很齐全。可以的话最好请负责人给安排一个能够看到帝国大厦的房间。

这儿的性价比很高，有很多回头客

住 4 W. 31st St.（bet. 5th Ave. & Broadway）, NY 10001
地铁 N R 28 St
☎（1-212）268-2900 FAX（1-212）563-0096
费 SDT $180~300 套间 $190~300
CC A J M V
200（有吸烟室） 有
PC $9.99
URL www.wolcott.com

经济型

波德 39
Pod 39

该旅馆时尚精巧，是极富人气的 Pod 的分馆，虽然房间有点小，不过步行一会儿就能到达 Grand Central Station，附近还有副食店等，非常方便。

别MAP p.14-B1 中城东

住 145 E. 39th St.（near 3rd Ave.）, New York 10016
地铁 S 4 5 6 7 Grand Central-42 St
☎（1-212）865-5700 ☎（1-212）865-5701
费 SDT $75~275
CC A M V
366 有 PC 免费
URL www.thepodhotel.com

中档

国王格罗夫酒店
King & Grove New York

该旅馆的客房很时尚，而大厅和酒吧又非常华丽，另外宽敞的浴室也很吸引人眼球。

别MAP p.14-A3 中城西

住 29 E. 29th St.（bet. Park & Madison Aves.）, NY 10016
地铁 6 28 St
☎（1-212）689-1900 Free（1-800）804-4480
费 SD $206~529 T $206~549
CC A D M V
276 有 PC 免费
URL www.kingandgrove.com/NYC-Hotels/Hotel-New-York

中档

纽约室友酒店
Room Mate Grace Hotels

该旅馆主打西班牙风格，在年轻人中很受欢迎，而且这里还有时尚且独特的酒吧，在酒吧里还能够看到游泳池。

别MAP p.33-D3 中城西

住 125 W. 45th St.（bet. 6th & 7th Aves.）, NY 10036
地铁 B D F M 47-50 Sts-Rockefeller Ctr
☎（1-212）354-2323 FAX（1-212）302-8585
费 SDT $159~359
CC A D J M V
139（有吸烟室）
有 PC 免费
URL www.room-matehotels.com

洗发水 闹钟 浴缸 咖啡机 微波炉 有线LAN 商务中心 酒店金钥匙
吹风机 室内保险箱 冰箱 迷你吧 厨房 Wi-Fi 电梯 免费早餐

中档

华盛顿杰佛逊酒店
Washington Jefferson Hotel

从这里步行就能到达百老汇以及时报广场，房间内覆盖有免费 Wi-Fi，并配置有 iPad deck，位于一楼的日本料理店人气很高。

别 MAP p.32-B1　中城西

住 318 W. 51st St.（bet. 8th & 9th Aves.），NY 10019
地铁 Ⓒ Ⓔ 50 St
☎（1-212）246-7550　Free（1-888）567-7550
FAX（1-212）246-7622
费 SDT $235~438　套间 $355~478
CC Ⓐ Ⓙ Ⓜ Ⓥ　135　♿ 有　PC 免费
URL www.wjhotel.com

经济型

萨沃伊公园酒店
Park Savoy Hotel

该旅馆外观非常雅致，所处的地理位置也很好，馆内清爽整洁，让人感觉很舒畅，不过有的房间没有浴缸。

别 MAP p.36-A1　中城西

住 158 W. 58th St.（bet. 6th & 7th Aves.），NY 10019
地铁 Ⓝ Ⓠ Ⓡ 57 St-7 Av
☎（1-212）245-5755
FAX（1-212）765-0668
费 SDT $ 115~159
CC Ⓐ Ⓙ Ⓜ Ⓥ　82　♿ 没有　PC $10
URL www.parksavoyhotel.com

经济型

联合大酒店
Hotel Grand Union

该旅馆给人的感觉安静素雅，馆内清洁整齐，从面向街道的房间里可以展望到帝国大厦，这里的老板和员工对人也都非常友好亲切。

别 MAP p.14-A3　中城东

住 34 E. 32nd St.（bet. Madison & Park Aves.），NY 10016
地铁 ⑥ 33 St
☎（1-212）683-5890　FAX（1-212）689-7897
费 SD $179~299　T $269~349　4 人房间 $ 219~419
CC Ⓐ Ⓙ Ⓜ Ⓥ
88　♿ 没有　PC 免费
URL www.hotelgrandunion.com

经济型

纽约 31 酒店
Hotel 31

这是一家氛围安静素雅的欧式风格旅馆，根据价格的差异有的房间会不带浴室，不过公共浴室非常清洁卫生。

别 MAP p.14-B3　中城东

住 120 E. 31st St.（bet. Lexington & Park Aves.），NY 10016
地铁 ⑥ 33 St
☎（1-212）685-3060　FAX（1-212）532-1232
费 $119~169（浴室和厕所共用）　SD $169~199
T $179~239
CC Ⓙ Ⓜ Ⓥ　60　♿ 没有　PC 免费
URL www.hotel31.com

经济型

时报广场酒店
The Hotel @ Times Square

旅馆虽然不算大，不过其内的大厅非常漂亮，给人的感觉素雅安静，该旅馆周边总是很热闹，所以可以放心外出。

别 MAP p.34-B2　中城西

住 59 W. 46th St.（bet. 5th & 6th Aves.），NY 10036
地铁 Ⓑ Ⓓ Ⓕ Ⓜ 47-50 St Rockefeller Ctr
☎（1-212）719-2300　Free（1-800）567-7720（预约）
FAX（1-212）768-3477　费 SDT $110~525
CC Ⓐ Ⓓ Ⓙ Ⓜ Ⓥ
213（有吸烟室）　♿ 有　PC 免费
URL applecorehotels.com

经济型

先锋广场酒店
The Herald Square Hotel

该酒店位于帝国大厦附近，房间虽然不大，但是相当干净清爽，丝毫不让人觉得不自在，装修后变得更加整洁。

别 MAP p.14-A3　中城西

住 19W. 31st St.（bet. 5th Ave. & Broadway），NY 10001
地铁 Ⓝ Ⓡ 28 St
☎（1-212）279-4017　Free（1-800）727-1888
FAX（1-212）643-9208
费 SD $159~289　T $199~319
CC Ⓐ Ⓙ Ⓜ Ⓥ　100　♿ 无　PC 免费
URL www.heraldsquarehotel.com

经济型

阿美瑞卡纳客栈酒店
Americana Inn

该旅馆位于帝国大厦的附近，其内的公共浴室已经装修完毕，这里的房间都带有洗脸池，另外每层还都配置有一个厨房。

别 MAP p.13-D2　中城西

住 69 W. 38th St.（bet. 5th & 6th Aves.），NY 10018
地铁 Ⓑ Ⓓ Ⓕ Ⓜ 42 St-Bryank Pk
☎（1-212）840-6700　Free（1-888）468-3558
FAX（1-212）840-1830
费 浴室 SDT $130-329
CC Ⓐ Ⓜ Ⓥ　54　♿ 有　PC $1/10 分
URL www.theamericanainn.com

❤ **酒店设施标志的说明②**　虽然注明着有某项服务，不过有的房间也可能会没有浴缸、室内保险箱和咖啡等，所以需要的话最好提前请服务员置备一下。

设计型

为时尚达人量身定做的酒店

纽约埃斯酒店
Ace Hotel

别MAP p.14-A3　切尔西

诞生于西海岸的酒店集团 Ace 也进军到纽约了，这是由掀起 Design hotel 热潮的建筑师 Ian Schrage 亲手设计的，馆内的装饰根据房间不同而不同，在这里能够体验到住在公寓的感觉。

如果您喜欢时尚的话一定要来这里啊

住 20 W. 29th St.（bet. 5th Ave. & Broadway），NY 10001
地铁 N R 28 St
☎（1-212）679-2222
FAX（1-212）679-1947
费 SDT $ 259~629　套间 $899~1999
CC A J M V
269　有　PC 免费
URL www.acehotel.com/newyork

高档

法国的艺术与现代纽约的融合

诺玛德酒店
The Nomad Hotel

别MAP p.14-A3　中城西

该酒店创建于 2012 年 3 月，其外观是格调高雅的欧洲风格，然后又融进了现代纽约的元素，氛围别具一格。房间里满是雅致精美的家具，待在这里感觉非常舒畅。另外酒店位于地铁正上方，出行也很方便。

乍一看非常古雅，不过床上用品等使用的都是最新的类型

住 1170 Broadway（at 28th St.），NY 10001
地铁 N R 28 St
☎（1-212）796-1500
Free（1-855）796-1505
费 SD $335~595　套间 $455~795
CC A D M V
168　有　PC 免费
URL www.thenomadhotel.com

高档

洋溢着索霍区的优雅

克罗斯比街酒店
Crosby Street Hotel

别MAP p.31-C2　索霍区

该酒店虽然处于索霍区比较安静的区域，不过稍走几步就能看到很多商店和餐馆，因此在这儿漫步也令人很惬意。这里时尚的家具再加上偌大的窗子，另外每个房间的装饰又有所不同，整体感觉非常精美漂亮，回头客很多。

希望享受一下雅致的氛围的话，建议您选择这里

住 79 Crosby St.（bet. Spring & Prince Sts.），NY 10012
地铁 6 Spring St
☎（1-212）226-6400　FAX（1-212）226-0055
费 SD $505~955　套间 $895~2950
CC A M V　86　有　PC 免费
URL www.firmdalehotels.com/new-york/crosby-street-hotel

设计型

位于High Line的正上方视野非常开阔

纽约设计酒店
Standard High Line

别MAP p.8-B2　肉类加工区

这是由创建 Mercer Hotel 的 Andre Balazs 先生经营的选址独特的酒店，在酒店一楼有一家法国小酒馆格调的餐馆 The Standard Grill，它从早上一直营业到深夜。

在该酒店下面有地下通道

住 848 Washington St.（at 13th St.），NY 10014
地铁 L 8 Av
☎（1-212）645-4646　FAX（1-212）645-5656
费 SDT $405~1055　套间 $1425~2255
CC A D J M V
338　有　PC 免费
URL standardhotels.com/high-line

洗发水　闹钟　浴缸　咖啡机　微波炉　有线LAN　B 商务中心　酒店金钥匙
吹风机　BOX 室内保险箱　冰箱　BAR 迷你吧　K 厨房　Wi-Fi　电梯　免费早餐

设计型

名流酒店 Thompson Group

汤姆森 LES 酒店
Thompson LES

别MAP p.6-B3　下东区

该酒店位于 Allen Street，是 Lower·east 的标志性酒店，内部装饰以单色为基调，极富现代感而又不失简单大方，而且这里还有游泳池，这在曼哈顿是很少见的，在这儿能轻松享受一下犹如度假的感觉。

极富时尚感的酒店

住 190 Allen St.（bet. Stanton & E. Houston Sts.）, NY 10002
地铁 F 2 Av
☎（1-212）460-5300　Free（1-877）460-8888（预约）
FAX（1-212）460-5301
费 SDT $293-539　套间 $609~1500
CC A D J M V
141（有吸烟室）　♿ 有　PC $15
URL www.thompsonhotels.com

高档

年轻的艺术家和模特儿经常光顾的酒店

纽约格甚温酒店
The Gershwin Hotel

别MAP p.14-A4　格拉莫西

该酒店的老板是 Andy Warhol 作品的收藏爱好者，酒店大厅里陈列着 Warhol 和 Lichtenstein 的作品，室内给人的感觉有些陈旧，不过非常干净整齐。有的房间里没有电视、电话以及空调。

对艺术家或模特等很具有吸引力

住 7 E. 27th St.（bet. Madison & 5th Aves.）, NY 10016
地铁 6 28 St
☎（1-212）545-8000
FAX（1-212）684-5546
费 S $170~289　DT $239~309　套间 $289~
CC A M V
150　♿ 有　PC 免费
URL www.gershwinhotel.com

设计型

位于肉类加工区的名流酒店

甘斯沃尔特酒店
Hotel Gansevoort

别MAP p.8-B2　肉类加工区

从这现代雅致的客房内有的还能眺望到 Hudson River Park。该酒店对床上用品也很讲究，例如使用的枕头里面装的都是埃及棉或绒羽。另外楼顶上还设有房客专用泳池，很多名人前来体验，很是热闹。

在这里能体验到真正的 NY 时尚感

住 18 9th Ave.（at W. 13th St.）, NY 10014
地铁 L 8 Av
☎（1-212）206-6700
FAX（1-212）255-5858
费 SDT $425~675　套间 $705~
CC A D J M V　209　♿ 有
PC 免费
URL www.hotelgansevoort.com

高档

深受名流青睐的L.A.酒店分店

东村标准酒店
The Standard, East Village

别MAP p.10-B4　东村

这是在洛杉矶由于时尚的年轻人和名流集聚而广为人知的 L.A. 酒店的纽约分店，从这时尚的酒店顶层观景特别好，该酒店的客户源主要是时尚的年轻人，另外在这儿还可以免费租借自行车。

天地顺序反写的名字是这儿的标志

住 25 Cooper Square（bet. 5th & 6th Sts.）, NY 10003
地铁 6 Astor Pl
☎（1-212）475-5700
FAX（1-212）475-8200
费 SDT $350~800　套间 $700~
CC A D M V
145　♿ 有　PC 免费
URL standardhotels.com/east-village

VOICE　休假旺季的 Roosevelt Hotel（→p.303）入口处会有圣诞树迎接。傍晚会提供苹果汽水和饼干服务。

设计型

纽约格尔福酒店 Hotel Giraffe

该酒店是以奔腾的马为主题设计的，其精神体现在酒店各个地方。客房内摆设着古色古香的家具，这些家具都是以20世纪20年代至30年代为背景设计的。

别MAP p.14-A4 格拉莫西

住 365 Park Ave. S.（at 26th St.）, NY 10016
地铁 6 28 St
☎（1-212）685-7700 FAX（1-212）685-7771
费 SDT $251~512 套间 $332~599
CC A M V
72 有 PC 免费
URL www.hotelgiraffe.com

超高档

格拉莫西公园酒店 Gramercy Park Hotel

这里中世纪和现代完美结合的设计与装饰正体现了纽约本身的特点，酒店内如现代美术展览室一样的格调也很引人注目。

别MAP p.10-A1 格拉莫西

住 2 Lexington Ave.（at 21st St.）, NY 10010
地铁 6 23 St
☎（1-212）920-3300 Free（1-866）784-1300
FAX（1-212）673-5890
费 SD $395~938 T $445~ 套间 $595~5000
CC A D J M V 185（有吸烟室） 有
PC $16 URL www.gramercyparkhotel.com

设计型

汤普森60酒店 60 Thompson

该酒店所处的地理位置不仅购物非常方便，还让人感觉似乎自己也是这儿的居民一样。里面的设计很时尚不过又落落大方，很受人欢迎。

别MAP p.30-A3 索霍区

住 60 Thompson St.（bet. Spring & Broome Sts.）, NY 10012
地铁 C E Spring St
☎（1-212）431-0400 Free（1-877）431-0400（预约）
FAX（1-212）431-0200
费 SDT $297~899 套间 $2000~4200
CC A D J M V 100（有吸烟室） 有
PC $15 URL www.thompsonhotels.com

设计型

纽约苏豪大酒店 SoHo Grand Hotel

该酒店室内的家具都是专门定做的，简单大方的设计以及宽敞的空间让人感觉非常舒适。洗漱用品备有纽约目前最潮的保养品牌MALIN+GOETZ。

别MAP p.30-A4 索霍区

住 310 W. Broadway（bet. Grand & Canal Sts.）, NY 10013
地铁 A C E Canal St
☎（1-212）965-3000 Free（1-800）965-3000（预约）
FAX（1-212）965-3200
费 SDT $339-729 套间 $679-2059
CC A D J M V 353 有 PC 免费
URL www.sohogrand.com

设计型

柏威里酒店 The Bowery Hotel

这是一家关注度急剧上升的时尚酒店，这里的服务员都很专业、态度也很友好，而且在这儿可以免费租借自行车。

别MAP p.10-B4 东村

住 335 Bowery St（bet. 2nd & 3rd Sts.）, NY 10003
地铁 6 Bleecker St
☎（1-212）505-9100 FAX（1-212）505-9700
费 SD $315~550 套间 $625~725
CC A J M V 135 有 PC 免费
URL www.theboweryhotel.com

设计型

纽约格林尼治酒店 The Greenwich Hotel

这是由著名电影演员和制片人罗伯特·德尼罗（Robert De Niro）经营的较为隐蔽的酒店，里面每间客房的装饰都不一样，另外还设有模仿京都民宿而造的温泉。

别MAP p.5-C3 翠贝卡

住 377 Greenwich St.（at Moore St.）, NY 10013
地铁 1 Franklin St
☎（1-212）941-8900 FAX（1-212）941-8600
费 SDT $525~825 套间 $1250~6500
CC A D J M V
88 有 PC 免费
URL www.thegreenwichhotel.com

洗发水 闹钟 浴缸 咖啡机 微波炉 有线LAN 商务中心 酒店金钥匙
吹风机 室内保险箱 冰箱 迷你吧 厨房 Wi-Fi 电梯 免费早餐

设计型 美世酒店
The Mercer Hotel

这是索霍区非常有名的设计型酒店，这里的房间比较宽敞，而且都是极富现代感的设计，但是身处其中却能感受到一种温暖的气息。

别MAP p.30-B2 索霍区

住 147 Mercer St.（at Prince St.），NY 10012
地铁 N R Prince St 電（1-212）966-6060
Free（1-888）918-6060（预约） FAX（1-212）965-3838
费 SD $495~625 Studio $595~975 套间 $3100~3300
CC A D M V
75（有吸烟室） 有 PC 免费
URL www.mercerhotel.com

高档 万豪纽约市中心酒店
New York Marriott Downtown

这里对于去曼哈顿下城地区观光的旅客来说是再好不过的选择了，从该酒店顶层的房间里能够展望到哈德孙河公园的景致。另外这里实行全馆禁烟。

别MAP p.2-B2 曼哈顿下城

住 85 West St.（bet. Albany & Carlisle Sts.），NY 10006
地铁 1 Rector St
電（1-212）385-4900 FAX（1-212）227-8136
费 SDT $179~389 套间 $219~
CC A D J M V 497 有 PC $12.95
URL www.nymarriottdowntown.com

中档 切尔西英迪格酒店
Hotel Indigo Chelsea

这是洲际酒店集团旗下的一家酒店，其前卫的装饰以及时尚的餐馆很受人欢迎。

别MAP p.13-D3 切尔西

住 127 W. 28th St.（bet. 6th & 7th Aves.），NY 10001
地铁 1 28 St 電（1-212）973-9000
费 SDT $279~519 套间 $599~799
CC A D M V 122 有 PC 免费
URL www.hotelindigo.com

中档 华盛顿广场酒店
Washington Square Hotel

该酒店自创建以来已经有100多年的历史，喜欢爵士乐或者想体验一下不同于一般的纽约之旅的话，建议就来这里吧。

别MAP p.9-D3 格林尼治村

住 103 Waverly Pl.（at MacDougal St.），NY 10011
地铁 A B C D E F M W 4 St-Wash Sq
電（1-212）777-9515 Free（1-800）222-0418（预约）
FAX（1-212）979-8373
费 SDT $216~416
CC A J M V 152 有 PC 免费
URL www.washingtonsquarehotel.com

中档 切尔西松林旅馆
Chelsea Pine inn

这是由19世纪50年代的城市住宅改建而成的旅馆，面积虽然有点小，不过很时尚，客房内还张贴有好莱坞黄金时期的宣传海报。

别MAP p.9-C2 切尔西

住 317 W. 14th St.（near 8th Ave.），NY 10014
地铁 L 8 Av
電（1-212）929-1032 FAX（1-212）620-5646
Free（1-888）546-2700
费 SD $199~409
CC A D M V 23 无 PC 免费
URL www.chelseapinesinn.com

经济型 切尔西旅馆
Chelsea inn

这里的客房将浅茶色和白色完美融合在一起，非常雅致，共用的浴室和厕所也都很干净整洁，前台多为亲切的女员工，让人感觉很安心。

别MAP p.9-D2 切尔西

住 46 W. 17th St.（bet. 5th & 6th Aves.），NY 10011
地铁 F M 14 St 電（1-212）645-8989
Free（1-800）640-6469（预约） FAX（1-212）645-1903
费 SDT $75~169（浴室和厕所共用） Stadio $132~199
CC A M V
33 无 PC 免费
URL www.chelseainn.com

New York Marriott Downtown 我当时在这儿住的房间能展望到自由女神像，来这儿住宿的话可以试着申请一下这样的房间哦！

经济型

融合了船的元素

简恩酒店
The Jane

别MAP p.8-B3　　格林尼治村

该酒店于 20 世纪初作为一家船员酒店而建立，经历了一个世纪，在 2008 年夏天进行了重新装修，改为经济型酒店而开业，从这里步行 5 分钟就能到达切尔西市场；酒店内有的房间浴室和厕所是共用的，标准客房非常像船舱。

船舱风格的客房非常吸引人眼球

住 113 Jane St.（at West St.），NY 10014
地铁 L 8 Av　☎（1-212）924-6700
FAX（1-212）924-6705
费 S $110-135　T $135-145（浴室和厕所共用）
SD $295~370
CC A D M V
168　无　PC 免费
URL www.thejanenyc.com

经济型

犹如住在当地公寓的感觉

东村旅馆
East Village Bed & Coffee

别MAP p.11-D3　　东村

全部客房的浴室和厕所都是共用的，房间虽然有点小，但是里面的装饰很有艺术感，待在那里特别舒适，每层的起居室、厨房以及浴室也都很清洁干净，另外该酒店还有自行车可以免费租借，这儿的性价比很高，非常受人欢迎，最好早点预订。

顾客都称赞这里住起来很舒畅

住 110 Avenue C（bet. 7th & 8th Sts.），NY 10009
地铁 L 1 Av
☎（1-917）816-0071（每天 11:00~17:00）
FAX（1-212）979-9743
费 S $125~140　D $140~150　三人间 $180~
四人间 $ 180（包含税金）
CC A D M V　9　无　PC 免费
URL www.bedandcoffee.com

经济型

丽都酒店
Cosmopolitan Hotel

出车站后该酒店就立即映入眼帘，从这里有的房间能展望到帝国大厦，有的房间还带有阁楼。

别MAP p.5-C4　　翠贝卡

住 95 W. Broadway（at Chamber Sts.），NY 10007
地铁 1 2 3 Chambers St　☎（1-212）566-1900
Free（1-888）895-9400（预订）
FAX（1-212）566-3535
费 SD $229~409　T $259~429　套间 $529~
CC A J M V　130　有　PC 免费
URL www.cosmohotel.com

中档

拉奇蒙特酒店
Larchmont Hotel

这是一家洋溢着民家气息的欧洲公寓式的旅馆，虽然浴室和厕所共用，但是每个房间内都带有洗脸池。

别MAP p.9-D3　　格林尼治村

住 27 W. 11th St.（bet. 5th & 6th Aves.），NY 10011
地铁 L 6 Av
☎（1-212）989-9333　FAX（1-212）989-9496
费 S $90~125　D $119~145（浴室和厕所共用）
家庭式 $ 219~249（带有浴室和厕所）
CC A D J M V
66　无　PC 免费
URL www.larchmonthotel.com

中档

切尔西萨・沃伊酒店
Chelsea Savoy Hotel

该旅馆前台 24 小时有员工当值，而且安全措施服务也很周到，另外还提供简单的早餐服务。

别MAP p.13-D4　　切尔西

住 204 W. 23rd St.（at 7th Ave.），NY 10011
地铁 1 23 St
☎（1-212）929-9353　Free（1-866）929-9353
FAX（1-212）741-6309
费 SD $99~425　T $155~395
CC A D M V　90　有　PC $10
URL www.chelseasavoynyc.com

洗发水　闹钟　浴缸　咖啡机　微波炉　有线LAN　商务中心　酒店金钥匙
吹风机　室内保险箱　冰箱　迷你吧　厨房　Wi-Fi　电梯　免费早餐

公寓

奥夫苏霍套房酒店
Off Soho Suites Hotel

来这儿的有很多背包客，也有几个人一起合租房间的。厨房里备有小炉子和平底锅等，这里的房间都比较简朴。

别MAP p.6-A1 下东区

住 11 Rivington St.（bet. Bowery & Chrystie Sts.）, NY 10002
地铁 J Z Bowery
☎（1-212）979-9815 Free（1-800）633-7646（预订）
费 套间 $159~359
CC A M V
40 有 PC 免费
URL www.offsoho.com

经济型

马尔伯里酒店
Hotel Mulberry

这是2010年新开业的一家旅馆，里面的设计给人的感觉非常舒适，从这里步行一会儿就能走到唐人街和小意大利。

别MAP p.6-A3 唐人街

住 52 Mulberry St.（bet. Bayard & Mosco Sts.）, NY 10013
地铁 J N Q R Z 6 Canal St
☎（1-212）385-4633 FAX（1-212）385-4639
费 SDT $279~359 套间 $329~359
CC A D M V
34 无 PC 免费
URL www.hotelmulberry.com

经济型

切尔西之星酒店
Chelsea Star Hotel

该旅馆内每个房间装饰都不一样，有的房间装饰比较新颖，有的房间比较时尚。这里到麦迪逊广场花园只有一个街区的距离。

别MAP p.13-C3 切尔西

住 300 W. 30th St.（at 8th Ave.）, NY 10001
地铁 1 2 3 34 St-Penn Station ☎（1-212）244-7827
Free（1-877）827-6969 FAX（1-212）279-9018
费 简易宿舍 $ 35~60
浴室和厕所共用 S $99-229 DT $139~289
CC A J M V 70 有 PC 免费
URL www.chelseastar.com

经济型

切尔西旅馆
Chelsea Lodge

这儿的房间虽然比较简单，面积也不大，不过每个房间内都带有电视以及空调等，设备很齐全，房间内只有淋浴没有浴缸，厕所是共用的。

别MAP p.8-B1 切尔西

住 318 W. 20th St.（bet. 8th & 9th Aves.）, NY 10011
地铁 C E 23 St
☎（1-212）243-4499 Free（1-800）373-1116
FAX（1-212）243-7852
费 S $134 D $144
CC A M V 22 无 PC 免费
URL www.chelsealodge.com

经济型

船员国际之家
Seafarers & International House

这是为船员和旅行者等而设立的属于路德教会系列的旅馆，这里距联合广场很近。有的房间浴室和厕所是共用的。

别MAP p.10-A2 格拉莫西

住 123 E. 15th St.（at Lrving Pl.）, NY 10003
地铁 L N Q R 4 5 6 14 St-Union Sq
☎（1-212）677-4800 FAX（1-212）505-6034
费 浴室和厕所共用 S $87~109 SD $116~145
CC J M V 84 无
PC 大厅免费
URL www.sihnyc.org/newyork-guesthouse.php

简易型

雷奥酒店
The Leo House

有很多学生或单人旅行的客人来这儿留宿，这里还有带浴室的家庭式房间，早餐除了周日都是 $9。最好提前预订。

别MAP p.13-C4 切尔西

住 332 W. 23rd St.（bet. 8th & 9th Aves.）, NY 10011
地铁 C E 23 St
☎（1-212）929-1010 FAX（1-212）366-6801
费 S $105 D $125 T $130（浴室和厕所共用）
S $115 D $135 T $140 家庭式 $205
CC M V 68 有 PC 免费
URL www.leohousenyc.com

简易型

切尔西国际青年旅舍
Chelsea International Hostel

该旅社内有两处公用的厨房 & 餐室，而且免费提供咖啡和红茶，洗衣服务也很完善。这附近有一直营业至深夜的超市。

别MAP p.9-C1 切尔西

住 251 W. 20th St.（bet. 7th & 8th Aves.）, NY 10011
地铁 1 18 St
☎（1-212）647-0010 FAX（1-212）727-7289
费 宿舍 $46-78（押金 $10） S $63~90
D $120~185（有的浴室是共用的）
CC A J M V 350 床 无 PC 仅大厅免费
URL www.chelseahostel.com

♥ **有的旅馆没有电梯** 在较为陈旧的公寓式旅馆或经济型旅馆内有的会没有电梯，所以带着较重的行李箱上下楼梯非常辛苦。

超高档

位于时代华纳

文华东方酒店
Mandarin Oriental

别 MAP p.17-C2 上西区

时代华纳是一座高 80 层的大厦，其中 35~54 层均为该酒店所属，酒店内的客房是华丽的亚洲风格，站在客房的窗边放眼望去，中央公园全景尽收眼底。另外楼下还有购物商场，那里聚集着各个名牌店。

在这里能够体验到优质的服务

住 80 Columbus Circle（at 60th St.），NY 10023
地铁 A C B D 1 59 St-Columbus Circle
☎（1-212）805-8800 Free（1-866）801-8880（预约）
FAX（1-212）805-8888
费 SD $695~1248 CC A D J M V
244（有吸烟室） 有 PC $15
URL www.mandarinoriental.com

超高档

旅居纽约，印象十分深刻。

特朗普国际酒店大厦
Trump International Hotel & Tower

别 MAP p.17-C2 上西区

从该酒店的客房里就能瞭望到中央公园以及曼哈顿的 Skyline，这里的单人间客房也很宽敞，甚至让人以为是住在套间里呢。如果有需求的话，每天早上服务员还会为您送来报纸。

有的房间犹如处于云端之上

住 1 Central Park West（at Columbus Circle），NY 10023
地铁 A C B D 1 59 St-Columbus Circle
☎（1-212）299-1000 Free（1-888）448-7867
FAX（1-212）299-1150
费 SDT $495~962 套间 $595~3617
CC A D M V 176 有 PC 免费
URL www.trumphotelcollection.com

设计型

在上东村度过一个十分有格调的旅行

马克酒店
The Mark Hotel

别 MAP p.22-A2 上东区

该酒店于 2009 年对其 150 间客房进行了全面装修，现在每间房间内的装饰都不一样，充满了现代感，在这里能够享受到其他地方没有的服务，例如自己挑选枕头，提供计量器以及拖鞋的清洁等，在这里保证您能够时尚休闲地度过每一天。

这里对服务也非常考究

住 25 E. 77th St.（at Madison Ave.），NY 10075
地铁 6 77 St
☎（1-212）744-4300 Free（1-866）744-4300
FAX（1-212）606-3100
费 SDT $412~1015 套间 $995~4695
CC A D M V 150 有
PC 免费
URL www.themarkhotel.com

超高档

纽约社交界的中心！

纽约皮埃尔酒店
The Pierre New York

别 MAP p.18-A1 上东区

这不愧是以凡尔赛宫为模型而建立的酒店，各个方面都显得非常豪华，其细致周到的服务也很受人欢迎，例如这里的电梯中也有操作员等。该酒店是高档酒店连锁 TAJ Group 旗下的一员。

住在这里自己也好像变得优雅起来了

住 2 E. 61st St.（at 5th Ave.），NY 10065
地铁 N Q R 5 Av/59 St
☎（1-212）838-8000 Free（1-866）969-1825（预订）
FAX（1-212）940-8109
费 SDT $610~1318 套间 $915~5500
CC A D J M V
189（有吸烟室） 有 PC $12.95
URL www.tajhotels.com/pierre

洗发水 闹钟 浴缸 咖啡机 微波炉 有线LAN B 商务中心 酒店金钥匙
吹风机 BOX 室内保险箱 冰箱 BAR 迷你吧 K 厨房 Wi-Fi 电梯 免费早餐

中档

在这里能够感受到不断变化的哈莱姆的气息

哈莱姆雅乐轩酒店
Aloft Harlem

别MAP p.29-C1 哈莱姆

该酒店内的装饰与设计犹如现代美术展览室一样，有很多时尚的旅客来这儿住宿。这里酒吧的灯光别具一格。这里不但对床上用品以及设备等舒适度非常考究，而且还很注重环保。此地距阿波罗电影院只有一个街区半的距离，对于想感受哈莱姆区的氛围的旅客来说这家酒店是再好不过的选择了。

离中央公园也很近，步行就能到达

住 2296 Frederick Douglass Blvd.（bet.123rd & 124th Sts.），NY 10027

地铁 A B C D 125 St ☎（1-212）749-4000

FAX（1-212）678-6000

费 SDT $149~299 CC A D M V

124 有 PC 免费

URL www.aloftharlem.com

公寓

想感受纽约学术性的一面的话就来这儿吧

彼康酒店
Hotel Beacon

别MAP p.20-B3 上西区

这是一家非常舒适的公寓式酒店，百老汇就在其对面，而且这里餐馆林立，离林肯中心也很近，步行就能到达。另外美国自然史博物馆也在该酒店附近，还可以去悠哉漫步。如果您想充分体验一下纽约文化的话，建议您来这里吧。

离林肯中心也很近，步行就能到达

住 2130 Broadway（bet. 74th & 75th Sts.），NY 10023

地铁 1 2 3 72 St

☎（1-212）787-1100

FAX（1-212）724-0839

费 SDT $240~350 套间 $320~450

CC A D J M V

260 有 PC 免费

URL www.beaconhotel.com

中档

阿菲尼亚花园酒店
Affinia Gardens Hotel

这家酒店位于清静的住宅区，其内主要为套间，厨房内备有微波炉、冰箱等样样俱全，建议带家人的旅客来这儿住宿。

别MAP p.18-B1 中城西

住 215 E. 64th St.（bet. 2nd & 3rd Aves.），NY 10065

地铁 F Lexington Av/53 St

☎（1-212）355-1230 Free（1-866）246-2203（预约）

FAX（1-212）758-7858

费 套间 $379~1199 ※ 长期有折扣

CC A D J M V 129 有 PC $14.95

URL www.affinia.com

中档

贝利克拉里酒店
The Hotel Belleclaire

建议想体验一下纽约生活的人来这儿吧，这家酒店的设计非常浪漫，而且一天24小时都很安全可靠。

别MAP p.20-A·B2 上西区

住 250 W. 77th St.（at Broadway），NY 10024

地铁 1 79 St

☎（1-212）362-7700

FAX（1-212）362-1004

费 SDT $149~440 套间 $299~540

CC A J M V 230 有 PC 免费

URL www.hotelbelleclaire.com

中档

香港怡东酒店
The Excelsior Hotel

这个宾馆位于美国自然史博物馆的旁边，从高层可以看到中央公园。这里的建筑物还保留着古老的建筑风格。

别MAP p.20-B1 上西区

住 45 W. 81st St.（bet. Central Park West & Columbus Ave.），NY 10024

地铁 B C 81 St-Museum of Natural History

☎（1-212）362-9200 FAX（1-212）721-2994

费 SDT $249~376 套间 $379~536

CC A J M V 200 有 PC $10

URL www.excelsiorhotelny.com

VOICE | 多维尔酒店 Hotel Deauville 这是一家经济型旅馆，服务非常好。从 Pennsylvania Station 步行约12分钟就到了，特别方便。别MAP p.14-B3 住 103 E. 19th St.（bet. Park & Lexington Aves.）

中档
牛顿酒店
Hotel Newton

该酒店离中央公园很近，可以去那儿散步，体验一下当地居民的感觉。酒店内古典的装饰让人感觉很放松舒适，这儿还有可供四个人住宿的大房间。

别 MAP p.24-B3 上西区

住 2528 Broadway（near 95th St.），NY 10025
地铁 1 2 3 96 St
☎（1-212）678-6500 Free（1-800）643-5553
FAX（1-212）678-6758
费 ST $90~276 D $85~190（浴室和厕所共用）
CC A D M V 105 有 PC $4.95
URL www.thehotelnewton.com

中档
哥伦布 6 酒店
6 Columbus

该酒店保留了西园酒店饱含历史韵味的外观，不过内部变得更加典雅了，犹如美术展览室一样。

别 MAP p.17-C2 上西区

住 6 Columbus Circle（at 58th St.），NY 10019
地铁 A B C D 1 59 St-Columbus Circle
☎（1-212）204-3000 FAX（1-212）204-3030
费 SDT $279-729 套间 $559-5500
CC A D M V
88（有吸烟室） 有 PC $15
URL www.thompsonhotels.com

中档
富兰克林酒店
The Franklin Hotel

这家酒店离大都会博物馆以及古根海姆博物馆都很近，步行就能到达。早上供应有欧洲风格的自助早餐，非常好吃。

别 MAP p.26-B4 上东区

住 164 E. 87th St.（bet. Lexington & 3rd Aves.），NY 10128
地铁 4 5 6 86 St
☎（1-212）369-1000 Free（1-800）607-4009
FAX（1-212）369-8000
费 SDT $229~379 套间 $269~399
CC A D J M V 50 无 PC 免费
URL www.franklinhotel.com

经济型
河畔阁酒店
Riverside Tower Hotel

这里全部房间内都带有冰箱以及微波炉，在前台处还能借到餐具，而且还有投币式洗衣机。

别 MAP p.20-A2 上西区

住 80 Riverside Dr.（at 8th St.），NY 10024
地铁 1 79 St
☎（1-212）877-5200 Free（1-800）724-3136（预约）
FAX（1-212）873-1400 费 S $124 D $129
CC A J M V
120 无 PC 大厅内免费
URL www.riversidetowerhotel.com

简易型
纽约国际青年旅舍
Hostelling International New York

即使不是会员，只要是 18 岁以上都可以来这儿住宿，这里有宿舍和单人间，氛围非常明朗，夏季期间最好提前预订。

别 MAP p.24-B1 上西区

住 891 Amsterdam Ave.（at 103rd St.），NY 10025
地铁 1 103 St
☎（1-212）932-2300 FAX（1-212）932-2574
费 宿舍 $54~59
CC A J M V
624 床 有 PC 大厅内免费
URL www.hinewyork.org

COLUMN

何为服务式公寓？

所谓服务式公寓是指由一般住宅改造而成的、适合中长期商住客人住宿的公寓形态，这里的价格一般比较实惠，所以在需要长期逗留的旅客中很受欢迎。服务式公寓的信息一般在网站或当地房地产商那儿都有所介绍，大多在那儿进行预订。服务式公寓一般来说只接待 30 天以上的住宿需求，而且根据州和地区的不同，住宿规定也各不相同（在纽约自 2011 年 5 月起实施了相关法律，规定严格打击无视安全法的违法公寓）。为了减少麻烦，最好事先好好调查一下再预订。

另外，最近如 AKA 和 Element 那样带有厨房以及餐室的服务式公寓也越来越多了。

洗发水 闹钟 浴缸 咖啡机 微波炉 有线LAN 商务中心 酒店金钥匙
吹风机 室内保险箱 冰箱 迷你吧 厨房 Wi-Fi 电梯 免费早餐

YMCA

YMCA 纽约市基督教青年会西边酒店
West Side YMCA

距离中央公园只有半个街区的距离。有设备齐全的健身中心，其中的一部分可以免费使用。比较干净。在大厅里有电脑。

别MAP p.17-C1　上西区

住 5 W. 63rd St.（bet.Broadway & Central Park West），NY 10023
地铁 A B C D 1 59 St-Clumbus Circle
☎（1-212）912-2600　FAX（1-212）875-4291
费 SD $102~159（浴室和厕所共用，上下床位）D $169~189
CC A M V　300　有　PC 没有 PC 设备
URL www.ymcanyc.org/westside

中档

百老汇酒店 & 青年旅舍
Broadway Hotel & Hostel

美国前十的人气酒店。房间简单、干净、朴素。在哥伦比亚大学附近，环境比较好。离地铁站有 2 个街区的距离。

别MAP p.24-B2　上西区

住 230 W. 101st St.（at.Broadway），NY 10025
地铁 1 103 St
☎（1-212）865-7710　FAX（1-212）865-2993
费 宿舍每人 $40~50
浴室和厕所共用 SDT $88~148　SD $128~188
CC A M V
120　没有　PC 大厅内免费
URL www.broadwayhotelnyc.com

中档

爵士公园旅馆
Jazz on the Park Hostel

这是一家由家族经营的旅馆，所处的地理位置非常幽静，旅馆内漂亮整洁。这里还会组织一些 BBQ 派对，有很多同性恋人士光顾这里。

别MAP p.25-C1　上西区

住 36 W. 106th St.（bet.Central Park West & Manhattan Ave.），NY 10025
地铁 B C Cathedral Pkwy（110 St）
☎（1-212）932-1600　FAX（1-212）932-1700
费 宿舍每人 $36~63　单独床 $120~170
CC M V
270 床　没有　PC $2 一天、大厅内免费
URL www.jazzhostels.com

经济型

白兰度女性旅馆
The Brandon Residence For Women

这家店是女性专用，带早餐和晚餐。支付方式：现金或 T/C。要住三天以上。因为是宿舍，所以是公共浴室。

别MAP p.20-A1　上西区

住 340 W. 85th St.（bet. West End Ave. & Riverside Dr.），NY 10024
地铁 1 86 St
☎（1-212）496-6901　FAX（1-212）769-2629
费 一个月 $1118~1331（一天 $90）
CC 不可　120 床　没有
PC 免费（只有大厅里有 Wi-Fi，房间里只可以用无线）
URL www.thebrandon.org

column

什么是“转租（sublet）”？

在纽约住的人，有的时候会因为回老家或旅行等不在家，这个时候就会把自己的房间在这个特定时期租出去，这种新颖的租房形式就叫作“转租”。一般来说，如果把一个月的租金换算成每天的租金，或者是每天的附加金额转租的话，和住酒店相比，就非常划算了。因为是普通的公寓，既可以使用厨房也有生活必需品。关于转租的信息，一般可以在右边的网络的公告栏或者是超市的公告栏可以找到。也可以在 Craigslist 找到一些信息。直接和住户交涉，确认了详细条件之后再租借。

URL newyork.craigslist.org

可以在超市内的公告栏里找到信息

VOICE　福朋喜来登曼哈顿切尔西酒店（Four Points by Sheraton Manhattan – Chelsea）　虽然房间有点小，但是周围有好多绿色食品店、餐馆等，十分方便。

曼哈顿的连锁酒店

福朋酒店系列

有让客人快速进入睡眠的床铺、矿泉水、免费的 LAN 和 Wi-Fi、餐厅，种种设施都非常齐全。

URL www.starwoodhotels.com/fourpoints

福朋喜来登曼哈顿切尔西酒店
Four Points by Sheraton Manhattan Chelsea

别MAP p.13-D4 切尔西

住 160 W. 25th St.（near 7th Ave.），NY 10001
地铁 1 23 St
☎（1-212）627-1888　FAX（1-212）627-1611
费 SDT $159~569
CC 不可　158　有　PC 免费

希尔顿花园酒店系列

这家酒店以都市为中心正在急剧增加。有免费的有线、Wi-Fi、冰箱、24小时营业的商店、商业中心等。

URL hiltongardeninn3.hilton.com

时报广场希尔顿花园酒店
Hilton Garden Inn Times Square

别MAP p.32-B2 中城西

住 790 8th Ave.（at 48th St.），NY 10019
地铁 C E 50 St
☎（1-212）581-7000　FAX（1-212）974-0291
费 SDT $349~529　369　无　PC 免费

纽约西 35 大街希尔顿花园酒店
Hilton Garden Inn/West 35th St.

别MAP p.13-D2 中城西

住 63 W. 35th St.（near 6th Ave），NY 10001
地铁 B D F M N Q R 34 St-Herald Sq
☎（1-212）594-3310　FAX（1-212）594-3320
费 SDT $229~479　套间 $349~579
298　有　PC 免费

切尔西希尔顿花园酒店
Hilton Garden Inn/Chelsea

别MAP p.13-D3 切尔西

住 121 W. 28th St.（bet. 6th & 7th Aves），NY 10001
地铁 1 28 St　☎（1-212）564-2181
FAX（1-212）564-6581　费 SDT $159~379
169（有吸烟房间）
有　PC 免费

万豪酒店系列

在这个酒店，有符合人体工学的椅子等，非常受商业人士的欢迎。费尔菲尔德是面向家庭的，更具有简单朴素的风格。

URL www.marriott.com

曼哈顿中城东庭院酒店
Courtyard New York Manhattan Midtown East

别MAP p.18-B3 中城东

住 886 3rd Ave.（at 53rd St.），NY 10022
地铁 E M 5 Av/53 St
☎（1-212）644-1300　FAX（1-212）317-7940
费 SDT $179~439　套间 $429~509
312　有　PC 免费

纽约曼哈顿时报广场万豪费尔菲尔德酒店
Fairfield Inn New York Manhattan\Times Square

别MAP p.13-C1 中城东

住 330 W. 40th St.（bet. 8th & 9th Aves.），NY 10018
地铁 A C E 42 St-Port Authority Bus Terminal
☎（1-212）967-9494　FAX（1-212）967-3977
费 SDT $279~569　244　有　PC 免费

假日酒店系列

在都市里，是面向商人的酒店；在郊外，是汽车旅馆；在旅游景点则是旅游酒店。干净舒适。Express 中提供早餐。

URL www.ing.com/hotels

纽约第五大道快捷假日酒店
Holiday Inn Express New York Fifth Ave.

别MAP p.35-C2 中城西

住 15 W. 45th St.（near 5th Ave.），NY 10036
地铁 7 5 Av
☎（1-212）302-9088　FAX（1-212）302-3088
费 SDT $239~442
125（有可以吸烟的房间）　有　PC 免费

麦迪逊广场花园快捷假日酒店
Holiday Inn Express/Madison Square Garden

别MAP p.13-C3 中城西

住 232 W. 29th St.（bet. 7th & 8th Aves.），NY 10001
地铁 1 28 St
☎（1-212）695-7200　FAX（1-212）695-7209
费 SDT $269~382
228　有　PC 免费

洗发水　闹钟　浴缸　咖啡机　微波炉　有线LAN　商务中心　酒店金钥匙
吹风机　室内保险箱　冰箱　迷你吧　厨房　Wi-Fi　电梯　免费早餐

优选酒店系列

大多沿着 Clarion 大街和 Comfort 大街等主干线，房间干净，价格合理。一般都带早饭。URL www.choicehotels.com

曼哈顿舒适酒店
Comfort Inn Manhattan

别MAP p.13-D2　中城西

住 42 W. 35th St.（bet. 5th & 6th Aves.），NY10001
地铁 B D F M N Q R 34 St-Herald Sq
☎（1-212）947-0200　FAX（1-212）594-3047
费 SDT $189~362
131（有可以吸烟的房间）　♿有　PC 免费

时报广场南区舒适酒店
Comfort Inn Times Square South Area

别MAP p.13-C1　中城西

住 305 W. 39th St.（near 8th Ave.），NY 10018
地铁 A C E 42 St-Port Authority Bus Terminal
☎（1-212）268-3040　FAX（1-212）268-3437
费 SD $169~429　T$209~429
78　♿有　PC 免费

帕克大街克拉丽奥酒店
Clarion Hotel Park Ave.

别MAP p.14-B3　中城东

住 429 Park Ave. S.（bet. 29th & 30th Sts.），NY 10016
地铁 6 28 St
☎（1-212）532-4860　FAX（1-212）545-9727
费 SDT $159~343
60（有可以吸烟的房间）　♿有　PC 免费

The Best Western 酒店系列

世界最大的连锁酒店。在美国的近郊，有许多这样的酒店。干净清洁，设施也很完备。很受商人和旅行者的欢迎。

URL www.bestwestern.com

最佳西方总统酒店
Best Western Plus President Hotel

别MAP p.33-C2　中城西

住 234 W. 48th St.（bet. Broadway & 8th Ave.），NY 10036
地铁 N Q R 49 St
☎（1-212）246-8800　FAX（1-212）974-3922
费 SDT $259~419　套房 $299~1800
334　♿有　PC 免费

最佳西方好客酒店
Best Western Plus Hospitality House

别MAP p.18-B3　中城东

住 145 E. 49th St.（bet. 3rd & Lexington Aves.），NY 10017　地铁 6 51 St　☎（1-212）753-8781
FAX（1-212）813-2070　费 套房 SD $199~275　套房 3~4 张床 $219~609　34　♿有　PC 免费

纽约海港市区最佳西方酒店
Best Western Plus Seaport Inn Downtown

别MAP p.3-D1　曼哈顿下城

住 33 Peck Slip（at Front St.），NY 10038
地铁 A C J Z 2 3 4 5 Fulton
☎（1-212）766-6600　FAX（1-212）766-6615
费 SDT $196~410
72　♿有　PC 免费

最佳西方博文韩碧酒店
Best Western Bowery Hanbee

别MAP p.6-A2　下东区

住 231 Grand St.（at Bowey），NY 10013
地铁 B D Grand St
☎（1-212）925-1177　FAX（1-212）925-5533
费 SDT $159~459
99　♿有　PC 免费

温德姆酒店系列

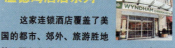

这家连锁酒店覆盖了美国的都市、郊外、旅游胜地等。服务非常到位，设施也很齐全，有一种很高档的感觉。

URL www.wyndham.com

曼哈顿西切尔西温德姆花园酒店
Wyndham Garden Chelsea West

别MAP p.13-D4　切尔西

住 37 W. 24th St.（bet. 5th & 6th Aves.），NY 10010
地铁 F M 23 St
☎（1-212）243-0800　FAX（1-212）243-0900
费 SDT $269~409　套房 $389~449
124　♿有　PC 免费（有线 $7.95）

曼哈顿市区温德姆盖特酒店
Wingate Manhattan Midtown

别MAP p.13-C2　中城西

住 235 W. 35th St.（bet. 7th & 8th Aves.），NY 10001
地铁 A C E 34 St-Penn Station
☎（1-212）967-7500　FAX（1-212）967-7599
费 SDT $302~527　套房 $560~
92　♿有　PC 免费

Four Points by Sheraton Midtown　入住这家酒店的客人可以免费使用电脑和健身房。还带有咖啡机。另附
别MAP p.13-C1　住 326 W. 40th St.（bet.8th & 9th Aves.）

温德姆花园唐人街酒店
Wyndham Garden Chinatown

别MAP p.6-A2　唐人街

住 93 Bowery（at Hester St.）, NY 10002
地铁 B D Grand St　☎（1-646）329-3400
Free（1-877）999-3223　FAX（1-646）329-3401
费 SDT $159~449　T $179~467　套房 $229~495
106（有可以吸烟的房间）　♿有　PC 免费

纽约索霍宝石酒店
The GEM Hotel SoHo

别MAP p.6-A1　索霍区

住 135 E. Houston St.（at Forsyth St.）, NY 10002
地铁 F 2 Ave
☎（1-212）358-8844　FAX（1-212）473-3500
费 SDT $209~399
45　♿有　PC 免费

烛木酒店系列

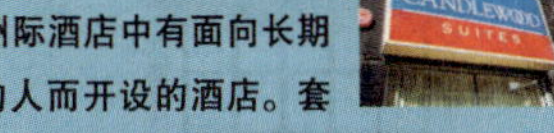

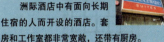

洲际酒店中有面向长期住宿的人而开设的酒店。套房和工作室都非常宽敞，还带有厨房。

URL www.ihg.com

汉普顿酒店系列

这家酒店一般都是沿着干线公路，最近增加了在都市的数量。最大的亮点是宽敞干净、舒适的客房和种类丰富的免费早餐。

URL hamptoninn3.hilton.com

烛木套房酒店
Candlewood Suites

别MAP p.13-C1　中城西

住 339 W. 39th St.（bet. 8th & 9th Aves.）, NY 10018
地铁 A C E 42 St-Port Authority Bus Terminal
☎（1-212）967-2254　FAX（1-212）967-4110
费 套房 $189~363
188　♿有　PC 免费

纽约曼哈顿时报广场北汉普顿酒店
Hampton Inn Times Square North

别MAP p.32-B1　中城西

住 851 8th Ave.（at 51st St.）, NY 10019
地铁 C E 50 St
☎（1-212）581-4100　FAX（1-212）974-7502
费 SD $269~399　T $299~429
300　♿有　PC 免费

宝石酒店系列

曼哈顿的新酒店品牌。地理位置好，价格也合理。有时尚的内部装饰。

URL www.thegemhotel.com

时报广场南汉普顿酒店
Hampton Inn Times Square South

别MAP p.13-C1　中城西

住 337 W. 39th St.（bet. 8th & 9th Aves.）, NY 10018
地铁 A C E 42 St-Port Authority Bus Terminal.
☎（1-212）967-2344　FAX（1-212）967-3299
费 SD $239~499　T $259~489
184　♿有　PC 免费

切尔西宝石酒店
The GEM Hotel Chelsea

别MAP p.9-C1　切尔西

住 300 W. 22nd St.（at 8th Ave.）, NY 10011
地铁 C E 23 St
☎（1-212）675-1911　FAX（1-212）675-1912
费 SDT $169~369
81　♿有　PC 免费

曼哈顿 35 街汉普顿酒店
Hampton Inn 35th St

别MAP p.13-D2　中城西

住 59 W. 35th St.（near 6th Ave.）, NY 10001
地铁 B D F M N Q R 34 St-Herald Sq
☎（1-212）564-3688　FAX（1-212）564-3799
费 SD $209~449　T $229~469
146　♿有　PC 免费

中城西宝石酒店
The GEM Hotel Midtown West

别MAP p.12-B2　中城西

住 449 W. 36th St.（near 10th Ave.）, NY 10018
地铁 A C E 42 St-Port Authority Bus Terminal
☎（1-212）967-7206　FAX（1-212）967-7207
费 SDT $129~429
39　♿有　PC 免费

纽约切尔西汉普顿酒店
Hampton Inn Chelsea

别MAP p.13-D4　切尔西

住 108 W. 24th St.（near 6th Ave.）, NY 10011
地铁 F M 23 St
☎（1-212）414-1000　FAX（1-212）647-1511
费 SDT $319~449
144　♿有　PC 免费

洗发水　闹钟　浴缸　咖啡机　微波炉　有线LAN　B 商务中心　酒店金钥匙
吹风机　室内保险箱　冰箱　迷你吧　K 厨房　Wi-Fi　电梯　免费早餐

设计型

在布鲁克林区的中心地区，十分便利

布鲁克林雅乐轩酒店 Aloft Brooklyn

别MAP p.40-B1　布鲁克林市中心

W酒店的新面貌以时尚的设计吸引了大众眼球。有瞬间让人进入放松状态、精心准备的床品，还有24小时开放的食品储藏室。乘坐地铁到曼哈顿只需要一小段时间。

这是回头客们推荐的酒店

住 216 Duffield St.（bet. Willoughby & Fulton Sts.），Brooklyn, NY 11201
地铁 ②③ Hoyt St
☎（1-718）256-3833　FAX（1-718）256-3855
费 SD $179~429　T $219~454
CC Ⓐ Ⓓ Ⓙ Ⓜ Ⓥ
176　有　PC 免费
URL www.aloftnewyorkbrooklyn.com

设计型

可以感受到布鲁克林的精髓

威思酒店 Wythe Hotel

别MAP p.39-A1　威廉斯堡

这是2012年5月开业的阁楼风格的酒店，其中毫不遮掩的混凝土和红砖带来一种活力感。从地板到天花板的一面墙壁是用玻璃覆盖的，有满满的开放感。还有可以享受曼哈顿夜景的房间。

重新利用了1901年的纺织工厂

住 80 Wythe Ave.（at N.11th St.），Brooklyn, NY 11249
地铁 Ⓛ Bedford Av
☎（1-718）460-8000
FAX（1-718）460-8001
费 SD $195~600
CC Ⓐ Ⓜ Ⓥ
72　有　PC 免费
URL wythehotel.com

中档

从屋顶可以欣赏曼哈顿的夜景

纽约国王格罗夫威廉斯堡酒店 King & Grove Williamsburg

别MAP p.39-A1　威廉斯堡

这个酒店坐落在从这里到曼哈顿乘坐地铁只要一站地，正在发展中的威廉斯堡。是纽约为数不多的带有游泳池的时尚酒店。最有人气的是能从屋顶的休息室里看到曼哈顿的夜景。

酒店还提供租借自行车的服务

住 160 N. 12th St.（bet. Bedford Ave. & Berry St.），Brooklyn, NY 11249
地铁 Ⓛ Bedford Av
☎（1-718）218-7500　Free（1-800）804-4480
费 SD $189~469　T $219~454　套房 $514~789
屋顶房间数 $789~1300
CC Ⓐ Ⓓ Ⓜ Ⓥ　64　有　PC 免费
URL www.kingandgrove.com/NYC-Hotels/Hotel-Williamburg

设计型

在布鲁克林中心交通十分便利

努酒店 nu Hotel

别MAP p.40-B1　博寇卡

极具现代感的室内装饰，以白色为主色的内部装修，这些都非常值得一看。这家酒店位于布鲁克林的中心地带，价格也相对合适，所以在纽约比较有人气。晚上酒吧中的下酒菜也受客人欢迎。

将时尚具体化的酒店

住 85 Smith St.（at Atlantic Ave.），Brooklyn, NY 11201
地铁 Ⓐ Ⓒ Ⓖ Hoyt Schermerhor
☎（1-718）852-8585
Free（1-718）852-8558
费 SD $215~325　T $219~342　套房 $304~396
CC Ⓐ Ⓓ Ⓙ Ⓜ Ⓥ
93　有　PC 免费
URL www.nuhotelbrooklyn.com

VOICE | 威思酒店　屋顶上的玻璃空间非常具有现代感。

设计型
BPM 酒店
Hotel BPM

纽约的名人 DJ BIJAL 是酒店的主人。室内还安装了音频系统，酒店还经常举行音乐活动。

别MAP 地图外 greenwood

住 139 33rd St.（bet. 4th Ave. & Gowanus Expy.），Brooklyn, NY 11232
地铁 D N R 36 St
☎（1-718）305-4182 Free（1-718）305-4184
费 SDT $229~400
CC A D J M V 76 有 PC 免费
URL www.hotelbpmbrooklyn.com

设计型
乐蓝酒店
Hotel Le Blue

这家酒店位于布鲁克林的中心地带，富有时尚感。适合商务和旅游。有免费 Wi-Fi。

别MAP p.40-B4 公园坡

住 370 4th Ave.（bet. 3rd & 6th Sts.），Brooklyn, NY 11215
地铁 F G R 4 Av-9 St
☎（1-718）625-1500 Free（1-866）427-6073
FAX（1-718）625-2600
费 SD $209~309 T $219~299
CC A D J M V 48 有 PC 免费
URL www.hotellebleu.com

高档
朱莉酒店
Hotel Le Jolie

时尚的酒店，并且很注重细节——有形状记忆功能的床垫等。有可以望见曼哈顿的房间。

别MAP p.39-B1 威廉斯堡

住 235 Meeker Ave.（bet. Withers & Jackson Sts.），Brooklyn, NY 11211
地铁 L Lorimer St
☎（1-718）625-2100 Free（1-866）526-4097
FAX（1-718）625-7100 费 SDT $159~309
CC A M V 54 有 PC 免费
URL www.hotellejolie.com

中档
布鲁克林快捷假日酒店
Holiday Inn Express Brooklyn

在这家酒店观看大都会队的小联盟——旋风队的比赛十分便利。有比较豪华的早餐。

别MAP p.40-B3 博寇卡

住 625 Union St.（bet. 3rd & 4th Aves.），Brooklyn, NY 11215
地铁 R Union St
☎（1-718）797-1133 FAX（1-718）797-1163
费 SD $207~315 T $225~349 CC A D J M V
115（有可以吸烟的房间） 有 PC 免费
URL www.hiexpress.com

中档
布鲁克林快捷假日酒店
Holiday Inn Express Brooklyn Downtown

这家酒店离 Atlantic Ave. 车站和 Union St. 车站较近，十分繁华。房间简单朴素，但令人开心的是有免费的早餐和网络。

别MAP p.40-B2 博寇卡

住 279 Butler St.（bet. Nevins St. & 3rd Ave.），Brooklyn，NY 11217 地铁 R Union St
☎（1-718）855-9600 FAX（1-718）855-9605
费 SD $189~334 T $207~334 CC A D J M V
104（有可以吸烟的房间） 有 PC 免费
URL www.hiexpress.com

高档
纽约布鲁克林桥万豪酒店
New York Marriott at the Brooklyn Bridge

可以徒步到达布鲁克林桥。房间宽敞干净。如果在高层的话，可以看到对岸。有游泳池和健身设施。

别MAP p.38-B3 布鲁克林市中心

住 333 Adams St.（bet. Johnson. & Fulton Sts.），Brooklyn, NY 11201
地铁 A C F R Jay St-Metro Tech
☎（1-718）246-7000 Free（1-888）436-3759
FAX（1-718）246-0563
费 SDT $179~429 套房 $399~1250 CC A D J M V
666 有 PC $14.95 URL www.marriott.com

青年旅舍
纽约阁楼青年旅舍
New York Loft Hostel

这座建筑物很有历史气息，是一座艺术感与时尚并存的青年旅社。建筑风格富有开放感，也比较干净。在内部院子里经常会有客人们聚集在一起。

别MAP 地图外 布鲁克林

住 249 Varet St.（bet. White. & Bogart Sts.），Brooklyn, NY 11206
地铁 L Morgan Av
☎（1-718）366-1351 费 宿舍 $60 单间 $170
CC A M V 约 100 个床位 没有 PC 免费
URL www.nylofthostel.com

洗发水 闹钟 浴缸 咖啡机 微波炉 有线LAN 商务中心 酒店金钥匙
吹风机 室内保险箱 冰箱 迷你吧 厨房 Wi-Fi 电梯 免费早餐

设计型

新约克Z酒店
Z NYC Hotel

越过皇后大桥，就是一家时尚的酒店了。在房间里能看到曼哈顿。到曼哈顿提供免费接送。

别MAP p.44-B2 长岛市

住 11-01 43rd Ave.（at 11th St.）, Long Island city, NY 11101
地铁 F 21 St-Queensbridge
☎（1-212）319-7000 Free（1-877）256-5556
FAX（1-718）391-0080 费 SDT $205~250
CC A M V
100 有 PC 免费
URL www.zhotelny.com

高档

拉威尔酒店
Ravel Hotel

这是在皇后大桥旁边的一家隐蔽的潮流酒店。在这里眺望曼哈顿十分美丽。有机场巴士。

别MAP 地图外 长岛市

住 8-08 Queens Pl.S.（at Vernon Blvd.）, Long Island city, NY 11101
地铁 F 21 St-Queensbridge
☎（1-718）289-6101 FAX（1-718）289-7919
费 SD $168~188 T $249~ 套间 $249~299
CC A J M V 63 有 PC $9.85
URL ravelhotel.com

中档

长岛市舒适酒店
Comfort Inn（Long Island City）

在离曼哈顿一站地的 Queensboro Plaza 车站下车过一个街区就到了。可以徒步到达 P.S.1 。市内免费打电话。

别MAP 地图外 长岛市

住 42-24 Crescent St.（at 42nd Rd.）, Long Island city, NY 11101
地铁 N R 7 Queensboro Plaza
☎（1-718）303-3700
FAX（1-718）303-3800
费 SD $113~245 T $145~205
CC A D M V 80 有 PC 免费
URL www.comfortinn.com

公寓 24小时服务

我的公寓酒店
Mine Apartment Hotel

别MAP p.42-B2 哈莱姆

纽约生活型酒店。有24小时服务，可以安心入住。新建成的酒店，十分干净。有厨房、洗衣房（地下）、带浴室的房间。对于长期居住的客人有优惠，还有机场接送服务，在附近还有2号馆。

享受变成住户的乐趣

住 130-27 58th Rd.（bet. Lawrence St. & College Point Blvd.）, Flushing, NY 11355
地铁 7 Flushing Main St
☎（1-917）345-9279 FAX（1-718）888-1667
费 公用浴室 S $60~ 带浴室 S $80~
家庭、团体套间（4人）$200~
CC M V
21 有 PC 免费
URL www.mineapthotelny.com

高档 从曼哈顿坐Bus Train只要一站地

新泽西哈德孙河上凯悦酒店
Hyatt Regency Jersey City on the Hudson

别MAP 地图外 泽西城（新泽西）

这家酒店位于哈德孙河的西边，可以望着曼哈顿的夜景入睡。坐落在捷运的Exchange Place站的上方。工作日，在酒店附近的Paulu Hooka的乘坐处到曼哈顿的11号码头还有摆渡船。

在哈德孙河的河畔

住 2 Exchange Pl.（沿着哈德孙河）, Jersey City, NJ 07302
火车 捷运：Exchange Pl
☎（1-201）469-1234
FAX（1-201）432-4991
费 SDT $199~529
CC A D M V
351（有可以吸烟的房间） 有 PC $10
URL www.jerseycity.hyatt.com

高档

李堡乔治华盛顿桥逸林酒店
Double Tree Fort Lee at George Washington Bridge

到曼哈顿的话有新泽西捷运和酒店的运营巴士，比较方便。

别MAP 地图外 李堡（新泽西）

住 2117 Route 4 Eastbound, Fort Lee, NJ 07024
公交 免费摆渡公交，或新泽西捷运158路
☎（1-201）461-9000 FAX（1-201）585-9807
费 SDT $139~199 套间 $375
CC A D J M V
242（有可以吸烟的房间） 有 PC 免费
URL doubletree3.hilton.com

中档

泽西城纽波特万怡酒店
Courtyard Jersey City Newport

坐捷运到曼哈顿只需10分钟。酒店旁边就有车站和购物中心，十分便利。全酒店禁止吸烟。

别MAP p.44-A2 霍博肯（新泽西）

住 540 Washington Blvd., Jersey City, NJ 07310
火车 捷运：Newport
☎（1-201）626-6600 FAX（1-201）626-6601
费 SDT $159~399 套间 $209~409
CC A D J M V
187 有 PC 免费
URL www.marriott.com

经济型

荷兰酒店
Holland Hotel

乘捷运到世贸中心只有两站地。离Pavonia / Newport车站上方的大厦只有一个街区的距离。

别MAP 地图外 泽西城（新泽西）

住 175 12th St, Jersey City, NJ 07310
火车 捷运：Newport
☎（1-201）963-6200 FAX（1-201）420-5091
费 SD $155~
CC A D M V
71（有可以吸烟的房间）
有 PC 免费
URL www.hollandmotorlodge.com

洗发水 闹钟 浴缸 咖啡机 微波炉 有线LAN 商务中心 酒店金钥匙
吹风机 室内保险箱 冰箱 迷你吧 厨房 Wi-Fi 电梯 免费早餐

NY
纽约漫步
深度观察
East Village
东村
现如今很多富裕的年轻人住在这里，在这里可以感受到自由开放的氛围。
如果想要感受当地民风的话可以去当地的图书馆、公园以及超市等地，其中最为推荐的是重普金广场公园。
夏天准备去游泳的孩子们，带上游泳圈，带队的是非常粗犷的母亲。
重普金广场公园内“dog run”，在这里我们可以看到做志愿者的男生，他们会在狗狗吃午饭的时候在旁边静候着。
在东村有各式各样的人，与其说这像东村不如说这更像纽约。
在当地的一次节日活动上看到人们牵着狗，以及在楼梯间休息的人们，还有领队的斗牛狗们……

MUSEUM & GALLERY

博物馆和画廊

观光纽约时不可缺少的艺术的殿堂

大都会艺术博物馆（MET）的游览方式

大都会艺术博物馆（通常被称为“The Met”）里藏有的艺术品种类十分丰富，即使游览一整天也不能观赏完。所以在这里提供了一条观赏捷径，分门别类地向您介绍相关作品。

在这里可以尽情欣赏在美术课本上看到过的名作以及近代艺术作品

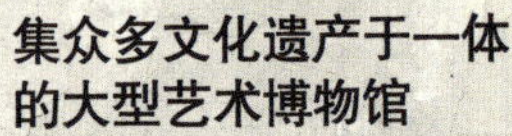

集众多文化遗产于一体的大型艺术博物馆

和伦敦的大英博物馆、圣彼得堡的艾尔米塔什博物馆、巴黎卢浮宫拥有数量相当的馆藏品的博物馆，其馆藏的艺术品有 200 万件以上。馆藏数量跃居世界之最，在此展示的藏品约占全部收藏品的四分之一，其余四分之三的藏品沉睡在收藏库里。因为全年下来会举办大约五十个特别展会，一些特别展会经常在这里举办。由于这里的特别展会备受好评，因此建议配合常设展会来安排您的旅行计划。另外这里会频繁地更换展览的作品，还需要多加关注。

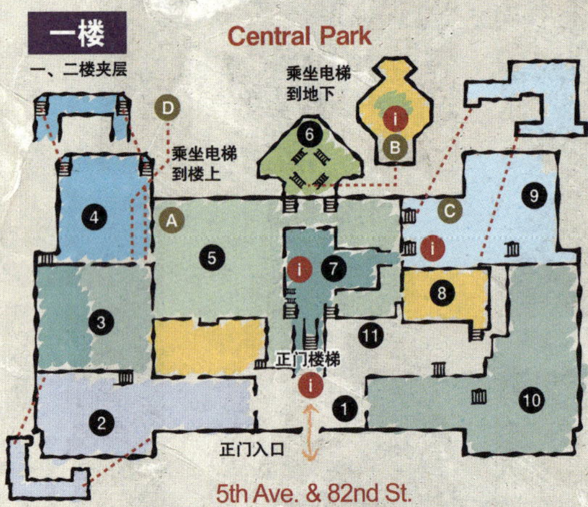

※上图的 A–D 分别对应 p.339

大都会艺术博物馆
The Metropolitan Museum of Art

推荐度》★★★

别MAP p.22-A1 住 1000 5th Ave.（at 82nd St.）
地铁 从 ④⑤⑥ 86th St 站步行约 10 分钟
公交 M1、M2、M3、M4、M86（86th St. 或者 5th Ave. 站下车）
☎（1-212）535-7710 URL www.metmuseum.org
开 周二～周四、周日 9:30~17:30、周五、周六 9:30~21:00
休 周一（节假日除外）、感恩节、12/25、1/1
※从 2013 年 7 月 1 日开始没有休息
费 成人 $25、老人（65 岁以上）$17、学生 $12、不满 12 周岁在大人的陪同下免费。
※如果是同一天的话，持有大都会艺术博物馆的入馆纪念章可以免费进入修道院艺术馆（cloisters）※可以使用城市通票→p.60

1 正门入口处

首先在服务台领取馆内导游图。英语版的地图全面具体。

4 近代艺术

这里收藏着从 1900 年到迄今为止的绘画、素描、雕刻、设计、建筑等作品。一、二楼

2 希腊罗马艺术

这里展览着希腊和罗马时代的雕刻、绘画、青铜、玻璃、宝石等 6000 件以上的收藏品。

5 欧洲雕刻・装饰艺术

馆藏品超过 5 万件。公开展览着雕刻、工艺品、家具、染色等作品。一楼

3 非洲、大洋洲、南北美洲的艺术

这里展览着从公元前 3000 年的考古作品到 20 世纪丰富的工艺品。一楼

6 罗伯特・里曼

里曼一族的收藏品。这里向人们展示着里曼家族住所的氛围。一楼

游览大型艺术博物馆的3个诀窍

1 事先在网站上的 Collection Database 中检索，记录下想看作品所在的画廊序号。

2 到达后，拿到免费导游图。选择感兴趣的主题并决定游览线路之后开始游览。

3 入馆当日可在博物馆内外多次自由出入。在游览的疲惫之余可以在博物馆的附近散步。

参加馆内的团队游

博物馆精品

除休馆日外的每天均有团（英语）。由于日程表随时会有变动，所以建议在游览前进行确认。

耳机语音导览之旅

可以听特别展会的解说（只有英语）。免费下载。URL www.metmuseum.org/en/metmedia/audio。此外，不同主题的精品游、印象派 / 后期印象派精品游 $7。借出需要护照以外的 ID 证，同时还有私人定制的游览方式。详细请见网站。

1. 首先走到正门入口处的服务台
2. 礼品店里有很多可以作为纪念品的小特产
3. 不断反复扩建的店内有数量庞大的收藏品

二楼

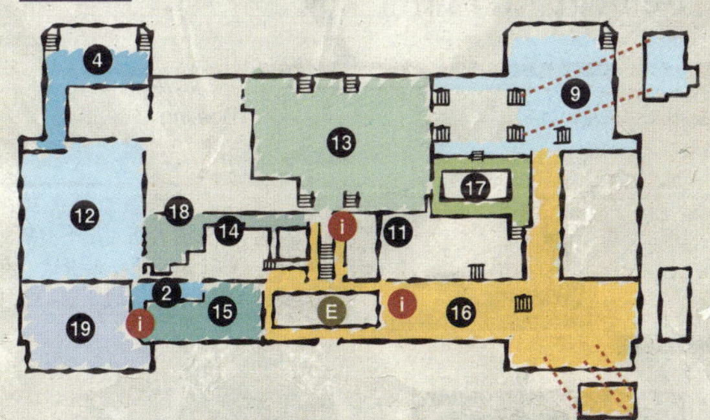

16 亚洲艺术
展示着遍及伊斯兰、中亚、南亚、韩国、朝鲜、日本以及中国等全亚洲的艺术作品。二、三楼

7 中世美术
这里展览着凯尔特艺术、拜占庭和中世纪初期的瑰宝、哥特式艺术的雕刻等。一楼

10 埃及艺术
按照年代顺序展览着从30万年前的石器时代到公元前400年的作品。一楼

13 欧洲绘画
从12世纪到19世纪，大约有3000件名作，一应俱全。西班牙巨匠的作品务必一看。二楼

17 乐器
展示着世界各国的乐器。务必一看的是管风琴、大型钢琴。二楼

8 武器・甲胄
这里收藏着从5世纪到19世纪的作品。其中西欧的收藏品居多。一楼

11 店铺
书籍、模型、杂货等一应俱全，艺术馆的原创作品可以作为纪念品，十分有人气。

14 素描、版画
特别是15世纪德国、18世纪意大利、19世纪法国的作品十分丰富。二楼

18 摄影艺术
展示着从19世纪的法国和英国艺术以及施泰肯、施蒂格利茨等艺术作品。二楼

9 美国艺术
17世纪到20世纪初期美国艺术史上不可或缺的著名作品十分丰富。一、二、三楼

12 19世纪、20世纪的欧洲绘画、雕刻
以法国和罗马派艺术到后期印象派的欧洲绘画为中心。另外还有罗丹的雕刻。二楼

15 中东、近东艺术
这里展览着从公元前8000年到公元后18世纪伊朗和叙利亚的艺术作品。二楼

19 伊斯兰艺术
展示着16世纪波斯的绒毯、中世纪的《古兰》等作品。二楼

※以上展厅位置为本书调查时为止的信息。展厅的艺术品位置可能会有所变动。

START

领取店内导游图后从一楼正门入口处向左走。注意不要上二楼

《杜撒Ⅱ》
Dusasa II

艾尔·安纳祖（2007年）

由现代非洲雕刻家所雕刻的约6m×7m的大型壁画。是由饮料瓶的铝质瓶盖所连接而成的。一楼 ④ 198

《赫拉格勒斯》
Youthful Hercules

作者不明（A.D.69~96年）

约2.5米的高度！完美地展现了人体构造和雕刻技术，让人们不敢相信这是几千年前的雕像。一楼 ② 162

《沉睡的厄洛斯神像》
Sleeping Eros

作者不明（公元前3世纪~2世纪）

希腊神话的恋爱神厄洛斯（丘比特）神像，没有拿着弓箭，而是横躺在地上。看上去十分的舒适，难道是正在睡午觉？一楼 ② 172

乘坐画廊161旁边的电梯前往二楼

同时也推荐给赶时间的人，走捷径用半天的时间欣赏完作品

想要有效率地欣赏巨型艺术馆，安排好游览的顺序是十分重要的。

一边欣赏大众型著名作品，一边按照半天的游览线路游览。

《划船》
Boating

爱德华·马奈（1874年）

采用重点放大描绘中央的人物、几乎不画船的全新构思。据说这一点是受浮世绘的影响。二楼 ⑫ 810

近代艺术
Modern Art

这里展示着安迪·沃霍尔的《杰奎琳》、贾斯培·琼斯的《White flag》、马克·夏加尔（Marc chagall ）的《恋人们》等作品，这些作品分别展示在一楼、一楼和二楼夹层、二楼。

穿过画廊830前往近代艺术馆

《戴草帽的自画像》
Self-Portrait with a Straw Hat

文森特·威廉·梵高（1887年）

即使在没有模特的情况下，凡高也可以采用自成的理念创作出20多幅自画像。这幅作品是凡高用平常绘画时使用的帆布的背面创作出来的。二楼 ⑫ 826

《我们朝拜玛利亚》
la Orana Maria

保罗·高更（1891年）

画的右侧是圣母玛利亚和表示基督的圣母子像。以塔希提岛为背景描绘了西欧基督教信奉的场景，同时也可以看到亚洲艺术对其的影响。二楼 ⑫ 826

※作品解说文末尾的数字，分别对应p.332~333的展示场所（画廊序号）

Dendur神殿
Temple of Dendur

公元前 15 世纪

埃及政府赠送美国的 Dendur 神殿陈列在该馆的萨克勒大厅里，这是在埃及以外世界上仅有的一座埃及古神殿，1978 年 9 月正式对外开放。再现了尼罗河的河畔。在神殿里有恺撒大帝的雕像。务必看一看！一楼⑩ 131

回到大厅，走到信息服务台前的楼梯口处，前往二楼

《拿着水壶的少女》
Young Woman with a Water Pitcher

约翰内斯·维米尔（1662 年左右）

被称为“弗美尔·蓝”的鲜艳蓝色的女裙十分引人注目。站在从左侧透射进一束阳光的房间里的女性是作者具有代表性的一个主题。二楼 ⑬ 618

《华盛顿横渡特拉华河》
Washington Crossing the Delaware

埃玛纽埃尔·洛伊茨（1851）

描绘了美国独立战争期间，1776 年 12 月 25 日华盛顿率军横渡特拉华河的场景。画的长宽大约为 4m×6m，十分具有感染力。一楼⑨ 760

《自画像》
Self-Portrait

伦勃朗·哈尔曼松（1660 年）

作为当时财富和权利的象征，这幅肖像画采用的是注重内部表现力的绘画方式。将年老的皱纹也丝毫没有隐藏地呈现出来。二楼 ⑬ 619

蒂芙尼的玻璃工艺品
Favrile Glass Bottle & Louis Comfort Tiffany

（1990 年左右）

改变了传统的工艺品的理念，是一个写实风格的作品。通常人们都认为镶嵌部分深受伊斯兰艺术的影响。一楼⑨ 743

《女占卜师》
The Fortune Teller

乔治·德·拉·托尔（1630 年）

趁着右侧的中年吉卜赛女性在给年轻男子算命之际，年轻女性的同伙企图偷窃年轻男子随身携带的东西。这是 17 世纪的画家经常使用的主题。二楼 ⑬ 620

回到画廊 700，从美国艺术馆右侧的门扇开始

骑士的庭院
Equestrian Court

（1420 年左右）

再现了中世纪骑士出战的场景。武器也十分扣人心弦。边往前走欣赏边照相也让人感觉十分喜悦。一楼⑧ 371

《曼努埃尔．奥索里奥》
Manuel Osorio Manrique de Zuniga

戈雅（1784~1792 年左右）

戈雅以其极具的观察力、尖锐逼真地描写出人物的性格和个性。因戈雅有众多的效仿者，所以人们经常议论这个作品是否是其本人的作品。二楼 ⑬ 623

GOAL

※展示品为本书调查时为止的作品。展示的作品和位置会有变更。

陶醉沉迷于世界各国的“美女”中……

大都会艺术博物馆里有众多以女性为模型的作品，
着重体现当时的时尚和珠宝饰品，
如果了解背景知识的话将会为您的旅行锦上添花。

《舞蹈课》
The Dance Class

埃德加·德加（1874 年）

德加以其独特的构思描绘了芭蕾舞者的风姿。这是德加的早期作品，务必看一看。该画附近还有专门收集德加画作的展览室。二楼 ⑫ 815

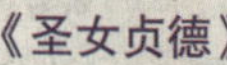

《圣女贞德》
Joan of Arc

朱利斯·巴斯蒂昂·勒帕热（1879 年）

从 12 岁左右开始听神的话的贞德。在其身后描绘有大天使米迦勒、圣卡特林、圣玛格丽特。二楼 ⑫ 800

《忏悔的抹大拉的玛丽亚》
The Penitent Magdalen

乔治·德·拉·托尔（1635 年左右）

描绘见证了耶稣的死和复活的抹大拉玛丽亚的作品。拉·托尔擅长的手法是在寂静暗处的人物画像。画面上描绘的主人公就像是为自己的过去深深忏悔，决定重新做人的样子。二楼 ⑬ 620

《莎乐美》
Salome

亨利·勒尼奥（1870 年）

在义父希律王面前妖艳地跳舞，作为奖励、莎乐美求受洗者约翰的头颅。手里拿着的盆和刀十分恐怖。二楼 ⑫ 800

《年轻女子作画》
Young Woman Drawing

玛丽·丹尼斯（1801 年）

法国女性肖像画家的作品，纯白色的长裙和金色的长发，就像天使一样。从窗户处可以看到一对情侣。二楼 ⑬ 613

《美达·普立麻维兹的肖像》
Mäda Primavesi

古斯塔夫·克林姆（1912 年）

克林姆女儿梅达（当时 9 岁）的肖像画，在肖像画上，她严肃的面庞表情令人印象深刻，其母亲的肖像画也十分著名。二楼 ⑫ 829

《信仰的寓意》
Allegory of the Catholic Faith

维米尔（1670~1672 年间）

表现出了战胜邪恶、追求信仰的美德的姿态。人物原型并不是实际存在的，而是信仰的拟人化，从苹果滚落的场景可以推测出是平安夜。二楼 ⑬ 618

《窗前读信的少女》
Study of a Young Woman

维米尔（1665~1667 年间）

没有特定的人物，类型的作品。在薄薄的眉和宽宽的额头，温柔的表情间不知为什么有种吸引人的魅力。二楼 ⑬ 618

《布罗格利公主》
Portrait of Princess Albert de Broglie

让·奥古斯特·多米尼克·安格尔（1851~1853 年间）

在近乎透明的白色肌肤映照下的蓝色长裙十分美丽，项链和珍珠的手镯等首饰极尽奢侈豪华。散发着高雅的气息。一楼 ⑥ 957

※作品结尾处的数字，分别对应 p.332~333 处的分区和编号。

有关乐器的丰富艺术作品

总觉得是整个艺术馆的配角，
但要是留心关注的话会发现有众多关于乐器的作品在此登场。
在这里以前面所强调的乐器为中心展开介绍。

《赞颂朱斯蒂尼亚尼家庭》
Glorification of the Giustiniani Family

乔瓦尼·多梅尼科·提埃波罗（1784~1785 年）

直到 1797 年一直存在的热那亚共和国的公爵府天花板的素描图。中央的少年和两位都天使拿着喇叭。二楼 ⑬ 622

《梅兹坦》
Mezzetin

让 - 安东尼·华托（1718~1720 年）

以意大利的某喜剧角色作为原型。暗喻着陷入不能得到回报的恋情的角色、其背后的女性石像背对着站着。二楼 ⑬ 616

《钢琴前孟戴斯的女儿们》
The Daughters of Catulle Mendès

雷诺阿（1888 年）

雷诺阿的朋友 Catulle Mendes 和他的情人女性作曲家一起生育的 5 个孩子中的 3 个女儿。有着艺术世家的氛围。二楼 ⑫ 821

钢琴
Guitar

马提傲·塞拉斯（1630~1650 年）

威尼斯的管线乐器工匠的佳作。当时的钢琴比现在要小得多，有 5 套各自独立的两根复线。精美的象牙装饰十分的完美。二楼 ⑰ 684

大鼓
Drum

作者不明（公元 1 世纪左右）

纳斯卡文明所孕育的大鼓。击鼓时需要夹在腋下。眼睛是虎鲸，下巴以下为蛇、后背的头发部分描绘着吐着信子的蛇。一楼 ③ 357

《马戏团的顾客招徕》
Circus Sideshow

乔治·修拉（1887~1888 年）

描绘了正在巴黎招徕客人的马戏团，这是修拉点描画中有名的作品。在油灯下演奏长号的人是幻想的。二楼 ⑫ 826

《排练室中的舞者和低音提琴》
Dancers in the Rehearsal Room with a Double Bass

埃德加·德加（1882~1885 年）

受北齐影响的德加描绘了众多的舞者和浴室女佣。画布的大半部分都被低音大提琴所占据。二楼 ⑫ 815

“笑面”像
"Smiling" Figure

作者不明（7 世纪~8 世纪）

虽然看上去像是在高兴地唱歌，但是手里拿的东西却是能发出声音的乐器。墨西哥的样式像。一楼 ③ 358

《音乐家们》
The Musicians

米开朗琪罗·梅里西·德·卡拉瓦乔（1595 年间）

巴罗克绘画巨匠卡拉瓦乔的作品。通常被认为是琉特琴背后的短号演奏家的自画像。4 个人都是美少年。二楼 ⑬ 631

※随着时间改变展示的作品和位置会有变更。

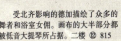

邂逅可爱的动物们

一直以来作为人类邻居的动物，
不同的作者们以不同的形式将其再现，
建议去关注不同国家和时代所运用的不同的再现手法。

河马
Hippopotamus

作者不明（公元前 1961 年~1878 年间）

在古埃及被认作为水中怪物的让人们十分恐怖的河马。现在是大都会艺术博物馆的人气动物——“威廉一世”吉祥物。一楼 ⑩ 111

妇人骑马像
Horse and Female Rider

作者不明（7 世纪末~8 世纪前半叶间）

对唐朝的贵族来说马是一种十分重要的宝贝。中国史上唯一的女皇帝——武则天即位，这也是确立女权社会的时代。二楼 ⑯ 207

拿着带有注入口的器具跪拜的熊牛
Kneeling Bull Holding a Spouted Vessel

作者不明（公元前 3100~2900 年间）

伊朗最古老的文明、原伊拉母时代的银雕刻。身着女袍、微笑着举着器具下跪的神态。器具里装着的是神酒吗？二楼 ⑮ 402

《马市》
The Horse Fair

罗莎·博纳尔（1852~1855 年）

5 米以上十分有感染力的作品源于法国的女性画家。饲养众多的动物（甚至包括狮子！），该画真实地描绘了马的姿态的场景。二楼 ⑫ 812

鸟像
Bird（Sejen）

作者不明（19 世纪~20 世纪中叶）

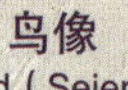

西非的塞努福族人男子组成的秘密社团，在一个仪式上所使用的。有着长长鸟嘴的犀鸟是其主基调。高度约为 151 厘米。一楼 ③ 350

值得顺便一游的博物馆商店

十分宽广的空间内展示着丰富的藏品

定制的珠宝评价也非常好

非常适合寻找纪念品

馆内有数个店铺经营着创意小商品。这像一个十足的巨大艺术馆，所经营的商品种类齐全，样式丰富。在此特别向大家推荐的是：以入馆纪念章为基调的磁石和点缀了所收藏作品的衬衫和大手提袋。河马的威廉姆斯君和狮身人面像的玩偶也颇具人气。除这些之外一定要注意在中城区和 JFK 机场航站楼 4 也有纪念品商店。

※作品结尾处的数字，分别对应 p.332~333 处的分区和编号。

※随着时间改变展示的作品和位置会有变更。

旅途中的
另一个值得期待的……
餐厅 & 咖啡厅

不仅能欣赏艺术，可以品尝美食也是这里的另一个魅力所在。
不论哪里都有着休闲的氛围，让人轻松愉快地进入。
周五、周六的晚上十分拥挤
从 2013 年 7 月开始周一也开始营业

房顶庭院的咖啡厅 & 马提尼酒吧 D
Roof Garden Cafe & Martini Bar

在一览中央公园全貌的同时，也可以欣赏大型艺术展。营业时期为 5 月～晚秋。

营周日・周二～周四 10:00~16:30、周五、周六 10:00~20:00（马提尼酒吧从 17:30 开始营业） 休周一

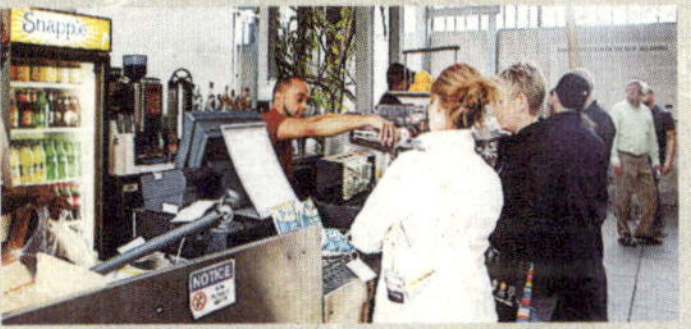

虽然营业时间是被限定好的，但是还是建议一定要去看一下。周五、周六的 17:30~20:00 就变成酒吧时间

从一楼近代美术馆旁边的电梯可到达

大阳台咖啡厅 E
Great Hall Balcony Café

位于正门入口大厅二楼阳台的咖啡厅和酒吧。另外还有古典音乐的现场演奏。

营周五、周六 16:00~20:30（L.O.20:00）休周日～下周四

每周 2 次从傍晚开始营业。还有红酒和香槟、啤酒等酒类

自助餐馆 B
The Cafeteria

位于地下，价格实惠，同时菜单也十分丰富。还有自助服务形式的咖啡。

营周日・周二～周四 11:30~16:30（周日 11:00~）周五、周六 11:30~19:00（周六 11:00~） 休周一

沙拉店非常有人气。从 1 楼欧洲雕刻馆处爬楼梯正好，或乘电梯可到达

美式艺术咖啡厅 C
American Wing Cafe

位于从一楼正门入口处进入向右转，最里面的美国艺术馆。可以品尝三明治、蒸汽加压咖啡壶等小吃。

营周日・下周二～周四 11:00~16:30、周五・周六 11:00~20:30
休周一

从大窗户处可以看到中央公园。天气晴朗的时候，晴空万里让人感觉心情十分舒畅

皮特利庭院咖啡厅 & 红酒酒吧 A
Petrie Court Café & Wine Bar

位于一楼西侧的欧洲雕刻馆从 14:30 开始 为下午茶时间。

营周日・周二～周四 9:30~16:30（11:00~11:30 是休息时间）、周五・周六 19:30~22:30（入店截止时间为 20:30） 休周一

可以品尝意大利面和沙拉，以及其他肉食菜品。晚餐有 3 种套餐

※店名后面的 A～E 分别对应 p.332~333 的店内导游图

博物馆

纽约市艺术殿堂街道的招牌、壁画的瑰宝等。所有这些都洋溢着艺术的气息。即使平常对艺术不感兴趣的人也会想来此感受一下。

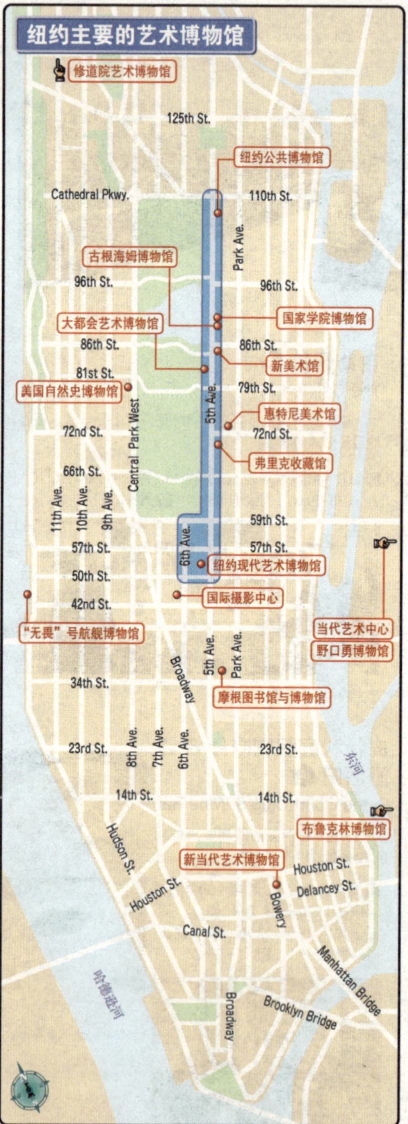

成功迅速游览博物馆的奥秘

①一大早向人气博物馆前进

像大都会艺术博物馆、纽约现代艺术博物馆这样有人气的博物馆游客也非常多。虽然没有人少的时间段但是还是越早去越好。

②每天的观光不以参观的数量为目的

如果匆匆忙忙地参观，印象就会渐渐地淡去，最终只是积攒了参观景点的数量而已。因此最好先选定想要参观的博物馆，然后在每个艺术馆至少保证有3小时的参观时间才能算是去过某个博物馆。同时也可以参加免费的精品游项目。

③ 选择打折的日期出行

一般来说，每周会有1~2天从傍晚开始入场是免费的活动。另外捐赠款也是有折扣的。但是，有时会出现无法参观特别展的情况，当然有时也会出现博物馆十分拥挤的情况。

④轻便出行，悠闲自在地游览

由于带着重重的行李参观作品是十分辛苦的一件事情，所以建议先在寄存处寄存行李和厚重衣物。虽然寄存是免费的，但需要支付小费（通常每件行李$1）。此外按规定饮料等液体务必要寄存。

⑤博物馆、画廊等全部禁烟

只能在指定地点吸烟，如果不遵守的话会受到十分严厉的警告。

⑥关于摄影

有很多地方如果不开闪光灯的话还是可以摄影的，但是同时也有完全禁止拍照的地方，所以需要对前台等处的标识加以注意。

分区域各具特色的艺术风光

在纽约可以欣赏到从著名的艺术馆、小而整齐的艺术馆，到现在呈现给我们独具艺术特色的独特画廊等各种艺术风光。以下分区域简略地介绍下不同的艺术风光。

①上东区：其特点为大型艺术馆的数量很多

②切尔西：是画廊风光的中心

③索霍区：其特点为非营利性的画廊数量很多

④皇后区和布鲁克林区：以新兴艺术为中心

还有不用闪光灯可以拍照的艺术馆

仅仅是咖啡厅也有很大的利用空间

在大型的艺术馆里会有餐厅和咖啡厅的楼层。因为其中有不需要门票的地方，所以可以用来休息。

自助服务形式的自助餐馆

主要的艺术博物馆开馆时间

区域	艺术博物馆名	页码	周一	周二	周三	周四	周五	周六	周日
上东区	古根海姆博物馆	p.350	10:00~17:45			休	10:00~17:45	10:00~19:45	10:00~17:45
	大都会艺术博物馆	p.332	休※	9:30~17:30			9:30~21:00		9:30~17:30
	惠特尼美术馆	p.352	休		11:00~18:00		13:00~21:00	11:00~18:00	
	弗里克收藏馆	p.359	休	10:00~18:00					11:00~17:00
	纽约公共博物馆	p.363	10:00~18:00						
	新美术馆	p.359	11:00~18:00	休		11:00~18:00			
上西区和华盛顿公寓	修道院艺术博物馆	p.354	休	9:30~17:15（11 月～次年 2 月为 9:30~16:45）					
	美国自然史博物馆	p.355	10:00~17:45						
中城区	纽约现代艺术博物馆	p.344	10:30~17:30				10:30~20:00	10:30~17:30	
	国际摄影中心	p.363	休	10:00~18:00			10:00~20:00	10:00~18:00	
LES	新美术馆	p.359	休		11:00~18:00	11:00~21:00	11:00~18:00		
皇后区	当代艺术中心	p.362	12:00~18:00	休		12:00~18:00			
	野口勇博物馆	p.361	休		10:00~17:00			11:00~18:00	
布鲁克林	布鲁克林博物馆	p.360	休		11:00~18:00	11:00~22:00	11:00~18:00（第 1 个星期六~23:00。9 月除外		

对比平时关门时间推迟的星期会进行公示

※从 2013 年 7 月开放时间为 9:30~17:30，（2013 年 4 月信息）

❤捐赠款（款额随意） 所谓的款额 =Suggested，就是随意支付一定的费用。基本上可以根据个人的想法决定金额的多少。同样也有事先设定好金额的艺术馆。如果选择金额任意的一天去的话要做好可能会十分拥挤的心理准备。

必备的专业用语和艺术家名字

专业用语

地区	用语	说明
欧洲	印象派	源于1874年莫奈在巴黎个人展览会上发表的作品《日出印象》。该派别的特点为：重视光线移动的表现力、画的整体都富有色彩性。另外在绘画本身看不到明确的光线也是其特征。 **▶莫奈、雷诺阿、德加、马奈、西斯莱等。**
	后印象主义	主要指的是继印象派之后的19世纪末期的20年间，活跃在以法国为中心的前卫艺术家们。一方面深受印象派绘画艺术的影响；另一方面引入原始的题材，并同时引入显眼的色彩等，孕育出独自的特点，从而确立了成为20世纪美术先驱的个性画风。 **▶梵高、高更、修拉、塞尚、洛特・雷克等。**
	浪漫主义	诞生于19世纪初期，和格调匀称的古典主义绘画相对应。其特点为通过色彩带来的感情表现力。代表法国浪漫主义画风的德拉克洛瓦注重描绘强烈的色彩和动态构思下所具有的扣人心弦的画面。 **▶德拉克洛瓦、戈雅、弗里德里希、菲利普、颚图等。**
	野兽派	在1905年的巴黎所举办的展览会上，出现了一群有着强烈的色彩表现力的奔放的作品，当时的评论家看到其强烈的感染力，将这些作品评价为"就像在笼子里的野兽一样"。野兽派便由此而来。野兽派的特点就是重视感觉以及内心世界可以感知的色彩。 **▶马蒂斯、鲁奥、安德烈・德兰、莫利斯・德・布朗马克等。**
	表现主义	主要指20世纪初期诞生于德国的艺术运动中"德国表现主义"的作品以及受其影响的作品。主要有《青骑士》《布鲁克》等表现主义组合诞生了。其特征为：夸张的表现手法、象征性的配色方式，以及将焦点对应人类心理等。 **▶凯希纳、爱弥尔、弗兰茨・马克等。**
	立体主义（立体派）	开始受塞尚影响的毕加索和布拉克（全名）为把自然和人类还原为单纯的形体开始创作的作品。通常认为1907年毕加索创作的《阿维尼翁的女儿们》这个作品是立体主义艺术的原点。 **▶毕加索、布拉克、莱热、格里斯等。**
	超现实主义	佛的诗人——安德烈・布勒东在1924年所提倡的艺术运动。作为曾经的主导诗人，随后众多的画家也步入超现实主义艺术的行列。逐渐重视潜在意识和集体意识、重视梦想的世界、注重表现不受理性思维所支配的世界。 **▶达利、米罗、麦克斯・恩斯特、基里科、马格里特等。**
美国	垃圾箱画派	1908年，以罗伯特・亨利为中心的8个画家在九月开展艺术集合展。由于其真实地描绘出了贫穷人们的生活和都市荒废、破败的景象，因此评论家们将其命名为"Ashcan School（垃圾箱派）"这便是美国艺术的原点。 **▶罗伯特・亨利、乔治・卢克斯、J.F. 斯隆等**
	抽象表现主义	以1940~1950年为中心的抽象艺术绘画的一个倾向。就像帕洛克并不描绘可以识别的意象一样，抽象表现主义的大多数作品也是注重描绘巨大的帆布上所体现出的个人内心世界。同时也被称为"纽约派"。 **▶波洛克、高基、威廉・德库宁等。**
	波普艺术	指的是诞生于英国，特别指1960年以美国的大量消费社会为背景下发展的现代艺术派别。代表作家有运用简明易懂的图案和鲜艳的色彩的沃霍尔，将漫画扩大一个格子来绘画的利希滕斯坦。 **▶沃霍尔、利希滕斯坦、贾斯培、琼斯、大卫・霍克尼等。**

艺术家

地区	艺术家	简介
欧洲	伦勃朗·哈尔曼松·凡·莱因（1606~1669）Rembrandt Harmenszoon van Rijn	和维米尔齐名，被称为世界三大绘画之一《夜警》的荷兰画家。在大学毕业之后，他作为上流社会市民的肖像画家活跃于画坛。在个人生活上，妻子早亡，在和情人关系告吹之后宣布个人破产。他的一生都生活在怀才不遇和绝望中。
欧洲	维米尔（1632~1675）Johannes Vermeer	和伦勃朗齐名的荷兰画家。出生于丝绸织布工匠和旅馆经营这样一个富庶的家庭，43岁便英年早逝。现存的作品仅存30几件。成为电影剧本的《戴着珍珠耳环的少女》为1665年左右的作品。
欧洲	爱杜尔·马奈（1832~1883）Edouard Manet	作为法国法务省和外交官的女儿的孩子出生。他在16岁决定成为画家。1863年在"落选展"上展出的作品《草地上的午餐》引起人们注意，年轻的画家们对其更是称赞不已，而后被誉为"印象派之父"。
欧洲	德加（1934~1917）Edgar Degas	出生于巴黎，其父亲是个金融资本家。学习法律之后进入国立美术学校学习，而后到意大利留学。其后与莫奈相遇，便倾向于印象派画风。以"舞者"为题材的作品颇丰，晚年也留下了一些雕刻作品。
欧洲	保罗·塞尚（1839~1906）Paul Cezanne	出生于法国南部一个富庶的家庭。进入大学法律系之后立志成为画家并于1861年移居巴黎。虽然初期的作品未能得到人们认可，晚年回到故乡之后便确立了其艺术巨匠的地位，被后人誉为"现代绘画之父"。
欧洲	克劳德·莫奈（1840~1926）Claude Monet	出生于巴黎，16岁时向风景画家布丹学习表现自然之美的绘画方式。1874年在印象派的第一次展会上出展了《日出印象》，这也是印象派名称的由来。晚年后，也连续绘画了200件以上关于睡莲的一系列作品。
欧洲	皮埃尔·奥古斯特·雷诺阿（1841~1919）Pierre-Auguste Renoir	出生于法国的利摩日。青年时期从事陶器的彩绘工匠工作。之后和莫奈等人结识并参加印象派的第一次展会。因其用明亮的色彩描绘人物，故被人们称为"色彩的魔术师"。晚年因身患风湿病而十分痛苦，但是却一直以顽强的毅力坚持工作。
欧洲	保罗·高更（1848~1903）Paul Gauguin	出生于法国，早年在海轮上工作，后又到法国海军中服务，23岁当上了股票经纪人，收入丰厚。35岁时放弃工作专心从事绘画事业。通过和梵高等人的结识确立了其独具特色的画风。晚年为了安度晚年来到塔希提岛，在当地更是留下了许多描绘当地人们生活的名作。
欧洲	文森特·梵高（1853~1890）Vincent Van Gogh	出生于荷兰，从事机关办事员、教师、传道士等工作之后，最终决定在27岁时成为画家。一边接受画商弟弟提奥的资助，一边维持创作活动。37岁时持枪自杀。生前卖出去的作品仅有一件。
欧洲	乔治·修拉（1859~1891）Georges Seurat	出生于巴黎一个十分富裕的家庭。在国立美术学校求学之后，根据光学和色彩理论开创了点彩派画法。1886年发表了作品《大碗岛的星期天下午》，该作品引起当时人们的一阵热议。修拉本人也被称为"印象派的旗手"，但是好景不长，在31岁时便去世了。
欧洲	亨利·马蒂斯（1869~1954）Henri Matisse	出生于法国，初期便立志成为法律家，过了20岁之后便转而立志成为画家。1905年发表了由单纯化的线条和强烈的色彩构成的作品，因此被人们称为"野兽派画家"。晚年用剪贴画的手法继续创作。
欧洲	保罗·克利（1879~1940）Paul Klee	出生于瑞士的首都伯尔尼，其父母都是音乐家，在慕尼黑的美术学校求学，在1914年的突尼斯旅行之后便确立了色彩丰富的独特画法。同时也活跃于美术教育的工作领域，留下了众多的作品。
欧洲	巴勃罗·鲁伊斯·毕加索（1881~1973）	出生于西班牙的马拉加。父亲是美术教师，毕加索在幼年时代便显现了非凡的艺术才能。以巴黎为据点分别展开了从蓝色时期、粉红色时期到立体主义、新古典主义倾向，以及超现实主义等独特的创作风格。91岁去世，为世人留下了数量庞大的绘画作品。
欧洲	乔治·德·基里科（1888~1978）Giorgio de Chirico	出生于希腊，父母是意大利人，父亲死后便辗转于欧洲各地度过了青春时代。受尼采等哲学家的影响创作了一些神秘作品，其作品被称为形而上学艺术，成为超现实主义绘画风格的原点。
美国	爱德华·霍珀（1882~1967）Edward Hopper	出生于纽约市郊外的奈阿克，在纽约的美术学校求学之后的1906年留学巴黎。回国后作为商业插图画家活跃于画坛，之后专心绘画，描绘大都会人们生活的虚无和孤独。
美国	欧凯芙（1887~1986）Georgia O'Keeffe	出生于威斯康涅州的女性画家。经历了商业设计师、美术教师的工作之后和摄影师阿尔弗烈德·湿蒂格利茨结婚。移居新墨西哥后的生活方式也十分引人注目。在98岁的高龄时去世。
美国	杰克逊·波洛克（1912~1956）Jackson Pollock	出生于怀俄明州。经过在洛斯阿拉莫斯高中求学之后进入纽约市艺术学院，1945年和画家李·克拉斯纳结婚，1947年完成《滴画》的创作。但是在44岁时因为一场交通事故去世了。
美国	罗伊·利希滕斯坦（1923~1997）Roy Lichtenstein	出生于纽约市，在俄亥俄州大学获得美术专业的硕士学位。20世纪60年代发表了扩大一格漫画的创作风格的作品，成为波普艺术的代表性存在。版画和立体制作十分著名。享年73岁。
美国	乔治席格（1924~2000）George Segal	出生于纽约市，在纽约大学毕业之后，从20世纪50年代开始从事画家、雕刻家的工作。到20世纪60年代之后开始通过由真正的人体做的模型的石膏雕刻，获得了人们很高的评价。1998年荣获国民荣誉勋章。
美国	安迪·沃霍尔（1928~1987）Andy Warhol	出生于宾夕法尼亚州的匹兹堡。大学毕业后移居纽约，20世纪60年代开始使用丝网绘画艺术技巧。于20世纪70~80年代发表了肖像画作品，在全世界开办个人展会。享年58岁，一生单身。

→p.60

纽约现代艺术博物馆（MoMA）
推荐指数：★★★
住 11W.53 rd St.（bet. 5th & 6th Aves.）
地铁 乘坐 E M 线 5 Av/53 St 站步行大约 1 分钟
公交 M1、M2、M3、M4、M5、M7（在 53St. 一带下车）
☎（1-212）708-9400
开 每天 10:30~17:30（周五 10:30~20:00）
休 感恩节、12/25
费 博物馆：成人 $25、老人（65 岁以上）$18、学生 $14、16 岁以下（有成人同行的情况下）免费，※周五 16:00~20:00 免费，仅剧场 ID：成人 $12、老人（65 岁以上）$10、学生 $8、16 岁以下（有成人同行的情况下）免费
网 www.moma.org
※在网上也可以购买门票——首页的 VISIT → Buy Tickets

纽约现代艺术博物馆（MoMA）

The Museum of Modern Art（MoMA）

别 MAP p.36-B3

近代艺术、随心所欲

呈现世界上现代艺术的纽约现代艺术博物馆（MomA）矗立于商业街的中城，交通十分便利，受到以纽约人为首等世界各国人们的喜爱。

本来是以 1929 年约翰·D. 洛克菲勒 Jr. 夫人等 3 人为首的纽约市民兴起成立的。由最初的 8 张版画和一张素描画发展成为至今馆藏超越 15 万件的大型博物馆。2004 年日本建筑家一谷口吉生氏设计改造重新开馆。加上馆藏作品的精心陈列，又率先和创新艺术家开展合作。不愧是现代艺术博物馆，相信今后也将会继续为我们呈现更加值得期待的策划展。建议首先欣赏下四楼和五楼的常设展吧。

位于中城的中心

快乐巡游MoMA

1 周五晚上免费入馆

周五（16:00~20:00）举办免门票的 UNIQLO Free Friday Nights 活动，16:00 后馆内大厅的前台处有免费门票可以领取。（15:00 左右主要入口处会排队，但一个人可以同时领取多张门票）。入馆时必须持有免费门票的告示单。因为会十分拥挤，如果在寄存间寄存物品的话会花费 20~30 分钟，所以建议轻便出行（寄存时需持有免费门票）

2 语音导游之旅

可以免费租借中文语音导游设备。需要抵押附带照片的 ID（护照不可以，国内的驾驶证或者学生证）或者信用卡。

3 成为一名会员

成为会员之后，有时入馆门票可以打折或者免费等，同时在博物馆商店买东西会有 10% 的折扣。推荐经常去的游客。入会费：$85~。

4 注意所携带的物品

较重的野外旅行包、大的购物袋，以及长伞等行李禁止携带入内。需要寄存在一楼的寄存处（旅行提箱和乐器不能寄存）。小的购物袋和背包式手提包是可以的。

5 其他的禁止事项

吸烟，携带食品入内，以及在画廊和剧场使用电话等是禁止的。允许以个人使用为目的的拍照，但是禁止使用闪光灯和三脚架。

❤ **纽约现代艺术博物馆的语音导游** 在各楼层的租借处抵押除护照以外附带照片的身份证明（参照上述内容），与此交换就能租借到语音导游。还回的时候返还。

馆内MAP

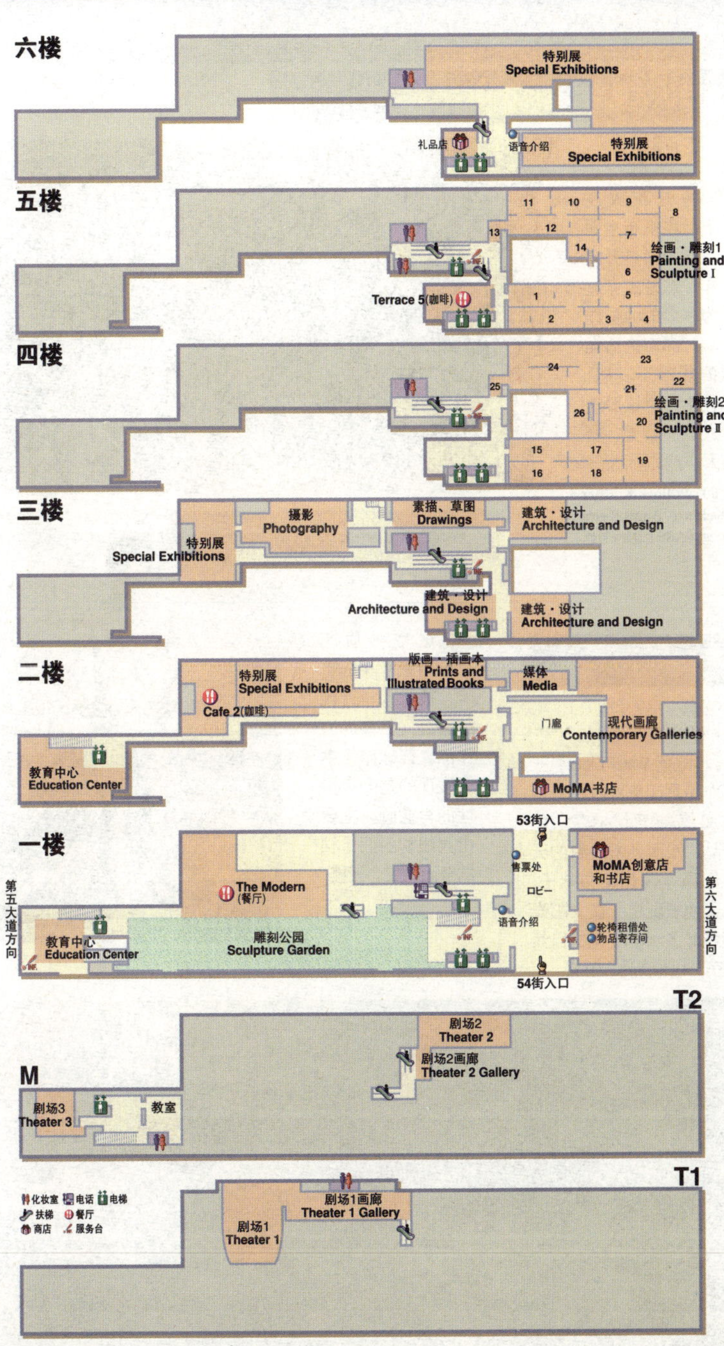

MoMA 的画廊心语　展会是为了加深对作品和博物馆的了解而举办的。关于展览内容和集合场所详细请参照网站或者当天大厅的告示板。开馆时间 11:30~、13:30~。

纽约现代艺术博物馆 MoMA 馆藏亮点

杰克逊・波洛克 Jackson Pollock

《1: 数字 31》
(*One: Number 31*)

将帆布放在床上，在帆布上面放置绘画道具开始创作。这是杰克逊最为著名的油画作品。对都市生活强烈的焦躁不安感，并且不可思议般地让人联想到土、石等大自然的画面。

塞尚 Paul Cezanne

《水浴人》
(*The Bather*)

这是对后印象派带来了深远影响，被誉为“近代绘画之父”塞尚的作品。这幅作品主要表现的是一个男性的肖像画。主要由直线和四面体相结合而构成。五楼

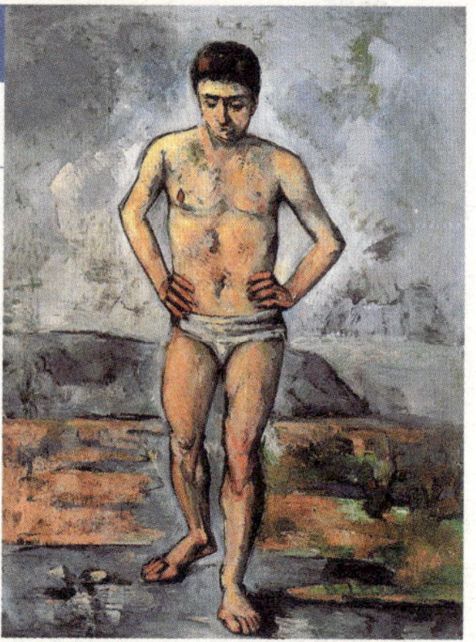

莫奈 Claude Monet

《睡莲》
(*Water Lilies*)

《睡莲 Water Lilies》三部作品是印象派巨匠莫奈在 80 岁高龄时创作完成的作品。水面上所映射的天空里飘浮着花朵和叶子。完美地表现出了在太阳光的照射下永不变化的自然之美，堪称杰作。五楼

罗伊·利希滕斯坦 Roy Lichtenstein

《手持球的少女》(*Girl with Ball*)

将广告的照片以漫画的形式再现。虽然表面上看不出什么特质，但却透露着一股思乡之情。用黑色的线条描绘出平平的色面，将漫画扩大一格，再现了平凡物质中所孕育的不平凡的美丽。四楼

马蒂斯的馆藏品也十分丰富

《红色画室》(*The Red Studio*)

以画面的装饰性统一为目标的作品。将意味深远的斜线和单一色调的平面背景完美地结合在一起。

《舞蹈》(*Dance*)(1)

一般都展示在五楼的六号画廊

注：由于作品的位置调换以及作品的租借等原因，展示位置个别可能和本书中有出入。

安迪·沃霍尔 Andy Warhol

《坎贝尔浓汤罐》(*Campbell's Soup Cans*)

将32个汤罐从照片上转绘到版画上，以这样的手法描绘。罐是同样的设计，但是引人注目的是标签的内容却不尽相同。沃霍尔追求以日常生活的素材为主题的艺术，将不易被人理解的现代艺术清晰明了地展现在大家眼前。五楼

《金色玛丽莲·梦露》(*Gold Marilyn Monroe*)

沃霍尔十分喜爱将电影明星以及政治家等伟大的形象描绘成大众文化的代表。作为梦露自杀之后创作出的这个作品也是其中的一个代表。四楼。

文森特・梵高 Vincent van Gogh

《星月夜》(*The Starry Night*)

在纽约现代艺术博物馆 MoMA 中最为著名的作品。这是梵高在切掉自己耳朵之后创作的作品，当时的梵高经常因神经病发作而使自己受伤。五楼。

Oil on canvas、73.7×92.1cm、1889

毕加索 Pablo Picasso

《亚威农的少女》(*Les Demoiselles d'Avignon*)

在纽约现代艺术博物馆 MoMA 中的重要作品之一。是一个展示出了立体派画风鼎盛时期的作品。五楼。

Oil on canvas、243.9cm×233.7cm、190

收藏地：纽约现代艺术馆（MoMA）

威廉・德・库宁 Willem de Kooning

《女人 I 》(*Woman*)

抽象表现主义所特有的行动绘画的代表作。令人印象深刻的是其鲜艳浓烈的色调，让人无法想象这是已经超过了 70 岁的人所创作的作品。这也是库宁的代表作《女人》系列中的作品之一。四楼。

Oil on canvas、192.7×147.3cm

咖啡和餐厅

Cafe 2
咖啡 2

在这个意式咖啡馆里可以吃到意大利面和意大利风味的三明治。因为入口处的墙壁就是菜单，所以在排队的时候就大致想好自己想吃的东西。先点菜付钱，坐到座位之后服务员就会把点的东西端过来。

营 周五～周一·周三·周四 11:00~17:00（周五~19:30）

休 周二

※只有去艺术馆参观的游客才能进入

The Modern
现 M 代

其后园是 MoMA 的雕像公园，一个极尽奢华的交融了法、美文化的餐厅。其实没有游览纽约现代艺术博物馆也可以在这里进食。

☎（1-212）333-1220

营 午餐：周一～周五 12:00~14:00，晚餐：周一～周日 17:30~22:30（周五、周六~23:30、周日~21:30）。

※需要穿夹克衫（商务休闲装）。

©Quentin Bacon

Terrace 5
露台 5

不仅可以品尝到甜品、汤、沙拉等，还可以一边喝酒，一边喝咖啡。在这个有着 40 个座位的露台上，可以一览中城全貌。家具和餐桌都给人现代艺术感。

营 周 五～周 一 · 周 三 · 周 四 11:00~17:00（周五 ~19:30）

休 周二

※只有游览了纽约现代艺术博物馆的游客才可以进入。

COLUMN

现代艺术博物馆商店

位于一楼的有艺术博物馆设计品和书籍商店。有 2000 本以上的艺术相关类书籍，另外还有十分完备的海报和卡片等。同时还有现代艺术博物馆原创的面向小孩和家庭的创意小商品。进入商店可以利用位于商店西侧的商铺专用入口。营 每天 9:30~18:30,（周五 ~21:00）

此外，位于博物馆对面的创意品商店里，办公用品、珠宝、儿童用品、室内装饰、家具、照明用品等世界上的创意商品和 MoMA 原创小商品一应俱全。另外关于创意艺术、建筑、设计等类的书籍出版物也十分丰富。但是因为店内有点小，如果想有限地购物的话建议去二层建筑的索霍店。

● 53 街店 别 MAP p.36-B3

住 44w.53rd St. ☎（1-212）767-1050

营 每天 9:30~18:30（周五 ~21:00）

●索霍店

别 MAP p.31-C3

※可以在网上购物

URL www.momastore.org

博物馆对面的 53 街店

VOICE 欣赏了《呐喊》！ 在拍卖市场上卖出 1.2 亿美元的历史最高价格。这个出自蒙克之手的《呐喊》在 MoMA 限定的时间里进行展示。这是一个难得一睹真容的人人点赞的作品。

→ p.60

弗兰克、劳埃德、赖特螺旋形状的商标

古根海姆博物馆

Solomon R. Guggenheim Museum 别 MAP p.26-A4

位于中央公园的东侧，其标志为蜗牛形状的白色建筑物

2009 年完成改装施工的，是著名设计师弗兰克·盖里的代表性建筑。其设计本身的现代性深受好评，并且出现在美国高级轿车奥迪的广告中。就像一个巨大的雕刻一样，因为建筑物从中间开始一圈一圈向上呈环状上升的形状，所以可以欣赏螺旋形状的回廊，因此进入回廊时仰望摄影拍照的人接连不断。

古根海姆博物馆十分有技巧地利用了有限的空间，常设馆展示在主馆的侧面，特别展位于螺旋形状回廊的主要区域，用来展示人们话题中的流行元素。所以首先最好是从下逐渐向上爬回廊，一边欣赏位于侧面的常设馆。欣赏完后在人气餐厅（Light）就餐。

古根海姆博物馆
推荐指数：★★★

住 1071 5th Ave.（at 89th St.）
地铁 乘坐 4 5 6 线，在 86 St 站步行大约 10 分钟
公交 M1、M2、M3、M4（在 89th St. 一带下车）
☎（1-212）423-3500
开 周日～下周三·下周五 10:00~17:45、周六 10:00~19:45
休 周四、感恩节、12.25
费 成人：$22、学生·老人（65 岁以上）$18、未满 12 周岁免费、周六 17:45~19:45 费用任意。
※团队旅行 11:00、13:00
网 www.guggenheim.org

引人注目的餐厅

位于艺术博物馆内的“light”是一个充满艺术氛围的空间，并且有著名的主厨在这里，所以十分有人气。

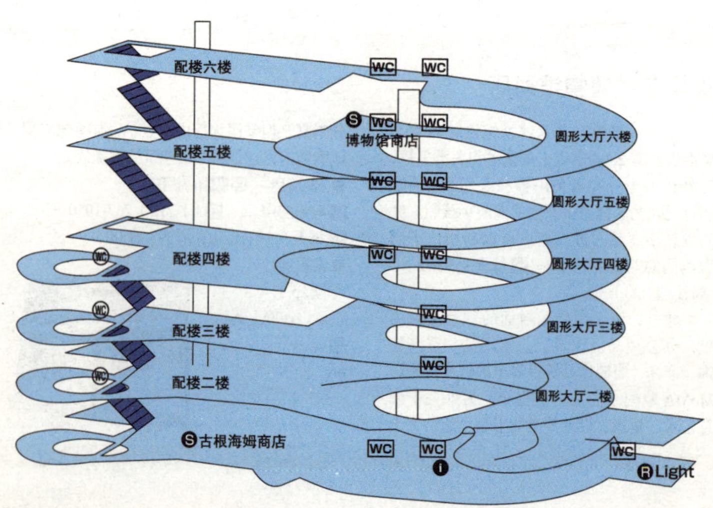

❤ **巨石之巅和纽约现代艺术博物馆的联票** 如果购买了洛克菲勒中心的眺望台的联票（ROCK MoMA SPECIAL）的话就可以全部一起享受 20% 的优惠折扣。©Solomon R. Guggenheim Museum

作品亮点

《圣雷米的群山》
(*Mountains at Saint Rémy*)
文森特·威廉·梵高

自己切掉耳朵的梵高在第二年便住进了法国南部圣雷米的精神病院。他所描绘的就是在当时所看到的山脉。著名的《星月夜》也是在那一个月之后的作品。

《在香草树丛，人与马》
(*In the Vanilla Grove, Man and Horse*)
保罗·高更

对西洋文明绝望的高更在1891年移居塔希提岛后不久创作的作品。该作品的另一个名字《组合》也被人们熟知。在右侧茂盛的背后还描绘了一个女性的姿态。

《通过窗口看到的巴黎》
(*Paris Through the Window*)
马克·夏加尔

埃菲尔铁塔和多彩的天空，飘浮在那里眺望着远方的人们。有着人类面庞的猫和画家自己本人。他面向的是位于巴黎的新居——西方和东方的故乡俄罗斯，两个方向。

《穿着黄毛衣的珍妮》
(*Jeanne Hébuterne with Yellow Sweater*)
亚美迪欧·莫迪里亚尼

1917年经人介绍并成为其妻子的珍妮是模特。1918年长女出生。但是1920年由于莫迪里亚尼身患结核病而死亡，妻子珍妮在腹中还怀着第二个孩子的情形下就自杀了。

《可丽饼磨坊》
(*Le Moulin de la Galette*)
巴伯罗·毕加索

当时住在巴塞罗那，这是19岁的毕加索首次访问巴黎时的作品。当时十分具有人气的舞厅里聚集了众多画家和模特，雷诺阿和梵高都以其为题材进行了作品的描绘。

螺旋形状的独特馆内结构

《巴伐利亚的唐乔凡尼》
(*The Bavarian Don Giovanni*)
保罗·克利

受莫扎特歌剧的启发而诞生的作品。在中央爬梯子的人是主人公的自画像，在其周围写着5位女性的名字。表现了主人公是一个玩弄女性的玩世不恭的角色。

《足球选手》
(*The Football Players*)
亨利·卢梭

五十多岁时从海关官员职位退休后留下了众多作品的卢梭。这个作品也是在他去世两年前64岁时所描绘的作品。主题就是画中的人物看上去就像是静止的独特画面。

COLUMN

康定斯基的作品收藏量跃居世界第一

古根海姆博物馆在其康定斯基的作品收藏量之多的层面上也是被人们所熟知。康定斯基于1866年出生于莫斯科，30岁时就立志学习美术，从1903年之后的五年间开始游历欧洲各国，接触了新艺术派画风和野兽派画风画家的潮流，其本人并逐渐摸索出新的绘画形式。

从1922年开始在位于包豪斯（德国的魏玛）的综合造型学校执教。在这里使用点、线、圆、三角形等几何学的形状进行创作，和以往的创作风格有所不同。开始描绘抽象画。康定斯基包豪斯的学校停课的1933年以后转到法国，继续创作。于1944年去世。

Gift. Solomon R. Guggenheim，1937 37 . 239、Photograph by David Heald
©The Solomon R. Guggenheim Foundation, New York
©ADAGP, Paris & JVACS，Tokyo，2002

美国现代艺术瑰宝的宝藏

惠特尼美术馆

Whitney Museum of American Art

别 MAP p.22-A3

努力注重影像效果的现代艺术馆

位于麦迪逊街的花岗岩外墙壁的惠特尼美术馆。其设计师是出生于包豪斯的马塞尔·布罗伊尔。1966 年开始坐落于现在的位置，但是本来是始于雕刻家——惠特尼夫人将自己位于格林尼治村的画室改装成的艺术馆。因其向人们呈现出富于美式艺术的收藏品，因此一直以来广受好评。这里有展现巨匠艺术家们受毕加索影响程度的策划展会以及现在不断发展的年轻美国艺术家们的作品。近年来，特别是囊括大型新类别艺术空间和演出的展览更是十分有趣。

在这里向大家推荐每两年一度、在春季举办的来年惠特尼双年展（Whitney Biennial）。因为每次都是不同的管理人员，所以每次都会呈现给人们风格迥异、各具特色的展会。

惠特尼美术馆

推荐指数：★★★

住 945 Madison Ave.（at 75th St.）

地铁 从 ⑥ 线的 77 St 站步行大约 6 分钟

公交 M1、M2、M3、M4（在 74th St. 一带下车）

☎（1-212）570-3600

开 周三・周四・周六・周日 11:00~18:00、周五 13:00~21:00

休 周一、周二、感恩节、12/25

费 成人 $20、学生・老人（65 岁以上）、19~25 岁 $16、不满 18 岁免费

※周五 18:00~21:00 任意费用

URL www.whitney.org

馆内导游服务

一边听讲说员讲解，一边游览美术馆的团队旅行每天大约会举办 2~4 次。关于时间的详细信息请询问服务台。

COLUMN

2015年新馆迁址至MPD

惠特尼美术馆预计在 2015 年将会移至肉库区的高线公园和哈德孙河之间。9 层建筑的新艺术馆是意大利建筑师的代表——伦佐・皮亚诺所着手设计，在房顶也有广阔的空间作为艺术品的展示空间，此外，大厅的画廊预计也将对一般客人免费开放。位于一楼的餐厅，顶层的咖啡馆和现在的美术馆一样，将是 Charisma 餐厅经营者的丹妮・梅耶和他所率领的联合组织机构着手策划运营。2015 年迁址后，现在的美术馆将成为大都会艺术博物馆的分馆。

新惠特尼美术馆的建成设计图

Image courtesy Renzo Piano Building Workshop in collaboration with Cooper，Robertson & Partners . tif

作品亮点

※以下的作品全部是位于“American Legends: From Calder to O'Keeffe”（美国巨匠们：从考尔德到欧凯芙）五层的常设馆的展品。

《探戈》（*Tango*）

伊利、那戴鲁门

作者是一名荷兰出身的犹太人。为了逃避纳粹追杀而移居美国的男性雕刻家。主要部分是用樱花树雕刻的，白色的部分是用石膏雕刻的。

©Estate of Elie Nadelman Photograph by Jerry L. Thompson

《我的埃及》（*My Egypt*）

查尔斯·德穆思

将自己出生并成长的故乡——位于宾夕法尼亚州的谷物仓库比喻成埃及金字塔描绘的作品。如果近距离观赏的话会因扣人心弦的作品而为之一惊。

Photography by Sheldan C. Collins

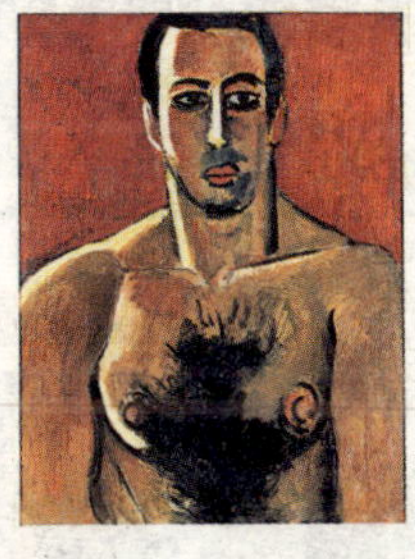

马达瓦斯卡河、阿尔迪亚次重量级的第三次重组

Madawaska, Acadian Light-Heavy, Third Arrangement

马斯登·哈特利

描绘了重量级拳击选手的作品。马达瓦斯卡河是位于画家出生地所在州的一条河流、阿卡迪亚是其周边地区的旧名。

Photography by Sheldan C. Collins

《最后一夜》（*Last Evening of the Year*）

奥斯卡·布鲁姆

20多岁的时候就移居美国，作为建筑师而持续进行活动。30多岁的时候转为画家。这部作品是作者幻想冬季夕阳西下的美丽的场景时描绘的作品。

Photography by Sheldan C. Collins

《布鲁克林大桥：古老主题的变化》（*The Brooklyn Bridge: Variation on an Old Theme*）

约瑟夫·斯特拉

从南意大利移居到纽约。这部作品创作于1939年，是作者深受著名的未来派画风影响的精密描写派的作品。

Photograph by Geoffrey Clements

→ p.60

集中世纪修道院的文物于一体

修道院艺术博物馆

The Cloisters

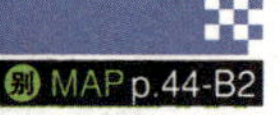

因其是中世纪的修道院而饱含神圣的氛围。

位于曼哈顿北端，哈德孙河沿岸的公园的丘陵处的修道院艺术博物馆是大都会艺术博物馆的分馆，由设计师约翰·D. 洛克菲勒建成。所谓修道院 Cloister，本来是修道院的回廊，其名称来源于建筑物中心的回廊。这里集聚法国和西班牙等国家中世纪修道院的古文物，充满了对中世纪信仰的深厚而热烈的思绪，充满了神圣的气氛。在馆内有罗马风格和哥特式艺术的建筑雕刻，优质的收藏品的数量在 3000 件以上。特别是《被囚禁的独角兽》（*The Unicorn in Captivity*）《受胎告知的三幅祭坛画》（*Annunciation Triptych*）一定要一睹为快！

修道院艺术博物馆
推荐指数：★★★
住 99 Margaret Corbin Dr., Fort Tryon Park
地铁 乘坐 Ⓐ 线，在 190 St 站步行大约 8 分钟
※下车后，乘坐公交 M4、在第一个终点下车。或者乘坐地铁下车后，从 Margaret Corbin Dr. 步行约 10 分钟。
公交 M4（在终点 Margaret Corbin Dr.&Cloisters 下车）
☎（1-212）923-3700
开 周二～周日 9:30～17:15（11 月～次年 2 月 ~16:45）
休 周一、感恩节、12/25、1/1
费（任意）成人 $25、老人（65 岁以上）$17、学生 $12、不满 12 岁（有成人同行的情况下）免费
网 www.metmuseum.org

馆内免费活动
◆景点游览
开 周二～周五・周日 15:00
◆黄金游览
开 5~10 月的周二～周日 13:00

修道院艺术博物馆作品亮点

可以称作修道院艺术博物馆中心的是《居扎修道院的回廊》。这是一个位于离西班牙国境很近的法国南部，居扎修道院的罗马风格的回廊。1913 年，12 个柱子、25 个基部、7 个拱形桥被运到纽约，建造成了约原型一半大小的回廊。另外，初期弗兰德绘画杰作《受胎告知的三连祭坛画 Annunciation Triptych》和 1500 年左右的旧法国王家、罗彻佛柯家非常有渊源的作品《被囚禁的独角兽》（*The Unicorn in Captivity*）都是不能错过的作品。

《居扎修道院的回廊》（*The Cuxa Cloister*）

《受胎告知的三幅祭坛画》
（*Annunciation Triptych*）

♥ **免费游大都会艺术博物馆！** 如果当天去修道院艺术博物馆的话，只要持入馆纪念章就可以免费进入大都会艺术博物馆。

位于上东城区的住宅地

→ p.60

美国自然史博物馆
American Museum of Natural History
别 MAP p.21-C2

以“自然和人类的对话”为主题

位于中央公园西侧，从西 77 街到西 81 街的广阔土地上的美国自然史博物馆，是 1869 年建成的。博物馆的主题是“自然和人类的对话”。这里不仅包括化石和生物等自然界的事物，还囊括了由各种环境下发展而来的人类文化和历史的人类学范围、地球整体的变化。成立之际，土地和建筑物都是纽约市所提供的，运营资金是来自于众多市民的捐赠。设立后的大约 100 年间，为了收集资金经过了反复的探险调查和展览室的增建工作，逐步发展成现在这样巨大的博物馆。收藏品多达 3200 万件，每年有 500 万人来馆参观，拥有各个领域的研究员。中央公园对面的正面入口楼梯一侧的骑马像是第 26 任总统西奥多·罗斯福。同时也是一位著名的自然科学者，为博物馆的建成做出了巨大的贡献。

美国自然史博物馆
推荐指数：★★★
住 Central Park West（at 79th St.）
地铁 乘坐 B C 线，在 81 St 站下车即到
※和地铁站直接相连
公交 M79（在 Central Park West 一带下车）
M7、M10、M11（在 79th St. 下车）
☎（1-212）769-5100
开 每天 10:00~17:45
休 感恩节、12/25
费 成人 $19、学生（需要 ID）·老人（60 岁以上）$14.50、2~12 岁 $10.50
※包括罗斯宇宙中心。此外还有 IMAX 剧场的联票等。
网 www.amnh.org

馆内团队旅行
◆精品团队游
在 2fg 楼的非洲哺乳动物部门每天发车。需要时间 1 个小时、详细情况请在接待处或者网址进行确认。免费。
10:15、11:15、12:15、13:15、14:15、15:15

COLUMN

更好地在自然史博物馆玩得愉快的方法

一定要去天文馆!

完美运用 NASA 最新研究成果的纪录片电影的演出既十分有感染力也富有故事情节。旁白是歌德堡，在眼前可以看见太空彼岸处实际发生爆炸的瞬间。仅仅是天文馆也别有一番韵味。不妨体验一下虚拟旅行。

观赏夜晚的博物馆。

电影《夜晚的博物馆》（原名为“Night at the Museum”），在这里发生的故事是虚拟的。还有恐龙复活这样不可能发生的情节，在屏幕上所呈现的各种展览。原创的书和画本可以在博物馆店里买到。

在圣诞节上出现的恐龙的整形树木园

美国自然史博物馆 带孩子也同样乐趣无穷。馆内即使有儿童车也畅通无阻，在玫瑰中心有可以拍摄仿佛在乘坐航天飞机的照片（要收费）。

一楼 作品亮点

矿物馆和宝石馆
Minerals and Gems, Meteorites

这里有美国最大的陨石、黄玉和蓝宝石等。❶

©C.Chesek

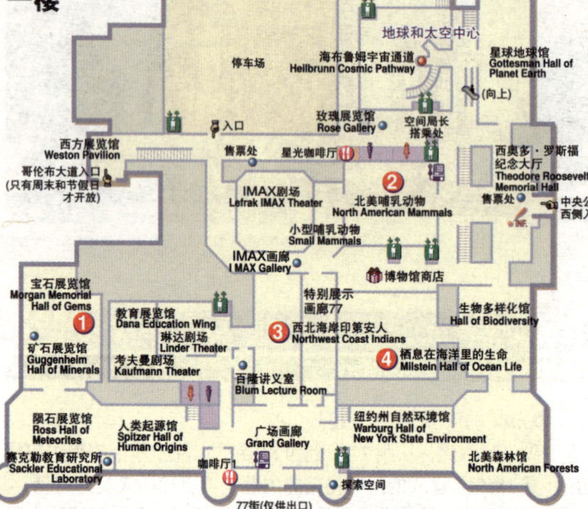

北美哺乳动物
North American Mammals

大到水牛等大型哺乳动物，小到一些小动物等，种类大于40种。❷

©J.Beckett/D. Finnin

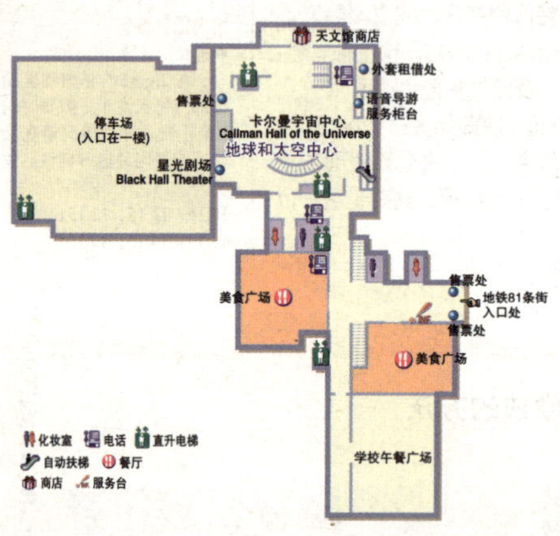

©American Museum of Natural History

西北海岸印第安人
Northwest Coast Indians

在这里可以看到的是居住在加拿大的夏洛特皇后群岛上的巨大的印第安人独木舟。❸

©J.Beckett/D. Finnin

栖息在海洋里的生命
Ocean Life

天花板上吊着的蓝鲸西洋镜是最主要的看点。除此之外还有各种各样的生活在海中的鱼类和哺乳动物，还展示着鸟类的西洋镜。❹

©AMNH/D. Finnin

二楼 三楼

位于中央公园侧面的二楼是其正面入口。门口有出生于纽约的总统西奥多·罗斯福的骑马雕像和恐龙的化石迎接游客。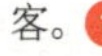

©AMNH/D. Finnin

地球和太空中心 Rose Center for Earth and Space

这里是一个既有天文馆又有 IMAX 的一个区域。当周围变暗的时候，它就会神秘般地升起，让人感觉仿佛到了外星球。由一～三楼组成。②

非洲各民族 African Peoples

在这里可以了解他们和住在沙漠、丛林、河边等人们的生活环境的不同。这里展示着他们祭拜祖先的画面。这也是一个播放着非洲音乐，充满活力的一个楼层。③

二楼

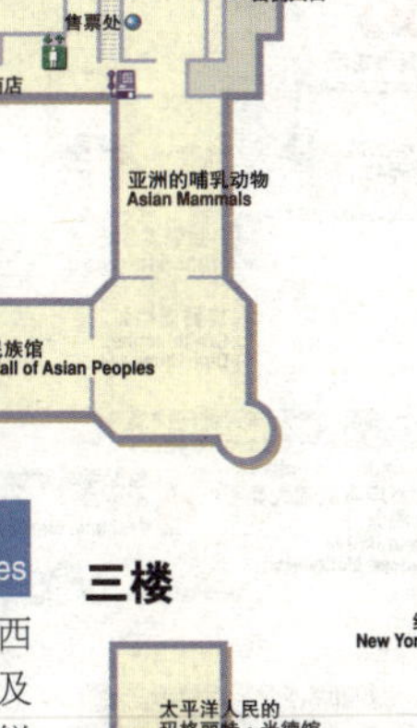

住在太平洋的民族 Margaret Mead Hall of Pacific Peoples

有关密克罗尼西亚、波利尼西亚、美拉尼西亚、印度尼西亚，以及澳大利亚土著居民作品的色彩十分鲜明，画面上透露着明亮的氛围。在展示室的最里面依偎着世界上七大奇迹之一的复活岛的摩艾石像。④

©D. Finnin

三楼

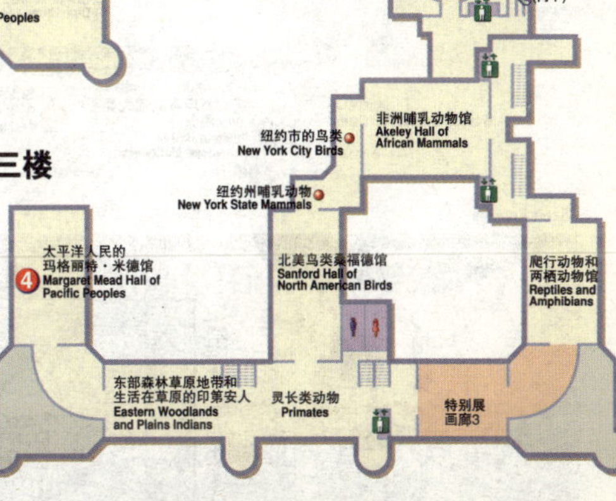

FOURTH FLOOR

四楼

©AMNH/C. Chesek

是收藏有博物馆里最大的恐龙化石的楼层。另外还陈列有大约在11000年以前的冰河期就已经灭绝的长毛象、乳齿象化石等。标本超过了600件，大约有85%的展品都是不可复制的真正的化石。

异特龙 Allosaurus

地球上曾经存在过的最大级别的食肉恐龙之一。1

暴龙 Tyrannosaurus rex

大约生活在6850万~6550万年前北美大陆的食肉动物。像这个展品这样形状如此完整的化石十分罕见。2

长毛象 Mammoth

大约生活在11000年前，是在印第安纳州被发掘出土的。3

四楼

奥杜邦画廊 Audubon Gallery

1 2 蜥臀目恐龙厅 Saurischian Dinosaurs

特别展览室 画廊4

恐龙商店

研究图书馆 Research Library

4 脊椎动物起源厅 Vertebrate Origins

科赫恐龙厅 Koch Dinosaur Wing

鸟臀类恐龙 Ornithischian Dinosaurs

华莱士哺乳动物及其灭绝同类展览厅 Wallace Wing of Mammals and their Extinct Relatives

INF.

培训中心 Wallach Orientation Center

密尔斯坦高级哺乳类动物展览厅 Milstein Hall of Advanced Mammals

3 原始哺乳动物展览厅 Primitive Mammals

咖啡厅4

阿斯特炮塔 Astor Turret

CScott Frances

脊椎动物起源厅 Vertebrate Origins

这里通过进化的角度解释并展示着脊椎动物的进化过程。4

©American Museum of Natural History

弗里克收藏馆

The Frick Collection

别 MAP p.22-A3

从文艺复兴时期到现代

创立者亨利·克里·弗里克（1849~1919）是匹兹堡的实业家。这里展览着他 40 年间里所收集的大约 1100 件收藏品。这些作品并不是靠财力所收集起来的，他自身的高尚情趣和高超的眼力广受好评。收藏品涉及范围十分广，包括从文艺复兴时期到洛可可时期的作品。不仅是绘画、雕刻，在装饰艺术、日常家居用品等方面也都倾注了心血。大理石的建筑物是 1913 年作为弗里克家自身的宅邸所建成的。

建筑物原本是弗里克本人的私宅

弗里克收藏馆

推荐指数：★★

住 1 E. 70th St.（bet. 5th & Madison Aves.）

地铁 从 6 线，68 St / Hunter College 站步行约 8 分钟。※步行至第五大道，再走两个街区

公交 M1、M2、M3、M4（在 5th Ave 或者 Madison Ave. 的 70th St. 一带下车）

☎（1-212）288-0700

开 周二～周六 10:00~18:00，周日 11:00~17:00

休 周一、节假日

费 成人 $18，学生（需要 ID）$15、老人（65 岁以上）$15、不满 10 岁禁止入内。※周日的 11:00~13:00 可任意参观

网 www.frick.org

馆内观光

◆语音导游免费。

新美术馆

Neue Galerie

别 MAP p.22-A1

德国 & 意大利的收藏品

从大都会艺术博物馆向北走，位于前面几个街区的新美术馆，收集了 20 世纪初期德国 / 澳大利亚一般装饰艺术的杰出收藏品。展示空间虽然仅有大约 400 平方米的规模，但建筑物本身被指定为纽约的地标。

位于沿着第五大道的地理优势也特别吸引人。收藏品包括克里姆特、席勒等人的作品，著名画匠的名字成列，随时会进行更换。作品展示在二楼和三楼。

这里的另一个看点是咖啡 Sabahsking，在这个再现了维也纳沙龙氛围的店铺里，偶尔还会有钢琴的现场演奏。在这里可以感受有名的维也纳咖啡。

作为纽约地标的建筑物

新美术馆

推荐指数：★★

住 1048 5th Ave.（at 86th St.）

地铁 从 4 5 6 线 86 St 站步行约 7 分钟。

公交 M1、M2、M3、M4、M86（在 86 St. 一带下车）

☎（1-212）628-6200

开 周四～下周一 11:00~18:00

休 周二、周三、节假日

费 成人 $20，学生、老人（65 岁以上）$15 ※12~16 岁的儿童需要在大人的陪同下方可进入参观。不满 12 岁禁止入内。※每月的第一个周五的 18:00~20:00 可免费入场。※禁止拍照

网 www.neuegalerie.org

免费馆内观光

◆语音导游（只有英语）。

◆馆内观光

周四、周日、周一 14:00

摩根图书馆与博物馆

The Morgan Library & Museum

别 MAP p.14-A2

还收藏有莫扎特的乐谱

世界著名的摩根大通银行创立者中的一人、银行家约翰·摩根的收藏品齐聚在摩根图书馆与博物馆。

摩根图书馆与博物馆

推荐指数：★★

住 225 Madison Ave.（at 36th St.）

地铁 从 6 线 33St 站步行约 6 分钟。

公交 M2、M3、M4、Q32（在 36 St. 一带下车）

弗里克收藏馆的语音导游 只需按下展览品的编号，就可以听到关于展品的介绍和相关的奇闻趣事，沐浴在艺术品氛围中不知不觉增长很多见识。

☎（1-212）685-0008
开 周二～周四 10:30~17:00，周五~21:00、周六 10:00~18:00、周日 11:00~18:00（12/24~16:00、12/31~17:00）
休 周一、感恩节、12/25、1/1
费 成人 $15，学生（需要 ID）、老人（65 岁以上）、不满 16 岁为 $10。12 岁以下在大人陪同下免费。
URL www.themorgan.or

位于麦迪逊街的现代建筑物

摩根为了用所收集的古老绘画和书籍、历史文件来建设自己的博物馆，请求建筑家查尔斯·麦金进行设计和建造。当时使用的是很难获得的材料，从而呈现了这座优雅的意大利文艺复兴时期风格的建筑物。摩根死后，其儿子杰克向普通大众公开了收藏品。收藏品以中世纪的彩色写本和古登堡圣书为首，还有拿破仑等历史名人的亲笔手稿、莫扎特和贝多芬的亲笔乐谱等。

新当代艺术博物馆

New Museum

别 MAP p.6-A1

注重创新的当代艺术

位于下东区

是年轻艺术家们的作品发表阵地，由曾经是惠特尼美术馆馆长的玛西娅塔克所创立。作为实验性的艺术阵地不断追逐“当代艺术的今天”。迎来创馆 30 年的 2007 年 12 月 1 日重新改装开放。外观独特，7 层楼形如不同偏向的盒子叠加而成。在一楼有可以购买纪念品的礼品店，以及应用了摩根博物馆素材的咖啡厅。现代化的陈列室是这个博物馆的中心。

新当代艺术博物馆
推荐指数：★★
住 235 Bowery（near Prince St.）
地铁 从 J 线 Bowery 站步行约 3 分钟。
公交 M6、M103（在 Prince St. 一带下车）
☎（1-212）219-1222
开 周三·周五～周日 11:00~18:00，周四 ~21:00
休 周一、周二、感恩节、12/25、1/1
费 成人 $14、学生（需要 ID）$10、老人 $12
URL www.newmuseum.org

免费馆内观光
◆馆内观光（大约 45 分钟）
周三～周五 12:30、周六·周日 12:30、15:00，提前 5 分钟在大厅集合。
◆语音导游
根据不同的展览而不同（仅有英语）。免费。

布鲁克林博物馆

Brooklyn Museum

别 MAP p.41-D4

在纽约众多博物馆中规模跃居第二

位于拥有布鲁克林植物园、动物园、图书馆的广袤的展望公园中。

Target Free Friday　要想免费进人，请在周五 15:30 到达 MoMA。参观的人会很多，所以建议早点到。

可以一家人一起去参观。在纽约博物馆之中规模跃居第二。从很久以前开始布鲁克林博物馆就致力于收集世界各地的艺术作品，不仅在普通艺术作品的收集方面，在民族艺术品的收集方面也堪称美国领先。特别是非洲、大洋洲、南美以及北美的艺术收藏品十分丰富。

区别于其他艺术馆，别有一番韵味的充实感

近年来，美国年轻的艺术家米卡琳·托马斯和法国的米歇尔·让等的当代艺术大型展览更加引人注目。这里还有音乐、舞蹈、电影、综艺节目以及DJ表演等活动。但是有人气的活动一般需要追加门票。

迪亚·比肯美术馆

Dia Beacon

别 MAP 地图外

位于纽约郊区的大型美术馆

位于距离大中央枢纽站。乘电车大约80分钟的位置。是世界上最大级别的当代艺术博物馆。这个使用了原包裹印刷厂建筑的宽阔的艺术馆，馆内的采光基本上是依靠自然的太阳光。

这里有安迪·沃霍尔、约瑟夫·博伊斯、艾格尼丝·马丁等巨匠的作品。1947年以后的当代艺术作品琳琅满目。建筑物本身的气质和1960年以后的现代艺术配合得淋漓尽致。除周日之外，每天从Beacon站到美术馆之间都有穿梭巴士在运行，游客可以当天去当天回，去欣赏美术馆的高端作品。

总之游客一定会为其规模所震惊

野口勇博物馆

The Noguchi Museum

别 MAP p.43-A

前卫艺术家野口勇的内心世界

野口勇是一个混血儿，其父亲是日本人，母亲是美国人。作为日裔

布鲁克林博物馆

推荐指数：★★

住 200 Eastern Pkwy. (at Washington Ave.), Brooklyn

地铁 从 ❷❸ 线 的 Eastern Parkway Brooklyn Museum 站步行约1分钟。

公交 B41、B69（在Grand Army Plaza一带下车），B45（St. Johns Place和Washington Ave.的交会地点下车）

☎（1-718）638-5000

开 周三～周日 11:00~18:00，周四 ~22:00

※每月第一个周六 11:00~23:00（除了9月）

休 周一、周二、感恩节、12/25、1/1

费 大致为：成人$12，学生（需要ID）·老人（62岁以上）$8，不满12岁在大人陪同下免费。

网 www.brooklynmuseum.org

※每天都有免费的导游服务。详细请见网站。

迪亚·比肯美术馆

推荐指数：★★

住 3 Beekman St., Beacon

列车 从大中央枢纽站出发，乘坐大都会北方铁路（Hudson Line），在Beacon站下车。步行约5分钟。

☎（1-845）440-0100

开 周四～下周一 11:00~18:00（1~3月是从周五～下周一11:00~16:00、11·12月是周四～下周一的11:00~16:00

休 周二、周三、节假日（1~3月的周四也休息）

费 成人$12，学生（需要ID）$8·老人（65岁以上）$10，不满12岁的儿童免费。

网 www.diaart.org

VOICE | **MoMA语音导览** 想要租用语音导览时忘记带除护照之外带相片的ID了，于是工作人员说“那就用酒店的钥匙做抵押吧”于是就用钥匙抵押借到了。

野口勇博物馆
推荐指数：★★
住9-01 33rd Rd.（at Vernon Blvd.）, Long Island City
地铁从 N Q 线皇后区的 Broadway 站下车，朝着曼哈顿的方向前行（东河方向），在 Vernon Blvd 街向左拐。入口就在 33rd Rd.（bet. Vemon Blvd. &10th St.），从车站步行约 15 分钟。
☎（1-718）204-7088
开周三～周五 10:00~17:00，周六・周日 11:00~18:00
休周一、周二、感恩节、12/25、1/1
费成人 $10，学生（需要 ID）・老人$5，不满 12岁免费。※第一个周五费用任意。
只有周日从亚洲协会（别 MAP p.22-B3）有收费巴士。运行时间为：12:30、13:30、14:30、15:30。
费单程 $5，往返 $10（入场费另付）
URL www.noguchi.org

野口勇的世界呈现在人们的眼前

美国人雕刻家而闻名世界。1988 年以 84 岁的高龄告别了这个世界。而以野口勇的艺术作品为中心的博物馆却一直存留下来。野口勇跨越美国和日本两个国家，而他的作品也反映出了在两种文化之间的自身矛盾的内心世界。即使身为美国人的他在美国的作品也洋溢着一种异国他乡的情绪在里面。这个艺术馆是在 1985 年成立的，当时，据说在美国仅仅收藏一个艺术家作品的艺术馆，这是一个先例。这也足以证明他受美国人民所喜爱的程度之深。并且，野口勇珍视和大自然融为一体的感觉，还亲自投入到园区建设中。英文画廊的综艺节目周三～周日的 14:00 举行，免费。

当代艺术中心

MoMA P.S.1 别 MAP p.42-A3

当代艺术中心
推荐指数：★★
住22-25 Jackson Ave.（at 46th Ave.）, Long Island City
地铁从 7 线 45Rd Courthouse Sq 站步行约 3~5 分钟。E M 线 23 St-Ely Av 站步行约 3~5 分钟。G 线 21St 站，步行约 3~5 分钟。
☎（1-718）784-2084
开周四～下周一 12:00~18:00
休周二、周三、感恩节、12/25、1/1
费大致为：成人 $10，学生・老人 $5
URL momaps1.org

利用小学的校舍所建成的艺术中心

P.S.1 是 Public School Number 1 的缩写。用中文来说就是第一小学的意思。美国的公立小学基本上都是用数字来表示。也就是说这个艺术中心原本是“第一小学”。这个艺术中心就是对校舍进行改造之后的非营利性的艺术中心。艺术中心主要由室外展和演出室、咖啡厅和画廊等几部分构成。

这个已经成为皇后区故宫的 P.S.1，不断保持其充满挑战的个性，和现代美术馆不断合作开展了各项策划活动。一直策划、吸引了来自国内外的艺术巨匠的各种非常著名的活动（要求一定数量的作家，并请他们逗留几日进行创作）。在这类活动的策划下也诞生了几个非常著名的作品。

坐落于皇后区的长岛市

iPhone 应用软件 自然史博物馆中的参观导览软件可以在苹果商店进行下载，既可以用 GPS 导航，又可以搜索展览品的具体位置。还可以出租。

其他博物馆 要注意，很多博物馆周一都会闭馆。

有以报道摄影为首的众多照片

国际摄影中心（I.C.P.）
International Center of Photography（I.C.P.）

别MAP p.34-B3 中城西

罗伯特·卡帕的弟弟——康奈尔·卡帕所创立的。从报道摄影到艺术作品，大约收集了10万件以上的作品。

住 1133 6th Ave.（at 43rd St.）
地铁 N R S 1 2 3 7
Times Sq-42 St ☎（1-212）857-0000
开 周二～周日 10:00~18:00（周五 20:00）
休 周一、节假日
费 成人 $14、老人·学生（要 ID）$10、12 岁以下免费
※周五 17:00~20:00 随意捐赠
URL www.icp.org

工艺和艺术设计的完美融合

艺术和设计博物馆
Museum of Arts & Design

别MAP p.17-C2 上东区

玻璃、黏土、木材和钢等制作的工艺作品和现代艺术相互交融。同时这里还举办免费的景点团队游。

住 2 Columbus Circle
地铁 
59 St-Columbus Circle
☎（1-212）299-7777
开 周二～周日 10:00~18:00（周四·周五 ~21:00）
休 周一、节假日
费 成人 $16、老人 $14、学生 $12、12 岁以下免费
※周四 18:00~21:00 随意捐赠
URL www.madmuseum.org

可以了解纽约的历史

纽约公共博物馆
Museum of the City of New York

别MAP p.26-A1 上东区

有关于纽约历史的绘画、印刷物、照片、装饰美术以及玩具、服装等作品。同时也可以了解黑人的历史。

住 1220 5th Ave.（at 103rd St.）
地铁 6 103 St
☎（1-212）534-1672
开 每天 10:00~18:00
休 12/25、1/1
费（任意）成人 $10 老人·学生 $6、12 岁以下免费、家庭（2 成人）$20
URL www.mcny.org

一定要一睹为快！

哈莱姆工作室博物馆
The Studio Museum in Harlem

别MAP p.29-C1 哈莱姆

是一座对于了解哈莱姆的文化十分珍贵的艺术博物馆。其突出亮点是詹姆斯的摄影集。

住 144 W. 125th St（bet. 7th & Lenox Aves.）
地铁 2 3 125 St
☎（1-212）864-4500
开 周四·周五 12:00~21:00、周六 10:00~18:00、周日 12:00~18:00 休 周一～周三、节假日
费 成人 $7、老人·学生（需要 ID）$3、12 岁以下免费
※ 每周日免费
URL www.studiomuseum.org

还有电影的首映哦！

电影艺术博物馆
Museum of the Moving Image

别MAP p.43-B 阿斯托利亚

这里保存有包括电视节目录像、电子游戏等在内的录像、声音、服装等贵重的资料。同时还设有试映室、商店等。

住 36-01 35th Ave.（at 37th St.），Astoria
地铁 M R Steinway St ☎（1-718）777-6888
开 周三·周四 10:30~17:00、周五 ~20:00、周六～周日 11:30~19:00
休 周一·周二
费 成人 $12、老人（65 岁以上）·学生（要 ID）$9、3~12 岁 $6
※ 周五 16:00~20:00 入场免费，不满 3 岁入场免费但需大人陪同
URL www.movingimage.us

喜欢音乐的人一定要造访的宝地

坐落于皇后区的阿斯托利亚，从最近的车站步行大约需要 10 分钟

Photo:Peter Aaron, Esto. Courtesy of the Museum of the Moving Image

在 The Met 前照相吧 也许是由于正面大门的缘故，这里成了拍照最佳景点，经常聚集着众多拍照的女孩，在刚刚开馆前后拍照是最佳时间。

蒂芙尼的收藏品一定要一睹为快

纽约历史协会
New York Historical Society

别MAP p.21-C2 上东区

以收藏了众多的蒂芙尼作品、绘画和雕刻、家具等6万件艺术作品为傲。

住 170 Central Park W.（near 77th St.）
地铁 B C 81 St-Museum of Natural History. ☎（1-212）873-3400
开 周二～周六 10:00~18:00（周五 ~20:00）、周日 11:00~17:00 休 周一、节假日
费 成人 $15、老人（65岁以上）$12、学生 $10、5~13岁 $5、未满4岁免费
※周五 18:00~ 随意捐赠
网 www.nyhistory.org

1961年创建，是感受美国历史氛围的好去处！

美国民间艺术博物馆
American Folk Art Museum

别MAP p.20-B4 上西区

收藏了5000件以上的绘画、编织物等工艺作品。主要是18~19世纪的美国作品。

住 2 Lincoln Sq.（Columbus Ave. near 66th St.）
地铁 1 66 St-Lincoln Center
☎（1-212）595-5933
开 周二～周六 12:00~19:30、周日 ~18:00
休 周一
费 免费
网 www.folkartmuseum.org

真实地再现了移民生活的作品

移民公寓博物馆
Tenement Museum

别MAP p.6-B2 下东区

使用的是1863年到1935年移民们所使用的住宅。参加团队旅行可以参观。

住 103 Orchard St.（near Delancey St.）
地铁 F M J 2 Delancy St-Essex St
☎（1-212）982-8420
开 每天 10:00~18:00 休 感恩节、12/15、1/1
费 成人 $22、老人（65岁以上）、学生 $17（入场费以团队为单位付费）
网 www.tenement.org

使用了航空母舰的博物馆

"无畏"号航舰博物馆
Intrepid Sea, Air & Space Museum

别MAP p.16-A4 中城西

这里有航天飞机的实验机，以及在海湾战争中所使用的战斗机的飞行模拟机等。

住 Pier 86, 12th Ave & W. 146th St.
公交 乘坐 M42 路车、在 Pier83 一带下车，下车后向北走四个街区。
☎（1-212）245-0072
开 周一～周五 10:00~17:00、周六・周日・节假日 ~18:00（11月～次年3月每天 ~17:00） 休 节假日
费 成人 $24、老人（62岁以上）$20/7~17岁 $19、3~6岁 $12、未满3岁免费
网 www.intrepidmuseum.org

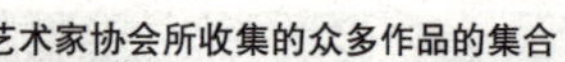

艺术家协会所收集的众多作品的集合

国家学院博物馆
National Academy Museum

别MAP p.26-A4 上东区

1825年创立。收藏了近代以来的美国艺术作品共7000件以上。

住 1083 5th Ave.（at 89th St.）
地铁 4 5 6 86 St
☎（1-212）369-4880
开 周三～周日 11:00~18:00
休 周一・周二、7/4、感恩节 12/25、1/1
费 成人 $15、老人（65岁以上）・学生（要ID）$10、未满12岁免费
网 www.nationalacademy.org

从性的角度思考人类的进化

性博物馆
Museum of Sex

别MAP p.14-A4 格拉莫西

进行关于性的人类学、艺术学的调查研究。大众文化的调查也是妙趣横生。必须18岁以上的方可入馆。

住 223 5th Ave.（at. 27th St.）
地铁 N R 28 St
☎（1-212）689-6337
开 周日～下周四 10:00~20:00（售票时间 ~19:15）、周五・周六 ~21:00（售票时间 ~ 20:15）
休 感恩节 12/25
费 成人 $17.50+ 税、老人・学生（要ID）$15.25+ 税
网 www.museumofsex.com

VOICE 移民公寓博物馆 Meet Victoria Tour，即使不怎么懂英语旅行也相当愉快。一位14岁的演员扮演了移民女子的形象，生动地展现了当时的生活状态。

面向儿童的体验型博物馆

曼哈顿儿童博物馆
Children's Museum of Manhattan

别MAP p.20-B1 上西城区

与其说是“欣赏”展品，不如说是体验展品。这是一个面向儿童的博物馆，有一些模仿平时大人们工作场景的展台。

住 212 W. 83rd St.（bet. Broadway & Amsterdam Ave.）
地铁 1 86 St ☎（1-212）721-1223
开 周二～周日 10:00~17:00（周六 ~19:00）
休 周一、感恩节、12/25、1/1
费 成人・儿童（1 岁以上）$11、老人 $7、未满 1 岁免费
※ 第一个周五 17:00~20:00 免费
URL www.cmom.org

可以了解广播和电视的历史

佩利媒体中心
The Paley Center for Media

别MAP p.36-B4 中城西

有全美电视、广播史上所保留下来的节目录像、录音。可以鉴赏高达 15 万件藏品。

住 25 W. 52rd St.（bet. 5th & 6th Aves.）
地铁 E M 5 Av/53 St
☎（1-212）621-6800
开 周三～周日 12:00~18:00（周四 ~20:00）
休 周一、周二、节假日
费 成人 $10、老人・学生 $8、未满 14 岁 $5
URL www.paleycenter.org

坐落于皇后区的科学博物馆

纽约科学馆
The New York Hall of Science

别MAP p.42-A2 可罗娜

能够真正亲身体验，使用显微镜观察活着的微生物、学习光的形成等。大人小孩都可以有所收获。

住 47-01 111th St., Flushing Meadows Corona Park, Queens
地铁 7 111 St ☎（1-718）699-0005
开 周二～周五 9:30~17:00 、周六・周日 10:00~18:00（根据季节会有所变化）
休 周一（9 月～次年 3 月）、节假日
费 成人 $11、老人（62 岁以上）・学生（要 ID）・儿童（2~17 岁）$8
URL www.nysci.org

一定要看一下纽约巨大的透视画

皇后区艺术博物馆
Queens Museum of Art

别MAP p.42-A2 可罗娜

使用了在 1964 年世博会上作为世博馆的建筑物。保留了纽约市巨大的透视画。位于从车站向花旗球场相反的方向。

住 Flushing Meadows Corona Park, Queens
地铁 7 Mets-Willets Point
☎（1-718）592-9700
开 周三～周日 12:00~18:00（12/24・12/31~15:00）
休 周一・周二、感恩节、12/25、1/1
费（任意）成人 $8、老人・6 岁以上 $4
URL www.queensmuseum.org

可以了解原住民的历史

美国印第安人博物馆
The National Museum of the American Indian

别MAP p.2-B3 曼哈顿下城

该博物馆分别介绍“因纽特人”和美国土著等从阿拉斯加州到南美的原住民的历史。

住 1 Bowling Green, Alexander Hamilton U.S. Custom House(bet. State & Whitehall Sts.）
地铁 4 5 Bowling Green
☎（1-212）514-3700
开 每天 10:00~17:00（周四 ~20:00）
休 12/15
费 免费 URL www.nmai.si.edu

在博物馆接触纽约英雄！

纽约市消防博物馆
The New York City Fire Museum

别MAP p.5-C2 翠贝卡

沿用了 1904 年所建设的消防署的建筑物。写有“FENY”的入口非常有人气。

住 278 Spring St.（bet. Varick & Hudson Sts.）
地铁 C E Spring St
☎（1-212）691-1303
开 每天 10:00~17:00
休 节假日
费 成人 $8、老人・学生・12 岁以下 $5、未满 2 岁免费
URL www.nycfiremuseum.org

纽约科学大厅免费开放日 6~9 月周日 10:00~11:00、周五 14:00~17:00（7、8 月会延长）可免费入场。

介绍纽约警察的历史和人物

纽约市警察博物馆
The New York City Police Museum

别MAP p.3-C3　曼哈顿下城

陈列了制服、指纹·DNA 鉴定等实际展品。

住 100 Old Slip（at South Ut.）
地铁 R Whitehall St-South Ferry
☎（1-212）480-3100
开 每天 10:00~17:00（周日 12:00~）
休 节假日
费 成人 $8、老人·3~18 岁 $5、未满 2 岁免费
URL www.nycpolicemuseum.org

由地铁站改造而成的博物馆

交通博物馆
Transit Museum

别MAP p.40-B1　布鲁克林高地

人们所熟知的检票处和地铁站就原样展示着。因为这里展示着非常有趣的物品，即使不是铁路爱好者也是值得一看的。

住 130 Livingston St.（at Boerum PI.）, Brooklyn
地铁 2 3 4 5 Borough Hall
☎（1-718）694-1600
开 周二～周五 10:00~16:00 、周六·周日 11:00~17:00
休 周一·节假日
费 成人 $7、2~17 岁·老人（62 岁以上）$5
※ 周三老人免费
URL mta.info/mta/museum

限定时间的特别展十分有人气

时报广场探索博物馆
Discovery Times Square

别MAP p.33-C3　中城西

世界上最大的纪录片频道体验型艺术馆。另外还有电影《哈利·波特》的限时展。

住 226 W. 44th St.（bet. 7th & 8th Aves.）
地铁 A C E 42 St-Port Authority Bus Terminal
Free（1-866）987-9692
开 周日～下周四 10:00~20:00、（周五·周六 ~21:00）
费 展示 1，每位成人 $25、老人（65 岁以上）$22.50、儿童（4~12 岁）$19.50、4 岁以下免费
URL www.discoverytsx.com

十分著名的

杜莎夫人蜡像馆
Madame Tussaud's

别MAP p.33-C4　中城西

这里陈列有和林肯等历史人物、好莱坞电影明星极其相似的蜡像。

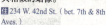

住 234 W. 42nd St.（bet. 7th & 8th Aves.）
地铁 A C E 42 St-Port Authority Bus Terminal
Free（1-866）841-3505
开 每天 10:00~20:00 、周五·周六 ~22:00
费 成人 $36、4~12 岁 $29、3 岁以下免费
URL www.nycwax.com

❤ **交通博物馆的博物馆商店**　以博物馆内的店为主，中央车站也有设置。别MAP p.14-A1　营 周二～周五 10:00~16:00、周六·周日 11:00~17:00　休 周一·节假日

画 廊

纽约有数不胜数的艺术画廊。每个画廊根据地区分布各具特色。那么首先了解一下，再根据自己的兴趣爱好高效地造访各个画廊吧！

巡游画廊的技巧

艺术特色按地区分布

首先要去的是切尔西，宫廷画廊集中的区域是中城区和上东区，新型艺术作品主要集中在下东区和布鲁克林等。地区的不同，重点也不尽相同。首先确定好自己想要游览的地方，之后再游览其周边地区吧。相对来说，人比较少的是周二～周六的下午。

不能错过的是开展当天

也就是展览开始的第一天。通常情况下是周四、周五、周六的其中一天的 18:00~20:00。一边拿着免费的红酒，一边欣赏各类作品，可以度过一段十分快乐的时光。同时也是遇到艺术家本人的一个机会。

画廊里所有的资料不论是什么都领取！

除了右侧的《画廊导游》外，还有艺术家的生平等资料摆放在附近的展台向导处。因为这些都是十分珍贵的资料，没有理由不加以利用。

各个区域画廊的特点

切尔西 Chelsea

国际色彩浓厚并且十分精致的作品琳琅满目，展示当代艺术作品的

十分贵重的信息源《画廊导游（GALLERY GUIDE）》

是关于画廊的月刊杂志。分区域对画廊进行介绍。并且分别介绍所展示的艺术作品和展览期限。另外，在后面还有“开展日期一览表”，可以对开展日期加以确认之后再去画廊。虽然是收费的，但是在画廊内是免费分发的。

URL www.artinfo.com/galleryguide

COLUMN

一流艺术品的拍卖行

这是一个即使不参加拍卖会也能够仔细欣赏一流艺术品的好机会。大的拍卖会在每年的春季和秋季会盛大举行，大约每周的周三左右会分主题举行拍卖会。从周末到下一周的开始，会筹备参加拍卖的艺术品的内部展览会，这时候艺术品就会被带到拍卖行里。卖家们对艺术品进行十分认真的鉴别。在拍卖行里还会出售当季在伦敦、纽约等地拍卖的艺术品名录的册子。不妨作为纪念品或者礼物购买。拍卖信息可以在网站上进行确认，纽约《时代周刊》周末版的艺术专栏也会对其做介绍。

●苏富比 Sotheby's
别 MAP p.23-C3
住 1334 York Ave.（at 72nd St.）
☎（1-212）606-7000
URL www.sothebys.com

●佳士得 Christie's
别 MAP p.34-B1
住 20 Rockefeller Plaza
☎（1-212）636-2000
URL www.christies.com

艺术平台“军械库艺博会”

利用中城西侧的大厦形成了画廊区，来自世界各地的 130 家以上的画廊会在这里开设展区，是一个巨大的艺术节。在每年的 2~3 月之间举办。不仅可以了解当代的艺术趋势，也是一个可以和有名的画廊家们见面的好机会。

● The Armory Show

URL www.thearmoryshow.com

关注 LES

逐渐繁荣发展起来的画廊区。在以下的网站上可以找到画廊所在的街区一览表。

URL www.lesgalleriesnyc.com

美术馆馆长等人作为专业人士寻找艺术作品的身影在此聚集。只是走在从 20 街到 28 街的第十大道和第十一大道之间就能看见大约 370 家画廊。

下东区（LES）

作为画廊景点迅速发展。如果要欣赏新兴艺术的话这里是最好不过的了。令人十分高兴的是这里的画廊数量众多，并且很多周末的时候也会开放。

中城区 / 上东区 Midtown/Upper East Side

第五大道和公园大街之间，57 街以及 60 街以北是一个巨大的画廊群。这里是收藏着世界级巨匠们大小作品的宝库。十分富裕的收藏家和这些收藏家们的客户和顾问们为了进行市场调查而频繁造访此地。

索霍区 Soho

2002 年左右索霍区出现了一批引人注目的画廊。现在是一个保留了众多非营利团体的区域。建议游客可以在购物的途中顺便逛一下。

威廉斯堡 Williamsburg

年轻的艺术家们纷纷在这里设立工作室。总感觉这里是一个街道集群的画廊。在这里可以找到 50 家以上的画廊。

邓波 D.U.M.B.O.

铺满了鹅卵石的人行道上，林立着众多直接利用仓库的画廊大楼。每年，Dumbo Art Festival 主办的邓波节在 9 月末的某三天举办。

布什维克 Bushwick

从威廉斯堡外流的艺术家们聚集到一起时总要谈起的话题中的区域。但是，需要注意的是有时画廊不开放，需要事先进行确认。

美术馆写生需用铅笔　在美术馆内禁止使用墨水、油笔等签字笔或自动铅笔。可以写生，但需用铅笔。而且注意不要妨碍他人参观。

想欣赏名家作品的话就来这里吧！

高古轩画廊 Gagosian Gallery

别MAP p.12-B4　切尔西

像一个巨大仓库的空间里陈列着扣人心弦的立体作品。以抽象表现主义、波普艺术作品等为中心。

住 555 W. 24th St.（near 11th Ave.）
地铁 C E 23 St
☎（1-212）741-1111
FAX（1-212）741-9611
开 周二～周六 10:00~18:00
休 周日・周一
URL www.gagosian.com
※另外在 980 Madison Ave. 等地也有。

曾在电影《赫伯与桃乐茜》上出现

佩斯画廊 The Pace Gallery

别MAP p.12-B4　切尔西

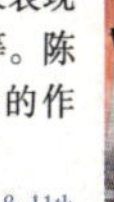

介绍了欧美的抽象表现主义、概念主义作品等。陈列有野口勇等艺术家的作品。

住 534 W. 25th St.（bet. 10th & 11th Aves.）
地铁 C E 23 St
☎（1-212）929-7000
FAX（1-212）929-7001
开 周二～周六 10:00~18:00
休 周日・周一
URL www.thepacegallery.com
※另外在 32 E. 57th St. 等地也有。

深受艺术家的好评

玛丽安・古德曼画廊 Marian Goodman Gallery

别MAP p.36-B2　中城西

主要是欧美现代画家的绘画、摄影、插图等作品。有安妮特・梅萨和丹・格雷厄姆等艺术家的作品。

住 24 W. 57th St.（bet. 5th & 6th Aves.）
地铁 F 57 St.
☎（1-212）977-7160
Free（1-212）581-5187
开 周一～周六 10:00~18:00
休 周日
URL www.mariangoodman.com

各类艺术家的作品众多！

玛丽・布恩画廊 Mary Boone Gallery

别MAP p.12-B4　切尔西

陈列着女主人玛丽・布恩所聚集的作品，先锋艺术家的作品。

住 541 W. 24th St.（bet. 10th & 11th Aves.）
地铁 C E 23 St
☎（1-212）752-2929
Free（1-212）752-3939
开 周二～周六 10:00~18:00
休 周日・周一
URL www.maryboonegallery.com
※另外在 745 5th Ave. 等地也有。

切尔西最具代表性的画廊

马修・马克斯画廊 Matthew Marks Gallery

别MAP p.12-B4　切尔西

是切尔西最具代表性的画廊，展示的作品主要为贾斯培・琼斯、南・戈丁等艺术家的作品。

住 523 W. 24th St.（bet. 10th & 11th Aves.）
地铁 C E 23 St
☎（1-212）243-0200　FAX（1-212）243-0047
开 周二～周六 10:00~18:00
休 周日・周一　URL www.matthewmarks.com
※另外在 522 W. 22nd St.、526 W. 22nd St.、502 W. 22nd St. 等地也有。

介绍国际上备受关注的艺术家们

路令・奥古斯丁 Luhring Augustine

别MAP p.12-B4　切尔西

展示活跃在国际舞台上的高品质现代艺术。作为大型画廊第一个在布什维克布展。

住 531 W. 24th St.（bet. 10th & 11th Aves.）
地铁 C E 23 St
☎（1-212）206-9100　FAX（1-212）206-9055
开 周二～周六 10:00~18:00（7、8月的周一～周五 ~17:30）
休 周日・周一
URL www.luhringaugustine.com
※另外在 25 Knickerbocker Ave. 等地也有。

画廊增多的下东区　近几年下东区又新开设了许多展示新近艺术家的作品的画廊。请参见 URL www.lesgalleriesnyc.com

艾宾画廊
EYEBEAM

既是高科技多媒体的研究所又是一个画廊。在这里可以感受到专心创作的艺术家们的工作室的独特场景。

别MAP p.8-A1　切尔西

住 540 W. 21st St.（near 11th Ave.）
地铁 C E 23 St
☎（1-212）937-6580
FAX（1-212）937-6582
开 周二～周六 12:00~18:00
休 周日・周一
URL www.eyebeam.org

大都会图片画廊
Metro Pictures

覆盖了插图、摄影、摄像作品、绘画、立体艺术等多种艺术类别。这里有罗伯特・隆戈、辛迪・舍曼等艺术家的作品。

别MAP p.12-B4　切尔西

住 519 W. 24th St.（bet. 10th & 11th Aves.）
地铁 C E 23 St
☎（1-212）206-7100
FAX（1-212）337-0070
开 周二～周六 10:00~18:00
休 周日・周一
URL www.metropicturesgallery.com

科恩画廊
James Cohan Gallery

这里收藏了各类著名作家的作品。另外还有影像艺术家、英国画家的作品。

别MAP p.12-B4　切尔西

住 533 W. 26th St.（bet. 10th & 11th Aves.）
地铁 C E 23 St
☎（1-212）714-9500
FAX（1-212）714-9510
开 周二～周六 10:00~18:00
休 周日・周一
URL www.jamescohan.com

彼得百隆画廊
Peter Blum Gallery

在《时代》周刊和各类媒体中广受好评的一个画廊。过去的展品中有罗伯特・莱曼、亚历克斯卡茨等艺术家的作品。

别MAP p.36-B2　中城西

住 20 W. 57th St.（bet. 5th & 6th Aves.）
地铁 F 57 St
☎（1-212）244-6055
FAX（1-212）244-6045
开 周二～周六 10:00~18:00（周六 11:00~）
休 周日・周一
URL Peterblumgallery.com

克里斯托弗・亨利
Christopher Henry Gallery

以古代教堂的氛围为基调展示着现代的艺术作品。在展区两端还有十分独特的策划展十分吸引人的眼球。

别MAP p.31-D4　下东区

住 127 Elizabeth St.（bet. Broom & Grand Sts.）
地铁 B D Grand St
☎（1-212）244-6004
开 周三～周日 11:00~18:00（周一・周二采用预约制）
URL www.christopherhenrygallery.com

理查尔・乌英娜画廊
Rachael Uffner Gallery

十分雅致的现代艺术画廊。除了个人展出之外，还会举办策划展。

别MAP p.6-B2　下东区

住 47 Orchard St.（bet. Grand & Hester Sts.）
地铁 F J M Z Delancy St-Essex St
☎（1-212）274-0064
开 周三～周日 11:00~18:00
休 周一・周二
URL www.racheluffnergallery.com

"无畏"号航舰博物馆（→p.364） 这里陈列着太平洋战争中战斗机的残骸和美国恐怖袭击事件时损坏物的残骸。参观之后感慨颇深，还可以在潜水舰中进行参观学习。

西普画廊
hpgrp Gallery

除了日本现代艺术之外，还会随时开展个人展和企业策划展。

别MAP p.8-A1 切尔西

住 529 W. 20th St. 2W（bet. 10th & 11th Aves）
※ 529 Arts Building 内
地铁 C E 23 St
☎（1-212）727-2491
FAX（1-212）727-7030
开 周二～周日 11:00~18:00
休 周一 URL hpgrpgallery.com/newyork

莫平画廊
Lehmann Maupin

这里展示特雷西·埃敏等国际艺术家的作品。在中国香港也设立了分画廊。

别MAP p.12-B4 切尔西

住 540 W. 26th St.（bet. 10th & 11th Aves）
地铁 C E 23 St
☎（1-212）255-2923
开 周二～周六 10:00~18:00（周一采用预约制）
休 周日
URL www.lehmannmaupin.com
※另外在 201 Chrystie St. 等地也有。

沙龙 94 种植园
Salon 94 Bowery

其特点是收集了玛丽莲·明特、劳瑞·西蒙斯、约翰·库斯拉等众多现代艺术家的作品。

别MAP p.6-A1 下东区

住 243 Bowery（bet. Prince & Stanton Sts.）
地铁 C E 23 St
☎（1-212）979-0001
FAX（1-212）979-0004
开 周二～周六 11:00~18:00（周日 13:00~）
休 周一
URL www.salon94.com ※另外在 1 Freeman Alley 等地也有。

丽莎库利画廊
Lisa Cooley Gallery

曾经的传奇俱乐部 Tonic 的所在地。以迈克尔·鲍尔、弗兰克·海恩斯等当代艺术家的作品为中心。

别MAP p.6-B1 下东区

住 107 Norfolk St.（bet. Delancey & Rivington Sts.）
地铁 F J M Z Delancy St-Essex St
☎（1-212）680-0564
FAX（1-212）680-0565
开 周三～周日 10:00~18:00（7、8 月周一～周五 10:00~18:00）
休 周一·周二（7、8 月周六·周日）、节假日
URL www.lisa-cooley.com

VOICE | **博物馆的自助餐馆** 大都市博物馆的菜肴比较美味，自然史博物馆的就相对差一些了，价格虽然相同但氛围有些乱。

Gay Liberation Monument
（同性恋解放运动纪念碑）

◎乔治・西格尔

1969 年发生“石墙运动”的纪念碑

别 MAP p.9-C3

住 Christopher Park（地铁 1 线 Christopher 站附近）

纽约街头的 公共艺术

仅仅是平常走在大街上，
也可以偶遇到很多艺术作品。
这里介绍纽约众多魅力中的代表！

未名

◎詹姆斯・德拉维加

在这里可以找到众多出生在西班牙“哈莱姆区”的德拉维加的壁画。但是，由于近年来建筑物的拆迁和重建，壁画的数量有所减少。

别 MAP 外

住 124th St.lexington Ave 的西南角（签证处的墙壁）

LOVE（爱）

◎罗伯特・印第安纳

在 V 和 E 之间拍照是最典型的姿势。

别 MAP p.36-B3

住 55th St. 和 6th Ave. 交叉口的东南角

未名

◎作者不明

人们常会猜想这是不是隔壁学校的高中生的信手涂鸦。据说上面这幅画曾经是这个建筑一楼的店铺的标志壁画。

别 MAP p.6-A1

住 位于 Stanton St. 和 Eldrige St. 交叉口西北角的停车场。

Statue of Lenin and Askew Clock（列宁雕像和歪时钟）

◎位于房顶的列宁雕像是从莫斯科搬运过来的，1994 年设置在这里。数字的位置被重置的歪时钟是 MoMA 非常著名的艺术品之一。

别 MAP p.11-C4

住 250 E. Houston St.（bet. Avenue A & B）

Defiant Youth（勇于挑战的年轻人）

◎薛帕德·费瑞（Obey Giant）X 玛莎·库伯

因制作为奥巴马的 HOPE 海报而一举成名的纪录片摄影家。仿佛在呐喊“不是用枪而是用花朵”一样，在枪口上插上了花朵。

别 MAP p.30-A4

住 Grand St. 和 Wooster St. 交叉口的西南角。停车场前的大楼。

未名

◎作者不明

在公寓的二楼描绘着男性的面庞和再见的文字。在这幅画的东北方向的墙壁上也描绘着同样一张面庞。

别 MAP p.6-B3

住 205 Allen St.（at.E.Houston St.）

Ratatouille（料理鼠王）

◎尼克·沃克

◎英裔澳大利亚艺术家尼克的作品。卓别林和老鼠的画面，是尼克的对手格瑞拉经常会使用的基调。

别 MAP p.8-B2

住 18 Little W. 12th St.（bet. 9th & 10th Aves.）

9（NINE）

◎艾本·茶默艾弗

圆圆的，并且红红的数字“9”，是这个大厦的地址。

别 MAP p.36-B2

住 Solow Pier（9W.57th St. bet. 5th & 6th Aves.）

Water Street Mural（水街壁画）水街墙饰

◎安索尼·米拉（CAM）等

出生于布鲁克林的 4 位艺术家共同创作的作品。4 头象分别代表 4 位创作者。另外在两边还描绘有天使像。

别 MAP p.38-B1

住 布鲁克林的 Water St. 和 Pearl St. 交叉口的东北角。

KID（小孩）

◎ Os GemeosX Futura

巴西双胞胎和纽约的艺术家合作的作品。在 5 层建筑的小学校的墙壁上绘画的。

别 MAP p.8-B1

住 320 W. 21 st St.（bet. 8th & 9th Aves.）

5 POINTZ 5 点

◎作者多人

被壁画所覆盖的大厦有很强的存在感。在曼哈顿乘地铁 7 号线，就在列车前进方向的左侧。预计近年会进行拆除。

别 MAP p.42-B3

住 皇后区的 Jackson Ave. at Crane St. & Davis St.

地铁 7 线在 45 Rd-Court House Sq 站下车

NY
轻松慢观察
UPPER WEST SIDE
虽然上西区是高级住宅区，但是和上东区相比，这里的氛围更加随意、舒适。
icecream
夏天的傍晚，遛狗时顺便在冰激凌店里买杯冰激凌吧
这里也是商务人士午休的好去处
NY的夏季风情诗——冰激凌心语
总感觉有很多人一边遛狗一边散步……
纽约的狗狗们都很聪明伶俐；
不论是在上城区还是在下城区的公寓里都有很多人同时养几匹大的狗狗……
从地铁72St站乘车过来的商务人士吃着很多奶酪，但不知道为什么用叉子吃……
DO NOT LEAN
带着孩子一起吃午饭的妈妈们
这里是位于83街百老汇一角的Arties店铺。是一家继承了位于下东区的著名店铺食谱的店铺

ENTERTAINMENT

享受纽约

音乐剧观剧指南

That's Entertainment!

有的人一开始说对音乐剧没有一点兴趣，不过只要看过一次之后，就会无法自拔，像这样的人不在少数。请务必要看一次音乐剧，真正感受一次音乐剧的魅力。

纽约的音乐剧

纽约的音乐剧大体分为三种类型。另外在林肯中心等大剧院也会有音乐剧演出。

音乐剧

百老汇 Broadway

在时报广场周围的剧场中会演出华丽的音乐剧。大多数剧场都有超过了1000个座位。

●代表作：《歌剧魅影》《狮子王》

外百老汇 Off Broadway

主要在郊外的499个座位以下的剧场内进行演出。前卫的、实验性质的表演居多。

●代表作：《破铜烂铁》《蓝人组合》

外外百老汇 Off-off Broadway

在比外百老汇更小的剧场演出。演出地点大多是教堂、咖啡厅、阁楼等。

收集音乐剧相关信息的方法

要是在纽约，可以从 The Drama Book Shop URL dramabookshop.com 和纽约公共图书馆的表演艺术区 URL www.nypl.org/locations\lpa 找到相关书籍。

即使初来乍到也可以欣赏音乐剧的窍门

1 提前了解故事梗概

通过网络、原作、DVD、相关杂志等，了解戏剧的故事梗概。

2 选择台词少的作品

英语不好的人，尽量选择台词少的作品。比如说，百老汇中的《泽西男孩》、外百老汇《破铜烂铁》等作品就比较合适。

3 选择可以享受表演的作品

选择即使不明白演出内容，通过照明效果、服装等带有强烈表演性质的作品。例如:《狮子王》《蓝人组合》等。

4 使用翻译机

在耳机里听简单的汉语解说，可以帮助理解故事内容。可以在剧场大厅里的专门小屋里借翻译机用。

翻译机里的作品有:《歌剧魅影》《妈妈咪呀》《魔法坏女巫》《泽西男孩》等。

观剧的礼仪

1 普通便服就 OK

没有必要穿正装。但是在百老汇夜晚公演的时候，适当地打扮一下去看剧可能会更加开心。如果去看外百老汇的话，有可能被水弄湿，所以要穿得休闲一些。

2 严格遵守开演时间

因为戏剧是准时开始的，所以要提前去剧场。在开演前或休息时间上厕所。在演出中尽量不要站起来。

3 把大件行李寄存起来

不要把购物袋和大件行李带到座位处，可以把东西放在寄存处。

4 尽量避免的事项

严禁在座位上吃东西、拍照、录音。要提前关闭手机。在观剧的时候尽量不要说话。

这几点和国内不同！

如果戏剧进入高潮，调动起大家情绪的时候，会发出雷鸣般的掌声和欢呼，有时甚至会使戏剧暂停。

从左上开始 Photo:Joan Marcus 2010，©Disney Theatrical Productions ©Carol Rosegg，David Scheinmann Paul Kolnik ©Joan Marcus

音乐剧周边的创意小商品

在以下的这些店里，有售卖与音乐剧相关的书籍和周边商品。有的店为了不遮海报，还提供硬板服务。

环球剧场 Theater Circle 别 MAP p.32-B3

百老汇纽约礼品店 Broadway New York Gift Shop 别 MAP p.33-C3

舒伯特街 One Shubert Alley 别 MAP p.33-C3

购买门票的方法（音乐剧）

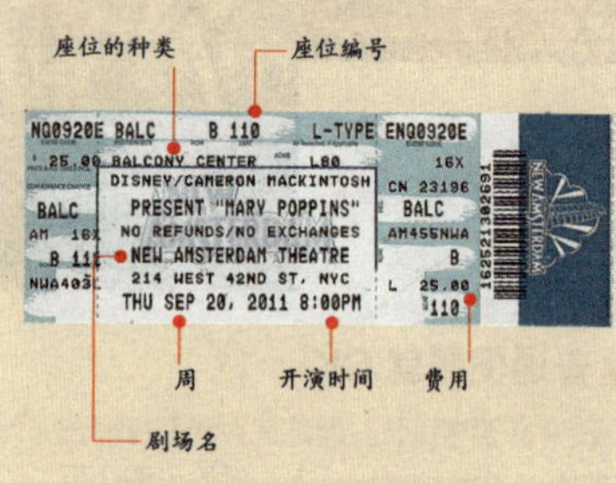

在中国也可以购买到划算的门票 官方网站或代理预约店的网站

可以在网上购买想看的 Show 的票。"echarge"、"ticketmaster" 等，可以进行门票的预约和购买。要是在网站购买的话，可以仔细考察各剧场的信息和座位表。可以使用信用卡支付，门票可以选择打印或 Will Call（在剧场售票处取票）。

e-charge

☎（1-212）239-6200

Free（1-800）477-7400（24 小时）

URL www.telechage.com

Ticketmaster

Free（1-800）745-3000

周一～周五 9:00~21:00、周六 ~20:00、周日 ~18:00

URL www.ticketmaster.com

※除了网站外，还可以采用以下方法。不过分别都要收取手续费。

● echarge…电话预约后，开演前，在剧场的售票区取票。

● Ticketmaster…在代理店购买。梅西（macy's）地下一层的柜台处。

Playbill 的会员有优惠

在网站上成为会员（免费）就能享受优惠了。虽然对 Show 和期限有限制，但是没有座位限制。有时也会打半折，所以要仔细观察。除了在线、电话之外，把会员网页打印出来到售票处，也是可行的。

URL www.playbill.com

最准确、最简单 各剧场的售票处

能够一边确认座位和空闲日期，一边购票。如果是很有人气的剧的话，要提前一周购买。不需要花手续费。通常，营业时间为工作日 10:00（周日 12:00）~20:00。可以使用信用卡、现金、旅行支票 T/C。

获得划算的优惠券

虽然有可以使用的日期（主要是工作日）、戏剧、座位等限制，但可以获得 20%~30% 的优惠。另外 1~2 月演出淡季在游客中心等地有时会有最高折扣 55% 超级便宜的优惠券。

上 / 淡季的优惠券册子可以在 URL www.seasonofsavings.com 上找到

左 / 通过 NYC 旅游局拿到的优惠券（全年）

票卖光的时候怎么办?

那就等待有人取消票了。虽然没有保证，但拿到好座位的可能性很高。但是，周末夜间场的票一般等不到。当天取消的门票，一般是开演前 2 小时再向普通观众售卖。如果当天有人取消票，那么就可以买到了。如果是非常有人气的表演的话，以拿到这种票为目的的观众在开演 2 小时前就开始排队了。

其他可以参考的网站

URL www.nycgo.com/broadway

URL www.broadway.com

URL www.broadwaybox.com

URL www.theatermania.com

登录 playbill 俱乐部，就可以成为会员了

Tkts、抽选票等
瞄准当天的优惠票

Tkts

是贩售打折票的售票亭。百老汇等剩下的当天票，以 20%~50% 的折扣来售卖。收取 $4 的手续费。可以使用现金、T\C、信用卡 ⒶⒹ ⒿⓂⓋ。在门口的电子显示屏上，显示着当日出售的 show 的名字。南街海港（South Street Seaport）和布鲁克林下城有分店。在这两家店里，可以提前一天买到白天场的门票。

URL www.tdf.org

●时报广场店

别 MAP p.33-C2

营 白天场　周三、周四 10:00~14:00
　　　　　周日 11:00~15:00
　夜间场　周一、周三～周六 15:00~20:00
　　　　　周二 14:00~20:00　周日 15:00~19:00

●南街海港店

别 MAP p.3-C2

营 周一～周六 11:00~18:00、周日 ~16:00（冬季休业）

●布鲁克林下城店

别 MAP p.38-B3

住 1 Metrotech Center（Jay & Myrtle Sts.）

营 周一～周六 11:00~18:00（15:00~15:30 休息）

当天打折券
Rush Ticket

只在当天打折的票。价格根据剧场不同会有所变化，一般在 $20~25。有先到、抽选和学生三种类型，通常最多只能买两张，只能用现金支付。

●先到先得

- 《芝加哥》$37［10:00 左右（周日是 12:00）。在剧场前面会发放顺序券，售票亭开始售票时，会按照顺序券来售票。周六晚上除外］
- 《超人》$39（与售票亭同时开始售票）
- 《曾经》周二到周四 $34.50，周五、周六 $39.50（与售票亭同时开始售卖）
- 《长靴》$37（10:00、周日 12:00 开始售卖）
- 《极限震撼》$30（开演前 2 小时开始售卖。仅有 30 张票）

●抽选

- 《魔法坏女巫》$30（开演 2 小时之前）
- 《摩门经》$32（开演 2 小时 30 分钟前）
- 《安妮》$40（开演 2 小时 30 分钟前）

●学生用 Student Rush（需要 ID）

- 《摇滚年代》$32
- 《泽西男孩》$27（周六除外）
- 《蓝人组合》$32（周五、周六的 20:00，公演除外）
- 《玛蒂尔达》$27

站票 Standing Room Ticket

有许多剧场在十分有人气的剧演出时，在把票全部售出的时候，会继续售卖站票。2~3 小时的演出全程站立，在一楼和二楼的最后面观看。因为卖不完票就不会出售站票，所以以站票为目标去买票，也可能会出现买不到的情况。

- 《妈妈咪呀！》$21.25
- 《芝加哥》$26.50
- 《歌剧魅影》$26.25
- 《摩门经》$27

位于时报广场的 tkts

可以在纽约当地门票代理店购买

纽约当地的门票代理店，售卖从音乐剧到运动等各种活动的票。音乐剧的票不仅有百老汇的门票，还有外百老汇的门票，大部分剧目的票都可以通过含有手续费的优惠价格购买。已经售完的票，或想要中央前方的带有奖券的座位有时也可以买到。

At NewYork

☎（1-212）489-9070

营 周一～周五 9:00~18:00、
　周六・周日 10:00~17:00

URL www.at-newyork.com

试一试《魔法坏女巫》的抽选 Rush Ticket！

在开演前的 2 小时 30 分钟开始，到开演前 2 小时结束的时间内，在售票亭旁桌子上放着的卡片上，写上名字和枚数（每人最多写两张），再交给工作人员就可以了。之后，在开演 2 小时前，就会叫当选者的名字。只要被抽中，就办手续、支付（需要 ID，护照也 OK）。只要被选上，可以坐在最前列或第二列。因此一定要试试抽选票，说不定会被抽上呢。

《泽西男孩》里有许多19世纪60年代的名曲 ©2010 Joan Marcus

旋律优美，风格华美大气的音乐剧《歌剧魅影》photo: Pual Kolnik

百老汇

Broadway

当日剧场内的流程

在座位上能够获得类似宣传小册子的 Playbill 节目单

1 座位引导

将自己的票展示给每条通路上的专门引导人员之后，就可以享受引导服务了。这时，客人还会收到称为“playbill”的节目单（只有英文）。这和宣传小册子类似，上面有演员的简历和演出曲目。

2 在演出正式开始前提前上厕所

3 中间休息

在第一幕和第二幕之间有15分钟左右的休息时间。场内是不允许带食物进入的，因此客人可以去大厅的吧台食用。在大厅里还出售海报和周边商品。

4 公演结束。

座位安排

（例：majestic theater）

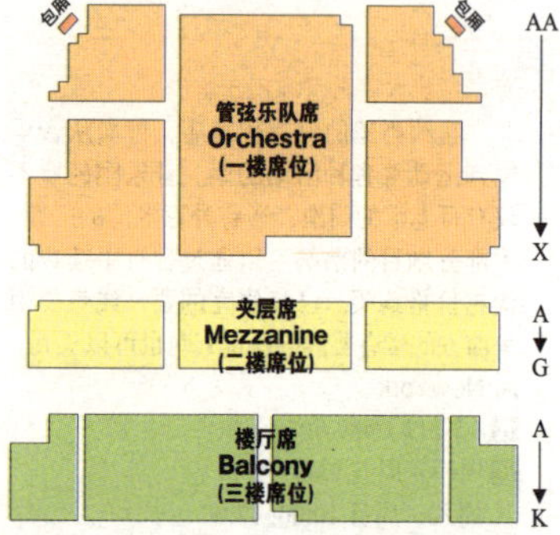

编号是从前往后按ABC的顺序，从中间分开。面向舞台，右侧是偶数，左侧是奇数

不能不知的百老汇知识

托尼奖　The Tony Award

这是从百老汇一年内上演的所有新作中选拔得出的奖，在每年6月授奖。与电影界的奥斯卡金像奖、音乐界的格莱美奖类似。分为音乐剧和戏剧两部分，每部分都有作品奖、主角奖等27种奖励和特别奖等。第69届的托尼奖将在2015年6月7日（8:00~11:00 PM）举行。具体情况详见：URL www.tonyawards.com

预演　Preview

在开放日之前有准备时间和预估反响的时间。约有两周（三四天、或一个月的情况也有）的预演时间。在此期间，小一点的剧院演出票价会打折。

服装、舞台都十分华美的《魔法坏女巫》

©2012, Joan Marcus

2012年备受瞩目的《曾经》

VOICE **欣赏音乐剧之前吃晚饭** 夜间场结束要将近23点，所以，最好在开演前吃晚饭。在第九大道有很多既实惠又美味的餐馆。

《曾经》Once

初次公演 2012年3月18日

别MAP p.32-B3　中城西

歌舞指数★★★　服装指数★★★　英语能力指数★★

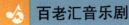

【故事梗概】2007年爱尔兰电影《曾经》(Once)的舞台化。吉他手的音乐家遇上捷克移民的女性，二人逐渐产生了感情。在美妙的音乐中描述着既甜蜜又悲伤的爱情故事。在2012年的托尼奖中，此剧除获得作品奖以外还获得了8项大奖。　演出时长：2小时15分钟

【看点】在爱尔兰酒吧风格的舞台上，有吉他、钢琴、小提琴等多种乐器。有演出者们带来的各种乐器的现场演奏。

剧场 Bernard B.Jacobs Theatre
住 242 W.45th St.（bet. Broadway & 8th Ave.）
地铁 N Q R S 1 2 3 7 Times Sq-42 St
☎（1-212）239-6200（tele charge）
费 $34.50~$160　R $34.50（周二至周六）、$39.5（周五周六）
网 www.oncemusical.com

	白天场	夜间场
周一		
周二	19:00	
周三	14:00	20:00
周四		20:00
周五		20:00
周六	14:00	20:00
周日	15:00	

《歌剧魅影》The Phantom of the Opera

初次公演 1988年1月26日

别MAP p.33-C3　中城西

歌舞指数★★★　服装指数★★　英语能力指数★★★

【故事梗概】在19世纪60年代，巴黎的歌剧院地下室居住的怪人Phantom，他爱上了歌手克里斯汀。因为爱，他将克里斯汀关进地下室，又将她放出。但是，克里斯汀将地下室的事情告诉了她的未婚夫劳尔。一怒之下的Phantom……　演出时长：2小时30分钟

【看点】以法国作家加斯东·勒鲁的作品为蓝本创作。在第一部的最后，由于怪人的愤怒，使得水晶灯从天花板上掉落和在地下室内的表演是极佳的看点。

剧场 Majestic
住 247 W.44th St.（near 8th Ave.）
地铁 N Q R S 1 2 3 7 Times Sq-42St
☎（1-212）239-6200（tele charge）
费 $27~142　立 站票 $27（周一至周六的夹层席后方两列的价格是$27）
网 www.thephantomoftheopera.com

	白天场	夜间场
周一		20:00
周二		19:00
周三	14:00	20:00
周四		20:00
周五		20:00
周六	14:00	20:00
周日		

《摩门经》The Book of Mormon

初次公演 2011年3月24日

别MAP p.33-C2　中城西

歌舞指数★★★　服装指数★★　英语能力指数★★★

【故事梗概】2011年在托尼奖上，除作品奖外，还获得了9项大奖的话题之作。摩门教徒的优等生Price和差生Cunningham，被派往非洲乌干达传教。但是，他们发现在被艾滋病和饥饿困扰的这片土地上传教十分困难。演出时长：2小时30分钟

【看点】将宗教这一题材用歌曲、台词、舞蹈等十分巧妙地表现出来，增加了可观度。优等生和差生的组合也为观众带来了笑料。

剧场 Eugene O'Neill
住 230 W. 49th St.（bet. Broadway & 8th Ave.）
地铁 C E 50 St
☎（1-212）239-6200（tele charge）
费 $27~175
立 站票 $27　抽 抽选票 $32
网 www.bookofmormonbroadway.com

	白天场	夜间场
周一		
周二		19:00
周三	14:00	19:00
周四		19:00
周五		20:00
周六	14:00	20:00
周日	15:00	

《芝加哥》Chicago

初次公演 1996年11月14日

别MAP p.33-C2　中城西

歌舞指数★★★　服装指数★★★　英语能力指数★★★

【故事梗概】以20世纪20年代的美国禁酒法时代的芝加哥为背景。酒吧歌手罗克茜因为杀害恋人获罪被捕，却在律师的辩护下被无罪释放。因此，一夜成名。这时，恶名昭著的歌手维尔玛十分气愤，与罗克茜对抗。该剧描写了不惜利用丑闻而成名的女性。

演出时长：2小时30分钟

【看点】2003年，电影版《芝加哥》获得了奥斯卡奖。性感的舞蹈和富有节奏感的台词，是这部剧的看点。

剧场 Ambassador
住 219 W.49th St.
地铁 C E 50 St
☎（1-212）239-6200（tele charge）
费 $26.50~147
立 站票 $26.5　R Rush Ticket $37（除周六下午）
网 www.chicagothemusical.com

	白天场	夜间场
周一		20:00
周二		20:00
周三		
周四		20:00
周五		20:00
周六	14:30	20:00
周日	14:30	19:00

《狮子王》 The Lion King

初次公演 1997年11月13日

别 MAP p.33-C3　中城西

歌舞指数★★★　服装指数★★★　英语能力指数★★★

【故事梗概】辛巴是非洲狮王木法沙的儿子。叔父刀疤用阴谋杀害了父王，辛巴逃出王国。辛巴忘记过去，和新的朋友开始新的生活，但偶遇了幼时好友娜娜。辛巴被娜娜说服，决心夺回王国。

演出时长：2 小时 45 分钟

【看点】迪士尼电影《狮子王》的音乐剧版本，比动画更能使观众真实地感受到辛巴的痛苦和惊奇。动物们的化装也十分引人注目。

剧场 Minskoff
住 200 W. 49th St.（at Broadway）
地铁 N Q R 49 St
☎（1-866）870-2717（可网上购票 ticket master）
费 $92~152
网 www.lionking.com

	白天场	夜间场
周一		
周二		19:00
周三	14:00	20:00
周四		20:00
周五		20:00
周六	14:00	20:00
周日	15:00	

《蜘蛛侠：消灭黑暗》 Spider-Man Turn Off the Dark

初次公演 2011年6月14日

别 MAP p.33-C4　中城西

歌舞指数★★★　服装指数★★　英语能力指数★★

【故事梗概】百老汇史上投资力度最大的人气大作。平凡的高中生彼得·帕克，在被一只体内带有放射性物质的蜘蛛咬伤后，他变成了有超能力的超人，维护社会正义，除暴安良。

演出时长：2 小时 45 分钟

【看点】音乐由爱尔兰摇滚乐队 U2 的 Bono 和 The Edge 负责。

剧场 Foxwoods
住 213 W. 42nd St.（bet. 7th & 8th Aves.）
地铁 A C E 42 St-Port Authority Bus Terminal
☎（1-877）250-2929（可网上购票 ticket master）
费 $30~159.50
R Rush Ticket $39
网 spidermanonbroadwaymarvel.com

	白天场	夜间场
周一		
周二		19:30
周三	13:30	19:30
周四		19:30
周五		20:00
周六	14:00	20:00
周日	15:00	

《泽西男孩》 Jersey Boys

初次公演 2005年11月6日

别 MAP p.33-C1　中城西

歌舞指数★★★　服装指数★★　英语能力指数★★

【故事梗概】根据 20 世纪 60 年代风靡全球的流行组合“四季乐队”的真实事迹改编而成。出生在纽约的意大利移民 Frankie 与其他三人组成乐队，经历了各种艰难险阻，四季乐队终于成长为美国历史上最火爆的乐队。

演出时长：2 小时 30 分钟

【看点】在充满 20 世纪 60 年代风情的舞台上演绎《Sherry》《My Eyes Adored You》等经典曲目。主唱 Frankie 的歌声及深厚的唱功令观众倾倒。

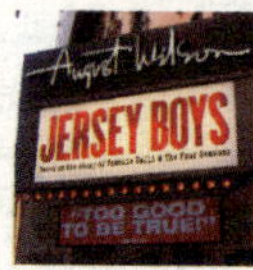

剧场 August Wilson
住 245 W. 52nd St.（bet. Broadway & 8th Ave.）
地铁 1 50 St
☎（1-212）239-6200（tele charge）
费 $27~147
学 学生票 $27（周六除外）
网 www.jerseyboysbroadway.com

	白天场	夜间场
周一		
周二		19:00
周三	14:00	19:00
周四		19:00
周五		20:00
周六	14:00	20:00
周日	15:00	

《彼平正传》 Pippin

初次公演 2013年4月25日

别 MAP p.33-C3　中城西

歌舞指数★★★　服装指数★★　英语能力指数★★

【故事梗概】天才舞蹈设计师 Bob Fosse 参与演出的经典作品再上映。将不甘平凡生活的年轻王子彼平的故事采用重要配角的方式进行演绎。在经历了战争、革命、寡妇之后，彼平仍然不满足，那么，等待他的结局将是……

演出时长：2 小时 35 分钟

【看点】充满 Bob Fosse 风格的令人耳目一新的舞蹈编排和令人屏息观看的精湛的杂技舞蹈都十分精彩。由《魔法坏女巫》的 Steven Schwartz 作词作曲。

剧场 Music Box Theatre
住 239 W. 45th St.（bet. Broadway & 8th Aves.）
地铁 N Q R 49 St
☎（1-212）239-6200（tele charge）
费 $59~142
网 www.pippinthemusical.com

	白天场	夜间场
周一		
周二		20:00
周三	14:30	20:00
周四		20:00
周五		20:00
周六	14:30	20:00
周日	15:00	

VOICE　Tkts 门票（→ p.379）　开始售票后如果不一会儿就到 10 点钟，并且排队队列较短，想和售票员细细交谈，那可挑选的作品较多。如果以此为目标的话，推荐上午。

《安妮》 Annie

初次公演 2012年11月8日

别MAP p.33-C3　中城西

歌舞指数★★★　服装指数★★　英语能力指数★★

【故事梗概】故事发生在1933年的纽约。11岁的安妮历尽艰辛逃出了恐怖的孤儿院去寻找父母，遇到了流浪犬sandy，又在大富豪Warbucks的豪宅里度过圣诞节……

演出时长：2小时25分钟

【看点】扮演安妮的Lilla Crawford的演技和唱功大获赞赏。《Tomorrow》和《Maybe》等名曲的演唱，使大人和小孩都乐在其中。

剧场 Palace Theatre
住 1564 Broadway.（bet. 46th & 47th Sts.）
地铁 N Q R 49 St
☎（1-800）745-3000（可网上购票 ticket master）
费 $40~137.50
抽 抽选票 $40
网 www.anniethemusical.com

	白天场	夜间场
周一		
周二		19:00
周三	14:00	20:00
周四		19:00
周五		20:00
周六	14:00	20:00
周日	15:00	

《妈妈咪呀！》 Mamma Mia!

初次公演 2001年10月18日

别MAP p.33-C1　中城西

歌舞指数★★★　服装指数★　英语能力指数★★

【故事梗概】在希腊的一座小岛上，与母亲唐娜相依为命的苏菲，为了让亲生父亲来参加自己的婚礼，于是向唐娜的3位旧情人发出了邀请函。婚礼前天，有可能是亲生父亲的三位男士的到来，使岛上一片骚乱。ABBA乐队的22首人气歌曲将在本剧中演唱。

演出时长：2小时30分钟

【看点】*Money Money Money* 和 *Chiquitita* 等令人怀念的歌曲接连在舞台上演绎。谢幕时的 *Dancing Queen* 更是让全体观众起立叫好，使演出达到了最高潮。

剧场 Winter Garden
住 1634 Broadway.（bet. 50th & 51st Sts.）
地铁 1 50 St
☎（1-212）239-6200（tele charge）
费 $21.25~150　站 站票 $21.25
学 学生票 $31.50
网 www.mamma-mia.com

	白天场	夜间场
周一		20:00
周二		20:00
周三	14:00	20:00
周四		20:00
周五		20:00
周六	14:00	20:00
周日		

《长靴》 Kinky Boots

初次公演 2013年4月4日

别MAP p.32-B3　中城西

歌舞指数★★★　服装指数★★★　英语能力指数★★★

【故事梗概】2005年英国喜剧电影的舞台化。查理·普莱斯的老父亲意外辞世，查理不得不继承濒临倒闭的鞋厂。他发现在变装癖的人群中有巨大的商机，所以他请“变装皇后”劳拉为顾问，开始制造长靴以谋求工厂的生存。

演出时长：2小时25分钟

【看点】由Cyndi Lauper作词作曲。她曾获得格莱美奖、艾美奖，在2013年出道30周年的她开始挑战音乐剧的领域，令人十分期待。

剧场 Al Hirschfeld Theatre
住 302 W. 45th St.（near. 8th Ave.）
地铁 A C E 42 St-Port Authority Bus Terminal
☎（1-212）239-6200（tele charge）
费 $37~137
R $37
网 kinkybootsthemusical.com

	白天场	夜间场
周一		
周二		19:00
周三	14:00	20:00
周四		19:00
周五		20:00
周六	14:00	20:00
周日	15:00	

《摩城》 Motown

初次公演 2013年4月14日

别MAP p.33-C3　中城西

歌舞指数★★★　服装指数★★★　英语能力指数★★★

【故事梗概】描写了摩城唱片公司的创始者Berry Gordy的半生。高中未毕业就退学的Gordy开始了拳击手生涯，在1950年的朝鲜战争中被征为士兵，1953年回国。1959年创立了摩城公司，造就了Diana Ross、Michael Jackson等许多不朽的流行巨星。

演出时长：2小时45分钟

【看点】1929年出生的Berry Gordy自己创作的剧本。黑人音乐和灵魂音乐的流行歌曲，带着巨大的魅力，萦绕在观众心头。

剧场 Lunt-Fontanne Theatre
住 205 W. 46th St.（bet. Broadway & 8th Ave.）
地铁 N Q R 49 St
☎（1-800）745-3000（可网上购票 Ticket master）
费 $65.50~150.50
网 motownthemusical.com

	白天场	夜间场
周一		
周二		19:00
周三	14:00	20:00
周四		20:00
周五		20:00
周六	14:00	20:00
周日	15:00	

※可能会根据月份发生变动

VOICE　**在网络上通过远程支付购买门票**　付款成功后到确认邮件送达约花费3天时间。这个邮件可以当作门票使用，因此可以从容地预约。

《摇滚年代》 Rock of Ages

初次公演 2011年3月24日

别MAP p.33-C3　中城西

歌舞指数★★★　服装指数★★　英语能力指数★★

【故事梗概】这是一部摇滚音乐剧，以 1987 年的洛杉矶为背景。男孩波利怀揣着成为摇滚明星的梦想，与想成为女明星的谢丽相遇并相爱。但是，谢丽却与著名的摇滚乐队的主唱发生了关系……

演出时长：2 小时 15 分钟

【看点】能听到很多 20 世纪 80 年代的代表性摇滚乐队的经典曲目，如 Bon Jovi、Journey 乐队、Stys 乐队、Poison 乐队等。

剧场 Helen Hayes

住 240 W. 44th St.（bet. 7th & 8th Aves.）

地铁 A C E 42 St-Port Authority Bus Terminal

☎（1-212）239-6200（tele charge）

费 $32~165　学 学生票 $32

网 www.rockofagesmusical.com

	白天场	夜间场
周一		20:00
周二		19:00
周三		
周四		20:00
周五		20:00
周六	14:00	20:00
周日	15:00	19:30

《玛蒂尔达》 Matilda

初次公演 2013年4月11日

别MAP p.33-C3　中城西

歌舞指数★★★　服装指数★★　英语能力指数★★★

【故事梗概】这部伦敦电影界的话题之作被搬上了百老汇演出。原作是儿童作品《小个子天才——玛蒂尔达》。1996 年被拍成了电影。少女玛蒂尔达拥有敏捷的头脑和不可思议的思考能力，她用各种小聪明惩罚不关心孩子的家长和讨厌孩子的校长等成人，观众感觉十分过瘾。　演出时长：2 小时 40 分钟

【看点】玛蒂尔达这个角色由 4 位少女交替完成。在伦敦版本中的四位演员全部都获得了奥利弗奖（Olive Award）的最佳女演员奖。她们的表现令人佩服。

剧场 Shubert Theatre

住 225 W. 44th St.（bet. 7th & 8th Aves.）　地铁 A C E 42 St-Port Authority Bus Terminal

☎（1-212）239-6200（tele charge）

费 $27~147　学 学生票 $27

网 www.matildathemusical.com

	白天场	夜间场
周一		
周二		19:00
周三	14:00	20:00
周四		19:00
周五		20:00
周六	14:00	20:00
周日	15:00	

※演出时间有可能会发生变化，请留意。

《灰姑娘》 Cinderella

初次公演 2013年3月3日

别MAP p.33-C1　中城西

歌舞指数★★★　服装指数★★★　英语能力指数★★

【故事梗概】由著名作词作曲家组合 Rodgers & Hammerstein 作词作曲的电视音乐剧在百老汇为大家呈现。被继母和非亲生姐姐虐待的灰姑娘，在魔法的帮助下参加了舞会。在遇见王子之后却失去了魔法……在熟悉的故事里融合了喜剧元素。

演出时长：2 小时 25 分钟

【看点】身穿色彩明艳的古典连衣裙的女性们翩翩起舞，舞会上的舞蹈表演令人叫绝。灰姑娘的迅速变装也十分精彩。

剧场 Broadway Theatre

住 681 Broadway（at 53rd St.）

地铁 B D E 7 Av

☎（1-212）239-6200（tele charge）

费 $32~137

学 学生票 $32（周一到周六）

网 cinderellaonbroadway.com

	白天场	夜间场
周一		
周二		19:00
周三	14:00	19:30
周四		19:00
周五		20:00
周六	14:00	20:00
周日	15:00	

《魔法坏女巫》 Wicked:The Untold Story of the Witches of Oz

初次公演 2003年10月30日

别MAP p.33-C1　中城西

歌舞指数★★★　服装指数★★★　英语能力指数★★

【故事梗概】拥有绿色肌肤和魔力的少女爱尔法巴（Elphaba）进入了全寄宿制学校学习。遇见了性格开朗的女孩格林达（Glinda）。本剧根据《绿野仙踪》中以坏女巫的形象出现的爱尔法巴和好女巫格林达的形象为重点，向观众揭开了爱尔法巴之所以被称为坏女巫的秘密。

演出时长：2 小时 45 分钟

【看点】服装、灯光、道具都十分华丽精致。让因为《埃及王子》（*The Prince of Egypt*）获得奥斯卡原创歌曲奖的 Steven Schwartz 负责本剧的音乐。

剧场 Gershwin

住 222 W. 51st St.（bet. Broadway & 8th Ave.）

地铁 C E 50 St

订（1-800）745-3000（可网上购票 Ticket master）

费 $30~162　抽 抽选票 $30

网 www.wickedthemusical.com

	白天场	夜间场
周一		
周二		19:00
周三	14:00	19:00
周四		20:00
周五		20:00
周六	14:00	20:00
周日	15:00	

※每月都会变动

❤ **关于音乐剧的开始时间**　根据时期和作品的不同开始时间也会有一些不同，但一般情况下为：白天场是 14 点开始，夜间场是 20 点开始（周一或周五可能是 19 点或 19 点半开始）。

外百老汇

Off Broadway

Off Broadway 是指什么呢?

与 Broadway 不同，这是一种与传统戏剧背道而驰的新兴戏剧样式。在未被传统戏剧认可时，经常在平民区演出，所以有了这样的一种称呼。充满了纽约风格的辛辣讽刺的笑点和台词，可以和观众互动的舞台等，这些都是在百老汇体验不到的。

Off-off Broadway 的存在

时至今日，Off Broadway 取得了商业上的成功，从某种意义上来说，已经失去了原来的性质。所以 Off-off Broadway 的出现开始引起人们的注意。这种新兴剧，脱离了剧场，在阁楼、教堂、咖啡馆等场所演出。作品类型也丰富多样，带有极强艺术感的作品，有的是业余爱好者的作品。

奥比奖是什么呢?（OBIE Awards，是 Off-Broadway Theater Awards 的简写）

是以 Off-off Broadway 和 Off Broadway 为对象的优秀戏剧奖。由纽约杂志《Village Voice》为主办方于 1956 年发起的奖项。有演技奖、舞台导演奖、舞台美术奖、功劳奖等。伍迪·艾伦（Woody Allen）、芭芭拉·史翠珊（Barbra Streisand）等都曾获得过奥比奖。

©Blue Man Group

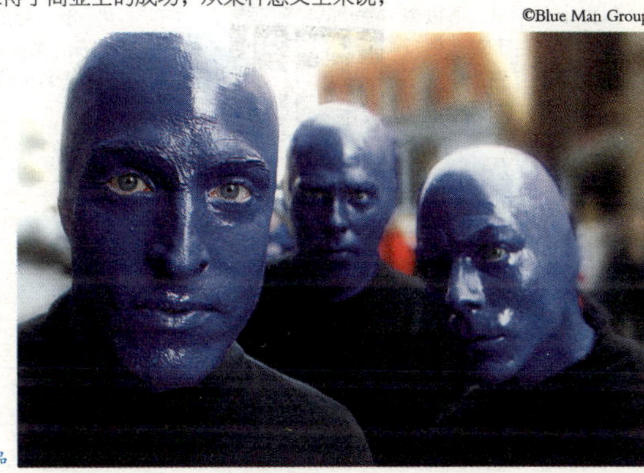

《Blue Man》是非常有人气的连续公演作品

COLUMN

夏日专属的免费娱乐方式

如果夏天去纽约的话，一定不要错过野外音乐会。中央公园和林肯中心的音乐会十分有名。关于音乐会的信息，可以在相关网站和杂志上查到。

中央公园（→p.118）

纽约的爱乐乐团和纽约大歌剧每年都在这里公演。随便在草丛里一躺，欣赏着古典音乐和歌剧，真是人生中的一大乐事。

URL nyphil.org

URL www.newyorkgrandopera.org

能欣赏到现场演出的十分受观众追捧的夏日场

URL www.summerstage.org

戴拉寇特剧院（Delacorte theater）以莎士比亚的作品为中心，上演 “Shakespeare in the Park”。提前在戴拉寇特剧院购买门票（当天票 13:00~ 开始出售）。经常是售票时间的前几个小时已经排上了长队。也有可能从下面的网站中抽出幸运观众获得当天的门票。

URL www.shakespeareinthepark.org

林肯中心（→p.115）

7 月末至 8 月中旬的林肯中心狂欢节在郊外设置舞台，有音乐会、舞蹈等 100 个大型娱乐项目，全部免费供人们享受。

URL www.lcoutofdoors.org

林肯中心的户外狂欢节

《裸男歌唱》Naked Boys Singing!

初次公演 2012年3月22日

别 MAP p.32-A4 中城西

歌舞指数★★★ 服装指数★★★ 英语能力指数★★

【故事梗概】如剧名的意思，六个一丝不挂的男人边唱边跳。剧中充满了男同氛围和俗语，如果能听明白的话，相信会更加有趣。仅仅是演员的表演就很值得一看了。17岁以下须有成人陪同。4岁以下禁止入场。

演出时长：1小时（中间无休）

【看点】这种题材的剧在国内十分罕见，所以值得一看。由于观众的反应也千差万别，欣赏别人的反应也很有趣。

剧场 The Kirk Theatre（Theatre Row 内）
住 410 W. 42nd St.（bet. 9th & 10th Aves.）
地铁 A C E 42 St-Port Authority
☎（1-212）239-6200（tele charge）
费 $72.15
网 www.nakedboyssingingnyc.com

	白天场	夜间场
周一		
周二		
周三		
周四		20:00
周五		22:30
周六		18:00
周日		

《蓝人组合》Blue Man Group

初次公演 1991年4月8日

别 MAP p.10-A3 东村

歌舞指数★★ 服装指数★★★ 英语能力指数无

【故事梗概】三人全身涂满蓝色，给人一种奇妙的喜感。舞台的天花板用内胎装饰，在舞台上进行表演，有时会在观众席内走动，随机选出观众进行互动。没有具体的故事情节。

演出时长：2小时（中间无休）

【看点】演出时，三人都不开口，也毫无表情变化。演员会在观众席内随机选出观众互动。然后，出乎意料地结束……

剧场 Astor Place
住 434 Lafayette St.（bet.4th & 8th Sts.）
地铁 6 Astor Pl
☎（1-800）258-3626（1-800）745-3000（可网上购票 ticketmaster）
费 $32~89
学生票 $32（除周五 20 点场、周六 20 点场之外，需要学生证）
网 www.blueman.com

	白天场	夜间场
周一		20:00
周二		20:00
周三	14:00	20:00
周四		20:00
周五		20:00
周六	14:00	17:00 和 20:00
周日	14:00	17:00 和 20:00

《Stomp》Stomp

初次公演 1994年2月27日

别 MAP p.10-B3 东村

歌舞指数★★★ 服装指数★ 英语能力指数无

【故事梗概】Stomp 意思是足音，在黑暗和寂静的舞台上，只有表演者们用身边的东西制造出来的声音。像水桶、长靴、水槽、打火机等身边司空见惯的东西在表演者的手中都变成了乐器。这是来自英国的表演团队。

演出时长：1小时30分钟（中间无休）

【看点】没有整体性的故事情节。请感受8位表演者创造出来的声音和节奏吧。观看这次演出不需要英语能力，任何人都能够轻松享受音乐的乐趣。

剧场 Orpheum
住 126 2nd Ave.（bet. 7th & 8th Sts.）
地铁 6 Astor Pl
☎（1-800）982-2787（可网上购票 ticketmaster）
费 $30~78
网 www.stomponline.com

	白天场	夜间场
周一		
周二		20:00
周三		20:00
周四		20:00
周五		20:00
周六	15:00	20:00
周日	14:00	17:30

《不眠之夜》Sleep No More

初次公演 2011年3月7日

别 MAP p.12-B4 中城西

歌舞指数★★ 服装指数★★★ 英语能力指数★

【故事梗概】新感觉体验型剧院。本来公演时间有限制，可由于人气极高，因此公演时间不断延长。场所是被设定为闭馆之后的酒店中。观众戴上白色面具，可以依照自己的情况和兴趣观赏各有风格的约100个房间。追着演员们，最后到达的地方究竟是……

演出时长：2~3小时

【看点】以莎士比亚的《麦克白》为基础。如果能提前熟悉一下《麦克白》，在观赏时应该会更加有趣。观众可以在地下一层到地上六层之间来回走动。

剧场 The McKittrick Hotel
住 530 W. 27th St.（bet. 10th & 11th Aves.）
地铁 C E 23 St
☎（1-866）811-4111
费 $75~105
网 sleepnomorenyc.com

	夜间场
周日到下周四	19:30、19:45 20:00、20:15 20:30
周五、周六	19:00、19:15 19:30、19:45 20:00、23:00 23:15、23:30 23:45、23:59

Tkts 门票（→p.379）的现值　中午和傍晚、夜晚票价会因为利率发生现值波动，这是我从售票员那里打听来的。如果有时间的话在这几个时间点可以关注一下。

《Q大道》
Avenue Q

初次公演 2003年7月31日

别MAP p.32-B1　中城西

歌舞指数★★★　服装指数★　英语能力指数★★★

【故事梗概】大学刚毕业的青年普林斯顿（Princeton）怀着梦想带着一点积蓄来到了纽约。和他一起住在Q大道的有不少有趣的居民，他们一起探索人生……2009年10月开始，在外百老汇演出。

演出时长：2小时45分钟

【看点】与《芝麻街》类似，采用人偶与人共演的方式，把观众带入了一个奇妙的世界。

剧场 New World Stages

住 340 W. 50th St.（bet. 8th & 9th Aves.）

地铁 C E 50 St

☎（1-212）239-6200（tele charge）

费 $26.5~92.5

R Rush Ticket $26.5

网 www.avenueq.com

	白天场	夜间场
周一		20:00
周二		
周三		20:00
周四		20:00
周五		20:00
周六	14:30	20:00
周日	15:00	19:30

《极度震撼》
Fuerza Bruta:Look Up

初次公演 2007年10月24日

别MAP p.10-A2　格拉莫西

歌舞指数★★★　服装指数★　英语能力指数无

【故事梗概】采用水、光线、烟雾等崭新手法的体验感受型表演。墙壁、天花板等所用的空间都是舞台，观众站着观看表演，在舞台移动的时候观众也跟着移动。由于演出时会使用水，所以观众们应穿着耐水耐脏的衣服去观看。行李不要放在地上，拿不了的行李要提前寄存在衣帽间。　演出时长：1小时5分钟（中间无休）

【看点】飞檐走壁、潜入巨大的水池中表演等，充满了梦幻、惊悚的气息。最后浑身湿透的演员们还会疯狂地跳舞。

剧场 Daryl Roth

住 101 E. 15th St.（bet. Union Square E. & Irving Place）

地铁 L N Q R 4 5 6 14 St

☎（1-212）239-6200（tere charge）

费 $30~89

R Rush Ticket $30

网 fuerzabrutanyc.com

	白天场	夜间场
周一		
周二		
周三		20:00
周四		20:00
周五		20:00&22:30
周六		19:00&22:00
周日		19:00

上演Off&Off-off Broadway的影院清单

约瑟夫·帕普公共剧院
The Joseph Papp Public Theatre

这家影院被誉为“美国最重要的和最具时代感的戏剧机构”。在这里上演后，再到百老汇演出并得奖的作品有很多。

别MAP p.10-A3　东村

住 425 Lafayette St.（bet. 4th St. & Astor Pl.）

地铁 6 Astor Pl、N R 8 St

☎（1-212）539-8500

网 www.publictheater.org

路西尔·洛特尔剧院
Lucille Lortel Theatre

这个剧院可以称作Off-Broadway运动的发祥地。布莱希特的《三便士歌剧》《欲望号街车》等也曾在此剧院上映。

别MAP p.9-C4　格林尼治村

住 121 Christopher St.（bet. Hudson & Bleecker Sts.）

地铁 1 Christopher St（沿Christopher St.向西走一个街区，越过Bleecker St.即可到达）

☎（1-212）352-3101

网 www.lortel.org

时报广场剧场
Circle in the Square Theatre

田纳西·威廉斯（Tennessee Williams）的《夏日烟云》在此上演，一直在连续公演。20世纪60年代后半期，创立了戏剧学校，现在有很多研修生在此学习。

别MAP p.33-C1　中城西

住 1633 Broadway（at 50th St.）

地铁 N R Q 49 St、1 C E 50 St

☎（1-212）307-0388

网 www.circlesquare.org

辣妈妈实验剧院
La MaMa Experimental Theatre

自艾伦·斯图瓦特（Ellen Stewart）建此剧院以来，经常上演一些前卫的戏剧。

别MAP p.10-B4　东村

住 74A E. 4th St.（bet. 2nd Ave. & Bower）

地铁 F 2 Av、6 Bleecker St

☎（1-212）475-7710

网 www.lamama.org

The Fazzio Ride　旅游的限定项目。在路上就有表演（连芭蕾舞都有！），可以欣赏歌曲和舞蹈。可以在国内进行预约。网 www.experiencetheride.com

歌剧・古典音乐・芭蕾

观看歌剧的建议

歌剧的旺季一般在9月到次年5月，在此期间经常会连日进行公演。演出时会有英文字幕，所以不需要担心听不懂。在中国观看歌剧的话平均要几百元，如果是外国歌剧来中国公演的话大约要1000多元，如果$20左右（大都市歌剧的家庭座席）能观看的话也是一个不错的选择。

买门票的方法

在官网上、售票处都可以买票。

URL www.metoperafamily.org

CC A M V

●售票处

☎（1-212）362-6000

开 周一～周六 10:00~20:00
周日 12:00~18:00

※乐队席的站票和家庭套票的站票是开演当天的10:00开始售卖。虽然可以通过电话和网络购票，但需要花费$7.5的手续费和$2.5的设施使用费（在售票处买票也要交设施使用费）。

※有学生优惠政策（29岁以下。需要学生证和学生编号）。周一到周四的公演是$25，周五和周六是$35。开演当日10:00开始售卖。

※有Rush Ticket。乐队席的200席售价为$20。开演当天提前2小时售卖。每人最多买2张。只在周一和周四的公演中售卖（特殊日子除外）。周五和周六公演的$25的票可以在每周一的在线抽奖中申请。

集管弦乐、演技、舞蹈、美工、服装、设备、灯光于一体的大型艺术形式——歌剧和芭蕾。在纽约可以享受世界级的高水准的公演。

歌剧
Opera

纽约的歌剧

在纽约有“大都市歌剧”和“城市歌剧”两种。大都市歌剧是有专门的歌手、管弦乐队的豪华型歌剧。一方面，由于座位采取的是会员先选制度，所以在售票前，好的座位已经被一抢而空了。另一方面，城市歌剧是以美国歌手为主体的支撑美国歌剧界的支柱。不管怎么说，门票价格的优惠力度都很让人心动。最好将两者对比着看。

如果座位在高层的话穿休闲服装也可以

在着装上要留点心。特别是大都市歌剧更是上流社会的社交场所，所以观众们大多穿着燕尾服和晚礼服。但是，座位在高层的观众，他们大多数的服装稍微休闲些。一楼座席的观众穿着燕尾服和晚礼服，最高层座席的观众穿着短裤和T恤衫这种休闲装，二者服装的鲜明对比十分引人注意。去豪华的剧院穿得稍微正式些还是比较好的。

华美的舞台设施也非常引人注目。出自《La Bohème》
©Ken Howard/Metropolitan Opera

欣赏经典时合适的座位 如果是纽约爱乐乐团的话（一般在爱弗利费雪厅 Avery Fisher Hall）应选择 Third Tier Box，如果是看大都市歌剧的话（一般会在大剧院），应选择 Family Circle。应在一周之前进行预订。

大都会歌剧院

世界最优秀的歌剧之一——大都会歌剧

大都会歌剧（Metropolitan Opera 简称“MET”），是世界上最优秀的歌剧之一。在每年公演次数和剧场大小方面也是世界第一。场面宏大的表演和演员阵容以及大手笔的制作在世界上也是无人能及。

- 演出季：9 月下旬至 5 月中旬
- 根据地：大都会歌剧院

强大的演员阵容

这个歌剧院最大的魅力就是强大的演员阵容。安娜·奈瑞贝科、考夫曼、赫沃罗斯托夫斯基、Nathan Gunn、Fleming、Bartoli、Tremii 等即使不是内行也耳熟能详的大牌歌唱家云集在此。舞台布置、服装、歌唱团等都以十二分优秀的姿态展示在观众面前。不管怎样剧院的内部陈设就是一个极大的看点。开演前，水晶灯慢慢地升到天花板上、幕布慢慢地打开。在前方座位的背部会出现字幕。

艺术家和著名歌手的悲恋故事《托斯卡》
©Ken Howrd/Metropolitan Opera

去参加大都会歌剧院后台的参观活动吧

这个活动将会带大家参观大都会歌剧院的休息室、排练室、服装室、大道具制作室，还可以通过舞台通道一直走到舞台边，是真正的后台参观活动。要注意参观时不要带大行李。

☎（1-212）769-7028（周一到周五 10:00 到 15:00）
开（9 月下旬到 5 月下旬）
周一到周五 15:00~，
周日 10:30~，13:30~
费 $20（29 岁以下的学生 $10）

COLUMN

更好地享受大都会歌剧的奥秘

●分为三大类的会员制度

有普通会员（$75~）、赞助机构（$2500~）、青年社团（$600~。年龄在 21~45 岁）这三大类别，在每个类别中也会有不同等级。优惠政策根据等级不同也会有所差别。

●如果每月都去的话，可以使用套票

在正常售票开始前可以成套购买入门票的一种制度。在每周的某个特定日子或每个主题都会以 6~8 为套票成套出售。这种套票对于在 9 月到次年 5 月的演出季中，每月都会去看公演的人来说十分划算。

●免费看彩排

一年中大约会有 2~3 次，新出作品一般都会对外公开彩排。这些信息会在网站上随时更新，敬请关注。

●夏日独唱会

在纽约市内的公园可以免费观看。

●在歌剧商店中买特产

在大厅北侧有商店，不仅有 CD、DVD，还有 T 恤衫、马克杯等许多具有高超设计感的商品。

营 周一～周六 10:00~22:00
周日 12:00~18:00
URL www.metoperashop.org

❤ **大都会剧院的座位设置** 从下（舞台前）往上是：管弦乐队席（Orchestra）、正厅后排座（Parterre）、顶层座（Grand Tier）、第一层楼厅的前排座位（Dress Circle）、楼厅席（Balcony）、家庭席（Family Circle）。

大都会歌剧演出季剧目

※ m 即白天场

作品名	作曲	日程
《安德烈·谢尼埃》(*Andrea Chenier*)	翁贝托·焦尔达诺	3月24日、28日、31日。4月5日、8日、12日 m
《阿拉贝拉》(*Arabella*)	理查德德·施特劳斯	4月3日、7日、11日、16日、19日 m、24日
《艺术家的生涯》(*La Bohème*)	吉亚卡摩·普契尼	1月14、18、22、25、30，3月19、22、26、29，4月2、5m、10、14、18
《灰姑娘》(*La Cenerentola*)	吉奥阿基诺·罗西尼	4月21、25、28。5月2、6、10m
《女人心》(*Cosi fan tutte*)	沃尔夫冈·阿玛多伊斯·莫扎特	9月24、28，10月2、5、4月23、26m，30，5月3、8
《爱的甘醇》(*L'Elisir d'Amore*)	葛塔诺·多尼采蒂	1月9、13、17、21、25m、29，2月1
《魔幻岛》(*The Encanted Island*)	让－菲利普·拉莫等人	2月26，3月1、5、8m、12、15、20
《叶普根尼·奥涅金》(*Eugene Onegin*)	柴可夫斯基	9月23、26，10月1、5m、9、12、16、19、11月23、29,、12月2、5、12
《法斯塔夫》(*Falstaff*)	朱塞佩·威尔第	12月6、9、14m、18、21m，27、30，1月3、6、11
《蝙蝠》(*Die Fledermaus*)	约翰·施特劳斯	12月31，1月4、7、11m，15、18m、2月3、5、8、11、13、15m、20、22、
《没有影子的女人》(*Die Frau ohne Schatten*)	理查德德·施特劳斯	11月7、12、16、20、23m、26
《蝴蝶夫人》(*Madama Butterfly*)	吉亚卡摩·普契尼	1月16、20、24、28，2月1m、7，4月4、9、12、15、19，5月1、5、9
《魔笛》(*The Magic Flute*)	沃尔夫冈·阿玛多伊斯·莫扎特	12月16、21、24、26m、28、30m，1月2、4m
《仲夏夜之梦》(*A Midsummer Night's Dream*)	门德尔松	10月11、15、19m、23、26、31
《诺玛》(*Norma*)	贝里尼	9月30，10月4、7、10、14、18、24、28，11月1日
《鼻子》(*The Nose*)	肖斯塔科维奇	9月28，10月3、8、12m、17、22、26m
《伊戈尔王子》(*Prince Igor*)	亚历山大·鲍罗丁	2月6、10、14、17、21、24，3月1m、4、8
《清教徒》(*I Puritani*)	贝里尼	4月17、22、26、29，5月3m、7、10
《弄臣》(*Rigoletto*)	朱塞佩·威尔第	11月11、15、18、21、27、30，12月4、7m
《玫瑰骑士》(*Der Rosenkavalier*)	理查德德·施特劳斯	11月22、25、30m，12月3、7、10、13
《水仙女》(*Rusalka*)	安东·利奥波德·德沃夏克	1月23、27、31m，2月4、8m、12、15
《梦游女》(*La Sonnambula*)	贝里尼	3月14、18、21、25、29m，4月1日
《托斯》(*Tosca*)	卡吉亚卡摩·普契尼	10月29、11月2、5、9m、13、16m、12月11、14、17、20、23、28m
《两个男孩》(*Two Boys*)	尼可·穆利	10月21、25、30、11月2、6、9、14
《维特》(*Werther*)	儒勒·马斯内	2月18、22m、25、28。3月3、7、11、15m
《沃采克》(*Wozzeck*)	阿尔班·马利亚·约翰尼斯·贝尔格	3月6、10、13、17、22m

※以上为本书调查时信息，实际情况可能会发生变化，请留意

大都会歌剧 观看了《阿依达》的首映。Stephanie Blythe 饰演的安姆涅西斯真的是太精彩了！在休息时还可订购巧克力，也十分美味。

城市歌剧

公道的价格令人开心

虽然比不上大都会歌剧院的豪华，但城市歌剧也有自己的特色——启用演艺界新星、积极推动20世纪歌剧和巴洛克歌剧等。便宜的门票和大都是美国人的歌手也是城市歌剧的特色。还有，将语言难懂的欧洲歌剧用英文来演出、附上英文字幕等，城市歌剧为了让每个人都理解台词下了很多功夫。虽然有名的歌手不是很多，但通过在城市歌剧的努力成为明星的人不少。

●演出季：9月、2~4月

●公演地点：Brooklyn Academy of Music（BAM）、El Museo del Barrio、City Center Theater（→p.397）、St.Ann's Warehouse

门票的购买方法

官方门票可以在各剧院的售票处购买，也可以通过电话订购。

☎（1-212）870-5600

营 周一～周六 10:00~18:00
周五 10:00~14:00

费 $25~ ※学生用（29岁以下）Rush Ticket：$10

www.nycopera.com

BAM

歌剧《蝴蝶夫人》

VOICE | MET的字幕 在前面的椅子背上会有歌词，选择英文。英文都是采用了比较简单的单词和文章，理解起来没有太大困难。

《魔笛》 Die Zauberflöte

莫扎特作曲（约 3 小时 10 分钟） 初

王子塔米诺被巨蛇追赶而为夜女王的宫女所救。帕帕盖诺作为塔米诺的侍从，两人一起去营救夜女王的女儿帕米娜。实际上，圣者是为了保护帕米娜不受邪恶的夜女王的伤害才把帕米娜留在身边的。塔米诺知道后，和帕帕盖诺一起，接受了圣者的种种考验。成功的塔米诺娶帕米娜为妻，帕帕盖诺虽然失败了，但是得到了美丽的帕帕盖娜。他们齐心协力打败了复仇的夜女王，世界从黑暗走向了光明。

《弄臣》 Rigoletto

朱塞佩·威尔第作曲（约 3 小时）

故事发生在 16 世纪的意大利。好色的曼图亚公爵有一位百般讨好他的弄臣——里戈莱。里戈莱有一个珍爱怕被人发现的女儿吉尔达。吉尔达暗恋着公爵。里戈莱的对头也就是公爵家中其他的家臣绑架了吉尔达，将她送进了公爵的卧室。愤怒的里戈莱雇杀手杀害公爵。但是吉尔达知道了父亲的计划，她决定代替公爵受死。里戈莱眼睁睁地看见自己心爱的女儿死在自己面前。

《艺术家的生涯》 La Bohème

吉亚卡摩·普契尼作曲（约 2 小时 45 分钟）

诗人鲁道夫与画家马切洛以及其他两人生活在一起，他和楼下的绣花姑娘咪咪相爱并同居。马切洛也和活泼的穆赛塔破镜重圆。数月后，咪咪从马切洛和鲁道夫的谈话中，知道了自己患有不治之症，于是她向鲁道夫告别。马切洛也由于和穆赛塔吵架而分手。鲁道夫又回到集体生活，一天，穆赛塔带来了濒死的咪咪，咪咪在鲁道夫的陪伴下回忆着以前的快乐生活和温暖的友情，幸福地去世了。

《托斯卡》 Tosca

吉亚卡摩·普契尼作曲（约 3 小时） 初

故事发生在 1800 年的罗马。画家卡瓦拉多西由于掩护越狱的革命党被警察局局长斯卡皮亚逮捕了，被判死刑。卡瓦拉多西的恋人歌剧演员托斯卡，请求局长斯卡皮亚帮助卡瓦拉多西。斯卡皮亚要求托斯卡出卖自己的身体他才答应救人，托斯卡刺死了斯卡皮亚。托斯卡来到卡瓦拉多西面前，告诉他，按照斯卡皮亚的指示，处刑时只有枪响是一个假死刑，之后两人就可以远走高飞了。但是，托斯卡受骗了，卡瓦拉多西死了，托斯卡也自尽了。

《蝴蝶夫人》 Madama Butterfly

吉亚卡摩·普契尼作曲（约 2 小时 30 分钟） 初

故事发生在 1904 年的长崎。美国海军军官平克尔顿在婚姻掮客五郎的介绍下，与 15 岁的艺伎蝴蝶结婚了。结婚不久，平克尔顿要回美国待 3 年。蝴蝶带着和平克尔顿生下的一个 3 岁的孩子和佣人铃木一起等待着丈夫的归来。一天，平克尔顿的美国妻子来到蝴蝶家中，要求抚养这个孩子，蝴蝶说如果平克尔顿来的话，她就把孩子交给他。平克尔顿来的时候，蝴蝶就自杀了。

《费加罗的婚礼》 The Marriage of Figaro

莫扎特作曲（约 3 小时）

改编自《塞维利亚的理发师》。故事发生在 18 世纪的西班牙。阿尔马维瓦伯爵的仆人费加罗要和女仆苏珊娜结婚了，但伯爵却对苏珊娜不怀好意。费加罗让书童凯鲁比诺男扮女装与伯爵幽会，让伯爵夫人现场捉奸，因此计划失败。另一方面，女仆主管玛切琳娜以借据要挟费加罗和她结婚。但她竟然是费加罗的亲生母亲。费加罗和苏珊娜终于平安结婚了。两人请求伯爵夫妇的原谅。

华丽的舞台设置也是一大看点
©Ken Howard Metropolitan Opera

大都会歌剧院的室内陈设非常值得一看
©Ken Howard\Metropolitan Opera

《蜘蛛侠》（→p.382） 如果当天售票窗口的票卖完了，不要放弃，要立刻奔往 Tkts。我就在 Tkts 拿到了一张从前数第七排幕中央的一张票。彼得帕克这个角色演得太棒了！

拥有超一流演员阵容的纽约爱乐乐团　©Photo：Chris Lee

古典音乐
Classic music

纽约爱乐乐团

世界著名的管弦乐队之一。2009 年的演出季，土生土长的纽约人、史上最年轻的（1967 年出生）艾伦・吉尔伯特 Alan Gilbert 成为爱乐乐团的音乐总监。他的父亲麦克・吉尔伯特和母亲武部洋子均为纽约爱乐乐团艺术家。这里的客串指挥家、独唱者的阵容也十分强大。

●演出季：9 月末～次年 6 月末

●根据地：艾弗里・费雪大厅 Avery Fisher Hall（→ p.395）

室内乐社团

以艺术总监大提琴手 David Finkle 和钢琴家吴菡为中心，弦乐、管乐、钢琴相互交替演奏。

●演出季：9 月末～次年 5 月末

●根据地：爱丽丝杜利音乐厅 Alice Tully Hall（→ p.395）

纽约爱乐乐团售票处

URL nyphil.org

☎（1-212）875-5656

住 Broadway& 65th St.

营 周一～周六 10:00~18:00
周日 12:00~17:00

※有公演的日子，公演开始后 30 分钟停止售票

※当天，在售票处可购买学生票（$13.50）。购买时请出示学生证。公演开始前 10 天可以在网上购票。

URL nyphil.org/studentrush

公开排练

每月有 2~3 次，在 9:45~12:30（有时也会到 13:00 结束）之间有公开的公演排练。门票可以在售票处、网络、或电话中购买。网络或电话订票的话需要花费 $2 的手续费。

☎（1-212）875-5656

室内乐社团

☎（1-212）875-5788

费 $20~100，学生票 $10。

URL www.chambermusicsociety.org

COLUMN

其他的古典乐团与爵士乐团

Wednesdyas at One

每周三 13:00~14:00，朱立亚德学校音乐系的学生就会举行音乐会。虽然是学生，但都是未来的世界级艺术家。能免费听他们的演奏，真是太高兴了。

住 爱丽丝杜利音乐厅 Alice Tully Hall（→ p.395）

☎（1-212）769-7406

费 免费　URL events.juilliard.edu

Jazz at Lincoln Center

小号手 Wynton Marsalis 担任音乐监督。这里不仅有演奏，几乎每天都会授课和播放视频音乐会。经常会在 Time Warner Center 的 5 楼 Rose Theatre（1233 席　）、J.Alan. Room（483 席）、Disease（140 席）这三个地方进行演出。

住 Broadway at 60th St.

☎（1-212）258-9800　URL www.jalc.org

❤Concerts in the Parks　按惯例，纽约爱乐乐团每年都会举行免费的野外音乐会。在中央公园和展望公园举行。因为这个音乐会特别有人气，所以，虽然是晚上才开演，白天大家都抢着来占座位了。详细请查看纽约爱乐乐团的网站。

芭蕾

Ballet

纽约的芭蕾

以纽约为根据地的有两个芭蕾舞团。其中，Newyork City Ballet（纽约市芭蕾舞团）在圣诞节期间演出的《胡桃夹子》受到了观众的极大追捧。

美国芭蕾舞剧院 American Ballet Theatre

1940 年创立的 American Ballet Theater（通称 ABT）是美国的代表芭蕾舞团。首席舞者中有意大利籍的国际性舞者——Roberto Bolle，还有古巴籍曾在比利时皇室芭蕾舞团显赫一时的 Xiomara Reyes，以及乌克兰籍在中国都非常有人气的伊莉娜等，舞者阵容十分强大。纽约的定期公演是在 5 月到 7 月，在大都会歌剧院进行演出。在 10 月下旬城市中心的公演中，也会上演新作品和小作品等带有实验性质的作品。

古典芭蕾的王牌——《天鹅湖》 ©Gene Schiavone

美国芭蕾舞剧院

☎（1-212）477-3030

费 $20~195

※ 25 岁以下的学生可以使用学生用的 Rush Ticket。$20 可以坐管弦乐队席，$15 可以坐楼厅席。

URL www.abt.org

●保留剧目轮演制

《天鹅湖》《吉赛尔》《罗密欧与朱丽叶》等古典作品较多。

活泼的爱情故事《堂吉诃德》 ©Gene Schiavone

纽约城市芭蕾舞团 NewYork City Ballet

这个舞团是由被称为 20 世纪最伟大的编舞师 George Balanchine 创建的。保留节目里古典作品较少，经常上演被称为“音乐的视觉化”的带有 Balanchine 风格的作品以及 Jerome Robbins 的作品。Robbins 曾创作出以《西区故事》为代表的许多脍炙人口的作品。

不可不说的是 11 月末到 12 月末上演的《胡桃夹子》。由可爱的孩子们跳的芭蕾舞，在舞台上不断长大的圣诞树，在雪中跳华尔兹等都是令观众记忆犹新的场景。许多纽约人都会说“如果没看过《胡桃夹子》，就感觉好像没过圣诞节一样”。定期公演一般在 City Center Theater 或 David H. Koch Theater 举行。

纽约城市芭蕾舞团

☎（1-212）870-5656（可确认是否还有票）

费 $29~155

※ 20 岁以下的学生可以使用学生 Rush Ticket。一张学生证只能买一张学生票。

URL www.nycballet.com

柴可夫斯基的名曲——《小夜曲》 ©Paul Kolnik

城市芭蕾 在圣诞节期间观看的《胡桃夹子》真是太棒了！管弦乐十分好听，让我感动得流泪了。在这个时候去纽约真是太明智的选择啦！

歌剧、古典音乐、芭蕾的剧场名单 基本上在林肯中心上演

古典音乐的殿堂

卡内基音乐厅
Carnegie Hall

别MAP p.36-A2 中城西

以古典乐为中心的波士顿交响乐团、芝加哥交响乐团、费城管弦乐团等都在这里进行定期公演。

住 881 7th Ave.（at 57th St.）
地铁 N Q R 57 St
☎（1-212）247-7800
开 周一～周五 11:30、12:30、14:00、15:00
周六 11:30、12:30
周日 12:30
（门票可在售票处购买）
售票时间：每天 11:00~18:00（周日 12:00~）
网 www.carnegiehall.org

以室内乐为中心

爱丽丝杜利音乐厅
Alice Tully Hall

别MAP p.16-B1 上西区

在一楼和二楼的音乐厅，是以室内乐为主。每年秋天这里会成为纽约电影节的会场。2009年改建后又开始投入使用。

住 1941 Broadway（at 65th St.）（在林肯中心内部）
地铁 1 66 St
☎（1-212）671-4050
开 每天 10:00~18:00（周日 12:00~）
网 www.lincolncenter.org

从古典到爵士

艾弗里·费雪大厅
Avery Fisher Hall

别MAP p.16-B1 上西区

是纽约爱乐乐团的根据地。伦敦爱乐乐团和波士顿交响乐团等许多古典乐团也会在此举办公演。

住 10 Lincoln Center Plaza（Columbus Ave. at 65th St.）（在林肯中心内部）
地铁 1 66 St
☎（1-212）875-5030
售票亭
开 每天 10:00~18:00（周日 12:00~）
网 www.lincolncenter.org

大都会歌剧的根据地

大都会歌剧院
Metropolitan Opera House（通称为 MET）

别MAP p.16-B1 上西区

除了主舞台外，还有可以左右和向内移动的舞台。通常每年会有25部作品在此演出200次以上。这里还是美国芭蕾舞团的根据地。

豪华的、能带给人宁静的建筑也十分吸引人

在林肯中心内
©Mark Bussell
©Metropolitan Opera

住 30 Lincoln Center Plaza（Columbus Ave., bet. 62nd & 65th Sts.）（在林肯中心内部）
地铁 1 66 St
☎（1-212）362-6000
演出时间：一般来说是周一～周六 20:00、周六白天场 13:00
售票亭
开 周一～周六 10:00~20:00、周日 12:00~18:00
网 www.metopra.org

从芭蕾到现代舞都可以欣赏到

大卫·寇克剧院
David H.Koch Theater

别MAP p.16-B1 上西区

是城市芭蕾舞团的根据地。Paul Taylor Dance Company 和澳大利亚芭蕾舞团也会在此公演。

住 20 Lincoln Center Plaza（Columbus Ave.at 63rd St.）（在林肯中心内部）
地铁 1 66 St
☎（1-212）870-5570
售票亭
开 周一～周六 10:00~20:30（周一～19:30）
周日 11:30~19:30
网 www.davidhkochtheater.org

❤ **卡内基音乐厅参观学习游** 10月到次年5月末，通过参观学习游可以参观音乐厅的内部。费用是：成人票$10，学生票$8。详细请参见网站 www.carnegiehall.org。

舞蹈

位于切尔西的乔伊斯剧场

舞蹈鉴赏的信息来源

最新信息可以在"timeout""villagevoice""纽约时报"等网站上获取。此外，在纽约市旅游局的官方网站也可以对信息进行确认。

URL www.timeout.com/newyork/dance

URL www.villagevoice.com/dance

URL www.nytimes.com/pages/arts/dance/index.html

URL www.nycgo.com/music-and-dance

纽约的舞蹈，无论从公司数量、公演数量还是舞者数量，都是世界第一。所以纽约是当之无愧的"Dance Capital of the World"。

舞蹈鉴赏

在这么多表演形式中，最能代表纽约的就是舞蹈了。舞台的规模、种类多种多样，规模也很大，从古典舞蹈到崭新的舞蹈形式真是数不胜数。在郊区有很多小剧场，同戏剧一样，有许多前卫的舞蹈形式在这里演出。

门票的购买方法

City Center Theater、NewYork Live Arts、Joyce Theater、Brooklyn Academy of Music（BAM）等大剧场的门票，都可以在Tkts上购买，也可以去售票亭购买。售票亭出售的票大都临近剧院的。其他的小剧院，去售票亭买票前最好先进行电话预订。大部分影院的门票都可以在网上订购。

提供：Dance Space Center

COLUMN

在纽约体验魔法秀

每周五的晚上，在超高级的华尔道夫酒店里一个房间会上演精彩的"室内魔术"。这是由超级魔术师史蒂文·弗雷恩带来的魔法秀，在电视和报纸等媒体上广受欢迎。在小房间里表演，最多容纳50人，为了更清楚看到魔术师的手，所以一定要在网络或电话中预订。还有，由于这里是高级酒店，因此尽量避免穿牛仔裤、T恤衫等。

可以看到各种各样的魔术表演

开始时间：周五 19:00～、21:00～
周六 14:00～、19:00～、21:00～

住 华尔道夫·阿斯托里亚酒店（华尔道夫塔内）

别 MAP p.35-D1

费 $75（前方席位为 $100）

Free（1-866）811-4111

URL www.chambermagic.com

❤ MET in the parks　以中央公园为中心，在布鲁克林区和皇后区等地会有演出。这是大都会歌剧的免费野外演出。在每年6月份开始。详细的日程安排和演出剧目请事先在网络上进行查询。URL www.metoperafamily.org\metopera\season\parks.aspx

城市中心剧院
City Center Theater

别MAP p.36-A2 中城西

城市歌剧团、城市芭蕾舞团都是以林肯中心为根据地。现在这里作为现代艺术中心而十分有名。9月到次年6月是舞蹈演出季，有很多舞蹈公司和戏剧公司都在这里进行公演。

住 131 W. 55th St.（bet. 6th & 7th Aves.）
地铁 F N R Q 57 St
☎（1-212）247-0430
门票预约：（1-212）581-1212（每天 11:00~20:00）
费 $25~
网 www.nycitycenter.org

乔伊斯剧院
Joyce Theater

别MAP p.9-C1 切尔西

以前卫现代为风格，有古典、西班牙风等各种各样的演出。拥有472个席位的剧场，无论从哪个席位都很容易欣赏到舞台上的演出。如果一下子购买了4个公司的门票的话，就会自动成为会员，享受优惠票价25%的特权。

住 175 8th Ave.（at 19th St.）
地铁 A C E 14 St、1 18 St、L 8 Av
☎（1-212）691-9740
门票预约：（1-212）242-0800
费 $20~70
※在索霍区也有74席位的乔伊斯剧场
住 155 Mercer St.（bet. Houston & Prince Sts.）
网 www.joyce.org

布鲁克林音乐学院
Brooklyn Academy of Music（通称 BAM）

别MAP p.41-C1 曼哈顿下城

1861年开始投入使用。现在的建筑是在1908年建成的。有Opera House、Rose Theater、Lupark Space三个剧场和工作室。现在已经成为前卫的、带有实验性质的表演艺术形式的发源地。

©Elliot Kaufman

三个剧场之一的Opera House

位于曼哈顿下城

住 30 Lafayette Ave.（bet. Ashlan Pl. & St. Felix St.）Brooklyn
地铁 B Q 2 3 4 5 Atlantic Av、D N R Pacitic St
※公演结束后，有从曼哈顿的东区到西区去的BAM公共汽车（一般票价为$7，学生和会员是$6）应在24小时前预约。如果有空座位的话，也可以不预约乘车。
☎（1-718）636-4100
费 $10~90（学生有优惠）
网 www.bam.org

纽约现场艺术
NewYork Live Arts

别MAP p.9-C1 切尔西

在2011年，dance·theater·workshop与现代舞鬼才——Bill Jones和Annason舞蹈公司合并。有184席的剧场和两个110平方米的工作室。

住 219 W 19th St.（bet. 7th & 8th Aves.）
地铁 1 18 St、A C E F M 14 St
☎（1-212）691-6500
门票预约：（1-212）924-0077
费 $5~30
网 www.newyorkliveearts.org

MMAC剧场
MMAC Theater

别MAP p.16-B2 上西区

Manhattan Youth Ballet的大本营就在这个Manhattan Movement & Arts Center中的一个剧院里。以舞蹈为主，音乐剧、音乐会、时装秀等多种表演都在这里举行。

住 248 W. 60 St.（near West End Ave.）
地铁 1 A C B D 59 St-Columbus Circle
☎（1-212）787-1178
费 $20~60
网 www. manhattanmovement.com

畅游纽约俱乐部

贵族专属的发型设计师 Ayumi 带您

在纽约可以感受从休闲俱乐部到晚会俱乐部各种形式的俱乐部。休闲俱乐部中的人们衣着牛仔和运动鞋，晚会俱乐部的人们衣着街头表演服装等特别夸张的服饰。下面，特别喜欢俱乐部的Ayumi会告诉我们在这样的俱乐部里游玩的技巧。

畅游纽约 俱乐部的乐趣

中国在俱乐部游玩的人基本是20多岁的年轻人。但是在纽约的俱乐部，30多岁、40多岁的人也是常见的，并且有时还会有60多岁的老爷爷在舞池里跳舞。其魅力就在于不分人种和年龄都可以享受音乐，品尝酒水。在万圣节和新年等节日，有很多诸如化装舞会等活动。

现场场所和中国相同，有酒吧和舞台。如果能够趁早去的话，就可以看到出演乐团的成员在喝酒的场景，而且成员们都非常友好，会和游客一起拍照。

Profile

Ayumi Mitsuishi

从20世纪90年后期开始居住在纽约的东村，在“SATC”上一举成名，成为贵族专属的发型设计师，前往纽约是她每天的必备日程。

Photo: Knitting Factory Entertainment, Ayumi Mitsuishi

推荐 艺术家

The Casualties

1990 年在纽约组建。具有传奇色彩的乐队。表演形式十分完美。

Murphy's Law

从 20 世纪 80 年代中期活跃到现在的 NYHC 乐队。引入了多种表现形式的演奏很受欢迎。

URL www.murphyslawnyc.com

DAI BURGER

擅长 Club 音乐和 Hip-hop 音乐。请一定关注 DAI 的时尚感。

URL www.daiburger.com

推荐 DJ

MICHAEL T

活跃于 ratedX 等 80' s 摇滚系的晚会。他在万圣节晚会中所担任的角色在纽约是最受欢迎的。

Larry tee

在众多传奇迪斯科中被播放。DJ 界中人人憧憬的王牌 DJ。此外，在贵族领域的私人晚会中也有播放。

The Casualties

DAI BURGER

MICHAEL T

畅游纽约俱乐部的导游

活跃于贵族沙龙领域的 Ayumi 为您介绍

Ayumi's Point!

只要懂得一点技巧，
就能够充实您的俱乐部之旅！

Ayumi's Point! #01 锁定划算的OPEN BAR

如果在一些活动信息上写有类似“OPEN BAR 12~12:30”的字样的话，就意味着从12:00到12:30酒水免费。所以在这个时间能够免费喝上一杯是非常划算的。

Ayumi's Point!

#02

晚会锁定“埃斯酒店”

在因为VIP而备受关注的埃斯酒店里的大厅会举办类似Hip-hop的晚会。详细情况请在网站上的活动页进行确认。满怀自信地打扮一番再出发吧。

URL www.patriciafield.com

Ayumi's Point!

#03

网络是非常重要的信息来源

从前的主流是虽然不知道是什么样的晚会，但看到广告觉得不错就会去尝试一下。现在信息的获取则主要是依靠网络。如果发现了喜欢的DJ和乐队的话就在官方网站上登记一下吧。有时活动主办方还会招待登记了信息的人的。

Ayumi's Point!

#04

成年女子也可放心前往

如上所述，埃斯酒店的大厅是很有趣的，同时和女性同伴一起去也是安全的。

基本建议

- 事先携带能够证明身份信息的护照，有很多店复印件是不能使用的。
- 在前台买酒水的时候注意要给服务员$1的小费。
- 有时想去的俱乐部可能会十分拥挤而不能进入。所以最好也查询一下周边的俱乐部。
- 根据法律，在俱乐部内是禁止吸烟的，因此要在俱乐部以外的地方吸烟。
- 最近有很多俱乐部新增了寄存包裹业务，同时注意不要忘记小费。另外，万一丢失了领取行李的卡片的话就必须等到店里打烊之后所有的客人全部领取完包裹之后才能领取自己的包裹，所以一定要注意不要丢失。

现场音乐

使用网站

最新消息可以登录 *timeout*、*village voice*、*newyork times* 等的网站上，或纽约市旅游局的官方网站上查看。

URL www.timeout.com\newyork\live-music

URL www.villagevoice.com\music

URL www.nytimes.com\pages\arts\music\index.html

URL www.nycgo.com\music-and-dance

服装方面

在郊外的 Live House 里对服装没有特别要求。但是要去听爵士乐的话，尽量不要穿牛仔裤和运动鞋，最好打扮时尚一些。

想更好享受音乐带来的乐趣，那就去 Live House 吧！在纽约可以听到很多种类的音乐，如爵士乐、R&B、hip-hop、摇滚、朋克等，并且还可以看到现场演奏哦！

更好享受现场演奏的方法

在哈林区或中城区等地的许多 Live House 里都有爵士乐的演出。摇滚、朋克、摇摆乐、hip-hop 等现场演奏一般在东村、格林尼治村、布鲁克林区。如果这几种音乐都想听的话，可以去 Club 或 Bar。

Live House 的规定

一般都是 21 点之后开演，但根据 Live House 和演出者的不同也会有变化。有时候，也会出现迟演 20~30 分钟的事情。一般情况下，一次演出时间在 45~60 分钟。根据不同的店，有演出完毕清场或演出开始后不能入内等各种不同的规定。

收费规定

在 Live House，一般都是进店时要付“音乐费”，酒水钱另付。还有以下几种收费项目：

- Entrance fee：入场费
- Cover charge：入场费、座位费、服务费等所有费用的汇总。
- Music charge：给演出乐队的演出费

系统与注意事项

付钱方法（无座位的俱乐部）

通常情况在进店时，支付入场费，离开店时支付 Cover charge 和酒水小吃费用。小费在有服务员提供酒水服务时支付。有的店会规定，饮料需要消费两杯以上。

支付方法（有名的俱乐部的座位）

有 Music charge 和酒水消费这两类付款项目。Music charge 是最少消费这个价格的酒水，如果没有消费酒水的话，还是要交这些钱，所以还是喝点东西比较划算。付钱的时候和餐馆一样要付小费。一般在消费总额的 15%~20% 的程度，或每杯饮料给 $1 小费。

有座位的店要记得预约

如果有想听的演奏，首先要预约。如果是有名的乐手，那么预约就会非常麻烦，还需要等待很长时间。如果在开场前勉强赶到，有可能会被取消入内资格，所以应在开演 30 分钟前到达店内。无桌店基本上不需要预约。

回去的时候乘坐出租车

出门的时候坐出租车既方便又安全。坐上车后不要告诉司机店名，要说街区的名称（比如说，如果去 Village vanguard 的话，应告诉司机去“Waverly St.and 7th Ave. South.please.”）。由于很多司机都不知道店的具体位置，所以最好的方法是让车停在附近，自己去寻找。为了方便回去，还要好好记住自己住的酒店的位置。

听音乐时要保持安静　在 Blue note 欣赏 Dianne Reeves 的表演时，当开始演奏一首舒缓歌曲的时候，有一群人在喋喋不休地交谈，弄得别人都没法专心听歌了……好遗憾。

俱乐部和酒吧

在纽约，有许多俱乐部和酒吧。酒吧有许多种类，有高级酒店内部的酒吧，还有能轻松畅饮的爱尔兰酒吧、运动酒吧等，多种多样。

系统和注意事项

在纽约，酒吧一般营业到凌晨4点，俱乐部一般营业到早晨，里面连日连夜地演出精心设计的节目。在纽约，两者的区分不太明确，既有现场演奏也有各种表演，既可以随意跳舞也可以默默地坐在一旁喝东西，这种多功能多目的的夜晚娱乐场所是纽约的主流。

点餐和付款

坐吧台的时候

↓

坐下后向吧台内的调酒师点餐

↓

没有支票和菜单。一般都是每向调酒师要一次酒，就要付一次钱。

※一杯饮品大多为$1或$2。在吧台上放$20左右，让调酒师自己拿，最后，把剩下的钱当作小费给调酒师就可以回去了。

坐在有桌位子的时候

↓

向服务员点餐

↓

最后结账。按总额的17%~20%给服务员小费。

※在刷卡的时候，在税金一栏的下方有小费这一栏（写着TIP或GRATUITY），在这一栏里填写小费金额，然后一起刷卡。如果用现金支付小费，在小费这一栏里打叉或“0”，再签上自己的名字。

几个人一起去吧台的时候

①首先，将$20的纸币放在吧台上，每人点一杯饮料。

②剩下的钱就直接放在吧台上，下次点饮料的时候请酒保结算。可以每点一次都付酒钱和小费，几个人一起去的时候，这样比较方便。

③离开店的时候，一般按一杯$1~2的价格给调酒师小费。

用现金付小费

在向信用卡公司送账单的时候，需要支付手续费。虽然这在金额上没有太大的变化，但对服务员们来说，还是现金比较好。

爱尔兰酒吧

因为这里有许多爱尔兰移民，并且爱尔兰人喜欢喝酒，还会喝酒，所以街上有许多爱尔兰酒吧。虽然叫作爱尔兰酒吧，其实就是普通的美国酒吧。

运动酒吧 Sports Bar

这是在电视上放映各种体育赛事，体育迷一边看一边大声喧闹的酒吧。

酒店中的酒吧

在服装上应多留心一点，虽然没有西装革履的必要，但是不要太过于休闲随意。

关于去俱乐部的身份证明 如果是带护照的复印件去的话，可能会被拒绝入内。因为最近有许多伪造的假护照，所以不是原件的话，可能不被承认。

为大家介绍纽约的，无论音乐的内行还是外行，都可以轻松欣赏音乐的地方。

位于时代华纳中心

迪奇可口可乐俱乐部 Dizzy's club coca cola

别MAP p.17-C2 上西区

加上带桌座位一共能容纳140个人。这是一个可以一边欣赏纽约夜景，一边轻松享受爵士乐的地方。在演出结束后，还会有著名爵士乐大师演奏。

Wynton Learson Marsalis 等大师在此演出

住 60th St.（at Broadway）时代华纳中心5楼的林肯中心内
地铁 A B C D 1 59 St-Columbus Circle
☎（1-212）258-9595
营 现场演出 每天19:30、21:30（周五、周六还会有23:30的场次）
午夜场在周二～周六的最后场次结束后
休 无
费 音乐费 music charge $20~45、酒吧内最低消费$5，饮食酒水最低消费$10、午夜场演出$10~20，学生有优惠
CC A D M V
网 www.jalc.org

Photo：Frank stewart/jazz at Lincoln Center

很多人都喜欢的著名爵士乐俱乐部

蓝色笔记 Blue Note

别MAP p.9-D4 格林尼治村

1981年开店。由于有著名音乐大师在表演，因此这也吸引了全世界的爵士乐爱好者。在这儿可以一边轻松地欣赏着爵士乐一边享受着周日早午餐，这种方式很受人们欢迎。

好想去著名俱乐部里看一看

住 131 W. 3rd St.（bet. 6th Ave. & MacDougal St.）
地铁 A B C D E F M W 4 St-Washington Sq
☎（1-212）475-8592
营 周日～下周四 18:00~次日1:00
周五～周六～次日2:30
现场演出20:00、22:30（周五和周六还有午夜0:30的场次）sunday brunch 周日11:30~16:00（现场演奏是12:30、14:30）
休 无　费 酒吧$10~15、带桌坐席$40左右
sunday brunch $29.50
CC A D J M V
网 www.bluenote.net\newyork

Photo:Dino Perrucci

可能会遇到著名的音乐家

村镇先锋 Village Vanguard

别MAP p.9-C3 格林尼治村

1935年开业的爵士乐俱乐部的老店。Miles Davis、John Coltrane等爵士乐大师都曾在此演出。应提前两个月进行网络预约。

与演奏者融为一体的摆设空间，十分吸引观众

住 178 70th Ave.S.（near Perry St.）
地铁 1 2 3 14 St　☎（1-212）255-4037
营 每天19:30~
现场演出时每天的20:30和22:30　休 无
费 $20（周五和周六是$30）加一杯饮料（$5~16），周日到下周六的第二场演出有学生优惠（$20加一杯饮料）　CC J M V　网 villagevanguard.com

与爵士乐齐名的奇特的菜名

鸟地 Birdland

别MAP p.32-B3 中城西

Louis Armstrong 曾带他的乐队来演出。在这里不仅有大牌音乐家的演奏，还是一个可以放松身心的好地方。

这是在中城西中少数的爵士乐演出点之一

住 315 W. 44th St.（bet. 8th & 9th Aves.）
地铁 A C E 42 St-Port Authority Bus Terminal
☎（1-212）581-3080　营 每天17:00~次日1:00
现场演出20:30、23:00（可能会有改变）
休 无
费 音乐费 Music charge $20~50，每人最少消费$10（食品、饮料）
CC J M V　网 www.birdlandjazz.com

爵士乐俱乐部　许多俱乐部都可以在网上预约。如果预约成功了请不要迟到。如果开演前30分钟还没到店的话，可能会被取消资格。

享受演奏和美食

铱
Iridium

别MAP p.33-C1　中城西

当林肯中心设立爵士乐部门的时候诞生的俱乐部。无论爵士乐新手还是老手，都可以在这里尽情享受爵士乐。

每周一都会举行"Les paul guitar Mondays"

住 1650 Broadway（at 51st St.）
地铁 1 50 St　☎（1-212）582-2121
营 周日～下周五 18:30~23:30
周六～次日 1:00
现场演出　每天 20:00、22:00（可能会有改变）
周二到周四、周日的第二场演出（周二的第一场演出）有学生优惠、Music charge 半价。食物、饮料每人最低消费 $15.
休 无　CC ADJMV
网 theiridium.com

轻松享受爵士乐

车库
Garage

别MAP p.9-C4　格林尼治村

想带小孩的或想轻松享受爵士乐的人推荐这家店。夏天，这里会变成开放式的咖啡店，店内流淌着美妙的爵士乐。

美味的食物也非常有人气

住 99 7th Ave. S.（bet. Barrow & Grove Sts.）
地铁 1 Christopher St-Sheridan Sq
☎（1-212）645-0600
营 现场演出　周日～下周四 18:00~次日 1:30
周五、周六 18:00~次日 2:30
Jazz brunch 周六・周日 12:00~16:00
※具体时间请参照网站
休 无
费 没有 charge，酒吧消费 $9~，食品消费 $20~
CC AMV　网 www.garagerest.com

欣赏摇摆爵士乐吧

摇摆 46
Swing 46

别MAP p.32-B3　中城西

周四到周日的舞蹈课大约在 21 点开始，一定要参加。从吧台望去看不见舞台，请注意。

感受美国特有的复古情调

住 349 W. 46th St.（bet. 8th & 9th Aves.）
地铁 ACE 42 St-Port Authority Bus Terminal
☎（1-212）262-9554
营 周日～下周四 17:00~24:00
周五、周六营业到次日 1:00
Happy hour 17:00~20:00
休 无
费 Music charge 周日～下周四 $12，周五和周六 $15
CC AJMV
网 www.swing46.com

外行也能放心地去

烟雾
Smoke

别MAP p.24-A1　上西区

地方杂志 *Newyork Magazine* 主办的最佳爵士乐俱乐部评选。这家店曾被评选成功，现在是十分有人气的地方。

表演者们个个都很优秀，气氛十分热烈

住 2751 Broadway（bet. 105th & 106th Sts.）
地铁 1 103 St　☎（1-212）864-6662
营 周一～周六 17:00~次日 3:00
周日 11:30~
现场演出　19:00、21:00、22:30（可能会有一些变动）
Jazz brunch 周日 11:00~15:30
※具体时间请参照网站
休 无
费 Music charge 周日～周四 $0~20，周五・周六 $30~35
CC AJV　网 www.smokejazz.com

向想享受充实夜晚的朋友推荐　周二百老汇歌剧大多是 19 点开演，这个点能赶上 Blue note 的 22:30 的演奏会。这对旅行天数少的人来说比较方便。

1973年开张的有着悠久历史的老店

亚瑟客栈
Arthur's Tavern

别MAP p.9-C4 格林尼治村

观众都是围绕着钢琴的座位就座，以便能近距离观看表演者。周日和下周一19点到22点的迪克西兰爵士乐十分值得期待。

住 57th Grove St.（near 7th Ave. South.）
地铁 1 Christopher St-Sheridan Sq
☎（1-212）675-6879
营 周二～周六 18:30～次日 4:00
周日、周一 20:00 休 无
费 最低消费 2 杯饮料（无 cover charge）
CC 不可 网 www.arthurstavernnyc.com

很多人都知道的爵士乐现场演奏店

克娄巴特拉演奏
Cleopatra's Needle

别MAP p.24-B3 上西区

现场演出结束后还会有即兴表演。梦想成为音乐家的有为青年，地方乐队的成员们都会积极参加。

住 2485 Broadway.（bet. 92nd & 93rd Sts.）
地铁 1 2 3 96 St ☎（1-212）769-6969
营 周一・周二 16:00～次日 2:00
周三・周四～次日 3:00，周五・周六～次日 4:00，周日 15:00～，现场演出每天 20:00～（周日 16:00～、周三周四 19:00～） 休 无
费 没有 Cover charge，最低消费 $ 10
CC A M V 网 www.cleopatrasneedleny.com

哈莱姆区的老牌俱乐部

表演者的酒吧
Showman's Bar

别MAP p.28-B1 哈莱姆

Duke Ellington 曾在此俱乐部演出。周日的下午都会有穿着正装礼服的人来看演出，场面十分热闹。

住 375 W. 125th St.（bet. Morningside & St. Nicholas Aves.）
地铁 A B C D 125 St ☎（1-212）864-8941
营 周一～周六 13:30～次日 4:00
现场演出 周三・周四 20:30、22:00、23:30
周五・周六 23:30、0:30、1:30
休 周日 费 每次演奏最低消费 2 杯饮料
CC A M V

品尝意大利红酒

维托利奥下一站
La Lanterna Di Vittorio, The Bar Next Door

别MAP p.9-D4 格林尼治村

在村子的正中央。既可以品尝到意大利料理、比萨、鸡尾酒，又可以欣赏爵士乐的现场演出。

住 129 MacDougal St.（bet. 3rd & 4th Sts.）
地铁 A B C D E F M W 4th St-Washington Sq
☎（1-212）529-5945
营 周日～下周四 18:00～次日 2:00，周五・周六～次日 3:00
现场演出周一到周四 20:30～23:45（周日 20:00～23:15）有两次演出。周五・周六 19:30～24:00 有三场演出。
休 无 费 Cover charge $12
CC A D M V 网 lalanternacaffe.com

牛排比音乐更加出名?

荷兰籍纽约人酒吧
Knickerbocker

别MAP p.10-A3 格林尼治村

在这里可以享受到美国料理和爵士乐。有钢琴二重奏和三重奏的爵士乐，是一家餐馆类酒吧。

住 33 University Pl.（near 9th St.）
地铁 N R 8 St University
☎（1-212）228-8490
营 每天 11:45～次日 1:00（周日和周一～24:00，周五・周六～次日 2:00）
现场演出 周五・周六 21:45
休 无 费 Cover charge $3.50（只限现场演出的周五和周六） CC A D J M V
网 www.knickerbockerbarandgrill.com

气氛舒缓的好去处

愉悦酒吧
Zinc bar

别MAP p.9-D4 格林尼治村

在这里可以欣赏到各种各样的爵士乐。向您推荐周四的拉丁爵士乐和周日的桑巴爵士乐。

住 82 W. 3rd St.（bet. Thompson & Sullivan Sts.）
地铁 A B C D E F M W 4th St-Washington Sq
☎（1-212）477-9462
营 周日～下周四 18:00～次日 2:30，周五・周六～次日 3:00，有现场演出的话时间会有些变动
休 无
费 Music charge $10～
CC A J M V 网 www.zincbar.com

Arthur's Tavern 我坐在离演奏者非常近的地方听了演奏。当然在吧台这里，一只手拿着鸡尾酒观看演奏就够了。有很浓厚的家庭氛围，初学者也可以待得很舒服。

其他俱乐部

摇滚、R&B、乡村乐、拉丁乐等，都可以欣赏。

纽约最大的老牌俱乐部

韦伯斯特大厅 Webster Hall

别MAP p.10-B3 东村

1886 年创建，是一个四层建筑的大型俱乐部。每一层的音乐氛围不同，星期六的俱乐部活动“circus”非常受欢迎。

住 125 E. 11th St.（bet. 3rd & 4th Aves.）
地铁 ⑥ Astor Pl ☎（1-212）353-1600
营 现场演出 周四～周六 22:00~次日 4:30（入场需在 19 岁以上）.
费 $30（在网络上有优惠。未满 21 岁的 $10）
网 www.websterhall.com

有年轻的演出者，也有大腕

凉亭大厅 Bowery Ballroom

别MAP p.6-A2 下东区

1997 年营业的可以容纳 550 人的 Live House。1929 年建成这个建筑。以摇滚和非主流音乐为中心。

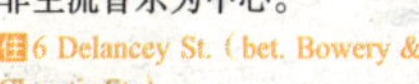

住 6 Delancey St.（bet. Bowery & Chrystie St.）
地铁 Ⓙ Ⓩ Bowery
☎（1-212）533-2111
营 每天会变动 售票窗口 周一～周六 12:00~19:00
※可以在姊妹店 Mercury Lounge 的售票窗口和 ticketmaster 买票。（住 217 E. Houston St.）
费 $ 15~ CC Ⓐ Ⓜ Ⓥ
网 www.boweyballroom.com

充满拉丁美洲气氛的夜晚

甜蜜酒吧 Sugar Bar

别MAP p.20-A3 上西区

现场演出每天都会不一样，主要是爵士乐、灵魂乐、加勒比乐，充满了拉丁美洲的气氛。

住 254 W. 72nd St.（bet. Broadway & West End Ave.）
地铁 ① ② ③ 72 St
☎（1-212）579-0222
营 周二・周三 17:00~23:00，周四～周六～次日 1:00
休 周日・周一 费 Cover charge $10~25
CC Ⓐ Ⓜ Ⓥ（Cover charge 只可用现金）
网 www.sugarbarnyc.com

1961年开店的老店

苦涩结局 The Bitter End

别MAP p.9-D4 格林尼治村

摇滚乐、民谣、摇摆乐、布鲁斯，每天都会上演不同的音乐类型。每个人都可以欣赏到自己喜欢的音乐。

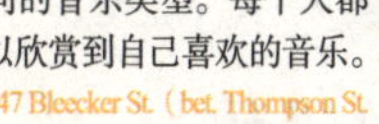

住 147 Bleecker St.（bet. Thompson St. & LaGuardia Pl.）

地铁 ⑥ Bleecker St ☎（1-212）673-7030
营 周日～下周四 19:00~次日 1:00
周五・周六～3:30，音乐秀：19:00 左右～ 休 无
费 入场费 $5~20（根据表演者不同价格会有变动）
CC Ⓐ Ⓜ Ⓥ（只有酒吧里可以刷卡，入场费要使用现金） 网 www.bitterend.com

布鲁克林有名的俱乐部

编织工厂 Knitting Factory

别MAP p.39-B2 威廉斯堡

在这里可以欣赏到由音乐大师或当地艺术家带来的爵士、摇滚等多种风格的音乐。有 3 个厅室。在这里不光可以欣赏到演奏，还可以在酒吧里边听音乐边品尝美酒。

住 361 Metropolitan Ave.（near. 4th St.）
地铁 Ⓛ Lorimer St
☎（1-347）529-6696
营 每天 18:00~次日 4:00（根据表演者的不同，在时间上会有变动）
休 无
费 Music charge $10~20（根据表演者不同价格会有变动）酒吧：$5~10
CC Ⓜ Ⓥ 网 bk.knittingfactory.com

白天很容易错过的外观

这是一个可以用合适的价格来享受音乐的地方

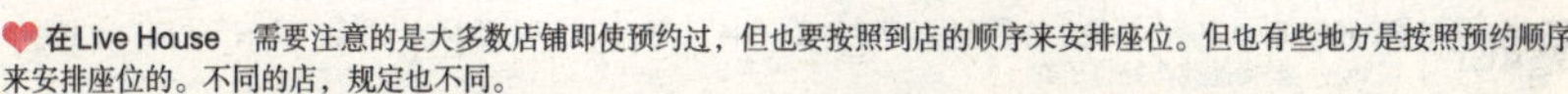

❤ 在Live House 需要注意的是大多数店铺即使预约过，但也要按照到店的顺序来安排座位。但也有些地方是按照预约顺序来安排座位的。不同的店，规定也不同。

向喜欢拉丁音乐的人推荐

S.O.B's（巴西之声）
S.O.B's（Sounds of Brazil）

别MAP p.5-C1　索霍区

这里的演出以萨尔萨、摇摆乐、桑巴等拉丁系音乐为主。每周五的19点之后，还有萨尔萨乐的公开课。

可以享受健康的拉丁料理，可也吸引了许多顾客

住 204 Varick St.（at Houston St.）
地铁 1 Houston St
☎（1-212）243-4940
营 每天17:00左右～次日4:00（每天时间会有变动）
现场演出在20:00左右（每天时间会有变动。周日在12:00有早午餐）
休 不定期
费 Cover charge $15~35
CC A M V　网 www.sobs.com

从布鲁斯到乡村乐

泰拉蓝色经典
Terra Blues

别MAP p.9-D4　格林尼治村

代表地球的蓝色的顶棚十分引人注目。有布鲁斯、舞曲、乡村乐等多种风格的音乐。

在美国受到热捧的表演者也会在此表演

住 149 Bleecker St.（bet.Thompson St. & LaGuardia Pl.）
地铁 6 Bleecker St
☎（1-212）777-7776
营 周日～下周四19:30~次日2:30、周五・周六~3:30
现场演出　每天在19:30~22:00（周六・周日22:30~次日2:30）
休 无
费 Cover charge $10（根据表演者不同价格会不同）
CC A D M V
网 www.terrablues.com

有名的音乐家会在这里演奏

B.B 布鲁斯俱乐部
B.B.King Blues Club & Grill

别MAP p.33-C4　中城西

在时报广场。不仅有B.B King，还有Beach Boys在这里演出。除了布鲁斯音乐以外，也可以欣赏到别的音乐。

周日的福音早午餐非常有人气

住 237 W.42nd St.（bet. 7th & 8th Aves.）
地铁 A C E 42 St-Port Authority Bus Terminal
☎（1-212）997-4144
营 每天11:00左右～次日1:00
现场演出　每天在20:00、22:30（表演者不同，时间会有变动）
休 无
费 Music charge $10~200
CC A M V　网 www.bbkingblues.com

鲍勃·迪伦Bob Dylan曾在此演出过的传说店铺

咖啡屋
Café Wha?

别MAP p.9-D4　格林尼治村

周一是巴西利亚之夜，周二有R&B和早期爵士乐，其他的日子都是表演Bob Marley和The Doors的歌曲。

大人物辈出的老牌俱乐部

住 115 MacDougal St.（bet. Bleecker & W.3rd Sts.）
地铁 A B C D E F M W 4th St-Washington Sq
☎（1-212）254-3706
营 每天20:30~次日2:30（周一21:00~、周五・周六~次日4:00）
休 无
费 Cover charge 周一・周二$10、周三・周日无、周四$5、周五$12、周六$15
CC A M V　网 cafewha.com

VOICE | BB King Blues Club　推荐品尝周日福音早午餐（$44）。这家店还为过生日的人唱歌。小孩子也能在这里玩得很开心。要提前找个好位子哟。

Jay-Z经营的体育酒吧

40/40 俱乐部
The 40/40 Club

别MAP p.14-A4　切尔西

店主是 HipHop 界的顶尖人物 Jay-Z，所以这家店铺十分有名望，是著名的体育酒吧和社交场所。

住 6 W. 25th St.（bet. Broadway & 6th Ave.）
地铁 Ⓝ Ⓡ 23 St
☎（1-212）832-4040
营 每天 17:00~ 次日 4:00
现场演出　周五・周六 20:00、22:00
休 无　费 Cover charge 女性 $10、男性 $20
CC Ⓐ Ⓜ Ⓥ　网 the4040club.com
※有服装规定，不允许穿破洞牛仔裤入内。

拥有美丽夜景的屋顶酒吧

230 第五
230 Fifth

别MAP p.14-A4　格林尼治村

在 20 层有休息室，屋顶上有花园，帝国大厦近在眼前。在周末的早午餐时间里眺望帝国大厦，是这个店的人气之所在。

在纽约能数得上的美丽的观夜景地点

因为是提供酒水的地方，请带好护照

住 230 5th Ave., 20th Fl.（at 27th St.）
地铁 Ⓝ Ⓡ 28 St
☎（1-212）725-4300
营 周一～周五 16:00~ 次日 4:00、周六・周日 10:00~
休 无
费 没有 Cover charge，周六・周日早午餐 $29
CC Ⓐ Ⓓ Ⓜ Ⓥ
网 www.230-fifth.com
※ 21 岁以上方可入店。不允许穿破洞的牛仔裤进店。

眺望着帝国大厦

斯特兰德之巅
Top of the Strand

别MAP p.13-D2　中城西

这家店已经数次被地方报纸选为“最佳屋顶酒吧”了。最吸引人的还是一边欣赏着灯光闪烁的帝国大厦一边品尝着鸡尾酒。

住 33 W. 37th St.（bet. 5th & 6th Aves.）（在 Strand Hotel 里面）
地铁 Ⓑ Ⓓ Ⓕ Ⓜ Ⓝ Ⓠ Ⓡ 34 St-Herald Sq
☎（1-646）368-6385
营 每天 17:00~ 次日 1:00（周日・周一～次日 24:00）
休 无　费 没有 Cover charge　CC Ⓐ Ⓜ Ⓥ
网 www.topofthestrand.com

可以看到曼哈顿

艾戴斯酒吧
The Ides Bar

别MAP p.39-A1　威廉斯堡

布鲁克林、威廉斯堡的 Wythe Hotel 里的屋顶酒吧。从这里看曼哈顿的夜景真是再好不过了。室内陈设也非常时尚大气，在这里慢慢享受美好时光吧。鸡尾酒每杯 $10~

住 80 Wythe Ave.（bet. 11th & 12th Sts.）
地铁 Ⓛ Bedford Ave
☎（718）460-8000
营 周一～周五 17:00~ 次日 2:00、周六・周日 14:00~ 次日 2:00
休 无
费 没有 Cover charge
CC Ⓐ Ⓜ Ⓥ
网 wythehotel.com/dining/bar

到了夏天为了能到屋顶上去，这里都会排成长队

在威廉斯堡有名的 Wythe Hotel

VOICE　**格林尼治村里值得一去的酒吧**　① Art Bar ② Dell'Anima ④ Anfora（near Jane St. & 8th Ave.）还有很精致的小酒吧。

在地下的热辣表演

阿库美酒吧
Acme Bar & Grill

别MAP p.10-A4　东村

这里有各种形式的音乐的现场演出，每天都可以欣赏到不一样的演奏。向大家推荐以烧烤为主、分量足的南部菜肴。

住 9 Great Jones St.（bet. Broadway & Lafayette St.）
地铁 6 Bleecker St
☎（1-212）203-2121
营 周日～下周三 18:00~23:00、周四～周六 24:00
现场演出的时间每天会有些变化
休 无　费 根据演出情况会有不同
CC A M V　网 acmenyc.com

一边饮酒一边享受音乐

55
Fifty Five

别MAP p.9-C3　格林尼治村

这个酒吧最有人气的项目是现场爵士乐。Cover charge 很便宜。

住 55 Christopher St.（bet. 6th & 7th Aves.）
地铁 1 Christopher St-Sheridan Sq
☎（1-212）929-9883
营 每天 15:00~ 次日 4:00、
现场演出　周一～周四 19:00、22:00、周五・周六 18:00、22:00、周日 19:00、21:30
休 无　费 $10（只限夜晚 show）、最少两杯饮料
CC 只能使用现金，不能刷卡
网 55bar.com

可以欣赏到乡村音乐的酒吧

罗戴奥酒吧
Rodeo Bar & Grill

别MAP p.14-B4　格拉莫西

有乡村音乐、摇滚霹雳、蓝草音乐等现场演奏，每天都会变换一种风格。这里出名的特色是美味的菜肴和玛格丽塔鸡尾酒。

住 375 3rd Ave.（at 27th St.）
地铁 6 28 St　☎（1-212）683-6500
营 每天 11:30~ 次日 2:00、
演出时间为周一～周三 21:00~ 次日 24:00，周四 21:30~ 次日 0:30，周五・周六 22:45~ 次日 1:45
休 无　费 没有 Cover charge
CC A J M V　网 www.rodeobar.com

有70多种伏特加酒的俄罗斯酒吧

普罗布达
Pravda

别MAP p.31-C2　索霍区

沉重的屋门后面，是一个充满俄罗斯风情的异域空间。鱼子酱的种类也非常丰富。周日 20:00 还会有免费观看的影片。

住 281 Lafayette St.（bet. Houston & Prince Sts.）
地铁 B D F M Broadway-Lafayette St
☎（1-212）226-4944
营 周一 17:00~ 次日 1:00，周二～周四～次日 2:00，周五・周六～次日 3:00，周日 18:00~ 次日 1:00
休 无　费 没有 Cover charge
CC A J M V　网 www.pravdany.com

可以大声喧闹的体育酒吧？

斯龙切酒吧 & 休息室
Sláinte Bar & Lounge

别MAP p.10-B4　东村

这是在纽约十分少见的以足球和橄榄球为主的体育酒吧。这里的 $8 鸡翅既便宜又好吃。

住 304 Bowey（bet. Bleecker & Houston Sts.）
地铁 B D F M Broadway-Lafayette St
☎（1-212）253-7030
营 每天 12:00~ 次日 4:00
休 无
费 没有 Cover charge
CC A M
网 www.staintenyc.com

可以喝到精心制作的生啤酒

马库索利兹老牌酒屋
McSorley's Old Ale House

别MAP p.10-B3　东村

1854 年开业，是纽约最古老的酒吧。有自己的啤酒工厂，可以喝到独特醇香的生啤酒。

住 15 E.7th St.（bet. 2nd & 3rd Aves.）
地铁 6 Astor Pl
☎（1-212）473-9148
营 每天 11:00~ 次日 1:00（周日 13:00~）
休 无
费 没有 Cover charge
CC 只能使用现金，不能刷卡

VOICE | SATC 来演出过的酒吧　凯雷酒店 别MAP p.22-A2 里面的贝尔曼斯酒吧是为成熟人士设计的酒吧。在这里可以欣赏到爵士乐，女性一个人也很安全。

可以品尝到无国界的菜肴

寺庙酒吧
Temple Bar

别MAP p.31-C1　　索霍区

引人注目的是在墙壁上像谜一样的爬虫类。店里还有数十种鸡尾酒和小份菜肴。

住 332 Lafayette St.（bet. Bleecker & Houston Sts.）
地铁 B D F M Broadway-Lafayette St
电话（1-212）925-4242
营 周一～周六 17:00~次日 1:00（周五・周六～次日 2:00）
休 周日　费 没有 Cover charge
CC A M V
URL www.templebarnyc.com

吸引人的华丽的外观

卡利恩斯出租车公司
Caliente Cab Company

别MAP p.9-C4　　格林尼治村

其标志是玛格丽特的广告牌与富有乡村爵士感的黄色出租车。美味的薯片和萨尔萨舞曲是这里的招牌。

住 61 7th Ave. S.（at Bleecker St.）
地铁 1 Christopher St-Sheridan Sq
电话（1-212）243-8517
营 周日～下周四 12:00~次日 2:00、周五・周六～次日 2:30）
休 无
费 没有 Cover charge
CC A M V
URL www.calientecabco.com

从香槟到啤酒

北野酒店・纽约休息室
Kitano Hotel New York Bar Lounge

别MAP p.14-A2　　中城东

位于北野酒店二层，有一种让人放松的氛围。这里的酒种类丰富，从香槟到啤酒都有，还可以吃简餐。有现场演出。

住 66 Park Ave.（at 38th St.）
地铁 S 4 5 6 7 Grand Center-42 St
电话（1-212）885-7119　营 每天 17:00~24:00
现场演出　周一・周二 20:00~23:00、周三～周六 20:00、22:00、周日 11:00、13:00
休 无　费 Cover charge 周三・周四 $10、周五・周六 $25、最低消费 $15　CC A D J M V
URL www.kitano.com

向女性朋友推荐的可爱的酒吧

丽人酒吧
Beauty Bar

别MAP p.10-B2　　格拉莫西

里面是原来的美容院的陈设，有一种怀旧的美感。做指甲和一杯饮料的组合是 $10，相当有人气。

住 231 E.14th St.（bet. 2nd & 3rd Aves.）
地铁 L 3 Av
电话（1-212）539-1389
营 每天 17:00～次日 4:00（周六・周日 19:00～）
休 无
费 没有 Cover charge
CC A M V
URL thebeautybar.com

column

在这里感受纽约的最前沿

同性恋酒吧很火爆。异性恋者和女性朋友也可以入店。无论音乐、DJ，还是客人们，都十分前卫。可以遇到有动听声音的人。其中，周三还会有 Marquee（URL www.marqueeny.com）。纽约的天才派对演出者——斯桑努・佩尔什举办的派对，绝对值得那些派对狂和想学习俱乐部时尚的人去参加。如果想跳舞的话，就去 Escuelita（URL enyclub.com）。在巨大的场地上，周六有拉丁之夜、周四有 Hip-hop，场面都十分热烈。还可以欣赏到 drag queen（男扮女装）和 Lucky Cheng's（URL luckychengsnyc.com）的表演，一点都不输给第二大道，既华丽又很有力量哟。喜欢 K-pop 的人推荐去 Circle（URL www.thecircleny.com）。要是我个人的话，我喜欢慢慢地悠闲地喝酒，我经常去 Dream Hotel（URL www.dreamhotels.com）等酒店里的酒吧。

VOICE | Smalls　一般来说，由 3~4 支乐队构成，收费为 $20。在这儿不点饮料也可以听音乐。进入酒吧以后，要仔细地看节目单。住 183 W. 10th St.（near 7th Ave.）

NY

在街上悠闲散步的人们

上东区是美国的高级住宅区。站在街上，可以看到美术馆和世界名牌的店铺。那些怀旧的低层高级住宅也值得一看。不管在哪个地方都看到人们穿着皮草。那些皮草一看就觉得是像真的……虽然他们手里都没拿着东西，但给人一种贵气逼人的感觉。

两个穿西装的人

在头上装饰着鲜花

闪闪发光的鞋子

这是我在巴尼斯纽约精品店总店看到的绅士。连少年们的西装看起来都好像是定做的。虽然是有名的高级地区，往东去有古老的德国人区，还有曼哈顿最古老的热狗店——papaya king，这些都很有纽约风格啊。

不知道是何方神圣的这位长得像弗里达·卡洛的美女，坐着高级轿车，参加惠特尼美术馆的双年展。

香肠

看起来好好吃

喜欢热狗套餐

还有热狗店

唉，这个世界上真的有好多好多搞不懂的事情啊~~

SPORTS

体育运动

观战前需要注意的地方

一定要两手空空！

不要把包带到球场里（除了妈妈包）。30 厘米见方的不硬的小包的话还好，如果比这个大的话，要把它放在公共存包处（要收费）。还有饮用水的塑料瓶、数码相机、单反相机、三脚架、电脑等都不允许带入。把行李最小化，尽可能让自己两手空空地去看比赛。为了加油呐喊，可以拿着标语牌，标语牌不要超过 3 英尺（90 厘米）。

促销日要早早地到达

促销日是指为了回馈球迷，赞助商在宣传企业的同时，将周边产品当作礼物送给球迷的活动。由于这些礼物数量有限，所以尽可能在比赛开始前 1 小时到达。

在齐唱国歌时要有严肃的气氛

在比赛开始前，一定会放国歌 *The Star Spangled Banner*，这时要观众全体起立，注视国旗。不要坐着，或耍酷等。在第七局的时候听到“Take Me Out to the Ball Game”之后，齐唱 *God Bless America*。这个时候气氛也要和刚才一样。

当日行动的秘诀

◎扬基队

比赛开始前 2 小时就会开球场大门。早点去球场，观看各队伍的击球练习（BP）。这时候的座位和门票座位无关，可以到球场席去观看。飞到看台上的界外球和本垒球可以拿走，所以要盯住球飞来的方向。

◎ 在比赛开始之前

纽约大都会比赛开始前 2 小时会开球场大门（VIP 用）。在左中部看台的投手练习场后面，有野餐区。在野餐区，可以近距离观看正在热身的投手们。还有，买到 Field、level 票的球迷们，有可以要到选手签名的特别待遇哦。

这些也要记住！

扬基队

一定要去看纪念历代伟大选手的纪念公园。还有，向大家推荐“体育场游览线路”，线路包括扬基队博物馆，还可以实地参观球员席、俱乐部等。这个活动只有在扬基队外出比赛时才有。游览时间是在 12:00~13:40，每隔 20 分钟一次，每次需要 45~60 分钟。门票可以在网站上买，也可以在扬基队的球迷商店买。一个人 $20。

在草坪后面有纪念公园。里面有之前的伟大棒球员的浮雕，他们的编号将永远空缺。比赛开始前 45 分钟，都可以进去参观，如果队排很长的话，可能进去好好参观的概率比较小

在纽约MLB 观战美国职业棒球大联盟

如果去纽约的话，想去观看一次美国职业棒球大联盟的比赛！
今年会发生怎样的故事，
视线越来越无法从球场上移开啦！

纽约大都会

在正面入口处，产生了第一个黑人棒球选手，改变了歧视有色人种的方针。有称作杰克·罗斯福·罗宾森的圆形广场。记分牌后面，在 Concourse Level 里有儿童专用的游戏区［2K 运动·巨人队］很受关注。有小型球场 Kiddie Field、儿童专用的 batting center，可以使家庭成员都享受到快乐。

在圆形广场里，有许多杰克·罗斯福·罗宾森的名言，还可以观看记录有关他成就的视频。当然，这里还装饰着罗宾森的编号 42 号的雕刻

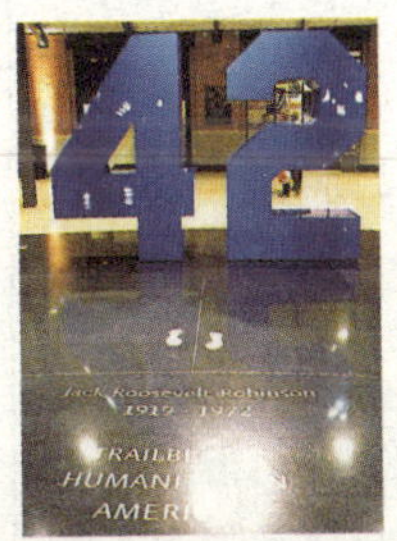

纽约扬基队

NEW YORK YANKEES

美国联盟东区
根据地：扬基体育场
URL newyork.yankees.mlb.com

世界职业棒球联赛胜出 27 次的名队

1901 年作为巴尔的摩金莺队出道，1903 年转到纽约以来，已取得了在联盟中胜利 40 次，在世界职业联赛中胜利 27 次的好成绩。贝比·鲁斯、卢·贾里格等超级棒球明星都曾在这支队伍中打过球。现在队伍的主要成员是，主将德瑞克·基特和老将罗宾孙·卡诺和投手 CC 沙巴西亚。

怎样为扬基队加油

基本的加油口号是“Let's go Yankiees!”，当特别出名的大牌球员基特出场的时候，大家通常都会大喊“德瑞克·基特”。2013 年观众们的眼光都聚焦在队伍的主心骨黑田博树和 2012 年闪电式跳槽转队的铃木一郎身上。如果场上响起了法兰克·辛纳屈的《纽约·纽约》的话，比赛就结束了。

MAJOR LEAGUE BASEBALL

在纽约，MLB 观战美国职业棒球大联盟

向无私地爱着扬基队的球迷们推荐合适的座位

平田美佳子女士

原来居住在纽约的画报设计师。当了 13 年的扬基队球迷。和同样是扬基队球迷的丈夫一起去看比赛，真的是太幸福了。

我个人的观点，是向大家推荐叫作“Bleachers”的露天看台。在日本乃至世界的棒球疯狂粉丝们都选择这个位置。特别是在 203 区的观众们，都是扬基队的球迷。在比赛开始的时候，投手的第一球之后，会进行著名的唱名活动（将在场上的扬基队选手的名字从中外场手开始，左场手、右场手、一垒、二垒、游击手、三垒的顺序连续唱名）。但是里面的确是有一些很疯狂的粉丝，不习惯的人的确会被他们吓到。还有，因为座位后面没有靠背，有站着看的观众会从上面掉下来（真的）。在内场区也可以去参观，最好一起欣赏哟。

不要忘了带 FOOD

在上东区的名店罗贝尔斯中，有汉堡和用纪念杯装的苏打

推荐炸大蒜和奶酪

怎样去扬基体育场

别 MAP p.44-B2

住 1 E 161st St.,（bet. Jerome & River Aves.）, Bronx

地铁 ④Ⓑ Ⓓ 距离曼哈顿中心地区大约 25 分钟。到 161 St-Yankee Stadium 站下车。

☎（1-718）293-4300

2015年扬基队比赛日程表

日期	对方队伍名称
4 月 6、8、9 日	多伦多蓝鸟队
4 月 10、11、12 日	波士顿红袜队
4 月 24、25、26 日	纽约大都会
4 月 27、28、29 日	坦帕湾光芒队
5 月 7、8、9、10 日	巴尔的摩金莺队
5 月 22、23、24 日	德州游骑兵
5 月 25、26、27 日	堪萨斯城皇家队
6 月 5、6、7 日	洛杉矶安纳海姆天使队
6 月 9、10 日	华盛顿国民队
6 月 17、18 日	迈阿密马林鱼队
6 月 19、20、21 日	底特律老虎队
6 月 22、23、24 日	费城费城人队
7 月 3、4、5 日	坦帕湾光芒队
7 月 7、8、9 日	奥克兰运动家队
7 月 17、18、19 日	西雅图水手队
7 月 21、22、23 日	巴尔的摩金莺队
8 月 4、5、6 日	波士顿红袜队
8 月 7、8、9 日	多伦多蓝鸟队
8 月 17、18、19 日	明尼苏·达双城队
8 月 20、21、22、23 日	克里夫兰印第安人队
8 月 24、25、26 日	休斯顿太空人队
9 月 4、5、6 日	坦帕湾光芒队
9 月 7、8、9 日	巴尔的摩金莺队
9 月 10、11、12、13 日	多伦多蓝鸟队
9 月 24、25、26、27 日	芝加哥白袜队
9 月 28、29、30 日	波士顿红袜队
10 月 1 日	波士顿红袜队

※在扬基体育场举行

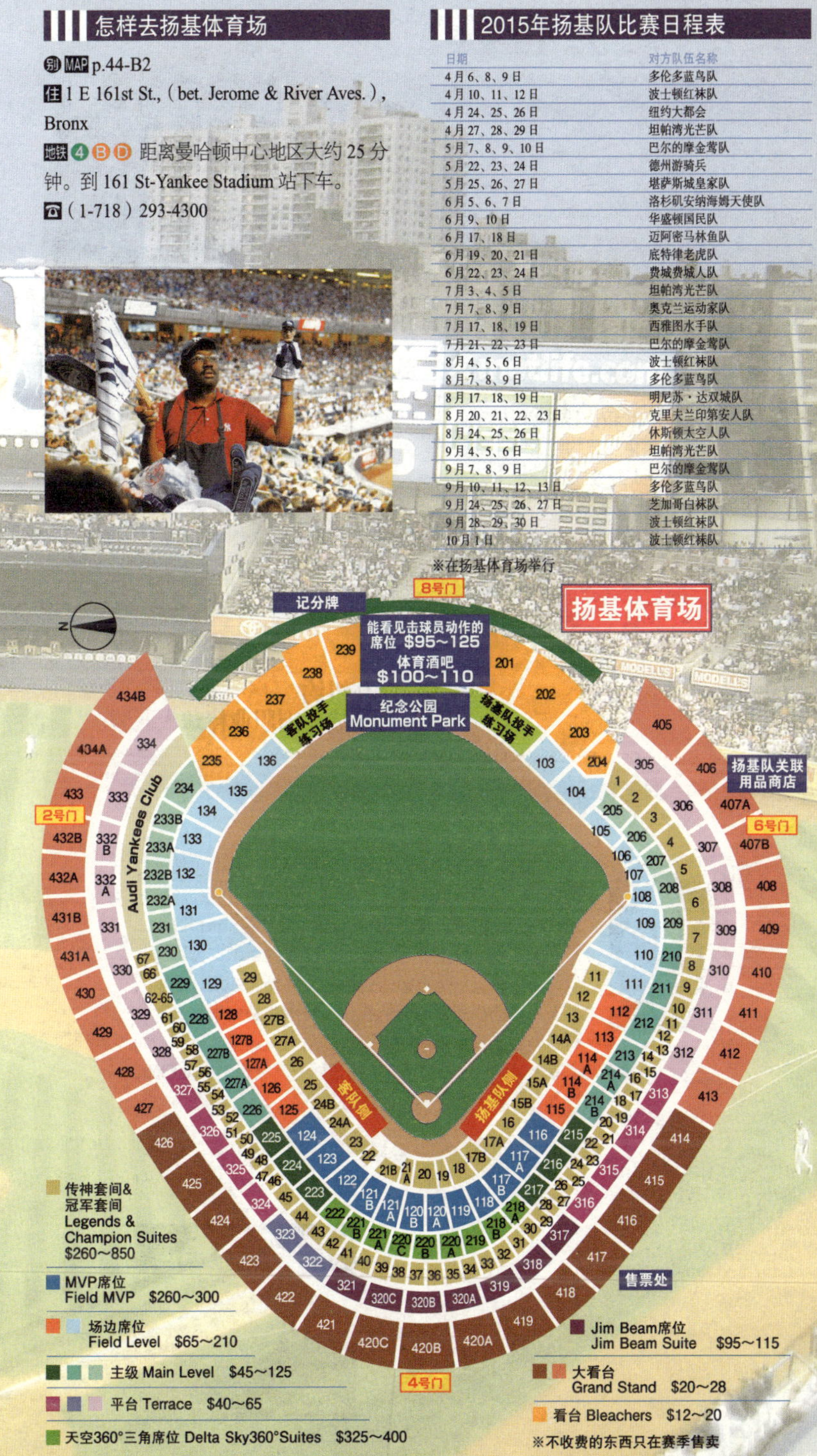

纽约大都会队

NEW YORK METS

国家联盟东区
根据地：城市球场
URL newyork.mets.mlb.com

有 miracal met's 的爱称

1962 年创队。转移到洛杉矶的布鲁克林巡游者队的蓝色和纽约巨人队（现在是旧金山）的橙色是队色。在当地十分有人气。首发选手是三垒的戴维・艾伦。

怎样为纽约大都会队加油

大家一般都会喊“Let's go Mets!”来为纽约大都会队加油。当队伍有好机会的时候，队员们会和周围的球迷一起喊这句口号，与比赛的气氛极为符合。并且，在观众席中经常会进行“人浪”。观众们一起双手举过头顶，接连站起坐下，好像波浪一样。

MAJOR LEAGUE BASEBALL MLB

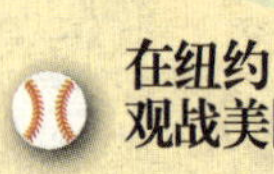

在纽约观战美国职业棒球大联盟

向无私地爱着纽约大都会队的球迷们推荐合适的座位

姜华正先生

这是一个在纽约已经住了 31 年，在日本长大的台湾人。在 1986 年的纽约大都会队比赛中胜出，姜先生十分感动，从那以后，就变成了大都会队的球迷。爱好是去看大都会在外地的比赛。

当然，离球场最近的后挡网后面的三角俱乐部席位最好了，但是价格太高了。所以，罚球线一侧垒球线包厢、在光场位置二楼的 pepsi pouch 很好啊。pepsi pouch 是无论在哪个席位都可以看到以巨大的百事广告牌为背景，还可以看到曼哈顿的景色与比赛场面。预算很少的朋友可以选择三楼的远处看台。虽然这是离球场最远的看台，但真正狂热的粉丝们，却是坐在这里。还有，如果有预算的话，左边场二层席里面有高级餐馆 Ace Club，推荐在那里一边吃东西一边观战。

不要忘了带 FOOD

在曼哈顿也有 Shake Shack！这家店的顾客经常排成长队，汉堡非常有人气。当地的意大利餐厅和墨西哥餐厅也非常受欢迎，一定不要错过哦。

怎样去城市球场

别 MAP p.44-B2

住 Roosevelt Ave. at 126th St., Flushing, Queens

地铁 ⑦ 从曼哈顿中部快速行驶，约 20 分钟。在 Mets-Willets Point Station 下车

火车 Long Island Railroad（LIRR）在纽约的 pen·station 上车，乘坐 Port Washington Branch 线约 18 分钟，在 Mets\ Willets Point Station 下车。

☎（1-718）507-6387

2015年纽约大都会比赛日程表

日期	对方队伍名称
4 月 13、14、15 日	费城费城人队
4 月 16、17、18、19 日	迈阿密马林鱼队
4 月 21、22、23 日	亚特兰大勇士队
4 月 30 日	华盛顿国民队
5 月 1、2、3 日	华盛顿国民队
5 月 5、6 日	巴尔的摩金莺队
5 月 15、16、17 日	密尔沃基酿酒人队
5 月 18、19、20、21 日	圣路易斯红雀队
5 月 25、26、27 日	费城费城人队
5 月 29、30、31 日	迈阿密马林鱼队
6 月 9、10、11 日	旧金山巨人队
6 月 12、13、14 日	亚特兰大勇士队
6 月 15、16 日	多伦多蓝鸟队
6 月 26、27、28 日	辛辛那提红人队
6 月 30 日	芝加哥小熊队
7 月 1、2 日	芝加哥小熊队
7 月 10、11、12 日	亚利桑那响蛇队
7 月 23、24、25、26 日	洛杉矶道奇队
7 月 28、29、30 日	圣迭戈教士队
7 月 31 日	华盛顿国民队
8 月 1、2 日	华盛顿国民队
8 月 10、11、12、13 日	科罗拉多洛矶队
8 月 14、15、16 日	匹兹堡海盗队
8 月 28、29、30 日	波士顿红袜队
8 月 31 日	费城费城队
9 月 1、2 日	费城费城队
9 月 14、15、16 日	迈阿密马林鱼队
9 月 18、19、20 日	纽约扬基队
9 月 21、22、23 日	亚特兰大勇士队
10 月 2、3、4 日	华盛顿国民队

※在城市球场举行

城市球场

三角(银、金、白金)
Delta (Silver, Gold, Platinum) $110～560

大都会(包厢，银、金、白金)
Metropolitan (Box, Silver, Gold, Platinum) $85～330

冠军俱乐部
Champion Club $110～460

球场(包厢，银、金)
Field (Box, Silver, Gold) $50～330

垒球线(包厢，银、金)
Baseline (Box, Silver, Gold) $50～220

恺撒(包厢、金)
Caesar's (Box, Gold) $50～220

左右场预订席位(金)
Left & Right Field Reserved (Gold) $40～130

看台包厢&金
Promenade Box & Gold $25～100

外场看台&预订席&内场
Promenade Outfield & Reserved & Infield $12～84

百事席位和左场席
Pepsi Porch & Left Field Landing $25～103

※根据客队和日期不同，门票的价格会有变动

购买门票的方法【体育运动】

美国棒球大联盟 MLB

Club house

可以在曼哈顿的官方售票处购买，这 也是一种方法。这儿也会售卖官方的一些周边商品。

优点

到了售票处，可以一边看着座位表一边买票，这样比较放心。购买后就可以直接拿到票了。

缺点

收手续费（扬基队是 $3，纽约大都会队是 $5~20）。去 Club house 还要花时间。临近比赛当日，想买到既进出方便又离球场近的票也很难。

扬基队

住 745 7th Ave.（at 49th St.）

住 110 E. 59th St.（bet. Lexington & Park Aves.）

住 393 5th Ave.（bet. 36th & 37th Sts.）

住 8 Fulton St.（南街海港内）

住 245 W. 42nd St.（bet. 7th & 8th Aves.）

纽约大都会队

住 11 W. 42nd St.（bet 5th &6th Aves.）

中介公司

是指一般情况下都买不到的"奖券票"，都会以特别价格出售的公司。与国内的黄牛票不同，这是合法的公司，通过特别的渠道得到年会席位、赞助商席位等优质票，再进行发售。也可以拜托酒店的接待员。

优点

可以买到好位置的票，也可以买到入手困难的票。

缺点

门票价格是正规票价的 2~10 倍。

在纽约

☎（1-212）489-9070

URL www.at-newyork.com

全美国票务

☎（1-213）217-5130

Free（1-888）507-3287

FAX（1-213）217-5135

URL www.allamerican-tkt.com

MLB 网站

❶ URL Mlb.com 点击右上的 TICKETS。

❷ 点击你想购买的队伍的 LOGO，就会出来不同的页面了。

想买扬基队票的时候

❶ 右上角的 TICKETS——Individual Game Tickets，按顺序点击。（Individual Game Tickets 在每年 3 月中上旬开始售票）。也可以从头开始，登录以下网站。

URL newyork.yankees.mlb.com/ticketing/singlegame.jsp

❷ 在 Filter Home Games 的左侧点击月份标志，就会显示当月的主场比赛。或者，点击画面上的 SCHEDULE 就会出现日历。深蓝色的就是主场。

❸ 想看哪天就点击在那天的旁边的 T（tickets）。

❹ 点击 General Seating 的 Buy tickets。

❺ 在 Interactive Seat Map 里选座位。

❻ 在选位置的时候，空的座位会用深蓝色的实心圆圈来表示，点击之后即为选择。（如果想买多个座位的话，在圆圈中点击追加就可以了）

❼ 在 SUBTOTAL 的时候，确认金额，然后点击 Check out。

❽ Security Check 之后会有变形的字母，把看到的字母输进去然后点击 Continue。

❾ 详细确认之后再 Continue。

❿ 在 Ticket Fast 的打印机上打印门票的方法，选择最下面的 Will Call，然后继续（手续费是每张门票 $2、$5）

⓫ 在 Create Account 这个画面中输入名字，然后 Continue。

⓬ 输入信用卡的信息和 Billing Address（使用的信用卡账单寄到的地方），点击 Submit Order。

⓭ 比赛当天直接用打印出来的票就好。（为了以防万一，还要带着使用过的那张信用卡）

买纽约大都会的门票的时候

❶ 按照这个顺序，点击右上角的 Tickets，再到 Single Game Tickets。

❷ 点击 View All Home Games 后会出现网站首页。在这里可以点击 Buy Tickets，一步一步进行购票手续。

❸ 想看哪天的比赛，就在那天旁边点击 T（Tickets）

❹ 可以从 Please select a game 下面的座位图或

球场的售票处

在各个球场里的售票处买票的方法。

优点

最方便最省钱。不用交手续费，可以以正常的价格买票，直接就可以知道自己的座位在哪里。

缺点

都是卖剩下的座位，基本上没有自己喜欢的。

小心黄牛票！

在离球场一段距离的地方会有很多人在贩卖黄牛票。更有许多人卖的都是伪造的票，或者是之前的比赛中没有使用的票。如果这些人和你搭讪的话，直接对他们说"NO，thank you"，不要和他们接近。

Stubhub.com

门票中介的网站。在这个网站上可以卖突然去不了的比赛的票、多出来的票，以及为了防止门票因个人交易发生纠纷而产生的网站。在这个网站上可以安全购票，如果使用得好的话，可以找到好的座位哦。

优点

可以在这里买到好的座位，已卖完的比赛的票也可以在这里买到。

缺点

比正规的票价格要高。

购买方法

❶ 提前登录网站（免费）。在中国是可以登录该网站的，在国外最好在住宿的酒店里登录。

❷ 从"Sports"开始，选择 MLB 的某支队伍，想去的日期，以及队伍的对手队，然后点击。

❸ 选择座位和人数 Checkout。要看清，有时候写的是拍卖。

❹ 输入密码，选择支付方式，确认没有错误之后，再订购。

❺ 一般情况下，门票信息会以 E-mail 的方式发过来。要提前把门票打印出来。在比赛日当天拿着打印好的票直接排队进场就可以了。

者是右侧的 Select a Price Level 选择座位。

❺ 选择 Adult 的左侧的人数，然后点 Continue。在 Adult 下面的 $10 UltiMet tickets 的意思是，门票价格加上 $10 的商品券（可以在比赛当天在球场的商店里使用）。

❻ 如果是 mets.com\MLB.com 的用户的话，可以输入邮箱地址和密码登录。如果不是此网站用户的话，输入邮箱地址和密码，点击 create new account 就可以了。

❼ 输入信用卡的信息，在 Delivery Method 中，有 Print Tickets at Home（在自家打印票，没有手续费），也有其他选项，这时候要选择 Ballpark pickup（在球场取票手续费 $4），详细确认之后，点击最下方的 Buy Tickets。

❽ 比赛当天，如果是 Print Tickets at Home 的话，就直接拿着票去排队入场。如果是 Ballpark pickup 的话，先在售票处换票，然后再排队入场。

篮球（NBA）

如果想找一个好位置的话，门票中介可以帮上很大的忙。纽约尼克斯队对湖人队的票非常难买。可以从麦迪逊广场花园、门票大师、中介或 NBA 的网站上买到。

橄榄球（NFL）

在当地，每年只举行 8 次比赛，狂热的粉丝们都会购买赛季的票，所以还是找门票中介比较好。其他可以买票的地方：球场的售票处，NFL 的官方网站。

冰球（NHL）

得克萨斯游骑兵队的门票非常难买。魔鬼冰球队在平常的日子或对方队伍的二楼观看票还有可能买到。可以从麦迪逊花园、门票大师、中介或 NHL 的官网上买到。

关于门票的价格

本书所介绍的价格仅供参考。根据对方队伍和时间的变化，价格会有变动。

关于在 MLB 网站、Stubhub.com 上买票

虽然本书追求信息的正确性，但是英文网站的确也有不太明白的地方。购票时要认真仔细，在做好出现后果要自己承担这种心理准备的情况下再购票。

Sports

在纽约观看比赛

海外体育比赛的门票专卖店“Cheap travelz”

● Cheap travelz

营 周一～周五 9:00~18:00

URL www.cheaptravelz.com

美国棒球大联盟、篮球、百老汇的戏剧等难以买到的票，都可以从这家店买到。可以在网站上或通过电子邮件进行申请。

纽约当地专门卖门票的公司“在纽约”

☎（1-212）489-9070

URL www.at-newyork.com

以纽约作为根据地的专业队伍有，两支棒球队、两支篮球队、两支橄榄球队、三支冰球队。

在纽约可以看到多种体育比赛

美国有四大体育运动，分别是美国棒球大联盟（MLB）、美国职业篮球联赛（NBA）、美国橄榄球联盟（NFL）、美国冰球联盟（NHL）。在纽约这四种体育运动的比赛，都可以观看。

在美国，有职业球队的基地及其营业权制度，观众的十分之八九都是当地队伍的粉丝。对方队伍的嘘声和球场内形成的人体波浪，这些都要好好感受一下。

在最近几年纽约进入了对球场进行改善和建设的阶段。

2010 年完成

纽约大都会体育馆（NFL 纽约·巨人队 & 喷气机队）

2012 年完成

巴克莱中心球馆（NBA 布鲁克林篮网队、2015 年由于赛季，转移到 NHL 纽约岛人队）

2013 年已竣工

麦迪逊广场花园（NBA 纽约尼克斯队、NHL 纽约巡游者队、WNBA 纽约自由队）

和当地人一起，大声地为比赛加油吧

纽约的体育日历

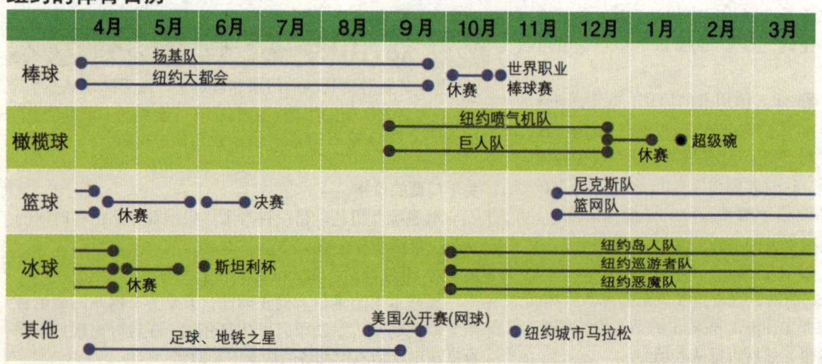

❤ **注意加时赛！** 纽约大都会队所属的 MLB（国家联盟）没有加时的上限，一直加时到分出胜负为止。为了一直观看到比赛最后，要提前把时间空出来。回家的时候，随着人流回去就好。

棒球

Major League Baseball (MLB)

美国人亲切地将棒球场称为“ball park”。与人工草坪的中国球场不同，美国球场都是天然草坪，可以欣赏和闻到天然草坪的美丽与香气。

MLB（美国棒球大联盟）

美国联盟

美国联盟包括扬基队，一共是 15 支队伍。美国联盟分为东、中、西三个区域。采用 DH 制（指定打击）。

国家联盟

国家联盟包括纽约大都会队一共是 15 支队伍。国家联盟也分为东、中、西三个区域。没有比赛时长限制。

小联盟

有 AAA（trial A），AA（double A），A（sinle A），新星联盟、短赛季 A 等。6 月中旬到 9 月初，目标为与大联盟的球队展开激烈的比赛。

- 美国联盟和国家联盟，两个联盟制共 30 支队伍。
- 正式比赛基本上是在 4 月上旬开始，到 9 月下旬结束，这期间会进行 162 场比赛。
- 各个联盟的地区优胜的三支队伍，和剩下队伍中胜率最高的两支队伍，共计五支队伍（两个联盟一共是 10 支队伍）参加，为了联盟的胜利，参加最后的决赛。两个联盟分别从刚才的五支队伍中选拔出来一支队伍，参加最后的“世界棒球赛”。

MLB 的网站

URL www.mlb.com

知道后很方便的 MLB 用语

AVG=average= 打击率
AB=at bat= 打数
RBI=runs balled in= 打点（得分打）
R=runs= 得分
LO=left on base= 残垒数
DH=designated= 指定打击
BB=bases on balls= 四坏球
HBP= hit by pitch= 触身球
No-hitter=retired number= 永久欠号（42 号是大联盟中全球团的永远的欠号）
Bronx Bomber= 扬基队击球员阵容
Miracle Mets=1962 年奇迹般胜利之后就这样被大家称呼

COLUMN

不要忘记看小联盟！

在纽约有两个小联盟，两个队伍都是短期 single A 联盟。门票价格是 $9~60。

史丹顿岛扬基队

Staten Island Yankees

URL www.siyanks.com

2000 年作为扬基队的小队而设立。从球场可以看到海面，周四、周五、周六在比赛之后还会燃放烟花。

西雅克斯（Siyanks）的比赛季为 6 月中旬到 9 月初

里士满郡银行棒球场

◎ Richmond County Bank Ballpark

别 MAP p.44-A3

住 75 Richmond Terrace，Staten Island

地铁 1 South Ferry、4 5 Bowling Green、R Whitehall St 下车后，坐史丹顿岛渡船（免费）约 25 分钟。出门右侧便是。

布鲁克林旋风队 Brooklyn Cyclones

URL www.brooklyncyclones.com

1957 年，布鲁克林巡游者队转移到了洛杉矶，到 2001 年，已有 40 多年的历史了。在 2001 年，创建了纽约大都会的小队。外野的后面是康尼岛的游乐场。

MCU 公园

◎ MCU Park　别 MAP p.44-A3

住 1904 Surf Ave., Brooklyn

地铁 D F N Q Coney Island/Still-well Av 下车即到。

NBA 网站
URL www.nba.con

尼克斯队
URL www.nba.com/knicks
●主场
麦迪逊广场花园
●门票
如果想要一个好座位的话，还是找门票中介。
费 $55~3617

篮网队
URL www.nba.com/nets
●主场
巴克莱体育馆
别 MAP p.41-C2
住 620 Atlantic Ave.（at Flatbush & Atlantic Aves.）
地铁 2 3 4 5 B D N Q R Atlantic Av-Pacific St 车站下车，步行即到。
URL barclayscenter.com
●门票
可以在会场买到当天的门票。但是，如果对手队伍是尼克斯队和湖人队的话，票都会提前售完的。

篮球

National Basketball Associations（NBA）

篮球，绝对有着无可撼动的地位，人气很高。当当地队伍的选手大灌篮的时候，观众就会发出极大的欢呼声。

纽约尼克斯队 New York Knicks

在 NBA 诞生的同时，1946 年创队。1970 年和 1973 年两次夺得了 NBA 的总冠军。队伍名称 Knicks 是 Knickerbockers 的简称。这是一支老牌强队，但这几年一直比较低迷，2012 年，赛季结束的时候，突然由迈克·伍德森担任了主帅，从此一直保持着良好的状态。

布鲁克林篮网队 Brooklyn Nets

1967 年，NBA 的对手美国篮球协会 ABA 队伍中的一支——篮网队诞生了。但于 1976 年加入 NBA。当时的队名是新泽西美国人队，1968 年改名为纽约篮网队，1977 年开始，变成了新泽西篮网队这个名字。

2012 年秋天，把大本营改到了布鲁克林，在改了队名之后，队伍的情况一直都很好。

橄榄球

National Football League（NFL）

在纽约有两支专业橄榄球球队。但是虽然以纽约什么什么为自己的队名，但队伍的根据地都在新泽西。从 2010 年的赛季开始，在约有 8.25 万个席位的大都会体育馆比赛。

●分为东部地区和西部地区两大联合组织。
●一共有 30 支队伍。10 月末到下一年的 4 月中旬，有 82 场正式比赛，各地区的优胜队和剩下的队伍中，每个联合组织的前五名队伍去参加最后决赛。
●8 支队伍以淘汰赛的方式进行比赛，最后剩下的东部地区和西部地区的各一支冠军队伍，要进行 6 月中旬的最终决战。

※NBA篮网战的座席位置　※座位和价格根据比赛的不同，也会发生相应变化

纽约巨人队
New York Giants

1925 年建队，在 NFL 里，算是第四个最有历史的老队了。虽然比较有背景但是长期处于低迷状态，在 1987 年、1991 年获得了两次冠军。2007 年至 2008 年赛季，在剩下的 35 秒内进行了大逆转，在超级碗中夺得了冠军。2011 年至 2012 年赛季，在剩下的 1 分钟内逆袭，获得了冠军。2012 年至 2013 年是区域第二名。

在 NFL 中，拥有很长历史的巨人队

纽约喷气机队
New York Jets

1960 年建队之初，叫“泰坦队”。后来，队伍一直处于停滞不前的状态，带着对队伍前景发展的美好祝愿，在 1963 年，把队伍的爱称定为喷气机。从 1984 年开始，和巨人队共享球场。有很多狂热的粉丝也是这支队伍的一大特点。2012 年至 2013 年是区域第三名，比较低迷。

喷气机队的代表颜色是绿色和白色

©NFL JAPAN.COM

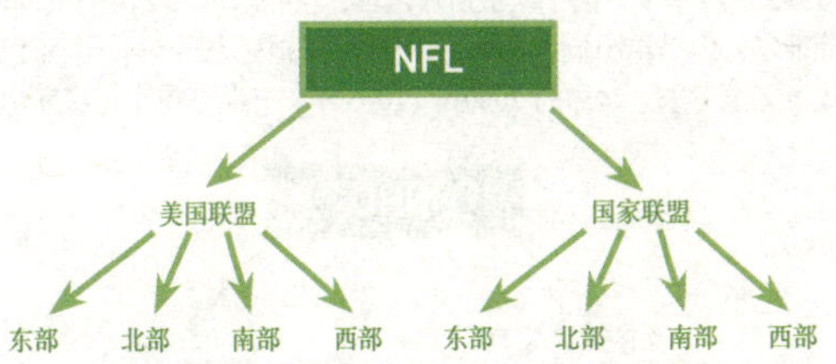

- 分为两个联会：美国美式橄榄球联会和国家美式橄榄球联会。每个联会由 4 个分区组成，每个分区有 4 支球队，共有 32 支球队。
- 在常规赛季中，每支球队在 9 月至 12 月间共 17 周的时间内打 16 场比赛，通常在周日、周一或周四比赛。
- 各个联会的地区优胜的 4 支队伍，与其他的胜率排在前两名的队伍，以淘汰赛的形式进行最终决赛。都是以 1 月末或 2 月初的周末举行的“超级碗”为目标。

NFL 网站
URL www.nfl.com

纽约巨人队
URL www.giants.com
- **主场**
  大都会体育馆
- **门票**
  狂热的粉丝们都会去买赛季票，通过普通渠道基本上买不到票。

喷气机队
URL www.newyorkjets.com
- **主场**
  大都会体育馆
- **门票**
  和巨人队一样，通过普通渠道基本上买不到票。

观看 NFL 比赛时需要注意的地方 与大联盟一样，对带入球场的行李要求很严格。不到 30 厘米见方的包才可以带进去。穿着带口袋的外套和短裤比较方便。

NHL 网站
URL www.nhl.com

巡游者队
URL rangers.nhl.com
●主场
麦迪逊广场花园
●门票
通过门票大师（ticket master）来购买门票。$50~1235

岛人队
URL islanders.nhl.com
●主场
拿骚退伍军人纪念球馆
别 MAP p.44-B2 外
住 1255 Hempstead Turnpike, Long Island
※ 2015 年 ~2016 年的赛季开始，预计在巴克莱运动场进行比赛。
列车 从纽约的宾夕法尼亚车站（别 MAP p.13-C3）乘坐到 LIRR（Hempstead Branch），在 Hempstead 站下车。从这个站再乘坐 N70、N71、N72 路车，到 Hempstead Turnpike 下车。大约需要 1 小时 15 分钟。
●门票
在门票大师（ticket master）等买票。$24~225

恶魔队
URL devils.nhl.com
●主场
波士顿保成中心
别 MAP p.44-A2 外
住 25 Lafayette St., Newark
列车 从纽约宾夕法尼亚车站（别 MAP p.13-C·D3）出发，到美国铁路公司——新泽西的运输铁路的纽华克的宾夕法尼亚车站下车。再徒步走两个街区。
●门票
通过门票大师（ticket master）来购买门票。$35~410

被称作"冰上格斗"的冰球 ©BigStoch Photo

冰球
National Hockey League（NHL）

纽约巡游者队
New York Rangers

1926 年创队的传统的强队。是冲破第二次世界大战时 NHL 联盟解散危机的 6 支队伍（被称作是 Original six）之一。自 1996~1997 年的赛季开始到 1998~1999 年的赛季，冰球界的帝王——韦恩·格雷茨基在此队。自球队创立以来，已经获得了四次斯坦利杯。

纽约岛人队
New York Islanders

1972 年创队，从 1979~1980 年赛季开始到 1982~1983 年的赛季为止，连续获得了四次斯坦利杯。在这之后，虽然有些低迷，但近年来，由于选手转队和选手选拔，使岛人队得到了很多有实力的选手，增加了队伍的实力。巡游者队是岛人队永远的对手，不管是哪个队为主场，观众都会异常多，选手们会展开激烈的攻防。

新泽西恶魔队
New Jersey Devils

经过了堪萨斯城恶魔队，在 1982 年，转为新泽西恶魔队。在 1994~1995 年赛季中，由于队伍财政困难，已经内定将队伍的根据地转移到纳什维尔。但是球员们齐心协力，获得了球队历史上第一个斯坦利杯，使球队可以留下来。之后的 2000 年、2003 年，一共获得了三次斯坦利杯。

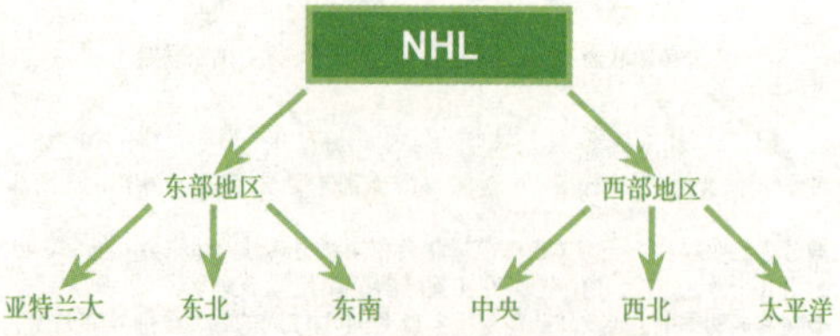

- 30 支队伍分成了东部地区和西部地区这两个联合组织。
- 赛季是从 10 月上旬开始到 4 月上旬，进行 82 场比赛。
- 由各个联合组织的排名前八的队伍参加最终决赛。通过淘汰赛，每个联合组织再选出一个优胜队伍来参赛。剩下的这两支队伍来参加最后的"斯坦利杯决赛"。

VOICE 布鲁克林篮网队（→424） 在售票处开门时，就到达了售票点。售票员帮忙找到了比较便宜的门票（$80）。虽然是十分有人气的比赛，但还是拿到了当天的票。真的很幸运。

美国网球公开赛

US Open Tennis

专业网球的年度大满贯（四大大会）中，唯一在美国举行的大会就是美国网球公开赛。这个大会已经有 100 多年的历史了，每年 8 月的最后一周在皇后区的法拉盛草地公园的 USTA 国家网球中心举行此次大会。由于观众席没有阴凉地，为了防止白天的紫外线照射而晒伤等，要戴一顶大大的遮阳帽为好。

在 USTA 的国家网球中心举行

US 公开网站

URL www.usopen.org

预计在 8 月 25 日至 9 月 8 日举行。

USTA 国家网球中心

别 MAP p.42-A2

住 Flushing Meadows Corona Park. Flushing

地铁 在 ⑦ Mets-Willets Point 下车后，向城市球场的反方向走。

☎（1-718）760-6200

URL www.usta.com

●门票

除了主场以外，可以自由观看白天比赛的当日票，在 9 点开始售卖。套票是在比赛前发售，所以请关注网站。

COLUMN

好想参加一次纽约城市马拉松

在每年 11 月的第一个周日，都会举行纽约城市马拉松大赛。只要你想跑，想参加比赛，每个人都有机会，无论以刷新纪录为目标的专业长跑队员，还是坐在轮椅上的人，是克服种种困难的人，还是第一次尝试马拉松的人都可以参加。这是城市马拉松的一个非常大的优点。有为了防寒而将一次性塑料袋缠在身上的人，也有带着自由女神桂冠的人，还有为了宣传爱护动物，而穿着动物人偶衣服的人，每个人都在用自己的方式享受着马拉松。马拉松的路线，穿过纽约的五个区：斯塔滕岛区、布鲁克林区、皇后区、曼哈顿区和布朗克斯区。

这个马拉松比赛有许多志愿者在为它服务。当地的小学生为水站配送水、吹奏乐队在路边演奏，当地的医生和医学院的学生在急救站服务。

真想参加一次看看

● **纽约城市马拉松**

费 参加费 $255（非会员）、$347（不在美国居住者）再加上 $11，（参加者全部）

CC A M V

URL www.nycmarathon.org

※ 18 岁以上者方可参加（参赛当天）

※预计 2015 年度的比赛在 11 月 2 日举行。

在网站上报名。参加者通过抽选，决定最后是否可以参加。

买到难买的票！ 在梅西的门票大师（ticket master）上买到了 NFL（→ p.425）和麦迪逊广场花园的 NBA 门票。买票的时候需要带有照片的身份证明文件。

Madison Square Garden

麦迪逊广场花园

别MAP p.13-C3

住 4 Pennsylvania Plaza（7th Ave. bet. 31st & 33rd Sts.）

URL www.thegarden.com

路线：第七大道与 32 街的拐角处。如果在时报广场的附近的话，可以走着去。

地铁 1 2 3 A C E 宾夕法尼亚站（Pennsylvania Sta）下车。在车站的正上方。

除了篮球、拳击、冰球、职业摔跤之外，还有美国大学生篮球联赛、音乐会等，每年在这里举行的活动数不胜数，这是世界上有名的竞技场。1970 年和 1973 年，尼克斯队获得了两次总决赛的胜利，后来，1994 年，巡游者队又在这里获得了斯坦利杯。

1879 年在麦迪逊大道和 26 号街的拐角处建立了该体育馆，在 10 年之后拆毁，在 1890 年完成了第二次修建。之后的 1925 年，为了修建保险公司都市生命的总公司大楼，又被拆毁了。同年，在 8 号街上第三次修建完成。今天我们看到的建筑是 1968 年开工的第四次修建的成果。

●全程参观游览

All Access Tour

可以参观场内，连记者席和选手们的衣帽间都可以参观。

☎（1-212）465-5800

费 成人 $18.50，小孩 $12

开 11:00~15:00，每 30 分钟一次

主场球队

●纽约尼克斯队（NBA）

●纽约巡游者队（NHL）

推荐座位

观众席的坡度比较大，上台阶的感觉就像是在登险山。所以，无论在哪个位子都可以清楚地看到比赛。在这个体育馆的座位中，感觉脚不太能伸开，这在美国的体育馆中，算是比较狭小的了，但是对普通体形的中国人来说，还是不错的。

※这是NBA尼克斯队的座席位置。NFL巡游者队比赛的时候，会有变化

VOICE **获得尼克斯队比赛的门票！** 有的时候剩下的票会在比赛当天卖出，所以我就拿到票了。虽然可能有时没票了，但还是要去售票厅问一问。

MetLife 大都会体育馆 Stadium

别 MAP p.44-A2

住 1 Metlife Stadium, East Rutherford

URL www.metlifestadium.com

到这里的三种方法：

①在 NFL 巨人队和喷气机队比赛当天，可以以曼哈顿的 boat authority 公交站为起点，Coach USA 的公交巴士“351 Meadowlands Express”（往返 $10），可以一直坐到体育馆前。

②从纽约宾夕法尼亚车站坐上新泽西运输车，到 Secaucus Junction 站下车，换乘 Meadowlands Rail 线到 Meadowlands Rail 站下车，下车即到。只在比赛日运行，并且只在开始时间之前 3 小时 30 分钟内运行，每 10~20 分钟一次。

③乘坐 Metro-North 经过 Secaucus Junction 车站在 Meadowlands Rail 站下车。下车即到。

在原巨人体育馆的旁边，是大都会体育馆。是 NFL 的纽约巨人队和纽约喷气机队的主场体育馆。地点是曼哈顿的西面、在新泽西的卢瑟福，离曼哈顿大约有 10 公里的距离。可以容纳 8.25 万名观众，也可以举行足球比赛。

球场在 Meadowlands Sports Complex 里面，周围还有 IZOD Center、赛马场等。IZOD Center 是竞技场也可以举办音乐会，非常有名。新泽西州出生的布鲁斯・斯普林斯汀经常在这里开演唱会。

●大都会体育馆游览

Metlife Stadium Tour

平常不允许进入的记者席、套间、比赛场地、巨人队和喷气机队的房间都可以参观。

URL www.metlifestadium.com → Your Stadium → Stadium Tour

费 成人 $20、青少年・小孩（5~12 岁）$14.75

开 周六 10:00 到 13:00，参观时间约为 90 分钟。从 West VIP Lobby 出发。

主场队伍：

●纽约巨人队（NFL）

●纽约喷气机队（NFL）

VOICE **换乘时要注意的地方** 乘坐新泽西运输或 Metro-north 的时候，需要在 Secaucus Junction 车站换乘。从球场到曼哈顿大约需要 30 分钟。

NY Sports

在纽约做运动吧

纽约路跑者俱乐部
别 MAP p.26-A4
住 9 E. 89th St.（bet. Madison & 5th Aves.）
地铁 4 5 6 86 St，步行 8 分钟
☎（1-212）860-4455
费 年会费 $40。如果成为会员，一个比赛的参加费就变成了 $18~25。每个比赛，都会获得纪念 T 恤衫（冬天是长袖的）。衣服上会有号码布，有人会帮忙计时，有水站，真有一种参加马拉松的感觉。
URL www.nyrr.org

在纽约，有好多可以轻松利用的体育设施。清晨，在中央公园里，和纽约市民一起慢跑，或者，去体育中心转转。

跑步
Running

在曼哈顿，这可能不算太出名的线路——从中城出发，沿着西侧第七大道或哥伦布转盘进入中央公园，再沿着北面的绵羊草原慢跑，剩下的依据自己的体力和时间来定就可以了。中央公园的东侧，是经常成为电影背景的水池，绕此水池一周（2.5 公里）是著名的慢跑线路。

中央公园，沿水池的跑步路线

COLUMN

在RUNNYC快乐地跑步吧！

RUNNYC 是指由耐克作为赞助商的纽约跑步俱乐部。每周有三次练习跑，只要登录了，任何人都可以免费参加。虽然说是不收费，加上教练一共有几个真正的中心成员。内容和线路虽然每天都不一样，但基本上是在中央公园内跑步，既有“绕水池三圈，其中半圈要提高速度”这样的速度训练，也有“摸一下爱丽丝的塑像，登上城堡”这样的观光性质的训练。从距离来说，有中距离和长距离两种选择。成员也是什么样的都有，既有专业的跑步运动员，也有初学者，年龄、职业、步速也是多种多样。在集合的地方还可以存放行李。

RUNNYC Training Runs
※刚登录的成员，要早去集合地点一会儿，填写申请书。
URL www.run-nyc.com
耐克城
◎ Niketown 别 MAP p.37-C2
开始时间：周二、周四 18:30、周六 9:00

在中央公园散步 有在公园散步免费的俱乐部 Health & Race Walking。在公园散步的感觉真好！URL www.centralparknyc.org

如果觉得一个人默默地跑步有点不舒服的话，那么推荐你去参加纽约路跑者俱乐部的周末跑。基本上每周都会有围绕中央公园跑步，长度约为 5~20 公里的跑步项目，任何人都可以参加。

溜冰
Ice Skating

在纽约享受溜冰，主要的地方是洛克菲勒中心的市内溜冰场和中央公园里的沃尔曼滑雪场，中城区的布赖恩特公园等。到了周末，都会是一家人一起来这里，非常热闹。如果不是冬天的话，可以到切尔西码头的天空滑冰场。因为是在室内，不用担心天气，从大窗户可以看到美丽的哈德孙河。并且，还有滑冰教室和各种滑冰活动。出租滑冰鞋的地方非常多，要记得穿着不怕脏不怕摔的衣服，这样就能轻松享受滑冰带来的乐趣了。

中央公园的沃尔曼滑冰场

网球
Tennis

郊外的公共球场在 4~11 月对外开放。如果旅行者们想轻松玩一玩的话，推荐前往中央公园。从 97 号街或中央公园西进去，在管理处，写上名字，就可以进去了。如果球场是空着的话，直接进去玩就好了。因为没有提供球拍和运动鞋，因此这个要自己提前准备。因为郊外球场都是市级直接管理，没有护照是不行的。

在纽约，轻松玩网球

市内的网球场，基本上都是实行会员制的运动俱乐部，只有和是会员的人一起进去才可以。在皇后区，有著名的 USTA 国家网球中心，那里有网球场，如果空着的话，直接就可以进去玩。

洛克菲勒中心滑冰场

别 MAP p.35-C1

☎ (1-212) 332-7654

营 周一～周五 8:30~22:30(周五 ~24:00)、周六、周日和节假日 8:00~24:00（周日、节假日 ~22:30）

费 成人 $25、11 岁以下 $12、租滑冰鞋 $10

URL therinkatrockcenter.com

沃尔曼溜冰场

别 MAP p.17-D1

住 63rd St.& 6th Ave.

地铁 N Q R 5 Av \ 59 St 步行 5 分钟

☎ (1-212) 439-6900

营 周一、周二 10:00~14:30
周三、周四 ~22:00
周五、周六 ~23:00
周日 ~21:00

费 成人 $11~17、小孩 $6、租滑冰鞋 $7

URL www.wollmanskatingrink.com

切尔西码头

别 MAP p.8-A1

中央公园网球场

别 MAP p.25-C3

住 Central Park, West Side bet. 94th & 96th Sts.（at West Dr.）

地铁 B C 96 St，步行约 3 分钟

☎ (1-212) 280-0205（4~11 月）

费 一个人玩 $15

URL www.centralparknyc.org

USTA 国家网球中心

☎ (1-718) 760-6200（预约）

营 6:00~24:00（周日、节假日 ~23:00、室外的是 8:00~）

费 室内 $22~66\ 1 小时、室外 $22~32\ 1 小时

URL www.usta.com

冬季限定的溜冰场 在 42 街的布莱恩公园，有期间限定（10 月下旬～次年 2 月下旬）的免费溜冰场。

COLUMN

自行车爱好者数量增加了！在纽约享受骑行的乐趣

受到世界性的自行车热潮的影响，纽约的自行车爱好者的数量也增加了不少。在普通道路上增加了自行车专用道，在室外，也增加了自行车停车处。当然，旅行者在街上随意骑行是非常危险的。曼哈顿有沿河一周的步行者、自行车专用道路——曼哈顿滨水绿色走廊（Manhattan Waterfront Greenway）和中央公园都有专门租车的店铺，可以轻松享受骑行的乐趣。因为骑行能感受到和散步完全不同的乐趣，请一定要试一下哦。但是，一定要注意交通规则和小偷。顺便提一下，自行车的英文是“bike”。

在马路上的车行道旁边设立的自行车专用道上骑行

曼哈顿滨水绿色走廊
Manhattan Waterfront Greenway

通常称为“绿色走廊”。这是围绕着曼哈顿的自行车和步行者的专用线路。

向初学者推荐的是，沿哈德孙河的哈德孙绿色走廊。在 Bike and Roll 里租了自行车，可以北上到 uptown 的河滨公园，还可以南下到高线公园（High line Park）和巴特利公园（Battery Park）。

中央公园
Central Park

在绿荫下骑自行车真是爽快！虽然有一些坡度，但是道路铺得很好，所以初学者也

旅行者们也可以享受到绿色长廊的乐趣

Photo:Courtesy of Bike and Roll

在公园里面有整齐的自行车道，可以放心骑行

可以放心享受骑行的乐趣。在 Bike and Roll 还提供自行车导游服务，所以，如果一个人骑行感觉不安全的话，可以试试这个。

Bike and Roll

在纽约市内有 8 家连锁租自行车店。租借的自行车可以在 8 家店中的其他店返还，这样的服务很便利。还送自行车地图。详细信息请在网站上确认。

营 每天 9:00~19:00（3~5 月）、每天 9:00~17:00（9~11 月）、每天 8:00~20:00（6~8 月）
休 12 月 ~ 次年 2 月（根据天气情况，11 月中旬到次年 3 月中旬，有休业的时候）
费 基本上是 $12~（1 小时）、1 天自由巴士 $39~（根据自行车，价格会有不同）
CC A M V
URL www.bikeandroll.com
（84 号码头）绿色走廊内
别 MAP p.12-A1
住 557 12th St.（at 43rd St.）
☎（1-212）260-0400
（校园同好会）
别 MAP p.17-C2
（tavern on the green）
别 MAP p.21-C4

可以在网站上预约

VOICE **骑自行车需要注意的地方** 租自行车的时候有时候会没有前车筐，请注意要带能挎在肩上的小包，放入少量的现金和信用卡。

高尔夫
Golf

在美国的高尔夫分为“大众”和“私人”两种类型。其中旅行者可以轻松进入的是大众高尔夫。果岭费非常便宜（$31-47），不过这个价格是针对当地人的，对于旅行者一般会比当地人收费贵一些。在纽约打高尔夫的最佳时机是4~11月。曼哈顿虽然没有高尔夫球场，但在郊外的度假俱乐部有高尔夫球场。有地铁和公共汽车可以到达的球场，有时间的话，可以去看一看。球场内设施的使用方法和礼仪规则等基本上和国内差不多，但是在公共球场的人们，经常会在果岭走动。

伸展筋骨的绝佳去处

范科特兰公园高尔夫球场
别 MAP p.44-B1
住 115 Van Cortlandt Park S., Bronx
地铁 1 终点是 242 St
☎（1-718）543-4595
费 根据日期和时间的不同，价格也不同。$31~47
URL www.golfnyc.com（预约）

莫苏鲁高尔夫球场
Mosholu Golf Course
别 MAP p.44-B1
住 3545 Jerome Ave., Bronx
地铁 4 号线终点 Woodlawn 下车徒步约8分钟
☎（1-718）655-9164
URL www.mosholugolfcourse.com（可以预约）
费 9球洞 $24~28（只有9球洞），球车每人 $15~18

海滩
Beath

在曼哈顿的近郊，有一些可以轻松娱乐的海滩。到了初夏，纽约市民们会到海滩，悠闲地享受日光浴。在8月中旬的时候，水温会下降，这时这里就成了淡季。

康尼岛 Coney Island
从曼哈顿出发，乘坐地铁50分钟就可以到达的海滨。海滨倒不是太迷人，大家来这里都是为了日光浴。

长滩 Long Beach
从曼哈顿出发，大约1小时即可到达。真心推荐这个海滩，这里有比康尼岛更美丽的白色沙滩。海滨附近的街道是住宅街，所以要提前在车站的小卖部里买点喝的等东西比较好。在这里，可以安安静静地看书。家庭出游的人比较多。

琼斯海滩 Jones Beach
这里有宽广美丽的沙滩。各种旅游设施十分齐全，海滩很干净。最适合想真正享受沙滩和带孩子的人来玩。

康尼岛（→p.144）

长滩
列车 从 PEN（别 MAP p.13-C·D3）坐上长岛列车，沿着 Long Beach Branch 方向，到终点的 Long Beach 车站下车。步行7分钟。一共需要55分钟。电车大约1小时一辆。
费 高峰期 $11.50、非高峰期 $8.25

琼斯海滩
列车 从 PEN（别 MAP p.13-C·D3）坐上长岛列车，沿着去往 Babylon 方向（Babylon Branch），到 Freeport 站下车。大约需要45分钟。从自由港到海滩，要是夏季的话，坐 N88 公交或打车（约 $10）。
费 高峰期 $11.50，非高峰期 $8.25 加公交费 $2.25

正按计划进行改建的康尼岛

布鲁克林旋风队 虽然是小联盟里的队伍，但是因为粉丝有很多是当地人，因此买票也十分困难。在康尼岛的附近，给人一种自在无拘束的感觉。

Dance L

华丽的服装、歌曲和舞蹈，以及像电视剧一般的故事。在纽约据说有4万多抱着这种梦想坚持训练的人。在华丽的舞台的背后，有人一直抱着成功的梦想在日日夜夜不间断地练习着。这两种力量交织的能量，充满着纽约大大小小的舞蹈练习室。

在纽约上舞蹈课

不管你是专业舞者
还是业余爱好者，
对于想跳舞的人来说，
纽约是舞蹈的圣城。
既没有会费，课程收费也较低，
可以轻松去学习的舞蹈教室有许多，
一定要体验一下。

可以学哪些舞蹈呢

- 爵士舞
- 现代舞（何顿技巧、葛兰姆技巧）
- 芭蕾
- 踢踏舞
- 戏剧舞
- Hip-hop
- 探戈
- 非洲舞\巴西格斗术

根据程度划分的舞蹈班种类

Basic	▶（入门）	▶ 面向初学者，教基础中的基础的班级
Beg（Beginner）	▶（基础）	▶ 面向初级者
Adv/Beg（Advanced Beginner）	▶（初中级）	▶ 面向初中级，有点难度的初级班
Slow/Int（Slow Intermediate）	▶（半中级）	▶ 面向初中级，比较简单的中级班
Int（Intermediate）	▶（中级）	▶ 中级
Adv/Int（Advanced Intermidiate）	▶（中高级）	▶ 中高级
Adv（Advance）	▶（高级）	▶ 高级
Pro（Professional）	▶（专业）	▶ 专业班。想在这个班学习要有老师的许可。
Open	▶（公开）	▶ 不同舞蹈程度，任何人都可以参加

※根据舞蹈教室的不同，会有一些变化。建议从最简单的班开始学起。

VOICE | **参加体验课程** 因为要签名（写名字申请登记）和换衣服，所以尽量在课程开始前30分钟到达。时间上可能会有一些变化，请提前确认。

关于舞蹈Q&A

Q 短期的学习可以吗?

在纽约有很多种舞蹈教室，例如公开舞蹈教室、古典芭蕾教室、还有教授自己独特的舞蹈的教室。如果是舞蹈学校的话，课程都是早已经规定好了的，所以建议想短期学习的人们参加“公开课”。这种课程只上一次也可以哦。

Q 什么是“公开课”?

在纽约，“公开课”指的是一次课$15~20，只要交了钱谁都可以参加的课程。建议有这些想法的人参加：“想尝试各种风格”、“想找到和自己合拍的老师”、“想在纽约体验一下舞蹈课程”等。

Q 全都是高手吗?

从完全的入门级学习者到专门舞者，学习者的范围十分广泛，只要不是想成为专业舞者，有任何人都可以参加的课程。在傍晚的入门·初级班里有很多刚下班的人来这里学习。

Q 什么舞蹈是主流?

近几年来，许多舞蹈开始混合，舞蹈的类别界限变得模糊，很难一下子说清楚这到底是“爵士舞”还是“现代舞”。可以这样说，有多少个老师，就有多少种舞蹈，要自己从里面选择最适合自己的。也就是说，不仅可以学到舞蹈技巧，还可以掌握多种舞蹈风格。

上舞蹈课之前需要做的事情

在相关杂志和网站上查询舞蹈教室的信息，在舞蹈教室的前台索要日程表。

如果想参加学习的话，向前台或老师询问。

- 询问老师，对不同的学生推荐不同等级的课程。但有些时候，老师推荐的课程并不一定合适。所以，最好先自己参观一遍，然后再决定自己要学习的课程。

自己决定自己的级别

- 没有等级考试。在中级班以上的班级中，因为有很多对老师、课程很熟悉的学生，所以有的老师不做练习的说明。
- 不懂英语，一下子就到高级班学习，这不仅不利于自身的提高，还可能会影响到其他同学，请注意这一点。

舞蹈课开始

- 贵重物品放在练习室内。

收集信息的方式

想要收集舞蹈教室和学校的信息的话，请参照以下的杂志。可以在纽约的大书店、或 Capezio 等的舞蹈用品店买到这些杂志。

- 舞蹈杂志
Dance Magazine
- 舞蹈精神杂志
Dance Spirit Magazine
- “village boys”的舞蹈网页

BDC（→p.436） 参加体验了芭蕾舞的入门班。没有大幅度的动作，训练是以手脚的姿势、位置等为中心的。即使是同一个等级的课程，老师不同，上课的内容也不同。

舞蹈工作室 适合初学者到专业者的各种水平

户外舞蹈室的老字号

百老汇舞蹈中心（BDC）
Broadway Dance Center（BDC）

别MAP p.32-B3 中城西

俗称 BDC，爵士和踢踏舞等种类很丰富。

【舞蹈的种类】爵士、芭蕾、踢踏舞、舞蹈剧场、希普霍普、拉丁舞、普拉提、瑜伽

住 322 W. 45th St. 3rd Fl.（bet. 8th & 9th Aves.）
地铁 1 2 3 A C E N Q R 42 St
☎（1-212）582-9304
FAX（1-212）977-2202
费 一对一小班 $18、10 人班听课证 $ 160（有效期一个月）、$170（有效期两个月）
开 每天（节假日有时会休息）※ 发放学生签证
URL www.bwydance.com

爵士、踢踏舞的等课程很丰富

Steps 舞蹈室
Steps

别MAP p.20-B3 下西区

这与 BDC 一样是非常受人欢迎的户外舞蹈室。爵士、踢踏舞等课程种类很丰富。

【舞蹈的种类】爵士、现代舞、芭蕾、踢踏舞、舞蹈剧场、普拉提、回旋运动、希普霍普

住 2121 Broadway, 3F（at 74th St.）
地铁 1 2 3 72 St
☎（1-212）874-2410
FAX（1-212）787-2449
费 一对一小班 $18、10 人班听课证 $ 160(有效期 60 天)
开 每天（节假日有时会休息）※ 发放学生签证
URL www.stepsnyc.com

这是以前和BDC合作的学校

芭蕾艺术
Ballet Arts

别MAP p.36-A2 中城西

这是以前和 BDC 合作的学校，不过听课证只有在这里才能使用，要特别注意。

【舞蹈的种类】芭蕾、舞蹈剧场、瑜伽、回旋运动、桑巴

住 130 W. 56th. St. 6th Fl.（bet. 6th & 7th Aves. 市中心的背面）
地铁 F N R Q 57 St ☎（1-212）582-3350
FAX（1-212）315-9850
费 一对一小班 $15、10 人班听课证 $ 140（有效期 3 个月）
开 每天（节假日有时会休息）※ 发放学生签证
URL www.balart.com

如家庭般舒适的舞蹈室

纽约新阿姆斯特丹舞蹈学校
Dance New Amsterdam

别MAP p.5-D4 翠贝卡

Lynn Simonson 编排的爵士技法的课程人气非常高。

【舞蹈的种类】爵士、现代舞蹈、芭蕾、瑜伽、希普霍普、普拉提、回旋运动

住 280 Broadway, 2F（入口是 Chambers St.）
地铁 4 5 6 Brooklyn Bridge、R City Hall、1 2 3 A C J Z Chambers St.
☎（1-212）625-8369 FAX（1-212）625-8313
费 一对一小班 $17.50、5 人班听课证 $ 85
开 每天（节假日有时会休息）※ 发放学生签证
URL www.dnadance.org

芭蕾舞的课程非常充裕

卡佩佐舞蹈中心
Peridance Capezio Center

别MAP p.10-A2 东村

这里现代式的研究会也很受欢迎，有时会需要提前登录，在有的情况下研究会需要另外收取费用。

【舞蹈的种类】爵士、现代舞蹈、芭蕾、希普霍普、萨尔萨舞、瑜伽、踢踏舞、家庭舞蹈、普拉提、非洲舞蹈、桑巴

住 126 E. 13th St.（bet. 3rd & 4th Aves.）
地铁 4 5 6 N R Q L 14 St/Union Sq
☎（1-212）505-0886 FAX（1-212）674-2239
费 一对一小班 $18、5 人班听课证 $ 77.50（有效期 14 天）、10 人班听课证 $160（有效期 60 天）

从联合广场步行约 8 分钟

开 每天（节假日有时会休息）※ 发放学生签证
URL www.peridance.com

Broadway Dance Center 来这儿挑战一下踢踏舞的基础班吧，初学者也能在这儿学得很开心！贵重物品需要随身带到教室，所以拎个小包比较方便。

汇聚了一流的名师

玛莎·葛兰姆当代舞蹈学校 Martha Graham School of Contemporary Dance

别MAP p.8-B3　格林尼治村

这是现代舞蹈界的权威学校，在这里会教授玛莎·葛兰姆Martha Graham的舞蹈技法。

【舞蹈的种类】现代舞蹈（玛莎·葛兰姆 Martha Graham 的舞蹈技法）、芭蕾舞、普拉提

住 55 Bethune St. 11F（near Washington St.）
地铁 A C E L 14 St/8Av
☎（1-212）229-9200
费 一对一小班 $17、10 人班听课证 $ 160（有效期一个月）（登录费 $25/ 每年）
开 每天（节假日有时会休息）※ 发放学生签证
URL www.marthagraham.org

公司职员也可以来听课！

阿尔文·艾利美国舞蹈中心 The Alvin Ailey American Dance Center

别MAP p.16-B2　中城西

AAA 的官方学校，这里和福特汉姆大学有合作，所以可以拿到学位。

【舞蹈的种类】爵士、何顿技巧、芭蕾舞、希普霍普、非洲舞蹈、瑜伽、桑巴

住 405 W. 55th St.（at 9th Ave.）
地铁 1 A C B D 59 St
☎（1-212）405-9000
FAX（1-212）405-9001
费 一对一小班 $17、$ 16.50（网购）、10 人班听课证 $150、$145.50（网购、有效期 4 个月）发放学生签证
URL www.alvinailey.org

水平很高的人也从初级学起

墨尔斯·坎宁汉舞蹈学校 Merce Cunningham Dance Studio

别MAP p.8-B3　格林尼治村

该舞蹈学校在以下三个地方开课：City center、Dance New Amsterdam Mark、Moorish Dance center。

【舞蹈的种类】现代舞（Cunningham 技巧）

住 55 Bethune St. 11F（near Washington St.）
地铁 A C E L 14 St/8Av
☎（1-212）255-8240
FAX（1-212）633-2453
费 一对一小班 $15
开 周一～周六（节假日有时会休息）
URL www.mercecunningham.org

有时会召开研究会

Limon 舞蹈机构 The Limón Institute

别MAP p.10-A2　东村

Limon 舞蹈公司的官方学校，所有的课程都在 Peridance Capezio Center 进行。

【舞蹈的种类】现代舞（Limon 技巧）[Peridance Capezio Center]

住 126E 13th St.（bet. 3rd & 4th Aves.）
地铁 4 5 6 N R Q L 14 St/Union Sq
☎（1-212）505-0886　FAX（1-212）674-2239
费 一对一小班 $17、5 人班听课证 $77.50（有效时间 14 日）等。
咨询请到 Peridance Capezio Center
开 每天（节假日有时会休息）
URL www.limon.org

附属于著名芭蕾团的学校

杰弗里芭蕾学校 Joffrey Ballet School

别MAP p.9-D3　格林尼治村

这是 Joffrey 芭蕾团的附属学校，平时还设有户外课程，课程有针对初学者的，也有针对专业者的，种类很多样。

【舞蹈的种类】古典芭蕾

住 434 6th Ave. 5F（near 10th St.）
地铁 F M 14 St/6 Av
☎（1-212）254-8520
FAX（1-212）614-0148
费 一对一小班 $17、10 人班听课证 $155（有效时间 3 个月）
开 每天（节假日有时会休息）※发放学生签证
URL www.joffreyballetschool.com

也有小班课程！

桑德拉·卡梅伦舞蹈中心 Sandra Cameron Dance Center

别MAP p.10-A3　东村

这是一家教交际舞蹈的工作室，这里各种各样的课程都以四周来授课。

【舞蹈的种类】交际舞（社交舞）、萨尔萨、探戈舞、摇摆舞（Lindy hop）

住 439 Lafayette St. 2F.（near Astor Pl.）
地铁 6 Astor Pl、N R 8 St-NYU
☎（1-212）431-1825
费 4 周课程第一课时 $90、第二课时 $135、第三课时 $160、第四课时 $180
※通过网上或电话预订的话可以按九折计算。也有一对一课程 $25~。
URL www.sandracameron.com

❤ 比克拉姆瑜伽（Bikram Yoga） 该学校的高温瑜伽热潮虽然淡去，但是依然人气非常高，在纽约分店很多。该校开设的单人班以及入门班（带有瑜伽垫和毛巾），对于游客也很适合。URL www.bikramyoganyc.com

走遍全球
老挝
缅甸
上海
澳大利亚
新西兰
西班牙
本系列已出版丛书
涵盖世界70个国家和地区
A3XX-100
普吉岛
全球完美海岛度假地
巴厘岛
全球首选浪漫度假地
帕劳岛
漂浮在太平洋上的自然宝藏

TRAVEL TIPS

旅行的技巧和准备

应极富浪漫色彩的彩灯装饰之邀……440
纽约的活动和节日……442
旅行信息的收集……446
旅行计划和季节……446
经典旅行线路……449
旅行的预算和费用……450
出发前的相关手续……451
机票的预订……454
旅行携带的物品……455
出入境的手续……456

小费和礼节……460
小费换算表……461
电话……462
从美国寄信到中国……463
上网……464
关于纽约信息的杂志和电视节目……464
旅行中的突发事件和安全对策……465
旅行必备英语对话……467
紧急情况下的医疗用语……469
纽约的历史……470

纽约的风景诗

应极富浪漫色彩的彩灯装饰之邀

感恩节结束后，就迎来了美丽的彩灯装饰的节日。在寒冷空气中的温暖的灯光，即使感觉冷内心也是温暖无比的。让人不经意间就会陶醉其中。

洛克菲勒中心
Rockefeller Center

洛克菲勒中心可以称得上是圣诞节的象征，在每年的 11 月下旬到 12 月上旬，这里会举办点灯仪式，很多游客就为了看这个点灯仪式而造访此地。一直到 1 月上旬都可以欣赏彩灯。

DATA → p.72

上图：在圣诞树下感受再熟悉不过的滑冰活动
右图：从 1933 年开始的历史性活动 灯亮起来之后才预示着圣诞节的到来

第五大道
Fifth Avenue

将整栋大厦一起装饰，其独特的个性十分引人注目。这个街景是绝对不能错过的。橱窗陈列十分富有故事情节性，并且设有机关。一定要一睹为快的是：萨克斯第五大道、梅西百货、波道夫・古德曼商场。

DATA → p.64

下图：建筑物上镶嵌着雪的结晶的街景
右图：用红黄色的绸带分割的完美四分切割法

林肯中心
Lincoln Center

DATA → p.115

它是美国境内第一个将主要的文艺机构集中于一地的表演中心，是全世界最大的艺术会场，林肯中心主要以环绕喷泉广场的3栋剧院为主，包含纽约州立剧院、大都会歌剧院、艾弗里·费雪厅，周围环绕有大型华丽的喷泉。还有高端大气时尚的照明设施。

周围灯光璀璨闪亮，在亮丽的灯光下经常会举办音乐会和舞会，在此享受快乐时光的人们尽情放松，绚丽的灯光点缀了冬天的夜色

华尔街证券交易所前圣诞树和星条旗相互陪衬，在静谧的夜色中鲜明而突出，这种洋溢着美式风情的装点使华尔街别有风味

华尔街
Wall Street

在纽约华尔街证券交易所星条彩旗迎风招展，附近还有霓虹彩灯装饰的圣诞树。白天繁忙的交易场景过后，到了夜晚，沐浴在夜色下的华尔街也显出一片静谧和肃穆。

DATA → p.108

小意大利
Little Italy

街道虽不长，但是意大利特色的商店门面从装饰到商品都属于意大利风格，咖啡馆、酒吧布满街道的各个角落。也许是在这并不宽敞的街道上林立着众多的基督教堂，因此小店铺和圣诞装饰的排列显得更加拥挤。精致的餐厅和购物小店都是休闲娱乐的好去处。

充满意大利风情的霓虹彩灯欣赏起来别具韵味，不禁勾起人们对故乡的怀念

DATA → p.101

热情的问候语“Happy Holiday！”（“节日快乐”）

除基督教之外，在纽约还聚集着众多信奉其他宗教的人士，所以在圣诞节时相互问候不只是“Merry Christmas（圣诞快乐）”还可以加上一句“Happy Holiday（节日快乐）”。

在节假日您最想做的事情！

去逛节假日超市

有许多圣诞节礼品在圣诞节期间都是限时优惠的。赶快趁着优惠活动的日子去挑选一些精致心仪的商品吧。在此期间您可以选择的购物中心有中央广场、中央车站和布赖恩特公园。

参加弥撒

在这神圣静谧的夜晚还可以选择去参加肃穆庄严的弥撒。推荐的教堂主要有三一教堂（→p.112）和圣帕特里克教堂（→p.76）。

去节假日大促销凑热闹

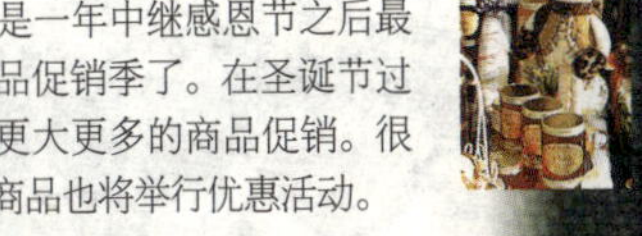

这是一年中继感恩节之后最大的商品促销季了。在圣诞节过后还有更大更多的商品促销。很多高档商品也将举行优惠活动。

去参观圣诞节表演

无线电音乐城的《圣诞节豪华电视片》，还有纽约芭蕾舞剧团的《胡桃夹子》都是这个时期必有节目。

去观赏电影《美好人生》

电影《美好人生》可以说是美国圣诞节保留剧目，每逢圣诞节一定会放映这部电影，您可以买来爆米花等小食品，悠闲地在酒店中观赏。

纽约的活动和节日

同中国一样，纽约也有着明显的四季之分，而且在不同的季节都有各式各样的活动和节日。在这里您可以尽情享受节假日带来的喜悦和快乐。详情您可以登录旅游局的官方网站进行查询。URL nycgo.com

春夏（3～8月）

帝国大厦赛跑
Empire State Building Run-Up

这是一场与众不同的比赛。参赛选手需要从帝国大厦的1层跑到86层的观光台上。一般在每年的2~3月上旬举行，2012年时比赛迎来了第35个年头，2013年时有724人参加了比赛。

URL www.nyrr.org

圣帕特里克节
St.Patrick's Day Parade

在每年的3月17日举行，是为了纪念爱尔兰守护神圣帕特里克。这一天人们通常要举行游行、教堂礼拜和聚餐等活动。美国的爱尔兰人喜欢佩戴三叶苜蓿，用爱尔兰的国旗颜色——绿黄两色装饰房间，身穿绿色衣服，并向宾客赠送三叶苜蓿饰物等。这一天美国第五大道上从44街到79街都会淹没在这种爱尔兰国旗的颜色中。

URL nycstpatricksparade.org

复活节礼拜活动
Easter Parade

复活节礼拜活动一般从10:00开始一直持续到16:00，美国第五大道上从49街一直到57街都会被华丽的装饰品所点缀，这期间会举办各式各样的活动。活动一般从3月中旬持续到4月中旬。

纽约第九大道国际美食节
9th Awenue International Food Festival

每年5月的第三个周末，整座纽约市都沉浸在美味飘香中。从37街到57街，第九大道“地狱厨房”谢绝车辆通行，只欢迎前来大快朵颐一饱口福的欢乐人群。值此向佳肴美馔致敬的良机，第九大道向人们展示了它的蓬勃活力。

住 9th Ave.（from 42nd St.to 57th St.）

URL ninthavenuefoodfestival.com

大都市音乐会公演 Met in the Park

每年7月纽约将迎来盛大的歌剧嘉年华，届时纽约大都会音乐会将在各大公园轮番上演，公演开始时间一般为19:00或20:00，免费参观，音乐会巡演将一直持续到8月底。

URL www.nycgovparks.org

美国独立日的烟火表演
Independence Fireworks

美国的独立纪念日为7月4日，这一天各式各样绚丽多彩的烟花将从江心船上腾空而起，最新的烟火技术，伴随着现场音乐、壮丽的背景以及漫长的表演（20~30分钟的烟火绽放）。烟火一般在21:00以后开始点燃。2012年时在哈德孙河沿岸的18街到43街都可以观赏烟火表演。在圣诞节时通过自由女神像前的大型邮轮受到人们热烈追捧。

纽约公园交响乐
New York Philharmonic in the Parks

每年7月中旬开始将在纽约公园召开盛大的交响乐音乐会，平时只有在高雅音乐殿堂才能享受到的音乐届时可以让市民免费欣赏。音乐会将大约持续10天到两周时间，演出节目每周都会有变化。具体节目详单将在4月时公布。

URL www.nycgovparks.org

莎士比亚戏剧节
Shakespeare in the Park

对于莎士比亚迷来说，每年最期盼的就是夏季在纽约中央公园戴拉寇特剧院演出的莎士比亚戏剧。莎士比亚公园戏剧节的演出时间为每年5月下旬到6月下旬以及7月下旬到8月中旬，公共剧院莎士比亚戏剧将在中央公园上演，这个剧场只有夏季才开放，演出完全免费，当天需要凭入场券进场，由于观众相当踊跃，所以通常13:00左右就开始有人在索票处等候，演出一般为20:00开始。

住 Delacorte Theater，Central Park

URL www.publictheater.org

百老汇经典歌曲表演秀
Broadway Performance

每年7~8月的周四将在纽约中央城区的布赖恩特公园举行百老汇经典歌曲表演秀，届时您将能欣赏到百老汇众多经典曲目，观众是免费观赏的。

URL www.bryantpark.org

便利的导游处

拿着观光游览手册和优惠券即可轻松去想去的地方。在时报广场还有可以检索观光线路的PC（英语）和百老汇售票柜台。

URL www.nycgo.com

纽约时报广场

别 MAP p.33-C3

☎（1-212）452-5283

营 每天 8:00~20:00

第七大道

别 MAP p.17-C3

☎（1-212）484-1222

营 周一～周五 8:30~18:00

周六、周日 9:00~17:00

秋冬（9月~次年2月）

圣真纳罗节
San Gennaro Festival

圣真纳罗节是意大利移民聚集在曼哈顿小意大利桑树街以纪念作为那不勒斯守护神的圣真纳罗的节日。每年一般从9月中旬开始持续10天左右，是一场大型的街道集市，是小意大利每年最大型的节日。人们将圣真纳罗像从教会沿桑树街一直移到祭坛，然后进行拜祭活动，一直持续到第二天早晨。这个节日是意大利文化和意大利裔美国人社区的年度庆典活动。

住 Mulberry St.（bet.Canal & Houston Sts.）

URL www.sangennaro.org

格林尼治村万圣节游行
Greenwich Village Halloween Parade

在每年的10月31日将在格林尼治村举行盛大的万圣节游行，一般从19:00开始，游行队伍盛装打扮，趣味十足，每年都会吸引数万人前来参观，围观群众除了欢呼之外，也会参与其中，真热闹。游行队伍会一直从6街持续到16街。

URL www.halloween-nyc.com

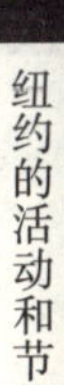

梅西感恩节游行
Macy's Thanksgiving Day Parade

梅西感恩节大游行是由美国梅西百货公司主办的一年一度的感恩节大游行，游行在11月第四个周四上午9:00开始，持续3小时，数万人参加，声势浩大。大气球就是梅西感恩节游行的重头戏之一。这场游行过后预示着冬天也即将来临。

住 从77街到中央公园，在中央公园西侧向南行驶到59街，在第六大道向东，然后一直向南到34街，再到先驱广场的梅西百货公司（34街）。

URL www.macys.com/parade

洛克菲勒中心举行圣诞树点灯仪式
Rockefeller Center Lighting of the Giant Christmas Tree

在纽约曼哈顿洛克菲勒中心前巨型圣诞树被点亮，流光溢彩颇为壮观，从这一刻起，纽约正式迎来圣诞和新年的欢乐季，之后彩灯将一直持续到1月初。点灯仪式通常是12月进行，但也有从11月下旬开始的，仪式一般是19:00开始。作为纽约每年冬季的盛世，广场上也布置美轮美奂的灯饰吸引无数群众前来参观。

URL www.rockefellercenter.com

时报广场除夕夜落球仪式
New Year's Eve & Ball Drop in Times Square

1904年第一次举办以来，这是除夕夜的传统活动内容。每年除夕都会从时报广场掉下一颗球用来庆祝新年，降落的整个过程持续59秒，这一瞬间将在全美进行现场直播。

URL www.timessquarenyc.org

农历新年庆祝活动
Lunar New Year Celebration

每年1月下旬开始一直到2月初，大概10天时间是农历新年，唐人街会举行盛大的中国春节庆祝活动。尤其在餐馆酒店将会准备特别的菜单，还有狮子舞和放爆竹的民间活动，大街上热闹非凡，充满农历中国年的喜庆气氛。

URL explorechinatown.com

旅行信息的收集

游玩票预订

URL www.ticketmaster.com

URL www.tickets.com

专业运动 MBL 棒球

MLB（棒球）

URL www.mlb.com

NBA（篮球）

URL www.nba.com

NHL（冰球）

URL www.nhl.com

NFL（橄榄球）

URL www.nfl.com

其他方便实用的网站

● Daily Candy

URL www.dailycandy.com/new-york

● Cityseach

URL newyork.citysearch.com

纽约是一个令人兴奋激动的城市，在这里充斥着漫天的信息和情报，下面就让我们来收集一下重要的信息，向着想要去旅行的地方进发吧！

在中国国内的信息收集和在当地的信息收集

在中国国内可以通过网络、杂志、电视等方式获得信息。纽约旅游局中国代表处已开通官方微博。在到达纽约之后建议您先去官方的旅游局。那里有许多景点和观光的手册，还可以向店员询问不明白的地方。您还可以得到各种地图画册，旅游局还出售各种旅游门票，非常便利。

方便的网站

旅游综合信息相关网站

- 中国外交部网站 URL www.fmprc.gov.cn
- 纽约市旅游观光局网站 URL www.nycgo.com
- 探险网（海外旅店预约） URL expedia.com
- 酒店预约网（海外旅店预约） URL www.hotels.com

纽约重要信息来源

- The village voice URL www.villagevoice.com
- New York Magazine URL www.nymag.com
- Time Out New York URL www.timeout.com/new-york
- The New York Times URL www.nytimes.com/events

旅行计划和季节

考虑一下与谁出行共度旅游时光吧

在美国有个特殊的现象，他们的观光产业有很多都是规定两人以上的，而两个人是最低要求，特别是像酒店和饭店这样的地方，您最好成双人对地出入。虽说自己一个人潇洒地进进出出也不是不可以，只是这样一来您要支付的费用可能相对较高，这样就不划算了。因此一个人入住酒店支付的费用当然相对较高，而且美国还有很多餐厅都是限定两人以上的，所以您一个人的话当心进不去啊。

旅行的品质是由出发前所做的功课决定的。特别是在著名的旅游和消费天堂纽约，只要您出手阔绰，那么纽约绝对不会让您的旅行失望。所以可以提前制订一份旅游计划或清单，根据您旅游经费预算的不同，旅游行程和整体风格也会各式各样。当然收集了很多信息不代表就真正理解了纽约，但是多了解些信息终究不是什么坏事。在制订旅行计划前，首先要考虑清楚在纽约的旅游旺季分别有哪些。

制订计划

旅游行程有几天

您在纽约当地究竟要住几天呢，这要考虑您往返纽约与国内所需时间和时差问题，然后看看在当地到底有几天是能够完全自由支配的。

是选择自助游还是跟团旅行呢

首先您要考虑的是选择自助游还是跟团旅行，选择自助游的话，首先您得自己办理机票、酒店住宿手续和自行安排行程，计划安排自由度非常大，但需要花费精力和时间。选择跟团旅行的话您首先要挑选好可信度高的旅行社，或者您还可以选择打包旅行，即将出游手续的一部分委托旅行社负责，而不是让其全权管理。如果您在纽约能够待上一周左右时间的话，推荐您选择打包旅游，这样既能够简化出行计划的麻烦，又能为您腾出更多自由旅行的时间，既方便又自由，且相对划算。

明确旅游目的和内容

旅游目的和内容根据个人喜好不同而不同，比如参观旅游、品尝美食、尽情购物、观赏歌剧抑或是参观比赛等，摩登城市纽约可以满足您不同的喜好，在这里您可以尽情放松做自己想做的任何活动，如果是参观比赛或欣赏歌剧的话，那您还需要赶快确认一下这些节日活动的具体时间地点等详细信息，这样才能让您的旅行自由灵活，有备无患。

确定场所地点和选择恰当的出行方式

您要在地图上确认好目的地的具体地址，并提前检查好到达目的地所选用的交通方式，是地铁还是公交车。根据您选择的酒店，考虑合适的旅游线路。

纽约的气候和服装

在纽约也有明显的四季之分，纽约的四季特点与中国相比，春天和秋天时间相对较短，夏天和冬天时间相对较长。纽约一年中月平均降水量约为 80 毫米，降水量最多的季节在 7 月，气候最干燥的季节是 2 月。所以去纽约旅行最好的季节是 5~6 月中旬或者 9 月中旬 ~10 月，但此时酒店住宿费用也相对较高。另外纽约位于北纬 40 度左右，与我国北京纬度相似。但是纽约位于大西洋海岸的东北部，受墨西哥湾暖

制订旅行计划要有弹性和余量　切忌把计划时间塞得满满的

到达目的地之后要尽量再次确认一下停留时间和想要去的地方，制订一个充实而有弹性的旅游计划。难得的一次旅行想要各处都看一看，逛一逛，放松心情满足好奇心虽说也是人之常情，但是您若眉毛胡子一把抓，把出行计划安排得满满的，可能会适得其反，一次放松的旅行就变成了疲于赶路，最终半途而废，所以不要勉强自己，抱着“能去的话最好”的心态反而让旅行别有趣味。

●纽约月平均气温和降水量（→p.4）
●纽约同中国时差表（→p.4）
●纽约的活动和节日（→p.442~445）

■您的旅行是哪种类型的?

第一次来纽约	不想随团一起行动	之前来过纽约 对这里已经轻车熟路
第一次踏上纽约，英语不熟练，在查找信息方面别手别脚，连买票和旅店住宿手续都不想自己办理的。	跟团旅游行动太过于拘束，所以不想一直跟团集体活动，最好能够自行安排出游时间和计划。但是考虑到第一次来纽约还是有很多不安的因素。	来纽约已经不是一两次了，对纽约各部分的大致方位比较熟悉，也有较好的方向感，还有很多想要做的事，并且乐于自己安排行程计划。
↓	↓	↓
交给全权负责的旅行团	**自由时间相对较多的旅行团服务**	**选择自己全权负责的自助游**
●好处：第一，因为旅行团配有专门的导游和负责人，一旦您出现意外状况的话也不必慌张，可以安心旅行。第二，各种观光景点和游览的地方都可以随旅行大巴到处游览，免去中途倒车转换的麻烦。	●好处：第一，请专门的旅行社负责机场迎接和酒店入住办理手续，不但方便安心，还节省时间。第二，自由时间较多，可以去自己想去的地方。	●好处：可以按照自己的想法安排行程，想去哪里需要做什么全由自己计划，旅游过程非常自由。
●缺点：由于是跟团活动，所有行动都是统一安排的，所有自由观光的时间非常有限，行动受到拘束。	●缺点：第一，在自由出行期间的交通费用全部由自己支付。第二，自己旅行参观景点或吃饭住宿的话，必然支付相对较高的费用。	●缺点：第一，自己需要提前查找相关资料信息，办理各种手续，会耗费较多时间。第二，在旅游过程中如遇到突发情况，必须自己应对，对应对突发事件能力和自主安排计划能力要求较高。

要慎重选择酒店　费用较高的酒店一般地理位置较好，服务人员热情耐心，服务周到，住宿条件和环境也很整洁。而选择费用相对较低的酒店的话，您就不要再期待很好的服务和优质的环境条件了。所以服务和环境一般和费用成正比。

注意空调冷暖

在美国开空调的效果通常比在中国更加明显。中国人到了美国通常会感到冷气十足，甚至让人打寒战。特别是在剧场、美术馆、博物馆和机场等地的空调冷气非常强劲，所以您不妨在盛夏也常备一件薄上衣。冬天中国人常穿的保暖内裤在美国冬天的室内通常会感到有些热，但是出去外面的话温度会骤降到 -10℃，所以最好根据气温变化随时增减衣物。

流和北大西洋暖流的影响，实际上并不寒冷（纽约港是常年不冻港），大致属于亚热带气候，与我国的上海、杭州一带的城市气候相似。所以服装可以参照上海、杭州一带。另外美国一天内冷热温差较大，请多多注意。

●**春**　3 月的纽约还非常寒冷，到 5 月上旬夏季般的阳光已经开始照射。所以在春季要同时准备好冬天和夏天的衣物。

●**夏**　7、8 月的温度通常是 70~85 ℉(20~30℃)，但有时会更加炎热。此时湿气较少，在大街上时只穿 T 恤和短裤即可，同时因为阳光照射充足，因此出行必不可少的还有太阳镜。

●**秋**　一般在 10 月上旬到 11 月上旬，这期间被称作小阳春天气，阳光和煦舒适，外出穿 T 恤即可，但是在早晚的时候比中国气温要低些，所以还是要准备一件较厚的外套。

●**冬**　从 12 月到次年 2 月，由于美国冬天会普降大雪，所以要常备雨靴或防水靴，外出时更不要忘记戴上帽子并带上手提袋。虽说外面寒气逼人，大雪漫天，但是酒店公寓内通常暖气设施和空调都会加足马力，穿得过多的话还是会出汗的。所以冬天最好同时准备好厚衣服和薄衣服，以便根据温度的变化灵活调节。

●**摄氏、华氏温度换算**
（→ p.4）

■**找到旅行的最佳季节**

※费用的大致标准。酒店为中级酒店

¥ 5000元左右　¥¥ 5000~8000元　¥¥¥ 8000元以上

● 1晚 $ 150左右　●● $ 200~300　●●● 约 $ 300以上

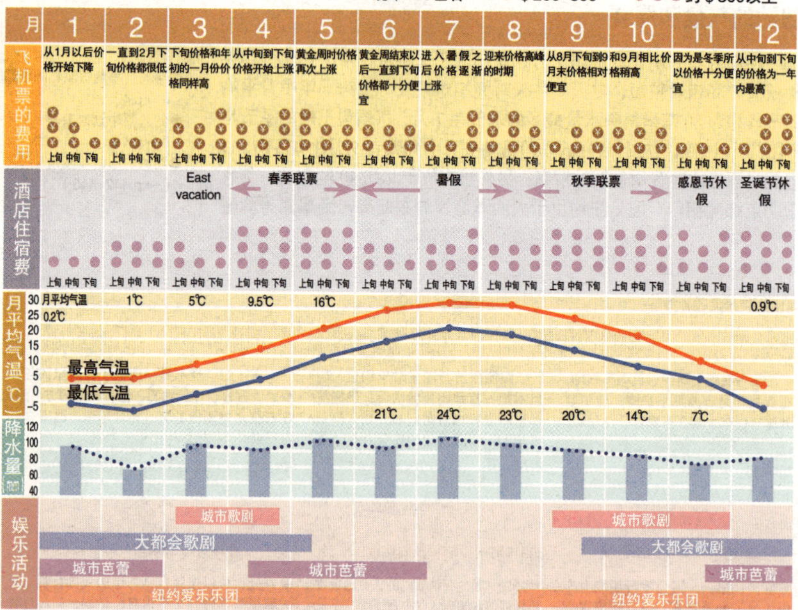

❤ **在佩戴口罩时需要注意的**　与中国不同，在美国佩戴口罩常常会被人误认为是传染病携带者，所以最好还是不要戴着口罩在大街上行走。

经典旅行线路

纽约仿佛是一座孕育着无限宝藏的城市，在纽约让人尽情欢乐游玩的景点数不胜数。这里只介绍一些最基本且适合这个季节游览的旅游线路。

到纽约最初 7 天

①傍晚到达纽约。去酒店

②自由女神像→唐人街→南街海港→华尔街→翠贝卡→索霍区

③帝国大厦→中央车站→洛克菲勒中心→圣帕特里克教堂→格林尼治村（→肉类加工区散步购物、晚餐、欣赏摇滚）

④大都会美术馆→中央公园→百老汇（欣赏歌剧）

⑤自助项目　参观尼亚加拉大瀑布

⑥从纽约出发

⑦到达中国

※（数字代表第几天行程）

学术型游纽约（1 日）

9:30　大都市美术馆（参加亮点旅游）

13:00　纽约近代美术馆（午餐）

15:30　切尔西 24th St. 散步画廊街

20:00　在百老汇欣赏歌剧

23:30　在时代华纳中心的迪吉斯俱乐部欣赏爵士乐

购物加美食之旅 1 日

8:30　在萨拉拜斯或者诺玛斯吃早饭

10:00　逛第五大道购物中心或名牌店

12:30　在联合广场附近购物，在 ABC 餐厅或城市面包店享用午餐

16:30　在威廉斯堡逛逛古董家具或精品店，之后在葡萄酒厂或啤酒馆享用晚餐，回来时在东河渡口逛逛城中心或曼哈顿下城

VOICE　**纽约的意外之旅**　按照指南标注的旅游是很省力的。曼哈顿比想象的要狭窄，那次竟从住宿酒店的上西区一直走到了国联大厦。

旅行的预算和费用

机票的预订（→p.454）

从机场到市内的交通费用

●机场巴士（单程）JFK$16~19，纽瓦克自由国际机场 $20，拉瓜迪亚机场为 $13。

小费和礼节（→p.460）

2015 年的外汇汇率

最新的兑换汇率可以在下面网站上进行换算。

URL www.usd-cny.com/inr.htm

旅行支票的说法

在中国采用旅行支票这个说法或者（T/C）就可以了，但在当地要说 Traveler's Check 才能传达自己的意思。

T/C 卡二次发行的条件

①仅限购买 T/C 卡时的取卡者

②所丢失的 T/C 卡的号码

③必须本人签字才能获得

※注意要分别保管好 T/C 卡的使用记录和 T/C 卡的购买者号码。

考虑到旅行的具体内容和项目，旅行所支出的费用也就不尽相同。另外，在这里对各项费用分门别类地向大家介绍一下。另外，要准备最少量的一些外汇货币，巧妙地利用旅行支票、信用卡、货币卡。

旅行所要花费的费用

住宿费

纽约的住宿费是全美国最高的。当然费用也是与服务、治安成正比的。另外，即使同样的酒店，在旺季的秋季、周末、圣诞节前后以及例行节日和体育赛事举行的时候费用会上涨。宿舍的费用为 $26~、经济型旅店的价格为每晚 $130~、中等酒店的价格为 $170 起、高级酒店的价格大约为 $340。

餐饮费

如果希望尽量控制饮食费用的话可以选择去快餐店进餐。即使在熟食店购买蔬菜、三明治等价格也是特别贵。基本上午餐是 $15~，晚餐是 $20 起 ~。另外如果想要在高级餐馆进餐的话，算上酒水的费用，要做好费用为每个人 50 美元的心理准备。另外，再附加税费和小费，不可否认价格还是很高的。

娱乐费

根据旅行项目的不同价格发生变化的就在于这个项目。参观博物馆和艺术馆的费用为免费 ~$20、音乐剧鉴赏为 $30~150、现场演奏会和夜总会的价格为 $5~，特别是观看体育赛事，价格更是不菲，其费用是其他费用的 10 倍。

交通费

不包括从机场到市内的交通费，旅行途中所需要的费用为：地铁和巴士每次 $2.5（使用一次乘车券为 $2.75），出租车的起步价为 $3，观光车的价格为 $30~。至于地铁和巴士，推荐游客使用无限制乘车的 Metro 交通卡（周票价格为 $30）。

外币的兑换

美国的货币单位为：美元和美分。1 美元 =100 美分。一般流通的是纸币的 1 美元、5 美元、10 美元，以及 20 美元 4 种。硬币为 1 美分（通常称其为便士）、5 美分（五分镍币）、10 美分（10 分铸币）、25 美分四种。

美国的物价与国内相比相对较高，那么带上多少现金合适呢？现金中一般应该准备出交通费和餐饮费，到达纽约当地第一天准备 70 美元大概就足够了。一般在国际机场的银行持旅行支票的话是可以兑换现金的。旅行支票与现金相比安全性更高，但是不兑换不能使用，为了能够配合滞留时间进行调整，可以准备一些小额现金。从国内出发前最好提前做好准备，若没有的话也可以到达国际机场时在大厅进行现金兑换，一是直接兑换现金；二是办理旅行支票。

❤ **使用 ATM 机支取现金的操作说明** ①刷信用卡的磁感应部分；②出现 ENTER YOUR PIN 的时候输入信用卡的密码；③选择所要进行的交易。WITHDRAWAL 或者 GET CASH = 支取现金。（接下页）

旅行支票（Traveler's Check=T/C）

旅行支票（T/C）在丢失或者被盗的情况下（详细条件参照 p.466 侧面注释）可以重新发放，这是一种安全性更高的支票，但是不兑换不能使用，旅行支票的金额按照票面金额兑换成现金。另外 T/C 上有两处需要签字的地方，持有者在购买后先在 Holder's Signature 一栏处签字（如果没有在此处签字，那么票据丢失后将不可补办）。在使用时要在 Counter Signature 一栏处签字，只有当两处签字一致时，旅行支票才能发挥同现金相同的作用。在签字时身份需要同护照或者身份证（ID）进行核对，所以签字姓名需同护照上姓名相一致。

信用卡

近年来信用卡正在逐渐成为旅行者的必需品。在美国社会，信用卡是保证持卡者经济信用良好不可或缺的物品。在中国可加入的国际信用卡品牌主要有美国运通公司（American Express）、大来卡（DinersClub）、JCB、万事达（Master）和维萨（Visa），此外还与银行和信用公司有相关联合服务。为以防万一您在出行的时候可以选择多带几家公司的信用卡。

同中国一样，美国大多数商店和餐厅都可以刷卡消费，但根据消费商店的不同有的会规定最低的消费金额。在消费结算的时候出示信用卡，票据上会显示出相应的消费内容，请您在确认好消费金额和项目后再在相应位置进行签字。根据商店的不同，有的需要在终端机上输入信用卡密码。最后请不要忘了领取使用票据。

国外专用预付贷款卡

国外专用预付贷款卡是一种能够避免货币兑换手续和风险因素的便利磁卡。在通货方面国内办理汇兑时汇率要优于其他兑换方式，在磁卡办理成功时无须审查。出发前在国内的 ATM 机上存入人民币，在规定范围内的目的国都可以通过当地的 ATM 机提取现金。虽然会交相应的手续费，但是避免了频繁使用和持有大量现金的不安全因素。

●如果信用卡丢失了
（→ p.466）

海外使用依然方便的中行 JCB 信用卡

JCB 是世界通用的国际信用卡，持有 JCB 卡的话可以尽情享受舒适快捷的海外旅行。目前已经在世界上 60 多个地方设置了 JCB 广场，中行 JCB 信用卡会员专享中国银行遍布全球 20 个国家和地区当地网点的亲切中文服务，另外当您信用卡遗失或护照被盗以及要领取海外专门紧急情况补办卡时，JCB 都有相应的服务，安全省心。

纽约 JCB 大厦

别 MAP p.14-A2
住 180 Madison Ave.（34th St. 大厦）17th Fl.（JTB 内）
☎（1-212）698-0860
营 9:00~17:30（周六、周日及节假日只接受电话咨询）

出发前的相关手续

护照是公民出入国境和在国外证明国籍和身份的证件。如果没有护照就没法出国，同时在旅行途中也会经常用到护照，所以您要随身携带。如今全球有很多国家都启用了电子护照，电子护照是在传统本式普通护照中嵌入电子芯片，并在芯片中存储持照人基本资料，面部肖像和指纹等个人信息的新型本式护照。

护照的取得

各国公民的护照都有一定的有效期，而各个国家所规定的有效期限又各不相同。中国使用的普通护照有效期为 10 年，可以在有效期满前 6 个月之内申请办理延期 2 次，每次 5 年。中国的因私普通护照，未满 16 周岁人员有效期为 5 年，16 周岁以上为 10 年；《护照法》取消了延期规定，护照到期后直接换证。收费标准 200 元 / 本。

确认护照的有效期限

在美国比较看重护照入境时的剩余期限，一般从入境那天算起到截止日期大于 90 天以上，旅行期间如果护照到期的话就需要重新申请。

在 2014 年 APEC 会议期间，中国和美国互相放宽签证政策。中国公民赴美旅游或短期商务签证期限由 1 年变为 10 年，中国公民赴美留学签证期限由 1 年变为 5 年。不过要注意的是，自 2014 年 11 月 12 日以后申请的签证才享受新政策，已发出的签证不会自动延长。

（接上页）④交易账户为信用卡时要使用 Credit 或 Credit Card；⑤确定您要取多少现金，在选择取款按钮后会弹出几个取款金额，选择与您计划取款最近的金额输入；⑥收取现金和票据。

在现住址没有居住证人员的申请方法

①居住证可以在各地方政府的护照办理处进行申请，可以让别人代为申请，但领取时必须由本人亲自领取

②将居住证地址迁移到现住址地区再申请办理护照

③在居住地方申请办理护照（不迁移居住证上的地址，直接在现居住地申请），此时不能找其他人代理申请，只能由本人亲自办理

※还有些情况是无法办理出国护照手续的，详细情况请咨询各地护照办理相关负责机构。

护照签字

在护照申请书上“持有人签字”一栏中签上自己的姓名，然后再直接转录到护照上。签字时可以用英语也可以用中文，选择自己习惯的语言即可。

护照的转换与发放

当护照的剩余有效期限不满一年时即可申请转换，申请转换时要提交申请书和照片及要求的其他相关证件。

●护照丢失（→p.466）

签证的申请

在申请签证的时候一般都要接受面谈（预约制面谈），面谈结束后需要 7~14 天就会发放签证，如果需要追加手续的话则需要 4~6 周的时间。详情请登录官方网站进行查询。

www.ustraveldocs.com

美国大使馆

☎010-85313000

住 北京市朝阳区安家楼路 55 号

chinese.usembassy-china.org.cn/

青年旅舍・中国

www.yhachina.com

国际学生证

www.isic.cn

办理时限

护照从申请到领取的时间，各地出入境管理机构可能会有所不同，一般为 10~15 个工作日，偏远地区、交通不便的地区或因特殊情况不能按期签发护照的，经省级地方人民政府公安机关出入境管理机构负责人批准，签发时间可延长至 30 日。领取护照时可以选取本人领取或他人代领或快递上门。领取时要携带因私出国证件申请回执及缴费收据，居民身份证或户口簿。另外，签证前请在护照最后一页的持证人签名栏用黑色签字笔签署本人姓名。

申请办理护照时所需的主要材料

①提交填写完整并贴有本人近期正面免冠照片的“中国公民出国申请审批表”一式两份和 2 张照片（照片规格二寸），可在公安局出入境管理处网站下载。

②交验申请人居民身份证或户口簿，并提交其复印件。在居民身份证领取、换领、补领期间可提交临时居民身份证和户口簿及复印件。

③未满 16 周岁的公民，应当由其监护人陪同，并提交其监护人出具的同意出境的原件、监护人的居民身份证和户口簿及复印件。

④国家工作人员按照相关规定，提交本人所属工作单位或者上级主管单位按照人事管理权限审批后出具的同意出境的证明。

⑤省级地方人民政府公安机关出入境管理机构报经公安部出入境管理机构批准，要求提交的其他材料。

⑥之前已取得护照的人士之前已经取得护照的要将护照归还并办理失效手续，如有需要还应将无用护照归还上交。

签证的取得

签证是一国向国外公民发行的进入该国的凭证，美国签证分为旅游签证、留学签证和移民签证几种。建议非移民签证申请人至少于出行前 3 个月进行申请。中国公民赴美旅游，应申办 B2（旅游探亲）签证。申办时，护照的有效期须至少比预定在美停留期限多出 6 个月以上，并向美驻华使馆或有关总领馆办理。预约签证面谈或咨询有关签证的问题，可拨打签证话务中心电话：4008-872-333（从中国拨打），86-21-3881-4611（从国外拨打）。

随身携带身份证等相关身份证件

国际青年旅舍会员证

国际青年旅舍在全世界范围内都有连锁店，原则上实行会员制。一般一间房屋设有两层床铺，可容纳 4~6 人，形式如同大学生宿舍。浴室和洗手间也是公用的。拥有会员证，可享受国内外青年旅舍住宿价格的优惠。以前中国人只是久仰大名而不见其形，现在可在网上、邮递或到各代理点申请办理，办理当月即可生效。在纽约只有 p.321 的国际青年旅社是国营的，其他都为私营。

国际学生证（ISIC 卡）

国际学生证（International Student Identity Card），简称 ISIC。ISIC 国际学生证是一张由联合国教科文组织所认可，由国际学生旅游联盟所发行，国际间公认的学生通用证件。持有该证件可以在参观博物馆或

❤ **护照上的姓氏**　机票和护照上的姓名要求必须一致，结婚后改变姓氏的人士需要特别注意。如果护照上还有其他信息改动需要提交申请，详细信息可以登录外交部官方网站进行查看。

乘坐交通工具时享受优惠，非常便利。申请方式，可在浦发银行北京地区任意网点办理，或国际学生证协会中国网站在线申请；需提供身份证原件、学生证或国外入学通知书的电子照片；需缴纳全球 ISIC 申请费 85 元。

国际驾照

这对于预备在国外租凭汽车的人来说是必不可少的，中国内地公民可以在出国前前往公证机构，用目的地国家的语言公证驾照，并随身携带公证件。

海外旅行保险

海外旅行保险指在国外旅行过程中，对生病、受伤时医疗费和因盗窃遭受损失的补偿，同时还包括因自身过错致使他人财物受损进行赔偿时的补偿费用。因为旅行中往往有很多突发事件，考虑到这些不确定因素，如果不购买保险的话是非常有风险的。美国的医疗费用非常高，而且犯罪发生率也不算低，所以还是很有必要加入这种保险的。在加入后不仅可以获得经济上的补偿，还可以享有在紧急时刻保险公司支援体系提供的待遇，所以能极大提高旅游信心。

是否加入保险虽然是依据个人意愿的，但从保险所占旅行费用总体比例来看，这个比例还是非常低的，为了防止发生意外，还是提前周密考虑比较好。

若是投保海外旅行保险，几乎所有的保险公司都提供中文服务，不仅在金钱方面，心理方面也很安心。海外旅行保险除了旅行公司，在机场、各公司的网站都可以投保。

海外旅行保险种类

保险种类分为海外旅行必须加入的基本险种，以及申请购买者自己选择的险种，比如说“医疗费用”，这是针对旅行中受到伤害或生病时治疗费用支付的保险金额，这就是基本补偿。

另外特定险种包括：1. 伤害死亡，残疾后遗症　2. 疾病死亡　3. 赔偿责任（包括在旅行途中致使他人受伤、损坏酒店或商店物品进行赔偿情况的补偿）　4. 对携带物品损坏的赔偿（自身携带的物品丢失或损坏的赔偿）　5. 机场行李托运延迟费用（机场托运行李延迟，需购买必需品所付费用）等。

一般情况下，这些项目保险可以进行配置选用，即所谓的“套餐型”，人们可以根据出行时间的长短来选择保险项目的级别，这样也可以简化相应的手续。

了解信用卡附带保险

很多中国人并不太了解，作为一项信用卡服务，信用卡一般附带海外旅行保险，但是赔偿内容因信用卡发卡公司的不同而不同，也因一般信用卡和特别会员信用卡而异。赔偿时的限制条件较多，可以询问信用卡发行公司或者查询信用卡使用说明。

信用卡附带保险赔偿不包括“疾病死亡”，另外还有赔偿金额不足需要自己承担较多费用的情况，请您务必确认好赔偿内容，并且不要忘记美国的医疗费用一向是很高的。

充分了解自己投保的险种

要充分了解自身所投保险的特点，保险赔偿不在适用范围时，在申请要求赔偿金额时需要必要的证明信，这点一定要多加留意，同时一定要认真阅读签订保险合同时收到的证书和签约时夹杂的条款。

关于保险金的申请

保险条约会规定得非常细致，所以要尽量仔细阅读。其中最容易出问题的环节就是与所带物品相关的意外事故。在所带物品相关赔偿中规定，旅客所持物品被盗或破坏时，根据购买时的市价确定赔偿金额。但是现金、旅行支票、信用卡赔偿要另外考虑。在赔偿时，需要向当地警察提交说明，并与当地保险公司和国内总部取得联系。

信用卡可作为身份证明证件　信用卡作为个人社会信用保障的凭证可以作为身份证明的证件使用，所以请携带开户姓名同护照姓名相一致的信用卡出行。

机票的预订

航空公司的中国国内联系方式

●美国航空

☎400-8150800

●达美航空

☎400-120-2364

●联合航空

☎800-810-8282

●中国国航

☎95538

●东方航空

☎95530

咨询旅行社

虽然网络已经普及，但是自己要比较多家航空公司是一项相当花费时间的事情。向没有时间并且对旅行完全不了解的人推荐咨询旅行社。只要事先决定好何时、想去哪个城市就可以了。

燃油附加费

由于石油价格的高涨和变动，除了航空运输费以外还要加收燃油附加费。但价格根据时期和航空公司的状况而有所不同，在购买机票的时候要加以确认。

北京、上海、香港均有直飞纽约的航班。尽量提早预订机票。有时候，在机票发售日（价格公布日）前也可以预订。可以向旅行社咨询相关事宜。

机票种类

●正价机票

这是按正价出售的机票，利用方面的限制最少，但是运费最高，种类分为头等舱、商务舱、经济舱 3 种。一般为一年有效允许签转和 open 的。签转是指可以改乘其他航空公司的航班。比如，如果你买的是北京到纽约往返的中国国际航空公司的正价机票，则有效期为一年，票的回程日期可以是 open。如果自己愿意，还可以签转到美国其他航空公司（如达美航空、美国航空等）回北京，非常自由灵活方便。还可以退票，没有其他费用发生。

●特价机票

这种机票是航空公司独自持有的打折机票，预约变更时需要支付一定的手续费。另外还有一些其他的限制条件，如有效期较短，从 45 天到 6 个月不等，不允许签转到其他航空公司等。航空公司会随时出台或收回特价机票销售政策，人为干预因素较多，没有规律可言。如果您的旅行时间已定，需要购买特价机票，只能多打电话查询，如果发现有就立即购买，因为特价机票政策随时会被暂停，预订也随时会被取消。

购买机票的时机

实际上，除了不得不乘坐的应急航班外，乘坐正价航班的人很少。尽早制订旅行计划，可以提前预订打折机票。一般来说，预订的时间越早，折扣越好。这些机票可以在网上预订，根据航空公司各自的情况还可能会有网上打折的优惠。

关于电子机票

现在各个航空公司都开始引入了电子机票系统。使用者携带的是邮件或邮寄的电子机票副本，所以使旅客从传统机票经常丢失的困境中解放出来。电子机票的副本要是丢失的话，只要有本人的确认还可以补发，为了确保安检和顺利回国还是不要弄丢。另外，在入境时如果没有出国预约证明的情况下，没有电子机票副本是不可以入境的，这点一定要特别留意。

旅行携带的物品

到了人生地不熟的地方，拖着沉重的行李是非常麻烦的，如果对某件东西是否携带感到摇摆不定，不知带去是不是不方便的话，还是干脆不要携带了。由于大部分东西都可以在当地买到，所以尽量少带一点，行动起来比较方便。

打包时的注意事项

带上平时常用药

大部分物品在当地都能买到，但是药品不同，您最好带上自己平时已经习惯用的药品，比如感冒药、止咳药、止痛药、肠胃药等是让人比较安心的。另外如果有需要医生开处方的常备药，也别忘了带上。在美国医、药业是分离的，市面上只出售头疼药、感冒药一类的药品，所以一些药没有医生开具的处方是买不到的。

不要给旅行箱上锁

现在美国的国际航线和国内航线要求机舱内的旅行箱不能上锁。因此请您不要往皮箱里放贵重的物品，不放心的人可以给皮箱系上一条安全带，或者您可以使用 TSA 海关锁。

飞机内携带行李的限制

所有液体（包括牙膏、啫喱、喷雾）放入 100ml 以下的容器，再装入可密封的容积在 20cm × 20cm 以下的透明塑料袋，袋子每人限带一个。关于携带进入机内的行李物品的规定：有婴儿随行的旅客，购票时可向航空公司申请，由航空公司在机上免费提供液态乳制品；糖尿病或其他疾病患者必需的液态药品（凭医生处方或医院证明），经安全检查确认无疑后，可适量随身携带。携带进入机内的行李物品可以参考各航空公司或中国民用航空局等的网站主页。

http://www.caac.gov.cn

关于带进机舱内物品的规定

2013 年 4 月至今，美国国际线（北美线）的经济舱，免费托运的行李箱为 2 个，每个行李箱限 23 公斤以内，行李箱长宽高三边之和一般不多于 157cm。另外美国的国内航线的经济舱规定最多可以托运 2 个行李箱，但每个收费为 25 美元左右，详细信息请参见航空公司规定。

重量行李可以利用配送到家服务

只要事前电话预约，就可以享受将行李直接寄到家中的服务（根据各地不同情况可以在出发前一两天进行预约）。回国时需要在机场窗口办理相关手续。

行李物品检查清单

项目名称	必要程度	检查	项目名称	必要程度	检查	项目名称	必要程度	检查
护照	◎		内衣	◎		电动剃须刀	○	
护照复印件	○		袜子	◎		化妆品	○	
ESTA渡航许可复印件	◎		T恤	◎		药品	◎	
机票(电子机票复印件)	◎		毛衣 运动衫	○		洗涤剂	△	
旅行支票	○		短裤	△		笔记用品	○	
现金(美元)	○		帽子 太阳镜	○		塑料袋	△	
现金(人民币)	◎		雨具	○		相机	△	
信用卡	◎		凉鞋	△		存储器 充电器	△	
海外旅行保险证	○		洁面沐浴用品	◎		词典 英语口语册子	△	
国外(国际)机动车驾驶证	△		毛巾	△		旅游指南	○	
国际学生证	△		吹风机	△		照片(2~3张)	△	

◎ = 任何旅行者都需要带　○ = 一般使用率较高的物品

△ = 准备的话会更加方便 或因人而异

❤ TSA 海关锁　TSA 海关锁是指美国海关对转关行李货物及运输海关监管货物进行安全性检测，须保证货物在运输过程中的安全性而采用国际海关全球通用的万能 TSA 专用钥匙。

出入境的手续

中国国际航空 Air China

1988年在北京正式成立。是中国航空集团公司控股的航空运输主业公司。

URL www.airchina.com.cn/

中国东方航空 China Eastern

中国东方航空集团公司总部设在上海，是我国三大骨干航空运输集团之一。

URL www.ceair.com/

中国南方航空 China Southern

以中国南方航空公司为主体，是国务院国资委直接管理的三大骨干航空集团之一。

URL www.csair.com/cn/

入境审查从打招呼问候开始

您可能因为自己蹩口的英语在入境检查时紧张，其实没有关系，放松自己，面对检查官可以走上前去，友好地打个招呼，说声"Hello\Hi\Good morning"。在检查结束后别忘记说声"Thank you"。

应对提问

● 如果入境目的是旅游观光的话，回答"Sightseeing"，如果是工作的话回答"Business"。

● 询问停留时间，如果5天回答 Five days. 一周的话回答 One week. 入境审查都是相对简单的英语，如果实在不会可以寻求翻译。

如果是国际航线的话，您最好在飞机起飞前3小时到达机场，因为验票和领取登机牌需要花费一定时间，加之有紧急航线变更的可能，您最好还是提前到达比较安全。

出境　从到达机场到搭乘班机

①搭乘手续

在机场办理的一切登机手续叫 check-in，通常情况下，手续是由航空公司服务台或自动检票机进行检票的。个人旅行的乘客只需手持机票，然后在各航空公司服务台前将机票、护照、以及携带行李交给工作人员即可。

如果您用的是电子机票，那么只需在自动验票机器前自行检票。您只需按照操作指南的流程操作触摸屏，然后会出现机票。之后将携带行李交给航空公司的工作人员即可。此时还需要出示护照。如果是团体旅行，一般情况是各自验票的。

②行李检查

在登机前要对行李进行X射线扫描检查，并用金属探测器对乘客本身进行检查。随身携带的笔记本等大型电子机械设备，以及装在带拉链的塑料袋内的各种液体、啫喱类物品都要从包里拿出，另外身上的腰带等金属部件也要放在托盘里，同背包一起放在传送带上接受检查。即在接受人身安全检查前，请将液态物品从手提行李中取出，将随身携带的金属物品（如手机、钥匙、手表等）取出或取下，以便单独接受安全检查。在美国还要将鞋脱下，对鞋进行X射线检查。然后旅客自己将检查门关好。这里禁止携带塑料瓶。

③在海关处进行申报

当您出境携带贵重的国外制品时，要填写提交"外国制品持有表格"。如果没有填写的话，在回国入境检查时可能被当作是从国外购买的商品而征收额外的关税。

④出国审查

在检查时只需出示护照和机票。在检查护照时不会提什么问题，只需将护照那页拿出，工作人员在该页上盖上出国印章，然后马上归还护照和机票，检查结束。

⑤搭乘

检查好自己的登机口是哪个，在通往登机口的一段距离内会有免税店或小商店，您可以在这里挑选一些礼品或买点饮料。在飞机起飞前30分钟机场会引导乘客开始登机。请您按照带孩子的乘客、身体残疾者、头等舱、商务舱、经济舱的顺序依次登机，经济舱又分成几组，请按照机票上的说明登机。在登机口处需要出示机票和护照。

美国入境所需文件

美国入境卡示例

需用大写字母填写，请使用钢笔或圆珠笔。此表包括入境记录（第1项至第13项）和离境记录（第14项至第17项）两部分。

U.S. Department of Justice
Immigration and Naturalization Service

OMB 1115-0077

Admission Number

Welcome to the United States

449230239 09

I-94 Arrival/Departure Record - Instructions

This form must be completed by all persons except U.S. Citizens, returning resident aliens, aliens with immigrant visas, and Canadian Citizens visiting or in transit.

Type or print legibly with pen in ALL CAPITAL LETTERS. Use English. Do not write on the back of this form.

This form is in two parts. Please complete both the Arrival Record (Items 1 through 13) and the Departure Record (Items 14 through 17).

When all items are completed, present this form to the U.S. Immigration and Naturalization Service Inspector.

Item 7 If you are entering the United States by land, enter **LAND** in this space. If you are entering the United States by ship, enter **SEA** in this space.

Form I-94 (04-15-86) Y

Admission Number

449230239 09

Immigration and
Naturalization Service

I-94
Arrival Record

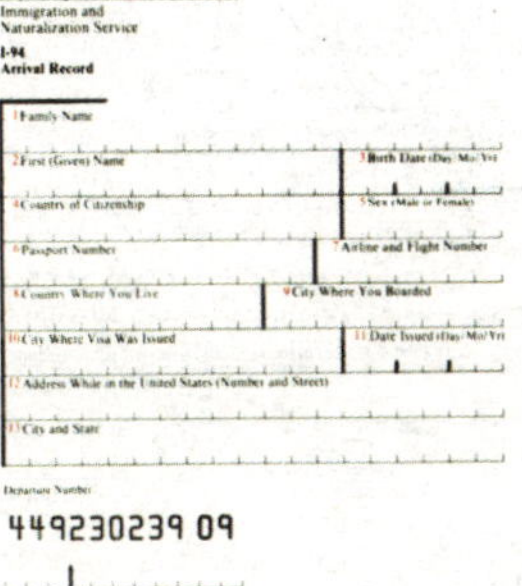

1 Family Name
2 First (Given) Name
3 Birth Date (Day/Mo/Yr)
4 Country of Citizenship
5 Sex (Male or Female)
6 Passport Number
7 Airline and Flight Number
8 Country Where You Live
9 City Where You Boarded
10 City Where Visa Was Issued
11 Date Issued (Day/Mo/Yr)
12 Address While in the United States (Number and Street)
13 City and State

Departure Number

449230239 09

Immigration and
Naturalization Service

I-94
Departure Record

14 Family Name
15 First (Given) Name
16 Birth Date (Day/Mo/Yr)
17 Country of Citizenship

See Other Side **STAPLE HERE**

I–94 入境记录

1. 姓
2. 名
3. 出生日期（月 / 日 / 年）
4. 国籍
5. 性别（男 Male 或女 Female ）
6. 护照号码
7. 航空公司和航班号
8. 你在哪个国家居住
9. 你在哪个城市降落
10. 在哪个城市获得签证
11. 获得签证的日期（月 / 日 / 年）
12. 在中国的住址（门牌号及街道名）
13. 在美国的住址（市名及州名）

I–94 离境记录

14. 姓
15. 名
16. 出生日期（月 / 日 / 年）
17. 国籍

机场中行李没有出来的情况

（→ p.467）

关于进入美国持有物品限制

进入美国所持现金是没有上限规定的，但现金、旅行支票总数超过1万美元时需要申报。酒类免税额为1公升，携带者需年满21周岁。烟类免税额为1条（200支），或50支雪茄、2公斤烟草。携带礼品上限为100美元。同时不允许携带任何食物进入美国，包括肉类、肉制品。

针对肉类和肉类加工食品的限制

为了防止动物病害，各种肉类、未加工皮革或动物毛皮、牛、马或家禽（包含蛋在内），非经特许，任何人不能携带入境。

●自助式验票方法

电子机票的预约和购买代替了之前的纸质机票，将机票的信息都进行了电子保存。近年来电子机票成为主流，国际航线和美国国内航线的机票检验可以通过电子机器进行自助式验票。（图片由美国航空公司协助）

❶ 在机场的出发站台上有各个航空公司的检票柜台，并且设置了自助检票机，订购了电子机票的乘客大部分都利用自助检票机进行检票。

如果是联营航班，入境时可能会遇到签证、护照和电子机票预约名称不一致而无法在自助检查机前办理手续的情况，这时不要慌张，首先找到工作人员，然后在检票柜台进行说明即可。

❷ 由于是美国的航空公司，画面显示必然是英语的，但如果是飞往中国的航班，在一般情况是会具备有汉语显示功能的。首先可以在画面上选择显示语言，其次选择检查的界面样式。

❸ 由于登机检查是由本人完成的，所以可以选择让其识别信用卡、航空公司会员卡和护照的方式。使用护照非常方便，只需将有照片的一页上排列着数字的部分贴在机器的识别部分即可读取信息。

❹ 为了确认旅程，请输入符合条件的信息。继续确认预约旅程输入的信息是否正确，在确认无误后选择“继续”。其中需要回答一些问题，包括您的居住国、紧急联络地址等，然后再输入您乘坐的座次号。

❺ 输入您需要托运的行李箱数量，如果需要变更座位号，先选择相应的按键进行操作。

❻ 画面上会出现航班搭乘时间和登机门号，请仔细确认。在机器的下部会弹出机票，不要忘记领取，如果有托运的行李，需要拿着机票将行李交到验票柜台处。

注意检查搭乘口门号 在美国机场确认检查完登机后可能会变换登机门号，如果没有听到广播可以到监视器处进行确认。

海关申报表

①姓名
②出生日期（日/月/年）
③同行的家庭人数
④a. 在美国居住地址（旅馆名/目的地）
　b. 城市
　c. 州
⑤护照发行国家（CHINA）
⑥护照编号
⑦居住国
⑧抵达美国前访问的国家，如果没有就不填写
⑨航空公司以及航班号（航空公司缩略成2个文字）
⑩是否以商务为目的的旅程，是选“YES”，不是选“NO”
⑪如果有就选“YES”，没有选“NO”
　a. 水果、植物、食物、昆虫
　b. 肉类、动物或动物/野生动物制品
　c. 病原体、细胞培养或蜗牛
　d. 土壤或去过农场或牧场
⑫是否靠近、接触过牲畜
⑬是否携带了超过一万美元或相当于一万美元的现金或财物
⑭是否携带了商品（非个人用品）
⑮带入美国的东西的金额（不包含邮寄品）
⑯签名（和护照上的一样）
⑰日期（日/月/年）
⑱如果有需要交税的，要记入物品名称和金额
⑱⑲的合计金额

海关申报表示例（每个家庭填一张即可）

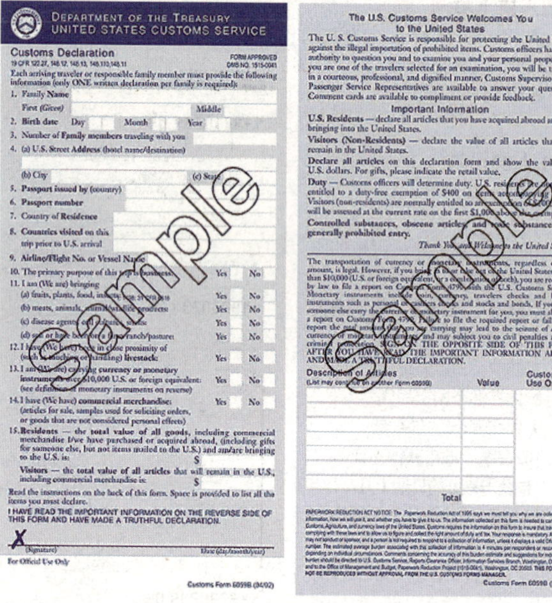
DEPARTMENT OF THE TREASURY
UNITED STATES CUSTOMS SERVICE

Customs Declaration
19 CFR 122.27, 148.12, 148.13, 148.110, 148.111
FORM APPROVED OMB NO. 1515-0041

Each arriving traveler or responsible family member must provide the following information (only ONE written declaration per family is required):

1. Family Name
   First (Given)　Middle
2. Birth date　Day　Month　Year
3. Number of Family members traveling with you
4. (a) U.S. Street Address (hotel name/destination)
   (b) City　(c) State
5. Passport issued by (country)
6. Passport number
7. Country of Residence
8. Countries visited on this trip prior to U.S. arrival
9. Airline/Flight No. or Vessel Name
10. The primary purpose of this trip is business:　Yes　No
11. I am (We are) bringing
   (a) fruits, plants, food, insects:　Yes　No
   (b) meats, animals, animal/wildlife products:　Yes　No
   (c) disease agents, cell cultures, snails:　Yes　No
   (d) soil or have been on a farm/ranch/pasture:　Yes　No
12. I have (We have) been in close proximity of (such as touching or handling) livestock:　Yes　No
13. I am (We are) carrying currency or monetary instruments over $10,000 U.S. or foreign equivalent: (see definition of monetary instruments on reverse)　Yes　No
14. I have (We have) commercial merchandise: (articles for sale, samples used for soliciting orders, or goods that are not considered personal effects)　Yes　No
15. Residents — the total value of all goods, including commercial merchandise I/we have purchased or acquired abroad, (including gifts for someone else, but not items mailed to the U.S.) and am/are bringing to the U.S. is: $
   Visitors — the total value of all articles that will remain in the U.S., including commercial merchandise is: $

Read the instructions on the back of this form. Space is provided to list all the items you must declare.

I HAVE READ THE IMPORTANT INFORMATION ON THE REVERSE SIDE OF THIS FORM AND HAVE MADE A TRUTHFUL DECLARATION.

X (Signature)　Date (day/month/year)

For Official Use Only

Customs Form 6059B (04/02)

The U.S. Customs Service Welcomes You to the United States

The U. S. Customs Service is responsible for protecting the United States against the illegal importation of prohibited items. Customs officers have the authority to question you and to examine you and your personal property. If you are one of the travelers selected for an examination, you will be treated in a courteous, professional, and dignified manner. Customs Supervisors and Passenger Service Representatives are available to answer your questions. Comment cards are available to compliment or provide feedback.

Important Information

U.S. Residents — declare all articles that you have acquired abroad and are bringing into the United States.

Visitors (Non-Residents) — declare the value of all articles that will remain in the United States.

Declare all articles on this declaration form and show the value in U.S. dollars. For gifts, please indicate the retail value.

Duty — Customs officers will determine duty. U.S. residents are normally entitled to a duty-free exemption of $400 on items accompanying them. Visitors (non-residents) are normally entitled to an exemption of $100. Duty will be assessed at the current rate on the first $1,000 above the exemption.

Controlled substances, obscene articles, and toxic substances are generally prohibited entry.

Thank You, and Welcome to the United States.

The transportation of currency or monetary instruments, regardless of the amount, is legal. However, if you bring in to or take out of the United States more than $10,000 (U.S. or foreign equivalent, or a combination of both), you are required by law to file a report on Customs Form 4790 with the U.S. Customs Service. Monetary instruments include coin, currency, travelers checks and bearer instruments such as personal or cashiers checks and stocks and bonds. If you have someone else carry the currency or monetary instrument for you, you must also file a report on Customs Form 4790. Failure to file the required report or failure to report the total amount that you are carrying may lead to the seizure of *all* the currency or monetary instruments, and may subject you to civil penalties and/or criminal prosecution. SIGN ON THE OPPOSITE SIDE OF THIS FORM AFTER YOU HAVE READ THE IMPORTANT INFORMATION ABOVE AND MADE A TRUTHFUL DECLARATION.

Description of Articles (List may continue on another Form 6059B)	Value	Customs Use Only
Total		

Customs Form 6059B (04/02)

进入美国

到达美国后如需继续在美国国内乘坐班机，必须在最初的到达地进行入境检查。例如，从中国出发，经由底特律到达纽约，则需要在到达底特律航空站时接受入境检查。

在到达最初的目的地时，请提前填写好飞机内发放的关税申报表。

美国入境审查～海关申报

①入境检查

飞机降落后，按照“Immigration”的指示牌到入境检查处。入境检查分为美国籍公民和外籍游客。排队等候，轮到自己时走到检查官面前，拿出护照、海关申报表和电子机票。在这里要针对所有进入美国的人士进行非墨迹指纹扫描和电子照相。并询问渡航目的和停留地，在询问结束之后，获得入境许可，然后归还护照和海关申报表。

②领取行李

在接受完入境检查后到行李领取处，通过监视装置确认自己的飞机

❤ **不许携带入境中国的物品**　仿真武器、弹药及爆炸物品；对中国政治、经济、文化、道德有害的印刷品、胶卷、照片、唱片、影片、录音带、录像带、激光唱盘、激光视盘、计算机储存介质及其物品；各种烈性毒药；（接下页）

航班，到行李传送带上领取行李。当行李没有出来或行李箱损坏时可以在这里向航空公司提出索赔或申诉。

③海关检查

在海关处接受检查，主要查看携带的酒精和烟草等是否超过了规定的额度，如果超额携带就要对超额部分征收关税。提交海关申报表，到此入境手续全部结束。

离开美国

提前确认好离境方法，最好提前 3 小时到达机场，根据航空公司的不同有不同的始发点，需要提前确认。一般出境时不需要特别的出境检查手续，在自助检查机办理完后，在航空公司行李柜台处出示您需要携带的行李和护照就可以了。拿到携带行李标签和机票以及护照之后，带着行李通过行李检查口即可去登机口。

进入中国

飞机到达中国机场后，要到检疫机构接受检疫。尤其是身体状况出现异常的情况要向检疫官提前说明。在入境检验柜台处出示护照接受检查。

然后到行李领取处的传送带处等候领取行李，之后到海关办事处。携带购买的归国物品，如果在免税范围内就直接到绿色检验台处，如果超出免税范围就到红色柜台处。并提交在飞机内填写好的携带品、另寄品申报表。

不填写另寄品的后果

如果不填写另寄商品申报表或申请表上没有印章的话，物品就会同普通贸易货物商品一样处理，这点一定要注意。

中国入境时免税范围

第一类物品	衣料、衣着、鞋、帽、工艺美术品和价值人民币 1000 元以下（含）的其他生活用品。自用合理数量范围内免税，其中价值人民币 800 元以上，1000 元以下的物品每种限一件。
第二类物品	烟草制品、酒精饮料。免税香烟 200 支，或雪茄 50 支，或烟丝 250 克；免税 12 度以上酒精饮料限 1 瓶（0.75 升以下），其他旅客，免税香烟 400 支，或雪茄 100 支，或烟丝 500 克；免税 12 度以上酒精饮料限 2 瓶（1.5 升以下）。
第三类物品	价值人民币 1000 元以上，5000 元以下的生活用品 。

（接上页）鸦片、吗啡、海洛因、大麻及其他能使人成瘾的麻醉品、精神药物；新鲜水果、茄科蔬菜、活动物、动物产品、动植物病原体和害虫及其他有害生物、动物尸体、土壤、转基因生物材料、动植物疫情流行的国家和地区的有关动植物及其产品和其他检物；有害人畜健康的、来自疫区的以及其他能传播疾病的食品、药品和其他物品。

小费和礼节

小费大致数额

- 给餐馆男服务生或女服务生的消费数额一般是餐饮费总额的 15%~20%，但在纽约消费一般较贵，给的小费通常是销售税的两倍。小费一般放在账单的托盘内，若是通过信用卡支付的话，则要在 Gratuity 或 Tip 一栏内填入金额，或者将消费金额与小费的合计写入最下面的空格处。
- 对酒店服务生 一般放在床头柜明显的位置，一张床一般 1~2 美元
- 对酒店搬运工 将行李运送到房间的搬运工一般每件 2~3 美元
- 出租车司机 一般是计量表所示金额的 15%，如果心情不错可以多付一些，零头一般可用于支付小费，最低是 1 美元。
- 观光车 大型观光旅游车司机兼导游给 3~5 美元，小型面包车司机兼导游 10 美元

洗手间

在纽约很少有大家谁都能进的公共厕所，即使有的话也最好不要使用。如果在大街上想去厕所的话可以去附近的大型超市、购物中心或高级酒店的大厅洗手间，如果附近没有只能去咖啡厅了。

关于小费

在美国一般讲究在接受别人的服务之后给小费的习惯。这对没有给小费习惯的中国人来说有些麻烦，但在美国这确实是一件理所当然的事情。这不仅是一种礼节，也是接受小费的人群生活中一项重要的收入，所以还是不要有“给不给都无所谓”的想法吧。

但给多少合适呢，这要根据服务的内容和金额来决定，具体可以参考左侧。另外当您给人小费时尽量避免 1、5、10 美分这样的硬币，至少给纸币也算是一种礼节。

关于礼节

与许多国家不同，美国是一个多民族的国家，聚集着来自世界各地的人，因此在社交场合非常重视人与人之间的礼仪。以下所列都是些最基本的礼仪。

①排队

在付款或去洗手间排队的时候，如果中间有空隙，一般是从空隙处并排再排出一队，而不是直接插到空隙处。

②禁止 21 岁以下的青年人饮酒

在纽约，禁止 21 岁以下的青年人饮酒。在酒店、餐厅或棒球场买酒时需要出示身份证。另外进入夜店或俱乐部也是需要出示身份证的。

③公共场合禁止饮酒

法律禁止在室外饮酒。也禁止边走边饮。在人前喝得酩酊大醉也是十分不礼貌和狼狈的行为，因此在餐厅和酒吧是禁止喝醉的顾客进入的，如果行为过于放荡还会有人叫来警察。

④严格地禁烟

在纽约除一些特例之外，餐馆和酒吧是禁止吸烟的。所以对自己的吸烟行为一定要谨慎小心，如不顾场合随意吸烟、边走边吸、随意丢弃烟头等。另外值得一提的是“Smoke Free”不是可以随便吸烟的意思，而是禁止吸烟的意思。

⑤不要忘记打招呼

与人见面时可以友好地说声“Hi”，这在纽约来说是非常自然的礼仪。在进入商店或是餐馆时也别忘了对服务人员打声招呼。

❤ **越来越严格的禁烟** 2011 年 5 月开始，纽约市开始实施室外禁烟法令。禁止在公园、沙滩或时报广场的步行者天堂吸烟，违者罚款 50 美元。

小费换算表

费用（美元）	18%		20%	
	小费	合计	小费	合计
1	0.18	1.18	0.2	1.2
2	0.36	2.36	0.4	2.4
3	0.54	3.54	0.6	3.6
4	0.72	4.72	0.8	4.8
5	0.9	5.4	1	6
6	1.08	7.08	1.2	7.2
7	1.26	8.26	1.4	8.4
8	1.44	9.44	1.6	9.6
9	1.62	10.62	1.8	10.8
10	1.08	11.8	2	12
11	1.98	12.98	2.2	13.2
12	2.16	14.16	2.4	14.4
13	2.34	15.34	2.6	15.6
14	2.52	16.52	2.8	16.8
15	2.7	17.7	3	18
16	2.88	18.88	3.2	19.2
17	3.06	20.06	3.4	20.4
18	3.24	21.24	3.6	21.6
19	3.42	22.42	3.8	22.8
20	3.6	23.6	4	24
21	3.78	24.78	4.2	25.2
22	3.96	25.96	4.4	26.4
23	4.14	27.14	4.6	27.6
24	4.32	28.32	4.8	28.8
25	4.5	29.5	5	30
26	4.68	30.68	5.2	31.2
27	4.86	31.86	5.4	32.4
28	5.04	33.04	5.6	33.6
29	5.22	34.22	5.8	34.8
30	5.4	35.4	6	36
31	5.58	36.58	6.2	37.2
32	5.76	37.76	6.4	38.4
33	5.95	38.94	6.6	39.6
34	6.12	40.12	6.8	40.8
35	6.3	41.3	7	42
36	6.48	42.48	7.2	43.2
37	6.66	43.66	7.4	44.4
38	6.84	44.84	7.6	45.6
39	7.02	46.02	7.8	46.8
40	7.2	47.2	8	48
41	7.38	48.38	8.2	49.2
42	7.56	49.56	8.4	50.4
43	7.74	50.74	8.6	51.6
44	7.92	51.92	8.8	52.8
45	8.1	53.1	9	54
46	8.28	54.28	9.2	55.2
47	8.46	55.46	9.4	56.4
48	8.64	56.64	9.6	57.6
49	8.82	57.82	9.8	58.8
50	9	59	10	60

费用（美元）	18%		20%	
	小费	合计	小费	合计
51	9.18	60.18	10.2	61.2
52	9.36	61.36	10.4	62.4
53	9.54	62.54	10.6	63.6
54	9.72	63.72	10.8	64.8
55	9.9	64.9	11	66
56	10.08	66.08	11.2	67.2
57	10.26	67.26	11.4	68.4
58	10.44	68.44	11.6	69.6
59	10.62	69.62	11.8	70.8
60	10.8	70.8	12	72
61	10.98	71.98	12.2	73.2
62	11.16	73.16	12.4	74.4
63	11.34	74.34	12.6	75.6
64	11.52	75.52	12.8	76.8
65	11.7	76.7	13	78
66	11.88	77.88	13.2	79.2
67	12.06	79.06	13.4	80.4
68	12.24	80.24	13.6	81.6
69	12.42	81.42	13.8	82.8
70	12.6	82.6	14	84
71	12.78	83.78	14.2	85.2
72	12.96	84.96	14.4	86.4
73	13.14	86.14	14.6	87.6
74	13.32	87.32	14.8	88.8
75	13.5	88.5	15	90
76	13.68	89.68	15.2	91.2
77	13.86	90.86	15.4	92.4
78	14.04	92.04	15.6	93.6
79	14.22	93.22	15.8	94.8
80	14.4	94.4	16	96
81	14.58	95.58	16.2	97.2
82	14.76	96.76	16.4	98.4
83	14.94	97.94	16.6	99.6
84	15.12	99.12	16.8	100.8
85	15.3	100.3	17	102

餐馆账单上小费的写法

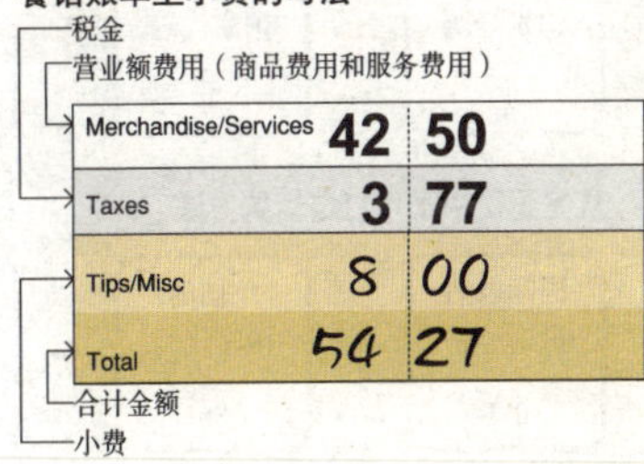

※小费的基准在美国基本上是15%~20%，但是在纽约的费用基本上为18%。例如：在纽约的餐饮费用为17美元，纽约的税金为8.875%，两倍大约为17.75%；如果给18%的小费的话，所付的小费金额就大约比税金的两倍稍多一点，所以在付小费时，只需要付比税金的两倍稍多一点的费用即可。

用公用电话打电话可以去高级酒店 公用电话大多数是已经破旧、脏乱的电话。但是酒店的大厅，以及大厅前后和两端的电话就没有必要担心了。

电话

免费线路

美国国内免费通话。以（1-800）、（1-888）、（1-877）、（1-866）、（1-855）开头的电话，如果是从中国打的话是收费的。用美国国内手机拨号也是收费的。

在美国国内如何打电话

打市内电话 Local Call

在美国打市内的公共电话，首先拿起电话听筒，放入硬币，然后拨通相应的市内电话号码，一般为 50 美分。

打市外电话 Long Distance Call

首先在拨号盘上拨 1，然后是市外区号，最后是对方号码。在纽约即使是打市内电话也同市外电话的拨打方式一样，这点需要注意。当电话接线员说请投币后，投入硬币。投入指定硬币后接通线路，如果是市外长途电话的话一般使用预付电话卡。

预付电话卡

同中国直接插卡打电话有所不同，美国需要先输入各个电话卡固有的序号，才能通话。首先先输入卡上标注的数字，然后按照说明输入对方的电话号码。电话卡一般在机场或当地的超市、药店有出售。

国际信用卡通话

输入左下方的编号，按照提示声音依次输入信用卡号、PIN 码、国内号码。通话费用直接从信用卡上扣除。

在海外如何使用手机

国内使用的手机既可以在国外直接使用又可以使用租赁手机。下面提供三家通信公司提供相关方面的服务。具体情况和使用方法请登录相关网站查询。

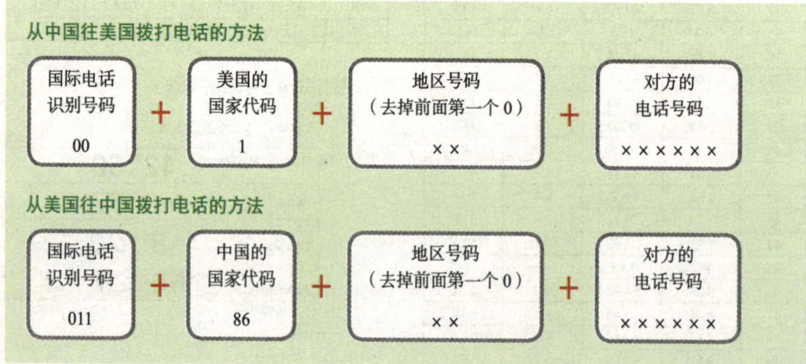

从中国往美国拨打电话的方法
国际电话识别号码 00
+
美国的国家代码 1
+
地区号码（去掉前面第一个 0）××
+
对方的电话号码 ××××××
从美国往中国拨打电话的方法
国际电话识别号码 011
+
中国的国家代码 86
+
地区号码（去掉前面第一个 0）××
+
对方的电话号码 ××××××

❤ **字母电话号码** 在美国电话机上除了数字之外还有字母，因为可以用字母代替数字表示电话号码。例如 ABC→2，DEF→3，GHI→4，JKL→5，MNO→6，PQRS→7，TUV→8，WXYZ→9

从美国寄信到中国

与中国写信封的方式恰恰相反

中国寄信写信封是先写收信人，再写寄信人。而美国是先写寄信人，再写收信人。

先用中文写寄信人信息：

李某某

X 省 X 市 X 路 X 号

中国邮编

（如果需要对方按你的地址回复信件，则用英文在中文下方再写一次，注意英文的地址排列顺序是从小到大，也就是先写某某路某某号，再写某某市，再写某某省，最后是国家和邮编）

收信人地址写在信封中间，按对方给你的地址和格式照写。记住排列的格式是：

姓名

地址

市名，州名 + 邮编

国家名称

寄东西到中国

回国时行李增多了，要是自己拎回来相当麻烦，那么可以选用邮寄方式。邮政局还销售专门用于邮寄打包的袋子。邮寄方法可以选用航空邮政 Air Mail，需要 7~10 天左右，还有变得速度更快。如果是邮政小包的话要用英语写好收件人地址、姓名和寄件人姓名。如果寄送复印文本，要加写"Printed Matters"，寄书的话要写"Books"。邮政小包也属于寄送物品，所以回国的时候要在海关登记申请表上加以注明。

来自海外邮件的宅急送

国际宅急送指从国外向中国邮寄物品，分为宅急送（加收基本关税和输入消费税）和寄送件（携带物品加上申请金额总计在一定数额内免关税）两种。大概需要 6~10 天。

寄送品申请相关

从国外寄东西到国内在回国时需要填写两张"寄送品携带品申报表"。其中一张在海关处加盖印章，然后归还本人，本人凭此带有印章的表进行领取。

购买邮票

邮票可以在邮局的窗口或带有 US Mail 标志的售货机上购买，价格同邮票面额相当。一般设在特产店和酒店的售货机往往有出售。

邮件快递的使用方法

① 首先与设在美国的国内快递公司取得联系，请其上门取货（根据不同的快递公司可能收取一定的包装费）；②在回国的航班内填写"携带品、寄送品申请表"；③回国到达机场后在海关处提交申请表并保留好盖章的一张；④在机场快递公司指定的服务台办理相关手续；⑤申请结束后，3~4 天通关邮件送到

邮局的营业时间 登录 www.usps.com → Find Locations → City，State（New York NY），或者输入 Zip Code，界面会显示最近邮局的地址和营业时间。

上 网

自己带笔记本的情况

美国是互联网的诞生地，没有比在这儿上网更为便捷了。Wi-Fi 的普及，图书馆、咖啡店、酒店、机场都可以使用。带上自己的笔记本或智能手机到咖啡店工作的场景，在纽约经常能看到。

①酒店上网环境

近年来越来越多的酒店都开始提供 Wi-Fi，而且很多都是免费使用的，但一般高级的酒店都是收费的，每天需要 8~10 美元。客房中的网络一般是收费的，但大厅或餐厅等公共区域是可以免费使用 Wi-Fi 的，所以要提前确认好。在相对便宜的旅店是可以随意将笔记本放在大厅里使用的。

②免费提供 Wi-Fi 的地方

星巴克、麦当劳、Cosi 等快餐店内和布赖恩特公园、中央公园（部分）、时报广场、苹果商店、切尔西购物中心等地的 Wi-Fi 都是免费的。地铁站内普及的区域也开始逐渐扩大，智能手机里的 Wi-Fi Finder 免费软件也可以使用。

Wi-Fi 地点检索网站
URL www.openwifispots.com

中央公园 Wi-Fi 点
URL www.citimaps.com/centralpark/maps/cpwifilocations.pdf

地铁 Wi-Fi 点
新增 18 号到 96 号街西侧的 30 个站点，一共有 36 个站点可以使用。时报广场 Times Square-42 St ① ② ③ ⑦ Ⓐ Ⓒ Ⓔ Ⓝ Ⓠ Ⓡ Ⓢ、47-50 St-Rocke feller Center Ⓑ Ⓓ Ⓕ Ⓜ，59 St-Columbus Circle ① Ⓐ Ⓒ Ⓑ Ⓓ，23 St Ⓒ Ⓔ，14St（8th Av）Ⓐ Ⓒ Ⓔ Ⓛ 等可用。

没带笔记本的情况

①可免费使用环境

如果没带笔记本的话可以去曼哈顿 5 号店铺苹果店。由于第五大道（59th St. 角落）一直都是 24 小时营业，所以可以随时使用。同时各个市立图书馆也可以免费使用。

◎各个市立图书馆（凭 ID 免费）URL www.nypl.com

②收费但可轻松上网的场所

FedEx Kinko's 即联邦快递金考（商务支持中心）、Tasti D life（冰激凌店）、汉堡王等店内也设有笔记本。在笔记本画面前横放着一台机器，往机器中投入纸币（硬币不可，不找零钱）或者刷一下信用卡就能用了。金考店门前有台自动售货机，可以在这里买预付卡再使用。

关于纽约信息的杂志和电视节目

如果想了解当地最新信息的话，阅读信息杂志是必不可少的。出发前一定要在网站上进行确认。

用这个来了解纽约的最新信息吧！

● NYC & Company Official Visitor Guide & Map

NYC 观光局所发行的纽约旅游攻略。收集了各方面的信息。

● NYC 旅游局游客导游和地图（NYC & Company Official Visitor Guide & Map）
URL www.nycgo.com
费 免费。每年发行四次。每周四发行。在车站发行。

❤ **注意平板终端被盗** 最近扒手好像盯上了智能手机（尤其是 iphone）等平板终端。在酒店时一定要多加注意，在其他场合也要防止被盗窃。

● The Village Voice

音乐、电影、舞蹈、艺术等文化信息应有尽有。

● Am New York

集中了新闻、天气预报、体育活动、娱乐等日刊的新闻。

● Metro New York

100 多个城市所发行的免费人气报纸。

● Time out

世界主要城市的高端文化前沿阵地。

●周刊 NY 生活

刊载当地新闻、娱乐等信息的周刊。

各类电视信息

● This Moring CBS 局

周一～周五的主持人是访谈节目十分著名的查理・罗斯（Charlie Rose）。

● Today NBC 局

自 1952 年开始的长寿电视节目。从洛克菲勒中心现场直播。同时也播报一些关于音乐会的信息。

● Good Morning America ABC 局

从时报广场进行现场直播。

● NY 1

24 小时滚动播放 NY 的五个区（曼哈顿、布鲁克林、皇后区、斯塔滕岛、布朗克斯）的新闻。在视频下方会显示各地的天气预报和气温（华氏），因此十分便利。

● The Village Voice
网 www.villagevoice.com
费 免费。每周三发行。在车站发行。

● Am New York
网 www.amny.com
费 免费。周一～周五发行。在车站发行。

● Metro New York
网 www.metro.us/newyork
费 免费。周一～周五发行。在车站发行。

● Time out
网 www.timeout.com/newyork
费 4.99 美元。每周周三发行。在车站发行。

●周刊 NY 生活
网 www.nyseikatsu.com
费 免费。周五发行。在日系书店发行。

● This Moring CBS 局
周一～周六 7:00~9:00

● Today NBC 局
周一～周五 7:00~11:00、周六 ~9:00、周日 8:00~9:00

● Good Morning America ABC 局
周一～周五 7:00~9:00、周六・周日 ~8:00

旅行中的突发事件和安全对策

您一定听说过说美国是一个危险的地方，与中国相比，美国的犯罪率确实高很多，所以要多加留心和防范，那么旅途中都应该注意什么呢？下面我们一一介绍。

关于纽约的治安问题

犯罪率多发地段

像美国时报广场这样既时尚又人多的地方绝不是一个很安全的地方，右边标示出了一些需要注意的地区。除了时报广场以外，人少的地方也需要注意。不要接近黑暗僻静的角落。

如何安全地旅行观光

人多的街道注意防盗窃和顺手牵羊

在车站、机场、酒店的接待处，还有人多的过道里和快餐店等，都是容易让人粗心大意的地方，一不留神就很可能被顺手牵羊了，事后才恍然大悟，惊呼当时居然完全没有意识到，所以要格外留心。记住不要把行李放在旁边的座位上，很可能被扒手盯上。

在纽约需要注意的地方

◎纽约时报广场来往的人员经常很多，经常有扒窃、顺手牵羊的事件发生。

◎从上东区百威里街周边到曼哈顿大桥一带治安比较复杂。不要轻易进入小胡同内。

◎中央公园场地宽敞，最好不要在早上或晚上独自在公园里行走，这个时段需要在此穿行的话最好乘坐公交或出租车。

◎在哈林区 125 街以外治安较差，不要因为好奇心在此处闲逛。

收拾整理好行李

我们经常在大街上看到两手拎满东西逛街的人，但要是这样的话会让人的注意力分散，容易使人精力不集中，因此非常容易被顺手牵羊，所以要多加注意。

顺手牵羊就在一瞬间

犯罪者一般会伙同作案，比如一个人来请您为他照相，于是您将包放在地上，另一个人就趁机将包抢走，等您意识到时，又有一个人拦住已经上当的你。

曼哈顿昂贵的医疗费

曼哈顿的医疗费大概是纽约市其他区的2~3倍。例如因急性阑尾炎住院，手术后引发腹膜炎并发症要支付7万美元。

中国驻纽约领事馆

Consulate General Of The People's Republic Of China

住 520 12th Avenue New York, NY 10036

☎（212）244-9392

住 纽约市曼哈顿12马路520号，42与43街之间，邮编：10036

☎ 212-244-9392 / 212-244-9456

办公时间：周一～周五

上午9:00~12:00

下午1:30~5:00(节假日除外)

护照/签证/公证/认证事务办公时间为：周一～周五上午9:00~下午2:30（节假日除外）

驻纽约总领事馆网址：www.nyconsulate.prchina.org

保管好贵重的物品

有些东西一旦被偷了，那么接下来的旅程就可能泡汤，这些重要的物品主要有护照和旅行支票。尤其要记住在便宜的旅店或招待所住宿时，一定要保管好护照，这比什么都重要。尽量不要随身携带大量现金出行，注意即使包丢失，但有护照和旅行支票也还勉强可以。

关于疾病和受伤

别忘了常备药

在旅行过程中由于环境陌生，加之旅途劳累往往会感冒或发生腹痛、头痛等疾病。由于人生地不熟，又有语言障碍，因此很难在有限的时间里顺利地找到医院或药店，即使找到的话，国外的药也不一定适合自己，像这样的意外麻烦情况很多。所以要随身携带一些常用药物，有备无患。

加入海外旅行保险

当常备药也无法缓解病情和伤痛时，海外旅行保险能够起到很好的帮助支持作用。海外旅行保险不仅能够支付医疗费，还能够提供外语翻译这样的服务，非常有用。

一旦遭遇麻烦怎么办

遭遇盗窃

遭到盗窃了要马上报警。到时要填写规定的事故报告书并签字。如果盗窃不伴随暴力行为，且被盗金额不多的话一般就不予以搜查。在填写报告书时要考虑自己所要求赔偿的保险金额和手续费。报告书完成之后会交给你报告书的编号（Complaint Number）副本。在申请保险时要提交这材料。

护照丢失

万一护照被弄丢了，要马上去我驻外使领馆办理护照失效手续，领取新护照，或申请用于回国的旅行证。申请所需的材料包括：①如实、完整填写《中华人民共和国护照/旅行证/回国证明申请表》1份；②近期（半年内）正面免冠彩色半身证件照片（光面相纸）4张；③原护照复印件（如有）或其他证明申请人中国国籍和身份的材料（如户口簿、身份证等）原件及复印件（如有）；④护照遗失、被盗书面情况报告；⑤领事官员根据个案要求申请人提供的其他材料。

旅行支票丢失

办理补办手续最快的是旅行支票发行所在银行或金融机关在美国的分部，提供必要的证件：①丢失证明（当地派出所开具）②旅行支票发行证明（在购买时给持有者的“旅行支票购买凭证副本”）③还未使用的旅行支票号码。能够补发的只限于还没有使用签字的部分（即只有一个签名的部分。）所以自己要尽量知道自己哪部分旅行支票是还未使用的，记清其编号，注意在旅行中对旅行支票的使用状况进行记录。

信用卡丢失

首先要在第一时间联系信用卡发行公司，注销丢失的信用卡，在向

♥ **注意故意接近你的陌生人** 对面走来想跟你打招呼的人，甚至是用汉语同你打招呼的也要注意，说什么“把钱丢了好倒霉”之类的谎话骗走您的钱。

警察报警之前先联系发卡机构，美国经常有人通过网络销售或电话来盗用他人的信用卡。

现金全部被盗

为了避免被盗、丢失或是一次性挥霍光，最好还是将现金分开保管。为了防止意外发生，最好还是携带附有现金服务的信用卡。另外如果用信用卡能够在国内存款，在国外取款的话就是最好不过了。如果都不行就只能向中国领事馆寻求帮助了。

在机场没有找到自己的行李

如果行李在行李领取处没有出现，可以向航空公司服务处提出申请，但要持有领取凭证副本，通常您会被询问如下问题：①航班号；②寄送航空公司名称；③航班出发前多长时间接受的检验；④行李箱的形状和颜色；⑤行李箱外侧及最上面口袋里装的物品；⑥发现后的寄送地址。

旅行必备英语对话

购物

Just looking，thank you.	It is too expensive.
我先看一下，谢谢。	这太贵了。
Can I see this one?	I`ll take this.
给我看一下这个。	我要买这个。
Can I try this one?	Can I have a shopping bag?
我可以试一下吗?	我要买一个购物袋。
This fits for me.	Cash，please.
这个正好合适。	我付现金。
This is too large（too small）.	Credit card，please.
这个太大（太小）了。	我用信用卡支付。
Do you have any other models?	
您这里有其他的类型吗?	

交通和观光

What time does the train（bus）leave?	How long does it take?
火车什么时候出发?	这要花费多长时间?
What`s the next stop?	What time is the next tour?
下一个车站是哪里?	下一次旅行的时间是什么时候?
Does this go to 5th Avenue?	Can you take our picture?
这班车会去第五大道吗?	您能给我们照一张相吗?
Please tell me when we get to 5th Avenue.	I`m getting off！
到了第五大道之后请告诉我。	我要下车。
I`d like to have some tickets for the game on July 3rd.	
请给我 7 月 3 日的游戏的门票。	
Are today`s tickets still available?	What time does the show start?
今天的门票还有吗?	表演将会什么时候开始?

护照丢失时注意事项 护照丢失后要告知丢失地的总领事馆。例如，护照在纽约丢失，就不能去下一个目的地华盛顿的大使馆提出申请。

餐厅美食

I want to make a reservation at 7:30 for five people.	
我想要预约七点半 5 个人的座位。	
We want to have a table near the window.	What do you recommend ?
我想要一个靠窗户的座位。	您有什么推荐吗?
It was very good.	Will you take our order ?
这个非常好吃。	我们可以现在点餐吗?
I didn`t order this.	Can I have some water ?
我没点这个。	能给我点水吗?
Check，please.	For here，please./To go，please.
请结账。	我在这儿吃。/ 打包带走。

酒店住宿

I`ll stay for three nights.	Check in（out），please.
我还要在这里待 3 个晚上。	我要入住（退房）。
Could you keep my luggage?	Do you keep any message for me ?
您可以照看一下我的行李吗?	有联系我的吗?
Could you bring me one more bath towel?	您能再给我拿一个浴巾吗?
Could you change Travelers Check into Cash?	
您能帮我把 T/C 兑换成现金吗?	

紧急情况

Help me !	Call the police，please !
谁能帮我一下。	请联系警察。
A robber ! Stop him !	My money was stolen.
有小偷，快阻止他。	我的钱被偷了。
Call an ambulance，please !	
麻烦请叫救护车。	

厕所指南　位于转盘广场的时代华纳大厦的二楼、联合广场大厅的二楼、唐人街的麦当劳的二楼。

紧急情况下的医疗用语

●在酒店请求拿药

I feel ill.

我身体不舒服。

Do you have a antidiarrheal medicine?

这里有止泻的药吗?

●去医院

Is there a hospital near here?

这附近有医院吗?

Are there any China doctors?

请问有中国医生吗?

Could you take me to the hospital?

你能带我去医院吗?

●医院里的谈话

I`d like to make an appointment.

我想预约。

Green hotel introduced you to me.

格林酒店向我推荐您。

Please let me know when my name is called.

如果叫到我的名字请告诉我。

●在诊疗室

Do I have to be admitted?

我需要住院吗?

When should I come here next?

我下次应该什么时候来呢?

Do I have to go to hospital regularly?

我最近需要经常去医院吗?

I`ll stay here for another two weeks.

我还要在这里待两个星期。

●检查结束以后

How much is it for the doctor`s fee?

需要支付多少医疗费?

Does my insurance cover it?

我的保险包括吗?

Can I pay it with my credit card?

我能用信用卡支付吗?

Please sign on the insurance paper.

请写在保险单上。

※如果出现了相应症状的话，检查之后去看医生。

□ nausea 恶心、呕吐	□ chill 寒战	□ poor appetite 食欲不振
□ dizziness 头晕	□ palpitation 心悸	
□ fever 发烧	□ armpit 腋下测体温	____℃ / ℉
	□ oral 口含体温计测体温	____℃ / ℉
□ diarrhea 腹泻	□ constipation 便秘	
□ water stool 稀便	□ loose stool 稀烂便	□ times a day 每天
□ sometimes 有时	□ frequently 经常	□ continually 连续不断
□ common cold 普通感冒		
□ stuffy nose 鼻塞	□ running nose 流鼻涕	□ sneeze 打喷嚏
□ cough 咳嗽	□ sputum 痰	□ bloody sputum 血痰
□ tinnitus 耳鸣	□ loss of hearing 听力减退	□ ear discharge 耳朵流脓
□ eye discharge 眼屎	□ eye injection 眼睛充血	□ visual disturbance 视觉障碍

※记住下面的词汇以便向医生传达必要的事项。

●表示吃东西的状态：

生的 Raw

野生的 Wild

油腻的 Oily

没有煮好的 Uncooked

煮熟后过了很久 A long time after it was cooked

●受伤

被咬伤，叮伤 Bitten

剪伤 Cut

跌倒 Fall down

碰撞 Hit

扭伤 Twist

头晕 Fall

烧伤 Burn

●痛

火辣辣地疼 Burning

刺痛 Sharp

刺人的疼痛 Keen

非常严重的 Severe

●原因

蚊子 Mosquito

黄蜂 Wasp

牤子 Gadfly

有毒昆虫 Poisonous insect

蝎子 Scorpion

水母 Jellyfish

毒蛇 Viper

松鼠 Squirrel

（野）狗（stray）dog

●在这之前做了什么

去了丛林 Went to the jungle

驾车 Driving

去露营了 Went camping

去爬山了 Went hiking（climbing）

在河里游泳了 Swimming in the river

纽约的历史

1492 年	哥伦布到达美洲大陆。
1542 年	意大利探险家接受法国国王命令，来到现在的纽约港。
1609 年	英国航海士亨利·哈德孙到达纽约湾并继续北上，把那条河命名为哈德孙河。
1624 年	由于荷兰人的入侵，这里被称为“新荷兰”。在那之后以曼哈顿以南为殖民据点，这里也被称为新荷兰。
1626 年	荷兰的西印度公司的总司令仅仅以与 24 美元价格相当的物品从原住民换了哈德孙河河口的岛屿。那就是现在的曼哈顿。
1651 年	英国以《航海条例》的发布为契机向荷兰宣战。
1664 年	英国军队战胜荷兰军队。并占领了荷兰的新阿姆斯特丹。以纽约公爵的名字为这座城市命名为“纽约”。
1754 年	在一直持续到 1763 年的法国印度的战争中，英国军队胜利。以此为契机，美国独立的时机成熟。
1765 年	在纽约召开了第一个殖民地会议。
1775 年	独立战争爆发。1776 年 7 月 4 日，13 个殖民地通过了美国的独立宣言。
1783 年	独立战争以美国的胜利告终。并且在巴黎会议上得以批准。
1785 年	纽约成为最早的首都。一直持续到 1790 年。
1797 年	奥尔巴尼成为纽约州的省城。
1800 年间	从英国、法国、德国的移民急剧增多。
1827 年	纽约禁止奴隶制度。南部城市的奴隶大量逃亡，北方城市的地下组织十分活跃。
1848 年	以伊丽莎白·凯迪·斯坦顿为首的 300 人开始主张女性的参政议政的权利。
1860 年间	1861 年间，爆发南北战争，北方军队的 1/6 的物资都是纽约供应。
1886 年	为纪念美国独立一百周年，法国赠送美国自由女神像。纽约港建成。
1890 年间	通过埃利斯岛的移民，一直到 1954 年接收了大约 1200 万人的移民。
1898 年	纽约市统筹了不仅是曼哈顿，还包括布朗克斯、布鲁克林、皇后区、斯塔滕岛，共五个区。
1902 年	纽约初期最早的摩天大厦——21 层的熨斗大楼建设成功。
1904 年	纽约地铁开始运营。
1923 年	扬基球场建成。
1929 年	华尔街股票市场价格暴跌。开始持续三年的大萧条。
1931 年	帝国大厦和克莱斯勒大厦建成。
1941 年	以日本偷袭美国珍珠港为契机，美国参加第二次世界大战。
1945 年	美国向日本的广岛、长崎投下了两颗原子弹。
1952 年	在纽约设置了联合国总部。
1957 年	在布鲁克林道奇队迁址到洛杉矶。
1969 年	在纽约的郊区举办了连续三天的音乐会，聚集了 50 万人的歌迷们。
1973 年	世界贸易中心大楼建成。
1994 年	纽约最早的民主党市长——鲁道夫·朱利安尼为了提高社会治安，决定整治时报广场周边的环境。
2001 年	9 月 11 日美国发生了恐怖分子劫持飞机的恐怖袭击事件，世界贸易中心大楼的两幢楼坍塌。
2008 年	大型证券公司——雷曼兄弟破产。
2012 年	“桑迪”号飓风来袭。

策　　划：高　瑞　虞丽华
统　　筹：北京走遍全球文化传播有限公司　http://www.zbqq.com
责任编辑：王欣艳　王佳慧
封面设计：董星辰
责任印制：冯冬青

图书在版编目（CIP）数据
纽约/日本大宝石出版社编著；李晓男，魏晓聪，张雅楠译. --北京：中国旅游出版社，2015.5
（走遍全球城市系列）
ISBN 978-7-5032-5311-9

Ⅰ.①纽… Ⅱ.①日… ②李… ③魏… ④张… Ⅲ.①旅游指南-纽约 Ⅳ.①K971.29

中国版本图书馆CIP数据核字（2015）第058591号

北京市版权局著作权合同登记号　图字：01-2014-1145
审图号：GS（2015）622号　本书插图系原文原图

书　　名：纽　约

原　　著：大宝石出版社（日本）
译　　者：李晓男　魏晓聪　张雅楠
出版发行：中国旅游出版社
（北京市建国门内大街甲9号　邮编：100005）
http://www.cttp.net.cn　E-mail: cttp@cnta.gov.cn
营销中心电话：010-85166503
制　　版：北京中文天地文化艺术有限公司
经　　销：全国各地新华书店
印　　刷：北京金吉士印刷有限责任公司
版　　次：2015年5月第1版　2015年5月第1次印刷
开　　本：889毫米×1194毫米　1/32
印　　张：16.5
印　　数：1-6000册
字　　数：640千
定　　价：118.00元
I S B N　978-7-5032-5311-9

纽约

另附地图附刊

GLOBE-TROTTER TRAVEL GUIDEBOOK

《走遍全球》编辑部

NEW YORK

MAP

GLOBE-TROTTER TRAVEL GUIDEBOOK

本书地图的使用方法

- 如右图，已经用不同的颜色对不同的事物分类。
- 另附地图的页数标记为 别 MAP17(例)
- 地图的信息是根据本书调查时所得到的信息，所以可能会出现个别场所关门或者闭馆以及搬迁等情况，烦请谅解。

地图　：辻野良晃
TOM 福田富士男
著作编辑室：走遍地球编辑部
发行出版社：日本大宝石有限公司

范例

H 酒店
B 银行
博物馆
剧院
电影院
S 商场
R 餐厅
G 画廊
D 舞蹈室
C 咖啡厅/快餐店/露天小吃
N 酒吧/夜店
E 美容院/温泉
面包房
超市
药店
星巴克咖啡厅
旅游咨询处
教会
邮局
医院
机动车专用道路

地铁

24小时运行地铁出入口
分时段运行地铁出入口
地铁出口专用

近郊区列车

地下部分　地上部分

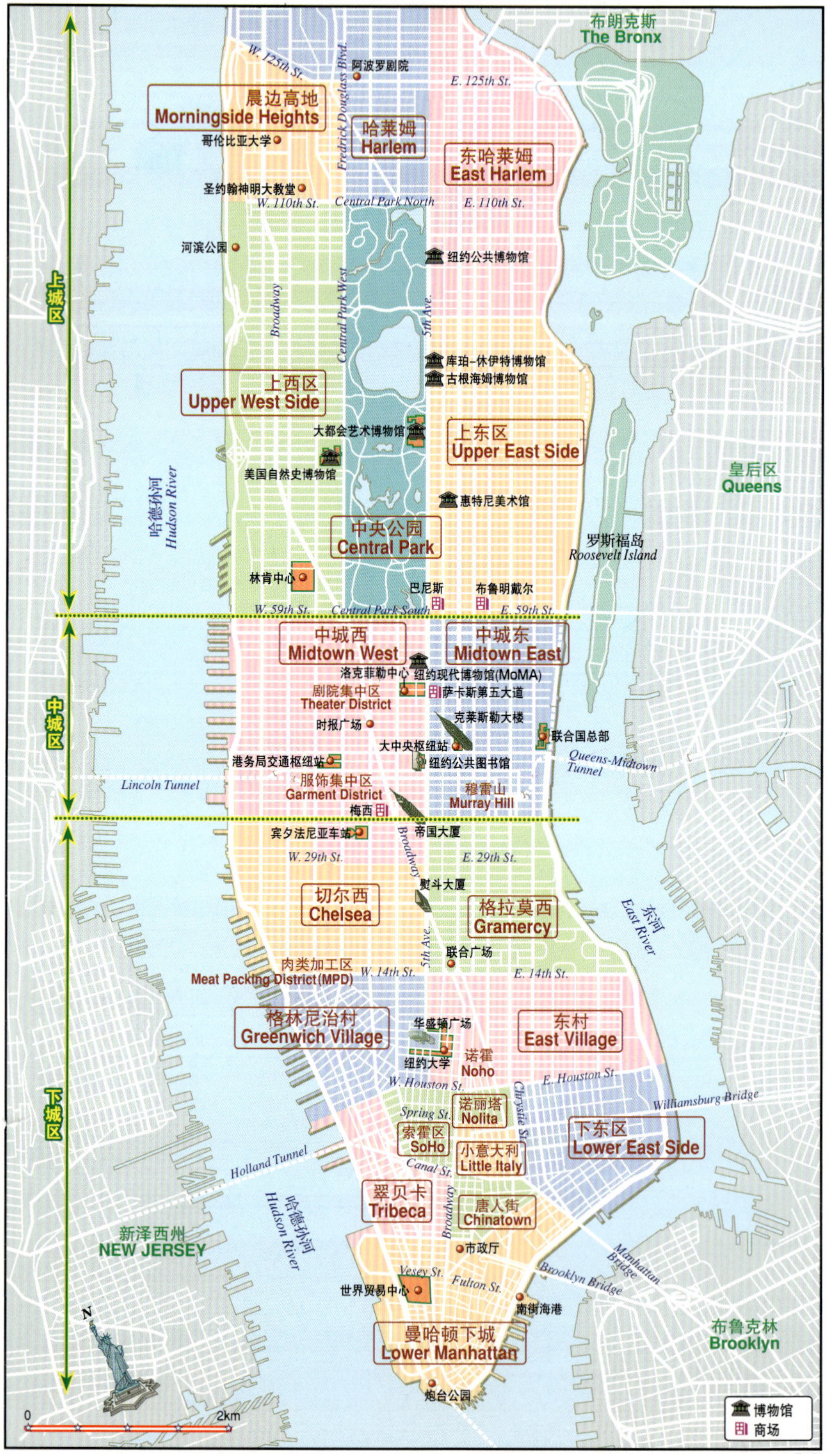

布朗克斯 The Bronx
W. 125th St.
阿波罗剧院
E. 125th St.
晨边高地 Morningside Heights
哥伦比亚大学
Frederick Douglass Blvd.
哈莱姆 Harlem
东哈莱姆 East Harlem
圣约翰神明大教堂
W. 110th St.
Central Park North
E. 110th St.
河滨公园
纽约公共博物馆
Broadway
Central Park West
5th Ave.
库珀-休伊特博物馆
古根海姆博物馆
上西区 Upper West Side
大都会艺术博物馆
上东区 Upper East Side
美国自然史博物馆
惠特尼美术馆
皇后区 Queens
哈德孙河 Hudson River
中央公园 Central Park
罗斯福岛 Roosevelt Island
林肯中心
巴尼斯
布鲁明戴尔
W. 59th St.
Central Park South
E. 59th St.
上城区
中城西 Midtown West
中城东 Midtown East
洛克菲勒中心
纽约现代博物馆(MoMA)
剧院集中区 Theater District
萨卡斯第五大道
克莱斯勒大楼
时报广场
联合国总部
中城区
大中央枢纽站
港务局交通枢纽站
纽约公共图书馆
Queens-Midtown Tunnel
Lincoln Tunnel
服饰集中区 Garment District
穆雷山 Murray Hill
梅西
宾夕法尼亚车站
帝国大厦
W. 29th St.
E. 29th St.
熨斗大厦
切尔西 Chelsea
格拉莫西 Gramercy
东河 East River
联合广场
肉类加工区
Meat Packing District(MPD)
W. 14th St.
E. 14th St.
格林尼治村 Greenwich Village
华盛顿广场
东村 East Village
纽约大学
诺霍 Noho
W. Houston St.
E. Houston St.
Williamsburg Bridge
Spring St.
诺丽塔 Nolita
索霍区 SoHo
下东区 Lower East Side
Chrystie St.
Canal St.
小意大利 Little Italy
Holland Tunnel
下城区
翠贝卡 Tribeca
唐人街 Chinatown
哈德孙河 Hudson River
新泽西州 NEW JERSEY
市政厅
Manhattan Bridge
Vesey St.
Fulton St.
Brooklyn Bridge
世界贸易中心
南街海港
布鲁克林 Brooklyn
曼哈顿下城 Lower Manhattan
炮台公园
0　2km
博物馆
商场

㉗曼哈顿主要区域的公交线路图

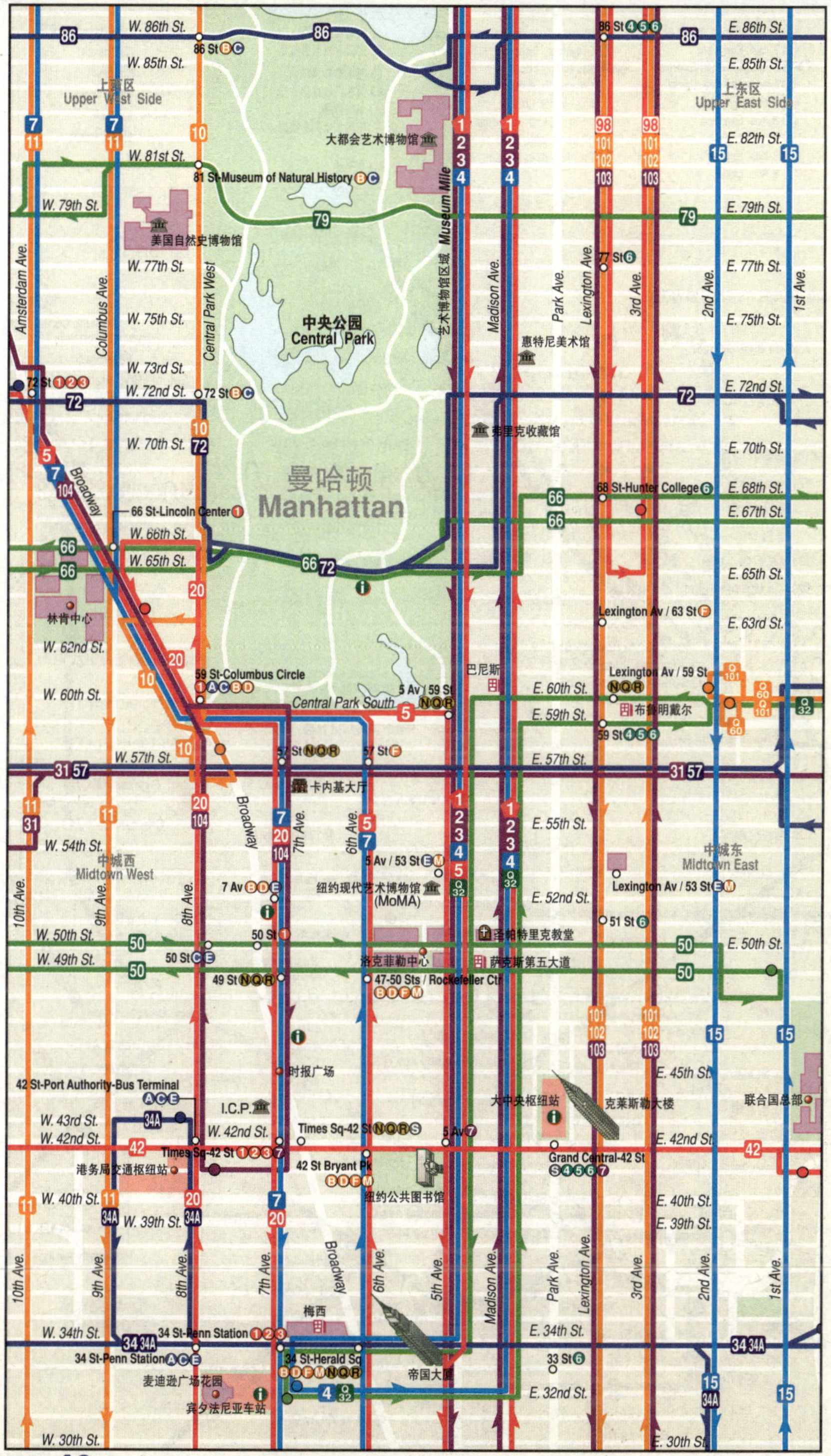

W. 86th St.
86
86 St B C
86 St 4 5 6
E. 86th St.
W. 85th St.
E. 85th St.
上西区
Upper West Side
上东区
Upper East Side
大都会艺术博物馆
E. 82nd St.
W. 81st St.
81 St-Museum of Natural History B C
W. 79th St.
79
E. 79th St.
美国自然史博物馆
W. 77th St.
77 St 6
E. 77th St.
Amsterdam Ave.
Columbus Ave.
Central Park West
艺术博物馆区域
Museum Mile
Madison Ave.
Park Ave.
Lexington Ave.
3rd Ave.
2nd Ave.
1st Ave.
W. 75th St.
中央公园
Central Park
E. 75th St.
惠特尼美术馆
W. 73rd St.
72 St 1 2 3
W. 72nd St.
72 St B C
72
E. 72nd St.
弗里克收藏馆
W. 70th St.
E. 70th St.
Broadway
曼哈顿
Manhattan
68 St-Hunter College 6
E. 68th St.
66 St-Lincoln Center 1
66
E. 67th St.
W. 66th St.
W. 65th St.
66 72
E. 65th St.
林肯中心
W. 62nd St.
Lexington Av / 63 St F
E. 63rd St.
59 St-Columbus Circle A C B D 1
巴尼斯
Lexington Av / 59 St N Q R
W. 60th St.
5 Av / 59 St N Q R
E. 60th St.
Central Park South
布鲁明戴尔
E. 59th St.
59 St 4 5 6
W. 57th St.
57 St N Q R
57 St F
E. 57th St.
31 57
卡内基音乐厅
7th Ave.
6th Ave.
E. 55th St.
W. 54th St.
中城西
Midtown West
中城东
Midtown East
5 Av / 53 St E M
7 Av B D E
纽约现代艺术博物馆 (MoMA)
Lexington Av / 53 St E M
E. 52nd St.
10th Ave.
9th Ave.
8th Ave.
51 St 6
W. 50th St.
50 St 1
50 St C E
圣帕特里克教堂
50
E. 50th St.
W. 49th St.
49 St N Q R
洛克菲勒中心
萨克斯第五大道
47-50 Sts / Rockefeller Ctr B D F M
时报广场
E. 45th St.
42 St-Port Authority-Bus Terminal A C E
大中央枢纽站
克莱斯勒大楼
联合国总部
I.C.P.
W. 43rd St.
W. 42nd St.
Times Sq-42 St N Q R S
5 Av 7
E. 42nd St.
Times Sq-42 St 1 2 3 7
Grand Central-42 St S 4 5 6 7
港务局交通枢纽站
42 St Bryant Pk B D F M
纽约公共图书馆
W. 40th St.
E. 40th St.
W. 39th St.
E. 39th St.
5th Ave.
梅西
W. 34th St.
34 St-Penn Station 1 2 3
E. 34th St.
34 St-Penn Station A C E
34 St-Herald Sq B D F M N Q R
33 St 6
帝国大厦
麦迪逊广场花园
宾夕法尼亚车站
E. 32nd St.
W. 30th St.
E. 30th St.

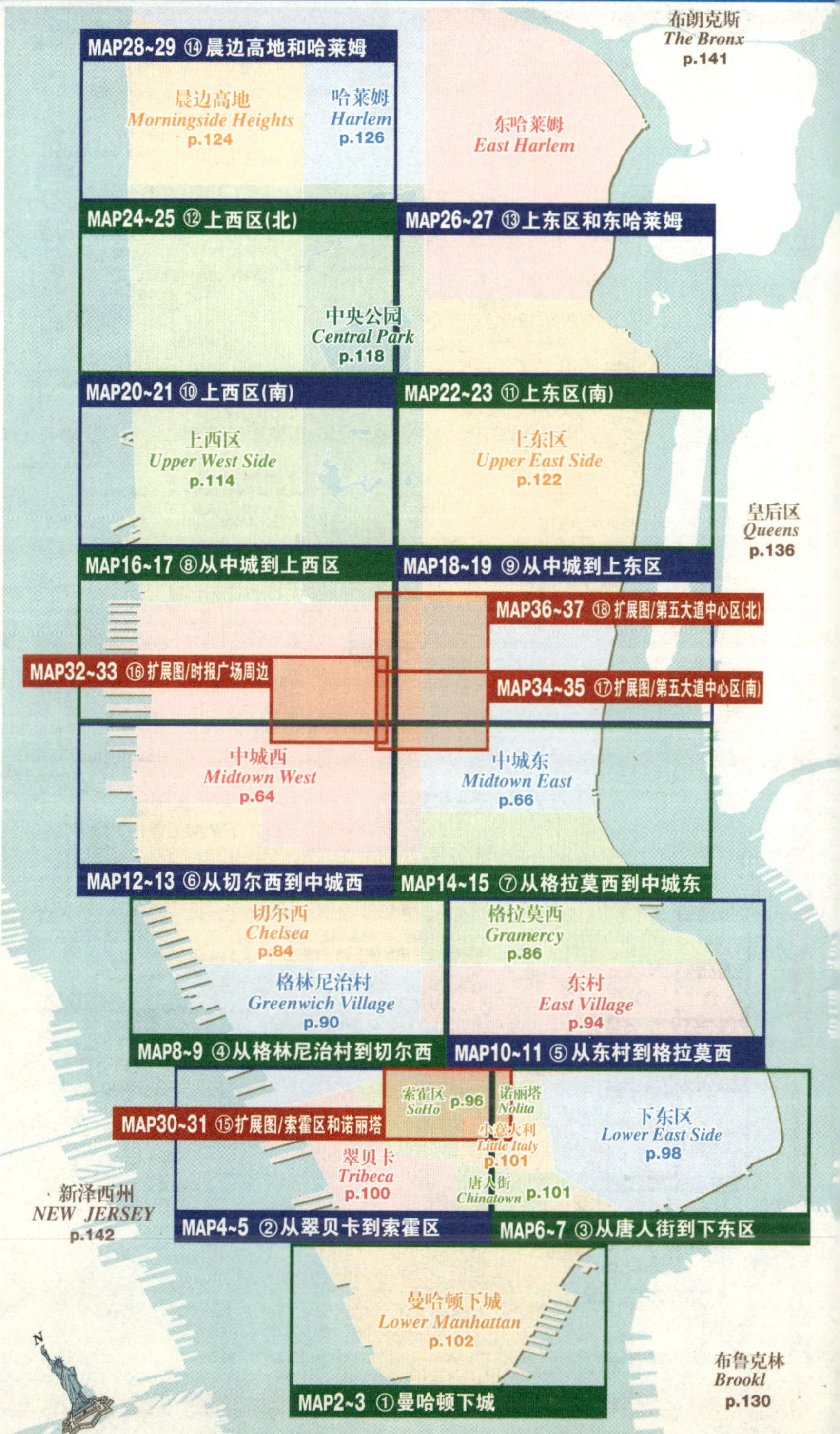

布朗克斯
The Bronx
p.141

MAP28~29 ⑭晨边高地和哈莱姆
晨边高地
Morningside Heights
p.124
哈莱姆
Harlem
p.126
东哈莱姆
East Harlem

MAP24~25 ⑫上西区(北)
MAP26~27 ⑬上东区和东哈莱姆
中央公园
Central Park
p.118

MAP20~21 ⑩上西区(南)
MAP22~23 ⑪上东区(南)
上西区
Upper West Side
p.114
上东区
Upper East Side
p.122

皇后区
Queens
p.136

MAP16~17 ⑧从中城到上西区
MAP18~19 ⑨从中城到上东区
MAP36~37 ⑱扩展图/第五大道中心区(北)
MAP32~33 ⑯扩展图/时报广场周边
MAP34~35 ⑰扩展图/第五大道中心区(南)

中城西
Midtown West
p.64
中城东
Midtown East
p.66

MAP12~13 ⑥从切尔西到中城西
MAP14~15 ⑦从格拉莫西到中城东

切尔西
Chelsea
p.84
格拉莫西
Gramercy
p.86
格林尼治村
Greenwich Village
p.90
东村
East Village
p.94

MAP8~9 ④从格林尼治村到切尔西
MAP10~11 ⑤从东村到格拉莫西

索霍区
SoHo
p.96
诺丽塔
Nolita
MAP30~31 ⑮扩展图/索霍区和诺丽塔
小意大利
Little Italy
p.101
下东区
Lower East Side
p.98
翠贝卡
Tribeca
p.100
唐人街
Chinatown
p.101

新泽西州
NEW JERSEY
p.142

MAP4~5 ②从翠贝卡到索霍区
MAP6~7 ③从唐人街到下东区

曼哈顿下城
Lower Manhattan
p.102

布鲁克林
Brookl
p.130

MAP2~3 ①曼哈顿下城

MAP4
MAP5
City Hall
Park Place
duane reade
citibank
雷塔孟格尔
PRETA MANGER
Tent & Trails
伍尔沃斯大厦
Woolworth Building
圣保罗教会
St. Paul's Chapel
STAPLES
9.11 Memorial Preview Site
World Trade Center
千禧希尔顿
Millenium Hilton
世界金融中心
The World Financial Center
金融家法式蛋糕店
Financier Patisserie
Cortlandt St
Fulton St
Path Train
纽约水路渡船乘船处
世贸中心站
9・11国家纪念馆
Cortlandt St.
21世纪
Century 21
世界贸易中心
World Trade Center
布鲁克兄弟
Brooks Brothers
追念世贸中心游客中心
Tribute WTC Visitor Center
Zuccotti Park
RED CUBE
(野口勇作)
9・11国家纪念馆入口
9・11纪念馆游客中心
9.11 Memorial Visitor Center
万豪纽约市中心酒店
New York Marriott Downtown
T.J.MAXX
三一教堂
Trinity Church
Wall St.
Rector Park
Rector St.
美国联邦大厅国家纪念馆
Federal Hall National Memorial
纽约证券交易所
New York Stock Exchange(NYSE)
曼哈顿下城
LOWER MANHATTAN
华尔街铜牛
Charging Bull
纽约丽思・卡尔顿酒店(炮台公园)
The Ritz-Carlton New York, Battery Park
Bowling Green
摩天大楼博物馆
The Skyscraper Museum
球体
The Sphere
美国印第安人博物馆
The National Museum of the American Indian
Robert F. Wagner Jr. Park
炮台公园
Battery Park
克林顿堡
Castle Clinton
前往埃利斯岛、自由岛女神像航线渡船乘船处
MAP28~29
MAP24~25
MAP26~27
MAP20~21
MAP22~23
MAP16~17
MAP18~19
MAP36~37
MAP34~35
MAP32~33
MAP12~13
MAP14~15
MAP8~9
MAP10~11
MAP30~31
MAP4~5
MAP6~7
MAP2~3
Broadway / 7 Ave. Local
7 Ave. Express
Lexington Ave. Express
Lexington Ave. Local
Flushing Local
8 Ave. Express
8 Ave. Local
6 Ave. Express
6 Ave. Local
Bklyn - Queens Crosstown Local
Broadway Express
Broadway Local
Nassau St. Express
Nassau St. Local
14 St. - Canarsie Local
42 St. Shuttle
Franklin Ave. Shuttle
全时服务线路
部分时段服务线路
慢车专用停车站
慢车、快车停车站
平时线路
临客特快列车线路
换乘站
始发站
LIRR(仅一部分专用)
NJ Transit
Amtrak
PATH Train
Air Train
机场巴士线路
拉瓜迪亚机场
LaGuardia Airport
皇后区
Queens
布鲁克林
Brooklyn
约翰・肯尼迪国际机场
John F. Kennedy International Airport

㉖纽约地铁线路图

布朗克斯
The Bronx
哈莱姆河
Harlem River
George Washington Bridge
175 St A
168 St A·C·1
163 St - Amsterdam Av C
157 St 1
155 St C
155 St B·D
Harlem - 148 St 3
145 St 1
145 St A·B·C·D
145 St 3
137 St - City College 1
135 St B·C
135 St 2·3
125 St 1
125 St A·B·C·D
125 St 2·3
125 St 4·5·6
116 St - Columbia University 1
116 St B·C
116 St 2·3
116 St 6
Cathedral Pkwy (110 St) 1
Cathedral Pkwy (110 St) B·C
Central Park North (110 St) 2·3
110 St 6
103 St 1
103 St B·C
103 St 6
96 St 1·2·3
96 St B·C
96 St 6
中央公园
Central Park
86 St 1
86 St B·C
86 St 4·5·6
79 St 1
81 St - Museum of Natural History B·C
77 St 6
曼哈顿
Manhattan
72 St 1·2·3
72 St B·C
68 St - Hunter College 6
66 St - Lincoln Center 1
57 St - 7 Av N·Q·R
Lexington Av / 63 St F
Roosevelt Island
59 St - Columbus Circle A·B·C·D·1
5 Av / 59 St N·Q·R
Lexington Av / 59 St N·Q·R
59 St 4·5·6
57 St F
7 Av B·D·E
5 Av / 53 St E·M
Lexington Av / 53 St E·M
50 St 1
50 St C·E
51 St 6
49 St N·Q·R
47 - 50 Sts - Rockefeller Ctr B·D·F·M
Grand Central
42 St - Port Authority Bus Terminal A·C·E
Times Sq - 42 St N·Q·R·S·1·2·3·7
42 St Bryant Pk B·D·F·M
5 Av 7
Grand Central - 42 St S·4·5·6·7
34 St - Penn Station 1·2·3
34 St - Penn Station A·C·E
34 St - Herald Sq B·D·F·M·N·Q·R
33 St
33 St 6
NJ Transit·Amtrak
Penn Station
28 St 1
28 St N·R
28 St 6
LIRR
23 St C·E
23 St 1
23 St F·M
23 St
23 St N·R
23 St 6
东河
East River
18 St 1
14 St - Union Sq L·N·Q·R·4·5·6
8 Av L
14 St F·M
14 St
14 St A·C·E
14 St 1·2·3
6 Av L
3 Av L
1 Av L
9 St
8 St - NYU N·R
Astor Pl 6
Christopher St - Sheridan Sq 1
Christopher St
Bleecker St 6
Bowery J·Z
2 Av F
W4 St - Wash Sq A·B·C·D·E·F·M
Broadway - Lafayette St B·D·F·M
Delancey St - Essex St F·J·M·Z
Houston St 1
Prince St N·R
Spring St C·E
Spring St 6
Grand St B·D
East Broadway F
Canal St A·C·E
Canal St 1
Canal St J·N·Q·R·Z·6
Franklin St 1
Chambers St A·C
Chambers St 1·2·3
City Hall R
Chambers St J·Z
Park Place 2·3
Brooklyn Bridge - City Hall 4·5·6
World Trade Center
Fulton St A·C·J·Z·2·3·4·5
World Trade Center E
Cortlandt St R
Wall St 4·5
Rector St 1
Wall St 2·3
Rector St R
Broad St J·Z
Bowling Green 4·5
Whitehall St - South Ferry R
South Ferry 1
哈德孙河
Hudson River
Hoboken
PATH Train
Newport
Exchange Pl
Grove St
泽西城
Jersey City
纽瓦克自由国际机场
Newark Liberty International Airport
Amtrak
Metro North
MAP46
MAP6
市政厅
City Hall
市政厅公园
City Hall Park
佩斯大学
Pace University
大桥咖啡
Bridge Cafe
布鲁克林大桥
BROOKLYN BRIDGE
J&R音乐电脑世界
J&R Music & Computer World
Fulton St. A C
Fulton St. J Z
金融家法式蛋糕店
Financier Patisserie
Mark Joseph Steak House
AQUA
天天鲜味
Made Fresh Daily
纽约海港市区最佳西方酒店
Best Western Plus Seaport Inn Downtown
CVS
CHIPOTLE
JACK'S COFFEE
Fulton St. 2 3
duane reade
Bin No.220 Wine Bar
crocs (1F)
Victoria's Secret (1F)
Bath&Body Works (1F)
美食广场(3F)
BEEKMAN BEER GARDEN Beach Club (1F) (仅限夏季)
展望甲板 (2F/3F)
Pier 17 Shops&Restaurants
ZEYTUNA
citibank
Guess
Red
J.Crew
Gap
联邦储备银行
Federal Reserve Bank (FRB)
Abercrombie & Fitch
Gild Hall A Thompson
南街海港
South Street Seaport
tkts
入口
路易斯·尼维森广场
Chase Manhattan广场
Circle Line渡船码头
金融家法式蛋糕店
Financier Patisserie
Superdry Store
纽约扬基俱乐部
New York Yankees Clubhouse
水上庭园 (野口勇作)
票务办公室&博物馆商店
Ticket Office & Museum Shop
Wall Street Plaza
COACH
Deutsche Bank
欧洲之星华尔街酒店
Eurostars Wall Street
Wall St. 2 3
蒂芙尼
Tiffany
华尔街
Wall Street
Broad St. J Z
爱马仕
Hermès
citibank
11号码头
Pier 11
纽约水路码头
东河渡船码头
汉诺威咖啡
Cafe Hanover
CAFE BRAVO
SOUPMAN
纽约市警察博物馆
The New York City Police Museum
狮子座的硬面包圈
Leo's Bagels
水街
Franklin D. Roosevelt Dr.
捷运卡客户服务中心
弗朗西斯酒馆博物馆
Fraunces Tavern Museum
6号码头
Pier 6
Whitehall St. - South Ferry R
自由岛、直升机团队行乘车处
直升机飞行服务乘车处
South Ferry 1
斯塔滕岛渡船乘船处
Staten Island Ferry
布鲁克林炮台公园隧道
Brooklyn Battery Tunnel
0
200m
MAP3

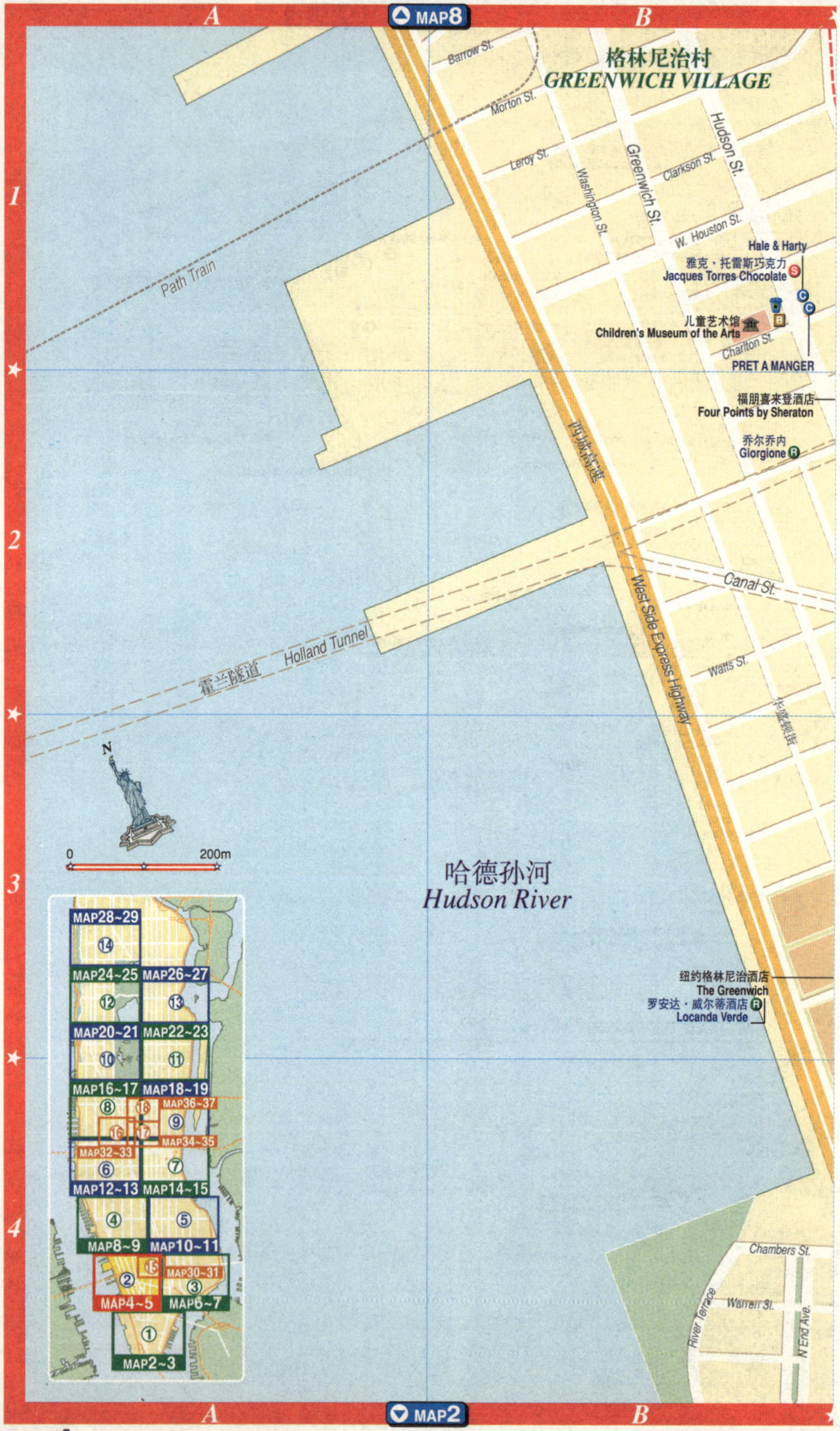

格林尼治村
GREENWICH VILLAGE
Barrow St.
Morton St.
Leroy St.
Clarkson St.
Hudson St.
Greenwich St.
Washington St.
W. Houston St.
Path Train
Hale & Harty
雅克·托雷斯巧克力
Jacques Torres Chocolate
儿童艺术馆
Children's Museum of the Arts
Charlton St.
PRET A MANGER
福朋喜来登酒店
Four Points by Sheraton
乔尔乔内
Giorgione
西侧高速
Canal St.
West Side Express Highway
Watts St.
霍兰隧道
Holland Tunnel
哈德孙河
Hudson River
纽约格林尼治酒店
The Greenwich
罗安达·威尔蒂酒店
Locanda Verde
Chambers St.
Warren St.
River Terrace
N End Ave.
0 200m
MAP28~29 MAP24~25 MAP26~27 MAP20~21 MAP22~23 MAP16~17 MAP18~19 MAP36~37 MAP34~35 MAP32~33 MAP12~13 MAP14~15 MAP8~9 MAP10~11 MAP30~31 MAP4~5 MAP6~7 MAP2~3

MAP8
MAP2

在纽约地铁里是无法上厕所的(即使可以也不要使用)。如果在购物途中想上厕所的话就拿出这张分布图吧。

中城区

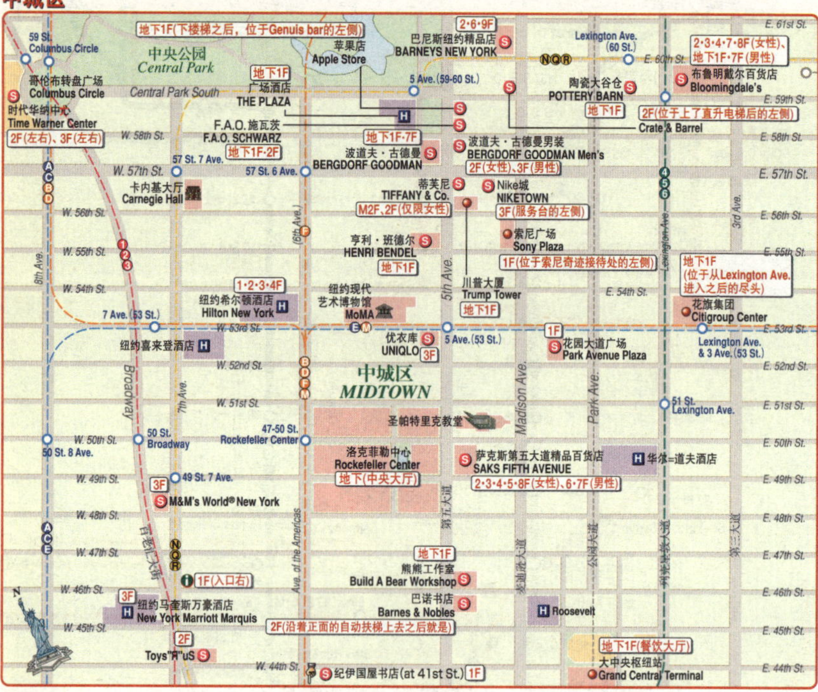

索霍区

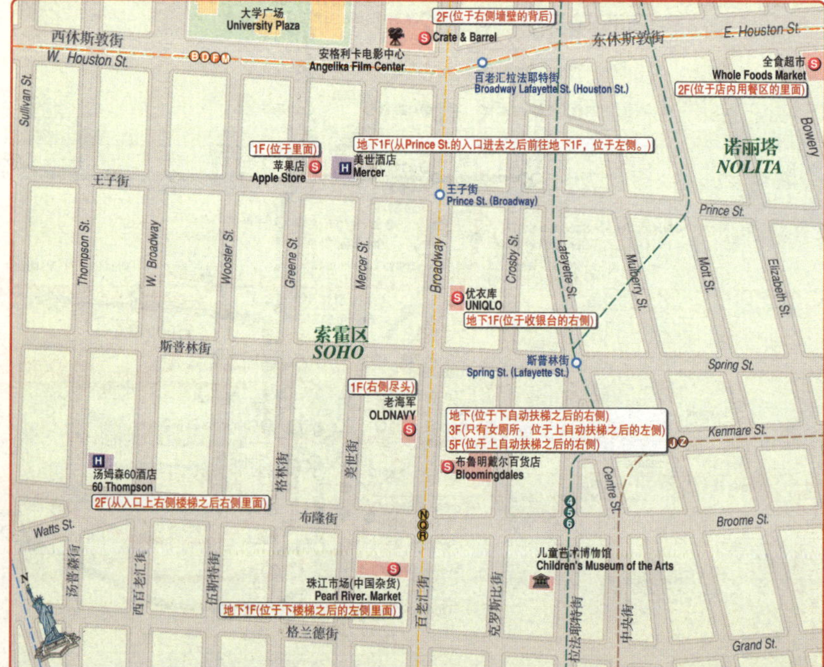

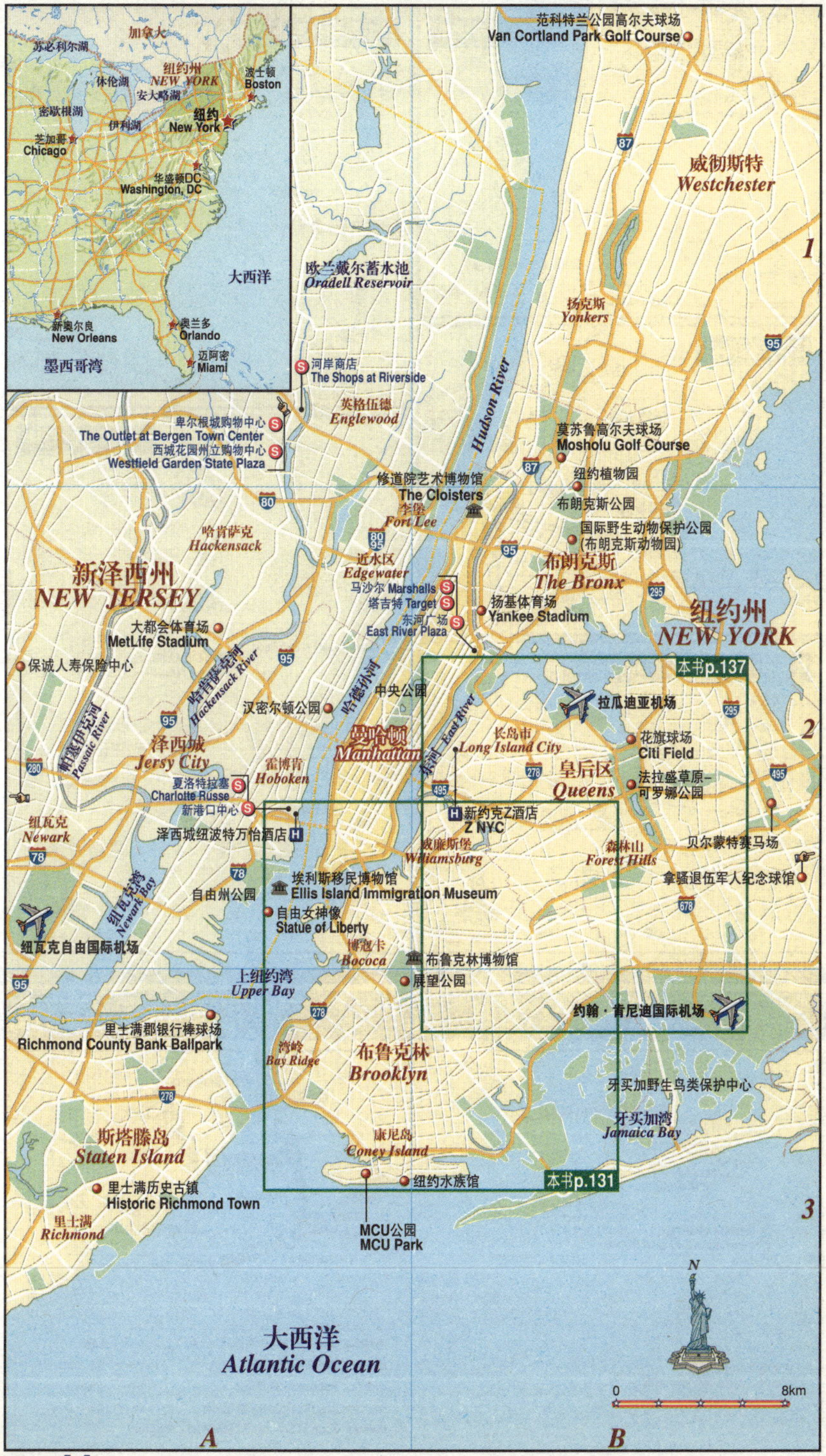

加拿大
蒙特利尔湖
休伦湖
纽约州 NEW YORK
安大略湖
波士顿 Boston
密歇根湖
纽约 New York
伊利湖
芝加哥 Chicago
华盛顿DC Washington, DC
大西洋
新奥尔良 New Orleans
奥兰多 Orlando
迈阿密 Miami
墨西哥湾

范科特兰公园高尔夫球场 Van Cortland Park Golf Course
威彻斯特 Westchester
欧兰戴尔蓄水池 Oradell Reservoir
扬克斯 Yonkers
河岸商店 The Shops at Riverside
英格伍德 Englewood
卑尔根城购物中心 The Outlet at Bergen Town Center
西城花园州立购物中心 Westfield Garden State Plaza
Hudson River
莫苏鲁高尔夫球场 Mosholu Golf Course
修道院艺术博物馆 The Cloisters
纽约植物园
布朗克斯公园
李堡 Fort Lee
国际野生动物保护公园 (布朗克斯动物园)
哈肯萨克 Hackensack
埃奇沃特 Edgewater
马沙尔 Marshalls
塔吉特 Target
东河广场 East River Plaza
布朗克斯 The Bronx
新泽西州 NEW JERSEY
大都会体育场 MetLife Stadium
扬基体育场 Yankee Stadium
纽约州 NEW YORK
本书p.137
保诚人寿保险中心
中央公园
拉瓜迪亚机场
汉密尔顿公园
哈德逊河
曼哈顿 Manhattan
长岛市 Long Island City
花旗球场 Citi Field
泽西城 Jersey City
霍博肯 Hoboken
皇后区 Queens
法拉盛草原-可罗娜公园
夏洛特鲁瑟 Charlotte Russe
新港口中心
纽瓦克 Newark
泽西城纽波特万怡酒店
新约克Z酒店 Z NYC
威廉斯堡 Williamsburg
森林山 Forest Hills
贝尔蒙特赛马场
拿骚退伍军人纪念球馆
埃利斯岛移民博物馆 Ellis Island Immigration Museum
自由州公园
自由女神像 Statue of Liberty
纽瓦克自由国际机场
博寇卡 Bococa
布鲁克林博物馆
展望公园
上纽约湾 Upper Bay
约翰·肯尼迪国际机场
里士满郡银行棒球场 Richmond County Bank Ballpark
布鲁克林 Brooklyn
湾岭 Bay Ridge
牙买加野生鸟类保护中心
牙买加湾 Jamaica Bay
斯塔滕岛 Staten Island
康尼岛 Coney Island
纽约水族馆
本书p.131
里士满历史古镇 Historic Richmond Town
里士满 Richmond
MCU公园 MCU Park
大西洋 Atlantic Ocean
0 8km

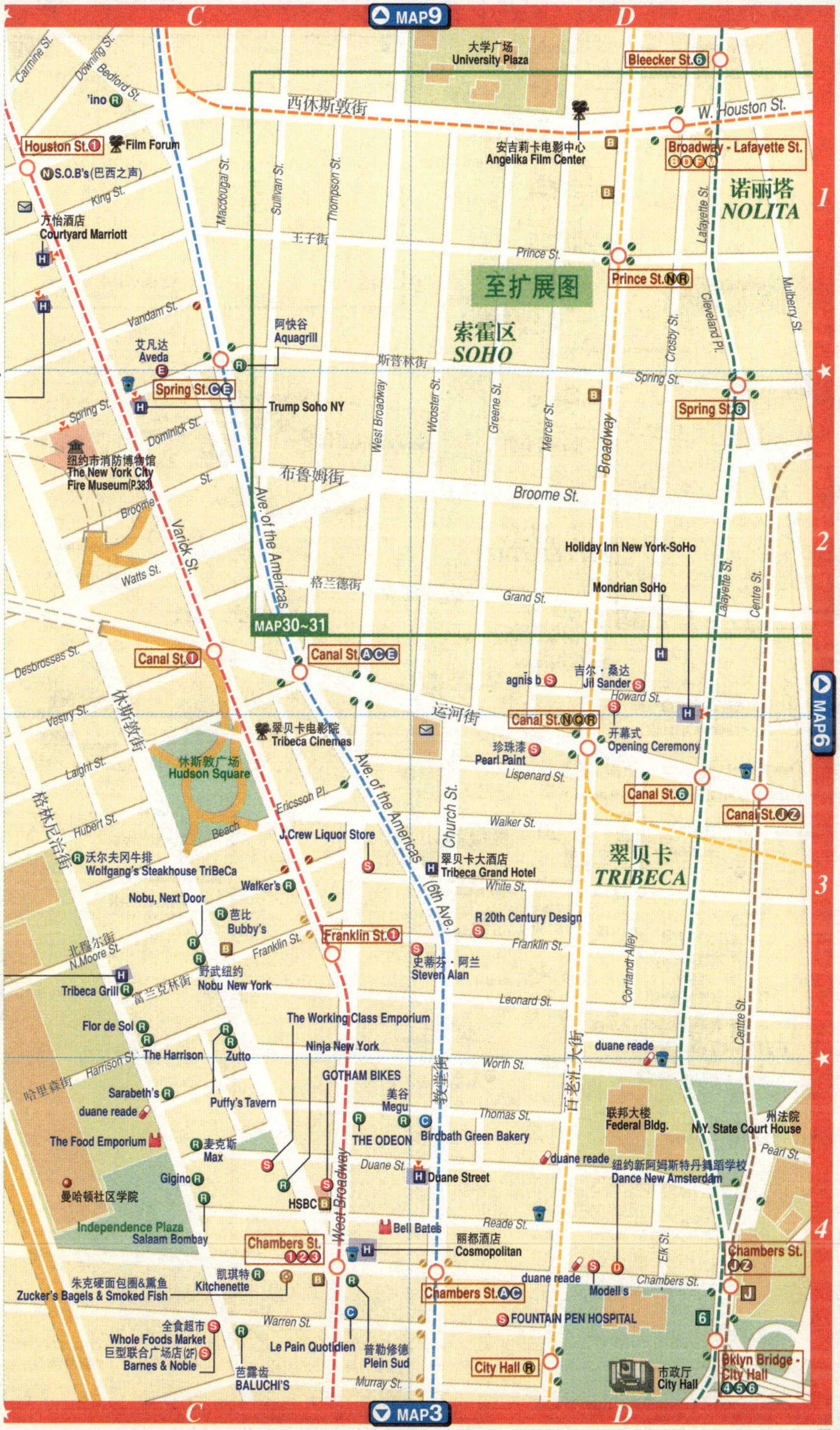

MAP9
大学广场 University Plaza
Bleecker St. 6
西休斯敦街
W. Houston St.
Houston St. 1
Film Forum
S.O.B's(巴西之声)
安吉莉卡电影中心 Angelika Film Center
Broadway - Lafayette St. B D F M
诺丽塔 NOLITA
万怡酒店 Courtyard Marriott
王子街
Prince St.
至扩展图
Prince St. N R
阿快谷 Aquagrill
艾凡达 Aveda
索霍区 SOHO
斯普林街
Spring St. C E
Trump Soho NY
Spring St. 6
纽约市消防博物馆 The New York City Fire Museum(P.383)
布鲁姆街
Broome St.
Holiday Inn New York-SoHo
格兰德街
Mondrian SoHo
MAP30~31
Canal St. 1
Canal St. A C E
agnis b
吉尔·桑达 Jil Sander
运河街
Canal St. N Q R
翠贝卡电影院 Tribeca Cinemas
珍珠漆 Pearl Paint
开幕式 Opening Ceremony
休斯敦广场 Hudson Square
Canal St. 6
Canal St. J Z
J.Crew Liquor Store
沃尔夫冈牛排 Wolfgang's Steakhouse TriBeCa
翠贝卡大酒店 Tribeca Grand Hotel
翠贝卡 TRIBECA
Nobu, Next Door
芭比 Bubby's
R 20th Century Design
Franklin St. 1
史蒂芬·阿兰 Steven Alan
诺武纽约 Nobu New York
Tribeca Grill
The Working Class Emporium
Flor de Sol
Ninja New York
The Harrison
Zutto
duane reade
GOTHAM BIKES
Sarabeth's
美格 Megu
Puffy's Tavern
联邦大楼 Federal Bldg.
州法院 N.Y. State Court House
THE ODEON
Birdbath Green Bakery
The Food Emporium
麦克斯 Max
duane reade
纽约新阿姆斯特丹舞蹈学校 Dance New Amsterdam
Gigino
Duane Street
HSBC
曼哈顿社区学院
Independence Plaza
Salaam Bombay
Bell Bates
Chambers St. 1 2 3
丽都酒店 Cosmopolitan
Chambers St. J Z
凯琪特 Kitchenette
朱克硬面包圈&熏鱼 Zucker's Bagels & Smoked Fish
Chambers St. A C
duane reade
Modell's
FOUNTAIN PEN HOSPITAL
全食超市 Whole Foods Market
巨型联合广场店 Barnes & Noble
Le Pain Quotidien
普勒修德 Plein Sud
City Hall R
市政厅 City Hall
Bklyn Bridge - City Hall 4 5 6
芭露街 BALUCHI'S
MAP3
MAP6

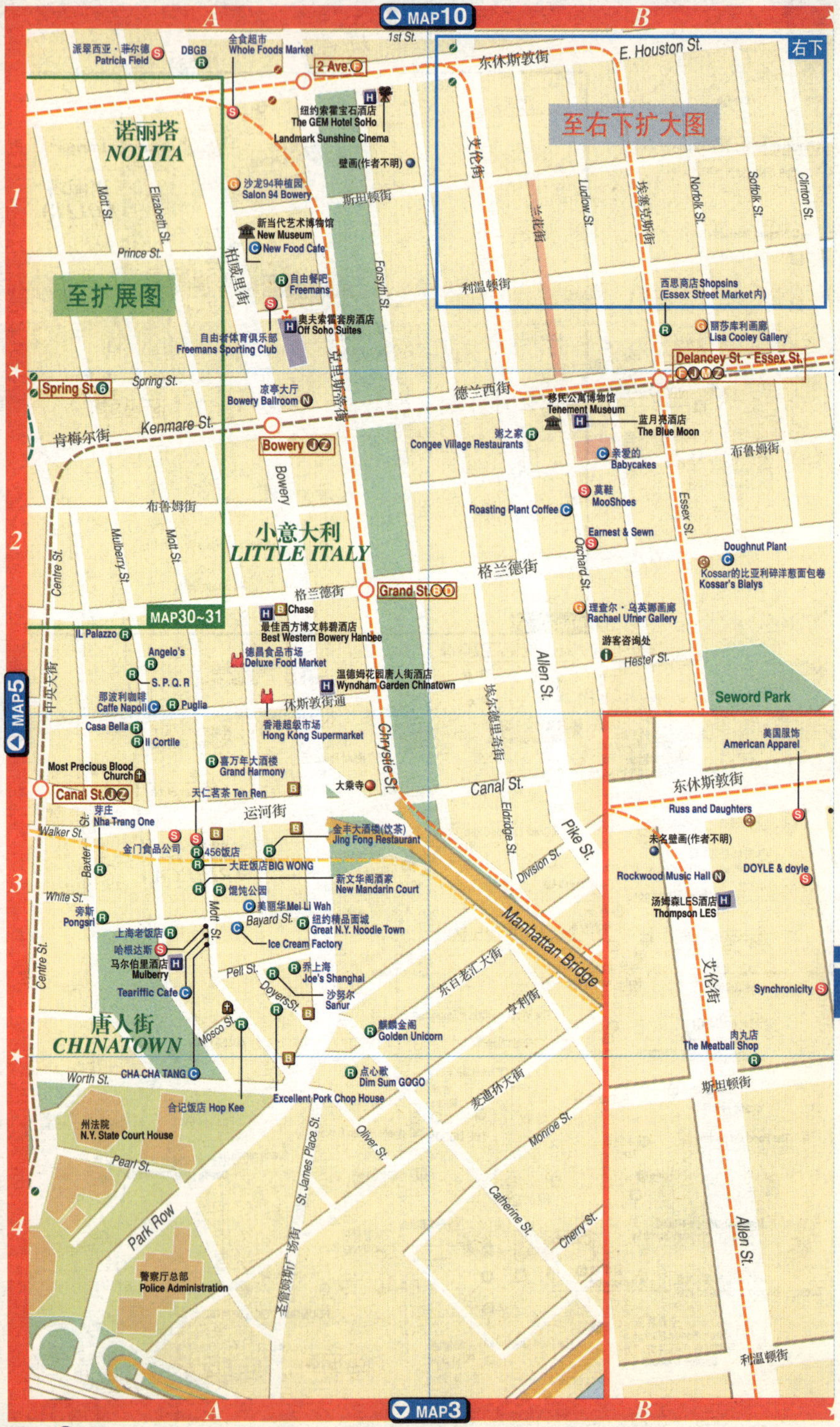

MAP10
1st St.
E. Houston St.
东休斯敦街
右下
至右下扩大图
全食超市 Whole Foods Market
2 Ave.
诺丽塔 NOLITA
纽约索霍宝石酒店 The GEM Hotel SoHo
Landmark Sunshine Cinema
沙龙94种植园 Salon 94 Bowery
新当代艺术博物馆 New Museum
New Food Cafe
自由餐吧 Freemans
至扩展图
Prince St.
Mott St.
Elizabeth St.
Forsyth St.
Ludlow St.
Orchard St.
Norfolk St.
Suffolk St.
Clinton St.
Essex St.
Allen St.
Chrystie St.
Bowery
利温顿街
西恩商店 Shopsins (Essex Street Market内)
丽莎库利画廊 Lisa Cooley Gallery
Delancey St.-Essex St.
德兰西街
Spring St.
Spring St.
Bowery Ballroom
Kenmare St.
肯梅尔街
移民公寓博物馆 Tenement Museum
蓝月亮酒店 The Blue Moon
Congee Village Restaurants
亲爱的 Babycakes
Bowery
布鲁姆街
Roasting Plant Coffee
MooShoes
Earnest & Sewn
Doughnut Plant
Kossar's Bialys
小意大利 LITTLE ITALY
格兰德街
Grand St.
Rachael Uffner Gallery
游客咨询处
Hester St.
Seward Park
MAP30~31
Chase
Best Western Bowery Hanbee
IL Palazzo
Angelo's
S.P.Q.R
Deluxe Food Market
Wyndham Garden Chinatown
Caffe Napoli
Puglia
Hong Kong Supermarket
Casa Bella
Il Cortile
Most Precious Blood Church
Grand Harmony
Ten Ren
Canal St.
运河街
Canal St.
美国服饰 American Apparel
东休斯敦街
Russ and Daughters
Nha Trang One
Jing Fong Restaurant
BIG WONG
New Mandarin Court
Walker St.
White St.
Baxter St.
Pongsri
Mott St.
Mei Li Wah
Great N.Y. Noodle Town
Bayard St.
Ice Cream Factory
Mulberry
Pell St.
Joe's Shanghai
Doyers St.
Tearifflc Cafe
Sanur
Golden Unicorn
唐人街 CHINATOWN
Rockwood Music Hall
DOYLE & doyle
Thompson LES
Synchronicity
The Meatball Shop
Worth St.
CHA CHA TANG
Dim Sum GOGO
Hop Kee
Excellent Pork Chop House
州法院 N.Y. State Court House
Pearl St.
Park Row
警察厅总部 Police Administration
St. James Place
Oliver St.
Catherine St.
Monroe St.
Cherry St.
Allen St.
Division St.
Eldridge St.
Pike St.
Manhattan Bridge
Centre St.
Mulberry St.
MAP5
MAP3

㉓ 路面列车线路图

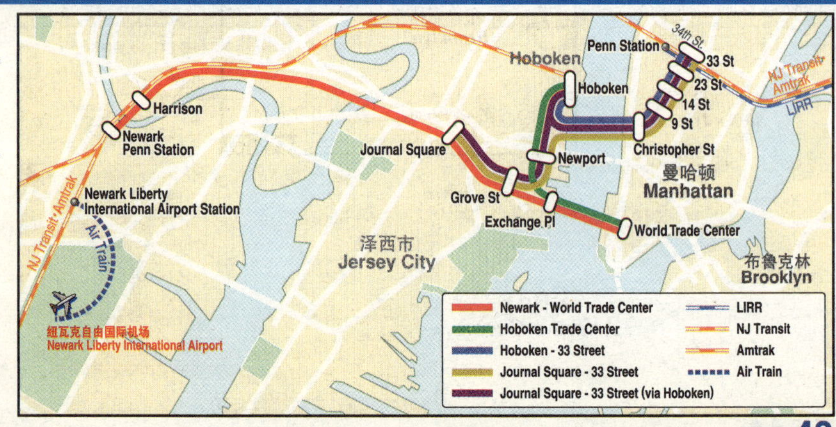

皇后区中心区

和曼哈顿不同，这里是一个十分幽静的区域。这里融合有希腊、意大利、墨西哥、印度、泰国以及韩国等多个国家的文化氛围。因为这个区域面积很大，因此全部游览一遍是不可能的。因为基本上是住宅区，道路也不像曼哈顿那样易懂，而且街道和路段的构成也不同，因此为了避免迷路，就在城市的主要街道游玩吧。

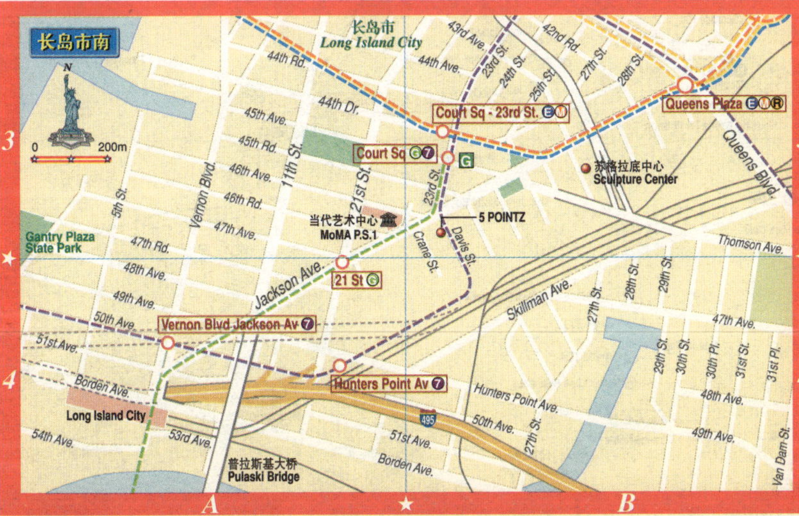

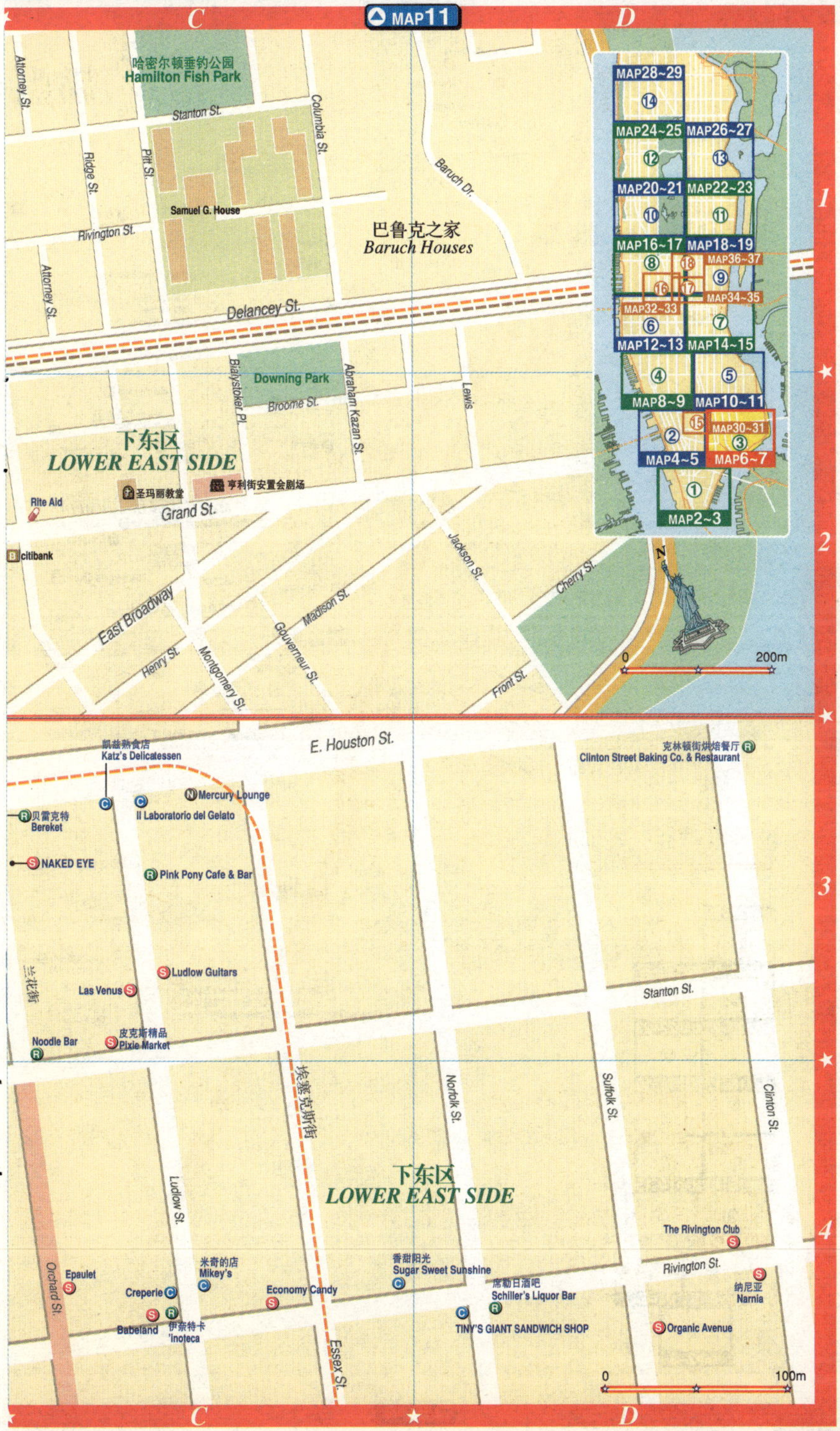

MAP12
MAP4
切尔西
CHELSEA
D'Amelio Terras
Balenciaga
Zach Feuer Gallery
303 Gallery
艾宾画廊
Eyebeam
西普画廊
hpgrp Gallery
529 Arts Building
Anton Kern
比利面包
Billy's Bakery
BLOSSOM
神学总院
General Theological Seminary
小孩
KID
切尔西旅馆
Chelsea Lodge
佛手柑店
LA Bergamote
欧麦
Omai
Moran's
The Kitchen
史蒂芬·阿兰
Steven Alan
拉妮奈特
La Lunchonette
Nineth Street Espresso
艾米的面包店
Amy's Bread
Bowery Kitchen
切尔西市场
Chelsea Market
轮渡场
滑冰场
切尔西码头
Chelsea Piers
体育中心
The Spa at Chelsea Pier
高尔夫球俱乐部
高线公园
The High Line
Marble Lane
梦幻市区酒店
Dream Downtown
森本餐厅
Morimoto
Buddakan
前纽约港务局大楼
肉类加工区
Meat Packing District(MPD)
Old Homestead Steak House
杰弗里 Jeffrey
UGG
苹果专卖店
Apple Store
Scarpetta
St. Bernard Church
黛安·冯·芙丝汀宝
Diane Von Furstenberg
SCOOP Street
SCOOP Men
Spice Market
纽约设计酒店
Standard High Line
独家纽约
SCOOP NYC
帕蒂斯
Pastis
卡吕普索
Calypso
汤丽柏琦
Tory Burch
料理鼠王
Ratatouille
Earnest Sewn
Theory
无花果&橄榄
Fig & Olive
崔西·瑞斯
Tracy Reese
甘斯沃尔特酒店
Gansevoort
TOY
Abingdon Guest House
简恩酒店
The Jane
富兰克斯570
Frankies 570
墨尔斯·坎宁汉舞蹈学校
Merce Cunningham Dance Studio
玛莎·葛兰姆当代舞蹈学校
Martha Graham School of Contemporary Dance
奥玛·阿罗马
Om Aroma
布鲁克林雅乐轩酒店
Aloft Brooklyn
Fort Greene Park
DeKalb Ave.
Junior's
Chef's Table
Brooklyn Fare
Nevins St.
达尔/霍兰德&雷克斯
Darr / Hollander & Lexel
67 Burger
Fulton St.
Lafayette Ave.
iCi Restaurant
Clinton Washington Avs.
布鲁克林跳蚤市场(春~秋)
Brooklyn Flea
格林堡
Fort Greene
布鲁克林音乐学院
Brooklyn Academy of Music(BAM)
布鲁克林跳蚤市场(冬)
Brooklyn Flea
Gumbo
The Melting Pot
奴奴巧克力
Nunu Chocolates
Atlantic Terminal Mall
Atlantic Ave. - Barclays Ctr
波伦山
Boerum Hill
Blue Sky Bakery
巴克莱体育馆
BARCLAYS CENTER
太阳拓荒
Sun in Broom
巴克
Bark
Clinton Washington Avs.
Bergen St.
The Chocolate Room
Fairfield Inn & Suites Marriott
HUNGRY gHOST
Beacon's closet
弗拉特
Flirt
大猩猩咖啡
Gorilla Coffee
布鲁克林食品贮藏室
Brooklyn Larder
james
艾姆普尔山冰激凌店
Ample Hills Creamery
Cog & Pearl
Konditori
Pink Olive
Union St.
7 Ave.
Brooklyn Industries
Scaredy Kat
Union Market
The Park Slope Food Coop
艾迪拉饮食店
Al di la Trattoria
Moutarde
Tea Lounge
KOS KAFFE
Housing Works Thrift Shop
Grand Army Plaza
大军广场
展望高地
Prospect Heights
Blue Apron Foods
The Community Bookstore
'sNice
Stone Park Cafe
布鲁克林中央图书馆
Sweet Melissa Patisserie
Two Boots
Cocoa Bar
DAVIDs TEA
Butter Lane Cupcakes
Konditori
Rite Aid
Barnes&Noble
公园坡
Park Slope
展望公园
Prospect Park
布鲁克林博物馆
Brooklyn Museum
布鲁克林植物园
Brooklyn Botanical Garden
0 200m
MAP28~29
MAP24~25
MAP26~27
MAP20~21
MAP22~23
MAP16~17
MAP18~19
MAP36~37
MAP32~33
MAP34~35
MAP12~13
MAP14~15
MAP8~9
MAP10~11
MAP30~31
MAP4~5
MAP6~7
MAP2~3

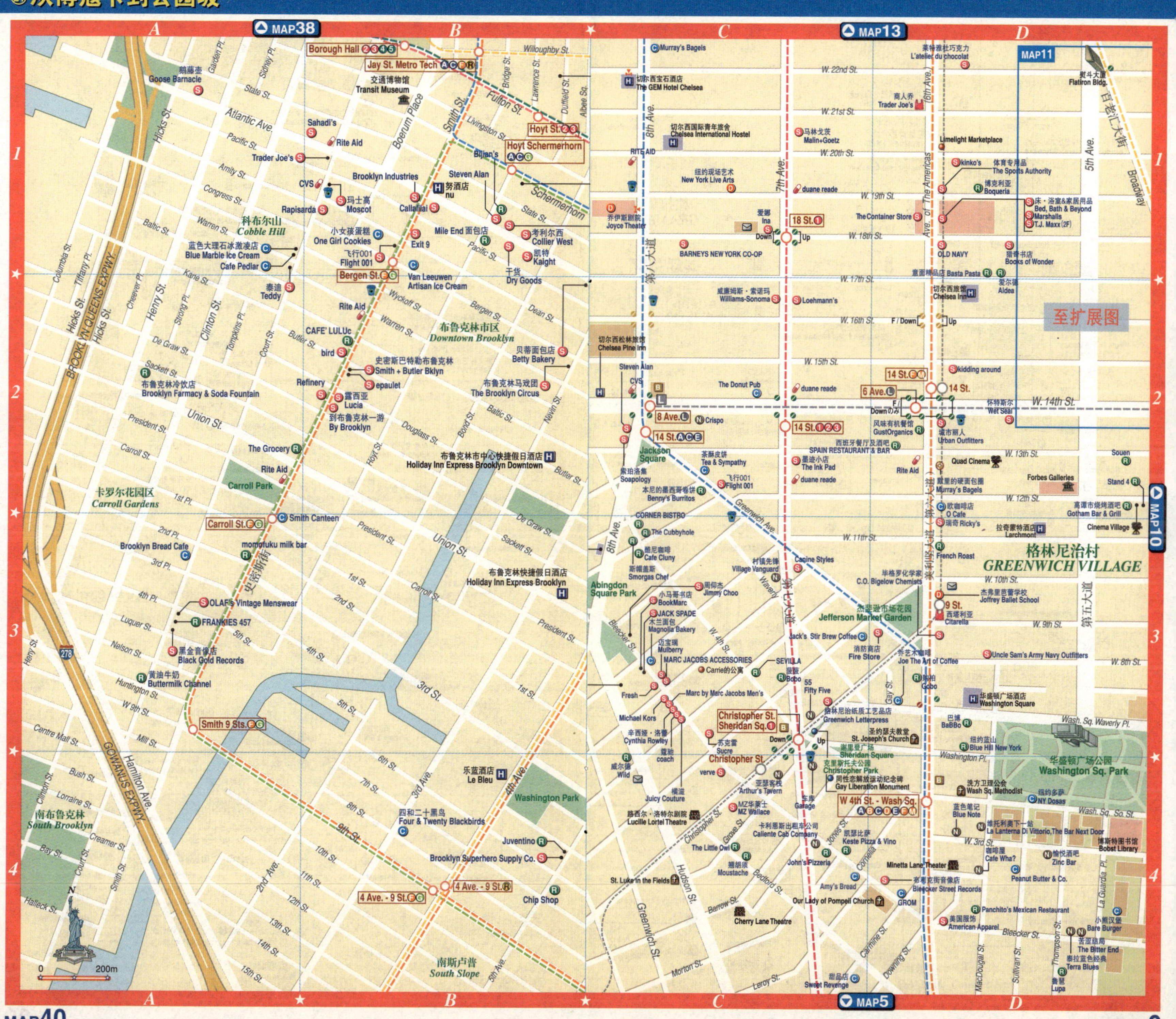
MAP38
MAP13
MAP11
MAP10
MAP5
A
B
C
D
1
2
3
4
Borough Hall
Jay St. Metro Tech
交通博物馆
Transit Museum
Willoughby St.
Fulton St.
Hoyt St.
Hoyt Schermerhorn
Schermerhorn
Livingston St.
Boerum Place
Smith St.
Bridge St.
Lawrence St.
Duffield St.
Albee Sq.
翡藤壶
Goose Barnacle
State St.
Atlantic Ave.
Pacific St.
Sahadi's
Rite Aid
Trader Joe's
Amity St.
Congress St.
CVS
Brooklyn Industries
Steven Alan
Bijan's
努酒店
nu
State St.
玛士高
Moscot
Rapisarda
Callalilal
Mile End 面包店
考利尔西
Collier West
凯特
Kaight
干货
Dry Goods
科布尔山
Cobble Hill
小女孩蛋糕
One Girl Cookies
蓝色大理石冰激凌店
Blue Marble Ice Cream
Cafe Pedlar
飞行001
Flight 001
Exit 9
Bergen St.
Van Leeuwen
Artisan Ice Cream
泰迪
Teddy
Rite Aid
CAFE' LULUc
bird
布鲁克林市区
Downtown Brooklyn
贝蒂面包店
Betty Bakery
史密斯巴特勒布鲁克林
Smith + Butler Bklyn
epaulet
Refinery
露西亚
Lucia
到布鲁克林一游
By Brooklyn
布鲁克林马戏团
The Brooklyn Circus
布鲁克林冷饮店
Brooklyn Farmacy & Soda Fountain
Union St.
The Grocery
布鲁克林市中心快捷假日酒店
Holiday Inn Express Brooklyn Downtown
Rite Aid
Carroll Park
卡罗尔花园区
Carroll Gardens
Carroll St.
Smith Canteen
Brooklyn Bread Cafe
momofuku milk bar
史密斯街
布鲁克林快捷假日酒店
Holiday Inn Express Brooklyn
OLAF's Vintage Menswear
FRANKIES 457
黑金音像店
Black Gold Records
黄油牛奶
Buttermilk Channel
Smith 9 Sts.
BROOKLYN QUEENS EXPWY.
GOWANUS EXPWY.
Hamilton Ave.
南布鲁克林
South Brooklyn
乐蓝酒店
Le Bleu
Washington Park
四和二十黑鸟
Four & Twenty Blackbirds
Juventino
Brooklyn Superhero Supply Co.
4 Ave. - 9 St.
Chip Shop
南斯卢普
South Slope
Murray's Bagels
切尔西宝石酒店
The GEM Hotel Chelsea
切尔西国际青年旅舍
Chelsea International Hostel
纽约现场艺术
New York Live Arts
乔伊斯剧院
Joyce Theater
BARNEYS NEW YORK CO-OP
W. 22nd St.
W. 21st St.
W. 20th St.
W. 19th St.
W. 18th St.
W. 17th St.
W. 16th St.
W. 15th St.
W. 14th St.
W. 13th St.
W. 12th St.
W. 11th St.
W. 10th St.
W. 9th St.
W. 8th St.
8th Ave.
7th Ave.
6th Ave.
5th Ave.
Ave. of The Americas
第八大道
马林戈茨
Malin+Goetz
duane reade
爱娜
Ina
18 St.
The Container Store
威廉姆斯・索诺玛
Williams-Sonoma
Loehmann's
切尔西松林旅馆
Chelsea Pine Inn
Steven Alan
The Donut Pub
14 St.
6 Ave.
8 Ave.
Crispo
14 St.
Jackson Square
索珀洛基
Soapology
茶颜庄园
Tea & Sympathy
飞行001
Flight 001
本尼的墨西哥卷饼
Benny's Burritos
风味有机餐馆
GustOrganics
西班牙餐厅及酒吧
SPAIN RESTAURANT & BAR
墨迹小店
The Ink Pad
Rite Aid
CORNER BISTRO
The Cubbyhole
酷尼咖啡
Cafe Cluny
斯蠣盖斯
Smorgas Chef
Greenwich Ave.
村镇先锋
Village Vanguard
Canine Styles
阿宾登广场公园
Abingdon Square Park
周仰杰
Jimmy Choo
小马哥书店
BookMarc
JACK SPADE
木兰面包
Magnolia Bakery
迈宝瑞
Mulberry
MARC JACOBS ACCESSORIES
Carrie的公寓
SEVILLA
Bobo
Fresh
Marc by Marc Jacobs Men's
Michael Kors
辛西娅・洛蕾
Cynthia Rowley
蔻驰
coach
威尔德
Wild
苏克雷
Sucre
verve
Juicy Couture
露西尔・洛特尔剧院
Lucille Lortel Theatre
Christopher St.
Christopher St. Sheridan Sq.
The Little Owl
Grove St.
穆斯塔奇
Moustache
卡莉恩斯出租车公司
Caliente Cab Company
John's Pizzeria
Amy's Bread
Bedford St.
St. Luke in the Fields
Hudson St.
Greenwich St.
Barrow St.
Cherry Lane Theatre
Morton St.
Leroy St.
Our Lady of Pompeii Church
Sweet Revenge
杰斐逊市场花园
Jefferson Market Garden
Jack's Stir Brew Coffee
消防商店
Fire Store
乔伊咖啡
Joe The Art of Coffee
Fifty Five
格林尼治纸质工艺品店
Greenwich Letterpress
圣约瑟夫教堂
St. Joseph's Church
谢里登广场
Sheridan Square
克里斯托夫公园
Christopher Park
同性恋解放运动纪念碑
Gay Liberation Monument
亚瑟客栈
Arthur's Tavern
MZ华莱士
MZ Wallace
Garage
W 4th St. - Wash Sq.
凯斯比萨
Keste Pizza & Vino
Minetta Lane Theater
布利克街音像店
Bleecker Street Records
GROM
Carmine St.
Downing St.
Jones St.
莱特雅杜巧克力
L'atelier du chocolat
商人乔
Trader Joe's
熨斗大厦
Flatiron Bldg.
百老汇大街
Broadway
Limelight Marketplace
kinko's
体育专用品
The Sports Authority
博克利亚
Boqueria
床・浴室&家居用品
Bed, Bath & Beyond
Marshalls
T.J. Maxx (2F)
OLD NAVY
奇迹书店
Books of Wonder
意面精品店 Basta Pasta
切尔西旅馆
Chelsea Inn
爱尔德
Aldea
至扩展图
kidding around
14 St.
怀特斯尔
Wet Seal
城市服人
Urban Outfitters
Quad Cinema
默里的硬面包圈
Murray's Bagels
Forbes Galleries
Souen
Stand 4
O Cafe
Ricky's
拉奇蒙特酒店
Larchmont
高谭市烧烤酒吧
Gotham Bar & Grill
Cinema Village
French Roast
格林尼治村
GREENWICH VILLAGE
杰弗里芭蕾学校
Joffrey Ballet School
9 St.
西塔利亚
Citarella
第五大道
Uncle Sam's Army Navy Outfitters
华盛顿广场酒店
Washington Square
Gobo
巴博
BaBBo
Blue Hill New York
Washington Pl.
华盛顿广场公园
Washington Sq. Park
Wash. Sq. Waverly Pl.
Wash. Sq. Methodist
NY Dosas
Wash. Sq. So. St.
Blue Note
La Lanterna Di Vittorio
The Bar Next Door
博斯特图书馆
Bobst Library
Cafe What?
Zinc Bar
Peanut Butter & Co.
Panchito's Mexican Restaurant
美国服饰
American Apparel
Bleecker St.
Bare Burger
The Bitter End
Terra Blues
Lupa
MacDougal St.
Sullivan St.
Thompson St.
La Guardia Pl.
Hicks St.
Henry St.
Clinton St.
Court St.
Columbia St.
Degraw St.
Sackett St.
President St.
Carroll St.
3rd St.
4th Ave.
5th Ave.
0
200m

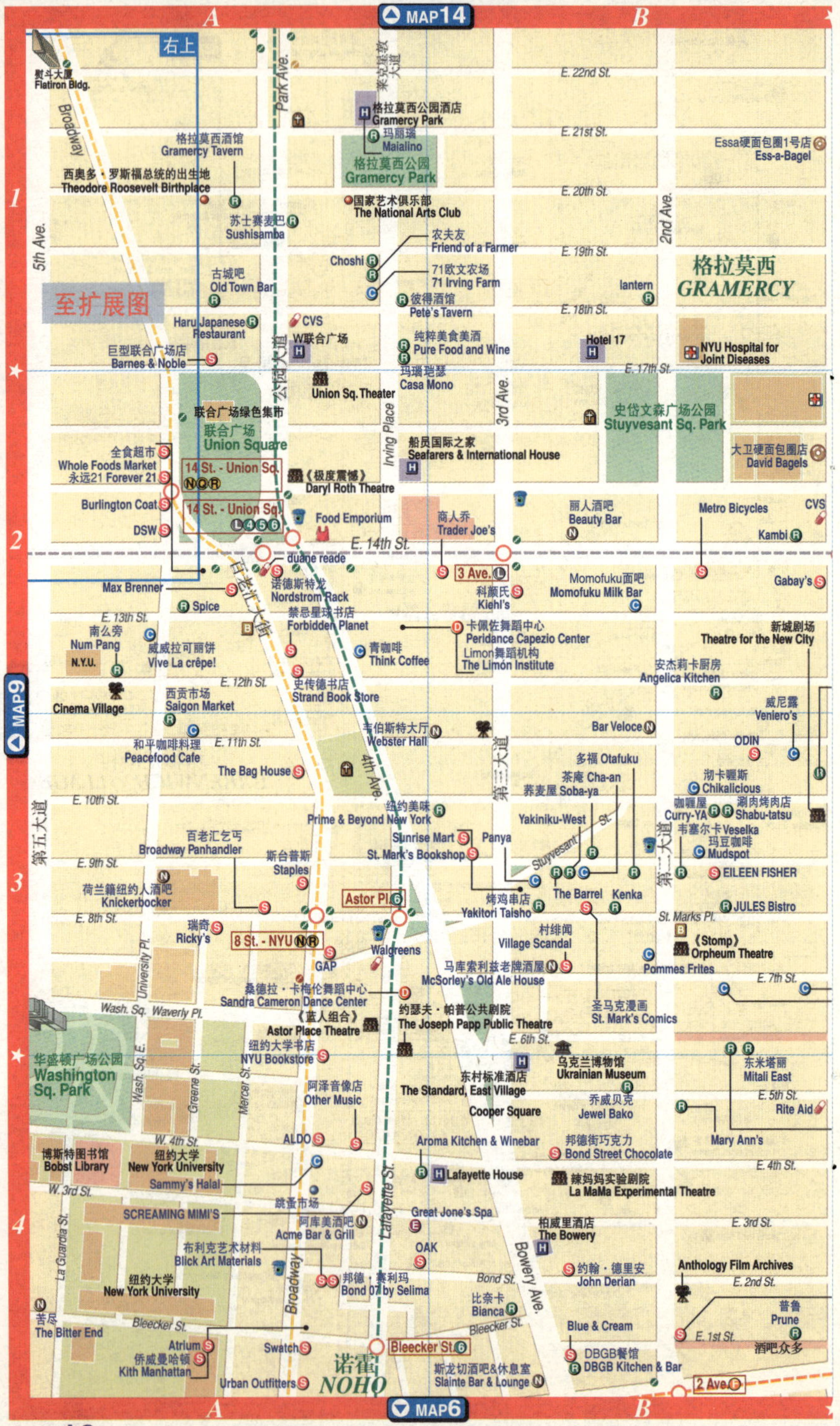

MAP14

右上

熨斗大厦 Flatiron Bldg.

格拉莫西公园酒店 Gramercy Park

格拉莫西酒馆 Gramercy Tavern

玛丽瑙 Mailaino

格拉莫西公园 Gramercy Park

西奥多·罗斯福总统的出生地 Theodore Roosevelt Birthplace

国家艺术俱乐部 The National Arts Club

苏士赛麦吧 Sushisamba

农夫友 Friend of a Farmer

71欧文农场 71 Irving Farm

Chochi

古城吧 Old Town Bar

彼得酒馆 Pete's Tavern

lantern

格拉莫西 GRAMERCY

至扩展图

Haru Japanese Restaurant

CVS

W联合广场

纯粹美食美酒 Pure Food and Wine

Hotel 17

NYU Hospital for Joint Diseases

巨型联合广场店 Barnes & Noble

玛瑙碧翠 Casa Mono

Union Sq. Theater

联合广场绿色集市

联合广场 Union Square

史岱文森广场公园 Stuyvesant Sq. Park

船员国际之家 Seafarers & International House

全食超市 Whole Foods Market

永远21 Forever 21

14 St.- Union Sq.

《极度震撼》 Daryl Roth Theatre

大卫硬面包圈店 David Bagels

Burlington Coat

14 St. - Union Sq.

Food Emporium

商人乔 Trader Joe's

丽人酒吧 Beauty Bar

Metro Bicycles

CVS

DSW

E. 14th St.

Kambi

duane reade

3 Ave.

Momofuku面吧 Momofuku Milk Bar

Gabay's

Max Brenner

诺德斯特龙 Nordstrom Rack

科颜氏 Kiehl's

Spice

禁忌星球书店 Forbidden Planet

卡佩佐舞蹈中心 Peridance Capezio Center

Limón舞蹈机构 The Limón Institute

新城剧场 Theatre for the New City

南公旁 Num Pang

N.Y.U.

薇薇拉可丽饼 Vive La crêpe!

青咖啡 Think Coffee

安杰莉卡厨房 Angelica Kitchen

史传德书店 Strand Book Store

Cinema Village

西贡市场 Saigon Market

Bar Veloce

威尼雷 Veniero's

韦伯斯特大厅 Webster Hall

和平咖啡料理 Peacefood Cafe

ODIN

The Bag House

多福 Otafuku

茶庵 Cha-an

荞麦屋 Soba-ya

Chikalicious

咖喱屋 Curry-YA

涮肉烤肉店 Shabu-tatsu

纽约美味 Prime & Beyond New York

Yakiniku-West

韦家尔卡 Veselka

Sunrise Mart

Panya

玛亘咖啡 Mudspot

St. Mark's Bookshop

百老汇乞丐 Broadway Panhandler

斯台普斯 Staples

EILEEN FISHER

荷兰籍纽约人酒吧 Knickerbocker

烤鸡串店 Yakitori Taisho

The Barrel

Kenka

JULES Bistro

Astor Pl.

瑞奇 Ricky's

8 St. - NYU

Walgreens

村剧 Village Scandal

《Stomp》Orpheum Theatre

GAP

马库索利芬老烧酒屋 McSorley's Old Ale House

Pommes Frites

桑德拉·卡梅伦舞蹈中心 Sandra Cameron Dance Center

约瑟夫·帕普公共剧院 The Joseph Papp Public Theatre

圣马克漫画 St. Mark's Comics

《蓝人组合》Astor Place Theatre

纽约大学书店 NYU Bookstore

乌克兰博物馆 Ukrainian Museum

华盛顿广场公园 Washington Sq. Park

东村标准酒店 The Standard, East Village

东米塔丽 Mitali East

阿泽音像店 Other Music

Cooper Square

乔威贝克 Jewel Bako

Rite Aid

ALDO

纽约大学 New York University

Aroma Kitchen & Winebar

邦德街巧克力 Bond Street Chocolate

Mary Ann's

博斯特图书馆 Bobst Library

Sammy's Halal

Lafayette House

辣妈妈实验剧院 La MaMa Experimental Theatre

SCREAMING MIMI'S

跳蚤市场

阿库美酒吧 Acme Bar & Grill

Great Jones Spa

柏威里酒店 The Bowery

布利克艺术材料 Blick Art Materials

OAK

邦德·赛利玛 Bond 07 by Selima

约翰·德里安 John Derian

Anthology Film Archives

纽约大学 New York University

比安卡 Bianca

普鲁 Prune

苦尽 The Bitter End

Blue & Cream

Atrium

Swatch

Bleecker St.

DBGB餐馆 DBGB Kitchen & Bar

酒吧众多

侨威曼哈顿 Kith Manhattan

Urban Outfitters

诺霍 NOHO

斯拉切酒吧&休息室 Slainte Bar & Lounge

2 Ave.

MAP9

MAP6

E. 22nd St. / E. 21st St. / E. 20th St. / E. 19th St. / E. 18th St. / E. 17th St. / E. 13th St. / E. 12th St. / E. 11th St. / E. 10th St. / E. 9th St. / E. 8th St. / E. 7th St. / E. 6th St. / E. 5th St. / E. 4th St. / E. 3rd St. / E. 2nd St. / E. 1st St. / W. 4th St. / W. 3rd St. / Bond St. / Bleecker St. / St. Marks Pl. / Wash. Sq. / Waverly Pl.

Broadway / 5th Ave. / 第五大道 / Park Ave. / 公园大道 / 2nd Ave. / 第二大道 / 3rd Ave. / 第三大道 / 4th Ave. / Irving Place / 百老汇大街 / Lafayette St. / Bowery Ave. / University Pl. / Mercer St. / Greene St. / La Guardia Pl. / Stuyvesant St.

麦卡伦公园 Mc Carren Park

格林波因特 Greenpoint

布鲁克林啤酒厂 Brooklyn Brewery

布鲁克林保龄球馆 Brooklyn Bowl

纽约国王格罗夫威廉斯堡酒店 King & Grove Williamsburg

威思酒店 Wythe

艾戴斯酒吧 The Ides Bar

贝肯衣橱 Beacon's Closet

Brooklyn Charm

Pierogi

布法罗交易市场 Buffalo Exchange

朱莉酒店 Le Jolie

Jumelle

Northside Bakery

Teddy's

Radish

Brooklyn Industries

布鲁克林葡萄酒酿造厂 Brooklyn Winery

Stella Dallas Living

Metropolitan Ave.

威廉斯堡 Williamsburg

下图

10ft 西格尔 10ft Singles

Bedford Ave.

佩茨传统美味 Pates et Traditions

Gimmi Coffee

拉德加斯特大厅&啤酒园 Radegast Hall & Biergarten

马斯特兄弟 Mast Brothers

布鲁克林艺术图书馆 Brooklyn Art Library

编织工厂 Knitting Factory

奥斯陆咖啡 Oslo Coffee

Fette Sau烤肉 Fette Sau BBQ

杯形蛋糕 Cupcakeland

朝圣者冲浪供给 Pilgrim Surf + Supply

duane reade

Vice Versa

美食家威格 Foodswings

Momofuku Milk Bar

Saltie

Hollander & Lexer

Caracas Arepa Bar

夜鹰电影院 Nitehawk Cinema

bird

拉比兹 rabbits

Clem's

POP

Anconette

Skinnyskinny

保罗·史密斯专卖店 Paul Smith Sale Shop

Moon River Chattel

麦德·普鲁米艾尔 Maison Premiere

迪蒙汉堡 DuMont Burger

Black Brick

密欧密亚 Miomia

Beautiful Dreamers

Main Drag Music

Golden Calf

Pies 'n' Thighs

1或8阿特丽亚美食 1 or 8 Atelier of food

WILLIAMSBURG BRIDGE

Marcy Ave.

Marlow & Daughters

彼得·鲁格牛排馆 Peter Luger Steak House

晚餐餐厅 Diner

Brooklin Industries Outlet

布鲁克农场总店 Brook Farm General Store

玛尔婉萨 Marlow & Sons

美食协会 Gourmet Guild

南威廉斯堡 South Williamsburg

N. 13th St. / N. 12th St. / N. 11th St. / N. 10th St. / N. 9th St. / N. 8th St. / N. 7th St. / N. 6th St. / N. 5th St. / N. 4th St. / N. 3rd St. / N. 1st St. / S. 1st St. / S. 2nd St. / S. 3rd St. / S. 4th St. / S. 5th St. / S. 6th St. / S. 8th St. / S. 9th St.

Kent Ave. / Wythe Ave. / Berry St. / Driggs Ave. / Roebling St. / Havemeyer St. / Marcy Ave. / Union Ave. / Grand St. / Metropolitan Ave. / Broadway / Division Ave. / Rodney St. / Lee Ave. / Wilson St. / Ross St. / Williamsburg St. E. / Brooklyn Queens Expwy / Bayard St. / Richardson St. / Frost St. / Withers St. / Meeker Ave. / Jackson St. / Skillman St. / Conselyea St. / Keap St. / River St.

0 200m

拜卡利面包房 Bakeri

Cafe Mogador

Peter's Since 1969

The Meatball Shop

Konditori

西可利二层 Hickoree's Floor Two

土比思酒村 Toby's Estate

Red Pearl

Bedford Ave.

Bagelsmith

Music Hall of Williamsburg

Shoe Market

The Future Perfect

A & G Meach

CVS

Bliss

Smorgasburg 美食节（夏季的周六）

布鲁克林跳蚤市场(周日) Brooklyn Flea

SEA

Chai Home Kitchen

Wild Gingar

Sweetleef

奥斯卡唱像店分店 Academy Records Annex

Juliette

Ugly Luggage

FABIANE'S

egg

catbird

Mini mini Market

Mini Mall

Pemo New York

东河渡船码头 North Williamsburg

蓝瓶咖啡 Blue Bottle Coffee

Verb Cafe

Amarcord

Spoonbill & Sugartown, Booksellers

Bedford Cheese Shop

whisk

威廉斯堡 Williamsburg

0 100m

布鲁克林中心

虽然布鲁克林是纽约的一部分，但是这个地区却洋溢着独特的氛围，拥有着多样的文化。这个区域分为多个地区，本书中主要介绍的是距离曼哈顿较近的区域，这个区域聚集了众多商铺和餐厅以及旅游胜地。东部和西部的街道形态也有所不同，西部和曼哈顿相同，南北走向的称为街"Avenue"，东西的称为路"Street"。但是东部则反之，南北走向为路"Street"，东西走向为街"Avenue"。

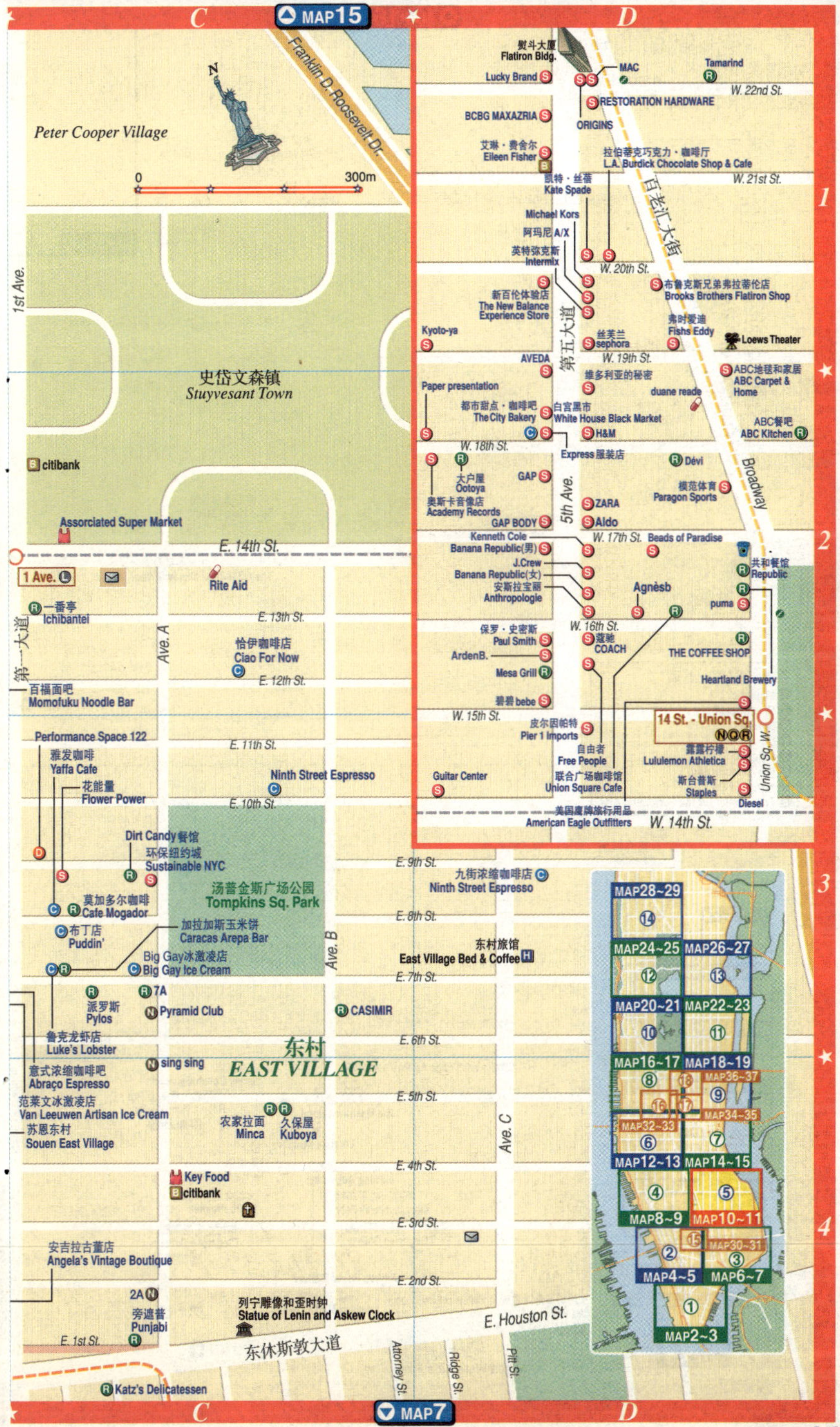

MAP15

Peter Cooper Village

史岱文森镇 Stuyvesant Town

citibank

Associated Super Market

E. 14th St.

1 Ave.

Rite Aid

一番亭 Ichibantei

恰伊咖啡店 Ciao For Now

百福面吧 Momofuku Noodle Bar

Performance Space 122

雅发咖啡 Yaffa Cafe

花能量 Flower Power

Ninth Street Espresso

Dirt Candy餐馆

环保纽约城 Sustainable NYC

汤普金斯广场公园 Tompkins Sq. Park

莫加多尔咖啡 Cafe Mogador

布丁店 Puddin'

加拉加斯玉米饼 Caracas Arepa Bar

Big Gay冰激凌店 Big Gay Ice Cream

派罗斯 Pylos

7A

Pyramid Club

CASIMIR

鲁克龙虾店 Luke's Lobster

意式浓缩咖啡吧 Abraço Espresso

sing sing

东村 EAST VILLAGE

范莱文冰激凌店 Van Leeuwen Artisan Ice Cream

苏恩东村 Souen East Village

农家拉面 Minca

久保屋 Kuboya

Key Food

citibank

安吉拉古董店 Angela's Vintage Boutique

2A

旁遮普 Punjabi

列宁雕像和歪时钟 Statue of Lenin and Askew Clock

E. Houston St.

东休斯敦大道

Katz's Delicatessen

九街浓缩咖啡店 Ninth Street Espresso

东村旅馆 East Village Bed & Coffee

熨斗大厦 Flatiron Bldg.

MAC

Tamarind

Lucky Brand

RESTORATION HARDWARE

BCBG MAXAZRIA

ORIGINS

艾琳·费舍尔 Eileen Fisher

拉伯德克巧克力·咖啡厅 L.A. Burdick Chocolate Shop & Cafe

凯特·丝蓓 Kate Spade

Michael Kors

阿玛尼A/X

英特弥克斯 Intermix

新百伦体验店 The New Balance Experience Store

布鲁克斯兄弟弗拉蒂伦店 Brooks Brothers Flatiron Shop

鱼时爱迪 Fishs Eddy

Loews Theater

Kyoto-ya

丝芙兰 sephora

AVEDA

维多利亚的秘密

ABC地毯和家居 ABC Carpet & Home

Paper presentation

都市甜点·咖啡 The City Bakery

白宫黑市 White House Black Market

duane reade

H&M

ABC餐吧 ABC Kitchen

Express服装店

Dévi

大户屋 Ootoya

GAP

奥斯卡音像店 Academy Records

ZARA

横范体育 Paragon Sports

GAP BODY

Aldo

Kenneth Cole

Beads of Paradise

Banana Republic(男)

J.Crew

Banana Republic(女)

安斯拉宝蒂 Anthropologie

共和餐馆 Republic

Agnès b

puma

保罗·史密斯 Paul Smith

蔻驰 COACH

THE COFFEE SHOP

ArdenB.

Mesa Grill

Heartland Brewery

碧碧 bebe

皮尔园帕特 Pier 1 Imports

14 St. - Union Sq.

自由者 Free People

露露柠檬 Lululemon Athletica

联合广场咖啡馆 Union Square Cafe

斯台普 Staples

Guitar Center

美国雄鹰服饰用品 American Eagle Outfitters

Diesel

W. 14th St.

MAP7

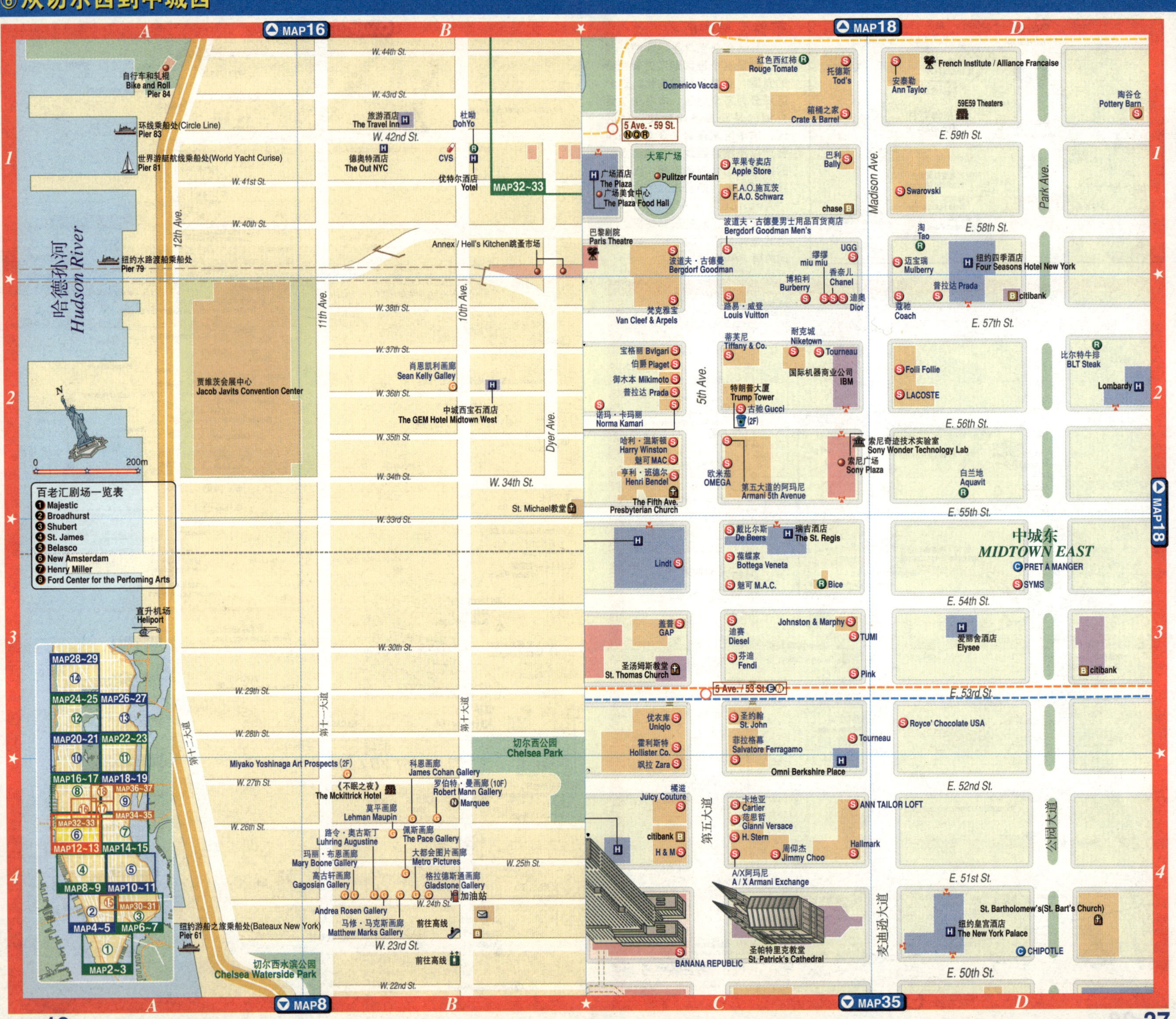

MAP16
MAP18
MAP8
MAP35
MAP32~33
W. 44th St.
W. 43rd St.
W. 42nd St.
W. 41st St.
W. 40th St.
W. 38th St.
W. 37th St.
W. 36th St.
W. 35th St.
W. 34th St.
W. 33rd St.
W. 30th St.
W. 29th St.
W. 28th St.
W. 27th St.
W. 26th St.
W. 25th St.
W. 24th St.
W. 23rd St.
W. 22nd St.
12th Ave.
11th Ave.
10th Ave.
Dyer Ave.
第十二大道
第十一大道
第十大道
自行车和轧棍
Bike and Roll
Pier 84
环线乘船处(Circle Line)
Pier 83
世界游艇航线乘船处(World Yacht Curise)
Pier 81
纽约水路渡船乘船处
Pier 79
哈德孙河
Hudson River
旅游酒店
The Travel Inn
杜呦
DohYo
德奥特酒店
The Out NYC
CVS
优特尔酒店
Yotel
Annex / Hell's Kitchen跳蚤市场
贾维茨会展中心
Jacob Javits Convention Center
肖恩凯利画廊
Sean Kelly Gallery
中城西宝石酒店
The GEM Hotel Midtown West
St. Michael教堂
百老汇剧场一览表
1 Majestic
2 Broadhurst
3 Shubert
4 St. James
5 Belasco
6 New Amsterdam
7 Henry Miller
8 Ford Center for the Perfoming Arts
直升机场
Heliport
Miyako Yoshinaga Art Prospects (2F)
科恩画廊
James Cohan Gallery
《不眠之夜》
The Mckittrick Hotel
罗伯特·曼画廊 (10F)
Robert Mann Gallery
Marquee
莫平画廊
Lehman Maupin
路令·奥古斯丁
Luhring Augustine
佩斯画廊
The Pace Gallery
玛丽·布恩画廊
Mary Boone Gallery
大都会图片画廊
Metro Pictures
高古轩画廊
Gagosian Gallery
格拉德斯通画廊
Gladstone Gallery
加油站
Andrea Rosen Gallery
马修·马克斯画廊
Matthew Marks Gallery
前往高线
纽约游船之旅乘船处(Bateaux New York)
Pier 61
切尔西公园
Chelsea Park
切尔西水滨公园
Chelsea Waterside Park
E. 59th St.
E. 58th St.
E. 57th St.
E. 56th St.
E. 55th St.
E. 54th St.
E. 53rd St.
E. 52nd St.
E. 51st St.
E. 50th St.
5th Ave.
Madison Ave.
Park Ave.
第五大道
麦迪逊大道
公园大道
5 Ave. - 59 St.
5 Ave. / 53 St.
Domenico Vacca
红色西红柿
Rouge Tomate
托德斯
Tod's
箱桶之家
Crate & Barrel
安泰勒
Ann Taylor
French Institute / Alliance Francaise
59E59 Theaters
陶谷仓
Pottery Barn
大军广场
广场酒店
The Plaza
广场美食中心
The Plaza Food Hall
Pulitzer Fountain
苹果专卖店
Apple Store
巴利
Bally
F.A.O.施瓦茨
F.A.O. Schwarz
chase
Swarovski
波道夫·古德曼男士用品百货商店
Bergdorf Goodman Men's
巴黎剧院
Paris Theatre
波道夫·古德曼
Bergdorf Goodman
缪缪
miu miu
UGG
博柏利
Burberry
香奈儿
Chanel
迪奥
Dior
路易·威登
Louis Vuitton
梵克雅宝
Van Cleef & Arpels
淘
Tao
迈宝瑞
Mulberry
纽约四季酒店
Four Seasons Hotel New York
普拉达 Prada
citibank
蔻驰
Coach
宝格丽 Bvlgari
伯爵 Piaget
御木本 Mikimoto
普拉达 Prada
诺玛·卡玛丽
Norma Kamari
蒂芙尼
Tiffany & Co.
耐克城
Niketown
Tourneau
国际机器商业公司
IBM
特朗普大厦
Trump Tower
古驰 Gucci
(2F)
Folli Follie
LACOSTE
比尔特牛排
BLT Steak
Lombardy
哈利·温斯顿
Harry Winston
魅可 MAC
亨利·班德尔
Henri Bendel
The Fifth Ave. Presbyterian Church
欧米茄
OMEGA
第五大道的阿玛尼
Armani 5th Avenue
索尼奇迹技术实验室
Sony Wonder Technology Lab
索尼广场
Sony Plaza
白兰地
Aquavit
戴比尔斯
De Beers
瑞吉酒店
The St. Regis
葆蝶家
Bottega Veneta
Lindt
魅可 M.A.C.
Bice
中城东
MIDTOWN EAST
PRET A MANGER
SYMS
盖普
GAP
迪赛
Diesel
Johnston & Marphy
TUMI
芬迪
Fendi
Pink
爱丽舍酒店
Elysee
圣托马斯教堂
St. Thomas Church
优衣库
Uniqlo
霍利斯特
Hollister Co.
飒拉 Zara
圣约翰
St. John
菲拉格慕
Salvatore Ferragamo
Tourneau
Royce' Chocolate USA
Omni Berkshire Place
橘滋
Juicy Couture
citibank
H & M
卡地亚
Cartier
范思哲
Gianni Versace
H. Stern
周仰杰
Jimmy Choo
ANN TAYLOR LOFT
Hallmark
A/X阿玛尼
A / X Armani Exchange
BANANA REPUBLIC
圣帕特里克教堂
St. Patrick's Cathedral
St. Bartholomew's(St. Bart's Church)
纽约皇宫酒店
The New York Palace
CHIPOTLE
MAP28~29
MAP24~25
MAP26~27
MAP20~21
MAP22~23
MAP16~17
MAP18~19
MAP36~37
MAP34~35
MAP32~33
MAP12~13
MAP14~15
MAP8~9
MAP10~11
MAP30~31
MAP4~5
MAP6~7
MAP2~3
0
200m

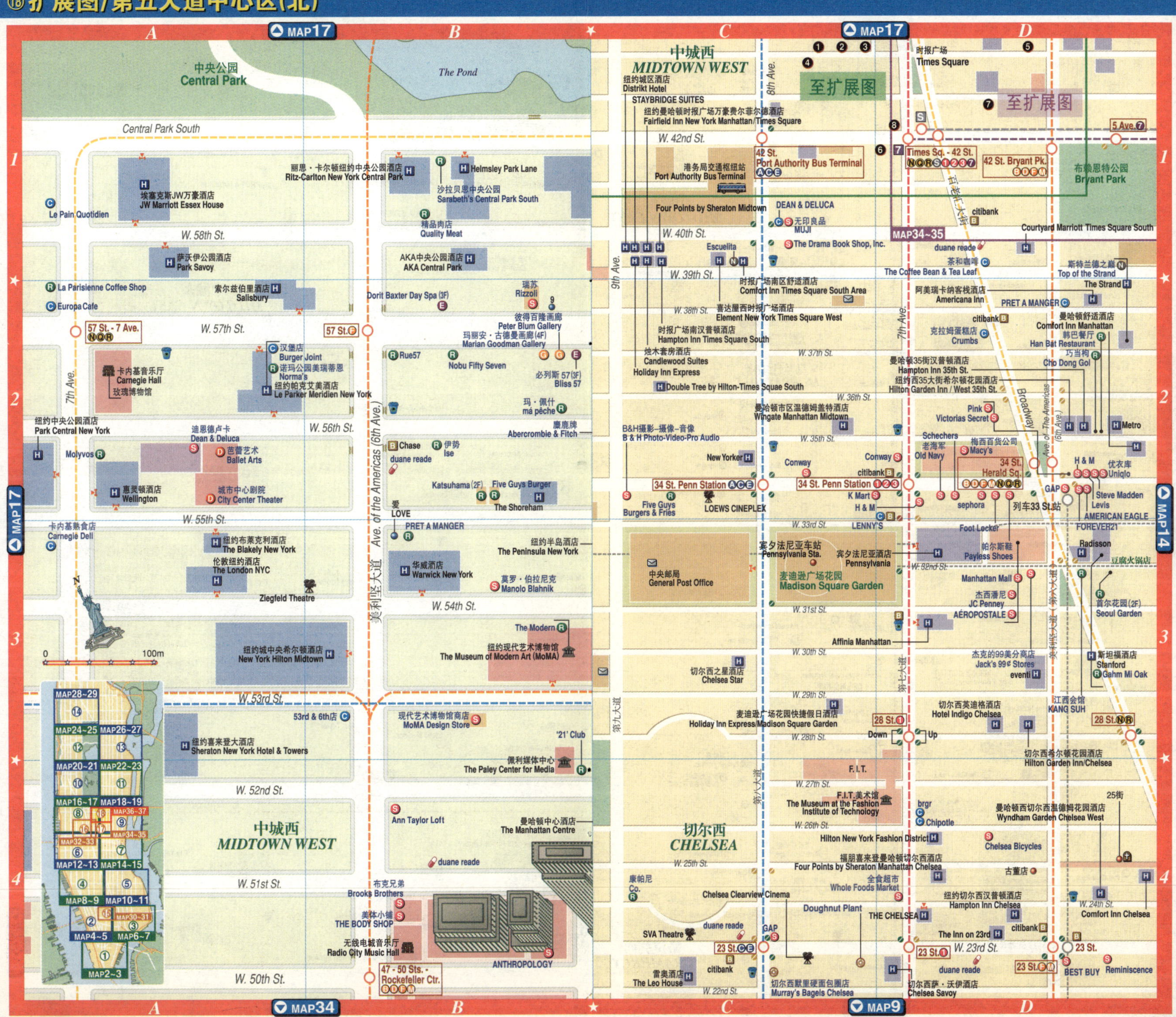

MAP17
中央公园
Central Park
The Pond
Central Park South
丽思·卡尔顿纽约中央公园酒店
Ritz-Carlton New York Central Park
Helmsley Park Lane
埃塞克斯JW万豪酒店
JW Marriott Essex House
沙拉贝思中央公园
Sarabeth's Central Park South
Le Pain Quotidien
精品肉店
Quality Meat
W. 58th St.
AKA中央公园酒店
AKA Central Park
萨沃伊公园酒店
Park Savoy
La Parisienne Coffee Shop
索尔兹伯里酒店
Salisbury
Europa Cafe
Dorit Baxter Day Spa (3F)
瑞苏
Rizzoli
彼得百隆画廊
Peter Blum Gallery
玛丽安·古德曼画廊
Marian Goodman Gallery
57 St.-7 Ave.
W. 57th St.
57 St.
汉堡店
Burger Joint
诺玛公园美瑞蒂恩
Norma's
纽约帕克艾美酒店
Le Parker Meridien New York
卡内基音乐厅
Carnegie Hall
玫瑰博物馆
Rue57
Nobu Fifty Seven
必列斯 57(3F)
Bliss 57
玛·佩什
má pêche
7th Ave.
纽约中央公园酒店
Park Central New York
迪恩德卢卡
Dean & Deluca
芭蕾艺术
Ballet Arts
W. 56th St.
麋鹿牌
Abercrombie & Fitch
Chase
伊势
Ise
duane reade
Molyvos
惠灵顿酒店
Wellington
城市中心剧院
City Center Theater
Katsuhama (2F)
Five Guys Burger
The Shoreham
爱
LOVE
PRET A MANGER
W. 55th St.
卡内基熟食店
Carnegie Deli
纽约布莱克利酒店
The Blakely New York
伦敦纽约酒店
The London NYC
纽约半岛酒店
The Peninsula New York
华威酒店
Warwick New York
莫罗·伯拉尼克
Manolo Blahnik
Ziegfeld Theatre
W. 54th St.
Ave. of the Americas (6th Ave.)
美利坚大道
The Modern
纽约现代艺术博物馆
The Museum of Modern Art (MoMA)
纽约城中央希尔顿酒店
New York Hilton Midtown
0
100m
W. 53rd St.
53rd & 6th店
现代艺术博物馆商店
MoMA Design Store
纽约喜来登大酒店
Sheraton New York Hotel & Towers
'21' Club
佩利媒体中心
The Paley Center for Media
W. 52nd St.
中城西
MIDTOWN WEST
Ann Taylor Loft
曼哈顿中心酒店
The Manhattan Centre
duane reade
W. 51st St.
布克兄弟
Brooks Brothers
美体小铺
THE BODY SHOP
无线电城音乐厅
Radio City Music Hall
ANTHROPOLOGY
47-50 Sts.-Rockefeller Ctr.
W. 50th St.
MAP28~29
MAP24~25
MAP26~27
MAP20~21
MAP22~23
MAP16~17
MAP18~19
MAP36~37
MAP32~33
MAP34~35
MAP12~13
MAP14~15
MAP8~9
MAP10~11
MAP30~31
MAP4~5
MAP6~7
MAP2~3
MAP34
中城西
MIDTOWN WEST
纽约城区酒店
Distrikt Hotel
STAYBRIDGE SUITES
纽约曼哈顿时报广场万豪费尔菲德酒店
Fairfield Inn New York Manhattan/Times Square
8th Ave.
至扩展图
W. 42nd St.
港务局交通枢纽站
Port Authority Bus Terminal
42 St.
Port Authority Bus Terminal
时报广场
Times Square
Times Sq.-42 St.
42 St. Bryant Pk.
5 Ave.
布赖恩特公园
Bryant Park
百老汇大街
Four Points by Sheraton Midtown
DEAN & DELUCA
无印良品
MUJI
citibank
W. 40th St.
The Drama Book Shop, Inc.
MAP34~35
Courtyard Marriott Times Square South
Escuelita
duane reade
茶和咖啡
The Coffee Bean & Tea Leaf
斯特兰德之颠
Top of the Strand
The Strand
9th Ave.
W. 39th St.
时报广场南区舒适酒店
Comfort Inn Times Square South Area
阿美瑞卡纳商栈酒店
Americana Inn
PRET A MANGER
W. 38th St.
喜达屋西时报广场酒店
Element New York Times Square West
曼哈顿舒适酒店
Comfort Inn Manhattan
韩巴餐厅
Han Bat Restaurant
巧当构
Cho Dong Gol
时报广场南汉普顿酒店
Hampton Inn Times Square South
克拉姆糕点店
Crumbs
烛木套房酒店
Candlewood Suites
W. 37th St.
假日快捷酒店
Holiday Inn Express
曼哈35街汉普顿酒店
Hampton Inn 35th St.
纽约西35大街希尔顿花园酒店
Hilton Garden Inn / West 35th St.
Double Tree by Hilton-Times Squae South
W. 36th St.
Broadway
Ave. of The Americas (6th Ave.)
7th Ave.
曼哈顿市区温德姆盖特酒店
Wingate Manhattan Midtown
Pink
Victorias Secret
Metro
B&H摄影-摄像-音像
B & H Photo-Video-Pro Audio
W. 35th St.
Schechers
老海军
Old Navy
梅西百货公司
Macy's
H & M
优衣库
Uniqlo
New Yorker
Conway
Conway
citibank
34 St. Herald Sq.
34 St. Penn Station
34 St. Penn Station
GAP
Steve Madden
Levis
AMERICAN EAGLE
FOREVER21
Five Guys Burgers & Fries
LOEWS CINEPLEX
K Mart
H & M
sephora
列车33 St.站
W. 33rd St.
LENNY'S
Foot Locker
Radisson
宾夕法尼亚车站
Pennsylvania Sta.
宾夕法尼亚酒店
Pennsylvania
帕尔斯鞋
Payless Shoes
豆腐火锅店
中央邮局
General Post Office
麦迪逊广场花园
Madison Square Garden
W. 32nd St.
Manhattan Mall
杰西潘尼
JC Penney
AÉROPOSTALE
首尔花园(2F)
Seoul Garden
W. 31st St.
Affinia Manhattan
W. 30th St.
杰克的99美分商店
Jack's 99¢ Stores
eventi
斯坦福酒店
Stanford
Gahm Mi Oak
切尔西之星酒店
Chelsea Star
第九大道
第八大道
第七大道
美利坚大道
W. 29th St.
江西会馆
KANG SUH
麦迪逊广场花园快捷假日酒店
Holiday Inn Express/Madison Square Garden
切尔西英迪格酒店
Hotel Indigo Chelsea
28 St.
28 St.
Down
Up
W. 28th St.
切尔西希尔顿花园酒店
Hilton Garden Inn/Chelsea
F.I.T.
W. 27th St.
F.I.T.美术馆
The Museum at the Fashion Institute of Technology
brgr
Chipotle
曼哈顿西切尔西温德姆花园酒店
Wyndham Garden Chelsea West
25街
切尔西
CHELSEA
W. 26th St.
Hilton New York Fashion District
Chelsea Bicycles
W. 25th St.
福朋喜来登曼哈顿切尔西酒店
Four Points by Sheraton Manhattan Chelsea
古董店
康帕尼
Co.
全食超市
Whole Foods Market
Chelsea Clearview Cinema
纽约切尔西汉普顿酒店
Hampton Inn Chelsea
W. 24th St.
Comfort Inn Chelsea
Doughnut Plant
THE CHELSEA
duane reade
SVA Theatre
GAP
The Inn on 23rd
citibank
23 St.
23 St.
W. 23rd St.
23 St.
23 St.
23 St.
citibank
duane reade
BEST BUY
Reminiscence
雷奥酒店
The Leo House
W. 22nd St.
切尔西默里硬面包圈店
Murray's Bagels Chelsea
切尔西萨·沃伊酒店
Chelsea Savoy
MAP9
MAP14

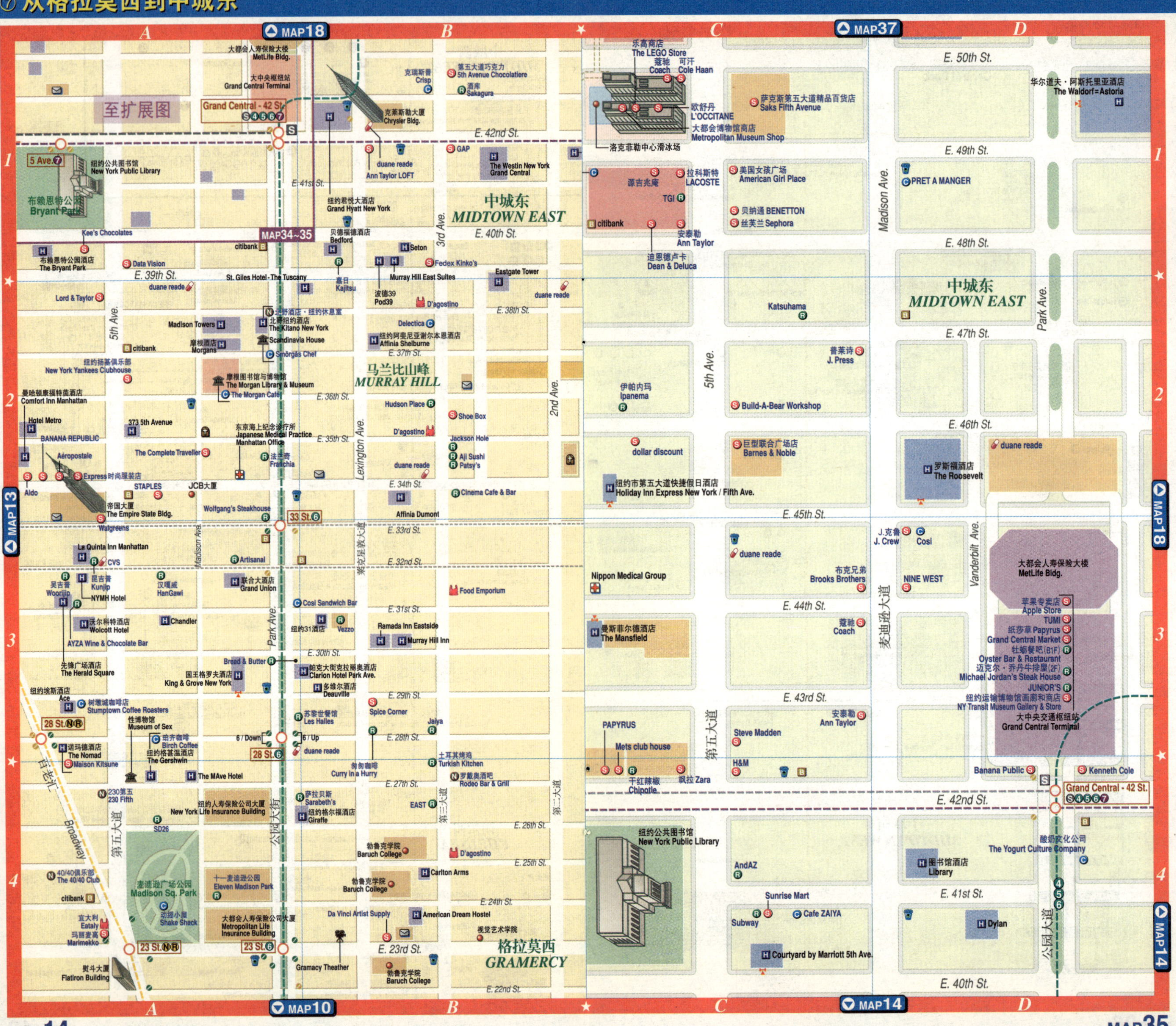

MAP18
MAP37
MAP13
MAP10
MAP14
MAP34~35
至扩展图
中城东
MIDTOWN EAST
马兰比山峰
MURRAY HILL
格拉莫西
GRAMERCY
纽约公共图书馆
New York Public Library
布赖恩特公园
Bryant Park
帝国大厦
The Empire State Bldg.
克莱斯勒大厦
Chrysler Bldg.
大都会人寿保险大楼
MetLife Bldg.
大中央交通枢纽站
Grand Central Terminal
麦迪逊广场公园
Madison Sq. Park
熨斗大厦
Flatiron Building
摩根图书馆与博物馆
The Morgan Library & Museum
萨克斯第五大道精品百货店
Saks Fifth Avenue
华尔道夫·阿斯托里亚酒店
The Waldorf=Astoria
洛克菲勒中心滑冰场
E. 50th St.
E. 49th St.
E. 48th St.
E. 47th St.
E. 46th St.
E. 45th St.
E. 44th St.
E. 43rd St.
E. 42nd St.
E. 41st St.
E. 40th St.
E. 39th St.
E. 38th St.
E. 37th St.
E. 36th St.
E. 35th St.
E. 34th St.
E. 33rd St.
E. 32nd St.
E. 31st St.
E. 30th St.
E. 29th St.
E. 28th St.
E. 27th St.
E. 26th St.
E. 25th St.
E. 24th St.
E. 23rd St.
E. 22nd St.
5th Ave.
Madison Ave.
Park Ave.
Lexington Ave.
3rd Ave.
2nd Ave.
Vanderbilt Ave.
Broadway

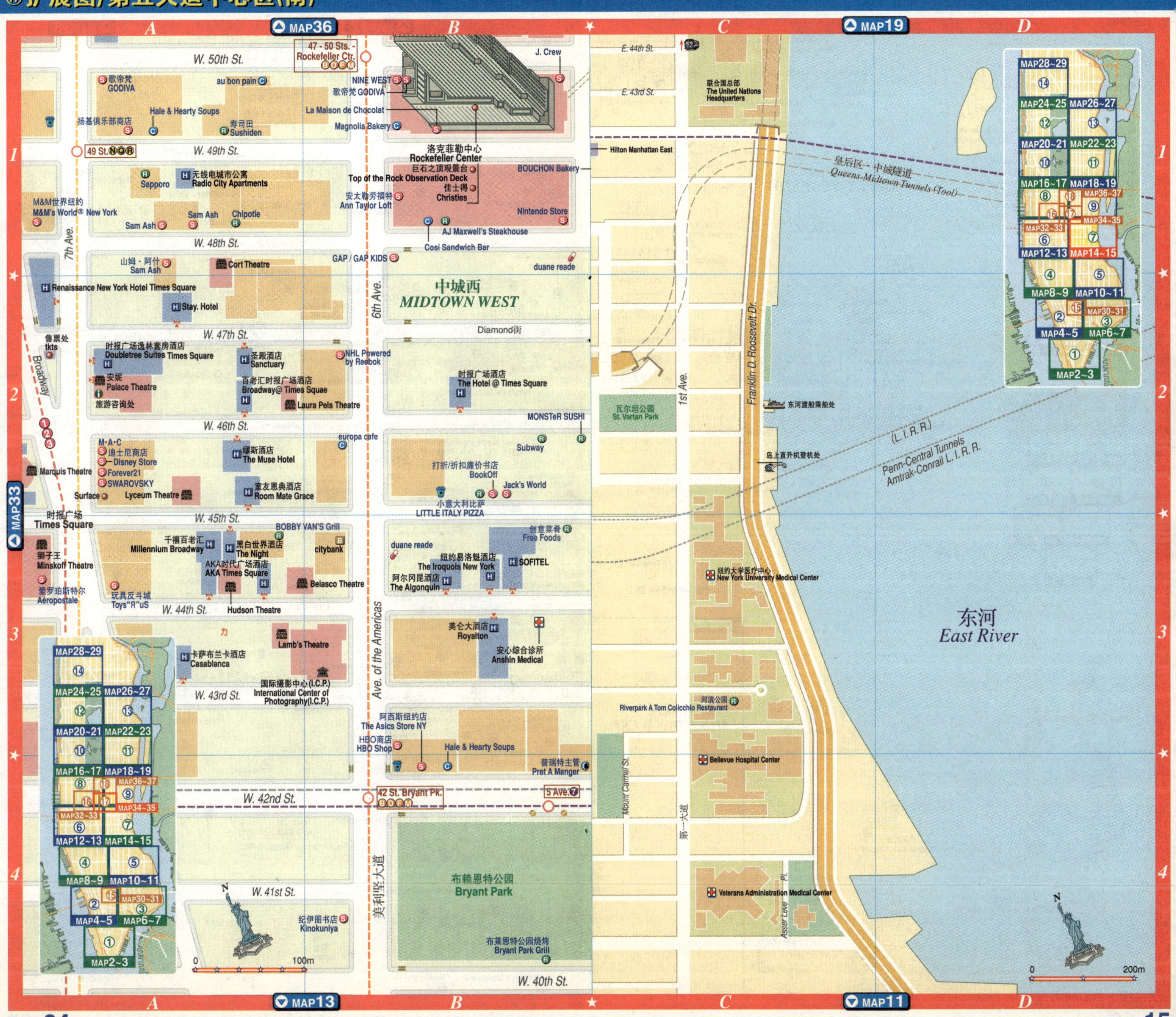

W. 50th St.
W. 49th St.
W. 48th St.
W. 47th St.
W. 46th St.
W. 45th St.
W. 44th St.
W. 43rd St.
W. 42nd St.
W. 41st St.
W. 40th St.
7th Ave.
6th Ave.
Ave. of the Americas
美利坚大道
Broadway
1st Ave.
第一大道
Franklin D. Roosevelt Dr.
E. 44th St.
E. 43rd St.
中城西
MIDTOWN WEST
洛克菲勒中心
Rockefeller Center
时报广场
Times Square
布赖恩特公园
Bryant Park
东河
East River
联合国总部
The United Nations Headquarters
Hilton Manhattan East
皇后区－中城隧道
Queens-Midtown Tunnels (Toll)
东河渡船乘船处
岛上直升机登机处
Penn-Central Tunnels
Amtrak-Conrail L.I.R.R.
瓦尔坦公园
St. Vartan Park
纽约大学医疗中心
New York University Medical Center
Bellevue Hospital Center
Veterans Administration Medical Center
Riverpark A Tom Colicchio Restaurant
Mount Carmel St.
Asser Levy Pl.
47 - 50 Sts. - Rockefeller Ctr.
49 St.
42 St. Bryant Pk.
5 Ave.
Top of the Rock Observation Deck
巨石之顶观景台
佳士得 Christies
Nintendo Store
BOUCHON Bakery
J. Crew
NINE WEST
歌帝梵 GODIVA
La Maison de Chocolat
Magnolia Bakery
安太勒劳福特 Ann Taylor Loft
AJ Maxwell's Steakhouse
Cosi Sandwich Bar
GAP / GAP KIDS
duane reade
Diamond街
时报广场酒店 The Hotel @ Times Square
MONSTeR SUSHI
Subway
europa cafe
打折/折扣康价书店 BookOff
Jack's World
小意大利比萨 LITTLE ITALY PIZZA
创意菜肴 Free Foods
纽约易洛魁酒店 The Iroquois New York
阿尔冈昆酒店 The Algonquin
SOFITEL
美仑大酒店 Royalton
安心综合诊所 Anshin Medical
阿西斯纽约店 The Asics Store NY
HBO商店 HBO Shop
Hale & Hearty Soups
普瑞特主管 Pret A Manger
布莱恩特公园烧烤 Bryant Park Grill
纪伊图书店 Kinokuniya
歌帝梵 GODIVA
au bon pain
扬基俱乐部商店
寿司田 Sushiden
Sapporo
无线电城市公寓 Radio City Apartments
M&M世界纽约 M&M's World® New York
Sam Ash
Chipotle
山姆・阿什 Sam Ash
Cort Theatre
Renaissance New York Hotel Times Square
Stay. Hotel
售票处 tkts
时报广场逸林套房酒店 Doubletree Suites Times Square
圣殿酒店 Sanctuary
NHL Powered by Reebok
安妮 Palace Theatre
百老汇时报广场酒店 Broadway@ Times Square
Laura Pels Theatre
旅游咨询处
M・A・C
迪士尼商店 Disney Store
Forever21
SWAROVSKY
Marquis Theatre
Surface
Lyceum Theatre
缪斯酒店 The Muse Hotel
室友恩典酒店 Room Mate Grace
BOBBY VAN'S Grill
千禧百老汇 Millennium Broadway
黑白世界酒店 The Night
AKA时代广场酒店 AKA Times Square
citybank
Belasco Theatre
狮子王 Minskoff Theatre
爱罗珀斯特尔 Aéropostale
玩具反斗城 Toys"R"uS
Hudson Theatre
Lamb's Theatre
卡萨布兰卡酒店 Casablanca
国际摄影中心(I.C.P.) International Center of Photography(I.C.P.)
MAP36
MAP19
MAP33
MAP13
MAP11
0 100m
0 200m

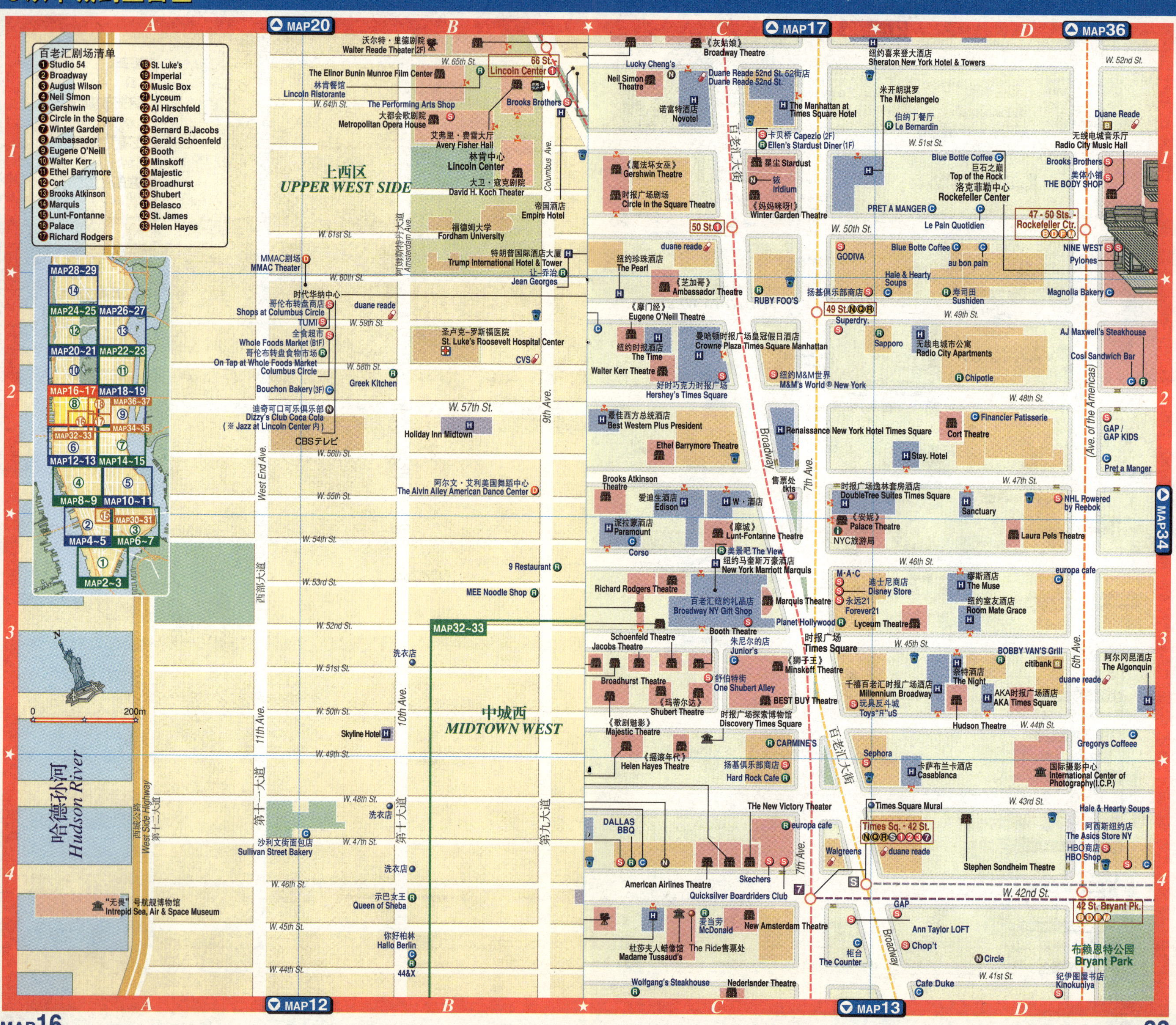
百老汇剧场清单
1 Studio 54
2 Broadway
3 August Wilson
4 Neil Simon
5 Gershwin
6 Circle in the Square
7 Winter Garden
8 Ambassador
9 Eugene O'Neill
10 Walter Kerr
11 Ethel Barrymore
12 Cort
13 Brooks Atkinson
14 Marquis
15 Lunt-Fontanne
16 Palace
17 Richard Rodgers
18 St. Luke's
19 Imperial
20 Music Box
21 Lyceum
22 Al Hirschfeld
23 Golden
24 Bernard B.Jacobs
25 Gerald Schoenfeld
26 Booth
27 Minskoff
28 Majestic
29 Broadhurst
30 Shubert
31 Belasco
32 St. James
33 Helen Hayes
MAP20
MAP17
MAP36
MAP12
MAP13
MAP34
MAP32~33
上西区
UPPER WEST SIDE
中城西
MIDTOWN WEST
哈德孙河
Hudson River
西侧公路
West Side Highway
第十二大道
第十一大道
第十大道
第九大道
西部大道
West End Ave.
11th Ave.
10th Ave.
9th Ave.
Columbus Ave.
Amsterdam Ave.
阿姆斯特丹大道
Broadway
百老汇大街
7th Ave.
6th Ave.
(Ave. of the Americas)
W. 65th St.
W. 64th St.
W. 61st St.
W. 60th St.
W. 59th St.
W. 58th St.
W. 57th St.
W. 56th St.
W. 55th St.
W. 54th St.
W. 53rd St.
W. 52nd St.
W. 51st St.
W. 50th St.
W. 49th St.
W. 48th St.
W. 47th St.
W. 46th St.
W. 45th St.
W. 44th St.
W. 43rd St.
W. 42nd St.
W. 41st St.
沃尔特・里德剧院
Walter Reade Theater (2F)
66 St.
Lincoln Center
The Elinor Bunin Munroe Film Center
林肯餐馆
Lincoln Ristorante
The Performing Arts Shop
Brooks Brothers
大都会歌剧院
Metropolitan Opera House
艾弗里・费雪大厅
Avery Fisher Hall
林肯中心
Lincoln Center
大卫・寇克剧院
David H. Koch Theater
帝国酒店
Empire Hotel
福德姆大学
Fordham University
特朗普国际酒店大厦
Trump International Hotel & Tower
让・乔治
Jean Georges
MMAC剧场
MMAC Theater
时代华纳中心
哥伦布转盘商店
Shops at Columbus Circle
duane reade
TUMI
全食超市
Whole Foods Market (B1F)
哥伦布转盘食物市场
On Tap at Whole Foods Market
Columbus Circle
Bouchon Bakery (3F)
迪奇司可口可乐俱乐部
Dizzy's Club Coca Cola
(※ Jazz at Lincoln Center内)
CBSテレビ
圣卢克・罗斯福医院
St. Luke's Roosevelt Hospital Center
CVS
Greek Kitchen
Holiday Inn Midtown
阿尔文・艾利美国舞蹈中心
The Alvin Ailey American Dance Center
9 Restaurant
MEE Noodle Shop
洗衣店
Skyline Hotel
沙利文街面包店
Sullivan Street Bakery
示巴女王
Queen of Sheba
你好柏林
Hallo Berlin
44&X
"无畏"号航舰博物馆
Intrepid Sea, Air & Space Museum
Lucky Cheng's
Neil Simon Theatre
《灰姑娘》
Broadway Theatre
Duane Reade 52nd St. 52街店
Duane Reade 52nd St.
诺富特酒店
Novotel
The Manhattan at Times Square Hotel
卡贝桥 Capezio (2F)
Ellen's Stardust Diner (1F)
星尘 Stardust
铱 iridium
《魔法坏女巫》
Gershwin Theatre
时报广场剧场
Circle in the Square Theatre
《妈妈咪呀!》
Winter Garden Theatre
50 St.
纽约珍珠酒店
The Pearl
《芝加哥》
Ambassador Theatre
RUBY FOO'S
《摩门经》
Eugene O'Neill Theatre
纽约时报酒店
The Time
曼哈顿时报广场皇冠假日酒店
Crowne Plaza Times Square Manhattan
Walter Kerr Theatre
好时巧克力时报广场
Hershey's Times Square
纽约M&M世界
M&M's World New York
最佳西方总统酒店
Best Western Plus President
Ethel Barrymore Theatre
Brooks Atkinson Theatre
爱迪生酒店
Edison
W・酒店
派拉蒙酒店
Paramount
Corso
《摩城》
Lunt-Fontanne Theatre
美景吧 The View
纽约马奎斯万豪酒店
New York Marriott Marquis
Richard Rodgers Theatre
百老汇纽约礼品店
Broadway NY Gift Shop
Marquis Theatre
Booth Theatre
Schoenfeld Theatre
Jacobs Theatre
朱尼尔的店
Junior's
《狮子王》
Minskoff Theatre
Broadhurst Theatre
舒伯特街
One Shubert Alley
《玛蒂尔达》
Shubert Theatre
BEST BUY Theatre
《歌剧魅影》
Majestic Theatre
时报广场探索博物馆
Discovery Times Square
CARMINE'S
《摇滚年代》
Helen Hayes Theatre
扬基俱乐部商店
Hard Rock Cafe
售票处 tkts
Planet Hollywood
Lyceum Theatre
时报广场
Times Square
DALLAS BBQ
The New Victory Theater
europa cafe
American Airlines Theatre
Skechers
Quicksilver Boardriders Club
麦当劳
McDonald
New Amsterdam Theatre
杜莎夫人蜡像馆
Madame Tussaud's
The Ride售票处
Wolfgang's Steakhouse
Nederlander Theatre
喜来登曼哈顿时报广场酒店
Sheraton New York Hotel & Towers
米开朗琪罗
The Michelangelo
伯纳丁餐厅
Le Bernardin
Duane Reade
无线电城音乐厅
Radio City Music Hall
Blue Bottle Coffee
Brooks Brothers
美体小铺
THE BODY SHOP
巨石之巅
Top of the Rock
洛克菲勒中心
Rockefeller Center
PRET A MANGER
Le Pain Quotidien
47-50 Sts.-Rockefeller Ctr.
W. 50th St.
GODIVA
au bon pain
Hale & Hearty Soups
寿司田
Sushiden
NINE WEST
Pylones
Magnolia Bakery
49 St.
Superdry.
Sapporo
无线电城市公寓
Radio City Apartments
Chipotle
AJ Maxwell's Steakhouse
Cosi Sandwich Bar
Renaissance New York Hotel Times Square
Cort Theatre
Financier Patisserie
Stay. Hotel
GAP / GAP KIDS
Pret a Manger
时报广场逸林套房酒店
DoubleTree Suites Times Square
Sanctuary
NHL Powered by Reebok
《安妮》
Palace Theatre
NYC旅游局
Laura Pels Theatre
M・A・C
迪士尼商店
Disney Store
永远21
Forever21
缪斯酒店
The Muse
europa cafe
纽约室友酒店
Room Mate Grace
BOBBY VAN'S Grill
citibank
阿尔冈昆酒店
The Algonquin
千禧百老汇时报广场酒店
Millennium Broadway
玩具反斗城
Toys"R"uS
奈特酒店
The Night
AKA时报广场酒店
AKA Times Square
Hudson Theatre
Sephora
卡萨布兰卡酒店
Casablanca
国际摄影中心
International Center of Photography (I.C.P.)
Gregorys Coffee
Times Square Mural
Times Sq.-42 St.
Walgreens
Stephen Sondheim Theatre
Hale & Hearty Soups
阿西斯纽约店
The Asics Store NY
HBO商店
HBO Shop
Ann Taylor LOFT
Chop't
柜台
The Counter
Circle
布赖恩特公园
Bryant Park
42 St. Bryant Pk.
Cafe Duke
纪伊国屋书店
Kinokuniya

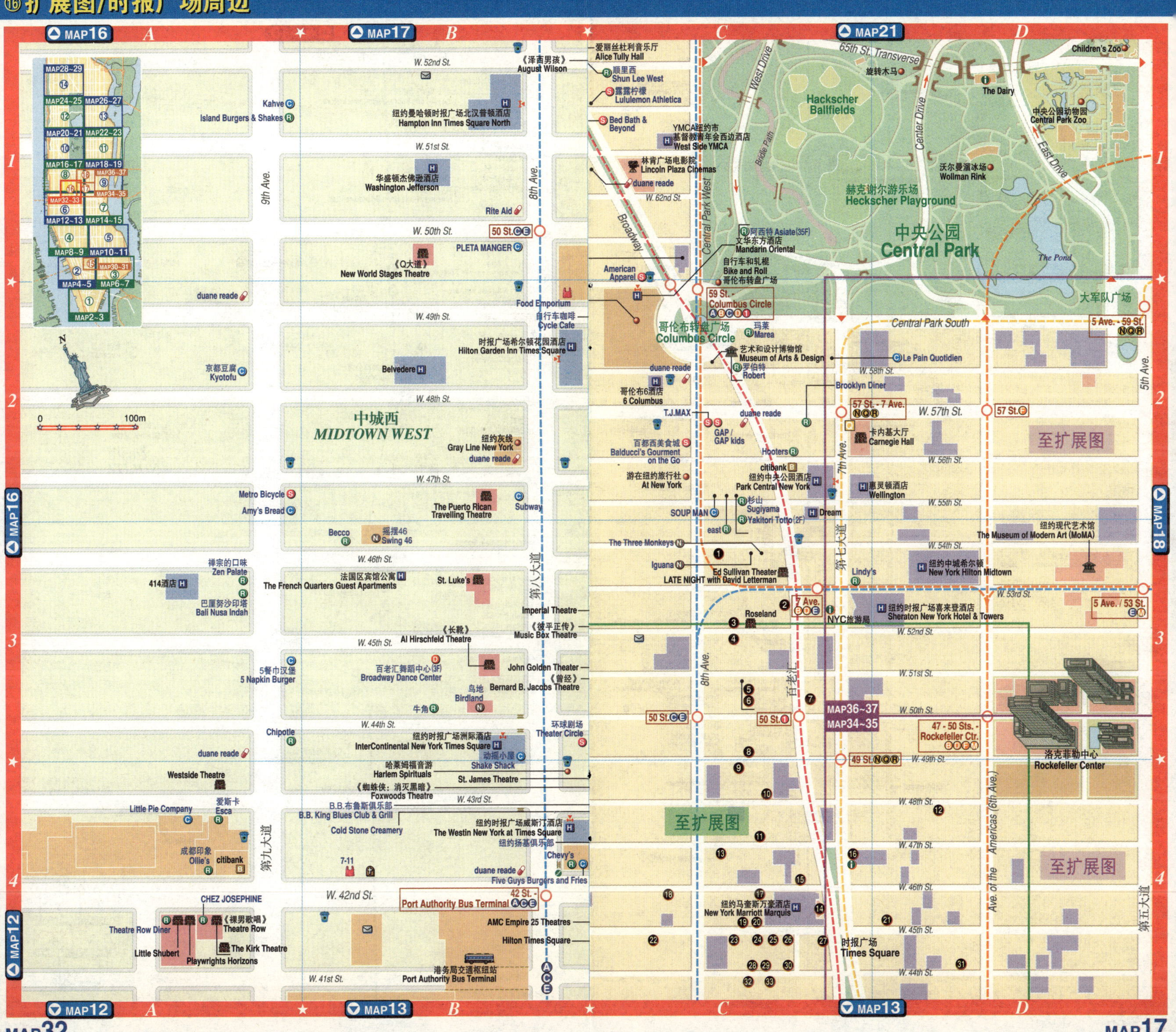
MAP16
MAP17
MAP21
MAP18
MAP12
MAP13
中城西
MIDTOWN WEST
中央公园
Central Park
哥伦布转盘广场
Columbus Circle
赫克谢尔游乐场
Heckscher Playground
Hackscher Ballfields
洛克菲勒中心
Rockefeller Center
时报广场
Times Square
纽约现代艺术馆
The Museum of Modern Art (MoMA)
卡内基音乐厅
Carnegie Hall
至扩展图
MAP36~37
MAP34~35
港务局交通枢纽站
Port Authority Bus Terminal
第八大道
第九大道
第七大道
第五大道
百老汇
8th Ave.
9th Ave.
7th Ave.
5th Ave.
Broadway
Central Park West
Central Park South
Ave. of the Americas (6th Ave.)
W. 42nd St.
W. 57th St.
100m

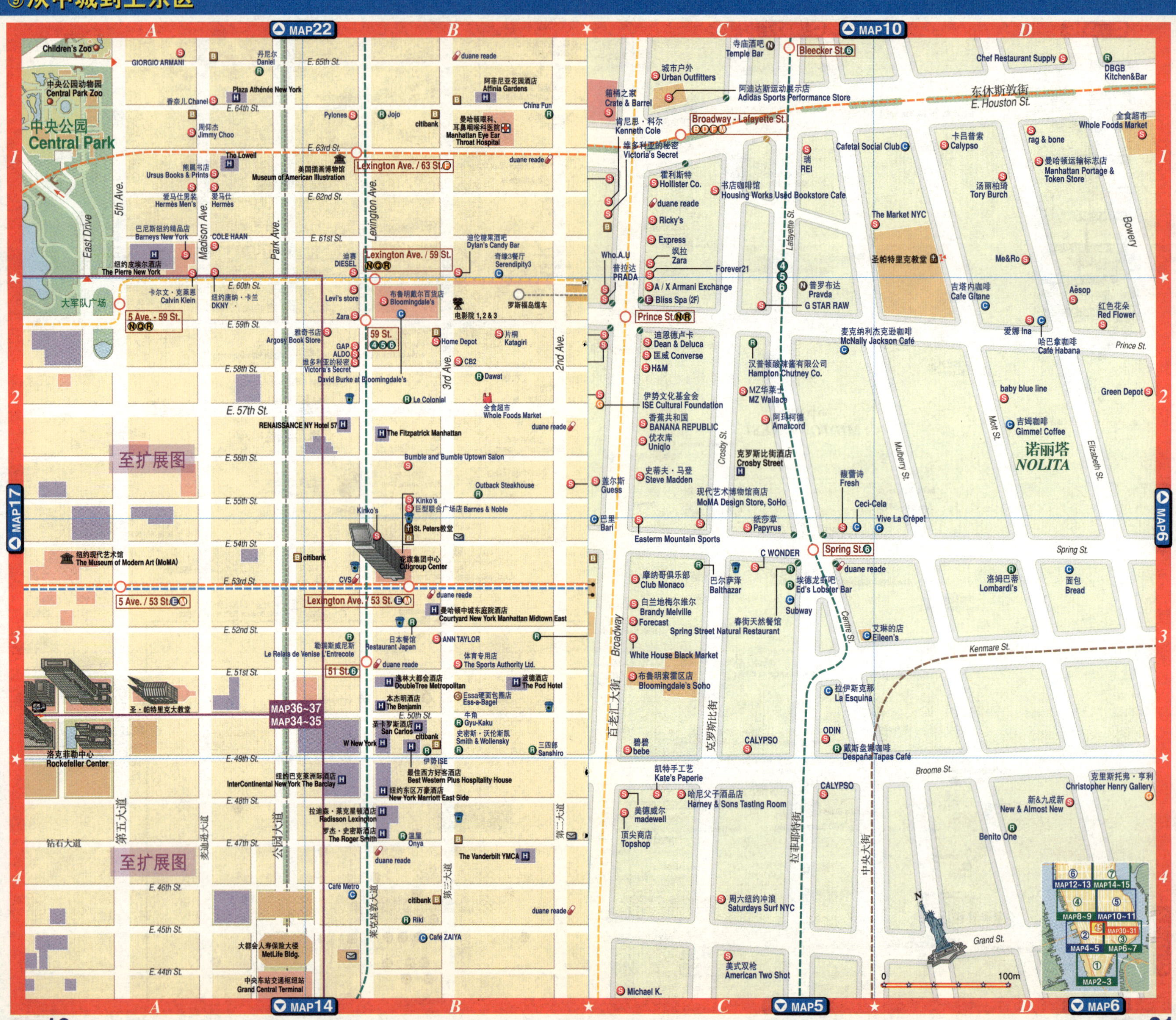
MAP22
MAP10
MAP17
MAP6
MAP14
MAP5
MAP36~37
MAP34~35
Children's Zoo
中央公园动物园
Central Park Zoo
中央公园
Central Park
GIORGIO ARMANI
丹尼尔
Daniel
E. 65th St.
duane reade
阿菲尼亚花园酒店
Affinia Gardens
Plaza Athénée New York
香奈儿 Chanel
E. 64th St.
Pylones
Jojo
citibank
曼哈顿眼科、耳鼻咽喉科医院
Manhattan Eye Ear Throat Hospital
China Fun
周仰杰
Jimmy Choo
E. 63rd St.
The Lowell
熊属书店
Ursus Books & Prints
美国插画博物馆
Museum of American Illustration
Lexington Ave. / 63 St.
爱马仕男装
Hermès Men's
爱马仕
Hermès
E. 62nd St.
5th Ave.
Madison Ave.
Park Ave.
Lexington Ave.
East Drive
巴尼斯纽约精品店
Barneys New York
COLE HAAN
E. 61st St.
迪伦糖果酒吧
Dylan's Candy Bar
奇缘3餐厅
Serendipity3
纽约皮埃尔酒店
The Pierre New York
迪赛
DIESEL
Lexington Ave. / 59 St.
E. 60th St.
卡尔文·克莱恩
Calvin Klein
纽约唐纳·卡兰
DKNY
Levi's store
布鲁明戴尔百货店
Bloomingdale's
罗斯福岛缆车
大军队广场
5 Ave. - 59 St.
Zara
电影院 1, 2 & 3
E. 59th St.
59 St.
雅奇书店
Argosy Book Store
Home Depot
片桐
Katagiri
GAP
ALDO
维多利亚的秘密
Victoria's Secret
CB2
E. 58th St.
David Burke at Bloomingdale's
Dawat
3rd Ave.
2nd Ave.
Le Colonial
全食超市
Whole Foods Market
E. 57th St.
RENAISSANCE NY Hotel 57
duane reade
The Fitzpatrick Manhattan
至扩展图
E. 56th St.
Bumble and Bumble Uptown Salon
Outback Steakhouse
E. 55th St.
Kinko's
巨型联合广场店 Barnes & Noble
St. Peters教堂
E. 54th St.
纽约现代艺术馆
The Museum of Modern Art (MoMA)
citibank
花旗集团中心
Citigroup Center
E. 53rd St.
CVS
5 Ave. / 53 St.
Lexington Ave. / 53 St.
duane reade
曼哈顿中城东庭院酒店
Courtyard New York Manhattan Midtown East
E. 52nd St.
日本餐馆
Restaurant Japan
ANN TAYLOR
勒鲁维尼斯
Le Relais de Venise L'Entrecote
体育专用店
The Sports Authority Ltd.
51 St.
duane reade
E. 51st St.
逸林大都会酒店
DoubleTree Metropolitan
波德酒店
The Pod Hotel
Essa硬面包圈店
Essa-a-Bagel
本杰明酒店
The Benjamin
E. 50th St.
牛角
Gyu-Kaku
圣·帕特里克大教堂
圣卡罗斯酒店
San Carlos
W New York
史密斯·沃伦斯凯
Smith & Wollensky
三四郎
Sanshiro
洛克菲勒中心
Rockefeller Center
E. 49th St.
伊势ISE
最佳西方好客酒店
Best Western Plus Hospitality House
纽约巴克莱洲际酒店
InterContinental New York The Barclay
纽约东区万豪酒店
New York Marriott East Side
E. 48th St.
拉迪森·莱克星顿酒店
Radisson Lexington
罗杰·史密斯酒店
The Roger Smith
温屋
Onya
钻石大道
第五大道
麦迪逊大道
公园大道
E. 47th St.
duane reade
The Vanderbilt YMCA
第三大道
第二大道
E. 46th St.
Café Metro
citibank
莱克星顿大道
E. 45th St.
Riki
duane reade
Café ZAIYA
大都会人寿保险大楼
MetLife Bldg.
E. 44th St.
中央车站交通枢纽站
Grand Central Terminal
寺庙酒吧
Temple Bar
Bleecker St.
Chef Restaurant Supply
DBGB Kitchen&Bar
城市户外
Urban Outfitters
阿迪达斯运动展示店
Adidas Sports Performance Store
东休斯敦街
E. Houston St.
箱桶之家
Crate & Barrel
肯尼思·科尔
Kenneth Cole
Broadway - Lafayette St.
全食超市
Whole Foods Market
维多利亚的秘密
Victoria's Secret
瑞
REI
Cafetal Social Club
卡吕普索
Calypso
rag & bone
曼哈顿运输标志店
Manhattan Portage & Token Store
霍利斯特
Hollister Co.
书店咖啡馆
Housing Works Used Bookstore Cafe
汤丽柏琦
Tory Burch
duane reade
Ricky's
The Market NYC
Bowery
Express
飒拉
Zara
Lafayette St.
圣帕特里克老教堂
Me&Ro
Who.A.U
普拉达
PRADA
Forever21
A / X Armani Exchange
普罗布达
Pravda
吉塔内咖啡
Café Gitane
Aēsop
Bliss Spa (2F)
G STAR RAW
红色花朵
Red Flower
Prince St.
迪恩德卢卡
Dean & Deluca
麦克纳利杰克逊咖啡
McNally Jackson Café
爱娜
Ina
哈巴拿咖啡
Café Habana
匡威 Converse
Prince St.
H&M
汉普顿酸辣酱有限公司
Hampton Chutney Co.
MZ华莱士
MZ Wallace
baby blue line
Green Depot
伊势文化基金会
ISE Cultural Foundation
香蕉共和国
BANANA REPUBLIC
阿玛柯德
Amarcord
吉姆咖啡
Gimme! Coffee
优衣库
Uniqlo
Mott St.
诺丽塔
NOLITA
Elizabeth St.
克罗斯比街酒店
Crosby Street
Crosby St.
Mulberry St.
史蒂夫·马登
Steve Madden
盖尔斯
Guess
馥蕾诗
Fresh
现代艺术博物馆商店
MoMA Design Store, SoHo
Ceci-Cela
巴里
Bari
纸莎草
Papyrus
Vive La Crêpe!
Eastern Mountain Sports
C WONDER
Spring St.
Spring St.
duane reade
洛姆巴蒂
Lombardi's
面包
Bread
摩纳哥俱乐部
Club Monaco
巴尔萨泽
Balthazar
埃德龙虾吧
Ed's Lobster Bar
Subway
白兰地梅尔维尔
Brandy Melville
Forecast
春街天然餐馆
Spring Street Natural Restaurant
艾琳的店
Eileen's
Centre St.
Kenmare St.
White House Black Market
Broadway
布鲁明索霍区店
Bloomingdale's Soho
拉伊斯克那
La Esquina
百老汇大街
克罗斯比街
ODIN
戴斯盘瑞咖啡
Despaña Tapas Café
碧碧
bebe
CALYPSO
Broome St.
凯特手工艺
Kate's Paperie
克里斯托弗·亨利
Christopher Henry Gallery
哈尼父子酒品店
Harney & Sons Tasting Room
CALYPSO
新&九成新
New & Almost New
美德威尔
madewell
顶尖商店
Topshop
拉菲耶特街
中央大街
Benito One
周六纽约冲浪
Saturdays Surf NYC
Grand St.
美式双枪
American Two Shot
Michael K.
100m
MAP12~13
MAP14~15
MAP8~9
MAP10~11
MAP30~31
MAP4~5
MAP6~7
MAP2~3

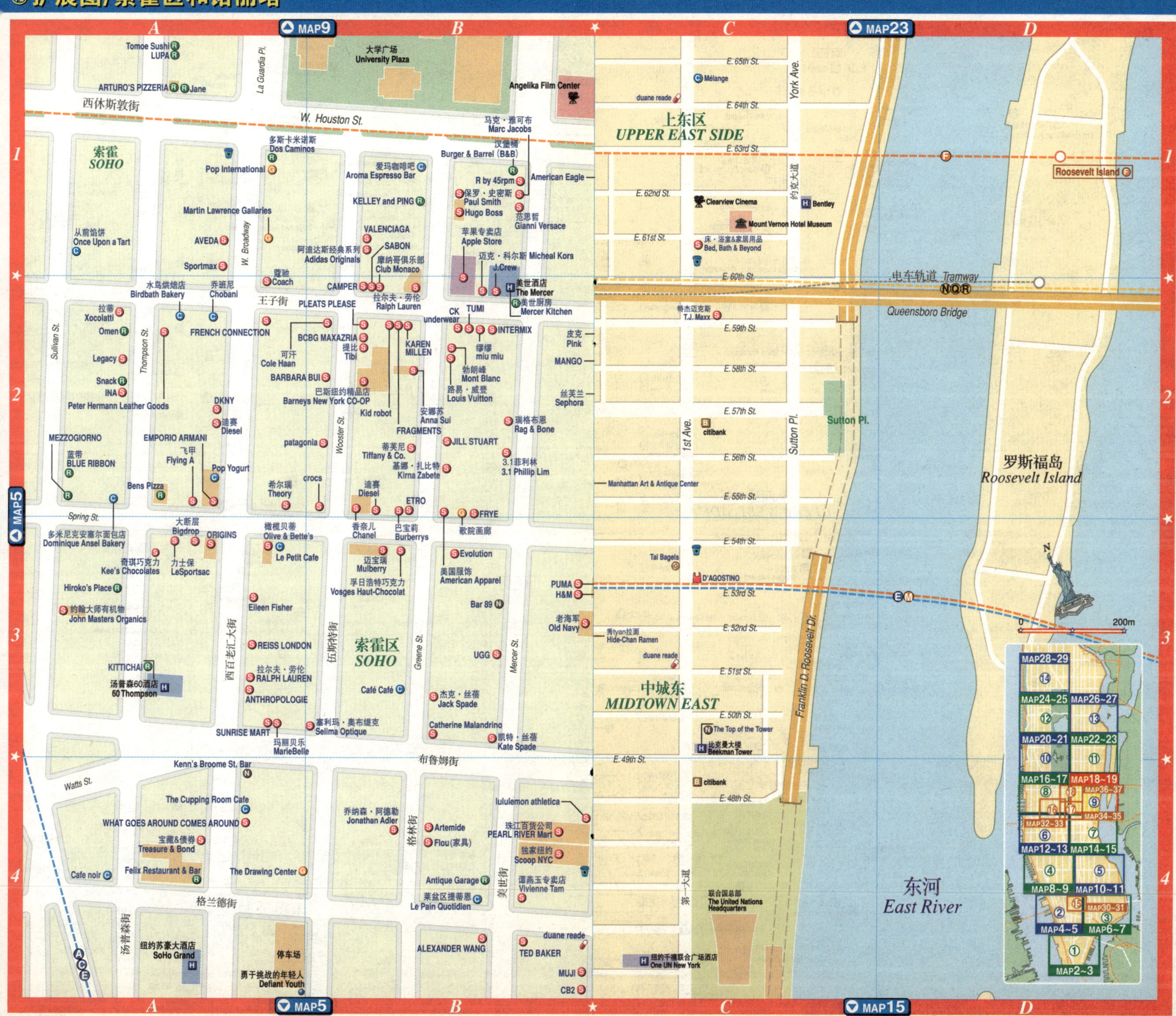
MAP9
MAP23
MAP5
MAP15
A
B
C
D
1
2
3
4
Tomoe Sushi
LUPA
ARTURO'S PIZZERIA
Jane
西休斯敦街
W. Houston St.
La Guardia Pl.
大学广场
University Plaza
Angelika Film Center
马克・雅可布
Marc Jacobs
汉堡铺
Burger & Barrel (B&B)
索霍
SOHO
多斯卡米诺斯
Dos Caminos
Pop International
爱玛咖啡吧
Aroma Espresso Bar
R by 45rpm
American Eagle
KELLEY and PING
保罗・史密斯
Paul Smith
Hugo Boss
范思哲
Gianni Versace
Martin Lawrence Gallaries
从前馅饼
Once Upon a Tart
AVEDA
W. Broadway
VALENCIAGA
苹果专卖店
Apple Store
阿迪达斯经典系列
Adidas Originals
SABON
摩纳哥俱乐部
Club Monaco
迈克・科尔斯 Micheal Kors
J.Crew
Sportmax
蔻驰
Coach
水鸟烘焙店
Birdbath Bakery
乔班尼
Chobani
CAMPER
拉尔夫・劳伦
Ralph Lauren
美世酒店
The Mercer
美世厨房
Mercer Kitchen
王子街
PLEATS PLEASE
CK
underwear
TUMI
INTERMIX
拉蒂
Xocolatti
Omen
FRENCH CONNECTION
BCBG MAXAZRIA
可汗
Cole Haan
提比
Tibi
KAREN MILLEN
缪缪
miu miu
Sullivan St.
Thompson St.
Legacy
Snack
INA
BARBARA BUI
勃朗峰
Mont Blanc
路易・威登
Louis Vuitton
巴斯纽约精品店
Barneys New York CO-OP
Peter Hermann Leather Goods
DKNY
迪赛
Diesel
Kid robot
安娜苏
Anna Sui
FRAGMENTS
瑞格布恩
Rag & Bone
MEZZOGIORNO
EMPORIO ARMANI
patagonia
Wooster St.
JILL STUART
蓝带
BLUE RIBBON
飞甲
Flying A
Pop Yogurt
蒂芙尼
Tiffany & Co.
基娜・扎比特
Kirna Zabete
3.1菲利林
3.1 Phillip Lim
Bens Pizza
希尔瑞
Theory
crocs
迪赛
Diesel
ETRO
FRYE
Spring St.
多米尼克安塞尔面包店
Dominique Ansel Bakery
大断层
Bigdrop
ORIGINS
橄榄贝蒂
Olive & Bette's
Le Petit Cafe
香奈儿
Chanel
巴宝莉
Burberrys
歌院画廊
奇琪巧克力
Kee's Chocolates
力士保
LeSportsac
迈宝瑞
Mulberry
孚日浩特巧克力
Vosges Haut-Chocolat
Evolution
美国服饰
American Apparel
Hiroko's Place
约翰大师有机物
John Masters Organics
Eileen Fisher
Bar 89
西百老汇大街
伍斯特街
索霍区
SOHO
Greene St.
REISS LONDON
UGG
Mercer St.
KITTICHAI
汤普森60酒店
60 Thompson
拉尔夫・劳伦
RALPH LAUREN
ANTHROPOLOGIE
Café Café
杰克・丝蓓
Jack Spade
SUNRISE MART
塞利玛・奥布缇克
Selima Optique
玛丽贝乐
MarieBelle
Catherine Malandrino
凯特・丝蓓
Kate Spade
Kenn's Broome St. Bar
布鲁姆街
Watts St.
The Cupping Room Cafe
WHAT GOES AROUND COMES AROUND
宝藏&债券
Treasure & Bond
乔纳森・阿德勒
Jonathan Adler
格林街
Artemide
Flou(家具)
珠江百货公司
PEARL RIVER Mart
独家纽约
Scoop NYC
lululemon athletica
Cafe noir
Felix Restaurant & Bar
The Drawing Center
Antique Garage
谭燕玉专卖店
Vivienne Tam
美世街
莱盆区提蒂恩
Le Pain Quotidien
格兰德街
汤普森街
纽约苏豪大酒店
SoHo Grand
停车场
勇于挑战的年轻人
Defiant Youth
ALEXANDER WANG
duane reade
TED BAKER
MUJI
CB2
E. 65th St.
Mélange
York Ave.
duane reade
E. 64th St.
上东区
UPPER EAST SIDE
E. 63rd St.
约克大道
Roosevelt Island
E. 62nd St.
Clearview Cinema
Bentley
Mount Vernon Hotel Museum
E. 61st St.
床・浴室&家居用品
Bed, Bath & Beyond
E. 60th St.
电车轨道 Tramway
Queensboro Bridge
特杰迈克斯
T.J. Maxx
E. 59th St.
皮克
Pink
MANGO
E. 58th St.
丝芙兰
Sephora
E. 57th St.
citibank
1st Ave.
Sutton Pl.
Sutton Pl.
E. 56th St.
罗斯福岛
Roosevelt Island
Manhattan Art & Antique Center
E. 55th St.
E. 54th St.
Tal Bagels
D'AGOSTINO
PUMA
H&M
E. 53rd St.
老海军
Old Navy
秀tyan拉面
Hide-Chan Ramen
E. 52nd St.
duane reade
E. 51st St.
中城东
MIDTOWN EAST
Franklin D. Roosevelt Dr.
E. 50th St.
The Top of the Tower
比克曼大楼
Beekman Tower
E. 49th St.
citibank
E. 48th St.
第一大道
联合国总部
The United Nations Headquarters
东河
East River
纽约千禧联合广场酒店
One UN New York
0
200m
MAP28~29
MAP24~25
MAP26~27
MAP20~21
MAP22~23
MAP16~17
MAP18~19
MAP36~37
MAP34~35
MAP32~33
MAP12~13
MAP14~15
MAP8~9
MAP10~11
MAP30~31
MAP4~5
MAP6~7
MAP2~3

MAP24

A B C D

1 2 3 4

W. 86th St.
86 St. 1
citibank
French Roast
W. 85th St.
Victoria's Secret
ORIGINS
Baked by Melissa
COACH
白兰度女性旅馆
The Brandon Residence For Women
洛伊斯剧院
LOEWS Theaters
Le Pain Quotidian
W. 84th St.
Five Napkin Burger
duane reade
blue mercury
L'OCCITANE
尽饱口福店
Good Enough to Eat
拉洛咖啡
Cafe Lalo
W. 83rd St.
巨型联合广场店
Barnes & Noble
Steven Alan
organic avenue
马林戈茨 Malin + Goetz
W. 82nd St.
曼哈顿儿童博物馆
Children's Museum of Manhattan
香港怡东酒店
Excelsior
哈德孙河
Hudson River
河滨公园
Riverside Park
W. 81st St.
Uno
河畔阁酒店
Riverside Tower
扎巴
Zabar's
Sarabeth's
patagonia
W. 80th St.
DSW(Designer Shoe Warehouse)
W. 79th St.
79 St. 1
duane reade
Emack & Bolio's Ice Cream
Only Hearts
Ocean Grill
Hudson Pkwy.
Riverside Dr.
W. 78th St.
Cafe Frida
动物小屋
Shake Shack
贝利克拉里酒店
Belleclaire
W. 77th St.
Country Inn the City
Isabella's
Sephora
绿跳蚤旧货市场
Greenflea Flea Market
上西区
UPPER WEST SIDE
W. 76th St.
0 200m
Milburn
Steps舞蹈室
Steps(3F)
W. 75th St.
Barneys New York
Lululemon Athletica
球道超市咖啡牛排
Fairway Market Café and Steakhouse
Fairway
西塔利亚 Citarella
彼康酒店
Beacon Hotel
彼康剧院
Beacon Theatre
LENNY'S
W. 74th St.
LOEHMANN'S
American Apparel
The North Face
Jacques Torres Chocolate
INDIGO
W. 73rd St.
西部街区音像店
Westsider Records
Tip Top Shoes
crocs(鞋)
甜蜜酒吧
Sugar Bar
W. 72nd St.
72 St. 1 2 3
Ricky's
Swatch
citibank
城市户外
Urban Outfitters
Olive & Bette's
W. 71st St.
商人乔
Trader Joe's
LeSportsac
Sabon
duane reade
GRANDAISY BAKERY
格雷的木瓜热狗店
Gray's Papaya
W. 70th St.
INTERMIX
duane reade
Magnolia Bakery
卡贝桥 Capezio
L'OCCITANE
LOFT
BCBG MAXAZRIA
洛伊斯剧院
Loews Theaters
The Food Emporium
W. 68th St.
林肯广场公寓楼
Lincoln Square Houses
苹果专卖店
Apple Store
GAP
UGG
citibank
W. 67th St.
墨尔金音乐厅
Merkin Concert Hall
Pottery Barn
Gourmet Garage
ZARA
W. 66th St.
沃尔特·里德剧院
Walter Reade Theater
爱丽丝杜利音乐厅
Alice Tully Hall
Cafe 65 Cafe
W. 65th St.
66 St. - Lincoln Center 1
West End Ave.
Broadway
Amsterdam Ave.
Columbus Ave.
哥伦布大道
西区大道
阿姆斯特丹大道
百老汇大街
Freedom Pl.

MAP28~29 ⑭
MAP24~25 ⑫
MAP26~27 ⑬
MAP20~21 ⑩
MAP22~23 ⑪
MAP16~17 ⑧
MAP18~19 ⑨
MAP36~37
⑯ ⑰
MAP32~33
MAP34~35
⑥ ⑦
MAP12~13
MAP14~15
④ ⑤
MAP8~9
MAP10~11
⑮
MAP30~31
② ③
MAP4~5
MAP6~7
①
MAP2~3

圣尼古拉斯公园
St. Nicholas Park
St. Nicholas Houses
邦恩帽子店
HATS. BY BUNN.
阿比西尼亚浸信会教堂
Abyssinian Baptist Church
W. 128th St.
Staples
Marshalls
GOLDEN KRUST
Dunkin' Donuts
Sylvia's
Sylvia's Also
W. 127th St.
马娜斯
Manna's
阿姆斯特丹新闻
阿波罗剧院
Apollo Theater
Woman's Health Community Mural Project
红公鸡餐厅
Red Rooster
CHEZ LUCIENNE
W. 126th St.
Harlem Renaissance
Welcome to Heavenly Harlem
State Office Building
CVS
麦当劳
McDonald's
5th Ave.
duane reade
125 St. A B C D
Kiddy Land
W. 125th St.
Ashley Stewart
H&M
125 St. 2 3
开罗女孩
Carol's Daughter
Spirit of Harlem
BURGER KING
Manna's
Mother Africa
Mr.T
人类书店&咖啡
American Apparel
哈莱姆工作室博物馆
The Studio Museum in Harlem
哈莱姆潮流店
Harlem Underground
W. 124th St.
哈莱姆雅乐轩酒店
Aloft Harlem
Harlem's Sophisticated Lady
Apollo Hair Center
Break Dancers
桃尼迷你
Tonnie's Minis
W. 123rd St.
阿萨娜头饰中心
Assana's Hair Braiding Center
哈莱姆廉价旅馆
The Harlem Flophouse
Little Africa
W. 122nd St.
Greater Refuge Temple
马库斯·加维公园
Marcus Garvey Park
W. 121st St.
哈莱姆
HARLEM
Turning Heads
W. 120th St.
Settepani
W. 119th St.
斯英格
Swing
W. 118th St.
NATIVE
102 Brownstone Boutique
W. 117th St.
文艺复兴公寓
蛋糕制作
Make My Cake
艾美路斯
Amy Ruth's
CONWAY
CVS
DUNKIN DONUTS
116 St. B C
W. 116th St.
116 St. 2 3
Popeyes
马尔科姆清真寺
Malcolm Schabazz Harlem Market
W. 115th St.
纪念浸信会教堂
Memorial Baptist Church
SEA & SEA Fish Market
高中
W. 114th St.
W. 113th St.
W. 112th St.
New Ebony
W. 111th St.
Cathedral Pkwy.(110 St.) B C
Central Park North
Central Park North(110 St.) 2 3
艾林顿转盘
弗里德里
道格拉斯转盘广场
Dana Discovery Center
W. 109th St.
中央公园
Central Park
Harlem Meer
W. 108th St.
West Drive
East Drive
W. 107th St.
拉斯克溜冰场和游泳池
Lasker Rink & Pool
Manhattan Ave.
Frederick Douglass Blvd.(8th Ave.)
弗里德里克·道格拉斯大道
圣尼古拉斯大道
St. Nicholas Ave.
A.C. Powell Jr. Blvd.(7th Ave.)
Lenox Ave.
(Malcolm X Blvd.)
莱诺克斯大道(马尔科姆X大道)
Central Park West
第五大道

MAP16
MAP25

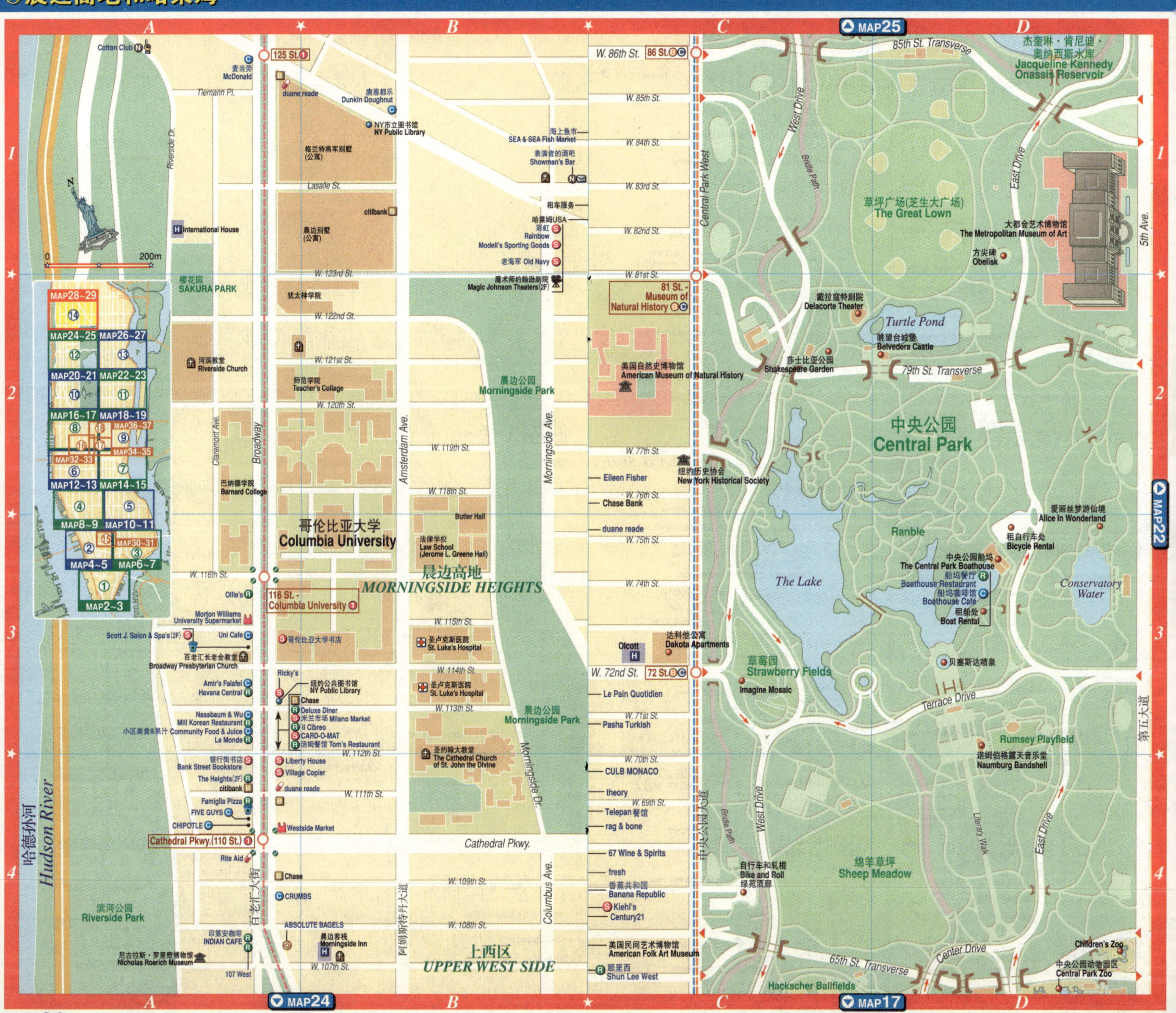
125 St.
86 St.
W. 86th St.
85th St. Transverse
杰奎琳·肯尼迪·奥纳西斯水库
Jacqueline Kennedy Onassis Reservoir
Cotton Club
麦当劳 McDonald
Tiemann Pl.
duane reade
唐恩都乐 Dunkin Doughnut
NY市立图书馆 NY Public Library
格兰特将军别墅（公寓）
海上鱼市 SEA & SEA Fish Market
表演者的酒吧 Showman's Bar
Lasalle St.
租车服务
哈莱姆USA
彩虹 Rainbow
Modell's Sporting Goods
老海军 Old Navy
魔术师约翰逊剧院 Magic Johnson Theaters (2F)
citibank
International House
晨边别墅（公寓）
W. 123rd St.
W. 122nd St.
W. 121st St.
W. 120th St.
W. 119th St.
W. 118th St.
W. 116th St.
W. 115th St.
W. 114th St.
W. 113th St.
W. 112th St.
W. 111th St.
W. 109th St.
W. 108th St.
W. 107th St.
樱花园 SAKURA PARK
犹太神学院
河滨教堂 Riverside Church
师范学院 Teacher's Collage
晨边公园 Morningside Park
81 St. - Museum of Natural History
美国自然史博物馆 American Museum of Natural History
草坪广场(芝生大广场) The Great Lown
大都会艺术博物馆 The Metropolitan Museum of Art
方尖碑 Obelisk
戴拉寇特剧院 Delacorte Theater
Turtle Pond
眺望台城堡 Belvedere Castle
莎士比亚公园 Shakespeare Garden
79th St. Transverse
中央公园 Central Park
巴纳德学院 Barnard College
哥伦比亚大学 Columbia University
Butler Hall
法律学校 Law School (Jerome L. Greene Hall)
晨边高地 MORNINGSIDE HEIGHTS
116 St. - Columbia University
Ollie's
Morton Williams University Supermarket
Scott J. Salon & Spa's (2F)
Uni Cafe
百老汇长老会教堂 Broadway Presbyterian Church
哥伦比亚大学书店
圣卢克斯医院 St. Luke's Hospital
Ricky's
纽约公共图书馆 NY Public Library
Chase
Amir's Falafel
Havana Central
Nassbaum & Wu
Mill Korean Restaurant
小区美食&果汁 Community Food & Juice
Le Monde
Deluxe Diner
米兰市场 Milano Market
il Cibreo
CARD-O-MAT
汤姆餐馆 Tom's Restaurant
银行街书店 Bank Street Bookstore
The Heights (2F)
citibank
Famiglia Pizza
FIVE GUYS
CHIPOTLE
Liberty House
Village Copier
duane reade
Westside Market
圣约翰大教堂 The Cathedral Church of St. John the Divine
Cathedral Pkwy. (110 St.)
Cathedral Pkwy.
Rite Aid
Chase
CRUMBS
ABSOLUTE BAGELS
印第安咖啡 INDIAN CAFE
尼古拉斯·罗里奇博物馆 Nicholas Roerich Museum
晨边客栈 Morningside Inn
107 West
上西区 UPPER WEST SIDE
百老汇大街
阿姆斯特丹大道
Broadway
Amsterdam Ave.
Morningside Ave.
Columbus Ave.
Claremont Ave.
Riverside Dr.
Morningside Dr.
Central Park West
中央公园大道
滨河公园 Riverside Park
哈德孙河 Hudson River
W. 85th St.
W. 84th St.
W. 83rd St.
W. 82nd St.
W. 81st St.
W. 77th St.
W. 76th St.
W. 75th St.
W. 74th St.
W. 72nd St.
W. 71st St.
W. 70th St.
W. 69th St.
Eileen Fisher
Chase Bank
duane reade
纽约历史协会 New York Historical Society
Olcott
达科他公寓 Dakota Apartments
72 St.
Le Pain Quotidien
Pasha Turkish
CULB MONACO
theory
Telepan餐馆
rag & bone
67 Wine & Spirits
fresh
香蕉共和国 Banana Republic
Kiehl's
Century21
美国民间艺术博物馆 American Folk Art Museum
鹿里西 Shun Lee West
草莓园 Strawberry Fields
Imagine Mosaic
The Lake
Ramble
爱丽丝梦游仙境 Alice in Wonderland
租自行车处 Bicycle Rental
中央公园船坞 The Central Park Boathouse
船坞餐厅 Boathouse Restaurant
船坞咖啡馆 Boathouse Cafe
租船处 Boat Rental
Conservatory Water
贝塞斯达喷泉
Terrace Drive
Rumsey Playfield
诺姆伯格露天音乐堂 Naumburg Bandshell
自行车和轧棍 Bike and Roll
绿苑酒廊
绵羊草坪 Sheep Meadow
65th St. Transverse
Center Drive
Children's Zoo
中央公园动物园区 Central Park Zoo
Hackscher Ballfields
West Drive
East Drive
Bridle Path
Literary Walk
5th Ave.
第五大道
MAP25
MAP22
MAP24
MAP17
MAP28~29
MAP24~25
MAP26~27
MAP20~21
MAP22~23
MAP16~17
MAP18~19
MAP36~37
MAP34~35
MAP32~33
MAP12~13
MAP14~15
MAP8~9
MAP10~11
MAP30~31
MAP4~5
MAP6~7
MAP2~3
200m

MAP26
MAP18
MAP23
MAP21
A
B
C
D
1
2
3
4
E. 86th St.
E. 85th St.
E. 84th St.
E. 83rd St.
E. 82nd St.
E. 81st St.
E. 80th St.
E. 79th St.
E. 78th St.
E. 77th St.
E. 76th St.
E. 75th St.
E. 74th St.
E. 73rd St.
E. 72nd St.
E. 71st St.
E. 70th St.
E. 69th St.
E. 68th St.
E. 67th St.
E. 66th St.
E. 65th St.
E. 106th St.
E. 105th St.
E. 104th St.
E. 103rd St.
E. 102nd St.
E. 101st St.
E. 100th St.
E. 99th St.
E. 96th St.
E. 95th St.
E. 94th St.
E. 93rd St.
E. 92nd St.
E. 91st St.
E. 90th St.
E. 89th St.
E. 88th St.
E. 87th St.
E. 86th St.
Park Ave.
Lexington Ave.
3rd Ave.
2nd Ave.
1st Ave.
5th Ave.
Madison Ave.
York Ave. (Ave. A)
East End Ave.
第五大道
麦迪逊大道
公园大道
列克星敦大道
第三大道
第二大道
第一大道
约克大道
东尾大道
East Drive
杰奎琳・肯尼迪・奥纳西斯水库
Jacqueline Kennedy Onassis Reservoir
中央公园
Central Park
Conservatory Water
Children's Zoo
中央公园动物园区
Central Park Zoo
威廉姆斯・索诺玛
Williams-Sonoma
citibank
duane reade
百思买
Best Buy
86 St.
香蕉共和国
BANANA REPUBLIC
theory
美体小铺
THE BODY SHOP
GAP
Fairway
迪恩德卢卡
Dean & Deluca
蔻驰
COACH
Koffeecake Corner
East 86th Street Cinemas
H&M
Sephora
BARNS & NOBLE
Shake Shack
L'OCCITANE
奥尔多
ALDO
PAPAYA KING
ANN TAYLOR LOFT
duane reade
新美术馆
Neue Galerie
沙芭斯凯咖啡
Cafe Sabarsky
Le Pain Quotidien
布克兄弟
Brooks Brothers
维多利亚的秘密
Victoria's Secret
D'AGOSTINO
Vosges Haut-Chocolat
Jonathan Adler
威廉・格林伯格甜品
William Greenberg Desserts
Food Emporium
7-11
大都会艺术博物馆
The Metropolitan Museum of Art
橄榄贝蒂
Olive & Bette's
Canine Styles
爱丽斯茶馆
Alice's Tea Cup
Chapter III
力士保
LeSportsac
agnes b.
E.A.T
E・A・T.Gifts
Gobo
伊莱扎巴
Eli's Zabar
欧舒丹
L'OCCITANE
迈克尔(2F)
Michael's (2F)
艾琳・费雪
Eileen Fisher
H&H Midtown Bagels East
Rite Aid
duane reade
巧克力屋
LA MAISON DU CHOCOLAT
Cynthia Rowely
Ricky's
Crumbs
Fresh
桑特・爱莫布罗斯
Sant Ambroeus
HSBC银行
米索尼
Missoni
英特弥克斯
Intermix
Anik
马克酒店 The Mark
Castelli Gallery
Vera Wang Bridal House
77 St.
Pick A Bagel
上东区
UPPER EAST SIDE
大都会医院
Metropolitan Hospital Center
Gagosian Gallery
凯雷酒店
Carlyle
莱诺克斯山医院
Lenox Hill Hospital
Gymboree
亚历山大 Alexandre
Zitomer Pharmacy
CHRISTIAN LOUBOUTIN
大断层 Bigdrop
西塔利亚Citarella
FP法式蛋糕店
FP Patisserie
蜡烛咖啡馆
Candle Cafe
惠特尼美术馆
Whitney Museum of American Art
无题惠特尼
Untitle at the Whitney
Maison Kayer
BCBG MAXAZRIA
duane reade
Clyde's on Madison
What's the Scoop
SCOOP Men
SCOOP
Scoop NYC
Papyrus
米莉
Milly
CALYPSO St. Barth
邦德9号
Bond No.9
EJ's Luncheonet
Dallas BBQ
citibank
Talbot
拉尔夫・劳伦
Ralph Lauren
拉尔夫・劳伦(童装)
克罗心
Chrome Hearts
MZ华莱士
MZ Wallace
Marymount Manhattan College
Anthropologie
弗里克收藏馆
The Frick Collection
Celine
埃米利奥普奇
Emilio Pucci
亚洲协会
Asia Society & Museum
汤姆・福特
Tom Ford
Lumi
LADUREE
蔻依 Chloe
普拉达 Prada
Juicy Coutur
古驰 Gucci
艾克瑞斯 Akris
DOLCE & GABBANA Men's Boutique
欧舒丹
L'occitane
莱诺克斯山
LENOX HILL
卡地亚 Cartier
普莱仕 Pratesi
杜嘉班纳 Dolce & Gabbana
DONNA KARAN
麦丝玛拉
Max Mara
吉尔・桑达
Jil Sander
Food Emporium
Americas Society
68 St. - Hunter College
Oliver Peoples
汤丽柏琦 Tory Burch
GODIVA
Lucky Brand Jeans
Michael Kors
Nicole Miller
Judith Ripka
Arden B.
J.Crew
theory
lululemon athletica
乔治・阿玛尼
Giorgio Armani
citibank
皮尔因帕特
Pier 1 imports
duane reade
沃兹岛
Wards Island
Foot Bridge
东河
East River
Franklin D. Roosevelt Dr. (East River Dr.)
富兰克林罗斯福大道
Mill Rock
Eli ZABAR the Vinegar Factory
Asphalt Green Sports艺术中心
三一教会
Church of the Holy Trinity
Larry & Jeff's Bicycles Plus
Food Emporium
Tal Bagels
Gracie Mansion
卡尔・舒尔茨公园
Carl Schurz Park
0
200m
MAP28~29
MAP24~25
MAP26~27
MAP20~21
MAP22~23
MAP16~17
MAP18~19
MAP36~37
MAP32~33
MAP34~35
MAP12~13
MAP14~15
MAP8~9
MAP10~11
MAP30~31
MAP4~5
MAP6~7
MAP2~3

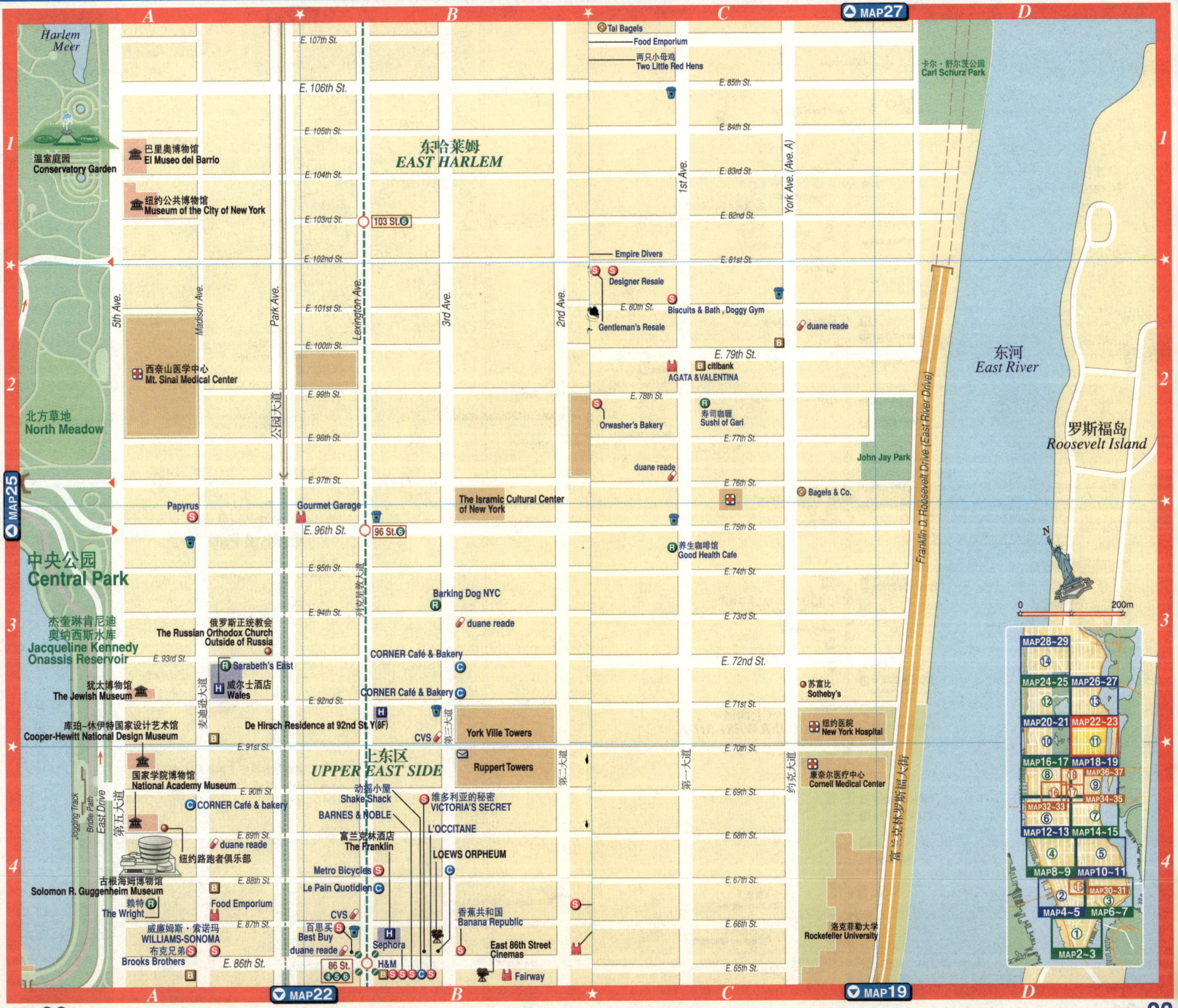

东哈莱姆 EAST HARLEM

上东区 UPPER EAST SIDE

Harlem Meer
温室庭园 Conservatory Garden
巴里奥博物馆 El Museo del Barrio
纽约公共博物馆 Museum of the City of New York
西奈山医学中心 Mt. Sinai Medical Center
北方草地 North Meadow
中央公园 Central Park
杰奎琳肯尼迪奥纳西斯水库 Jacqueline Kennedy Onassis Reservoir
俄罗斯正统教会 The Russian Orthodox Church Outside of Russia
Sarabeth's East
威尔士酒店 Wales
犹太博物馆 The Jewish Museum
库珀-休伊特国家设计艺术馆 Cooper-Hewitt National Design Museum
国家学院博物馆 National Academy Museum
CORNER Café & bakery
duane reade
纽约路跑者俱乐部
古根海姆博物馆 Solomon R. Guggenheim Museum
赖特 The Wright
Food Emporium
威廉姆斯·索诺玛 WILLIAMS-SONOMA
布克兄弟 Brooks Brothers
Papyrus
Gourmet Garage
The Isramic Cultural Center of New York
Barking Dog NYC
CORNER Café & Bakery
De Hirsch Residence at 92nd St. Y(8F)
CVS
York Ville Towers
Ruppert Towers
动感小屋 Shake Shack
BARNES & NOBLE
维多利亚的秘密 VICTORIA'S SECRET
L'OCCITANE
富兰克林酒店 The Franklin
LOEWS ORPHEUM
Metro Bicycles
Le Pain Quotidien
香蕉共和国 Banana Republic
百思买 Best Buy
Sephora
H&M
East 86th Street Cinemas
Fairway
Tal Bagels
Food Emporium
两只小母鸡 Two Little Red Hens
Empire Divers
Designer Resale
Biscuits & Bath , Doggy Gym
Gentleman's Resale
duane reade
citibank
AGATA & VALENTINA
Orwasher's Bakery
寿司咖喱 Sushi of Gari
Bagels & Co.
养生咖啡馆 Good Health Cafe
苏富比 Sotheby's
纽约医院 New York Hospital
康奈尔医疗中心 Cornell Medical Center
洛克菲勒大学 Rockefeller University
卡尔·舒尔茨公园 Carl Schurz Park
John Jay Park
东河 East River
罗斯福岛 Roosevelt Island
Franklin D. Roosevelt Drive (East River Drive) 富兰克林罗斯福大道

5th Ave. 第五大道 / Madison Ave. 麦迪逊大道 / Park Ave. 公园大道 / Lexington Ave. 列克星敦大道 / 3rd Ave. 第三大道 / 2nd Ave. 第二大道 / 1st Ave. 第一大道 / York Ave. (Ave. A) 约克大道
East Drive / Bridle Path / Jogging Track
E. 107th St. … E. 65th St.
103 St. 6 / 96 St. 6 / 86 St. 4 5 6

0 200m

MAP28~29 ⑭ / MAP24~25 ⑫ / MAP26~27 ⑬ / MAP20~21 ⑩ / MAP22~23 ⑪ / MAP16~17 ⑧ ⑯ ⑰ / MAP18~19 ⑨ / MAP36~37 / MAP32~33 ⑥ / MAP34~35 ⑦ / MAP12~13 ④ / MAP14~15 ⑤ / MAP8~9 / MAP10~11 / MAP30~31 ⑮ ② ③ / MAP4~5 / MAP6~7 / ① MAP2~3

MAP27 MAP25 MAP22 MAP19

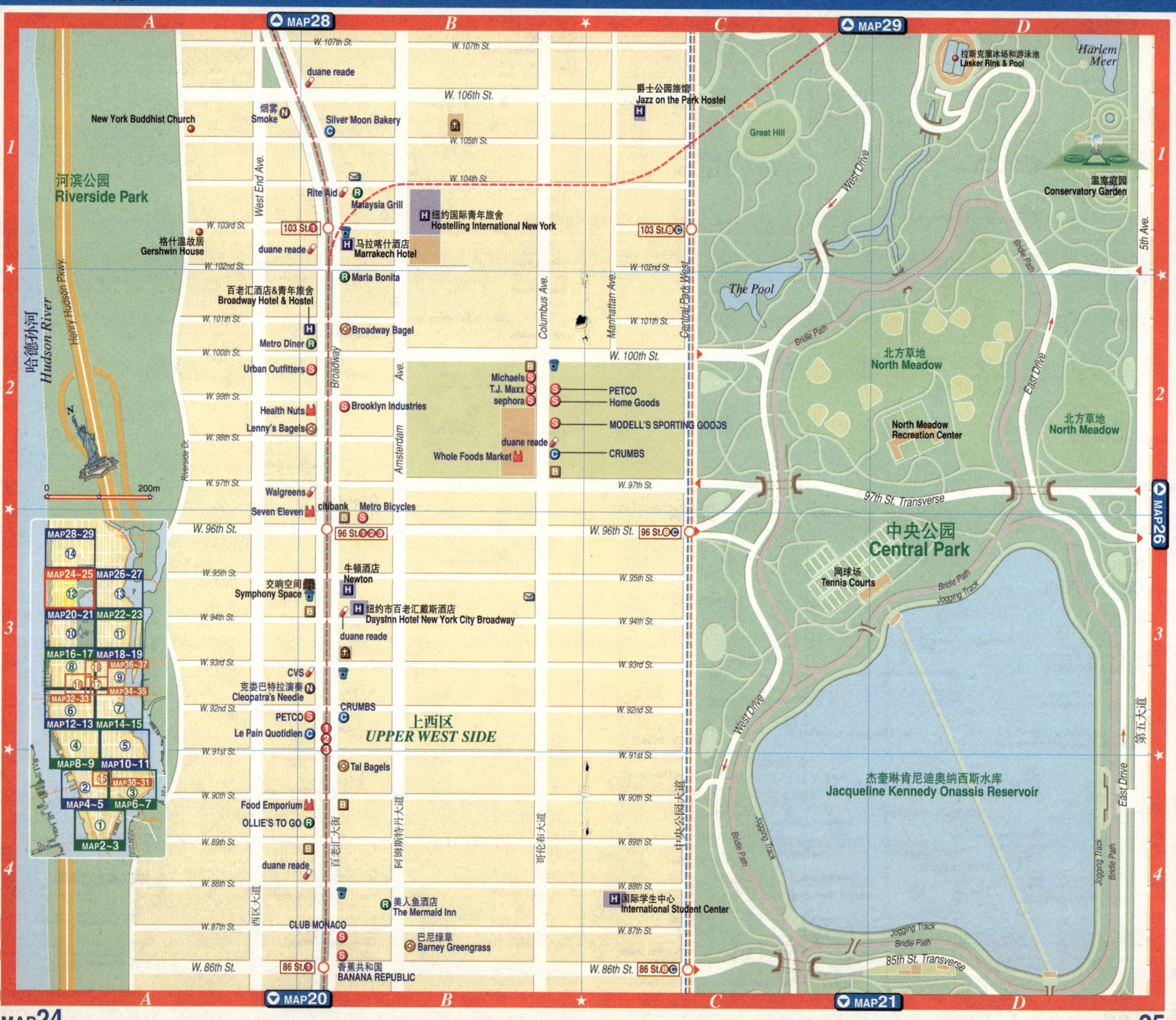
MAP28
MAP29
MAP20
MAP21
MAP26
W. 107th St.
duane reade
W. 106th St.
爵士公园旅馆
Jazz on the Park Hostel
New York Buddhist Church
烟雾
Smoke
Silver Moon Bakery
W. 105th St.
W. 104th St.
拉斯克溜冰场和游泳池
Lasker Rink & Pool
Harlem Meer
Great Hill
温室庭园
Conservatory Garden
河滨公园
Riverside Park
West End Ave.
Rite Aid
Malaysia Grill
纽约国际青年旅舍
Hostelling International New York
W. 103rd St.
103 St.
格什温故居
Gershwin House
duane reade
马拉喀什酒店
Marrakech Hotel
W. 102nd St.
Maria Bonita
百老汇酒店&青年旅舍
Broadway Hotel & Hostel
W. 101st St.
Broadway Bagel
Columbus Ave.
Manhattan Ave.
Central Park West
The Pool
West Drive
Bridle Path
East Drive
5th Ave.
哈德孙河
Hudson River
Henry Hudson Pkwy.
Metro Diner
W. 100th St.
Urban Outfitters
Broadway
Amsterdam Ave.
Michaels
T.J. Maxx
sephora
PETCO
Home Goods
W. 99th St.
Health Nuts
Brooklyn Industries
北方草地
North Meadow
North Meadow Recreation Center
Lenny's Bagels
MODELL'S SPORTING GOODS
W. 98th St.
duane reade
Whole Foods Market
CRUMBS
Riverside Dr.
W. 97th St.
97th St. Transverse
0
200m
Walgreens
citibank
Metro Bicycles
Seven Eleven
W. 96th St.
96 St.
中央公园
Central Park
网球场
Tennis Courts
W. 95th St.
牛顿酒店
Newton
交响空间
Symphony Space
纽约市百老汇戴斯酒店
DaysInn Hotel New York City Broadway
W. 94th St.
duane reade
Jogging Track
W. 93rd St.
CVS
克娄巴特拉演奏
Cleopatra's Needle
W. 92nd St.
CRUMBS
PETCO
上西区
UPPER WEST SIDE
Le Pain Quotidien
W. 91st St.
Tal Bagels
杰奎琳肯尼迪奥纳西斯水库
Jacqueline Kennedy Onassis Reservoir
W. 90th St.
Food Emporium
OLLIE'S TO GO
百老汇大街
阿姆斯特丹大道
哥伦布大道
中央公园大道
第五大道
W. 89th St.
duane reade
W. 88th St.
西区大道
美人鱼酒店
The Mermaid Inn
国际学生中心
International Student Center
W. 87th St.
CLUB MONACO
巴尼绿草
Barney Greengrass
W. 86th St.
86 St.
香蕉共和国
BANANA REPUBLIC
85th St. Transverse
MAP28~29
MAP24~25
MAP26~27
MAP20~21
MAP22~23
MAP16~17
MAP18~19
MAP36~37
MAP32~33
MAP34~35
MAP12~13
MAP14~15
MAP8~9
MAP10~11
MAP30~31
MAP4~5
MAP6~7
MAP2~3